景德镇年鉴

2023

景德镇市党史和地方志工作办公室　编

方志出版社
Publishing House of Local Records

图书在版编目（CIP）数据

景德镇年鉴．2023 / 景德镇市党史和地方志工作办公室编．—北京：方志出版社，2023.11
ISBN 978-7-5144-5956-2

Ⅰ．①景… Ⅱ．①景… Ⅲ．①景德镇— 2023 —年鉴
Ⅳ．① Z525.63

中国国家版本馆 CIP 数据核字 (2023) 第 234033 号

责任编辑： 丛珺
责任校对： 张玉霞
责任印制： 梅中英
出 版 者： 方志出版社
地　　址： 北京市朝阳区潘家园东里 9 号（国家方志馆 4 层）
邮　　编： 100021
网　　址： http://www.zgfzcb.cn
发　　行： 方志出版社图书营销中心（010-67110500）
印　　刷： 湖南省越来越好印务有限公司
开　　本： 889 毫米 ×1194 毫米　1/16
印　　张： 33.75
字　　数： 1030 千字
版　　次： 2023 年 11 月第 1 版
印　　次： 2023 年 11 月第 1 次印刷
定　　价： 200.00 元

景德镇市地方志编纂委员会

《景德镇年鉴（2023）》编辑部

主　　编　计纯纯
副 主 编　黄重英　江　北　徐国明
责任编辑　李景春
编　　辑　饶　璟　吴　军　廖传铭

编辑说明

一、《景德镇年鉴（2023）》以马克思列宁主义、毛泽东思想、邓小平理论、“三个代表”重要思想、科学发展观、习近平新时代中国特色社会主义思想为指导，坚持辩证唯物主义和历史唯物主义的立场、观点、方法，全面、系统、真实地记载全市社会各项事业的发展情况，为党政机关、企事业单位提供有价值的地情资料，为社会各界和海内外人士了解景德镇提供全面的信息。

二、本年鉴由中共景德镇市委领导、景德镇市人民政府主办、景德镇市党史和地方志工作办公室编纂，按年度连续出版的资料性文献。

三、本年鉴采用分类编辑法，按类目、分目、条目3个层次设计。条目为记述基本形式，其标题用黑体字加【 】标示。全书内容层次设置完全是为方便分类编辑和读者系统阅读，并不反映严格的科学分类体系；机关、企事业单位等排序和层次并不表示其地位和规模。

四、本年鉴所采用稿件均由市各部门、各单位专人提供，并经各单位负责人审定。文中插图均由该资料供稿单位提供，彩页专题照片由新闻部门和有关部门提供；类目的风光照片由摄影者提供。机构及领导人员名单中副县级以上领导名单由市委组织部提供，非市管单位的领导名单由该单位提供；获得省级以上荣誉名单由各单位提供；统计资料由市统计局提供。

五、全书使用的机构简称，原则上以各级编制机构核定的名称为准。数字用法、标点符号用法分别采用国家标准《出版物上数字用法》（GB/T 15835—2011）、《标点符号用法》（GB/T 15834—2011），计量单位采用国家技术监督局1993年12月发布的《量和单位》系列国家标准。

六、本年鉴记载的为2022年度资料。为了提高时政大事及领导任免资料的时效性，增加可读性，领导任免的时间断限为2022年7月至2023年6月。为了完整记述重大事项，专记的记载时限进行适当上溯和下延。

景德镇名片

世界手工艺与民间艺术之都

国家首批历史文化名城

全国双拥模范城

全国社会治安综合治理优秀地市

中国优秀旅游城市

全国创建文明城市工作先进城市

中国人居环境范例奖

国家森林城市

国家园林城市

国家生态文明建设示范市

全国绿化模范城市

全国群众体育先进单位

全国残疾人文化体育示范市

中国最具魅力文化旅游城市

全国文明城市

国家卫生城市

全国无障碍环境示范市

全国禁毒示范城市

全国版权示范城市

平安中国建设示范市

全国无偿献血先进市

江西省城市环境综合整治定量考核先进城市

江西省园林城市

江西省文明城市

江西省生态园林城市

全省社会治安目标管理先进市和平安市

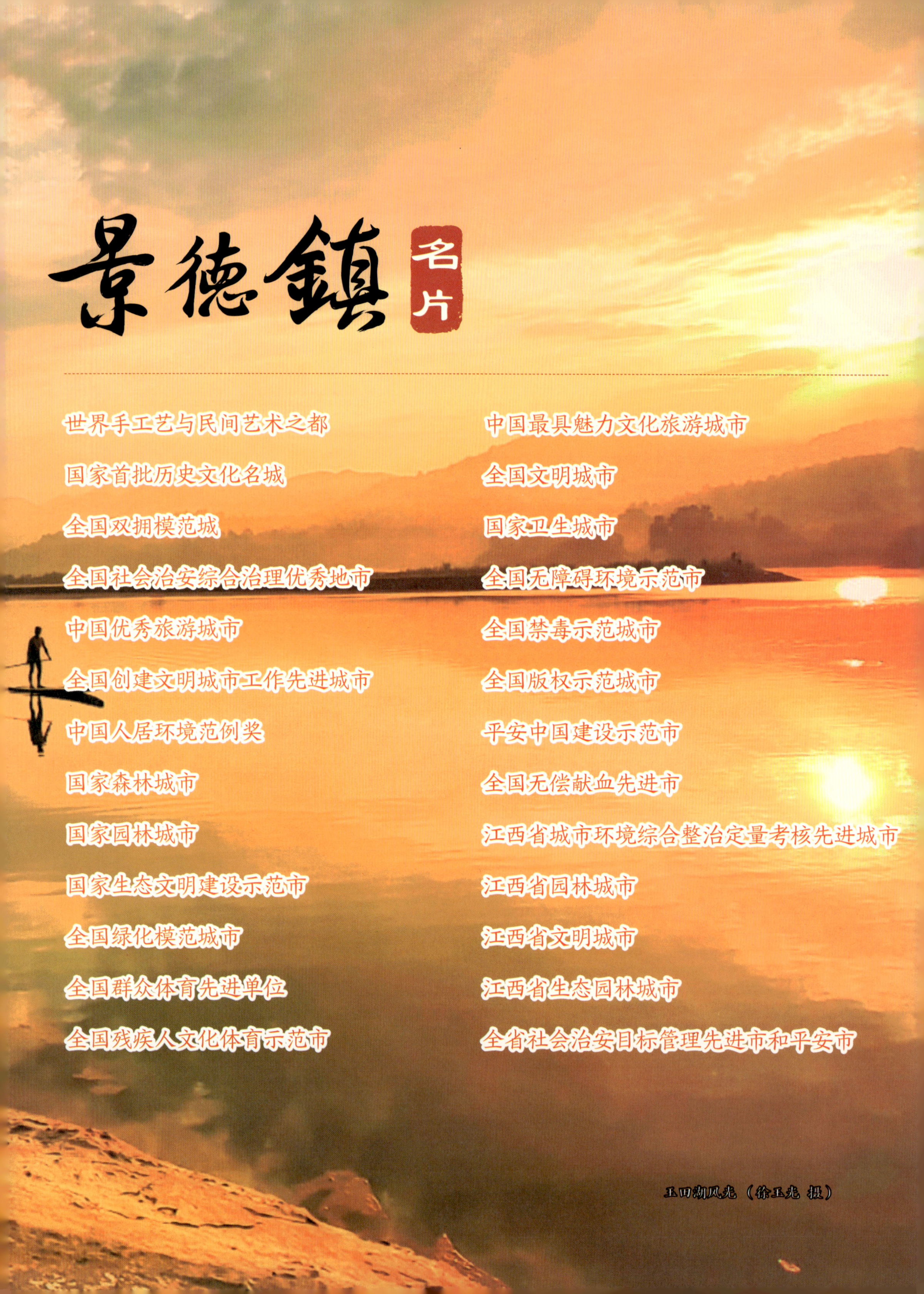

玉田湖风光（徐玉光 摄）

重要会议 2022 年 1 月，景德镇市十六届人大二次会议和政协景德镇市十四届二次会议召开。会议总结了 2021 年全市的工作，为新的一年国民经济及社会发展规划了蓝图，指明了方向。

1 月 23—25 日，景德镇市第十六届人民代表大会第二次会议在市发展中心北苑会场召开

（刘定远　摄）

1 月 22—24 日，中国人民政治协商会议景德镇市第十四届委员会第二次会议在紫晶会堂召开

（刘定远　摄）

12 月 17 日，中共景德镇市委十二届三次全体（扩大）会议举行 （刘定远 摄）

9 月 15 日，省委第五巡视组巡视景德镇市昌江区工作动员会议召开 （昌江融媒体 供图）

党的二十大精神宣讲教育 2022年10月16日中国共产党第二十次全国代表大会在北京开幕，全市从城市到农村、从机关到社区、从生产一线到田间地头，广大干部群众以各种形式收听收看党的二十大开幕直播，景德镇市党政领导分头下基层宣讲会议精神。

10月26日，市委书记刘锋在乐平市下埠段村宣讲党的二十大精神 （雷智 摄）

全市广大党员干部群众收看热议党的二十大开幕盛况 （景德镇日报社 供图）

景德镇陶瓷智造工坊　　（景德镇日报社　供图）

建设中的景德镇陶瓷博览交流中心项目　　（李孝朋　摄）

中日先进陶瓷数字经济核心产业园　　（昌南新区　供图）

构建陶瓷产业集群　2022年，景德镇市聚焦打造“特色产业发展新高地”、打造陶瓷千亿产业，大力实施陶瓷优先发展战略，推动陶瓷产业转型升级，一批重大项目跑出了加速度。至2022年底，围绕国家试验区的战略定位，三年间景德镇市共启动重点项目178个，总投资达2766亿元。其中，景德镇市国际陶瓷文化博览旅游交流中心建设项目用地面积75954.2平方米，总建筑面积约9万平方米，是国内最大的陶瓷博览交流中心项目。景德镇陶瓷智造工坊二期项目累计投资6.71亿元，核心建设内容为近46万平方米的高标准厂房及配套设施。景德镇中日先进陶瓷产业合作园，一期项目用地面积约12.25万平方米，总建筑面积约12.6万平方米，总投资约6亿元。

瓷博会展馆

打造文化交流新平台　2022 年，景德镇市以创建“东亚文化之都”为抓手，成功举办“瓷的精神”国际陶瓷艺术双年展、中韩陶瓷艺术交流展等活动，开展国际交流、陶瓷经贸、艺术创作、旅游推介等 100 余项文化和旅游活动，为进一步打造对外文化交流新平台提供了更多契机。

2 月 28 日至 3 月 18 日，由景德镇市人民政府、景德镇陶瓷大学、中国对外文化集团和国际陶艺学会共同举办“瓷的精神”国际陶瓷艺术双年展。图为展出的作品《汉风·列传系列》　（周密　摄）

2022 中国景德镇国际陶瓷博览会开幕式上省长叶建春致辞　（刘定远　摄）

农村经济稳定发展 2022年，全市粮食播种面积9.56万公顷，粮食产量达到54.61万吨，粮食生产持续保持稳定。全市使用农机购置补贴资金5215.40万元，总补贴机具2834台套。农机总动力达103.92万千瓦，同比增长1.63%。茶园总面积18000公顷，茶叶总产量1.4万吨，茶叶总产值20亿元。

插秧机正在田间插播早稻秧苗　　（景德镇日报社　供图）

高岭·中国村田园综合体花海　　（市乡村振兴局　供图）

7月14日，乐平市众埠镇下坞村乐平市远甜果业专业合作社翠冠梨生产基地内的工作人员喜摘翠冠梨
（朱定文　摄）

4月4日，乐平市高家镇（白茶）被授予全国“一村一品”示范村镇（图为“春天里的中国”栏目白茶采摘现场）
（市乡村振兴局　供图）

基础设施 2022年，景德镇加大交通基础设施建设，提高交通运输效率，降低物流成本，努力改善投资环境。

12月30日，吕蒙大桥危桥重建项目竣工通车 （市交通局 供图）

2022年，浮梁县“四好农村路”国家示范县建设项目——桃岭至松林、桃岭至楚岗建制村优先通达窄路面拓宽改造工程竣工通车 （市乡村振兴局 供图）

12月，位于昌江区鱼山镇的鱼山码头主体基本竣工 （市交通局 供图）

重点项目建设　2022年，全市纳入重大项目管理调度平台的亿元以上工业项目共有407个，位列全省第5名，同比增长109.8%；总投资2172.2亿元，同比增长611.%。其中，投资20亿元以上重大工业项目有42个，位列全省第7名，总投资1235.6亿元。

2月16日，省、市、县三级联动推进重大项目开工暨“项目大会战”动员大会召开。图为景德镇市分会场
（刘定远　摄）

2022年景德镇电网建设重大项目集中开工活动现场
（刘定远　摄）

2022 年 12 月，昌江区电子信息产业园建成开园投产　（昌江区史志办　供图）

2022 年，“AC313A”地面联合试验机（简称铁鸟机）完成发动机试运转工作，首次开车圆满成功
（景德镇日报社　供图）

5 月 17 日，AC313A 首飞成功
（景德镇日报社　供图）

旅游市场复苏 2022 年，全年接待游客 4466.69 万人次，同比恢复 83.78%；旅游总收入 362.96 亿元，同比恢复 75.7%。

6 月 19 日，2022 年景德镇文旅（杭州）宣传推介会召开 （市文旅局 供图）

8 月 10 日，2022 浮梁古县衙“百城百夜”消费季暨大型网红夜市在浮梁古县衙开幕 （黄原珂 摄）

第五届“阿拉伯艺术节” 2022年12月19日 第五届“阿拉伯艺术节”在景德镇市开幕。国家主席习近平向第五届“阿拉伯艺术节”致贺信。其间举办了中阿文化产业论坛、阿拉伯知名艺术家访华采风精品展、“御窑天下”特展等文化交流活动，并与阿拉伯国家艺术家开展深入的文化交流，向世界展示千年瓷都景德镇的璀璨文化。

第五届“阿拉伯艺术节”开幕式上精彩的敦煌舞蹈《飞天彩虹》（余乐俭　摄）

12月20日，来宾参观“景德镇民间非遗展演”
（景德镇日报社　供图）

打造三宝陶源谷　2022 年，珠山区配合景德镇试验区建设，围绕文化、旅游、数字与产业等方面下功夫，努力打造三宝陶源谷，实现文化传承，产业振兴，群众致富，乡村振兴。

文化三宝

金灿荣做客三宝名家大讲堂
（珠山区委宣传部　供图）

三宝蓬艺术聚落风光
（珠山区委宣传部　供图）

旅游三宝

三宝泼泥节　（区国资公司　供图）

三宝瓷谷擎雨堂的第一场村宴
（珠山区国资公司　供图）

数字三宝

央视网陶瓷数字文化产业基地
在三宝瓷谷建成并试营
（珠山区委宣传部　供图）

三宝洛克设计谷（珠山区史志办　供图）

产业三宝

三宝集市赏瓷（珠山区国资公司　供图）

三宝瓷源境文工旅特色产业园项目
（珠山区政府办　供图）

义务教育发展取得实效 2022年，市中心城区新建及续建一批学校相继完工，其中新建项目学校3所（市一小迁建、市十八小改扩建、市十三中迁建）、改扩建项目学校1所（珠山区实验学校改扩建），4所学校共投入约6.74亿元，新增学位6510个。

市第一小学新校园项目全面竣工并于国庆节后投入使用（张明　摄）

10月，“游泳进校园”活动在景东游泳馆开班　（黄原珂　摄）

职业教育院校建设 2022 年，景德镇艺术职业大学新校区和景德镇陶瓷技师学院建成，景德镇艺术职业大学是江西省第三所本科层次的高等职业学校，也是一所由国有企业开办的本科职业学校。全市有职业学校 13 所，职业教育基础更加牢固、体系更加完备。景德镇市高校数量达到了 7 所，在校大学生超过 7 万人。

9 月 21 日，景德镇艺术职业大学新校区揭牌仪式举行。省市有关领导参加揭牌（刘定远　摄）

9 月 25 日，景德镇陶瓷技师学院揭牌仪式举行。市领导参加揭牌　（刘定远　摄）

体育事业发展 2022年，推进“体教融合”工作向纵深发展，竞技体育、群众体育、体育产业齐头并进，快速发展。

6月23日，2022年景德镇市职工篮球联赛举行 （市教体局 供图）

2022年1月2日，珠山区太白园街道小路园社区趣味运动会举行 （市教体局 供图）

6月4日，2022年景德镇市第三届水上运动大赛举行　　（刘铁　摄）

6月20日，乐平端午龙舟赛举行　　（汪和云　摄）

10月28—29日，市教体系统教职工气排球比赛　　（陈尤芳　摄）

慈善救助 2022年，开展线上捐赠，搭建“线上+线下”多场景筹款平台。全市199家党政机关和企事业单位、大专院校参与活动，捐赠资金为157.3万元。慈善“情暖万家”定期启动，全年发放慰问金和慰问物资12万余元。景德镇黑猫集团有限责任公司、市慈善总会筹集善款共27.6万元为全市69名品学兼优的困难学子给予资助，每人资助4000元。

为品学兼优的困难学子给予资助 （市民政局 供图）

庆“六一”慰问留守儿童公益慈善活动 （市民政局 供图）

养老服务 至2022年底，全市共有养老机构81家，其中市本级社会福利中心1所，县级福利院2所，农村敬老院39所，共有床位2290张，收住老年人1034人；民办养老机构39个，共有床位2986张，收住老年人1847人。全市472个建制村累计建成具备助餐等功能的农村互助养老服务设施436个，覆盖率为92.4%。

11月18日，2022年江西省“振兴杯”职业技能大赛养老护理员职业技能竞赛在景德镇市闭幕
（市民政局 供图）

3月，全市老年人意外险服务宣传活动 （市民政局 供图）

6月，乐平市抗击“6·20”洪灾，取得抗洪救援胜利
（市应急局　供图）

群众生活　2022年，景德镇市克服水灾、疫情的干扰，千方百计保障市民生活需求和社会的稳定，喜迎中共二十大召开

9月，“百年伟业 典亮千秋”景德镇紫晶红馆开馆。图为红色书刊收藏者吴农科为竟成法庭党员讲解
（吴农科　供图）

3月4日，经过一年多的改造施工，历史悠久的昌江浮桥重新启用。图为市民们在游览昌江夜色
（余昭彦　摄）

目　录

特　载

专　记

大事记

市情概览

中共景德镇市委

景德镇市人民代表大会

景德镇市人民政府

政协景德镇市委员会

纪检监察

民主党派和工商联

群众团体

军　事

法　治

应急管理

工 业

陶　瓷

园区经济

城乡建设

生态环境

交通运输

经济管理及监督

商　贸

财政·税务

金 融

科学技术

教 育

文化传媒

旅　游

卫　生

体　育

人民生活与社会保障

县（市、区）概况

人　物

附　录

索　引

昌南里夜景（白光华 摄）

特　载

在市委十二届三次全体（扩大）会议上的讲话

市委书记　刘　锋

（2022 年 12 月 17 日）

各位委员、同志们：

经市委研究决定，今天我们利用半天的时间，召开市委十二届三次全体（扩大）会议，主要任务是坚持以习近平新时代中国特色社会主义思想为指导，深入学习贯彻党的二十大精神，深入贯彻落实习近平总书记视察江西重要讲话精神，聚焦“作示范、勇争先”的目标要求，全面落实中央经济工作会议、省委十五届三次全体（扩大）会议和市第十二次党代会精神，审议市委常委会工作报告，审议通过《中共景德镇市委关于深入学习宣传贯彻党的二十大精神，加快全面建设社会主义现代化国际瓷都的决定》，分析研判当前形势，研究部署明年和今后一个阶段的工作，动员全市上下，牢记嘱托、感恩奋进、踔厉奋发、埋头苦干，凝心聚力建好国家陶瓷文化传承创新试验区，全力实施“五新”战略行动，奋力加快建设社会主义现代化国际瓷都。

刚才，我们传达学习了省委十五届三次全体（扩大）会议精神，审议了市委常委会工作报告，表决通过了《中共景德镇市委关于深入学习宣传贯彻党的二十大精神，加快全面建设社会主义现代化国际瓷都的决定》。下面，我代表市委常委会，就深入学习贯彻党的二十大精神，落实中央经济工作会议精神，做好全市明年的经济工作和今后一个时期的重点工作，再强调四个方面意见。

一、深入学习宣传贯彻党的二十大精神，凝聚全面建设社会主义现代化国际瓷都的强大力量

学习宣传贯彻党的二十大精神是当前和今后一个时期全市上下的首要政治任务，我们要持续在全面学习、全面把握、全面落实上下功夫，自觉用党的二十大精神统一思想、统一意志、统一行动，自觉用党的二十大精神审视工作、提高站位、狠抓落实，坚定不移地沿着习近平总书记指引的方向奋勇前进。

一要深刻理解把握“中国之治”的时代伟力，做“两个确立”“两个维护”的坚定捍卫者。党的二十大报告回顾总结了党的十九大以来五年的工作和新时代十年的伟大变革，用“三件大事”集中概括新时代十年党和人民团结奋斗赢得的历史性胜利，从“十六个方面”全面总结新时代十年取得的伟大成就，用“四个里程碑意义”深入剖析新时代十年伟大变革对未来的深刻昭示。新时代十年伟大变革，最根本在于习近平总书记掌舵领航、在于以习近平同志为核心的党中央坚强领导、在于习近平新时代中国特色社会主义思想科学指引。我们要更加坚定、更加自觉、更加忠诚地捍卫“两个确立”、做到“两个维护”，不断提高政治判断力、政治领悟力、政治执行力，确保在思想上政治上行动上始终同以习近平同志为核心的党中央保持高度一致，确保任何时候任何情况下都不偏向、不变通、不走样。

二要深刻理解把握“中国之理”的精神伟力，做习近平新时代中国特色社会主义思想的坚定信仰者。党的十八大以来，习近平总书记坚持把马克思主义基本原理同中国具体实际相结合、同中华优秀传统文化相结合，创立了习近平新时代中国特色社会主义思想，实现了马克思主义中国化时代化新的飞跃。学习贯彻党的二十大精神，必须始终高举思想之旗、精神之旗，深刻领悟习近平新时代中国特色社会主义思想的丰富内涵，切实领会好、运用好贯穿其中的立场观点方法、道理学理哲理，将之作为想问题、作决策、办事情的重要遵循，作为提高执政水平、执政能力的重要指引，作为意识形态斗争中分清是非、明辨方向的重要依据，更好地用以武装头脑、指导实践、推动工作。

三要深刻理解把握“中国之路”的奋进伟力，做中国式现代化的坚定践行者。党的二十大报告着眼于什么是中国式现代化、怎样实现中国式现代化这一重大时代课题，深刻揭示了以中国式现代化全面推进中华民族伟大复兴的重大意义，明确阐述了中国式现代化的历史进程、中国特色、本质要求、战略安排、目标任务和重大原则，指明了推进中国式现代化的战略部署、时间表和路线图，是新时代推进和实现中国式现代化的重要文献。学习贯彻党的二十大精神，必须更加紧密地团结在以习近平同志为核心的党中央周围，引导全市广大党员干部群众在党的旗帜下团结成“一块坚硬的钢铁”，凝聚起万众一心、无坚不摧的强大力量，加快全面建设社会主义现代化国际瓷都，为奋力谱写全面建设社会主义现代化国家新篇章贡献应有力量。

二、认真总结今年以来的各项工作，进一步坚定迈进新征程、建功新时代的信心决心

2022年是极不平凡、极不寻常、极为不易的一年。面对严峻复杂的外部环境，以及汛情、旱情、疫情诸多超预期的压力挑战，我们坚持以习近平新时代中国特色社会主义思想为指导，以迎接和学习宣传贯彻党的二十大精神为主线，全力以赴稳增长、强产业、优环境、防风险、惠民生，推动党的建设和经济社会发展取得了来之不易的新成效。

*一是全力推进国家试验区建设，发展动能更加强劲。*围绕“两地一中心”的发展定位，实施了68个重点项目，协调召开了第二次部省恳谈会、省领导小组第四次会议，20多个提请解决的事项获得支持，为试验区建设注入新动能。在保护传承陶瓷文化方面，编制完成御窑申遗文本，设立全球首个古陶瓷基因库，成功申报景德镇手工制瓷技艺省级代表性传承团体，国内首家陶瓷版权交易中心上线运营。在促进文旅融合发展方面，实施了45个文旅项目，全力打造“夜珠山”品牌，陶阳里御窑景区创5A获省政府首位推荐，“夜珠山”消费带、陶阳里御窑分别入选第一批、第二批国家级夜间文旅消费集聚区，我市文旅产业发展获得了国务院督查激励表扬。在陶瓷文化交流交易方面，精心筹办第五届“阿拉伯艺术节”，这将成为景德镇对外文化交流的历史性重大节会；在新建成的陶博城展览中心顺利举办第十九届国际陶瓷博览会，成功举办国家试验区发展高峰论坛、全球先进陶瓷暨高科技产业发展大会，“云”瓷博交易总额首次突破一百亿，朝着“买全球、卖全球”的方向努力；积极推进“景德镇制”陶瓷区域品牌建设，出台“日用硬质瓷器”标准，发布中国陶瓷价格指数，景德镇陶瓷国际影响力和话语权不断提升。

*二是全力推进工业强市，产业基础更加牢固。*大力实施工业倍增三年行动计划，推动经济运行稳中有进、稳中提质，主要经济指标不仅快速增长，而且还实现总量排位前移。前三季度，GDP总量866亿元、超过萍乡16亿元；前10月，规上工业营收总量1016亿元、超过萍乡118亿元，均扭转了连续多年全省末位局面。前10个月，规上工业增加值增长8.9%、居全省第5名，创近年来最好成效；有6项指标增速全省第1名，包括规上工业营收、全社会用电量、工业用电量、制造业用电量、工业技改投资、进出口总额，特别是进出口总额前11个月达到了204亿元，增幅173%，总量超过鹰潭，连续跨越百亿元、两百亿元大关；今年现汇外资有望突破1亿元，超过鹰潭、萍乡、新余和抚州，摆脱倒数第一，也是了不起。大力实施陶瓷优先发展战略，前11个月，陶瓷工业产值603亿元、同比增长27.1%；陶瓷行业税收6.9亿元、同比增长40.3%，今年陶瓷税收有望达到8亿元，实现两年翻一番；先进陶瓷产值突破百亿元，实现一年翻一番。航空产业规上营收同比增长65.8%，高新区全年预计营收820亿元、同比增长18%。富祥科技、天新、凌富等一批项目加快建设，精细化工和医药产业规上营收同比增长24.7%。大力支持实施数字经济“一号发展工程”，获评国内首个标识解析二级节点（陶瓷行业）建设许可城市，全市数字经济规模以上核心产业企业达92家、营业收入接近一百亿。

*三是全力招商亲商安商，营商环境更加优化。*坚定不移把招商引资作为经济社会发展的“第一抓手”，全市上下心往一处想、劲往一处使，在别的地方疫情严重的时候，我们的同志“点对点”招商，在车上吃泡面，靠着这样一种精神，做到全年招商引资“不停步”。今年引进“5020”项目32个，其中“50”项目5个、“20”项目27个，已向省政府申报18个，到年底前还要再申报一批；新增利用省外资金亿元以上项目165个、总量全省排第6、增速全省排第1名；获评全省开放型经济综合先进市，在全省工业项目建设推进现场会上作典型发言。与此同时，把稳企、惠企、帮企摆在更加突出位置，进一步激发市场主体活力。前10个月，全市新增“五上”企业184家、同比增长76.9%，其中规上工业企业48家、同比增长60%，总数达到555家。大力开展营商环境“五大改革”和“十大行动”，创新超时默许制、企业安静期、首违轻微免罚等87项改革举措，坚持一月一调度，扎扎实实推进营商环境优化工作。加快向园区放权赋能，促进“一区多园”协同创新发展，打造融合发展的“景德镇模式”，

全面唱响"景快办、办德好、镇暖心"的营商环境品牌，营商环境工作成效由去年全省末位到前三季度全省第5名。

四是全力办好民生实事，人民生活更加幸福。 坚持把有限财力向民生领域倾斜，全年民生支出143亿元，占一般公共预算支出的75.6%，十件民生实事全部完成。坚持教育优先发展，召开了千人规模的教师节庆祝大会，出台《加快全市教育发展的十条举措》，营造尊师重教的浓厚氛围。统筹抓好"双减"、防溺水、校园安全、师德师风建设等工作，新改扩建中小学14所，全面消除大班额。更为难得的是，景德镇艺术职业大学正式入驻新校区，今年招生近8000人，加上去年2000人，在校学生共1万人，一个崭新的大学矗立在昌江河畔；景德镇陶瓷技师学院成功升格，现有在校生4000人；景德镇卫生健康职业学院已经教育部同意纳入国家"十四五"专项规划，明年将接受评估，顺利的话明年秋季招生，在校生也有4000人。现在全市高校有7所，在校学生从5.4万人达到7.2万人，增加了1.8万人。积极构建全域融合发展新格局，推动区域融合、城乡融合、产城融合、产业融合，产业融合中既有文化产业和旅游产业的融合，也有陶瓷产业和航空产业的融合，也有各个产业与信息化数字化的融合，通过融合发展进一步释放发展的活力和动力。着力提升城市功能品质，实施25座城市更新改造项目，推进205座城市品质提升项目，城市防洪圈形成完整闭环，中心城区排涝装机容量从2016年的0.6万千瓦，提高到现在的3.2万千瓦，黄泥头内涝片区治理将在明年5月以前完成，推动内涝治理能力进一步提升。精彩承办2022年"中国农民丰收节"江西活动，推动城乡一体建设，开通景乐城际公交，推动区域内公交一体化，城乡供水一体化覆盖率90%以上，城乡环卫一体化覆盖率100%，实现农村公路"村村通"。

五是全力统筹安全发展，社会大局更加稳定。 一年来，我们防汛情、抗旱情、战疫情，在大战大考中全力守护人民群众生命财产安全。面对百年未遇的汛情，干部群众团结一心，军地合力携手，做到"不倒一坝、不垮一堤、不亡一人"。乐平市遭受了光绪八年以来最大的水灾，几乎所有的圩堤都达到漫堤的水平，在这样困难的情况下做到了"不亡一人"。面对历史罕见的秋冬春三季连旱，投入抗旱资金近1亿元、人员近7万人、设备近1万台，全力打好抗旱救灾攻坚战。应当说，由于措施得力，大江大河流域、灌渠流域保到了丰收，把损失降到了最小。面对突如其来的疫情，坚持人民至上、生命至上，不断优化防控措施，最大限度保护人民生命安全和身体健康，最大限度减少疫情对经济社会发展的影响。回顾三年来的疫情，景德镇交出了一份良好的答卷，一线防疫人员打赢了多场战役，特别是11月中旬以来，举全市之力做好疫情防控工作，机关干部、社区干部和志愿者们用了最诚的心、最大的情做好疫情防控工作。把防风险摆在突出位置，统筹发展与安全，有效防范化解房地产、财政金融等领域风险。深入开展市域社会治理现代化试点工作，"895"专项行动信访积案全部化解，在全省率先实现涉黑涉恶逃犯清零，连续10年获得全省平安建设先进，连续20年无重大及以上事故。

六是全面提升党建水平，干事氛围更加浓厚。 紧扣迎接和学习宣传贯彻党的二十大这条主线，制定学习宣传贯彻党的二十大精神28条，引导党员干部坚决捍卫"两个确立"、做到"两个维护"。落实省委基层党建"三化"部署，打造让党放心、人民满意的模范机关，以高质量党建引领高质量发展。持续推进正风、肃纪、反腐，认真落实"三个区分开来"，为12名领导干部和3个单位澄清正名，为1名干部容错纠错，有力激发干事创业的积极性。

回顾2022年的工作，我们有努力，有付出，更有收获。能够取得这样的成效，关键在于习近平新时代中国特色社会主义思想的光辉指引，关键在于省委省政府的坚强领导，关键在于全市上下一心、担当实干，特别是市委全委会的同志，以及市四套班子其他领导同志和各地各单位负责同志胸怀大局、勤勉工作，对市委常委会的工作给予了大力支持。借此机会，我代表市委常委会，向同志们表示衷心的感谢！

三、全面推进党的二十大精神落地见效，高水平展现中国式现代化的景德镇图景

党的二十大贯通历史、现实和未来，明确了以中国式现代化全面推进中华民族伟大复兴的使命任务，也为全面建设社会主义现代化国际瓷都指明了前进方向、提供了根本遵循。2023年是全面贯彻落实党的二十大精神的开局之年，也是在"十四五"规划中承上启下的关键一年，做好明年的各项工作尤为重要，必须敏锐把握"时"与"势"，科学认识"危"与"机"，以奋进的姿态续写发展新篇章。

发展形势催人奋进，我们要有"敢闯敢干"的责任感。 中央政治局会议和中央经济工作会议，为

明年经济工作定下“稳字当头、稳中求进”的主基调，强调“三稳”，即稳增长、稳就业、稳物价；“两个毫不动摇”，即毫不动摇地巩固和发展公有制经济，毫不动摇地鼓励、支持、引导非公有制经济发展。特别是中央经济工作会议，分析世界格局、研判疫情变量、部署具体举措，在强调“三稳”的同时，也指出明年经济总体有望回升，要求我们坚定做好经济工作的信心。明年各种变量和复杂性很多，需求收缩、供给冲击、预期转弱的“三重压力”带来的影响依旧很大，外部环境动荡不安，但是危中有机、危可转机，我们国家经济韧性强、潜力大、活力足，随着国家政策的发力和疫情防控的优化，将进一步激发市场主体活力。我们要正确处理好“稳”和“进”的关系，坚持“两个毫不动摇”，激发全社会的创业活力，形成以稳求进、以稳促进，以进培稳、以进固稳的良好态势。

国家使命催人奋进，我们要有“抢抓快抓”的紧迫感。国家试验区建设是总书记的殷殷嘱托和国家使命，是统领全市经济社会发展的主题主线，也是我们争政策、争资金、争项目的重要抓手。中央经济工作会议明确的五大政策的发力点，即积极的财政政策要加力提效，稳健的货币政策要精准有力，产业政策要发展和安全并举，科技政策要聚焦自立自强，社会政策要兜牢民生底线。这些就是试验区争取国家和省里的大资金、大项目、大需求、大市场的着力点，这就要求我们善于学习、善于研究、善于沟通、善于争取，要善于发现机遇、争取机遇、使用机遇。中央的五大政策适用于全国，谁能从中发现机遇、找到机遇，就看我们的理解能力、执行能力和创新能力。我们怎么样以国家试验区建设为统领，努力把政策优势转化为发展胜势，需要全市上下共同努力。

目标任务催人奋进，我们要有“争先进位”的使命感。当前的景德镇，正处于乘势而上的跃升突破期，处于退无可退的转型关键期，虽然近年我们工作取得了积极成效，但发展不足依然是最大市情，总量靠后的局面还没有根本改变，争先创优的态势还没有根本向好，重点工作目标还没有根本实现，敢闯敢试的思想还没有根本树立。明年是工业倍增三年行动的决战决胜之年，也是“三个千亿”目标的交账之年。越是形势复杂多变、越要坚定发展定力，越是经济下行压力、越要保持强攻之势，越是任务艰巨繁重、越要激励干部创先。我们要坚持把工业强市战略抓在手上，不断提升我市在全省发展大局中的位势。

2023 年全市工作的总体要求是：坚持以习近平新时代中国特色社会主义思想为指导，全面贯彻落实党的二十大精神，聚焦“作示范、勇争先”目标定位，坚持稳中求进工作总基调，突出稳增长、稳就业、稳物价，以国家陶瓷文化传承创新试验区建设为统领，坚持“五新”战略行动，坚持工业强市战略，坚持扩大内需，坚持保障民生，坚持防范风险，加快全面建设社会主义现代化国际瓷都，高水平展现中国式现代化的景德镇图景。

第一，坚持“五新”战略行动，推动全市经济社会发展迈上新台阶。去年市第十二次党代会，我们对标全国、全省同步实现社会主义现代化战略目标，描绘了“建好国家陶瓷文化传承创新试验区，全力实施‘五新’战略行动，全面建设社会主义现代化国际瓷都”的发展蓝图。这个发展蓝图，集中了全市干部群众的思想和智慧，是指导我们今后五年乃至到 2035 年工作的重要遵循。我们要保持战略定力，全力推进“五新”战略行动高质量落实。

要从外延发展加快转向内涵发展。外延式发展表现在数量增长、规模扩大、空间拓展，是外在的扩张；内涵式发展强调的是结构优化、质量提高、实力增强，更多是激活内在的动力。比如招商引资工作，过去我们往往更加重视数量，自己跟自己比取得了好成效，但难免存在“捡到篮子都是菜”，有些不是我们主导产业的项目也招了进来。要进一步聚焦“3+1+X”特色产业体系，围绕各地主导产业招商引资、招大引强、招才引智，每个县（市、区）都有 1~2 个主导产业，大家要进一步聚焦，不要分散精力、不要分散财力，要保持战略定力，围绕主导产业，既招“高大上”又招“链群配”，既顶天立地又铺天盖地，进一步提高主导产业的集中度。

要从注重数量加快转向注重质量发展。近年来，我市每年都实施了 350~450 个左右重点项目，这些重点项目的建设，让老百姓有看得见、摸得着的发展变化和切身体会。但这些项目也存在民间投资比重低、产业项目占比小等不足。今年我们谋划了 301 个重点项目，总投资 3197 亿元，虽然项目总数量比去年有减少，但总投资和当年投资有增加，产业投资的比重超过了 80%，社会资本的投资比重超过了 80%，社会资本里平台公司的经营性项目占比 20%，真正的民营资本占比 60%，自己跟自己比，有了很大进步，但跟兄弟地市相比还有差距。要围绕财政、货币、产业、科技、社会“五大”政策的发力点，超前部署和谋划好重大平台、重大项目、重大改革、重大政策、重大活动，为争资争项做好充足准备。当前，要重点做好乐平水利枢纽、浮梁抽水蓄能、景德镇电厂二期扩建、景德镇机场扩建等重大项目前期工作，力争更多的大项目、好项目纳入国家和省里的“大盘子”。

要从讲速度加快转向讲效益发展。景德镇经济体量不大、空间有限、资源宝贵，在发展中要把“投入产出比”作为重要标准，在“建好物理空间”的同时，更要注重“用好发展空间”。这几年，我们建了不少的项目，物理空间比较充足，怎么注重内涵发展，把建设和运营并重，实现经济效益、社会效益、民生效益最大化。前段时间，我到国控集团调研时提出，二手车市场、农产品批发市场、陶博城三大项目都建得好，关键是要运营好。比如，陶博城展览中心8万~9万平方米，交易中心33万平方米明年也能完成建设，怎么把它用好、运营好，比建好更不容易、更体现水平。要把陶博城建设成品种最全、品质最优、价格最实、配套最完善、交易最便利的市场，打造成景德镇城市客厅、全球陶瓷贸易中心、全球陶瓷会展中心、全球青少年陶瓷研学游中心、全球陶瓷文化旅游目的地、全国陶瓷跨境电商综合实验区、全国陶瓷市场采购贸易方式试点区，如果这七个定位都能做到，那么将会奠定景德镇在全球陶瓷交易中的领先地位。再比如，我们的鱼山码头，上次务虚会有同志提出来，怎么依托航运、铁路、机场开展多式联运，怎么把码头建设与昌江河航道提升、凰岗枢纽改建、冷链物流中心，以及乐平北高铁站和景德镇机场扩建等项目系统谋划、联动发展，形成景德镇多式联运网络，打造赣东北的物流中心。景德镇现在经济发展的一个“瓶颈”就是物流成本高，这将对今后景德镇的经济发展起到特别作用。

第二，坚持以国家试验区建设为统领，推动陶瓷优先发展战略取得新成效。明年的试验区建设，我们谋划了两个“235”，即实施年度计划投资235亿元的60个重点项目，235项试验区重点工作任务，要进一步梳理明年试验区建设必须完成的20项重大工作，抓住重点、抓住要害、全速推进。要在加快“两地一中心”建设的基础上，突出御窑遗址申遗、陶阳里御窑景区创5A、陶博城建设“三大重点任务”，再设定一些子目标，把这些子目标一个一个完成，让试验区建设更加聚焦、重点更加突出、成效更加明显。

要把景德镇打造成全球陶瓷文化遗产保护中心。景德镇是陶瓷文化发展的巅峰地，拥有丰富的陶瓷文化遗存遗址遗迹遗产，举世无双、不可复制，呵护好老祖宗留给我们的遗产，就是守护昔日的辉煌，是国家试验区建设的基础。要通过创建3块世界级、国家级牌子，全力打造世界陶瓷文化遗产保护中心。要推动御窑遗址申遗，这是“皇冠上的明珠”，要围绕2026年成功申遗目标，打好文本论证攻坚战，确保顺利通过明年国家文物局申遗文本评审会。要顺利通过国家陶瓷文化生态保护实验区验收，这是推动非遗保护的有力抓手，要确保明年公布实验区规划，力争2026年通过国家文物局验收。要创建国家文物保护利用示范区，这是保护瓷业遗产的有力抓手，也是国家文物局给予的“真金白银”项目，要积极跟进、积极对接，确保进入第二批创建名单。

要把景德镇打造成全球陶瓷教育中心。景德镇的陶瓷教育在全国乃至全球独树一帜，特别是今年新增了3所高校，在我市教育发展史上留下了浓墨重彩的一笔。要充分发挥高校在人才培养中的主阵地作用，加快景德镇艺术职业大学新校区二期建设，加快推动职业教育的产教融合、高等教育的校城融合、继续教育的技企融合，不断提高教育与地方经济发展的契合度，力争到2025年，中心城区集聚10万名在校大学生、10万名年轻创业人士，形成陶瓷专业人才、技术人才和技能平台向全球、全国输出的龙头地位，使景德镇真正成为一座青年之城、创业之城、教育之城。

要把景德镇打造成全球陶瓷文化旅游中心。景德镇独特的陶瓷文化，是世界级的、独一无二的旅游资源。我们通过承办全省旅发大会，实施“国际瓷都·优质旅游”文旅融合计划，打造了一批旅游品牌，提升了国际瓷都的影响力。要抢抓“后疫情时代”旅游复苏机遇，全力推进景区建设，力争明年陶阳里御窑景区成功创建AAAAA级景区，积极推动其他景区创建A级景区工作，培育非遗游、工业游、研学游、演艺游等多样化的旅游业态，推动陶瓷、文化、旅游“三位一体”，着力打造更具影响力、更具引爆力的世界级文旅IP。要加快完善旅游配套设施和旅游公共服务体系，加强旅游立体交通网、旅游服务设施网、星级酒店等建设，推出一批精品线路，引进一批知名旅行社以及金牌导游、旅游管理等专业人才，为文旅产业发展奠定扎实基础。

要把景德镇打造成全球陶瓷贸易中心。以“买全球、卖全球”为目标，加快陶博城建设，积极争取中宣部作为主办单位，推动“瓷博会”打造成继“深圳文博会”之后的，具有国际国内广泛影响力的国家级文化展会品牌，打造“全天不下线、全年不落幕”的陶瓷文化博览会。要以全国版权示范城市建设为契机，争取在景德镇举办第九届国际版权博览会，打造国家版本馆陶瓷分馆，深化国家陶瓷版权交易中心建设，积极争取金融牌照，嫁接市场商业模式，力争到2025年实现1000亿元的陶瓷版权交易规模，把景德镇建设成为重要高端陶瓷文化贸易出口区。

要把景德镇打造成全球陶瓷文化交流中心。这几年我们搭建了陶溪川、陶阳里、三宝瓷谷、名坊园等系列对外交流新载体，但总体上承载力不高、集聚力不强，缺乏类似于达沃斯、乌镇那种在国际上有持续影响力的交流传播平台。要聚焦“打造对外文化交流新平台”的重要要求，围绕城市规划布局和建设发展，打造一批具有强大聚集力、辐射力和国际影响力的对外交流平台，更好地发挥这些平台的“龙头”作用，统筹文化、文物、非遗、演艺、高校、博物馆等各种资源，推动更多世界级、国字号平台落户景德镇。要借助“感知中国”“今日中国”、中华文化走出去等国家高端平台，全力做好“请进来、走出去”文章，在“一带一路”重点沿线城市建立陶瓷文化海外传播基地，推动国际友好城市“扩容”，举办国际陶瓷艺术双年展、全球陶瓷艺术高峰论坛等活动，更好地用陶瓷文化讲述中国故事、传播中国声音。

要把景德镇打造成全国先进陶瓷材料氧化铝和碳化硼中心。氧化铝陶瓷是应用最广泛、性价比最高、产销量最大的先进陶瓷，随着新能源汽车、储能等产业的发展，对大电流、高压、快冲、高可靠性等方面提出了更高要求，必将推动性能优异的氧化铝陶瓷呈现爆发性增长。氧化铝陶瓷是我市先进陶瓷的传统优势产业，现有氧化铝陶瓷相关企业51家、占全市先进陶瓷企业的38%，预计全年产值25亿元。特别是我市新引进的银铱材料公司，以及浮梁先进陶瓷粉体开发中心在高纯氧化铝粉体制备产业化技术取得突破，主要性能指标已达到国际先进水平，为打破国外垄断局面提供了良好基础。碳化硼陶瓷具有低密度、高硬度、吸收中子等特性，在国防、核能中广泛应用，我国碳化硼产能为1.8万吨/年，实际产量约7000吨，主要集中在低端产能，能够用于军工和核工业的碳化硼产能相对不足，预计2025年我国碳化硼粉体产量将增至1.2万吨。我市华迅特陶公司是碳化硼高端细分行业的龙头，生产的碳化硼陶瓷防弹材料是国内第一款成功列装某型号武装直升机的产品，填补了国内空白，正在实施年产2000吨超纯超细碳化硼陶瓷粉体产业化项目，达到国内先进水平。要聚焦打造成全国先进陶瓷材料氧化铝和碳化硼中心，运用好创新平台，整合好科研资源，加快技术攻关，促进更多科技成果落地转化，不断提升我市先进陶瓷产业核心竞争力。

第三，坚持工业强市战略，推动营商环境实现新突破。工业强市、招大引强、营商环境是“三位一体”，要一体贯通、一体落实、一体推进。

要推动工业强市大提速。明年是工业倍增三年行动的决胜之年，各项目标完成得怎么样、差距还有多大，大家要认真理一理。比如，今年规上工业营业收入目标是1395亿元，但实际上可能只能完成1300亿元，还相差95亿元。实际上这两年我们克服了黑猫、华意解捆以及昌飞产能下降的影响，特别是黑猫、华意解捆减少了200亿元营收。如果是同口径相比，我们不仅是完成了任务，而且是超额完成了任务。客观因素已经形成，所以今年差的95亿元的目标，明年怎么补？我们还是要以决战决胜姿态冲击三年倍增任务，如果完不成，也不要弄虚作假，哪怕就完成目标的90%或者95%，我觉得也是很了不起，但不要为了完成目标任务去作假。要围绕“三个千亿”的目标，做到任务项目化、项目清单化、清单责任化、责任绩效化，全力以赴完成明年各项任务目标，要力争明年规上工业企业超过600户。

要推动招商引资大提效。进一步压实招商责任、提高招商质效、优化招商方式，严格压实“一把手”的招商工作，坚持每月外出招商不少于7天，对标三年倍增目标，细化招商引资任务，完善“月通报、季调度、半年小结、年终巡查”机制，推动招商项目早签约、签约项目早开工、开工项目早投产、投产项目早达效。

要推动营商环境大优化。营商环境优化仍然要作为明年最重要的一项工作去做，要想方设法提高排名，推动指标要再进位、环境要再优化、改革要再深入，发挥首创精神，不断深化“企业安静期”“超时默许制”“首违轻微不罚”等工作，加快推出一批全省领先、管用、能推广、叫得响的改革举措。

第四，坚持扩大内需，促进社会消费实现新升级。中央经济工作会议把“着力扩大国内需求”，作为明年经济工作“五大任务”之首，强调要把恢复

和扩大消费摆在优先位置，凸显了内需的极端重要性。前10月我市社会消费品零售总额增速5.3%，排全省第10，这与我们“生龙活虎”的消费形势是不太相称的。我们要聚焦扩大内需，把消费作为拉动经济增长的引擎，不断增强消费能力、改善消费条件、创新消费场景。

要深入开展消费升级行动。实施好新一轮商贸消费提质扩容三年行动，加大对消费目的地打造、商圈改造提升、县域商业体系建设，引进知名品牌、壮大龙头商贸主体、发展夜间经济，推动商贸消费主要经济指标实现新突破。

要全力打造特色消费品牌。高品质建设国家文旅消费试点城市，在积极推动“名企进街”“名品进店”，扩大“海品”进口的基础上，构建具有景德镇特色的消费品牌。要打造景德镇“瓷宴”品牌、打造“景德镇记忆”品牌、打造“夜珠山”品牌，聚焦“千年景德镇、人文夜珠山”发展主题，构建“双圈双十”发展格局，丰富“十类”文化场景，繁荣“十夜”发展业态，开展“十大攻坚”行动，进一步燃旺烟火气、繁荣夜经济，让“夜珠山”成为拉动经济增长、展现城市魅力的文旅消费大品牌。

要压实促进消费工作责任。社会消费品零售总额指标靠后与我们的基础工作密切相关、与入规入统工作密切相关。要聚焦在全省“争先进位”目标，加强对商贸消费提质扩容工作的调度和考核督查。

第五，坚持保障民生，推动群众福祉得到新提升。要坚持在发展中保障和改善民生，不断推进共同富裕取得新成效，让人民群众生活更有品质、更为舒心、更加美好。

要建设富裕景德镇。就业是最大的民生，也是共同富裕的基础。要落实落细就业优先政策，充分发挥创业带动就业的“倍增效应”，用好我市各级创业孵化示范基地，我市已建成9家创业孵化示范基地，其中国家级2家、省级5家、市级2家，要充分发挥作用。要支持高校毕业生、农民工等重点群体的就业创业，抓好职业技能培训，全力解决好企业“招工难”和劳动力“就业难”问题。要把稳物价作为民生大事，加大居民生活必需品及疫情防控物资市场监管工作。要巩固拓展脱贫攻坚成果同乡村振兴有效衔接，把发展工业好办法运用到发展农业上来。要扎实办好“十件民生实事”，实施城市棚户区改造、大交通、能源、水利四大领域攻坚行动。

要建设人文景德镇。围绕常态长效创建全国文明城市、争创全国文明典范城市、创评联合国人居环境奖为抓手，统筹推进文明创建工作。我们去年全国文明城市创建取得了好成绩，在110多个文明城市中获得了第34名，今年的成绩有望进一步提升，明年是这一轮文明城市创建的最后一年，我们能不能拿到全国文明典范城市的试点，关键就看2023年的工作。

要建设健康景德镇。积极做好国家卫生城市复审工作，深入实施“健康景德镇”行动，特别是要落实国家优化调整疫情防控政策，做好新冠病毒分级诊疗工作。

要建设生态景德镇。深化国家生态文明建设示范市建设，稳妥推进“双碳工程”，持续开展“净空、净水、净土”专项行动，深化河湖长制、林长制建设，共同呵护好青山常在、绿水长流、蓝天常见的美丽家园。

第六，坚持防范风险，推动安全发展取得新进步。牢牢守住不发生系统性风险的底线，确保全市社会大局和谐稳定。

要全面化解风险隐患。特别是房地产、金融、政府债务等领域风险，需要高度关注和警惕。我们要树牢底线思维，加强分析研判、落实精准施策，这次中央经济工作会议，对房地产做了强调，特别是一些问题楼盘，要做好保交楼、保民生、保稳定工作，要密切关注其他困难的房企，支持刚性和改善性住房的需求，探索长租房市场建设，推动房地产业向新发展模式平稳过渡。房地产业对经济在上升期有很好拉动作用，但在经济下行期，它的影响也是不可估量的，所以如何稳住稳好房地产市场，也是明年的重要工作。要高度重视政府债务风险，针对市本级债务率偏高问题，坚决遏制增量、化解存量，坚持用发展的办法去解决发展中的问题，积极妥善化解存量政府隐性债务，确保我市全口径债务率控制在红线以内。要稳妥处置金融领域风险，针对个别股份制银行、村镇银行不良贷款率风险等级偏高问题，要持续跟踪监测，落实精准措施。要积极推动平台公司优化升级，加强平台公司投资效益考核评估，推动平台公司聚焦产业发展转型升级。

四、大力弘扬伟大建党精神和自我革命精神，以高质量党建引领高质量发展

建好社会主义现代化国际瓷都，关键在党、关键在人。要重点围绕“四敢”即干部敢为、地方敢闯、企业敢干、群众敢首创做文章，敢担当、善作为、察实情，为经济社会发展提供坚强保障。如何落实“四敢”，重点要做好五个方面工作：

一要全力抢抓机遇。善于把党中央和省委部署要求转化为具体的工作抓手和项目支撑，善于“借鸡孵蛋”“借梯登高”“借船出海”，变更多不可能为可能、劣势为优势、跟跑为并跑甚至领跑。要抢抓政策机遇，加快建立部委“双向对接”“双向挂职”机制，争取资金、土地、人才等政策向试验区集聚，在这个问题上，要积极“跑”、积极“争”、积极“抢”。

二要大力解放思想。一个地方发展得快不快，最根本的是思想解放的程度。要始终把解放思想作为推进高质量发展的“先手棋”，坚决破除传统思维的束缚，敢于突破条条框框的限制，坚决克服自卑思想、自满思想、松懈思想、犹豫思想，坚定不甘小、不甘后、不甘慢的信心，说了算、定了干、干就成，努力蹚新路、干出大事业，以思想的“破冰”推动发展的“突围”。

三要奋勇争先创优。出台有关文件鼓励争先创优，大力弘扬“一天当作两天用、三步并作两步走”的实干精神，引导广大干部同好的争、跟强的比、与快的赛，跳起来“摘桃子”、跑起来“当标杆”。树牢“看重基层干部、注重实干实绩、尊重人岗相适、器重默默奉献”的鲜明导向，推进领导干部能上能下，做到“德不配位就去位、才不适岗就调岗、状态不佳就换人”，让更多可堪大用、能打胜仗、埋头做事的人脱颖而出。

四要夯实基层基础。发挥党建引领作用，完善大统战工作格局，尽最大努力凝聚各方智慧、聚集各方力量、赢得各方信任。要全面落实基层党建工作责任制，统筹做好农村、城市，以及机关、学校、“两新”组织等各领域党建工作，特别是要汲取基层疫情防控经验，把重点放在提高基层组织服务群众能力方面，让党的旗帜在每个堡垒上高高飘扬。

五要强化正风肃纪。压实管党治党政治责任，深入推进肖毅案、龚建华案以案促改工作，扎实做好省委巡视反馈问题整改，紧盯工程建设、项目审批、国有企业、营商环境等领域，以零容忍态度反腐惩恶。要深入贯彻中央八项规定精神，驰而不息纠治“四风”，力戒形式主义、官僚主义，持续为基层减负，构建更加风清气正、健康向上的良好政治生态。

年末岁初，强调几项重点工作：一要全力承办好第五届“阿拉伯艺术节”。12 月 18 日到 20 日，第五届阿拉伯艺术节将在我市举办，这是中阿峰会的重要配套活动，也是第一次单独由一个城市承办的“阿拉伯艺术节”，是景德镇的城市荣光，要精心做好有关承办和保障工作。二要全力开好市“两会”。12 月 20—21 日“两会”分别开幕，还要选举产生省人大代表，任务很重，要求很高，要高质量筹备好、组织好。三要全力做好年度的收官工作。现在到了 12 月中旬，各地各部门要对照年初制定的工作计划和台账，逐项盘点、逐项分析、逐项制定推进措施，咬定目标不放松，攻坚克难再向前，以冲锋冲刺的姿态干出最好结果，以争分夺秒的状态拼出最好成绩，冲刺四季度、奠定全年胜。四要全力守住安全稳定底线。统筹疫情防控和经济社会发展，统筹发展和安全，严格落实安全生产责任制，坚决防范和遏制各类安全事故发生，强化市场保供稳价，保障好因灾因疫困难群众和老弱病残等特殊群体基本生活，确保社会大局和谐稳定。五要全力谋划好明年的工作。强化重点指标、重点项目、重点举措谋划，积极争取国家、省项目资金和重大政策，为明年实现“开门红”奠定坚实基础。

同志们，时代呼唤担当，使命催人奋进。让我们更加紧密地团结在以习近平同志为核心的党中央周围，坚持以习近平新时代中国特色社会主义思想为指导，深入学习贯彻党的二十大精神和习近平总书记视察江西重要讲话精神，埋头苦干、勇毅前行，奋力谱写全面建设社会主义现代化国际瓷都新篇章！

政府工作报告

——2022年12月21日在市十六届人大三次会议上

市长　胡雪梅

各位代表：

现在，我代表市人民政府向大会报告工作，请予审议，并请市政协委员和其他列席人员提出意见。

一、2022年工作回顾

今年是极不寻常、极为不易的一年，我们紧扣迎接和学习宣传贯彻党的二十大这条主线，以国家试验区建设为统领，认真落实省委、省政府和市委各项决策部署，全力实施“五新”战略行动，不遗余力稳增长、强产业、优环境、防风险、惠民生，在大战大考之年交出了一份沉甸甸的答卷。预计全年GDP同比增长5.6%，规上工业增加值增长8.5%，固投增长9%，社消总额增长6%，CPI控制在2.5%以内，城乡居民人均可支配收入分别增长5.5%、7.5%。

一年来，我们坚持文化引领、品牌铸魂，奏响了国际瓷都的最强音。成功举办第五届“阿拉伯艺术节”，习近平总书记专门发来贺信，令我们深受鼓舞、倍感振奋，这必将为纵深推进景德镇国家陶瓷文化传承创新试验区建设注入强劲动力和激发澎湃活力，文旅消费试点城市等10余项“国字号”荣誉获批，“夜珠山”成为覆盖全域的“夜经济”品牌，御窑创国家5A级景区取得实质性进展，获全省首位推荐。首次发布中国陶瓷价格指数，推出“景德镇制”陶瓷区域品牌，获批国内首个标识解析二级节点（陶瓷行业）运营授权城市，上线运营陶瓷工业互联网平台，全国最大体量、最高品位、最全业态的陶博城全面开工并部分投入运营，一城“买全球、卖全球”迈出关键一步，景德镇陶瓷影响力和话语权不断提升。

一年来，我们坚持招大引强、扶优扶强，跑出了工业倍增的加速度。引进“5020”项目32个，入统亿元以上项目200个，增速全省第1名，规上工业增加值增速创近5年最好成绩，外贸进出口、规上工业营收、全社会用电、工业用电、制造业用电、工业技改投资等6项指标增速列全省第1名。新增国家专精特新“小巨人”企业2家、省“专精特新”中小企业43家、瞪羚企业4家，创历年最好成绩。

一年来，我们坚持人民至上、生命至上，打赢了战疫抗灾的保卫战。面对突如其来的省外输入疫情，迅速吹响战疫“集结号”，党员干部闻令而动、下沉“疫”线，全市上下携手并肩、同心战“疫”，最大限度守护人民生命安全和身体健康。积极应对百年一遇汛情和超历史旱情，团结一心抗大灾，众志成城克时艰，以干部群众的负重前行换来瓷都大地的岁月静好。

一年来，我们坚持教育兴市、人才强市，开启了教育发展的新篇章。首次召开千人规模的教师节大会，出台教育改革发展十大举措，新改扩建中小学14所，新增学位3.3万个，全面消除超大班额，市第二职业学校等项目加快推进，职业学校达13所，艺术职业大学新校区投入使用，高级技工学校成功升格陶瓷技师学院，卫生健康职业学院纳入国家“十四五”专项规划，新增在校大学生1.8万人，为经济社会发展提供了强有力的人才支撑。

这一年，重点做了以下六个方面工作。

（一）国家试验区建设迈上新台阶。68个国家试验区重点项目建设成效显著，协调召开第二次部省恳谈会和省领导小组第四次会议，提请的20个事项获得支持。传承保护有力有序，编制完成御窑申遗文本，打造8个申遗备选要素点，设立全球首个古陶瓷基因库，非遗馆建成开馆。成功举办2022国际版权论坛，国内首家陶瓷版权交易中心投入使用，三宝瓷谷获评全国版权示范园区（基地），文化创新活力蓄能迸发。文旅融合势头强劲，45个文旅项目加快实施，陶阳里入选第二批国家级夜间文旅消费集聚区，陶溪川入选国家旅游科技示范园区，外销瓷博物馆建成开馆，昌江区获评全省文化产业重点县，瑶里镇入选全国乡村旅游精品线路，江直科技馆获评全国科普教育基地，文旅消费领域获国务院督查激励表扬。贸易水平逐步提升，精心举办第十九届瓷博会，国际知名品牌参展企业创历史新高，瓷博会交易总额首次突破百亿。陶瓷官方旗舰店走出景德镇，广获好评。跨境电商综试区、市场采购贸易方式试点获批。对外交流日益广泛，举办第十二届中国陶瓷艺术大展等活动，与土耳其伊兹尼克缔结友好城市，景德镇入选2022“一带一路”建设案例，国际文化交流水平显著提升。

（二）双“一号工程”释放新动能。数字经济核心产业营收超百亿元，营商环境综合考核实现位次前移。数字经济稳步发展，云弧智慧、安正科技等100个数字经济项目加快推进，以晴数字经济产业园一期建成投产。陶瓷直播等新业态发展迅速，电商交易额突破百亿元。新增上云企业1.2万家，超全年目标4倍，新增省级两化融合示范企业43家，企业“上云用数赋智”成为新趋势。营商环境更加优化，深化“放管服”改革，实施“十大专项行动”，在全省率先实行“企业安静期”“超时默许制”“首违轻微免罚”等创新做法，“出生一件事”改革获公安部优秀奖，政府采购等10项一级指标居全省前列，“12345”热线办结率、满意率居全省第1方阵。

（三）产业转型发展实现新突破。大力实施工业倍增三年行动，179个重点产业项目加快建设。先进陶瓷产业加速领跑，成功举办全球先进陶瓷暨高科技产业发展大会，设立65亿元先进陶瓷产业发展基金，中日先进陶瓷产业合作园加快推进，电镀集控中心、先进陶瓷检测分析中心和“一室三中心”研发平台投入使用，先进陶瓷企业达134家，产值实现翻番。做大做强传统陶瓷产业，陶瓷产业营收可达660亿元。航空产业蓄势起航，国家军民融合发展重点区域核心区建设稳步推进，浮梁机场建成使用，通航协调运行分中心试运行，AC313A直升机成功首飞，“小朱雀”获全国首个轻型运动型直升机TC/PC证，江直“JH系列直升机”逐步量产，航空产业营收可达240亿元。精细化工和医药产业蓬勃发展，富祥科技（一期）投产，天新维生素科技园试生产，凌富医药产业园加快建设，同宇新材料一期、辅力新能源等项目有序推进，精细化工和医药产业营收可达640亿元。汽车及零部件产业加快转型，昌河汽车洪源基地实施“乘转商”战略，15万台商用车生产线技改加快推进，永泰汽摩配项目一期建成投产。

（四）改革开放创新取得新成果。国资国企改革持续深化，市政公用集团组建并投入运营，与省供销联社达成战略合作，国资国企改革创新三年行动获全省评估A级。财税金融改革持续推进，实施融资平台优化升级行动，市属监管企业资产总额近3000亿元。天新药业主板上市，15家企业纳入省重点拟上市企业后备库，A股上市企业数全省第4名。开放成果持续扩大，举办各类招商活动60场，累计签约项目142个，总投资突破1200亿元，获评全省开放型经济综合先进市。创新能力持续增强，科技创新评价全省第2名，R&D投入强度全省第3名，宏柏新材料荣获国家级单项冠军，并获评设立国家级博士后科研工作站，1人入选国家高层次特殊人才计划，为五年来首次。

（五）城乡融合发展呈现新面貌。全国文明城市2021年度测评列第34位，连续4年获评城市体检样本城市，入选首批中国城市体检创新实践典范案例。城市品质稳步提升，顺利完成竟成镇、吕蒙乡撤乡镇设街道。获评全省城市功能与品质提升三年行动先进市，完成“三区三线”划定，实施25个城市更新项目，改造完成129.6千米燃气老旧管网，城市防洪圈基本形成闭环。现代农业高效发展，首个大型冷链物流园正式运营，浮梁入选全国农业现代化示范区，“浮梁茶”成为中国第二批中欧地理标志产品，高家镇（白茶）入选全国“一村一品”示范村镇。精彩承办2022“中国农民丰收节”江西活动，全面展示新时代景德镇秀美乡村的田园画卷。乡村建设扎实推进，实施美丽乡镇建设五年行动，打造390个新农村建设点，桃墅村等3个村入选第六批中国传统村落，昌江区获评全省美丽宜居先行县。生态优势不断巩固，空气优良天数比例98.7%，全省第1名，地表水水质优良比例100%，全省第1名，$PM_{2.5}$平均浓度22微克每立方米，全省第2名，生态环境综合指数保持全省第1方阵。

（六）民生幸福指数获得新提升。十件民生实事全部完成。就业保障更加有力，建成创业孵化示范基地9家，在全省率先探索新就业形态劳动者职业伤害保障试点。养老服务持续优化，市社会福利中心建成，具有助餐等功能的农村互助养老服务设施覆盖面达92%。综合交通提质发展，景乐公交AB线开通，浮梁获评全国“四好农村路”示范县，吕蒙大桥即将通车，景德镇港鱼山码头基本完工，昌景黄高铁进展顺利。卫生事业协调发展，全民参保覆盖率95%，全市二级以上综合性医院老年医学科设置率全省第1名，市二院成功申报全省高质量发展示范医院。平安建设富有成效，扎实开展“895”专项行动，妥善化解房地产领域涉稳风险，信访秩序创近十年来最好水平。“雪亮工程”加快建设，“新型警力护校园”活动扎实开展，常态化扫黑除恶工作稳步推进，基层社会治理体系不断完善。严格落实安全生产责任制，连续20年未发生重大及以上事故。同时，审计、民宗、退役军人、机关事务、工青妇、红十字会、气象、地方志等工作取得新成绩。

强基才能固本，行稳方能致远。一年来，我们驰而不息转作风、强素质、提效能，全力推进"五型"政府建设走深走实。依法接受人大法律监督、工作监督，自觉接受政协民主监督和社会监督，办理人大建议177件、政协提案360件，"法治护航陶瓷知识产权保护新高地"获评第二批全国法治政府建设示范项目。整合浮梁古县衙、瑶里改编旧址等资源，建设全省政府系统廉政教育基地，不断唱响瓷都廉政教育品牌。

"上下同欲者胜，风雨同舟者兴"。这些成绩的取得，离不开全市广大干部群众的共同努力。在此，我谨代表市政府，向全市人民，向各民主党派、人民团体和社会各界人士，向驻景解放军指战员、武警部队官兵、公安干警和消防指战员，向各驻景单位致以崇高敬意，并向所有关心支持景德镇发展的各界朋友表示衷心感谢！

同时，我们也清醒看到发展还面临不少困难：经济基础还不牢固，资源要素日益趋紧，营商环境还有短板，政府性债务仍然偏高，服务效能有待提升，我们一定采取有力措施加以解决。

二、2023年工作安排

2023年是全面贯彻落实党的二十大精神的开局之年，是实施"十四五"规划的关键之年，是推进国家试验区树标杆的重要之年。踏上新征程，走好赶考路，唯有矢志不渝、笃行不怠，方能不负时代、不负人民！

按照市委的决策部署，明年政府工作的总体要求是：坚持以习近平新时代中国特色社会主义思想为指导，全面贯彻落实党的二十大精神，聚焦"作示范、勇争先"目标定位，坚持稳中求进工作总基调，突出稳增长、稳就业、稳物价，以国家陶瓷文化传承创新试验区建设为统领，坚持"五新"战略行动，坚持工业强市战略，坚持扩大内需、坚持保障民生、坚持防范风险，加快全面建设社会主义现代化国际瓷都，高水平展现中国式现代化的景德镇图景。

经济社会发展的主要预期目标是：GDP增长7%左右，规上工业增加值增长8.5%左右，固投增长9%以上，社消总额增长8.5%左右，出口总额稳中提质，实际利用外资稳中有进，城乡居民人均可支配收入分别增长6.5%、7%左右，CPI控制在3%以内，节能减排完成国家和省下达任务。

勇敢创造历史，团结铸就梦想。围绕上述目标，我们将重点做好七个方面工作：

（一）突出创一流、树标杆，着力在国家试验区建设上奋勇争先

扎实推进总投资1193亿元的60个重点项目，全力擦亮陶瓷文化底色，让千年瓷都再展雄风大放异彩。

传承创新陶瓷文化。坚持以瓷立城、以文兴城，精心呵护陶瓷文化的"根"和"魂"。加大文化遗产保护，推进御窑遗址申遗，完成御窑厂等遗址展示提升工程，实施落马桥等8个遗址保护项目，启动编制《瓷业遗址保护规划》，制定陶瓷中华老字号传承发展计划，开展国家文物保护利用示范区创建，支持湖田窑遗址创建第二批省级考古遗址公园。打造非遗传承保护基地，实施国家级非遗代表性项目记录工程，支持陶研所、御窑博物院争创国家文物局重点实验室和重点科研基地。激发陶瓷文化创新活力，加强陶瓷文化生态保护，完善"景德镇制"系列标准，推进"景德镇制"区域品牌建设法制化。支持陶溪川创建国家文化和科技融合示范基地，推动知识产权保护中心升格为国家级，为陶瓷企业提供更加便捷完善的维权服务。

塑造文旅融合品牌。坚持以文塑旅、以旅彰文，全力争创国家全域旅游示范区。提升景区等级，建成陶阳里历史街区保护更新项目，推动陶阳里创AAAAA、宁封窑创AAAA、高岭·中国村等创省级旅游度假区。丰富旅游业态，实施"国际瓷都·优质文旅"融合计划，启动荷塘红色旅游等项目，运营好陶溪川大剧院、景德镇记忆等平台，建成国际陶博研学交流中心。完善基础设施，建成覆盖全市A级以上景区的旅游公路网，实施AAAA级以上景区道路二级提标工程，加快名坊园智慧旅游服务中心、三间庙清街、陶溪川三期四期等项目建设，提升"吃住行游购娱"全要素品质。

提升交流交易水平。深化文明交流互鉴，用陶瓷文化讲好中国故事。搭建对外交流平台，启动老鸦滩艺术社区等项目，推动景德镇列入青年汉学家研修计划，打造陶瓷爱好者的朝圣之地。深化对外交流合作，积极参与"走读中国""欢乐春节"等品牌活动，举办国际陶瓷艺术双年展、全球陶瓷艺术高峰论坛等活动，加强国际友城交往，推进城市"朋友圈"扩容，打造"走出去"的自主品牌。促进陶瓷贸易发展，精心办好第二十届瓷博会，申报国家对外文化贸易基地，扩大"陶瓷官方旗舰店"市场

影响力。高标准建设运营陶博城，打造成为城市窗口新标杆、全球陶瓷会展经济核心区、陶瓷文化旅游目的地。

（二）突出扩总量、提质量，着力在构建现代化产业体系上奋勇争先

坚持把发展经济的着力点放在实体经济上，聚焦工业化引领、数字化赋能，推动传统产业改造升级和战略性新兴产业培育壮大。

做优做强数字经济。全面实施“八大行动”，促进数字经济和实体经济深度融合，打造“四区一典范”。深耕优势赛道，聚焦数字文创等优势领域，加快建设数字经济集聚区，力争核心产业营收突破260亿元。强化数字赋能，加快陶瓷工业互联网平台建设，打造全国特色领域试点示范，力争二级节点标识注册量超3000万、解析量达1000万。推进数字新基建，拓展“双千兆”应用场景3个，新建5G基站620个，争创国家“千兆城市”，全方位赋能智慧城市建设。

强力推进工业倍增。做大陶瓷首位产业，推进中日先进陶瓷产业合作园、压电陶瓷产业园、高纯氧化铝粉体研发制备基地等项目，建成芯声微片式多层陶瓷电容器、赫宸5G换热与超导换热、上硅所氮化硅陶瓷基板等项目，力争新增先进陶瓷规上企业12家以上、陶瓷产业营收突破千亿。做强航空特色产业，创建国家（昌景吉）国防科技工业军民融合创新示范基地，推动重型直升机等项目落地，推进神州六合、中乌AK1-3直升机国产化等项目，支持江直JH系列技改升级。深化低空空域管理改革，规划建设浮梁低空经济产业园和高新区无人机产业园，加快形成工业级无人机产业集群，力争航空产业营收突破500亿元。做优精细化工和医药优势产业，精心筹办炭黑世界大会，推进总投资170亿元的天新维生素科技园、黑猫超导电炭黑、方圆新材料等项目，力争精细化工和医药产业营收突破千亿。推动汽车产业转型升级，推进北汽南方商用车生产总部、北汽昌河配套产业园一期项目落地，加快龙盛汽车、永泰汽摩配二期等项目建设，奋力迈出汽车产业转型发展的新步伐。

促进园区提质增效。实施集群式项目“满园扩园”和“两型三化”管理提标提档升级行动，力争高新区营收突破千亿。加快推进园区调区扩区，促进高新、昌江两区深度融合，支持昌江产业园申报省级园区，力争鱼山医药产业园化工园区获得认定，推进乐平省级制造业高质量发展试验区建设，构建布局合理、功能完善、便捷高效的产业平台。坚持“亩产论英雄”，建立园区亩产效益综合评价标准，妥善处置闲置土地，鼓励发展“飞地经济”和“反向飞地”，加快园区“腾笼换鸟”，不断提升承载力。

（三）突出强动能、增韧劲，着力在畅通经济循环上奋勇争先

深入实施扩大内需战略，充分发挥投资的关键作用和消费的基础作用，更大力度吸引和利用外资，千方百计稳住经济大盘。

扩投资增动力。抢抓国家政策“窗口期”，全力跑项争资，让更多项目纳入国家和省级项目库，以政府投资和政策激励有效带动全社会投资。深入实施“四大攻坚”行动，扎实推进总投资3197亿元的301个重点项目。建成昌景黄高铁、景德镇港鱼山货运码头，争取六安景铁路列入国家规划，做好上饶至景德镇高速、景德镇绕城高速等项目前期工作，加快推进电厂二期、浮梁抽水蓄能、机场改扩建等项目，开工建设乐平水利枢纽工程、乐平鸣山码头工程，推进昌江河、乐安河航道升级，以大投入推动大发展。

促消费挖潜力。把恢复和扩大消费摆在优先位置，深入实施商贸消费提质扩容三年行动，增强消费能力、改善消费条件、创新消费场景。推进以“双圈双十”为核心的“夜珠山”品牌建设，打造昌南里、陶阳里等夜间文旅消费集聚区。实施景菜品牌三年行动计划，全力打造赣菜消费品牌。升级改造新型乡村便利店，完善农村寄递物流体系，推动县级综合贸易物流集配中心建设，支持新能源汽车、智能家电、绿色建材等消费，进一步激发消费市场活力。

稳外贸拓市场。抢抓RCEP发展机遇，强化政企协作，支持企业“走出去”，推进订单回归、产能回归、信心回归。用好跨境电商综试区、市场采购贸易方式试点政策，建设海关监管场所，支持设立景德镇陶瓷产品海外仓。发挥国家文化出口基地优势，带动文化产品和文化服务协同出海。高标准建设国家级外贸转型升级基地，启动航空口岸设立工作，为拓宽外贸市场架起“空中桥梁”。

（四）突出聚要素、提效能，着力在深化改革开放创新上奋勇争先

坚持向深化改革要红利、向扩大开放要活力、向科技创新要动力，锻造资源要素集聚的“强大磁场”。

持续提升营商环境。纵深推进“放管服”改革，深入开展“十大专项行动”，全面唱响“景快办、办德好、镇暖心”营商环境品牌。创优高效政务环境，实施数字政府建设三年行动计划，发展“互联网+

政务服务”，扩大“网上办、掌上办”服务范围，提升政务服务水平。营造公平法治环境，完善“企业安静期”等机制，开展联合执法上门服务，维护民营企业权益，让企业生产经营安心舒心。打造优质市场环境，毫不动摇鼓励、支持、引导非公有制经济发展，实施培育壮大市场主体三年行动计划，推动“个转企、小升规、规改股、股上市”。深入推进“映山红”行动，争取联晟电子首发上市。

优化升级融资平台。持续深化国资国企改革，推进国有企业战略重组，探索建立“1+N”国资平台架构，做优、做强、做大市属国有资本和国有企业，力争国有资产总额突破3000亿元、营收突破280亿元、新增AA+主体信用评级企业1家。开展融资平台债务风险排查，加强投融资等领域监管，确保债务率整体可控。

深入推进对外开放。围绕“3+1+X”特色产业体系，紧盯“500强”企业，持续开展重大产业招商推介，创新基金招商等模式，以大招商促进大发展。深入实施“5020”攻坚行动，力争引进“5020”项目24个，单体投资百亿项目实现“零”突破。主动融入共建全国统一大市场，深入对接江西内陆开放型经济试验区，推动产业链供应链与国内市场深层次融合。

完善科技创新体系。实施科技体制改革三年攻坚行动，推进鄱阳湖国家自主创新示范区建设，力争新增“专精特新”小巨人企业4家以上。搭建创新驱动平台，建设上硅所先进陶瓷材料联合实验室，支持北航景德镇研究院申报省级新型研发机构，创建1~2家省级技术创新中心，组织实施2~3个重大技术创新和成果转化项目。探索柔性引才新机制，大力引进高端人才，鼓励创新创造，营造人才竞相迸发的创新生态。

（五）突出抓统筹、促融合，着力在城乡一体化发展上奋勇争先

坚持乡村振兴和新型城镇化协同发展，畅通城乡要素流动，合理配置公共资源，实现城市让生活更美好、乡村让人们更向往。

打造宜居智慧城市。坚持规划引领、建管并重，提高城市规划建设治理水平，创评中国人居环境奖、联合国人居环境奖，争创全国文明典范城市。推进城市更新，实施城市功能与品质再提升行动，推进东三宝等城市更新项目，完善韭菜园、西瓜洲等片区配套路网，建成玉田水库扩建工程，高标准兑现幸福“城”诺。提升治理效能，常态长效开展文明城市、卫生城市创建，完善数字城管平台，统筹推进垃圾分类、“厕所革命”，实现跨区域、跨层级的协同共治。

加快乡村振兴步伐。巩固拓展脱贫攻坚成果，围绕“一收入、四保障”，健全防返贫动态监测帮扶机制，坚决防止出现规模性返贫。夯实粮食安全根基，建成高标准农田11.6万亩，确保粮食播面143万亩以上、产量稳定在55万吨以上。发展乡村特色产业，启动德宇现代农业科技示范园一期建设，推进乐平万亩设施蔬菜示范园、浮梁东河流域乡村振兴等项目，做大做强“乐平菜”“浮梁茶”特色农业品牌。深入实施农村人居环境整治提升五年行动，大力开展“183”专项行动，启动茶宝和美乡村等项目，建设350个美丽乡村、6500个美丽庭院，打造新时代乡村振兴样板之地。

促进城乡融合发展。推进以人为核心的新型城镇化，完善城乡供水一体化、中低压配电网改造等县域基础设施，加快县域医共体建设，实施供销合作社综合改革，完善农村服务多元供给机制，加快构建城乡一体化格局。启动G351升级改造、荷航公路等项目，推进“四好农村路”建设，打造覆盖全域的城乡公交网络。

（六）突出扬优势、树品牌，着力在绘就生态文明画卷上奋勇争先

坚持生态优先、绿色发展，纵深推进生态文明建设，让绿色成为国际瓷都最动人的底色。

加强生态环境保护。统筹推进山水林田湖草系统治理，持续打好蓝天、碧水、净土保卫战。强化$PM_{2.5}$和臭氧协同管控，确保空气质量保持全省前列。开展饮用水水源地保护专项行动，完成昌江水生态保护提升一期和西河水环境综合治理一期工程，启动南河、西河流域城区段水环境综合治理工程，基本消除城市黑臭水体。加强土壤污染源头防控，启动大件垃圾拆解中心建设，升级改造宋家山垃圾填埋场，建成飞灰处置专区，推动医废处置中心提质扩能，守护瓷都一方“净土”。

加快转变发展方式。加快重点行业领域绿色化、低碳化、智能化改造，建设黑猫环保危废综合处置中心、德孚环保碳基新材料、智能装配式建筑等项目。推动绿色示范建设，培育3家省级绿色工厂，支持高新区创建省级绿色园区。开展绿色机关、绿色家庭等创建行动，倡导绿色低碳生活方式。

稳妥推进“双碳”工程。健全生态产品价值实现机制，推进浮梁全国“两山”实践创新基地建设，

促进生态优势转换为发展优势。增强生态系统固碳能力，建成乐平废弃矿山生态修复综合治理等项目，实施2.7万亩人工造林，开展5000亩重点区域森林“四化”建设，争创3个省级森林公园。

（七）突出惠民生、增福祉，着力在促进共同富裕上奋勇争先

坚持尽力而为、量力而行，扎实办好十件民生实事，不断解决好群众操心事、烦心事、揪心事，让中国式现代化成果更多更公平惠及全市人民。

完善社会保障体系。落细就业优先政策，全力实施“四大行动”，不断提高人民群众收入水平。完善基本养老保险、基本医疗保险、社会救助制度，提升社区嵌入式养老机构服务功能，实施500户特殊困难老年人家庭居家适老化改造，让老有所养更有保障。

优化公共服务供给。启动景德镇航空职业技术学院、景德镇艺术职业大学智能制造实训基地建设，推进职普融通、产教融合、科教融汇。健全公共卫生服务体系，推动优质医疗资源扩容下沉，全面建设“健康景德镇”。优化疫情防控措施，保障群众就医用药，强化老年人和患基础性疾病群体的防控，着力保健康、防重症。弘扬陶瓷文化，挖掘茶文化、古戏台文化和赣剧文化，不断满足人民群众日益增长的精神文化需求。

筑牢安全稳定屏障。健全完善基层应急管理机制和能力建设，强化危化品、城镇燃气、自建房等重点领域治理，坚决防范遏制重特大事故发生。加强地方政府债务管理，推进债务风险源头管控，防范化解金融领域风险。坚持“房住不炒”定位，支持刚性和改善性住房需求，探索长租房市场建设，扎实做好保交楼、保民生、保稳定各项工作，确保房地产市场平稳发展。深化市域社会治理现代化试点，常态化开展扫黑除恶斗争，完善社会治安防控体系，确保社会大局和谐稳定。

各位代表！任重千钧，唯有担当。我们将持续深化新形势下“五型”政府建设，以奋斗成就使命，用拼搏开创未来，奋力谱写景德镇高质量发展新篇章。始终把忠诚向党作为第一遵循。深学笃行党的二十大精神，深刻领悟“两个确立”的决定性意义，增强“四个意识”、坚定“四个自信”、做到“两个维护”，确保政府工作沿着正确政治方向前进，确保上级决策部署和市委工作要求不折不扣落实到位。始终把担当实干作为第一追求。对标最高，聚焦最好，锚定最优，以干就干到一流、做就做到极致的拼劲，争创新时代“第一等的工作”。发扬斗争精神，在机遇面前主动出击，在困难面前迎难而上，在问题面前挺身而出，勇做奋斗路上的追梦人，打开事业发展的新天地。始终把为民服务作为第一使命。坚持以万家幸福为己任，想人民之所想，急人民之所急，把群众的“关键小事”当作政府的“心头大事”，时刻同全市人民想在一起、干在一起，让更多的“民生愿景”成为百姓的“幸福实景”。始终把清正廉洁作为第一标准。永远保持赶考的清醒和坚定，严格落实中央八项规定精神，做到干净加干事、廉政加勤政。加强法治政府建设，自觉接受各方面监督，确保权力在阳光下运行。大力弘扬勤俭节约精神，把有限的资金用在刀刃上、花在关键处、发挥大效益。

各位代表！征程万里阔，奋斗正当时。让我们更加紧密地团结在以习近平同志为核心的党中央周围，在市委的坚强领导下，踔厉奋发，勇毅前行，全力实施“五新”战略行动，全面建设社会主义现代化国际瓷都，为高水平展现中国式现代化的景德镇图景而团结奋斗！

三贤湖春色

专　记

景德镇市创建“东亚文化之都”纪实

“东亚文化之都”评选活动是由中日韩三国共同开展的一项促进交流扩大合作、增进了解加深友谊的国际性重要文化项目。景德镇积极创建“东亚文化之都”，建好景德镇国家陶瓷文化传承创新试验区，打造对外文化交流新平台，自觉担当“一带一路”文化使者，充分挖掘、整合、利用好千年陶瓷文化品牌，着力打造国际瓷都，用更加开放的胸怀与世界对话，不断推动多国间文化交融和民心相通。

2021年5月，文化和旅游部启动中国区域2023—2025年“东亚文化之都”评选，景德镇市首轮成为2023年“东亚文化之都”候选城市，终审以微弱差距遗憾落选。依据评审规则，景德镇继续获得2024年“东亚文化之都”候选城市资格。

创建“东亚文化之都”靠的是深厚的文化积淀 “一千七百多年制瓷历史为景德镇留下丰富的陶瓷物质遗存，以及大量手工制瓷传统技艺等非物质文化遗产，这是景德镇市最为特殊而宝贵的财富，也是创建‘东亚文化之都’的底气。”近年来，景德镇稳步推进御窑厂国家考古遗址公园、御窑博物馆、陶阳里御窑景区建设，挖掘文化内涵，再现历史记忆，人们既能领略古代御用瓷制造盛景，又能近距离观摩考古出土的古瓷，还能感受千百年来景德镇“陶阳十三里，烟火十万家”的繁华盛景。全市先后修复保护160处瓷业遗址、108条窑砖里弄、12处全国重点文物保护单位、4处国家工业遗产和4个国家级非遗项目；建成68个国家级非物质文化遗产生产性保护示范基地；推荐评选出11位国家级非遗传承人、3000多名各级各类陶瓷工艺或技能大师和非遗传承人。至2022年底，伴随着千年不息窑火，到景德镇追逐陶瓷 梦想的“景漂”络绎不绝，其中就有“洋景漂”5000名，以日韩两国人士居多。正是有了大批“洋景漂”多元思想和文化的注入与交融，景德镇陶瓷制瓷技艺与产业创新都得到前所未有的发展与进步，由此带动更多的国际合作。

推进御窑遗址申遗 多年来，景德镇高度重视陶瓷文化保护传承与创新发展。早在2015年，就启动以御窑遗址申报世界文化遗产为龙头的大遗址保护工作，不仅对御窑遗址范围内13.1公顷核心区、80公顷延伸区、240公顷“陶阳十三里”老城区进行保护，建设御窑博物馆，修复老厂区、老里弄、老窑址，还实施近现代陶瓷工业遗产综合保护开发及原“十大瓷厂”申报国家工业文化遗产等项目。同时积极推动陶瓷文化产业创新发展，实施“陶瓷+”战略，不断推动陶瓷与文化、旅游等深度融合，通过培育新经济、新业态、新动能，推进陶瓷文化创造性转化和创新性发展。

景德镇御窑厂国家考古遗址公园

2017年，御窑遗址被列入“中国世界文化遗产预备名单”，景德镇正式拿到申遗“入场券”。景德镇市明确申报主题、遗产要素，出台《景德镇御窑厂遗址保护管理条例》，聘请国内顶尖专家指导申遗。随着申遗工作进入实质性阶段，景德镇市又与省文旅厅联合印发《景德镇御窑遗址申报世界文化遗产三年行动计划及任务分工表（2021–2023年）和2021年工作要点》，2022年着手编制《景德镇大遗址保护利用片区总体规划》和《景德镇陶瓷文化遗产认定及保护管理办法》。与此同时，积极开展“文化学者、文博专家畅聊景德镇申遗”“小手拉大手为申遗加油”“瓷都小小考古家研学”等系列活动，在全市范围内掀起人人支持申遗的热潮。

景德镇陶瓷非遗馆正式开馆

建设试验区打造对外文化交流新平台 近年来，景德镇以创新为动力，以文化为纽带，以贸易为桥梁，搭建起中国乃至世界陶瓷文化交流、互利合作、共赢发展的平台，以国际化的语言为创建“东亚文化之都”架设国际文化交流的桥梁，充分彰显“国际范”。

景德镇以千年瓷都和海上丝绸之路主要起点城市闻名于世，景德镇瓷器是世界认识中国、中国走向世界的重要文化符号和传承中华优秀文化的重要载体。2019年8月，《景德镇国家陶瓷文化传承创新试验区实施方案》获批，国家明确支持景德镇打造国家陶瓷文化保护传承创新基地、世界著名陶瓷文化旅游目的地、国际陶瓷文化交流合作交易中心。为此，景德镇市大力打造国际陶瓷文化交流合作交易中心，建设景德镇艺术职业大学，异地迁建景德镇学院、江西省陶瓷工艺美院新校区，谋划建设陶瓷非遗传承培训基地，为景德镇孕育特色优质人才，扩充人才队伍；实施建设国际陶瓷文化博览旅游交流中心，完善陶瓷展示交易相关配套服务，提升景德镇会展品质规模，打造永不落幕的瓷博会；推进景德镇市知识产权中心、仓储物流园等一批功能性项目建设，使得景德镇逐步形成规模宏大、功能齐备，软硬实力兼具的对外文化交流新平台。同时，景德镇致力于打造国家陶瓷文化保护传承创新基地，实施了陶阳里历史街区保护更新、景德镇御窑厂景区周边配套基础设施建设项目、景德镇城区老瓷厂改造项目等，对周边老街区、老厂区、老里弄、老窑址等明清瓷业遗存进行了保护性修缮。

2022年6月11日是文化和自然遗产日，景德镇作为全省活动主会场，分别举办景德镇陶瓷非遗馆开馆、景德镇古陶瓷基因数据库揭牌、百名艺术家创作助力申遗、“小手拉大手，描绘景德镇”绘本大赛等10余项活动，营造全市上下加速推进御窑遗址申报世界文化遗产的良好氛围，为国家试验区实施陶瓷文化保护传承创新发展添上浓墨重彩的一笔。

补齐短板推动传统与现代的融合 景德镇通过补齐短板，谋划建设中日先进陶瓷产业合作园、先进陶瓷创新研究院集群、高科技陶瓷产业园，推动陶瓷产业为首的“3+1+X”特色产业体系创新升级。通过打造陶青台陶瓷文化创意园、中国美协创作基地，引进落户“八大美院”、清华美院等为实现艺术创作、创业提供“宝地、福地、热地、高地”。此外，景德镇致力于打造世界著名陶瓷文化旅游目的地，建成陶溪川景区一期、二期工程，三期、四期工程正加速推进，建成开业的高岭·中国村、大唐茶室、高岭花海游客络绎不绝，浮梁县荻湾乡村振兴被央视“点名”推广，三宝国际瓷谷、景德镇记忆旅游休闲街区一个个蕴含景德镇瓷元素的打卡圣地精美呈现，为瓷都的国际范补齐短板。

至2022年底，围绕国家试验区的战略定位，景德镇市三年间共启动重点项目178个，总投资达2766亿元。其中，陶阳里御窑景区、陶溪川景区、三宝国际瓷谷等一批标杆式项目建成，有力推动文化和旅游深度融合，培育更多新经济新业态；同年5月，景德镇市召开景德镇国家陶瓷文化传承创新试验区建设成果汇报新闻发布会，对外发布国家试验区建设情况和成就。景德镇抓住国家试验区建设这个千载难逢的机遇，三年时间使这座城市得到快速发展。

创建“东亚文化之都”，打造国际陶瓷文化交流平台 2022年，景德镇市以创建“东亚文化之都”为抓手，在成功举办“瓷的精神”国际陶瓷艺术双年展、中韩陶瓷艺术交流展等活动外，还举办涉及国际交流、陶瓷经贸、艺术创作、旅游推介等100余项文化和旅游活动，为进一步打造对外文化交流新平台提供了更多契机。连续举办19届中国(景德镇)国际陶瓷博览会，拥有常态化国际文化交流平台，设立中国文联文艺研修院景德镇研修培训基地、中国美术家协会景德镇创作中心、“八大美院”景德镇创作基地。2022年，设立国际传播中心，正式上线的IJDZ英文网站。

景德镇积极举办中日陶瓷科技创新发展大会、中韩陶艺美术专业学生线上交流活动、参加韩国“2023年新安沉船出航700周年准备学术会议”和日本第48回东洋陶瓷学会大会，参与“促进中日韩地方政府合作”研讨会，举办“汉字联接世界(东亚)文化交流”活动，举办“蓝白辉映铄古铸今”——景德镇与中阿文化交流研讨会，努力打造东亚文化高地，构建陶瓷文化交流新平台。

2022年，建设中的景德镇中日高科技陶瓷产业园，正是多次开展中日高科技陶瓷产业交流活动缔结的硕果。该产业园以功率半导体封装产业链、射频器件及传感器产业链、电池产业链+生物陶瓷产业链、耐高温结构陶瓷产业链为发展方向，储备日本项目18个、国内项目20个，与5家日本及国内大学研究机构达成合作意向。其中，AT陶瓷平板膜和氮化硅及氮化铝陶瓷基板项目一期工程于6月底完工，12月试生产。

“历朝海外有人到，高岭崎岖为坦途”。总结经验教训，2022年景德镇市再次投入到“东亚文化之都”创建工作中。3月14日景德镇市政府召开“东亚文化之都”创建工作推进会，全市各相关单位、各县(市、区)、人民团体分管领导参加会议。在省市共同推进景德镇陶瓷文化试验区建设的大背景下，景德镇以数字加持陶瓷文化产业发展，创建“东亚文化之都”，景德镇恰逢其时。

（景德镇日报社）

数字赋能，助力景德镇产业转型升级

数字经济的蓬勃发展，不断催生新产业新模式新业态。景德镇以建设国家陶瓷文化传承创新试验区为契机，聚焦发展数字文创赛道，重点推进大数据、人工智能、区块链等与陶瓷、文化旅游产业加速融合，整合区位、平台、政策等资源要素，着力打造全国陶瓷业数字化转型样板区，全域智、惠文化旅游示范区。以“数”赋能，推动传统陶瓷产业转型升级，着力加快产业数字化、数字产业化进程，重点推进陶瓷、航空、精细化工和生物医药等优势产业创新融合，打造具有景德镇特色的数字经济。

夯实网络基础

“一号”发展工程　2020年底，江西省累计开通5G基站3.4万个，实现各设区市主城区连续覆盖和全部县城核心区覆盖，高速光纤网和4G（第四代移动通信）网络覆盖城乡，在中部率先建成全省光网。建成NB－IoT（窄带物联网）基站7.2万个、eMTC（增强机器类通信）基站7.6万个，在全国率先实现窄带物联网省域全覆盖。2022年，江西省委、省政府印发《关于深入推进数字经济做优做强“一号发展工程”的意见》，省政府印发《江西省“十四五”数字经济发展规划》，配套出台VR（虚拟现实）、移动物联网、5G（第五代移动通信）、人工智能、区块链、工业互联网、数字乡村等专项规划政策。

景德镇将数字经济发展作为加快新动能培育的景德镇市“一号工程”，全面启动全市数字经济“十四五”规划及新基建三年行动计划编制工作，按照《江西省数字经济发展三年行动计划》《关于加快推进数字经济创新发展的若干措施》《江西省农业农村数字经济发展白皮书（2022）》等文件精神，景德镇先后制定《景德镇市数字经济发展战略纲要》《景德镇市深入推进数字经济做优做强“一号发展工程”实施方案》《景德镇市创新营造数字技术应用场景行动计划》《景德镇市数字经济集聚区建设行动计划》《景德镇市数据中心等新型基础设施绿色高质量发展行动计划》，切实推动全市经济高质量发展。先后编制《关于加强移动通信基站基础设施建设的实施方案》《景德镇市5G基站设施“绿色超简”审批意见》《景德镇市5G通信基础设施专项规划（2019—2035）》等文件，不断推进数字网络基础设施建设。

网络基础设施建设　2021年，景德镇市加快推进全市5G基础设施建设，在实现市区深度覆盖的基础上，加速向有条件的县（区）镇延伸，截至2022年底，全市累计完成5G站点建设开通2366个，在5G网络“县县通”的基础上实现“乡乡通”，并向行政村延伸覆盖。

景德镇加快打造陶瓷“产业大脑”，建成陶瓷产业大数据中心，为产业科学决策提供支撑；建设产业公有链平台，探索区块链技术在陶瓷溯源、陶瓷防伪等领域的应用；建设工业互联网平台，探索以“5G+工业互联网”赋能陶瓷产业振兴。2022年3月底，景德镇获批中国（景德镇）跨境电商综合试验区，成功通过工业互联网标识解析二级节点能力评估，成为国内首个标识解析二级节点（陶瓷行业）建设许可的城市。陶溪川直播基地、昌南新区先进陶瓷数字经济产业园获评省级数字经济集聚区。11月9日，在举行中国陶瓷工业互联网生态创新发展峰会上正式启动上线，至年底汇聚超1.5万条陶瓷资源数据，吸引1万家产业服务商，300余位陶瓷大师及3000余家全国陶瓷产业链上下游企业入驻平台，成为全行业的“产业云脑”。

2023年，景德镇加快新型基础设施建设，全面部署5G网络、IPv6、移动物联网等新一代通信网络基础设施，适时启动“千兆城区”建设，支持制造、交通、医疗、教育、港口等垂直行业应用市场培育，给传统企业带来生产方式、经营管理的数字化变革，带动工业互联网、智能制造、智慧城市、智能家居等各个领域的创新创业，为赋能景德镇经济社会数字化转型注入新动力。

完善产业生态

推进“两化融合”　景德镇市围绕优势产业培育一批“两化融合”（信息化和工业化的高层次的深度结合）示范企业，以两化融合体系贯标引领企业加快生产方式和服务模式变革，提升创新活力、发展潜力、转型动力。2022 年，景德镇全市 8 家企业完成两化融合管理体系贯标，16 家企业被评为省级两化深度融合示范企业。景德镇市推进企业上云工作，开展全市“天翼云·万企上云上平台”专项活动，由电信公司联合企业上云服务商共同为企业提供设计、生产、经营、管理等环节上云用云服务。通过开展企业宣贯、打造企业标杆等形式，遴选出一批积极性高、示范带动作用强的企业进行重点培育和打造，实现区域一定数量企业深度上云。围绕数字文创、电子材料等 15 条数字经济产业赛道，景德镇大力推进总投资 610 亿元的 100 个数字经济项目。以晴数字经济产业园一期投产运营，美科 LED、安正科技、三龙 MR 陶瓷数字产业园等项目正式落地。成功举办景德镇（杭州）数字经济专场招商推介会，集中签约华创精密制造、央视网·瓷等 18 个项目，签约金额达 267.6 亿元。三宝国际瓷谷获评全国版权示范园区（基地），瑞牛文化科技荣获全国版权示范单位。到 2022 年底，全市新增企业上云数突破 1.23 万家，完成全年指标任务（3000 家）的 410%，当年新增数列全省中上游，四小地市第一，增速保持全省第 1。完成数字经济项目投资 241.9 亿元，占年度计划 145%。规上软件和信息技术服务业营收增长 78.9%，列全省第 2。

市工信局指导企业开展国家级两化融合管理体系贯标，江西天新药业有限公司、乐平鑫博源电子有限公司获批国家级两化融合管理体系评定证书。指导企业申报省级信息化和工业化融合示范企业，江西天新药业股份有限公司等 43 家企业获批省级信息化和工业化融合示范企业。组织企业申报 2022 年省级工业发展专项（省级中小企业发展专项）项目（第二批）申报工作，3 家公司获省级发展专项资金支持。组织推荐景德镇黑猫集团有限公司荣获国家级创新领航企业荣誉。组织推荐昌河飞机工业（集团）有限公司“智能在线检测”场景获批国家级智能制造优秀场景。组织推荐长虹华意压缩机股份有限公司、江西宏柏新材料股份有限公司、景德镇乐华陶瓷洁具有限公司获批 2022 年度江西省智能制造标杆企业。

景德镇乐华陶瓷洁具有限公司采用智邦国际 ERP、MRP 等智能系统，将生产与采购、人资、财务、销售等管理环节无缝对接，全智能化生产与管理，大大提高了工作效率。2022 年 10 月，陶瓷智能家居 10 万平方米的生产车间投产，专门生产新型智能化陶瓷家居设备，推动企业从产业数字化向数字产业化转变，工人只需实时监控并操作智能设备，就能让机器人完成物料配送、高压注浆成型、成品打包入库等工序，大大提升企业的核心竞争力。

景德镇万微新材料有限公司投资 2 亿元建设 50 条陶瓷粉体生产线，在 1.3 万平方米的厂区内，也仅有员工 32 人。2022 年，企业依靠新技术，实现项目全智能生产，实现产值 5000 万元，为生物陶瓷、精密结构陶瓷和电真空陶瓷产业发展注入新活力。

推动产业集聚　一是建设 MR 数字陶瓷产业园。2020 年 9 月 26 日，总投资 20 亿元的景德镇三龙 MR 数字陶瓷产业园项目正式开工，该项目将按照“生产、生活、生态”相融、“科技、文化、旅游”一体的规划设计理念，把最先进的 MR 技术、5G 技术等融入景德镇陶瓷产业链，创建国家级数字陶瓷创新平台、MR 产业基地和 VR 示范基地。二是建设陶瓷电商生态圈。“景德镇陶瓷官方旗舰店”在天猫、京东、苏宁易购、东家、猪八戒等互联网平台全面布局。携手抖音开播《守护匠心——千年瓷文化“手”护赣技艺》直播，全景展示从古法制瓷工艺的传承守护到近现代制瓷技艺的发展创新的历程。与阿里巴巴合作开设网上手工陶瓷艺人专区，促进手工陶瓷包括艺术陶瓷的线上交易。与快手平台共同在景德镇市落地建设全国第一家文化类的“快手创新发展中心”，积极探索“品牌 + 流量 + 用户 + 商业”的短视频融合发展新路径。

2009 年，已经在网上卖瓷器三年的沈锋创办贝汉美陶瓷有限公司。2014 年，公司逐步扩大生产规模，到 2022 年，贝汉美公司形成从研发、设计、生产到销售的全产业链，有 700 多名员工，每年推出 300 款新品，并陆续在淘宝、京东、抖音、小红书、1688 批发网等平台开设网店 10 余家，同时开辟跨境电商销售渠道，积累粉丝近百万人，年销售量达 500 万件，多年稳居陶瓷摆件类互联网销售榜首。每到夜晚，基地灯火通明，这里聚集着一大批陶瓷直播间，一台手机、一名主播，新颖的销售模式和快速的成交量，令人耳目一新。在这个过程中，电商犹如催化剂，一路助力公司从小变大、由弱变强。

2020 年 7 月，陶溪川抖音直播基地成立，入驻陶瓷商户 3500 多家，总销售额达 30 多亿元，并孵化陶瓷主播 5000 余人，帮助上万陶瓷商家从线下转向线上销售。2022 年，陶瓷直播带货愈加火爆，仅 3 月份，基地成交额就达 4.35 亿元，其中单日最高成交额达 1769 万元。

2022年7月，珠山区政府与浙江必创科技公司达成运营合作，并快速吸纳好活科技、敬瓷轩、简凡陶瓷、发现物流等30余家陶瓷及配套企业入驻。园区开展跨境电商人才培训、陶瓷品牌孵化服务，提供全球开店、海外营销、知识产权、海外仓等一站式全流程服务。

繁荣数字应用

打造特色数字平台　一是建设陶瓷实训基地。2021年，景德镇溪川德信教育科技有限公司中德（景德镇）工业4.0智能制造公共实训基地项目，入选2020年制造业与互联网融合发展试点示范项目“中德智能制造合作方向”名单，成为当年全国8个、江西省唯一入选的项目，实训基地通过引进德国“工业4.0”领域顶尖的工业级实训教学设备和德国“双元制”职教体系及认证标准，面向陶瓷智能制造相关产业培养复合型高端技术人才。

二是搭建陶瓷交易平台。通过建设国际陶瓷博览交易中心，发展会展经济，搭建集产品发布、评估鉴定、交易结算等为一体的线上国际陶瓷博览运营平台。2022年11月8日，中国陶瓷产业贸易数字化大会在景德镇召开，是2022中国景德镇国际陶瓷博览会重要配套活动之一，重点围绕外贸新业态跨境电商赋能陶瓷产业，帮助企业加强品牌建设，强化设计能力，提升产业供应链。围绕外贸新业态跨境电商赋能陶瓷产业，以“数说瓷贸向未来”为主题，通过跨境电商等数字化手段有效帮助本土陶瓷企业拓宽贸易渠道、优化供应体系，推动产业实现多元化、高质量发展。在供需采购会上，包括国内30家陶瓷企业与39家境内外跨境电商采购商在内的交易团意向成交金额达到2050万元人民币。

三是建设工业互联网安全态势感知平台。平台向下与企业对接，部署企业级工业信息安全态势感知监测节点，构建本地区工业信息安全纵深防御体系；向上与省级平台开展技术对接和业务协同，建立联防联控机制，开展态势研判、风险评估、应急处置工作，实现全市工业信息安全态势感知能力整体提升。

打造特色融合应用　加快推动“5G+工业互联网”融合应用，促进传统产业数字化、网络化、智能化转型。从2020年起，景德镇市相继与抖音、京东、快手、淘宝、天猫等平台开展战略合作，取得陶瓷直播带货平台经营权；2021年10月，国家版权局批复授予景德镇市“全国版权示范城市”称号。

2022年1月，景德镇新闻传媒集团获批成为全国“区块链＋版权”特色领域试点单位；2月，中国（景德镇）跨境电子商务综合试验区获国务院正式批复。景德镇陶瓷官方旗舰店已覆盖天猫、京东、抖音、快手、微信公众号等互联网平台；陶溪川直播基地正积极建设含产品设计、生产制造、仓储物流、直播选货、电商运营、产品营销等六大板块的陶瓷电商一体化中心。积极拓展陶瓷交易平台，在2021年中国景德镇国际陶瓷博览会“云”交易额突破90亿元的基础上，2022年继续打造线上线下相结合、交流交易常态化的“永不落幕瓷博会”。

2022年底，江西省首个陶瓷与元宇宙深度结合的科技馆——陶瓷元宇宙馆，在景德镇正式落地建设，陶瓷元宇宙馆位于珠山区珠山东市，由景德镇市国控集团、珠山区国资公司、梦网科技集团共同投资建设，以“陶瓷元宇宙”为展示主线，分为数字陶瓷展示区、元宇宙科普区、AI交互区、VR体验区、文创休闲区五大板块，并配有元宇宙咖啡休闲区，展陈面积约为2000平方米。展馆拥有大量的陶瓷文创、潮玩产品，同时也融入全息影像、裸眼3D、人工智能等元宇宙新技术，让参观者可以感受到陶瓷和元宇宙深度结合的沉浸式体验。展馆内还设置针对青少年的研学主题活动，将陶瓷与科技有机结合，引导学生多维度探索陶瓷发展历史、科技发展进程、艺术创作实践、AI创作原理、VR交互逻辑等跨学科知识。2023年7月正式运营。

展馆讲解现场

乐平市人民医院基于智能信息化一体的慢病管理平台通过5G技术、智能物联网设备、智能医学模型算法和专家知识库，建立涵盖问诊、检测、用药、生活方式干预、健康宣教、培训为一体的综合服务平台，成功申报2020年国家级“5G+医疗健康”应用试点项目。

景德镇制云科技有限公司运用5G+工业互联网以及工业大数据等先进信息技术，实现日用瓷生产以及安全管理的可感、可视、可控；景德镇昌航航空高新技术有限责任公司通过虚拟现实技术、增强现实技术、混合现实技术、人工智能技术、AI检测等前沿技术相结合实现在生产过程的验证与应用，两家企业成功申报省级“5G+工业互联网”应用示范场景。

景德镇移动公司5G+智慧电力生产管理系统、江西乐平万年青水泥有限公司5G+互联智慧水泥工厂分别获得第四届“绽放杯”5G应用征集大赛江西区域赛二、三等奖。景德镇陶文旅控股集团有限公司利用移动互联网技术，通过“艺术专业社区+垂直领域电商”的模式，打造“线上陶溪川”平台；景德镇卡服物流科技有限公司通过大数据信息的收集及提炼，实现智能司机管理、提供车辆信息查询及司机个人信息查询等服务功能。

推动工程建设项目审批提速增效

景德镇作为省内唯一的全流程电子化试点改革试点城市，因势而动、顺势而为，落实住建部以及省住建厅“提速、提质、提效”的要求，用好数字技术，全面推行工程建设项目审批“远程申请+电子签名（章）+掌上审批+超时默许+数据归档”全过程数字应用，通过数字赋能提升政务服务效能，努力推动工程建设领域营商环境“创一流”。

强化要素支撑 夯实提速基础 审批事项精细化。2022年7月，景德镇实施工程建设项目审批制度改革，由市住建局牵头，对工程建设项目审批流程进行了三次精简，细化为九大类。按照四个审批阶段的划分，精细化梳理办事指南信息，每个阶段的审批事项均实行一份办事指南、一张申请表单、一套申报材料，提升了系统精细化水平，审批事项从79个减少到58个，精简27%。政府投资项目审批时间从120个工作日减到41个工作日，时限压缩率达66%；社会投资类项目从120个工作日压减到36个工作日，时限压缩率达70%。

审批服务前置化。景德镇持续改进审批方式，简化审批流程。以划拨方式提供国有土地使用权的，取得同意划拨意见后，可同步办理《国有建设用地划拨决定书》与《建设用地规划许可证》；根据建设单位实际情况，在满足建筑工程独立使用功能的条件下，可以对项目进行分栋土地核验与规划核实。同时，实行“容缺审批+承诺制+修正制”新模式，在签订项目建设用地出让合同(或划拨决定书)之后，在规划设计方案通过专家评审论证，且建设单位承诺按照审定的规划设计方案实施的前提下，可实行“一书两证”同办。

行政审批移动化。该市住建局牵头将行政审批从电脑端延伸至手机端，专门开发工程建设项目审批系统APP,从原来的“网上办”升级为“掌上办”，并与“赣政通”“赣服通”有效对接，开启“前店后厂”新模式。办件人通过手机登录“赣服通”或工程建设项目审批网上办事大厅即可申报材料，并能随时查看办理进度和结果。审批人员可在手机端“即时批”“就地批”，极大地提升了办事便利度，也加快了项目审批速度。至2023年6月，通过手机端审批263个事项。

做好系统支撑 推动提质增效 申报材料无纸化。景德镇专门投入300余万元对工改系统（工程建设项目审批管理系统）进行功能升级，全面实现电子签名、电子印章、电子材料在工程建设项目全流程网上办理过程中的应用。办件人可以登录系统，将需提供的电子材料进行在线签章，需要五方主体项目负责人签字的材料，可以通过发送二维码人脸识别的方式完成线上签名。企业申报时直接上传带有电子签章或电子签名的材料，避免了纸质材料数字化的巨大工作量，预计节约纸张40万张，为企业共节约20万元办事成本。

部门证照电子化。景德镇积极推进工程建设项目领域电子证照全覆盖，共有19个部门的42个审批事项实现“云上亮证”，实现施工许可证、房地产开发资质、建筑企业资质、竣工验收备案表、工程质量监督报告等高频事项电子证照实时归集。办件人在线申报时，系统自动调取相关电子证照，还可通过手机APP亮证，实现扫码下载、代替复印件、亮证核验等。截至2023年6月，已完成3091个电子证照的制作发证，惠及827个项目。

城建档案数字化。市住建局对城建档案管理系统进行优化升级，并与工改系统对接，彻底解决工程建设项目档案流程烦琐、平台信息孤立、材料反复提交等堵点痛点问题，进一步推动工程建设项目审批全流程电子化工作。推进横向和纵向系统间深度互联，打通信息孤岛，做到“一次录入，全网通用，终身可用”。同时，以工改系统数据为基础，各类电子文件自动关联匹配，打通电子档案在线接收、组卷、审核、移交等全流程业务链。

费用缴纳自助化。景德镇市优化和完善工改系统，实现企业端自助缴费功能，企业登录工程建设项目审批管理系统网上办事大厅，填写城市基础设施配套费、森林植被恢复费、人防易地建设费等缴费信息，系统自动传至财政非税系统，开具缴款凭证共享至工改系统提供下载，企业完成缴款后系统出具正式发票，实现缴费“一次不跑”。还在政务服务中心工程自助服务专区增设建设项目审批自助一体机，方便办件人查询办事指南、审批进度、证书证照。

强化规范管理 提升监管效能　超时默许自动化。2022 年，景德镇市出台《景德镇市工程建设项目审批超时默许制度(试行)》以及《关于优化景德镇市工程建设项目审批超时默许制度的通知》，建立倒逼机制，在黄灯预警和电话短信提醒前提下，审批人员仍未按时办结，系统将在办理时限的最后一个小时启动超时默许功能，自动完成审批，坚决杜绝部分审批人员办事拖沓的不良习气。实行超时默许以后，逾期率从原来的 7.53% 直降到零。

测绘服务规范化。积极推行工程建设项目验收阶段“多测合一”集成审批模式，实现线上审核、简化流程。加强中介服务管理，对申请进入中介机构名录库的测绘中介机构实行“低门槛”，2023 年景德镇有 15 家测绘单位进入省厅“多测合一”名录库，123 家建设单位入驻中介服务平台，极大地方便项目业主自主选择。通过“多测合一”改革，工程建设项目竣工验收涉及的测绘服务委托次数由 4 次以上减少为 1 次，承担单位由 4 家以上减少为 1 家，建设单位协调工作量减少 50% 以上，测绘事项由原 16 个精简为 10 个，测绘效率提高了 30% 至 80%，测绘成本减少了 10% 至 30%。

新时代，新发展。数字经济将由基础性、先导性、战略性产业成长为支柱产业，是最具创新性和成长性的新经济业态，也是推动高质量跨越式发展的重要引擎。景德镇将进一步凝聚数字经济赋能陶瓷产业发展的共识和合力，以数字＋为抓手，提升全市数字陶瓷产业化、陶瓷产业数字化的核心竞争力，加快推动全市经济的快速、健康发展。

（市发改委）

御窑井巷街演（白光华 摄）

大事记

1月

4日，由江西高校出版社出版的第一部全面、系统地记述浮梁历史人物生平事迹的《浮梁历史人物》首发式在浮梁县茶文化传播中心举行。

5日，景德镇御窑遗址申报世界文化遗产动员大会召开。会议全面落实省委、省政府工作要求，全城动员、全民参与、全域行动，吹响加快推进御窑遗址申报世界文化遗产的“冲锋号”。

同日，副省长胡强到市调研现代农业和设施蔬菜产业发展，先后到乐平福乐欣农业科技公司、江西省绿色产业集团乐平蔬菜基地，实地查看农作物长势，了解产品销售及基地未来发展规划等情况。

7日，景德镇海关为景德镇嘉加陶瓷股份有限公司出口到日本的一批陶瓷签发全市首份RCEP原产地证书。RCEP全称《区域全面经济伙伴关系协定》，于2022年1月1日正式生效。

同日，景德镇市金融法庭揭牌，标志着景德镇市金融法庭正式成立。

8—9日，清华大学—景德镇产业高质量发展研修班（六期）在市工业和信息化融合推进中心举行。清华大学中国金融研究中心商业模式研究工作室执行主任、同炬资本创始人张华光授课，全市50余名中小企业高管学员参加培训。

17日，市文艺志愿者协会成立大会在中国陶瓷博物馆举行。大会审议通过协会章程，选举产生第一届理事会和主席团，并部署协会成立后的工作任务。

19—21日，全国人大代表、中华全国台胞同胞联谊会常务理事张晓东率台协企业家考察团一行到市参观考察。在景德镇期间，台协企业家考察团一行到昌南新区部分企业、陶溪川博物馆、王怀俊艺术馆、三宝国际瓷谷、乐平部分企业、古窑民俗博览区、御窑博物馆、高新区部分企业等地参观考察。

20—21日，省政协副主席谢茹带领省政协港澳委员、特邀海外侨胞代表到市，就“发挥陶瓷文化资源优势，深化赣港澳青少年交流”专题视察。

21日，景德镇市召开台协企业家座谈会，市委书记刘锋出席并讲话，市委副书记、市长胡雪梅出席并致辞。

24日，政协景德镇市第十四届委员会第二次会议闭幕。会议应到委员283名，实到委员245名，符合政协章程规定。闭幕大会上，通过政协景德镇市第十四届委员会第二次会议决议和政协景德镇市第十四届委员会第二次会议关于提案初步审查情况的报告，市政协主席俞小平做闭幕讲话。

25日，市委书记刘锋到乐平市洪岩镇湖村村委会詹李桥村小组，走访慰问困难党员群众。

同日，先进陶瓷产业发展推进工作调研座谈会召开。市委副书记、市长胡雪梅出席并讲话。她强调，要深入贯彻落实省“两会”精神，特别是省委书记易炼红参加景德镇代表团审议时的讲话精神，进一步解放 思想、形成共识，勠力同心、齐抓共管，奋力推动 先进陶瓷产业迅速高质量发展。

27日，市委书记刘锋走访慰问退休老干部、驻景德镇部队、劳模、军属、百岁老人和困难党员群众。

2月

6日，乐平至景德镇之间公交化运营模式改造完成。改造后，该公交班线每天往返发车，每趟间隔为30分钟，“5+5”全程10元/人一票制，同比原票价降低一半。

8—9日，省长叶建春到景德镇调研推进营商环境优化升级“一号改革工程”；在景德镇召开座谈会，听取景德镇营商环境工作汇报。他强调，要以新形势下“五型”政府建设为抓手，大力推进营商环境优化升级“一号改革工程”。

11日，市委书记刘锋带队开展全市县域经济高质量发展现场巡查，先后到昌南新区、昌江区、高新区、珠山区部分重点项目，实地查看项目推进、产业配套、要素保障等情况。

2月14日，省委书记、省人大常委会主任易炼红深入景德镇调研。他强调要深入学习贯彻习近平总书记视察江西重要讲话精神，聚焦“作示范、勇争先”的目标要求，以非常之举加快推进高质量跨越式发展，让千年瓷城活力迸发、国际瓷都魅力四射，为携手书写全面建设社会主义现代化江西的精彩华章作出新的更大贡献。

16日，2022年省市县三级联动推进重大项目开工暨“项目大会战”动员大会举行。全市共有175个亿元以上重大项目纳入2022年省级层面重点推进大中型建设项目清单，合计总投资1684.56亿元，2022年计划完成投资483.10亿元。

同日，景德镇市智能制造公共实训基地授牌仪式在中德（景德镇）工业4.0智能制造公共实训基地举行，是全市首个智能制造公共实训基地。

17日，以应急管理部副部长刘伟为组长的国务院安委办安全生产督导检查组第十组一行到市开展春节冬奥期间安全生产督导检查。

19日，市先陶办召开陶瓷数字经济学习座谈会。会上，各县（市、区）、高新区、昌南新区汇报陶瓷企业摸底、招商引资等前期工作情况，并围绕陶瓷数字经济产业发展作发言。

23日，市委书记刘锋主持召开景德镇御窑遗址申报世界文化遗产调度推进会议。

24日，全市优化营商环境动员大会在市发展中心召开。会上，刘锋、胡雪梅共同为市政务服务数据管理局揭牌。吴财锋解读《景德镇市营商环境优化升级“一号改革工程”工作推进方案》。邓永翔解读《景德镇市关于深入推进营商环境优化升级“一号改革工程”的实施方案》。

25日，副省长胡强到市调研现代农业和挂点重大项目景德镇高岭·中国村田园综合体项目。

28日，“瓷的精神”——2021景德镇国际陶瓷艺术双年展在景德镇陶瓷大学美术馆开幕。“双年展”每两年举办一届，2022年是首届，此后与一年一度的瓷博会形成“一核两翼”、相互依托的发展格局，助力国家试验区建设。

3月

1日，“一带一路”国际陶瓷教育联盟成立仪式暨“当代陶瓷艺术教育发展趋势”国际高峰论坛在景德镇陶瓷大学举行。联盟主席单位代表分别为“一带一路”国际陶瓷教育联盟成立致辞，并且展示三方代表共同签订的“一带一路”国际陶瓷教育联盟成立备忘录。“当代陶瓷艺术教育发展趋势”国际高峰论坛汇集国内外陶瓷艺术教育领域的专家学者，围绕“疫情时代下的全球陶瓷艺术教育的走向”和“国际视角下的陶瓷艺术创新与本土经验”两个主题，探讨在当代陶瓷艺术教育视阈下的观点和想法。

2日，作为“瓷的精神”——2021景德镇国际陶瓷艺术双年展特别展的“白”意大利当代陶瓷艺术展在陶溪川开幕。

7日，“全国创业孵化示范基地”揭牌仪式在陶溪川举行，市人社局、市就业创业服务中心、珠山区人社局、珠山区就业创业服务中心相关领导，陶溪川邑空间创客共计200余人参加仪式。

9日，国家版权局公布2021年度全国版权示范单位、示范单位（软件正版化）和示范园区（基地）名单，景德镇市三宝国际瓷谷获“全国版权示范园区（基地）”称号，景德镇市瑞牛文化科技有限公司获“全国版权示范单位”称号。至此，景德镇市获评全国版权示范园区（基地）2个，全国版权示范单位2个，江西省版权示范园区（基地）1个，江西省版权示范单位10个。

10日，中宣部副部长张建春率领中宣部调研组一行到市，就景德镇市全国版权示范城市工作开展情况调研并召开汇报会。

11日，“景德云媒”上线暨江西报业传媒集团与景德镇新闻传媒集团战略合作签约仪式举行。仪式上，与会嘉宾共同观看“景德云媒”宣介片并为“景德云媒”启动上线，江西报业传媒集团与景德镇新闻传媒集团就双方下一步合作签署战略合作协议。“景德云媒”App由景德镇日报社运营管理，按照“原创首发本地新闻资讯，服务大众生活和景德镇陶瓷特色”的原则，开设热点、学习、时政、经济、文化、社会、陶瓷、专题、县域、视频、龙珠阁11个频道，建设新闻发布、民声互动、数据共享、展示交易、志愿服务五大平台。

同日，“景德镇”地理标志司法保护座谈会在景德镇知识产权法庭召开。会上，与会人员围绕“景德镇”陶瓷地理标志司法保护现状与面临的困境、如何强化地理标志司法保护以助力景德镇国家陶瓷文化传承创新试验区建设等方面交流发言，并从注册人、使用者、管理者等角度提出有见地、有针对性的意见和建议。

14日，全市数字经济发展推进大会召开。市委书记、市发展数字经济领导小组组长刘锋出席会议并讲话。市长、市发展数字经济领导小组组长胡雪梅主持会议。

21日，全市工业倍增暨招商引资攻坚大会召开。市委书记刘锋出席会议并讲话，强调要坚持以习近平新时代中国特色社会主义思想为指引，锚定目标不动摇、只争朝夕加油干，奋力开启工业倍增和招商引资新篇章。

22日，市委书记刘锋带队深入黄泥头片区，实地调研内涝防治工作并召开座谈会。

24日，高新区、昌江区城乡公交一体化正式运营及新能源公交发车仪式举行。昌江区长运公共交通有限公司对区域范围内的10条公交班线进行优化整合，并投资近千万元新购置18辆新能源公交车。全新的镇村公交班线覆盖昌江区所有行政村和高新区诸多企业。

同日，省委书记、省人大常委会主任易炼红深入景德镇调研。他强调要深入贯彻习近平总书记视察江西重要讲话精神，全力践行“作示范、勇争先”殷殷嘱托，瞄准先进、对标一流，创先争优、奋发进取，全面形成“大众创业”“万众创新”“干部创先”的生动局面。

29日，由市中级人民法院和市司法局共同设立的市行政争议多元调处中心正式揭牌成立。

31日，“亲清瓷都·暖心爽心”全市商会会长座谈会召开。副市长、市工商联主席江民强主持会议。会议传达学习中央、省市有关会议精神以及市委书记刘锋、市长胡雪梅相关讲话精神，解读《景德镇市关于深入推进营商环境优化升级“一号改革工程”的实施方案》。

4月

2日，全市招商引资重大项目“云签约”仪式举行。仪式上，高晓云通报全市招商引资集中签约项目情况。参加该次“云签约”的项目共有28个，总投资326亿元，其中“5020”项目（国家级开发区每年最少引进一个50亿元的产业项目，省级开发区引进一个20亿元的产业项目）10个，总投资203亿元，占比62.2%。

4日，市委书记、市委应对新型冠状病毒感染肺炎疫情工作领导小组组长刘锋检查督导全市疫情防控工作，看望慰问在清明节小长假期间坚守一线的抗疫工作者。

7日，吴仕民先生长篇小说《御窑重器》研讨会在景德镇中国陶瓷博物馆举行。《御窑重器》是一部以文学视角再现瓷都百年风云和社会风情的长篇巨著。

7—8日，省委常委、常务副省长梁桂在景德镇市专题调研优化营商环境、实体经济发展、重大项目建设和安全生产等工作，并召开调研座谈会。

12日，数字化精密3D陶瓷打印项目“云签约”仪式举行。仪式上，来自中日两国七地的项目各方相聚“线上”、牵手“云端”，通过“云签约”的形式，共同推动数字化精密3D陶瓷打印项目在昌南新区正式落户。

14日，平安景德镇建设领导小组会议召开。会议审议并原则通过《关于调整平安景德镇建设领导小组成员建议名单》《2022年平安景德镇建设工作要点》和《景德镇市涉诈重点地区及重点行业约谈警示和挂牌整治暂行办法》。

15日，在市发展中心举行“4·15”全民国家安全教育日宣传启动仪式。市委书记、市委国安委主任刘锋启动“国泰民安”主题在线学习国家安全知识万人答题竞赛活动并参与答题签名，正式拉开今年全市第七个全民国家安全教育日系列宣传活动的序幕。

19日，2022年景德镇电网建设重大项目集中开工活动举行。该次集中开工的10项电网建设重大项目投资规模超12亿元，辐射面广、影响力大，直接保障高铁商务区、昌南新区、乐平塔山和杨范工业园区、浮梁城北及西南片区等重点片区，以及赛复乐医药、以晴集团、透光陶瓷集团、景德镇艺术职业大学等重大项目，为全市工业倍增三年行动计划提供坚强电力保障。

21日，最高人民法院发布2021年中国法院10大知识产权案件和50件典型知识产权案例，其中景德镇知识产权法庭审理的涉陶瓷类案件“深圳国瓷永丰源股份有限公司与景德镇某宇贸易有限公司、景德镇市某翔陶瓷厂著作权权属、侵权纠纷案”入选2021年中国法院50件典型知识产权案例，系江西法院唯一入选案例。

26日，由景德镇陶瓷文化国际交流中心、市商务局、陶文旅集团、前行科创集团共同主办的“复兴古商路再启世界城”景德镇陶瓷跨境电商助力数字经济产业峰会在陶溪川发布大厅举行。峰会启动了首届“景德镇陶瓷产业跨境电商实训营”，免费且精准服务30家有基础、有意向的本地企业，提供为期30天的系统培训。

28日，全市庆祝“五一”国际劳动节暨五一劳动奖和工人先锋号表彰大会举行。市委书记刘锋向大会发贺信，代表市委、市政府向全市各行各业的劳动群众、各级劳动模范和先进工作者、节日期间坚守一线的劳动者致以热烈的祝贺和诚挚的敬意。

30日，市长胡雪梅深入市商业中心、重点项目，调研“五一”期间商贸消费情况和不停工重点项目。

5月

5—6日，省人大常委会副主任、民革省委会主委马志武率队到景德镇市开展优化营商环境民主监督工作，召开民革省委会优化营商环境民主监督工作启动会暨省人大侨企营商环境座谈会，并围绕营商环境优化升级深入调研；同时开展科普法执法检查和职业教育工作调研，并召开座谈会听取相关工作汇报。

10日，全市农村宅基地制度改革试点和规范管理工作推进会召开。11日，市长胡雪梅调研教育工作，强调百年大计，教育为本，要深入学习贯彻习近平总书记关于教育的重要论述，始终坚持把教育放在优先发展的战略地位，调布局、优结构、补短板、创特色，持之以恒办好人民满意的教育。

18日，“瓷心寄情”——张曙阳先生捐赠新中国时期景德镇外销瓷展作为“5·18”国际博物馆日系列活动之一，在景德镇中国陶瓷博物馆开幕。开幕式上，景德镇中国陶瓷博物馆向张曙阳先生代表颁发“捐赠证书”。

20日，景德镇市举行新闻发布会，对外发布景德镇国家陶瓷文化传承创新试验区三年来丰硕的建设成果。来自《人民日报》、新华社、中央广播电视总台、央视网、《香港经济导报》、《香港商报》、《澳门莲花时报》、《江西日报社》、江西广播电视台、江西新闻客户端、江西网络广播电视台、《江南都市报》、《当代江西杂志社》、《新法制报》、大江网、凤凰网、百度、网易、新浪、今日头条、《景德镇日报》、景德镇市广播电视台、《瓷都晚报》、交通音乐广播、景德镇在线等近30家媒体的记者参加新闻发布会。

24日，2022中国·浮梁买茶节暨浮梁茶产业现代化助力乡村振兴高峰论坛在高岭·中国村大唐茶市举行。中国工程院院士陈宗懋，中国工程院院士、湖南农业大学学术委员会主任刘仲华，市委副书记吴隽出席相关活动。

25日，景德镇市首个生活方式陶瓷品牌“陶溪川文创”在陶溪川大剧院正式发布。发布会现场，“陶溪川文创”率先推出两大独具特色的全新系列——“陶溪花园”和“东方宇宙”，首次正式亮相的18款新品，涵盖餐具、酒具、咖啡具等类别。

25—26日，省政协原副主席、省老科协会长郑小燕到市调研老科协工作，看望慰问老科技工作者，并前往基层站点视察指导老科协工作开展情况。市政协主席俞小平，副市长江民强等分别陪同。

26日，作为江西省首个设区市政协电视专栏，由市政协办公室主办，市广播电视台制作的《政协视窗》举行开播仪式。《政协视窗》为周播电视栏目，报道景德镇市政治协商领域的最新动态、各项工作和成果。

28日，景德镇朝蓬集团香港挂牌庆典暨合作签约发布会在浮梁产业园区举行。副市长江民强出席活动并致辞。江民强指出，朝蓬集团有一个好的发展思路，发展前景良好。发布会上，股东们当场认购签约，交纳入股资金480万元。

31日，市科技馆揭牌仪式举行。市科技馆位于高新区航空大道与经纬二路交口西南角，常设展厅包括儿童科学乐园展厅、探索与发现展厅、生命与健康展厅、守望平安展厅、走向未来展厅。科技馆各类配套科普展品200余件。同时还设置临时展厅、培训中心、报告厅、4D影院等辅助和教育培训等功能用房。

6月

1日，2022年江西省“护苗·春蕾”法治进校园行动启动仪式暨携手落实“两法”共护祖国未来检察开放日活动在市检察院举行。

2日，浮梁县“两山”生态检察工作室成立。这是全国首家在地方党委政府支持下，联合当地公检法、生态环境领域相关行政机关等十三家单位共同成立的生态检察工作组织。

7—8日，省委书记、省人大常委会主任易炼红到景德镇调研，强调要正视发展差距，找准发展路径，全力做优、做强、做大特色产业、优势产业，加快推动景德镇高质量跨越式发展。

7—10日，省财政厅党组书记、厅长朱斌率省政府切实稳住经济发展第三督导组，到景德镇督导全市落实省政府稳住经济发展系列政策措施以及高效统筹疫情防控和经济社会发展的相关工作情况，并召开座谈汇报会。

8日，景德镇陶瓷官方旗舰店正式揭牌运营。副市长高晓云出席仪式并揭牌。

同日，“香江赣港·瓷韵”陶瓷艺术展作品征集仪式在市举行，省委常委、省委统战部部长黄喜忠出席征集仪式并宣布活动正式启动。

11日，由江西省文化和旅游厅、景德镇市人民政府主办的2022年江西省“文化和自然遗产日”景德镇主会场活动开幕式在市群众文化活动中心举行。

同日，由市申报世界文化遗产领导小组办公室、市文广新旅局主办，景德镇御窑博物院承办的景德镇古陶瓷基因库揭牌仪式在景德镇御窑博物院举行。国家文物局副局长关强以线上视频方式发表致辞。

13日，黑猫集团旗下控股上市公司黑猫股份报收14.19元/股，总市值达106亿元，首超百亿元，并创下上市以来市值新高。黑猫股份系黑猫集团控股的A股上市公司。

13—15日，2022年全省旅游产业发展大会在吉安市举行。会上获悉，景德镇市获全省旅游产业发展先进设区市，陶溪川文创街区获优秀旅游景区，陶文旅集团有限公司获优秀旅游企业。

13—14日，文旅部产业发展司一级巡视员蔡萍率队到市调研。蔡萍一行先后走访瓷博会常年展、紫晶国际旅行社、陶阳里御窑景区、陶溪川文创街区、三宝国际瓷谷闲云居、文祥窑、景陶集团“国瓷馆”、中国文联文艺研修院景德镇研修培训基地、景浮宫陶瓷、“八大美院”创作中心等地，多层次、全方位了解景德镇市文化和旅游产业发展情况。

15日，景德镇陶瓷官方旗舰店井冈山店开业仪式在井冈山茨坪镇天街举行。

19日，市委书记刘锋到市防汛抗旱指挥部，主持召开防汛工作紧急部署会议，并与各县（市、区）、昌南新区应急指挥中心视频连线。

20日，江西省委宣传部通报关于首届江西文化产业博览交易会“优秀展馆”“优秀组织奖”评选结果，景德镇市获“优秀展馆”。

同日，由市委统战部指导，市新联会主办的全市新的社会阶层“瓷都夜话”揭牌仪式在猎户星空会议室举行。

21日，副省长孙菊生到景调研督导防汛工作，先后来到乐平市洎阳街道邹家村、龙井路排涝站，详细了解防汛工作情况。

23日，景德镇富玉青花玲珑陶瓷有限公司第一次妇女代表大会召开，标志着景德镇市首个“两新”（新经济、新社会）组织妇联正式成立。

同日，市禁毒委员会在枫树山国家森林公园举办市禁毒主题公园揭牌仪式暨“6·26”禁毒成果展，展出景德镇市近年来禁毒成果。

24日，景德镇市（杭州）数字经济招商推介会在杭州举行。会上，深圳梦网科技有限公司董事长余文胜，盘石集团总裁章海江，甲古文创意设计有限公司董事长刘文作为客商代表发言。大会组织观看景德镇市数字经济宣传片，18个项目进行集中签约。新华社、《光明日报》、中新社、《文汇报》、凤凰网、《江西日报》、江西电视台、《杭州日报》、杭州电视台、《都市快报》、杭州网、天目新闻等新闻单位聚焦此次招商推介会开展宣传报道。

27日，全市2021年度巩固拓展脱贫攻坚成果同乡村振兴有效衔接考核反馈问题整改工作推进会召开。会上，江民强就贯彻落实好会议精神提出具体要求。浮梁县、珠山区分别汇报整改工作进展情况。

29日，江西利尔奇贸易有限责任公司经办人在昌南新区市场监管局工作人员的登记指导下，成功领取到全市首张“一照多址”营业执照，成为该政策在景德镇市实行后的首家受惠企业。

同日，全省首个非招标方式不见面开标项目——景德镇记忆瓷器专题微视频（竞争性磋商）项目在市公共资源交易中心顺利完成。这是景德镇市深入推行“不见面开标”的结果，也是全市在优化营商环境方面的新突破。

30日，景德镇市城际公交车交付暨开通启动仪式在高铁北站景德镇公交停车场举行。这是景德镇市全域公交一体化改革的新成果。景乐城际公交班线的开通是市优化营商环境、加快乡村振兴的举措，也是事关全市经济发展的一件大事。

7月

4日，全市2022年第一期社会治理专职网格员培训班在市社会治理中心开班。首批26名专职网格员参加培训。

同日，景德镇首届“星球童话”光影艺术节在江西直升机科技馆开幕。

5日，中国美术学院景德镇艺创中心启幕展暨揭牌仪式在名坊园CFAC美院基地举行。中国美术学院党委书记金一斌、市委副书记吴隽出席并共同为艺创中心揭牌。

同日，省总工会党组成员、副主席任春山一行到市就新时代产业工人队伍建设改革工作等作专题调研。

6日，“第17届威尼斯国际建筑双年展·中国国家馆回归展——陶溪川站”在陶溪川美术馆预展。展览时间为7月6日至11月30日。

同日，中国文联文艺研修院景德镇基地揭牌仪式在名坊园举行。中国文联党组成员、副主席、书记处书记诸迪，中国文联文艺研修院常务副院长傅亦轩，市委常委、市委宣传部部长林蓉出席揭牌仪式。副市长江民强主持仪式。仪式上中国文联文艺研修院与昌南新区签订合作协议书。

6—7日，中国文联党组成员、副主席、书记处书记诸迪率中国文联调研组到市，就“文艺两新”发展现状等开展专题调研。诸迪一行深入珠山区文联、松纳柴器艺术陶瓷有限公司、景德镇陶瓷大学、陶溪川文创街区、三宝蓬艺术聚落、真如堂陶瓷有限公司、陶阳里历史文化街区、名坊园等地调研，了解文联组织团结引领“文艺两新”的做法，调研景德镇市“文艺两新”发展现状。

7日，景德镇市常态长效创建全国文明城市暨争创全国文明典范城市工作推进大会召开。市委书记、市常态长效创建全国文明城市工作领导小组组长刘锋出席会议并讲话。

同日，中国文联“文艺两新”集聚区实践基地揭牌仪式暨“集聚瓷都”陶瓷艺术作品学术邀请展在为民瓷厂举行。

9日，景德镇景商联合总会成立大会召开。英国江西总商会、江西赣商联合总会、赣州市赣商联合会、上饶饶商联合总会、吉安赣商联合会等向景德镇景商联合总会致贺信。

9—10日，全国政协常委、港澳台侨委员会副主任耿惠昌率全国政协调研组到景德镇，就“做好台湾青少年工作，促进两岸同胞心灵契合”开展专题调研，并在景德镇市召开视频座谈会。全国政协调研组一行先后到海峡两岸交流基地示范点——皇窑陶瓷文化创意产业园、中国陶瓷博物馆、陶溪川文创街区、市政协文史馆等地调研。

12日，全市领导干部警示教育大会召开。市委书记刘锋出席会议并讲话，强调全面从严治党永远在路上，党风廉政建设和反腐败斗争永远在路上。

同日，江西天新药业股份有限公司首次公开发行A股“云上市”仪式在景德镇市举行。至此，全市有6家A股上市公司。

16日，“造物空间杯”全国陶艺教学与教具科研成果巡展首站开幕仪式在景德镇市美术馆举行。来自北京、浙江、重庆、江苏、山东、云南和江西等省（直辖市）的专家、教师出席开幕式。

19日，市长胡雪梅调研跨境电商综试区及国家文化出口基地建设情况。她强调当前外贸市场需求广阔，发展潜力巨大。要坚持数字产业化、产业数字化的发展方向，突出文化属性，彰显文化自信，用心用情讲好景德镇故事。

21日，“多彩中国佳节好物”文化和旅游贸易促进活动（陶瓷文创专题）在景德镇开幕。“多彩中国 佳节好物”文化和旅游贸易促进活动（陶瓷文创专题）由文化和旅游部产业发展司指导支持，江西省文化和旅游厅、景德镇市人民政府（景德镇国家陶瓷文化传承创新试验区管委会）主办，设巡场开幕、路演推介、贸易投资政策宣讲、参观考察等环节。

21—22日，文化和旅游部产业发展司副司长马力，中国工艺美术馆·中国非物质文化遗产馆副馆长王辉，中国东方演艺集团副总经理张蕾到市调研。

23日，由市文化广电新闻出版旅游局、市陶瓷历史文化研究会编著，中国文化出版社出版发行的《景德镇柴窑》正式与读者见面。

28日，第17届威尼斯国际建筑双年展中国国家馆回归展——陶溪川站在陶溪川发布大厅开幕。此次展览主题为“院儿——从最大到最小”，共分为“共同理解Ⅰ——灵感与干预”“共同理解Ⅱ——经典与诠释”“共同搭建——特殊时期的威建双中国馆纪实”“共同感受——听院儿”“共同治愈——每个人的故事长廊”五个部分。展览展出时间至11月30日。

29日，在中国人民解放军建军95周年来临之际，市委书记刘锋到景德镇军分区，开展走访慰问活动，为他们送去市委、市政府的浓浓关怀，并致以亲切的节日问候和崇高敬意。

30日，由广州美术学院、粤港澳大湾区美术与设计教育发展联盟、广东省美术家协会、景德镇市昌南新区管委会、景德镇市城投集团共同主办的广州美术学院景德镇创作研究中心开馆暨“大湾区视野下的”广东当代陶艺展在CFAC美院基地广州美术学院——景德镇创研中心开幕。

30日至8月1日，由景德镇市文化广电新闻出版旅游局主办，景德镇御窑博物院、景德镇陶文旅控股集团有限公司承办，北京第二外国语学院中东学院、北京第二外国语学院阿拉伯研究中心协办的“蓝白辉映，铄古铸今”——“景德镇与中阿文化交流”研讨会在景德镇市举行。研讨会活动为期三天，研讨会对景德镇在中阿文化交流中的历史价值和当代重塑进行研讨。

31日至8月3日，中国文联党组成员、书记处书记、中国影协分党组书记张宏率中国文联调研组就“团结凝聚在华外国艺术家讲好中国故事”到市专题调研，并召开中国文联中外艺术家座谈会。

8月

1日，由景德镇陶瓷大学主办的国家艺术基金2022年度艺术人才培养资助项目《艺术陶瓷创作设计及其产业化人才培养》开班典礼在景德镇皇窑有限公司（景德镇陶瓷大学校外实践基地）举行。来自全国各地的30位学员出席。

4日，“才聚瓷都 情动七夕”景德镇市青年人才联谊交友活动在浮梁县王港乡港口村锦泰文化公司举行。

同日，全市常态长效创建全国文明城市暨争创全国文明典范城市誓师大会召开。市委书记、市常态长效创建全国文明城市工作领导小组组长刘锋出席会议并讲话。

5日，2022年第二季度“中国好人榜”在山东省曲阜市现场发布。热血公益事业、资助百余名社区群众的乐平市凤凰城的社区医生黄双根上榜。

同日，省长叶建春在景德镇调研，强调要全面落实“疫情要防住、经济要稳住、发展要安全”重要要求，保持战略定力和强攻势头，充分激发双“一号工程”的振翅之力，为“拼搏三季度、奠定全年胜”注入强大动能，以优异成绩迎接中共二十大胜利召开。

7日，中国非物质文化遗产保护协会陶瓷分会成立大会在景德镇陶瓷大学举行。大会公布选举产生的陶瓷分会顾问、会长、副会长、秘书长。与会人员参观“瓷的精神”——2021景德镇国际陶瓷艺术双年展。

8日，景德镇非物质文化遗产保护协会成立大会在景德镇陶溪川发布大厅举行。成立大会结束后，举办国家级景德镇陶瓷文化生态保护实验区建设暨非物质文化遗产传承保护专家论坛。当日景德镇非物质文化遗产保护协会与景德镇市昌南新区管委会等签署《景德镇非物质文化遗产馆战略合作框架协议》。

9日，南昌海关与市政府合作备忘录签署仪式举行。根据合作协议内容，南昌海关在支持口岸开放、促进产业升级、筑牢安全屏障三大方面16项重点工作上支持景德镇市经济社会发展。

10日，市委书记刘锋调研全市常态长效创建全国文明城市工作。他强调，国检到了“临门一脚”的关键时刻，各地各部门要坚决克服松懈思想、麻痹心理、厌战情绪，警醒起来、重视起来、行动起来，做好最足的准备、拿出最佳的状态、树立最高的标准、坚持最严的要求，坚持不懈抓实抓好常态长效创建全国文明城市工作，确保景德镇市在此次国检中取得好成绩。

14日，江西省第六届青少年书画大赛颁奖典礼在景德镇陶溪川大剧院举办。活动现场有1500余名小朋友及家长、老师参加，网上直播有121.23万人观看和互动。

15日，市知联会召开四届六次会长（扩大）会议。市政协副主席、市知联会会长史晓莲主持会议。市委统战部分管领导应邀出席，市委统战部相关科室负责人、市知联会副秘书长及各县（市、区）知联会会长参加会议。

18日，由中国轻工业联合会主办的第二届中国工艺美术展在南京国际博览中心开幕，国家试验区国际交流中心策划组织的景德镇陶瓷艺术精品展同期亮相。该次博览会参展商1800余家，面积4.5万平方米，展出陶瓷、雕刻、织绣、文房四宝、珠宝首饰、红木家具等全品类工艺美术优秀作品10万余件。

19日，市党外博士服务团组建揭牌仪式在景德镇御窑博物院举行。

同日，由市委组织部主办、昌江区委组织部承办的全市首届党务技能大赛（昌江赛区）举行，集中展示全市党建工作成效、党务工作者风采，营造“比学赶超、创先争优”浓厚氛围，推动全市基层党建工作更加规范、务实、有效。

19—20日，省委常委、省委政法委书记罗小云到景德镇市看望慰问一线政法干警，调研督导中共二十大安保工作。罗小云一行先后前往公共法律服务中心接待大厅、市中级人民法院、市未成年人检察法治文化教育基地暨七色堇未成年人关爱中心、珠山区石狮埠街道和五龙山社区等地调研。

23日，市推进通航产业发展领导小组第一次会议暨2022中国航空产业大会（景德镇会场）执委会第一次会议召开。市委副书记、市长胡雪梅出席会议并讲话。她强调，承办好今年的中国航空产业大会，是提升景德镇市航空产业竞争力的重要契机，是扩大景德镇市城市品牌影响力的重要平台，要办出特色、办出亮点、办出效果，真正让景德镇航空产业强起来、通航飞机飞起来。

23—27日，市委5个巡察组分别向本轮巡察的党组织反馈。市委书记刘锋、市长胡雪梅以及市领导吴隽、廖良生、林蓉、邓永翔、江民强分别出席巡察反馈会议并讲话。会议传达市委书记专题会议精神，向被巡察党组织主要负责人通报了巡察发现的主要问题，并向领导班子反馈巡察情况。

25 日，市委第一巡察组巡察市生态环境局党组情况反馈会召开。市长胡雪梅出席会议，并对抓好巡察整改工作提出要求。

26 日，2022 江西“百城百夜”文化和旅游消费季景德镇分会场开幕式在陶溪川文创街区举行。开幕式上发布了景德镇市“百城百夜”惠民政策 。

27 日，景德镇市 2022 年全国创建无结核社区试点工作启动会暨公益捐赠活动在紫晶会堂举行。副市长江民强致辞。 启动会上，向全市艺术家代表颁发“健康中国 · 匠心奉献”陶瓷艺术品公益拍卖活动爱心艺术家荣誉证书，启动“健康中国 · 匠心奉献”公益拍卖项目。

同日，惠及 1000 万人的民生“菜篮子”工程景德镇农产品批发市场正式开业运营，地址位于市昌江区丽阳镇 206 国道旁。

28 日，景德镇国家陶瓷版权交易中心上线运营启动仪式在昌南新区昌南里国家陶瓷版权交易中心综合展示馆举行，首批上线运营的业务板块全部开花结果。至当天下午 4 点，版权交易中心此次首批上线运营的版权作品线上成交额达 50 余万元。

同日，分两批次发放 600 万元文旅消费券。消费券覆盖景区、住宿、餐饮、文创、文化演艺等类别。

30 日，外交部领事司签证政策与事务处和珠山区三宝村召开党支部结对共建首次视频会。会上，签证处党支部负责人介绍外国人来华相关政策，希望通过与三宝村党支部开展结对共建活动，深化“党建 + 业务”融合发展，促进三宝村党建中心成为指导“境外景漂”在景德镇签证咨询的服务平台。

9 月

3 日，2022 中国国际服务贸易交易会“世界地理标志品牌分销服务大会”在国家会议中心举办。浮梁县人民政府申报的《浮梁茶：千年茶都，绿色产业》荣获“2022 地理标志产业发展文化传承价值案例”，浮梁茶获“文化传承价值品牌”荣誉称号。

5 日，景德镇市第九届“国家网络安全宣传周”启动仪式在景德镇日报社一楼大厅举行，正式拉开全市网络安全宣传周序幕。 2022 年国家网络安全宣传周主题是“网络安全为人民，网络安全靠人民”。9 月 5 日至 11 日宣传周期间，组织开展云展览、网络安全知识讲座、网络安全技能竞赛以及各个主题日活动等。

6 日，第二届中日先进陶瓷创新发展大会暨景德镇京都论坛举行，会议通过视频连线方式在中国景德镇和日本京都各设会场，共同开启新时代中日先进陶瓷发展新征程。日本国驻上海副总领事奥正史，市委书记刘锋，省政府外事办公室副主任黄小燕，副市长、高新区党工委书记罗文军，国家试验区管委会专职副主任刘子力，财团法人京都产业二十一理事长上田辉久等出席会议。上田辉久、刘子力就京都府和景德镇市战略合作签约。

7 日，江西省政府新闻办、江西省农业农村厅、景德镇市人民政府联合召开 2022 年“中国农民丰收节”江西活动新闻发布会。江西省委农办主任，江西省农业农村厅党组书记、厅长江枝英发布和介绍有关情况。景德镇市人民政府副市长江民强主持发布会。

8 日，江西省政府新闻办、景德镇市人民政府联合召开“江西这十年”系列主题新闻发布会（景德镇专场）。景德镇市委书记刘锋介绍中共十八大以来景德镇经济社会发展的有关情况。景德镇市委副书记、市长胡雪梅，景德镇市委副书记吴隽出席新闻发布会，并回答记者提问。

同日，副省长陈小平率队到市调研国家试验区建设工作情况。陈小平深入陶阳里御窑景区、景德镇御窑博物院、八大美院创作基地等地调研。调研期间，陈小平主持召开座谈会，听取专家、学者、景漂代表对于做好国家试验区建设工作的意见建议。

10 日，“丝路瓷行——天涯共此时”中秋陶瓷文化国际交流活动正式启幕。活动通过视频连线，让在中国的“Z 世代”国际青年、留学生以及“洋景漂”代表与万里之外的英国剑桥国际友人、华人华侨共度难忘的中秋佳节。

15 日，景德镇市政公用集团有限责任公司揭牌仪式举行，市委书记刘锋作批示指出，景德镇市政深入贯彻市委、市政府决策部署，以“服务瓷都市民”为宗旨，紧贴民生脉搏，紧随城市发展脉动，从无到有、从小到大、从弱到强，综合实力和业务水平不断提升，逐步成长为专业化、多领域、全方位、接地气的城市管理服务平台。

16 日 ，由市委宣传部指导，景德镇黑猫集团主办的红色文化主题展在紫晶国际会议中心开馆。出席开馆仪式相关领导为收藏家代表颁发荣誉证书。相关收藏家、媒体 单位以及黑猫集团干部员工代表参加开馆仪式。

同日，文化和旅游部副部长、国家文物局局长李群率国家文物局督导组一行，到景德镇市开展文物建筑消防安全专项检查督导并调研文物保护利用工作。在景德镇期间，李群一行走访名坊园部分企业。

19 日，浮梁县为首批 20 名退役军人和其他优抚对象集中发放优待证。

同日，市委书记刘锋到新机场预选场址和罗家机场实地调研，听取设计单位汇报，对景德镇机场扩容提升工作开展专题调研。胡雪梅、吴隽、曹雄泰、俞小平等市领导参加调研。

20—23 日，景德镇市老年人乒乓球协会举办为期四天的“2022 金龙健身杯乒乓球混合团体赛”。

21 日，景德镇艺术职业大学新校区揭牌仪式举行。景德镇艺术职业大学是 2020 年经教育部批准，从景德镇陶瓷大学科技与艺术学院基础上转设而来，2022 年在校生达到 1 万人，职业本科扩招率位列全国 32 所职教本科院校第 1 名。

同日，全市领导干部数字经济碳达峰碳中和专题培训班在市委党校开班。

22 日，喜迎二十大“童心向党 筑梦启航”2022 年景德镇市流动少年宫科技直通车进校园活动在昌江区实验学校举行。副市长徐辉出席并宣布活动正式启动。

24 日，2022“中国农民丰收节”江西活动在景德镇市浮梁县高岭·中国村开幕。省委副书记、省长叶建春出席开幕式并宣布 2022“中国农民丰收节”江西活动启动。开幕式上，歌舞《丰收中国年》《丝路瓷茶》《幸福嗨歌》、特别环节《江西“丰”景美如画》、情景音诗画《金秋的邀约》、领合唱《领航》等文艺节目，全景呈现了赣鄱大地五谷丰登、瓜果飘香的丰收盛景。

25 日，省人力资源和社会保障厅党组书记、厅长钟志生到市，就技工教育、公共实训、就业创业等工作，先后到中德（景德镇）工业 4.0 智能制造公共实训基地、景德镇艺术职业大学、以晴 5G 数字经济产业园、景德镇陶瓷博览交易中心等地调研。

26 日，新购置的 60 台车身长度为 5.95 米的微公交分别投放新增加的 501 路等 10 条线路，惠及高新区、昌南新区和浮梁县中心城区。

同日，全市政法领导干部加强政治建设专题研讨班开班，市委常委、市委政法委书记胡春平出席开班式并作首场辅导报告。

27 日，中共景德镇市互联网行业委员会成立大会召开。会上，张丽、林蓉共同为中共景德镇市互联网行业委员会揭牌。市委组织部相关负责人宣读《关于同意成立中国共产党景德镇市互联网行业委员会的批复》。

28 日，由市工商联主办，昌南新区管委会协办的景德镇陶瓷商会换届大会暨景德镇市先进陶瓷商会成立大会召开。副市长、市工商联主席江民强出席。

29 日，携程集团到景德镇市考察调研，并召开座谈会。市委宣传部相关负责人向考察团一行介绍全市文化产业发展情况，市文旅局相关负责人介绍市文旅融合发展情况，各县（市、区）及高新区、昌南新区分管领导介绍各县（市、区）文化产业和文旅融合发展情况并做招商推介。携程集团负责人介绍企业发展情况及合作意向并与景德镇市相关部门负责人交流。

同日，2022 年第三季度“中国好人榜”候选人通过中国文明网进行事迹展示，接受网友点赞评议，乐平市镇桥中学退休教师方清华入围诚实守信类“中国好人”，浮梁县三龙镇蒋光得、蔡胜文、蔡震文入围见义勇为类“中国好人”。

10 月

2 日，市长胡雪梅深入县区，调研文旅夜经济消费新业态发展情况，强调夜间经济空间广阔，大有可为。

10 日，全省巩固拓展脱贫攻坚成果推进乡村振兴专题研讨班在高岭·中国村村长学院举办开班式。市委副书记、市长胡雪梅出席开班式并致辞。省乡村振兴局班子成员，副市长江民强出席会议。

11 日，“普及健康知识，乐享健康生活”2022 年全市健康科普讲解“达人”比赛暨 2022 年江西省健康科普讲解“达人”大赛在市卫生学校举行。选手徐嘉妮、吴智雅获一等奖。

12 日，市长胡雪梅到市信访局接待来访群众，面对面倾听百姓诉求，推动信访问题化解，并就信访工作进行调度。

13 日，中国少年先锋队建队 73 周年之际，市青少年宫、市第十七小学分校、市第十九中学、市第十五小学、陶阳学校、湘湖中心小学、昌河实验小学、乐平市第六小学、乐平市第十五小学等地举行各种中国少年先锋队建队日主题活动。

同日，市政协主席俞小平带队开展“全力推进景德镇御窑遗址申遗工作助力国家试验区建设”专题协商视察。

同日，江西省供销合作社联合社与景德镇市人民政府战略合作协议暨江西供销（乐平）综合农事服务中心项目招商协议签约仪式举行，省供销联社党组书记、理事会主任李晓刚，市长胡雪梅出席仪式。

同日，“喜迎二十大　奋进新征程”市红十字会AED投放仪式在市发展中心南苑举行。市委副书记吴隽出席仪式，并宣布首批AED正式投放。副市长、市红十字会会长江民强讲话。

18日，“亲清瓷都·暖心爽心”座谈会在市发展中心召开。市委统战部部长吴财锋主持会议并讲话。会议就全市当前优化营商环境工作开展情况进行详细介绍。

同日，市委副书记吴隽深入浮梁县王港乡调研冬种、宅基地改革与规范管理工作，强调要稳慎推进农村宅基地制度改革试点，切实抓好冬季农业生产等各项工作，全力推动全市农业农村高质量发展。

25日，2022年“环保瓷都行”活动启动会召开。会上，通报2022年环保瓷都行活动方案。

26日，省委常委、省委宣传部部长庄兆林到景调研，并深入基层一线宣讲中共二十大精神。庄兆林先后调研景德镇二中、乐平市天湖社区等地。刘锋、胡雪梅分别介绍相关工作进展情况。

28日，陶瓷艺术品官方溯源平台发布会暨战略合作签约仪式在景德镇新闻传媒集团一楼举行。陶瓷艺术品官方溯源平台的搭建是市国控集团落实市委市政府陶瓷发展战略，先试先行，全面开展陶瓷艺术品溯源鉴定服务的又一重要举措。平台为陶瓷艺术品“追踪溯源、验明真伪”。

31日，2022中国景德镇国际陶瓷博览会新闻发布会在省政府新闻办新闻发布厅召开。副市长高晓云向与会媒体介绍2022中国景德镇国际陶瓷博览会的内容和特色亮点。《人民日报》、中央广播电视总台、《光明日报》、中新社、新华网、《工人日报》、《中国旅游报》、《江西日报》、《江西卫视》、《香港大公报》、《香港文汇报》、《香港商报》、《香港经济导报》、《澳门莲花时报》、凤凰网等新闻媒体记者参加发布会。

11月

1日，省委书记、省人大常委会主任易炼红深入景德镇调研，宣讲中共二十大精神。易炼红一行先后到江西祥太生命科学、金绿能新材料科技企业、央视网陶瓷数字文化产业基地、昌江区时代奥园、景德镇艺术职业大学调研。

4日，市委书记刘锋深入景德镇市部分学校，宣讲中共二十大精神，并就学校建设工作调研。

4—5日，市长胡雪梅率队赴上海参加第五届中国国际进口博览会并考察携程集团上海总部。胡雪梅一行参观进博会景德镇陶瓷官方旗舰店非遗展馆，考察携程集团上海总部、丹麦皇家哥本哈根、英国威基伍德、德国唯宝陶瓷专卖店，并与携程集团副总裁王韦座谈交流。

6日，省委宣传部常务副部长、省记协主席郭建晖率省记协“名记名播走基层”一行到景德镇。先后到景德镇日报社、景德镇新闻传媒集团、景德镇市广播电视台等市主要媒体单位，看望慰问新闻工作者，向广大新闻工作者致以节日的问候。

7日，2022景德镇国家陶瓷文化传承创新试验区发展高峰论坛在景德镇陶瓷大学拉开帷幕。省人大常委会副主任马志武、市委书记刘锋出席开幕式并致辞，景德镇陶瓷大学党委书记李良智主持开幕式。开幕式后，专家学者围绕陶瓷文化传承创新和先进陶瓷产业发展等主题作主旨演讲。

同日，“数智引领　瓷创未来”——中国陶瓷价格指数发布会在景德镇陶博城（博览交易中心）新会展中心二楼多功能厅举行。中国陶瓷价格指数编制工作前后历时近8个月，编制团队先后实地调研景德镇、淄博、潮州、佛山、唐山、醴陵、宜兴等诸多陶瓷主产区，建立线下数据采集点。同时充分抓取主流电商平台、企业网站陶瓷价格信息，与线下数据相互补充、印证，拓展数据的维度和广度。

同日，“最美中国风　从‘新’向未来”——第十二届中国陶瓷艺术大展在景德镇国际会展中心正式拉开帷幕。中国轻工业联合会副会长、中国陶瓷工业协会理事长杜同和，市委副书记吴隽，全国政协常委、台盟中央副主席连介德等出席开幕式。

8日，主题为“自强不息赋丹青　拼搏人生如‘瓷’美”的全国残疾人陶瓷工艺美术作品展开幕式在景德镇博爱陶瓷文化交流中心举行。

同日，2022中国景德镇国际陶瓷博览会在新建成投用的景德镇国际陶瓷博览交易中心（陶博城）开幕。

同日，作为2022中国景德镇国际陶瓷博览会重要活动之一，“景德镇制”区域品牌形象标识和宣传口号发布会暨“景德镇制”区域品牌系列标准发布会在景德镇国际陶瓷博览交易中心举行。市委书记刘锋宣布“景德镇制”区域品牌宣传口号、形象标识及“景德镇制”陶瓷系列标准之一“日用硬质瓷器”标准正式发布。

同日，由中国国际贸易促进委员会江西省委员会、景德镇市人民政府和中国国际贸易促进委员会商业行业委员会共同主办的中国陶瓷产业贸易数字化大会暨2022景德镇陶瓷双线国际直采对接会在景德镇市陶博城（博览交易中心）新会展中心序厅举行。

同日，乐平南窑遗址文物展在景德镇御窑博物馆多功能厅开幕。乐平南窑遗址文物展分“聚焦南窑”“工艺南窑”“价值南窑”3个部分，共展出南窑出土的部分文物62件，南窑遗址是景德镇市已知最早的窑业遗存，填补了景德镇市唐代瓷窑遗存的空白。该展览持续至11月12日。

同日，“丝路百城传”之《景德镇传》新书首发式在中国文联“文艺两新”集聚区景德镇实践基地举行。中国外文局副局长、“丝路百城传”丛书编委会常务副主任陆彩荣，市委宣传部部长林蓉出席并致辞。

8—10日，由中国国家版权局和世界知识产权组织联合举办的2022年版权产业国际风险防控培训班在陶溪川举办。中宣部版权管理局副局长赵秀玲，世界知识产权组织中国办事处主任刘华出席培训班并致辞。

9日，江西省第八届工艺美术“杜鹃奖”颁奖仪式在景德镇国际陶瓷博览交易中心（陶博城）举行。中国轻工业联合会副会长、中国陶瓷工业协会理事长杜同和出席颁奖仪式。

同日，景德镇非物质文化遗产馆开馆仪式在名坊园中国艺术名校创联基地举行。市委书记刘锋宣布开馆，市长胡雪梅，市政协原主席、市非遗协会会长张春萍现场展示著名古陶瓷研究和鉴定专家耿宝昌为非遗馆亲自题写馆名。

同日，2022中国陶瓷工业互联网生态创新发展峰会暨陶博城运营启动仪式在陶博城一楼序厅举行。中国轻工业联合会副会长、中国陶瓷工业协会理事长杜同和，市长胡雪梅等出席活动，并共同启动中国陶瓷工业互联网平台正式上线暨陶博城运营。

同日，由中国文联国际联络部、中国外文局西欧与非洲中心（《今日中国》杂志社）、江西省文联、景德镇市委宣传部联合主办，中共浮梁县委、浮梁县人民政府、景德镇市文联、北京今中文化传播有限责任公司承办，浮梁县委宣传部、浮梁县文联、景德镇市新文艺群体协会、“今日中国”景德镇会客厅、景德镇陶瓷大学国际学院协办的“互鉴·共融”——2022景德镇“洋景漂”陶瓷艺术作品展暨中外陶瓷艺术家对话会在浮梁县臧湾乡寒溪村举行。活动以“促进中外民心相通，构筑中外陶瓷交流的文化之桥”为主题。

10日，2022全球先进陶瓷暨高科技产业发展大会在陶溪川举行。市委书记刘锋、省工信厅副厅长江绍龙分别致辞。市委副书记、市长胡雪梅主持大会开幕式。

同日，全市首届“健康景德镇”行动健康达人评选活动在市卫健委揭晓。评出首届健康达人10人。其中3人代表景德镇参加全省的健康江西行动健康达人评选。

10—11日，2022国际版权论坛在景德镇市举行。10日，论坛在陶溪川开幕。论坛期间，启动世界知识产权组织版权保护优秀案例示范点调研项目“IP与创意产业：景德镇故事”和民间文艺版权保护与促进试点工作。

11日，第七届“金葵花杯”中国（景德镇）原创陶瓷艺术大赛颁奖仪式暨作品展开幕仪式在景德镇三宝国际文创中心举行。大赛组委会共收到4000余件作品，353（套）件作品获奖。

13日，江西省第十六届运动会青少部（青少年组）武术散打比赛在永修县落下帷幕，景德镇市代表队揽获5金5银6铜，并以294.5分的总成绩夺得散打比赛团体总分第1名。

14日，市委书记刘锋会见挪威驻华大使白思娜一行，双方就进一步深化拓展景德镇与挪威在文化交流、经贸往来、人才教育等领域的合作交换了意见。

同日，省委常委、常务副省长梁桂率队到市调研森林防灭火、重点项目推进和治理高价彩礼推动移风易俗工作。梁桂一行深入乐平市后港镇、涌山镇闵口村和浮梁县寿安镇月山村，调研森林防灭火工作及半专业扑火队伍建设情况。

15日，2022年“健康达人”公示名单，是景德镇市实施健康景德镇行动以来，面向全市开展的首个有关健康推广和健康引领型人才的甄选活动。活动最终在全市评选出6名“健康景德镇达人”，并在官方网站等媒体公示。同时推荐3名“健康达人”，代表景德镇参加健康江西行动“健康达人”的评选。

18 日，景德镇市“不见面询标”系统新闻发布会在市政府新闻办公室新闻发布厅举行。“不见面询标”系统利用互联网技术手段为投标人和评标专家提供了“线下不见面，线上面对面”的询标、质询、答疑服务。

19 日，2022（第六届）北京国际城市设计大会在北京城市副中心张家湾设计小镇开幕。会上揭晓“中国建筑学会建筑设计奖城市设计专项奖”名单，其中由北京华清安地建筑设计有限公司、北京清华 同衡规划设计研究院有限公司、北京中元工程设计顾问有限公司联合设计的景德镇陶溪川陶瓷文化产业园示范区实施规划设计获“2019—2020 中国建筑学会建筑设计奖——城市设计专 项一等奖”。

24 日，北京中新城市规划设计研究院等机构联合发布《中国县域旅游竞争力报告 2022》，同时揭晓 2022 中国县域旅游综合竞争力百强县（市）和 2022 中国县域旅游发展潜力百强县（市）名单。浮梁县位列其中。

同日，市委书记刘锋到实地检查方舱医院、隔离酒店使用情况，督导全市疫情防控应对处置工作。

12 月

4 日，从浮梁县茶产业发展中心获悉，中国茶叶流通协会“2022 年度茶业百强县域”调查结果揭晓，浮梁县排在全国第 18 位，较 2021 年上升 4 位，实现“中国茶业百强县”五连冠。

7 日，全市 2022 年市县综合考核工作推进会召开。市委副书记、市长胡雪梅主持会议并讲话。她强调要把综合考核作为当前工作的重中之重来抓，进一步增强责任感、紧迫感、危机感，保持良好态势，实现争先进位，全力打赢市县综合考核这场硬仗。

14 日，景德镇市召开市疫情防控指挥部会议，对新形势新阶段疫情防控工作进行安排部署。

17 日，主题为“国宝 漆韵 东方淳美”的全国首个大熊猫漆画作品展正式亮相陶溪川东方大漆艺术中心。 此次展览展出的 12 件漆画艺术作品由 12 位全国知名当代大漆艺术家历时 6 个月创作。

19 日，第五届“阿拉伯艺术节”在景德镇市开幕。国家主席习近平向第五届“阿拉伯艺术节”致贺信。中共中央政治局委员、中宣部部长李书磊出席开幕式。

20 日，中国东方演艺集团与景德镇陶文旅集团战略合作签约仪式在陶溪川球磨美术馆举行。中国东方演艺集团与大乐为民有限公司相关负责人上台签订“中国东方演艺集团与陶文旅集团相关战略合作协议”。

同日，中阿文化产业论坛在景德镇举办。文化和旅游部部长胡和平、省长叶建春、阿联酋文化和青年部部长努 拉·宾特·穆罕默德·卡阿比、景德 镇市市长胡雪梅等来自中国和阿拉伯国家政府机构及学界、企业的近 200 位代表以线上线下结合的方式参加论坛。

22 日，2022 年度省平安建设考评景德镇述职大会召开。市委书记刘锋作 2022 年度平安建设目标管理第一责任人述职报告。

23 日，市委书记刘锋到昌江区，就项目运营、建设选址等工作实地调研。

29 日，市 2022 年水生态环境保护工作新闻发布会举行。年内全市地表水环境质量、饮用水水源保护、地表水预警监测、水环境综合治理等工作稳中求进、稳中有为。

同日，市委副书记吴隽实地调研河湖长制及新农村建设工作。他强调要深入实施河湖长制，着力解决河湖治理保护突出问题，扎实推进秀美乡村建设，持续提升人民群众获得感幸福感安全感。

30 日，全市重点交通工程和民生项目——景德镇市吕蒙大桥危桥拆除重建工程竣工通车。

同日，由市委宣传部和中国文联“文艺两新”聚集区实验基地指导，昌南新区管委会、市文联、市城市建设投资集团共同主办，中国美协景德镇创造中心和市新文艺群体 协会承办的“马兰花开——‘两弹一星’主题艺术作品展览”在中国美术家协会景德镇创作中心开幕。

（部分资料由市委办公室和市政府办公室提供）

珠山东市区晨景（徐玉光 摄）

市情概览

历史沿革

【古代】 春秋战国属楚国东南境。秦代属九江郡番县。两汉属豫章郡鄱阳县。三国为吴地。

东晋设镇，始称“昌南”，后易名“新平”，辖于江州。

唐代　武德四年（621 年），置新平县，新平镇属之，以在昌江之南，又称昌南镇。

武德八年（625 年），撤县。

开元四年（716 年），复置，治所在新昌江口，故称新昌县。

天宝元年（742 年），改名浮梁。镇先后隶于新昌、浮梁县。

北宋　景德元年（1004 年），因镇产青白瓷质地优良，遂以皇帝年号为名置景德镇，辖于浮梁县。沿用至今。

元代　浮梁县一度升为州，镇属州。

明代　州改称为县，此后景德镇在行政上一直属县辖区。

清代　境城与县名未变。

【现代】 中华民国　民国 5 年（1916 年），浮梁县治从旧城（今浮梁县）迁至景德镇。

民国 16 至 18 年（1927—1929 年），景德镇曾一度建市，称景德市。

民国 19 年至 23 年（1930—1934 年）中国共产党曾在景德镇建立苏维埃政权和组织。

民国 24 年（1935 年），江西省第五行政区督察专员公署从鄱阳县迁至景德镇，景德镇成为赣东北的政治、经济、文化、军事的中心。

抗日战争爆发后，国民党和共产党重新合作，于民国 27 年（1938 年）在景德镇设有中国共产党的新四军办事处，北部山区的瑶里设有留守处。

民国 38 年（1949 年）4 月 29 日，景德镇和浮梁县解放，景德镇与县划开建市。同年 5 月 4 日成立中国共产党景德镇市委员会和景德镇市人民政府，先后隶属赣东北行署、上饶专区、乐平专区、浮梁专区。

中华人民共和国　1953 年 6 月，经中华人民共和国国务院批准，景德镇市为江西省辖市。

1960 年，浮梁县建制撤销，其行政区域划入市境。

1983 年，中华人民共和国国务院批准将乐平县划属市辖，并将鄱阳县属的鱼山、荷塘两个行政区域划归景德镇市辖。

1985 年，市辖乐平县和珠山、昌江、鹅湖、蛟潭四个区。

1988 年，经国务院批准，恢复浮梁县建制，撤销鹅湖、蛟潭两区。

1992 年 9 月，乐平县撤县建市（县级市）。

行政区划

景德镇市下辖 1 个县级市、1 个县和 2 个市辖区 。景德镇市人民政府驻昌江区瓷都大道。

【乐平市】 因“南临乐安河，北接平林”而得名，已有 1800 多年历史，总面积 1985 平方千米，辖 16 个乡镇、2 个街道。乐平洪氏编纂的《容斋随笔》和马端临编纂的《文献通考》，与《通志》《通典》合称“三通”；乐平赣剧饶河戏以“美、秀、娇、甜”得到周恩来同志高度评价；400 余座融建筑、雕塑、工艺、绘画、文学于一体的古戏台被称为“中华一绝”；历史上走出“一王二侯三驸马，四位左右一品相，五位状元、榜眼和探花，三百多位进士郎”；方志敏等红十军的革命先辈在这里留下的光辉足迹。

【浮梁县】 位于江西省东北部，地处赣、皖二省交界处，是鄱阳湖生态经济区 38 个重点县（市、区）之一。东邻婺源县，西毗鄱阳县，南交乐平市和景德镇市昌江区，北连安徽省祁门县和东至县。县域面积 2851 平方千米，2022 年辖 9 个建制镇、7 个乡。唐天宝元年（742 年），“因溪水时泛，民多伐木为梁”，更名为浮梁县，从此，浮梁之名沿用至今。拥有中国历史文化名镇 1 个，中国历史文化名村 2 个，中国传统村落 10 个，省级历史文化名村 7 个。

【昌江区】 地处江西省景德镇市西南部，以景德镇母亲河“昌江”而得名，南邻乐平，北接浮梁，西靠鄱阳，东临昌江，辖区内有国家级景德镇高新技术开发区和景德镇昌南拓展区。景德镇市政府坐落于辖区之内。昌江区下辖 6 个乡镇（街道），总面积 315 平方千米。境内丽阳古窑遗址是 2005 年重大考古发现，并被列为“全国重点文物保护单位”；三间庙地区保存着完整的明代街面和明代中期建筑群落，是昌江区古代文明的象征。

【珠山区】 原名立马山，秦朝番君吴芮曾登山立马，故得名。位于江西省东北部，东北与浮梁县毗邻，西南同昌江区接壤，昌江自北向南纵贯全境。行政区划面积 111 平方千米，辖 10 个街道。是景德镇市的中心城区，地处六山两湖（黄山、九华山、庐山、龙虎山、三清山、武夷山、鄱阳湖、千岛湖）风景区的中心，是全国第一批24座历史文化名城所在地。

地理环境

【位置境域】 景德镇市位于江西东北部，坐落在黄山、怀玉山余脉与鄱阳湖平原过渡地带。西北与安徽省东至县交界，南与万年县为邻，西同鄱阳县接壤，东北倚安徽省祁门县，东南和婺源县毗连。北纬28°44′~29°56′，东经116°57′~117°42′。

全市面积5262平方千米。其中，市辖区426平方千米，乐平市1985平方千米，浮梁县2851平方千米；市区建成区面积86平方千米。

【地形地貌】 景德镇属丘陵地带，坐落于黄山、怀玉山余脉与鄱阳湖平原过渡地带，是典型的江南红壤丘陵区。市区内平均海拔32米，地势由东北向西南倾斜，东北和西北部多山，最高峰位于与安徽休宁接壤的省界地带，海拔1618米。

【主要山脉】 五股尖海拔1618米，五花尖海拔1016米，三花尖海拔1057米，铜钱尖海拔746米，大游山海拔1063.3米，跑马降海拔1063.3米，白石塔海拔1019米，雷打石海拔746米。

【主要河流】 昌江全长约210千米，南河全长约25千米，西河全长约56千米，建溪河全长约50千米，梅湖河全长约60千米，乐安河全长约240千米。

【气候特征】 景德镇属亚热带季风气候，境内光照充足，雨量充沛，温和湿润，四季分明。根据1981—2010年最新气象数据，景德镇城区历年平均气温17.8℃，年平均降雨量1805毫米。有气象记录以来极端最高气温41.8℃（1967年8月29日），极端最低气温-10.9℃（1963年1月13日）。景德镇春季气候多变，时冷时暖，春夏之交常有冷暖气流交汇于境内，阴雨连绵；前夏梅雨期间，降雨集中，大、暴雨频繁，5、6、7月份的常年平均降水量有200~350毫米，极易导致洪涝灾害发生，出梅后多受副热带高压控制，天气炎热，且湿度较高，会使人感到闷热难耐；秋季气温较为温和且雨水少；冬季常受西伯利亚（或蒙古）冷高压影响，盛行偏北风，天气寒冷。

【水文概况】 昌江，西河，南河。昌江为流经景德镇市的最大河流，西河、南河是其重要支流，于景德镇市区注入昌江。昌江发源于江西省与安徽省交界处的山区，大致呈北南走向，由北向南注入鄱阳湖。历史上，昌江曾是景德镇对外交通最重要的通道。

2022年，全市行政区域平均降雨量1762.9毫米，比2021年同期偏少427.1毫米，比多年同期均值偏少3.1%。汛期（4—9月）降雨整体较常年略偏少，主汛期（4—6月）雨量较常年略偏多，降雨集中，强度大，南部较北部略偏多；后汛期（7—9月）较多年同期均值偏少七成，枯期（10月—次年3月）降雨量较多年同期基本持平。2022年昌江出现1次编号洪水，控制站渡峰坑水文站于6月20日13时出现年最高水位29.96米，超警戒水位1.46米。2022年6月18—22日，乐安河连续出现2次编号洪水，其中6月20—21日中下游河段水位均超过历史最高水位，控制站虎山水文站于6月21日8时出现年最高水位32.28米，超警戒水位6.28米，超有记录以来最高水位（31.18米，2011年6月16日）1.10米，洪水重现期50年一遇，为超历史流域性特大洪水；枯季水位持续走低，11月13日14时，出现18.10米的有记录以来历史最低水位。

自然资源

【植物资源】 景德镇市山区特征明显，境内森林资源丰富，森林覆盖率达70%。植被类型以亚热带常绿阔叶树为主，主要树种有杉木、马尾松、湿地松、苦槠、甜槠、栲树、栎类、枫香、樟树、木荷、毛竹等。分布着许多国家重点保护树种，如南方红豆杉、银杏、闽楠、红楠、三尖杉、七叶一枝花等，现已登记挂牌保护的古树名木有3.9余万株，其中古树名木群80余个，3万多株。

【动物资源】 景德镇有中华人民共和国国家一、二级保护动物20余种，其中国家一级保护动物4种，为云豹、金钱豹、黑麂、白颈长尾雉、穿山甲、大灵猫、小灵猫；国家二级保护动物有猕猴、短尾猴、黑熊、白鹇、鸳鸯、红腹锦鸡等。

【矿产资源】 景德镇的主要矿产有瓷石、高岭土、煤矿、钨矿、沙金、铜矿、萤石、硫黄、石灰石、大理石等，特别是瓷石、高岭土和煤炭蕴藏最具特色。景德镇的高岭土在国际陶瓷界都具有影响；煤炭资源也十分丰富，是江西省的三大产煤区之一。高岭土是陶瓷工业最重要的原材料，景德镇产的高岭土品质非常好，用它生产出来的景德镇瓷器，曾经代表着中国陶瓷制品的高端水平和上等品质，影响着中国甚至世界。国际上通用的高岭土学名Kaolin来源于景德镇北部山区鹅湖镇高岭村边的高岭山。景德镇的煤炭资源主要分布在乐平市。

人　口

截至2022年末，景德镇市常住总人口为162.1845万人（不包括中国人民解放军现役军人和居住在市内的港澳台居民以及外籍人员），比上年末增加1280人，其中城镇常住人口为107.8184万人，占总人口比重（常住人口城镇化率）为66.48%，比上年年末提高0.54个百分点。总人口性别比（以女性为100，男性对女性的比例）为107.44，户籍人口城镇化率为49.57%，比上年年末提高0.12个百分点。2022年，景德镇市出生人口10730人，出生率为6.62‰；死亡人口10620人，死亡率6.55‰；自然增长率0.07‰。

经　济

2022年，景德镇市实现地区生产总值1192.19亿元。其中，第一产业增加值75.42亿元，第二产业增加值533.49亿元，第三产业增加值583.28亿元。三次产业结构比为6.3 ∶ 44.8 ∶ 48.9。人均地区生产总值73508元，折合10933美元。

【固定资产投资】 2022年，景德镇市完成固定资产投资比上年增长8.1%。分产业看，第一产业投资增长29.5%，第二产业投资增长12.4%，第三产业投资增长2.3%。民间投资增长3.1%，占固定资产投资的比重为67.8%。2022年，景德镇市施工项目986个，比上年增加134个。其中，新开工项目314个，减少106个，完成投资占全部投资的25.4%。施工项目中，全市亿元以上施工项目686个，比上年增加157个；其中，亿元以上新开工项目208个，比上年减少56个。民生领域项目70个，比上年增加9个，完成投资增长56%；其中，教育投资增长33.3%。

【财税收支】 2022年，景德镇市一般公共预算收入94.00亿元，比上年下降7.4%。在一般公共预算收入中，税收收入47.18亿元，下降25.2%，税收收入占比50.2%。一般公共预算支出247.50亿元，比上年增长9.3%。民生方面支出188.98亿元，占一般公共预算支出比重为76.4%。

【人民生活】 2022年，景德镇市城镇居民人均可支配收入47732元，比上年增长4.6%；农村居民人均可支配收入22331元，增长6.4%。城乡居民人均可支配收入比值为2.14，比上年缩小0.04。城镇居民人均消费支出28083元，增长5.2%；农村居民人均消费支出18065元，增长6.9%。

2022年，景德镇市居民消费价格总指数（CPI）比上年上涨1.9%，涨幅比上年上升1.3个百分点。八大类价格同比均上涨，其中，食品烟酒类价格上涨1.7%，衣着类价格上涨1.1%，居住类价格上涨1.2%，生活用品及服务类价格上涨0.7%，交通和通信类价格上涨5.9%，教育文化和娱乐类价格上涨2.0%，医疗保健类价格上涨0.2%，其他用品和服务类价格上涨0.7%。

第一产业

2022年，景德镇市农林牧渔业总产值130.31亿元，比上年增长3.8%。粮食种植面积95634公顷，比上年增加94公顷。棉花种植面积554公顷，增加4公顷。油料种植面积26778公顷，增加384公顷。糖料种植面积1240公顷，增加32公顷。

【农业】 2022年，景德镇市粮食产量546065吨，比上年减少11162吨，减产2.0%。2022年，景德镇市棉花产量849吨，比上年减产2.3%。油料产量41555吨，增产2.8%。糖料产量51557吨，增产3.4%。茶叶产量13776吨，增产8.7%。

【畜牧业】 2022年，景德镇市肉类总产量55915吨，比上年增长2.7%。其中，猪肉产量44421吨，增长2.8%；牛肉产量2325吨，下降2.4%；羊肉产量885吨，增长64.0%；禽肉产量8284吨，下降0.1%。禽蛋产量13100吨，增长4.5%。牛奶产量479吨，增长0.4%。年末生猪存栏32万头，增长7.1%；生猪出栏55万头，增长1.9%。

【渔业】 2022年，景德镇市水产品产量30901吨，比上年增长2.7%。其中，养殖水产品产量

27400吨，增长2.5%；捕捞水产品产量3501吨，增长3.6%。

第二产业

【工业】2022年，景德镇市工业增加值比上年增长6.1%，规模以上工业增加值增长8.4%。分经济类型看，国有企业增长34.9%，集体企业增长18.1%，股份制企业增长6.9%，外商及港澳台商投资企业增长30.6%，其他经济类型企业增长25.7%。在规模以上六大优势产业增加值中，电子信息产业增加值增长17.3%，精细化工及生物医药产业增加值增长5.1%，制冷压缩机及家电产业增加值增长7.0%，直升机及通航产业增加值增长24.6%，陶瓷及文化创意产业增长22.1%，汽车及零部件产业增长24.5%。2022年，景德镇市规模以上工业产品销售率93.5%。实现营业收入1358.91亿元，比上年增长27.6%。利税总额96.86亿元，增长35.1%。利润总额69.93亿元，增长37.8%；其中股份制企业60.82亿元，增长35.7%；集体企业0.14亿元，增长48.9%；私营企业39.10亿元，增长32.5%；外商及港澳台商投资企业8.77亿元，增长55.6%；国有企业实现扭亏为盈。截至2022年末，景德镇市开发区投产工业企业410家，比上年末增加46家。实现出口交货值38.12亿元，增长10.7%。招商签约资金709.43亿元，增长57.7%；招商实际到位资金360.31亿元，增长36.4%。实现营业收入1493.10亿元，增长20.4%，较上年下降7个百分点；实现利润总额88.87亿元，增长34.6%。

【建筑业】2022年，景德镇市总承包和专业承包建筑业总产值完成51.71亿元，比上年增长9.8%。其中，建筑工程产值完成44.69亿元，增长15.9%，占全市建筑业总产值的比重为86.4%；安装工程产值完成4.28亿元，下降55.8%，占比8.3%；其他产值完成2.74亿元，增长73.4%，占比5.3%。资质以上总、专包建筑业企业共99家，比上年增加31家。其中，总承包企业79家，专业承包企业20家。按资质等级划分，资质等级为特、一级企业4家，增加1家；二级企业34家，增加7家；三级及其他企业61家，增加23家。

第三产业

【服务业】2022年，景德镇市服务业实现增加值583.28亿元，比上年增长3.8%。其中批发和零售业增加值133.71亿元，比上年增长5.3%；交通运输、仓储和邮政业增加值42.99亿元，增长2.2%；住宿和餐饮业增加值26.92亿元，增长1.6%；金融业增加值64.28亿元，增长5.3%；房地产业增加值71.06亿元，下降0.9%；信息传输、软件和信息技术服务业增加值14.12亿元，增长13.5%；租赁和商务服务业增加值22.60亿元，下降3.7%。2022年，景德镇市规模以上服务业企业营业收入总量比上年增长19.4%，利润总额10.08亿元，比上年增长19.1%，营业利润增长16.7%。

【国内贸易】2022年，景德镇市社会消费品零售总额573.06亿元，比上年增长4.5%。按经营地统计，城镇消费品零售额487.80亿元，增长4.6%；乡村消费品零售额85.26亿元，增长4.2%。按消费类型统计，商品零售额486.95亿元，增长8.8%；餐饮收入额64.49亿元，增长4.5%。在限额以上单位商品零售额中，粮油、食品类零售额比上年增长15.9%，饮料类下降1.3%，烟酒类增长19.9%，服装、鞋帽、针纺织品类增长45.6%，化妆品类下降43.9%，金银珠宝类下降58.8%，日用品类增长4.9%，家用电器和音像器材类增长5.5%，中西药品类增长36.6%，文化办公用品类增长32.2%，家具类增长21.3%，通信器材类增长15.3%，建筑及装潢材料类增长62.4%，石油及制品类增长12.5%，汽车类增长19.4%。

【对外经济】2022年，景德镇市货物进出口总额244.57亿元，比上年增长192.6%。其中，出口170.91亿元，增长106.7%；进口73.66亿元，增长8114.8%。进出口差额(出口减进口)97.25亿元。

【招商引资】2022年，景德镇市实际利用外资0.88亿美元(按商务部新的统计口径)，增长68.7%。

【房地产业】2022年，景德镇市商品房销售面积210.91万平方米，比上年下降12.2%。其中，住宅销售面积184.52万平方米，下降17.5%。商品房销售额136.71亿元，下降12.3%。住宅投资下降19.0%，占房地产开发投资的比重为86.3%，安装工程完成投资下降9.6%。

【邮电通信】2022年，景德镇市完成邮政行业业务总量2.8亿元，比上年增长 4.0%。邮政业 2022 年，景德镇市完成邮政函件业务 17.0 万件，包裹业务 3.1 万件，快递业务量 1750.8 万件，快递业务收入 5575.9 万元。2022 年，景德镇市完成电信业务总量 156924.8 万元，比上年增长 6.2%。年末全市移动用户总数 185.6 万户，比上年末增加 22.9 万户。固定互联网宽带接入用户 147.5 万户，比上年末增加 37.5 万户，其中固定互联网光纤宽带接入用户 83.8 万户，增加 19.3 万户。

【旅游业】 2022 年，景德镇市接待游客 4466.69 万人次，同比下降 16.2%，旅游总收入 362.96 亿元，同比下降 24.3%。

【金融业】 截至 2022 年末，景德镇市金融机构本外币各项存款余额 1805.08 亿元，比年初增加 143.64 亿元。其中，人民币各项存款余额 1794.57 亿元，增加 142.59 亿元。金融机构本外币各项贷款余额 1576.83 亿元，增加 232.80 亿元。其中，人民币各项贷款余额 1576.75 亿元，增加 232.78 亿元。

交通运输

【公路】 G56 杭瑞高速公路。东西向横贯全境，向西经九江可达武汉、合肥、南京、南昌，向东可抵上海及浙江省的各大中城市。

G35 济广高速公路。加强了高速的南北交通。

景婺黄（常）高速公路。作为重要的生态和旅游线路，地方加密高速，让景德镇成为重要高速枢纽城市。

G206 国道。南北向纵贯全市，其运量逐渐被高速公路分流。

安景高速公路。使得景德镇通江达海。

【铁路】 皖赣铁路。北接京沪线可达上海及中国北方，南连新浙赣与鹰厦线通往浙江和福建。

九景衢铁路。西接九江铁路枢纽，东接浙江衢州和京福高铁，复线电气化，设计时速达到 200 千米，使得景德镇到上海的时间缩为 4 小时。2013 年 9 月 12 日九景衢江西铁路公司成立，2013 年 10 月开建，2017 年完工通车。

昌景黄高速铁路。即杭昌高速铁路南昌—景德镇—黄山段，是一条连接江西省南昌市、景德镇市与安徽省黄山市的高速铁路。2018 年 12 月 25 日开工建设，预计 2023 年 9 月建成通车。昌景黄高速铁路由南昌东站至黄山北站，全长 289.807 千米（江西段 200.276 千米、安徽段 89.531 千米），设 10 座车站，设计速度 350 千米 / 小时。

【水运】 景德镇市境内主要通航河流有昌江河和乐安河 2 条。昌江市区至鄱阳县凰岗镇段通航等级为 5 级；乐安河乐平市区至万年县石镇镇段通航等级为 3~5 级不等。

景德镇的水运主要依于昌江，历史上曾是全球最繁忙的水运路段，随着铁路和公路运输的快速发展，再加上昌江水位较浅，通航能力所限，在当今景德镇对外交通中的作用已大为下降，只是一个辅助的运输渠道。2020 年开工的景德镇市鱼山码头项目含义城、良港两个作业区共占地 346 亩，港区紧靠 206 国道，向东直达济广高速，向北对接杭瑞高速，总投资 12.66 亿元，建设泊位 20 个，设计年吞吐量为散货 700 万吨、件杂货 110 万吨、集装箱 12 万标箱。项目建成后将降低发电、焦化等企业煤炭、陶瓷原料、建材等进港货物和瓷器、汽车、冰箱等出港货物的物流成本，每年可为相关企业节约物流成本超亿元。

【航空】 景德镇机场为 4C 级民用机场，属全国 100 个重点支线机场之一，由首都机场集团公司投资 1.4 亿元的景德镇机场改扩建项目已经竣工，机场年旅客吞吐量能力提高到 50 万人次。

景德镇机场在原来的罗家机场基础上改造而成，外地人一般称景德镇机场，位于景德镇市区西北面浮梁县洪源镇罗家村，距市区约 6 千米。机场始建于 1959 年，当时飞行区等级为 1B 级。1992 年 9 月，为适应经济发展的需求，景德镇市政府耗资 2 亿元将机场扩建，1996 年 7 月新机场正式投入营运。2021 年，完成扩容改造。

2023 年 2 月 1 日，景德镇浮梁通用机场开始试运营。

【运输】 2022 年，景德镇市货物运输总量 2129 万吨，比上年下降 3.2%。货物运输周转量 582232 万吨千米，增长 1.8%。2022 年，景德镇市旅客运输总量 2410.4 万人次，旅客运输周转量 44424.7 万人千米。

社会事业

【教育事业】 2022 年，景德镇市中等职业教育招生 7206 人，在校生 19003 人，毕业生 3317 人。普通高中招生 15736 人，在校生 42293 人，毕业生 13160 人。初中招生25889人，在校生77880人，毕业生27029人。普通小学招生21453人，在校生142223人，毕业生25748人。特殊教育招生58人，在校生295人，毕业生77人。学前教育在园幼儿49721人。高中阶段毛入学率为96.1%。

【普通高等学校】 景德镇陶瓷大学（本科）；景德镇艺术职业大学（本科）；景德镇学院（本科）；江西陶瓷工艺美术职业技术学院（专科）；景德镇陶瓷职业技术学院（专科）。

【文化事业】 2022年，景德镇市文化系统艺术表演院团演出1643场次，观众88.90万人次；公共图书馆共5个，藏书144.67万册。

【体育事业】 2022年，景德镇市参加运动会运动员7100人次。在省级以上比赛获奖牌数434枚，其中，金牌136枚，银牌129枚，铜牌169枚。

【卫生事业】 截至2022年末，景德镇市拥有卫生机构1169所，其中医院38所；拥有病床11218张；卫生工作人员14470人，其中卫生技术人员11746人，执业医师和执业助理医师4105人，注册护士5462人。医疗卫生机构床位11218张，其中医院9605张，乡镇卫生院948张。2022年，景德镇市总诊疗人次8427553人次，出院人数277739人。

【社会保障】 至2022年末，景德镇市参加城镇职工基本养老保险人数52.70万人，比上年年末增加2.2万人。参加城乡居民基本养老保险人数64.88万人，增加0.65万人。参加基本医疗保险人数154.56万人，减少1.33万人。其中，参加职工基本医疗保险人数33.45万人，减少1.90万人；参加城乡居民基本医疗保险人数121.12万人，减少1.14万人。参加失业保险人数13.69万人。2022年末领取失业保险金人数0.15万人。参加工伤保险人数22.14万人，减少2.06万人，其中参加工伤保险的农民工5.32万人，增加1.47万人。参加生育保险人数1.68万人，增加0.87万人。

截至2022年末，景德镇市共有26760人享受城市居民最低生活保障，39558人享受农村居民最低生活保障，2944人享受农村特困人员救助供养，2022年，景德镇市临时救助5608人次。2022年，景德镇市资助138605人（含大学生）参加基本医疗保险，医疗救助68006人次。

【环境状况】 2022年，景德镇市环境空气质量优良天数比率达98.9%，空气优良天数比率98.9%，全省排名第1；$PM_{2.5}$年均浓度23微克每立方米，全省排名第2。全市地表水断面水质达到或好于Ⅲ类断面比例达到100%，全市集中式生活饮用水水源地水质达标率为100%。2022年，景德镇市能源消费总量479.66万吨标准煤，比上年增长1.2%。其中，工业能源消耗总量315.71万吨标准煤，下降1.0%。万元GDP能耗下降3.3%，万元规模以上工业增加值能耗下降11.16%。

【安全生产】 2022年，景德镇市安全生产事故16起。其中，道路交通事故10起，工矿商贸事故6起。安全生产事故死亡人数17人。其中，道路交通事故死亡9人，工矿商贸事故死亡8人。

历史文化

【瓷业起源】 景德镇是世界著名瓷都，制瓷历史悠久。道光《浮梁县志》记载，“新平治陶，始于汉世”，可见早在汉代就开始生产陶瓷。自元代开始至明清历代皇帝都派员到景德镇监制宫廷用瓷，设瓷局、置御窑，陶瓷工业非常繁荣。

【置镇肇始】 旧志载“东晋与南昌设新平镇”。又载“陶侃禽江东寇于南昌，随遂改昌南镇为新平镇”。唐武德四年设新平县，镇于昌江之南（端），故改名昌南镇。宋景德元年(1004年)更名景德镇。

市花市树

【樟树】 1985年9月26日，景德镇市第八届人民代表大会通过评选，将樟树定为景德镇市市树。景德镇的樟树干粗枝壮，冠大叶茂，体健寿高，苍劲古朴，姿态雄伟，它象征着瓷都历史之悠久及古城之新貌。

【茶花】 景德镇市第八届人民代表大会通过评选，将茶花定为景德镇市市花。景德镇市的茶花品种有60多种，以“赤丹”“西施面”最为名贵，属中国稀有之品种。

地方特产

【概况】 景德镇人的饮食习惯一

般喜辣，正餐中的许多菜式基本都放入辣椒调味。景德镇小吃以街头巷尾或路边的小吃店最具特色。瓷都三大特有小吃：冷粉、饺子粑、碱水粑。除下列小吃之外，还有景德板鸡、辣椒粑、印子粑、油条包麻糍、龙姣瓜子、乐平狗肉等。

【小吃选介】苦槠豆腐：似瑶里高山上苦槠子为原料制作，另外有苦槠粉丝、苦槠粉皮、橡子豆腐、橡子粉丝、橡子粉皮、葛粉条等。

清明粑：清明节的时候，景德镇的人们也会做这种粑，这时候人们称它为清明粑，是清明节的必吃的东西之一。将青艾、草汁揉入糯米粉中，做成呈碧绿色的团子，馅甜咸均可。咸的是包猪肉末、榨菜末、鲜笋末，甜的一般包芝麻。

炒米粉：景德镇人会把粉拿来炒，和凉拌的粉不同，它是排粉。吃的时候要细嚼慢咽，因为米粉韧性很高，久炒不碎、韧而不硬。

冷粉：冷粉又叫凉拌的粉，制作时将米粉放在锅里煮开，捞起加以葱、姜、蒜、辣椒等调料拌匀，还有香料、芝麻油等。

煎饼：景德镇的煎饼不同于山东煎饼。它的形状跟荆州的水煎包差不多，皮更薄。里面的料有三种，韭菜豆干馅，辣椒包菜馅和虾仁萝卜丝馅。跟饺子粑的料很像。

碱水粑：碱水粑，是景德镇特有的地方小吃，制法简单，可久储不坏。它以大米磨浆，掺以碱水，用特制粑筛猛火蒸熟，厚约10厘米。食用时切成薄片，以本地烟熏腊肉、大蒜等炒食。

风景名胜

【概况】景德镇是中国国家首批历史文化名城，国家35个王牌旅游景点之一，中国优秀旅游城市，中国最值得去的50个地方之一。

国家AAAAA级旅游景点：景德镇古窑民俗博览区。

国家AAAA级旅游景点：瑶里风景区、浮梁古县衙和红塔、景德镇市得雨生态园、洪岩仙境风景区、锦绣昌南中国瓷园。

国家AAA级旅游景点：冷水尖、明清园、金竹山寨、怪石林、莲花塘、诸仙洞、玉田水库、三宝国际陶艺村、三闾庙古街等。

【文物古迹选介】湖田古窑遗址，湖田窑是中国五代、宋、元三代各大制瓷规模最大，延续烧造时间最长、生产的瓷器最精美的古代窑场。属于第二批全国重点文物保护单位。

景德镇御窑厂，景德镇御窑遗址博物馆位于原御窑厂遗址内，御窑厂是元、明、清时期专为宫廷生产御用瓷器的所在地，是中国历史上烧造时间最长、规模最大、工艺最为精湛的官办瓷厂。属于第六批全国重点文物保护单位，是2003年度全国十大考古新发现之一。

龙珠阁，位于景德镇珠山旧址之上。唐代叫聚珠亭，宋代称中立亭，明代称朝天阁和环翠亭，清代又改称文昌阁，20世纪初重建后称“龙珠阁”。现已成为景德镇的城徽。

祥集弄民宅，位于景德镇市区中心，是一条保存较完整的明代巷道，内有明代住宅多处，500多年历史，品陶斋现为景德镇陶瓷考古研究所所在地。属于第三批全国重点文物保护单位。

荣誉称号（2018—2021）

2018年11月，入选“中国城市全面小康指数”前100名

2019中国地级市全面小康指数前100名

2019中国城市品牌评价百强榜（地级市）第64位

“2019年中国康养城市排行榜50强”第49位

“中国城市科技创新发展指数2019”第136位

2020年2月12日，被民政部和财政部共同确定为第五批中央财政支持开展居家和社区养老服务改革试点地区

2020年6月，被住房和城乡建设部选定为2020年城市体检样本城市

2020年8月，被评为江西省双拥模范城

2020年10月，被评为全国双拥模范城（县）

2020年11月，入选“第六届全国文明城市”

2020年11月，评为：第六届全国未成年人思想道德建设工作先进城市（区）

2020年12月25日，被国家卫生健康委等授予“无偿献血先进省（市）奖”

2021年1月，入选2018—2020周期国家卫生城市（区）命名名单

2021年2月，入选住房和城乡建设部、工业和信息化部、民政部、中国残联、全国老龄办公布的创建全国无障碍环境示范市县村镇名单

2021年4月，被国家禁毒

委命名为首批“全国禁毒示范城市”

2021年5月，入选中国地级市百强品牌城市（第53位）

2021年7月，入选国家产教融合试点城市名单

2021年8月，入选第二批国家文化出口基地公示名单

2021年10月，国家版权局批复授予景德镇市“全国版权示范城市”称号

2021年10月，入选第二批国家文化和旅游消费试点城市名单

2021年11月，入选住房和城乡建设部第一批城市更新试点名单，为期2年，重点探索城市更新统筹谋划机制，探索城市更新可持续模式及探索建立城市更新配套制度政策

2021年12月15日，被评为平安中国建设示范市

2022年景德镇市经济与社会发展主要指标

表1

	单位	2021年	2022年	2022年比2021年增长（%）
一、综合				
土地面积	平方公里	5262	5262	–
年末常住人口	万人	162.10	162.10	–
人口自然增长率	‰	–	–	–
城镇化率	%	65.94	66.48	–
地区生产总值	亿元	1102.31	1192.19	8.2
第一产业	亿元	70.97	75.42	6.3
第二产业	亿元	487.45	533.49	9.4
第三产业	亿元	543.89	583.28	3.8
万元GDP能耗	吨标准煤			–3.3
二、农业				
农业总产值	亿元	122.48	130.46	6.5
主要农产品产量				
粮食	万吨	55.72	54.61	–2.0
棉花	吨	869	849	–2.3
油料	吨	40427	41555	2.8
茶叶	吨	12668	13776	8.7
猪肉	吨	43225	44421	2.8
猪年末存栏	万头	29.34	31.73	8.1

续表 1

	单位	2021 年	2022 年	2022 年比 2021 年增长（%）
水产品	吨	30100	30901	2.7
三、工业				
规模以上工业增加值	亿元			8.4
主要工业产品产量				
无氟压缩机	万台	1525	1423	–6.7
家用冰箱	万台	72.11	70.48	–2.3
汽车	万辆	0.99	2.06	108.1

市委办公楼（白光华 摄）

中共景德镇市委

综　述

2022年是中共二十大召开之年，也是全面落实省、市党代会精神的关键之年。全市上下高举习近平新时代中国特色社会主义思想伟大旗帜，紧扣迎接和学习宣传贯彻中共二十大这条主线，认真落实省委、省政府和市委各项决策部署，统筹做好稳增长、强产业、优环境、防风险、惠民生等各方面工作，大力推进国家试验区建设，全力实施“五新”战略行动，全面建设社会主义现代化国际瓷都实现良好开局。

坚持文化引领、开放交流、合作共赢，奏响了国际瓷都的最强音。成功举办第五届“阿拉伯艺术节”，习近平总书记专门发来贺信，令大家深受鼓舞、倍感振奋。成功举办“中国农民丰收节”江西活动、第十二届中国陶瓷艺术大展、全球先进陶瓷暨高科技产业发展大会、国家试验区发展高峰论坛、2022国际版权论坛等活动，对外文化交流和经贸合作更加密切。文旅消费试点城市等10余项“国字号”荣誉获批，“夜珠山”成为覆盖全域的“夜经济”品牌，御窑创国家AAAAA级景区取得实质性进展，获全省首位推荐。首次发布中国陶瓷价格指数，推出“景德镇制”陶瓷区域品牌，获批国内首个标识解析二级节点（陶瓷行业）运营授权城市，上线运营陶瓷工业互联网平台。精心举办第十九届瓷博会，全国最大体量、最高品位、最全业态的陶博城全面开工并部分投入运营，常年展参展企业突破300家，国际知名品牌参展企业增长5倍，“云”瓷博交易总额首次突破百亿元，一城“买全球、卖全球”迈出关键一步，景德镇陶瓷影响力和话语权不断提升。

贯通工业强市、招商引资、营商环境，跑出了工业倍增的加速度。聚焦“3+1+X”特色产业体系，大力实施工业强市战略，全力推进工业倍增三年行动，始终保持强攻态势，推动经济量质双升。全年GDP达1192亿元，同比增长4.7%；规上工业营收1359亿元，同比增长27.6%，总量均扭转了连续多年全省末位局面。规上工业营收、全社会用电量、工业用电量、制造业用电量、工业技改投资、进出口总额等主要指标增速全省第1名，创近5年最好成绩。陶瓷工业产值665.37亿元，陶瓷行业税收7.65亿元、实现两年翻番，先进陶瓷产值实现一年翻番。天新药业成功在主板上市，主板上市的制造业企业达到6家，数量全省第4名。全市数字经济核心产业营收213.38亿元，陶瓷直播电商年交易额突破百亿元，占全国陶瓷电商市场份额70%左右。引进“5020”项目33个、总投资846.76亿元。全市外贸进出口总额244.6亿元，增速排名全省第1，获评全省开放型经济综合先进市。新增国家级单项冠军企业1家、省级制造业单项冠军企业1家、国家“小巨人”企业2家、省级“小巨人”企业3家，省级专精特新企业43家，瞪羚企业4家。探索超时默许制、企业安静期、首违轻微免罚等87项改革举措，在全省排名进位明显，全面唱响“景快办、办德好、镇暖心”营商环境品牌。

全力战疫情、防汛情、抗旱情，打赢了战疫抗灾的保卫战。积极应对疫情冲击，坚持人民至上、生命至上，党员干部闻令而动、下沉“疫”线，全市上下携手并肩、同心战“疫”，及时优化完善防控措施，有序有力推进复工、复产、复市，最大限度保护人民生命安全和身体健康，最大限度减少疫情对经济社会发展的影响。积极应对百年一遇汛情和超历史旱情，团结一心抗大灾，众志成城克时艰，以干部群众的负重前行换来瓷都大地的岁月静好。

推进全域融合、民生改善、绿色发展，开启了美好生活的新篇章。全国文明城市2021年度测评列第34位，连续4年获评城市体检样本城市，入选首批中国城市体检创新实践典范案例，获评全省城市功能与品质提升三年行动先进市、2021年城市功能与品质提升考核先进市。新增公交车辆100余台，优化公交线路20余条，开通景乐城际公交A、B线，实现城区公交全覆盖、城乡公交“零换乘”。打造新农村建设点390个，新改建卫生厕所6875个，创建美丽宜居乡镇4个、美丽宜居村庄43个、美丽宜居庭院7032个。城乡供水一体化覆盖率90%以上，城乡环卫一体化覆盖率100%，吕蒙大桥建成通车，实现农村公路“村村通”。首次召开千人规模的教师节大会，出台教育改革发展十大举措，新改扩建中小学14所，新增学位3.3万个，职业学校达13所，艺术职业大学新校区投入使用，高级技工学校成功升格陶瓷技师学院，卫生健康职业学院纳入国家“十四五”专项规划，新增在校大学生1.8万人。空气优良天数比例98.7%、排名全省第1名，$PM_{2.5}$累计平均浓度排名全省第2名，地表水断面水质优良比例和城镇集中式饮用水源地水质达标率均为100%，

生态环境综合指数保持全省第1方阵。（市委政研室）

重要会议

【市委常委会】1月28日，市委第十次常委会会议召开。会议听取关于放大“坐标系”、找准“参照物”，对标先进、跨越赶超的情况汇报。会议决定将广东省潮州市作为参照城市，由市委办公室按要求上报省委办公厅。审定市政府党组《关于2022年市重点工程建设项目安排计划及2022年市领导挂点重点工程责任分工的请示》。会议审定《十二届市委巡察工作规划》，听取近期巡察工作有关情况汇报。

3月15日，市委第十三次常委会会议召开，审定《关于加强政治生态分析研判、深化政治谈话、推动同级领导班子监督具体化的实施办法（试行）（送审稿）》。

3月29日，市委第十四次常委会会议召开。会议审定《关于加强全市国有企业监管的若干举措》《关于加快构筑世界陶瓷人才高地、聚天下英才、建好国家试验区的实施意见（送审稿）》。

4月14日，市委第十六次常委会会议召开。会议审定《关于贯彻〈中国共产党政法工作条例〉的实施办法（送审稿）》《景德镇市政府参事选聘办法（送审稿）》和《关于加强新时代廉洁文化建设的实施意见（送审稿）》。

4月28日，市委第十七次常委会会议召开。会议审定《关于以干部创先引领建好国家试验区全面建设社会主义现代化国际瓷都的实施意见（送审稿）》《景德镇国家陶瓷文化传承创新试验区四年行动计划（2022–2025年）（送审稿）》。会议研究部署了“强攻二季度、确保双过半”工作。

6月13日，市委第二十次常委会会议召开。会议审定《关于做好2022年全面推进乡村振兴重点工作的实施意见（送审稿）》《关于建立和实行及时奖励制度激励担当作为的实施方案（送审稿）》。

7月11日，市委第二十三次常委会会议召开，研究并部署全市下一步经济工作。

8月29日，市委第二十六次常委会会议召开。会议审定市政府党组《关于2022–2023年全市教育高质量发展十件实事（送审稿）》《关于全市“十大模范学校”“十大模范校长”“十大模范教师”评选活动开展情况的报告》。

9月13日，市委第二十七次常委会会议召开。会议审定《景德镇市“十四五”文化发展规划（送审稿）》《景德镇市城市功能与品质再提升行动方案（送审稿）》《景德镇市法治政府建设实施方案（2022–2025年）（送审稿）》《景德镇市爱国卫生条例（草案）（送审稿）》《关于2021年市本级财政决算（草案）的报告（送审稿）》。

9月29日，市委第二十九次常委会会议召开，审定《景德镇市本级政府融资平台优化升级实施方案（送审稿）》。

10月25日，市委第三十次常委会会议召开，审定《全市学习宣传贯彻中共二十大精神工作方案（送审稿）》。

11月29日，市委第三十二次常委会会议召开，审定《景德镇市关于深化国防动员体制改革实施方案（送审稿）》。

【其他会议】1月5日，景德镇御窑遗址申报世界文化遗产动员大会召开。会议深入学习贯彻习近平总书记殷殷嘱托和对御窑遗址保护工作的重要批示精神，全面落实省委、省政府工作要求，全城动员、全民参与、全域行动，吹响了加快推进御窑遗址申报世界文化遗产的“冲锋号”。副省长胡强、市委书记刘锋讲话。

1月22日，中国人民政治协商会议景德镇市第十四届委员会第二次会议开幕。市委书记刘锋，市委副书记、市长胡雪梅，市委副书记吴隽，市政协主席、党组书记俞小平，市政协副主席高唤虎、肖礼庆、史晓莲、林凯、熊彤、钟良贵、洪明华，市政协秘书长花长龙在主席台前排就座。俞小平主持开幕大会。

2月16日，2022年省市县三级联动推进重大项目开工暨“项目大会战”动员大会举行。景德镇市在江西中科上宇科技有限公司氮化硅陶瓷基板项目现场设分会场。省主会场动员大会结束后，市委书记刘锋在分会场下达全市2022年省市县三级项目协同联动开工启动令。

8月4日，全市常态长效创建全国文明城市暨争创全国文明典范城市誓师大会召开。市委书记、市常态长效创建全国文明城市工作领导小组组长刘锋出席会议并讲话。他强调，常态长效创建全国文明城市暨争创全国文明典范城市工作是当前景德镇市面临的一场硬仗，要迅速把握新要求、了解新标准、适应新变化，背水一战、大干苦干、决战决胜，全城动员、全民参与、全域行动，让文明典范内化成瓷都百姓的自觉行动，让文明之风吹遍瓷都大地的每一个角落。

9月6日，第二届中日先进

陶瓷创新发展大会暨景德镇京都论坛举行，会议通过视频连线方式在中国景德镇和日本京都各设会场，共同开启新时代中日先进陶瓷发展新征程。省政协副主席陈兴超，中国驻大阪总领事薛剑，京都府副知事山下晃正，日本国驻上海副总领事奥正史，市委书记刘锋，省政府外事办公室副主任黄小燕等出席会议。

11 月 7 日，由中共景德镇市委、景德镇市人民政府、景德镇陶瓷大学、江西日报社共同主办的 2022 景德镇国家陶瓷文化传承创新试验区发展高峰论坛在景德镇陶瓷大学拉开帷幕。省人大常委会副主任马志武、市委书记刘锋出席开幕式并致辞，景德镇陶瓷大学党委书记李良智主持开幕式。

12 月 12 日，市委书记刘锋主持召开市四套班子务虚会。他强调，要以贯彻落实中共二十大精神为主线，认真落实即将召开的中央经济工作会议精神，突出“三稳”“四敢”和“五个不动摇”，稳字当头、稳中求进，敢为人先、敢闯敢干，加强前瞻性思考、全局性谋划、整体性推进，把景德镇各项工作推向更高水平、更高质量。

12 月 22 日，2022 年度省平安建设考评景德镇述职大会召开。市委书记刘锋作 2022 年度平安建设目标管理第一责任人述职报告。

（市委办公室会议科）

重要决策

【印发《关于深入推进营商环境优化升级“一号改革工程”实施方案》】 3 月 7 日，中共景德镇市委、景德镇市人民政府印发该文件。该文件明确深入推进营商环境优化升级的总体要求、主要任务和保障措施，积极打造“办事不用求人、办事依法依规、办事便捷高效、办事暖心爽心”营商环境品牌，努力提升市场主体和群众办事满意度、获得感。

【印发《关于深入推进数字经济做优做强“一号发展工程”的实施方案》】 3 月 7 日，中共景德镇市委、景德镇市人民政府印发该文件。该文件明确深入推进数字经济的指导思想、目标定位、主要任务、政策支持和组织保障，努力建设具有景德镇特色的数字经济发展新高地，为全面建设社会主义现代化国际瓷都作出更大贡献。

【印发《关于以干部创先引领建好国家陶瓷文化传承创新试验区全面建设社会主义现代化国际瓷都的实施意见》】 4 月 28 日，中共景德镇市委印发该文件。该文件结合景德镇实际，明确指导思想、5 个方面重点任务、20 项具体内容及组织保障，引导全市各级干部对标一流干、奋发进取干、甩开膀子干，以“干部创先”引领建好国家陶瓷文化传承创新试验区，全力实施“五新”战略行动，全面建设社会主义现代化国际瓷都。

【印发《关于做好 2022 年全面推进乡村振兴重点工作的实施意见》】 6 月 13 日，中共景德镇市委、景德镇市人民政府印发该文件。该文件从加快现代农业发展，确保粮食安全和重要农产品供给；守住不发生规模性返贫底线，不断巩固脱贫攻坚成果；做强绿色有机产业，推进农村生态保护；推进乡村建设行动，补齐基础设施短板；建强基层战斗堡垒，高效推进乡村治理；深化重点领域改革，充分释放乡村发展活力；切实加强党的全面领导，健全乡村振兴体制机制 7 个方面提出具体要求，汇聚全市全社会之力共同推动乡村振兴。

【印发《景德镇国家陶瓷文化传承创新试验区四年行动计划（2022—2025 年）》】 8 月 30 日，经中共景德镇市委、景德镇市人民政府同意，市委办公室、市政府办公室印发该文件。该文件明确总体要求，提出“突出保护传承，让文化活起来；突出创新升级，让产业强起来；突出融合发展，让旅游旺起来；突出引育用留，让人才聚起来；突出交流交易，让合作多起来；突出政策利用，让资源动起来”等目标任务，明确了保障措施，积极稳步推进国家试验区建设。

【印发《关于持续深化“放管服”改革全力打响“景快办、办德好、镇暖心”营商环境品牌的实施方案》】 9 月 21 日，经中共景德镇市委、景德镇市人民政府同意，市委办公室、市政府办公室印发该文件。该文件从总体要求、基本原则、工作目标、工作举措、保障措施 5 个方面提出具体要求，全力打响“景快办、办德好、镇暖心”营商环境品牌，为建好国家陶瓷文化传承创新试验区，全力实施“五新”战略行动，全面建设社会主义现代化国际瓷都提供强有力的服务保障。

【印发《关于深入学习贯彻党的二十大精神加快全面建设社会主义现代化国际瓷都的决定》】 12

月30日，中共景德镇市委印发该文件。该文件要求全市各级党组织和广大党员干部要更加紧密地团结在以习近平同志为核心的党中央周围，深入贯彻习近平新时代中国特色社会主义思想，牢记嘱托，感恩奋进，担当实干，创先争优，为建好国家陶瓷文化传承创新试验区，全力实施“五新”战略行动，全面建设社会主义现代化国际瓷都而努力奋斗。

【印发《关于推进“夜珠山”高品质发展的意见（试行）》】 12月26日，经中共景德镇市委、景德镇市人民政府同意，市委办公室、市政府办公室印发该文件。该文件从总体要求、发展布局、主要目标、重点任务、保障措施5个方面提出具体要求，并明确任务分工表，推进“夜珠山”成为拉动经济增长、促进创新创业、展现城市魅力的“夜经济”品牌，为全面建设社会主义现代化国际瓷都提供有力支撑。

（市委办公室秘书科）

督查工作

【概况】 2022年，市委督查室坚持以“服务中心、围绕大局、突出重点、抓牢关键”的工作思路，发挥党委督查“利剑”作用，获市委主要领导批示12件次；向省级报送有关材料40件；向市有关单位印发督办通知、督查通报21期；呈送督查专报47期；督办市委常委会会议议定事项104项、政协委员提案（来信）56件；完成民主法治领域改革9项目；审改招商通报10期，各项工作取得明显成效。

【推动决策部署落实】 2022年，就涉及景德镇有关事项组织综合督查，定期开展专项督查和调度推进，并对有关情况进行“回头看”，形成相关情况报告。制定并印发《中办督查成果后续落实情况整改工作方案》，并就中办有关督查整改工作形成材料上报。坚持贯彻习近平总书记关于作风建设的重要论述，形成景德镇市贯彻落实中央八项规定精神情况。认真督办省委主要领导指示批示落实，分别对省委主要领导指示的三宝瓷谷环境、九集小镇安全生产和综合环境问题、昌江区丽阳镇丽阳村环境保护问题等有关情况进行督办落实。围绕省第十五次党代会确定目标任务落实工作总体方案，制定全市落实全面建设“六个江西”奋斗目标工作方案，确保落实任务有“方向”、督查有“抓手”。将省第十五次党代会落实情况、双“一号工程”实施情况等督查纳入年度市委常委会工作要点和年度督查计划，持续抓好跟踪督办，确保落实见效。积极向上报送动态信息、经验简报，在省委“六个江西”工作简报上刊登稿件4篇。配合省委开展巡视督查调研，配合做好省委巡视前期动员工作，参与省委省政府综合督查协调联络工作，配合省委督查室到景德镇市开展的“六个江西”、为基层减负等方面督查，协调做好相关问题情况整改。

【完善督查机制】 2022年，坚持每季度围绕市委常委会议定事项进行督办，并按季度报送落实情况。聚焦市委中心工作，及时对国家试验区建设、“六个江西”、乡村振兴、常态长效创文、工业倍增三年行动、项目建设等重点工作开展专项查办，确保件件有着落、事事能落地。围绕市委主要领导关心关注的焦点，多次深入博览交易中心、中国农民丰收节江西分会场、中日陶瓷产业园、荻湾乡村振兴等项目一线，房屋征收、内涝整治、交通设施等建设一线开展督查，推动督查工作以“督”促“战”,以“战”提“效”。持续做好领导交办指示要求的督促落实,积极开展创文“回头看”、无会日、职业教育发展、疫情防控等专项督查，协调落实高新区、艺术职业大学和群众反馈问题恳请事项。每月编发《各县（市、区）党政主要领导外出招商引资情况的通报》，持续推动招大引强、招新引优。

【统筹推进目标任务落实】 2022年，全面推动落实“六个江西”建设，细化7大领域151项重点任务实施方案，同时督促各县（市、区）、各联络组出台相应细化方案和年度工作要点、台账，成立了“一办七小组”组织架构，形成跨部门、跨地区的高效协同机制。全年召开领导小组会1次，协调推进会2次；下发通知、工作提示等文件9次，研究各责任单位推进情况12次。牵头做好市委层面整治形式主义为基层减负专项工作机制各项工作，持续保持文件、会议、督查检查考核压减态势，严格实行计划管理，推动全市为基层减负工作走深走实。开展全市工作简报类刊物梳理规范，对40种简报类刊物进行综合分析，围绕时效性、参考性、原创性研究取消18种。扎实对标比学赶超目标，会同发改委、统计局等多个部门，建立月度会商沟通、季度数据监测、年度综合分析机制，对参照地主要经济指标进行分析对比，形成督查专报2期，向省委报告材料5篇，其中《景德镇市树信心、强决心，吹响创先争优“奋进曲”比学赶超“冲锋号”》在省委落实办简报“比学赶超”系列第一篇头版。牵头推动民主法制领域改革落实，统筹协调市人大、市政协、市委统战部、团市委等党群部门，全面总结专项小组年度工作情况，圆满完成涉及的9项改革任务，确保各项改革举措陆续落实落地。推动政协提案有序落实，转交办理政协委员提案（来信）57件，同时持续保持跟踪问效，及时掌握办理动态，及时发现并协调解决办理中出现的问题，对进度缓慢、办理不实的单位及时进行催办，确保办理进度和实效。

（市委办公室市委督查室）

组织工作

【概况】 2022年，全市发展中共党员1474人，其中女党员582人，占39.48%；35岁以下1158人，占78.56%；大专以上学历1064人，占72.18%。全市有中共党员9.05万人，其中，35岁以下1.83万人，36至60岁4.39万人，61岁以上2.83万人；农村党员3.24万人，城市社区党员1.55万人，“两新”组织党员2327人，机关事业单位党员2.45万人，国有企业党员7350人。全市各级党组织共4267个，其中党（工）委309个，党总支304个，党支部3654个。市管干部1030人，其中，机关部门班子成员565人，县（市、区）班子成员120人。全市共有公务员8569人（公务员7559人，参照管理的群团单位工作人员197人，参照管理的事业单位工作人员813人），其中女性公务员2291人。

【强化理论武装】 2022年，坚持把习近平新时代中国特色社会主义思想教育摆在最突出位置，作为党校主体班次的重要教学内容，分领域、分专题、分层次开展学习培训，教育引导广大党员干部坚定拥护“两个确立”、坚决做到“两个维护”。组织开展中共十九届六中全会精神培训，举办9期县处级领导干部集中轮训班、10期基层党组织书记和党员重点培训班，示范带动各县（市、区）、市直各单位分别开展专题培训，实现全市乡科级以上党员领导干部培训全覆盖。有序推进基层干部主题培训，坚持一月一调度、一月一通报，指导各地全覆盖培训基层干部，开展培训班129期，培训基层干部1.20万人。中共二十大召开后，开展“永远跟党走”“代表一线讲”等系列活动，持续掀起学习宣传贯彻热潮，将党的声音传遍千家万户。

【树立“四重”用人导向】 2022年，坚决落实新时代好干部标准，突出政治标准，树立“四重”导向，鲜明选用“忠诚、干净、担当”的高素质专业化干部。加强对年轻干部、党外干部的分析研判，健全党外干部培养选拔工作联席会机制，提拔党外干部6人；提拔“80后”年轻干部21人，占提拔人数的25%。接收2022年省选调生21名，新招录公务员264名，为全市公务员队伍“补充了新鲜血液”。配合做好选人用人专项检查及整改工作，加强干部日常监督管理，经常性对干部“咬耳扯袖”。完善干部管理机制，推动选人用人制度落实落地，制定《景德镇市领导干部推荐表》《景德镇市干部考察工作手册》，明确干部工作程序和责任主体，提高干部工作质量。

【激励干部担当作为】 2022年，落实“干部创先20条”，及时发现、大胆选拔使用敢担当、有作为的好干部，推荐担当作为先进典型9人。用好用活职级晋升政策，拿出一定职数用于担当作为、真抓实干、表现优秀的干部职级晋升，全年晋升市管干部职级185人次。深化实施“青苗成长工程”，分批次选派114名综合素质高、培养潜力大的年轻干部，到常态长效创建全国文明城市、筹办“阿拉伯艺术节”、发展先进陶瓷产业等全市中心工作一线实践锻炼。

【基层党组织建设】 2022年，深化城市基层党建示范市建设，组建790个治理网格，推动215名县区、街道班子成员直接联系社区，健全市区街居上下联动的运行体系，实现网格全覆盖。深入推进抓党建促乡村振兴，推行“乡创特派员”制度，推进建设11个新型农村集体经济发展党建赋能中心，筑牢村集体经济发展党建链、服务链、富民链，363个村实现村级集体经济经营性收入15万元以上。加强和改进两新党建工作，全面实行两新工委实体化运作，成立7个行业党委。建立17个党建联合体，打造111个“景快跑”暖“新”红色驿站，带动形成“畅快跑”“畅快行”“畅快速”等新就业群体服务平台。

【落实“双报到双报告”制度】 2022年，做实在职党员到社区“双报到双报告”机制，开展志愿服务16万人次，进一步增强基层治理服务效能。11—12月，面对突发疫情，第一时间组建疫情防控支援村（社区）工作组、党员突击队，动员5600余名市直单位在职党员干部、199名参加初任培训的新录用公务员，下沉社区防疫一线，筑起全市疫情防控的重要防线。

【人才队伍建设】 2022年，围绕国家试验区“两地一中心”的战略定位，制定关于加快构筑世界陶瓷人才高地的实施意见，启动人才机制体制改革三年攻坚行动，出台促进“景漂”人才创新创业“20条举措”。立足工业倍增三年行动计划，实施“招商必招才，引智必引资”模式，开展双招双引活动160余场，引进高层次人才和急需紧缺人才1418人。积极对接重大人才工程，1人入选国家级人才计划，5人入选省“双千计划”，8人获评中国工艺美术大师称号。持续服务保障省高层次人才服务团成员，评选市级拔尖人才115名，认定“3+1+X”产业人才265名。着力打造高水平人才服务高地，有序推进“一室三中心”、哈工大特陶所景德镇先进材料研究院等重点平台建设，推动建设16家市级人才创新创业示范基地，邑空间获评全国创业孵化示范基地。

【全市基层党建述职评议会议】 1月26日，全市2021年度党委（党组）书记抓基层党建述职评议会议召开。市委书记刘锋主持会议并讲话，市领导胡雪梅、吴隽、肖承贵、林蓉、邓永翔、林卫春、胡春平出席。景德镇学院党委、乐平市委、江西工艺美院党委、高新区党工委、昌江区委、昌南新区党工委、浮梁县委、珠山区委、市直机关工委、市国资委党委主要负责人先后在会上述职，市教育局党组、市卫健委党组和市委“两新”工委做书面述职。刘锋逐一进行点评，要求各位述职的书记高度重视存在的问题，采取有力措施，切实加以解决。会议邀请基层“两代表一委员”、党员干部和群众代表参加，并进行了现场民主评议。

【全市人才工作专项述职会】 2月22日，全市人才工作专项述职会召开。市委常委、市委组织部部长，市招才引智局、景漂景归人才服务局局长肖承贵主持会议并讲话。会上，各县（市、区）、高新区、昌南新区和有关部门负责人围绕人才工作进行述职。与会人员对述职情况进行现场测评。

【市委人才工作会议】 3月21日，市委人才工作会议召开。市委书记刘锋出席会议并讲话。市委副书记、市长胡雪梅主持。市领导吴隽、曹雄泰、俞小平、孙安敏、肖承贵、廖良生、吴财锋、邓永翔、林卫春、胡春平出席。会议传达学习中央、省委人才工作会议精神，刘锋、胡雪梅等为12家市级人才创新创业示范基地授牌，市委常委、组织部部长肖承贵就《关于加快构筑世界陶瓷人才高地 聚天下英才建好景德镇国家陶瓷文化传承创新试验区的实施意见》做起草说明，市委常委、常务副市长邓永翔宣读《关于授予景德镇市第二人民医院等12家单位为景德镇市人才创新创业示范基地的通知》。会议强调，要以更高的自觉做好新时代人才工作，以更大的气魄锻造高素质人才队伍，以更大的合力构筑陶瓷人才高地，努力形成新时代“工匠八方来，器成天下走”的生动景象，为全力实施“五新”战略行动，全面建设社会主义现代化国际瓷都提供更加坚强有力的人才保障。

【全市组织部长会议】 3月24日，全市组织部长会议召开。市委书记刘锋提出要求。市委常委、组织部部长肖承贵出席会议并讲话。会议强调，全市组织系统要认真践行新时代党的组织路线，围绕中心、服务大局，大抓工作落实，争创一流业绩，不断提高组织工作质量和水平。要树牢“看重基层干部、注重实干实绩、尊重人岗相适、器重默默奉献”的鲜明导向，注重在一线发现、锤炼、选用干部，让更多埋头做事的人脱颖而出。要以深化“三化”建设为抓手，抓基层、强基础、固基本，让党旗在项目一线、基层一线高高飘扬，推进各领域基层党建整体提升。要深入实施人才强市战略，全方位培养、引进、用好各方面优秀人才，加快构建世界陶瓷人才集聚高地，为全面建设社会主义现代化国际瓷都提供坚强组织保证，以优异成绩迎接中共二十大胜利召开。

【统筹开展综合考核工作】 5月，成立市委综合考核工作委员会，由市委书记刘锋任主任，市委副书记、市长胡雪梅任副主任，其他市委常委担任委员。考核委下设办公室，设在市委组织部，负责综合考核工作的组织协调。市委常委、组织部部长兼市委综合考核办主任，市委办公室、市委组织部、市政府办公室、市发改委、市人社局、市国资委、市统计局等部门主要（常务）负责同志兼任市委综合考核办副主任。8月，研究制定“1+1+3”综合考核文件体系，强化综合考核结果运用，将考核评价结果与干部选拔任用挂钩，让能干者能上、绩优者优先，把综合考核结果作为干部能上能下的重要依据。

（黎定海）

宣传思想工作

【概况】 2022年，全市宣传思想文化战线坚持以习近平新时代中国特色社会主义思想为指导，聚焦中央重大决策部署和省委、市委工作要求，紧扣迎接和学习宣传贯彻中共二十大主线，守正创新、主动作为，内聚力量、外树形象，为加快全面建设社会主义现代化国际瓷都提供坚强思想保证和强大精神力量。年内，“老方说党史”宣讲团获评2022年“全国基层理论宣传先进集体”。景德镇获得主流媒体高频关注，全年累计在“四报两台”刊播重要稿件257余篇，《江西日报》发稿近400篇，江西广播电视台电视《新闻》栏目播发420条，在人民网、新华网、凤凰网等九大中央新闻网站和五大商业门户网站推送重要稿件1427篇。2022年，景德镇市规上文化企业139家，营业收入123.8亿元，增速18.3%，增速排名全省第2名。

【党的理论武装】 2022年，坚持用习近平新时代中国特色社会主义思想凝心聚魂。发挥市委理论学习中心组示范引领作用，采取专题学习会、集体学习暨专题读书班等形式，组织集中学习13次。推进党史学习教育常态化长效化，广泛开展“七个一”活动。持续加强基层理论宣讲工作，“老方说党史”宣讲团获评2022年“全国基层理论宣讲先进集体”。发挥省重点高端智库中国陶瓷研究院作用，围绕陶瓷文化、国家试验区建设等重点课题深入开展理论研究。举办2022景德镇国家陶瓷文化传承创新试验区发展高峰论坛。年内，学习宣传贯彻中共二十大精神。市委理论学习中心组带头，组织全市各单位各部门采取党委（党组）会议、理论学习中心组学习、专题研讨、辅导报告、座谈交流、“三会一课”等多种形式开展学习。第一时间下发《关于做好党的二十大精神基层宣讲工作的通知》。组建由市委常委、市直有关单位负责人、专家学者构成的学习贯彻党的二十大精神市委宣讲团，分赴各县（市、区）、高新区、昌南新区和市直机关、市属企业、市属高校开展集中宣讲51场，直接受众达7000余人。依托基层理论宣讲平台和新时代文明实践中心（所、站），开展各类对象化、分众化、互动化宣讲2070余场，线上线下覆盖人数38.7万余人，在全市掀起学习贯彻中共二十大精神的热潮。

【推动主流思想舆论巩固壮大】 2022年，围绕党的二十大、第五届“阿拉伯艺术节”、中国景德镇国际陶瓷博览会、国际版权论坛、中国农民丰收节江西活动等重大活动，紧扣国家试验区建设、双“一号工程”、工业倍增三年行动、招大引强、两个“攻坚战”等市委市政府中心工作，做好全方位、多角度、立体式宣传报道。景德镇获得中央主流媒体高频关注，全年累计在“四报两台”刊播《“洋景漂”逐梦千年瓷都》《看千年瓷都如何领跑新赛道》等重要稿件257余篇，累计在人民网、新华网、凤凰网等九大中央新闻网站和五大商业门户网站推送重要稿件1427篇。第五届“阿拉伯艺术节”的报道在央视《新闻联播》和央广《全国新闻联播》头条播出；高新区“吉祥鸟AC313A”大型民用直升机成功首飞两次被央视《新闻联播》报道。浮梁县融媒体中心作品《我家在江西浮梁》获2022年全国县级融媒体中心优秀作品春赛专题类二等奖。

【提升景德镇国际知名度和影响力】 2022年，成功承办第五届“阿拉伯艺术节”，习近平总书记专门发来贺信，中央政治局委员、中宣部部长李书磊到景德镇出席开幕式，宣读总书记贺信并致辞，其间首次召开中阿文化产业论坛，发布《2022中阿文化产业论坛景德镇倡议》。举办中韩陶瓷艺术交流展、2022“今日中国”艺术周——“传承之路”中国陶瓷非遗传承人艺术作品展、“丝路瓷行——天涯共此时”中秋陶瓷文化国际交流活动、国际青年中国行等系列重大对外文化交流活动。景德镇在首届战略传播论坛上作交流发言。景德镇案例入选2022年中国城市国际传播示范案例。景德镇日报社、景德镇新闻传媒集团国际传播中心挂牌成立，IJDZ英文网站启动。打造外宣精品力作，《江西这十年之景德镇陶溪川》视频、《缠之恋》MV、“洋景漂话申遗”系列视频在海外平台上转发推送。

【文化事业和文化产业】 2022年，制定印发《景德镇市“十四五”

文化发展规划》，出台《景德镇市深化文化体制改革攻坚行动实施方案（2022—2024年）》。加强陶瓷文化基础理论研究，整理编纂《景德镇陶瓷简史》《景德镇陶瓷史话》等陶瓷文化典籍。扶持引导优秀文艺作品创作，推出“丝路百城传”丛书《景德镇传：瓷器之都》、景德镇陶瓷主题原创歌曲《此生只为你》等一批文艺精品。举办2022国际版权论坛，正式启动世界知识产权组织版权保护优秀案例示范点调研项目“IP与创意产业：景德镇故事”，三宝国际瓷谷获评“全国版权示范园区”。2022年，景德镇市规上文化企业139家，营业收入123.8亿元，增速18.3%，增速排名全省第2名。陶溪川文创街区获评2022年国家旅游科技示范园区。陶文旅集团获得“全国文化企业30强”提名。发挥“文企贷”惠企纾困作用，2022年新增入库36家，累计获批贷款企业31家，发放贷款4024万元。招引“央视网·瓷”、甲古文数字文化创意产业基地、景德镇国家陶瓷版权交易中心建设等一批文化产业领域重点项目落户景德镇。

【文明创建工作】2022年，持续深化文明培育、文明实践、文明创建。统筹深化文明城市、文明村镇、文明单位、文明校园、文明家庭创建。常态化开展“十大专项整治行动”，推进常态长效创建全国文明城市。推动乡风文明建设，联合六部门印发《关于遏制高价彩礼 推动婚嫁移风易俗的实施方案》。2022年，共有24个乡镇、308个行政村、25个农村家庭被评为景德镇市第九届文明镇、文明村、文明户，较第八届获评数量提升204.5%。省级文明单位全部通过省文明办复查。深入开展社会主义核心价值观宣传教育，在全社会弘扬劳动精神、奋斗精神、奉献精神、创造精神、勤俭节约精神。持续开展道德模范和先进典型学习宣传和礼遇帮扶，组织开展“中国好人”“江西好人”“瓷都好人”“新时代好少年”等推荐评议，景德镇市6人获评2022年“中国好人”,1人获评江西省“新时代好少年”。推动新时代文明实践中心（所、站）建设提质增效。鼓励引导更多社会力量参与志愿服务，年内景德镇市注册志愿者人数同比增长29%，服务时长同比增长42%。

【推动意识形态工作落实落细】2022年，开展年度考核、巡察整改、专项督查等各项工作，持续跟踪问效，压实压紧意识形态工作责任制。加强在干部提拔重用和评优评先过程中对意识形态结果的运用，对履行意识形态工作责任制情况作出结论性评价。召开全市意识形态工作联席会议暨防范化解意识形态领域重大风险工作会议，分析研判意识形态领域情况和重大风险隐患，维护意识形态领域安全。深入开展“扫黄打非”工作，实施“正道”“新风”等集中行动和“净网”“护苗”“秋风”等专项行动，持续净化社会文化环境。严格落实网络意识形态工作责任制和网络安全工作责任制。制定印发《关于贯彻落实〈江西省党政机关新媒体舆情风险管理规定〉的实施意见》，防范虚假、有害、极端信息的发布、传播，保护群众正常的生活秩序和财产安全。开展“清朗·打击网络直播短视频领域乱象”“虚拟偶像”规范管理、网络祭扫平台规范管理等30余个专项治网行动。全年共处置有害信息300余条，电话约谈网站负责人53次，处置信息泄露等网络安全漏洞事件46起，核查属地App 2个。

【邀请专家学者为市委理论学习中心组辅导授课】2月15日，邀请北京中联加互联网科技发展研究院创始人、院长陈伟作题为《新经济、新机遇、新作为——关于景德镇发展数字经济的初步思考》的专题讲座；6月11日，召开御窑遗址申遗论坛暨市委理论学习中心组集体学习（扩大）会，邀请清华大学国家遗产中心主任、中国古迹遗址保护协会副理事长吕舟作题为《世界遗产概念的发展与讲好中国故事》的专题授课，山东大学海洋考古研究中心主任、中国古迹遗址保护协会副理事长、国际古迹遗址理事会副主席姜波作题为《世界遗产的经典案例》的专题授课；7月11日，邀请中国美术家协会陶瓷艺术委员会主任、清华大学美术学院陶瓷艺术设计系主任白明作题为《唯一的景德镇——从未来思考今天》的专题讲座。

【全国文明城市测评获佳绩】3月29日，中央文明办印发《关于2021年全国文明城市年度测评结果的通报》，通报了307个全国文明城市（区）和127个地级以上提名城市（区）年度测评成绩。景德镇市在114个地级全国文明城市中列第34位，在江西省5个全国文明城市中列第2位；未成年人思想道德建设工作在江西省5个全国文明城市中列第2位。

【景德镇在文化强省建设推进大会上获得多项荣誉】 5月26日，2022年江西省文化强省建设推进大会召开，景德镇市获得多项荣誉：昌江区获颁2021年度江西省文化产业重点县（市、区）（全省10个），景德镇陶溪川文创街区（集聚类）获颁省级文化和科技融合示范基地（全省3个），景德镇三宝国瓷谷街区获颁省级特色文化街区（全省6个），景德镇陶溪川文创运营有限公司获颁2021年度江西省文化企业20强（全省20个）。

【首个"文艺两新"集聚区实践基地在景德镇揭牌】 7月7日，中国文联首个"文艺两新"集聚区实践基地在景德镇市揭牌。基地的建设，将凝聚各方力量，拓展载体形式，创新方式方法，丰富联络服务功能，最大限度发挥基地效能。作为中国文联第一家"文艺两新"集聚区实践基地，及时总结经验，成为景德镇国家陶瓷文化传承创新试验区建设的一张名片，团结引导更多的文艺工作者讲好中国故事、展现中国精神、讴歌伟大时代。

【举办"丝路瓷行——天涯共此时"中秋陶瓷文化国际交流活动】 9月10日，"丝路瓷行——天涯共此时"中秋陶瓷文化国际交流活动启幕。分设在景德镇三宝国际瓷谷三宝蓬艺术聚落和英国剑桥的两个会场通过视频连线的形式，共话陶瓷文化、共促国际交流。该国际交流活动由陶艺作品展、星空晚宴、国际雅集、游园灯会等六项活动组成，充分展现中国传统文化的独特魅力，进一步提升了景德镇陶瓷文化的感召力和影响力。

【制定印发《景德镇市"十四五"文化发展规划》】 9月30日，市委办公室、市人民政府印发《景德镇市"十四五"文化发展规划》。该规划分为总体要求、目标任务、保障措施三大板块，明确提出"十四五"时期景德镇文化发展的主要任务是：强化思想理论武装，提高社会文明程度，巩固壮大主流舆论，持续繁荣文艺创作，打造优秀传统文化传承创新高地，提高公共文化服务覆盖面和实效性，推动文化产业高质量发展，推动文化和旅游深度融合发展，扩大景德镇文化影响力，促进城乡文化协调发展，深化文化体制改革，建设高质量文化人才队伍。

中秋陶瓷文化国际交流活动

（市委宣传部 供）

【"老方说党史"宣讲团获评"2022年度全国基层理论宣讲先进集体"】 10月20日，中宣部办公厅印发《关于表彰2022年基层理论宣讲先进集体、个人和优秀理论宣讲报告、微视频的决定》，对2022年全国基层理论宣讲48个先进集体、41名先进个人、24篇优秀理论宣讲报告、19个优秀理论宣讲微视频进行表彰。景德镇市推荐的"老方说党史"宣讲团被评为"2022年度全国基层理论宣讲先进集体"。

【《此生只为你》发布会举行】 11月7日，《此生只为你》景德镇陶瓷主题原创歌曲发布会在陶溪川举行。正式发布景德镇陶瓷主题曲《此生只为你》和《景德一面》《许你今生》《青花》《永恒的美丽》等宣传组曲。

【2022国际版权论坛在景德镇市举行】 11月10—11日，由中国国家版权局、世界知识产权组织主办的2022国际版权论坛在景德镇市举行。论坛就版权推动创意产业发展、民间文艺版权保护与发展进行了主题发言。来自世界知识产权组织、相关国家版权主管部门、境外著作权认证机构和国内相关部委、部分省（区、市）版权局、著作权集体管理组织以及业界、学界的200余名代表通过线上线下参会。论坛期间，启动世界知识产权组织版权保护优秀案例示范点调研项目"IP与创意产业：景德镇故事"和民间文艺版权保护与促进试点工作，举

第五届“阿拉伯艺术节”在景德镇市开幕　（市委宣传部　供）

办了世界知识产权组织版权保护优秀案例示范点、民间文艺版权保护、《马拉喀什条约》落地实施主题展览。

【成功承办第五届“阿拉伯艺术节”】 12月19日，第五届“阿拉伯艺术节”在景德镇市开幕，国家主席习近平致贺信，中共中央政治局委员、中宣部部长李书磊出席开幕式，宣读习近平主席贺信并致辞。该届“阿拉伯艺术节”以“丝路瓷魂，艺享天方”为主题，通过中阿文化产业论坛、阿拉伯知名艺术家访华采风精品展、《御窑天下》特展、“丝路遗珍”中国古代外销瓷展、“丝路瓷源和光接物”陶瓷版权创意设计展、民间非遗展演、“域见阿拉伯”风情创意市集等一系列丰富多彩的文化交流活动，开创新时代中阿人文交流新局面，开启了中国与阿拉伯各国共建“一带一路”、合作共赢的美好前景。

（缪羿平　吴越萌）

统战工作

【概况】 2022年，市委统战部学习宣传贯彻《中国共产党统一战线工作条例》和省《实施意见》，聚焦“作示范勇争先”目标定位，准确把握新时代统战工作的任务要求，着力破解重点难点问题，精心打造特色亮点品牌。“景德镇铸牢中华民族共同体意识陶瓷创作基地”建设被省委、省政府列为重点支持特色品牌。“香江赣港·瓷韵”陶瓷艺术展等工作受到省委常委、统战部长黄喜忠4次专题批示肯定；自由职业工艺美术师工作、创新推进铸牢中华民族共同体意识相关经验做法在中央统战部《每日汇报》刊登4篇；《城市艺术行业自由职业人员统战工作创新路径探析——以景德镇“景漂”艺术群体为例》获全省统战理论创新一等奖；“景德镇市‘十个一’举措大力推进自由职业工艺美术师统战工作创新品牌建设”获全省统战工作实践创新成果奖；景德镇市委统战部被省委统战部评为信息工作先进单位；成立江西省首个市级职教社组织——景德镇市中华职业教育社，推动全市统一战线呈现出开拓进取、团结和谐的良好局面。

【政治建设】 2022年，组织开展好统一战线各领域主题教育活动，先后召开全市统战领导小组会议、全市民族宗教工作会议、民营经济统战工作会议等10余次；召开部务会23次、理论中心组学习会议17次，及时跟进学习习近平总书记最新讲话精神，以及党中央和省、市委最新会议精神；制定《理论中心组2022年学习计划》《全市统一战线“昂首阔步新时代 同心筑梦跟党走”喜迎中共二十大主题活动工作方案》，举办“景德镇这十年”统战工作专题新闻发布会，开展统一战线知识竞赛、征文比赛等活动；在部门户网站、微信公众号刊登、推介统一战线成员和统战干部学习中共二十大精神心得体会14期共计226篇。坚持把意识形态工作与统战工作同安排、同部署、同落实，印发《关于防范化解全市统一战线领域风险隐患迎接党的二十大胜利召开工作方案》，扎实做好全市统一战线各领域意识形态工作。

【发挥统一战线法宝作用】 2022年，组织开展全市统一战线大调研活动，围绕“十四五规划”和市委、市政府重点工作，就国家试验区建设、数字经济发展、营商环境优化等课题深入各地各单位调查研究，形成课题18个；邀请香港美术家协会到景德镇开展文化交流等，讲好新时代“中国故事”“景德镇故事”，相关工作经验做法在中央统战部内参刊登。成立中华职业教育社，为职教社在省内工作的开展搭建了新平台、增添了新力量。助力数字经济“一号发展工程”。推动中国陶瓷产业智联网平台上线运行，全年网络零售额达91.37亿元；全力打造陶溪川直播基地等9个数字经济集聚区，仅自由职业工艺美术师创新创业示范基地销售额超 1.3 亿元。助力优化营商环境“一号改革工程”。支持各民主党派、无党派人士开展优化营商环境民主监督 126 次，发现问题线索 56 条。开展好“三策一平台”政策服务行动、“汇策便企”“送策进企”等优化营商环境活动。编印、发放《惠企政策汇编》两千余册，“电话问策”收到意见建议办结率 100%，发挥好非公有制企业维权服务中心作用，全年共受理咨询、维权诉求 197 件，办结 190 件，办结率 96.5%。助力产业发展，全市统一战线成员共招商项目 22 个，预计投资金额 255.32 亿元。助力乡村振兴，召开新时代乡贤统战工作部署会和新乡贤工作现场推进会，成立景德镇市新乡贤统战工作领导小组，印发《凝聚乡贤力量 赋能乡村振兴》实施方案，完善新乡贤数据库，建立市、县（市、区）、乡镇（街道）、村（社区）四级新乡贤数据库 1229 名。率先在浮梁县创建了“乡贤地图”手机 App，实现乡贤信息“一张地图通查”的数据智能管理。引进引回本地在外高端人才 39 人，通过新乡贤联谊组织，先后在全国各地开展招商活动 30 余次，引入项目 53 个，引进优质企业 30 余个，投资总金额达 242 亿元。

【提升新型政党制度效能】 2022 年，持续推动参政党建设“三个文件”贯彻落实，支持各民主党派、无党派人士开展“矢志不渝跟党走、携手奋进新时代”政治交接主题教育活动 40 余次。举办了民主党派代表人士及新发展成员培训班和全市党外知识分子代表人士专题培训班。组织引导各民主党派、无党派人士学习研讨撰写学习心得共计约 300 余篇，通过会议、讲座、座谈会、宣讲等形式学习贯彻中共二十大精神 50 余次。推进协商民主。制定《中共景德镇市委 2022 年度政党协商计划》《市委统战部领导与党外代表人士联谊交友安排》，召开中共二十大会议精神学习座谈会、全市经济工作征求意见座谈会等 10 余次。做好 2021 年大调研报告成果转化，组织开展 2022 年全市统一战线大调研活动。市级以上建言献策 653 次，采纳 199 条，其中省级以上 444 次，采纳 123 条，开展“直通车”6 次，开展调研活动 100 余次，形成调研成果近 75 篇。支持各民主党派、无党派人士开展全市优化营商环境民主监督和长江生态环境保护民主监督工作，制定工作方案，成立领导小组，工作专报 7 期，支持市纪委市监委等单位专门聘请优化营商环境党外民主监督员共计 40 余名。协助民主党派规范组织发展，建立全市党外干部（包括群众）信息库；全年认定无党派人士 114 人；完成全市留学人员摸底工作。

【党外知识分子工作】 2022 年，为市知联会解决 2 名事业编制并配备专职工作人员，在党派大楼设立专门办公场所及活动场所；设立知联会专项工作经费 20 万元，支持知联会开展主题教育活动 20 余次，参与人数超过 1000 余人次；开展知联大讲堂、陶瓷艺术展、文化沙龙等活动 10 余次；建立健全市知联会工作议事规则，推进市级 3 个党外知识分子之家建设，开展党外知识分子名人工作室创建工作，成立了党外博士服务团，把相关科研成果转化为为企业服务。

【党外代表人士队伍建设】 2022 年，发挥《景德镇市党外干部培养选拔工作联席会议制度》效能，召开市委组织部、统战部联席会议，破解党外干部发现培养中的重点难点问题。出台《关于规范有关干部工作程序的意见》，修订《景德镇市党外干部培养选拔工作联席会议制度》。代市委办、市政府办草拟《景德镇市政府参事选聘办法》（修订稿）。推动党外干部培养选拔工作，新增了市发改委、市卫健委、市民政局 3 个市政府组成部门配备党外副县级领导干部，新增市建筑设计院有限公司、景德镇陶文旅控股集团公司等配备 2 名党外领导干部，各民主党派市委会专职副主委均兼任市政协副秘书长。加大党外干部培训力度。发挥社会主义学院作为党外干部培训的主阵地作用，做好 2022 年全市统一战线教育培训工作。有针对性地加强党外干部的轮岗交流、挂职锻炼工作，至年底，选派 20 余名优秀年轻干部到“双一号”工程、招商引资、先进陶瓷办、常态长效创建文明城市指挥部等重点工作一线去实践、去历险、去增才干。推荐 1 名副县级党外干部到省实践锻炼基地（省水利厅）实践锻炼。

【民族团结进步创建】 2022 年，突出景德镇市陶瓷文化特色，部署开展全市“铸牢中华民族共同体意识”陶瓷创作基地建设取得初步成效。召开市委民族工作会议，推进城市少数民族服务站建设，开展民族团结进步创建活动 10 余次。指导推进“同心·特色瑶村”村寨建设和民族村乡村振兴有效衔接，实施瑶冲公墓道路建设工程和瑶冲党群服务中心村民活动广场建设工程，促进民族村乡村振兴实现高质量发展。

【坚持宗教中国化方向】 2022年，召开全市民宗工作领导小组专题会议和全市宗教工作会议，指导宗教界开展“五好”宗教活动场所建设和“崇俭戒奢”教育活动。设立首批五好宗教场所建设示范点17个，获评全省首批“五好宗教活动场所”。制定全市民族宗教领域风险隐患防范化解工作方案，加强自建房安全隐患排查整治，全市初步排查出的18处安全隐患点，6处场所已按程序实施修缮改造。推进非法宗教活动专项整治，将基督教私设聚会点、基督教非法组织（真理教会）及高校、天主教地下势力教育转化作为全市整治非法、抵御渗透工作重点，排查处置非法宗教活动9起，对信教群众进行科学教育，对个别组织者进行法治教育。

【民营经济统战工作】 2022年，开展“喜迎二十大　民企展风采”等专项宣传活动，覆盖会员企业共1800余家。制定《市非公经济组织党委选派党建工作指导员实施方案》，全市开展各类宣讲活动1300余场。开展“万企兴万村”暨回报家乡专项行动、“同心·光彩圆梦活动”、民企助“创文·清凉行动”等活动，投入帮扶资金1000万余元，实施乡村振兴项目数4个，实际投资1亿元，捐款捐物200多万元，设立100个免费饮水点，提供10余万瓶爱心饮用水。推动构建亲清政商关系。出台《助力“双一号工程”，推动非公经济高质量发展（2022-2025）》文件，制定景德镇市级领导与民营经济代表人士列名联谊交友、与市直商会挂点联系制度，29名市领导与71位民营经济代表人士列名联谊交友，16位市领导与27个市直商会挂点。推动“企业服务日”活动走深走实发挥市领导联系挂点作用，切实为企业解难题、谋实效、促发展。召开全市民营企业家座谈会、“亲清瓷都·暖心爽心”全市商会会长座谈会，牵头完成工作简报8期。开展“万千人万企”“领导干部走流程”等专项活动，畅通政企沟通联系，构建亲清政商关系。促进民营经济高质量发展。印发市级《贯彻落实〈关于加强新时代民营经济统战工作的意见〉具体举措及分工方案》，建立并印发民营经济统战工作联系协调机制、民营经济统战工作联络员制度。维权工作经验在省工商联专报进行刊登，并得到省工商联主席雷元江批示表扬。发挥好非公有制企业维权服务中心作用，持续发挥“967788民企服务热线”作用，帮助解决实际问题。

【港澳台统战工作】 2022年，专题召开景德镇海外联谊会理事扩大会议，在香港新冠疫情肆虐时间，通过香港景德镇联谊会向香港居民捐赠核酸试剂和防疫物资。制定《“香港青年瓷都行”活动暨“乡亲桑梓行　浓浓赣港情”景德镇乡亲回乡行动方案》，举办一期香港内地学子研学营。以庆祝香港回归25周年契机，举办“香江赣港·瓷韵”景德镇陶瓷文化展作品征集仪式，在全市广大统一战线成员中征集陶瓷作品赴香港大会堂参加“香江赣港·瓷韵”陶瓷文化展。建立港澳台和侨界代表人士工作日记（台账），共有入库人员57人。发挥景德镇海外联谊会、香港景德镇联谊会等各社团组织作用，全面摸清港澳台乡亲底数，建立人员信息数据库，加大联系联络工作力度。

【海外侨务工作】 2022年，发挥陶瓷文化优势，以瓷引侨，做好对外文化交流工作，相关经验在中央统战部《每日汇报》刊登。联合市侨联举办了瓷都侨界“侨心永向党”喜迎二十大和庆祝二十大召开两场陶瓷艺术作品展活动。实施侨企暖心活动，牵头组织市海外侨务工作联席会议成员单位及“四侨”协调工作机制成员单位，走访、调研全市16家侨资企业，形成《台侨资企业情况调研报告》。

【新的社会阶层人士统战工作】 2022年，举办年度新的社会阶层代表人士培训班，开展“凝聚新力量、筑梦新时代”主题教育等活动10余次，成立市新联会党支部。制定出台《景德镇市委统一战线领导小组关于加强自由职业工艺美术师统战工作创新的意见》，成立领导小组，建立首批自由职业工艺美术师代表人士数据库1000余名。市县联动共同创建自由职业工艺美术师创新创业示范基地11处，完成首批示范工作室97处，举办新阶层“瓷都夜话”系列活动。加强市新联会网络人士分会组织建设、队伍建设，组建网络人士“三支队伍”，举办全市新阶层网络代表人士主题论坛。景德镇市“景漂”自由职业陶瓷艺术家《庆祝中国共产党成立100周年陶瓷作品展》获得2021年度“寻美·中国”书画类作品奖。6月24日，中央统战部在《中国新闻》报推出“新时代统战工作巡礼”系列报道，专题报道景德镇市新的社会阶层人士统战工作——《匠从八方来“景漂之家”凝聚新力量》。

【全市民营企业家座谈会召开】1月11日，全市民营企业家座谈会召开，市委副书记、市长胡雪梅出席并讲话。会议传达学习中共十九届六中全会精神、省第十五次党代会精神以及中央、省委、市委经济工作会议精神和全省发展非公有制经济表彰会议精神，听取部分民营企业家意见建议，共商加快推动全市民营经济高质量发展大计。市委常委、市委统战部部长吴财锋主持会议，副市长江民强、高晓云出席会议。

【统战部领导调研、座谈、走访、宣讲】2月8日，市委常委、统战部部长吴财锋一行到各民主党派市委会、市工商联、市知联会、市新联会开展新春走访；3月22日到珠山区宗教活动场所督导疫情防控工作，强调全市统战民宗部门要从严落实防控举措，守住宗教领域不发生聚集性新冠疫情底线；5月13日走访调研民主党派成员企业，了解企业经营发展现状，调研优化营商环境政策落实落地情况并听取意见建议；6月15日到景德镇富玉青花玲珑陶瓷有限公司、江西杰迪振汽车零部件有限公司开展“企业服务日”活动。6月29日，长乐水市级河长吴财锋到乐平，调研河长制工作情况。7月21日，市委统战部召开“矢志不渝跟党走　携手奋进新时代”政治交接主题教育暨工作座谈会，吴财锋出席并讲话。8月5日，吴财锋到市知联会、市新联会成员企业景德镇猎户星空智能科技有限公司调研优化营商环境政策落实落地情况，并就中央统战工作会议精神及习近平总书记重要讲话精神进行宣讲；9月15日到珠山区调研新的社会阶层人士统战工作并与新的社会阶层人士代表进行座谈；10月8日到新农村建设挂点村浮梁县湘湖镇北安村调研溪田组新农村建设工作；10月11日赴乐平市调研宗教活动场所，先后到后港镇湖塘基督教聚会点、塔山街道天济基督教临时聚会点、接渡镇子安基督教聚会点、东山寺实地走访调研，了解各活动场所新冠疫情防控、“五好”宗教活动场所创建、场所安全管理等工作情况；10月17日，吴财锋到市工商联调研营商环境企业评价工作，座谈会上谭学军从加强领导、干部入企、帮企解难、积极沟通、亲清关系、宣传等9个方面重点汇报年内市工商联营商环境企业评等工作开展情况。12月15日，全市统战系统学习贯彻中共二十大精神宣讲报告会召开，市委常委、统战部部长吴财锋作关于中共二十大精神宣讲报告。

【“铸牢中华民族共同体意识”陶瓷艺术年度创作座谈会】3月3日，召开“铸牢中华民族共同体意识”陶瓷艺术年度创作座谈会。省民宗局二级巡视员马徽江主持，市委统战部常务副部长石珂出席。支持景德镇建设“铸牢中华民族共同体意识”陶瓷创作基地纳入省委、省政府文件；全年开展民族团结进步创建宣传教育活动进社区、进学校、进企业、进宗教活动场所十余次，推动全市民族团结一家亲、同心共筑中国梦。

【全市统战部长会议召开】3月17日，全市统战部长会议暨“发挥统战作用 助力六个江西、‘五新’战略行动”动员大会召开。会议传达全国、全省统战部长会议精神，总结2021年全市统战工作，部署2022年统战工作任务。市委书记刘锋对做好全市统战工作提出要求。吴财锋出席会议并讲话。

【“亲清瓷都·暖心爽心”全市商会会长座谈会】3月31日，“亲清瓷都·暖心爽心”全市商会会长座谈会召开。会议传达学习中央、省市有关会议精神和市委书记刘锋、市长胡雪梅相关讲话精神，解读《景德镇市关于深入推进营商环境优化升级“一号改革工程”的实施方案》。各商（协）会会长先后作交流发言。市委常委、统战部部长吴财锋出席会议并讲话。副市长、市工商联主席江民强主持会议。

【新时代社区、乡贤统战工作推进会】5月31日，景德镇市新时代社区、乡贤统战工作推进会召开。会议学习了创建全国文明典范城市对社区工作的要求，以及乡村振兴工作的目标任务和要求，市委常委、统战部部长吴财锋出席会议并讲话。

【全市新的社会阶层“瓷都夜话”揭牌仪式举行】6月20日，由市委统战部指导，市新联会主办的全市新的社会阶层“瓷都夜话”揭牌仪式在猎户星空会议室举行。省委统战部副部长刘伟旗，市委常委、统战部部长吴财锋出席仪式并揭牌。

【督导推进常态长效创建全国文明城市工作】7月25日，助力

“瓷都夜话”揭牌仪式在猎户星空会议室举行

全市常态长效和争创全国文明典范城市，市委常委、统战部部长吴财锋，市政府副市长、市工商联主席江民强率商会及民企代表先后到昌江区新风路街道、市交警大队交通银行执勤点、昌江区西郊街道蟠龙岗社区，为环卫工人、民警、社区工作者送去防暑降温用品，并向在酷暑天中依然坚守岗位的一线工作人员表示衷心感谢和慰问。

【全市经济工作征求意见座谈会召开】 8月2日，全市经济工作征求意见座谈会在市发展中心召开。市委常委、统战部部长吴财锋主持会议并讲话，市委常委、常务副市长邓永翔向党外人士通报全市上半年经济社会发展情况及下半年工作安排，征求进一步做好下半年经济工作的意见建议。市政协副主席、民进市委会主委李冬香出席会议。

【全市统一战线大调研工作座谈会议召开】 10月9日，全市统一战线大调研工作座谈会召开，市委常委、统战部部长吴财锋出席会议并讲话。副市长、市工商联主席江民强，市政协副主席、市知联会会长史晓莲，市政协副主席、民进市委会主委李冬香参加会议。各民主党派市委会、市工商联、市知联会、市新联会负责人围绕全市统一战线大调研工作分别作发言。

【党外人士征求意见座谈会】 12月4日，受市委副书记、市长胡雪梅委托，召开“两代表一委员”暨党外人士征求意见座谈会，征求对《政府工作报告》和市政府工作的意见建议。市政府副秘书长、市政府办公室主任王铁军，市委统战部副部长、市民宗局局长黄涛出席会议。会议听取《政府工作报告（征求意见稿）》的起草原则、形成过程，总体框架和总体思路。

【市委统战工作会议召开】 12月15日，市委统战工作会议召开，市委书记刘锋出席会议并讲话，市委副书记、市长胡雪梅主持会议。市领导曹雄泰、俞小平、吴财锋、罗建国出席。市委常委、统战部部长吴财锋传达中央和省委统战工作会议精神。景德镇学院、珠山区、市公安局有关负责人在会上作交流发言。

【景德镇市中华职业教育社成立】 12月29日，景德镇市中华职业教育社成立大会暨第一次社员大会举行，为全省首个成立的市级职教社组织。江西省中华职业教育社发来贺信，市委常委、统战部部长吴财锋出席会议并讲话。大会选举产生景德镇市中华职业教育社第一届社务委员会，民建景德镇市委会主委、景德镇陶瓷大学国际学院院长张婧婧当选第一届社务委员会主任。

（李雪芹）

政策研究

【概况】 2022年，市委政研室紧贴省委、市委工作思路，立足政研改革职能，切实发挥参谋助手作用。全年起草市委综合文稿和市委领导讲话材料700余篇，形成调研报告30余篇，编发《景德镇党刊》12期，改革宣传和案例推广工作居全省前列。获评全省全面深化改革工作先进单位、全市党委信息先进单位、全市第九批学雷锋活动示范点、全市优秀志愿服务组织、全市定点（对口）帮扶先进单位。2022年度全市综合考核中被评为第一等次，领导班子获评优秀等次，并作为唯一一个市委部门在全市综合考核总结暨通报表扬大会上作交流发言。

【撰写综合文稿】 2022年，按照市委关于深化市委办公室、市委政研室“两室”融合的要求，打破单位界限，整合文稿力量，融合做好市委综合文稿服务保障。起草市委关于深入学习宣传贯彻中共二十大精神的决定、大力激励“四敢”的意见、推进“夜珠山”高品质发展的意见等重要文件，起草市委常委会工作报告、市委常委会工作要点、市委常委班子对照检查材料等综合文稿，起草市委主要领导在市委全会、市纪委全会、全市离退休干部形势报告会、全市优化营商环境动员大会及全市营商环境优化升级“一号改革工程”指挥部会议、全市重点产业项目招商工作推进会等动员会、调度会材料。同时，有9名干部抽调和兼顾市整改办、市先陶办、市创AAAAA指挥部、市“两山”转化办等中心工作。

【开展调查研究】 2022年，坚持把调查研究作为参谋辅政的重要体现，深入开展决策性、政策性、对策性调研，高效服务市委科学决策。树立全员抓调研导向，明确“三个一”的调研目标，定期召开“微调研”交流评析会，通过“逐篇汇报、逐人点评、逐项打磨、逐月精选”的互动评改模式，打磨调研精品。全年集中评析调研报告61篇，精选37篇呈报市领导。其中，加快抢占先进陶瓷产业发展新赛道的调研报告获省长叶建春在内的20余位省领导批示，“夜珠山”高品质发展调研报告、组建陶博城公司可行性方案等调研成果有效转化为市委、市政府文件，推进城市品牌转化为现实生产力、全域公交一体化、“两山转化”、完善对外开放设施、常态长效创建文明城市、陶阳里御窑创AAAAA景区等10篇调研报告获市领导批示肯定。2篇文章获评全市档案征文、全市深化发展和改革双“一号工程”主题征文一等奖。

【推进深化改革】 2022年，履行改革牵头抓总、综合协调、督促落实职能，对标对表中央深改委和省委深改委部署要求，积极推进改革攻坚。全年召开市委深改委会议5次，审议议题38项，定期听取各地各部门重大改革、重要试点、重点项目进展落实情况汇报。全面推进八大领域240项改革任务，实施全面深化改革攻坚“三十行动”，抓好标志性、关键性、引领性的改革落地。定期召开市委改革办主任办公会暨专项小组、县（市、区）联络员会议，建立全室干部“1+2+2+1”（一个联络小组对接+2项改革攻坚行动+2项改革攻坚项目+1个县区、园区）改革对口联系服务制度，凝聚改革工作合力。省委深改委会议2次听取景德镇市改革经验汇报，《江西改革动态》《江西改革工作简讯》刊登景德镇市改革经验68项，“国家试验区改革”和“夜珠山夜间文旅消费模式”两个案例以靠前成绩入选全省全面深化改革二十佳优秀案例。

【编印市委党刊】 2022年，突出守正创新，出版《景德镇党刊》，有效发挥党刊“贯彻市委意图、服务领导决策、交流典型经验、指导基层工作”作用。健全编审机制，充实组建党刊编校小组，健全“三审三校”编印流程，拧紧责任链条。拓展稿源渠道，将触角向民主党派、群团组织、国有企业、基层乡镇延伸，全面、生动展现全市经济社会发展成效。广泛传播交流，发行覆盖全市党政机关和企事业单位，与全省其他10个设区市、全国70余个大中城市进行交流，全年赠阅发行1.2万余册。做好专题策划，设置和推出50余个特色栏目，形成“一月一专题，期期有特色”编刊风格。编排稿件300余篇、80余万字，实现《景德镇党刊》连续28年稳定出刊。

【实施全面深化改革攻坚“三十行动”】 2022年，深入贯彻落实省委“大力实施全面深化改革攻坚行动”决策部署和《江西省全面深化改革攻坚行动方案（2022—2024年）》工作要求，围绕“一年重点突破，两年整体提升，三年树立标杆”目标，谋划实施十大改革攻坚行动、十大改革攻坚项目、县（市、区）十大创新性示范性改革项目（简称“三十行动”）。十大改革攻坚行动，主要是对标全省十大改革攻坚行动，结合景德镇市实际提出攻坚目标、攻坚举措；十大改革攻坚项目，是十大改革攻坚行动的“子项目”；县（市、区）十大创新性示范性改革项目，主要是落实省委提出的“每个市县每年都要探索创新1项可供其他市县学习借鉴的改革经验”的要求。

【编印《景德镇党刊》（践行习近平总书记殷殷嘱托 大力推进国家试验区建设三周年纪念特刊）】 5月，在习近平总书记再次到江西视察指导三周年，也是习近平总书记作出“要建好景德镇国家陶瓷文化传承创新试验区，打造对外文化交流新平台”重要指示三周年之际，组织编印《景德镇党刊》（践行习近平总书记殷殷嘱托 大力推进国家试验区建设三周年纪念特刊），刊登文章38篇，反映国家试验区“两地一中心”建设主要成绩，生动展现全市上下重温习近平总书记视察江西重要讲话精神，统一思想、统一意志、统一行动，牢记嘱托作示范、感恩奋进勇争先，奋力把习近平总书记擘画的宏伟蓝图变成美好现实的生动实践。

（邹健东）

巡察工作

【概况】 2022年，市委巡察机构全面贯彻中央巡视工作方针，落实全国巡视工作会议、全省巡视巡察工作会议精神，稳步推进巡察全覆盖。年内组建巡察数据管理科，主要负责市、县两级巡察上下联动和档案管理及信息化建设；新增科级巡察专员职数2名，遴选巡察干部3名，招聘考录事业编制干部3名，优化市委巡察机构队伍。全年先后派出12个巡察组对32个单位党组织进行了2轮政治巡察。

【省委巡察指导督导反馈意见整改工作】 3月3日，省委巡视工作领导小组向景德镇市委书面反馈省委第三巡察指导督导组对景德镇市委和浮梁县委巡察工作开展的现场指导督导情况。市委巡察机构根据反馈意见于4月29日印发《关于省委巡察指导督导反馈意见的整改工作方案》，针对反馈指出的5个方面14个具体问题制定31项整改措施，并按照时间节点要求全部完成整改，于6月10日以市委名义向省委巡视工作领导小组报送了整改情况。督促各县（市、区）结合自身工作实际，坚持共性问题和个性问题一并研究，制定整改工作方案并推进落实。浮梁县委将省委反馈问题清单与市委整改方案结合起来，细化为29条整改措施，一体推进，一体整改。昌江区委结合整改，制定完善《区委书记专题会议研究巡察工作议事规则》《区委巡察工作领导小组工作规则》等6项制度。乐平市印发《关于对全市村（社区）党组织开展分类统计的通知》，对村（社区）党组织开展分类巡察，推动有形覆盖和有效覆盖相统一。

【十二届市委第三轮巡察工作】 4月19日至6月27日，启动十二届市委第三轮巡察，市委派出5个巡察组对市自然资源和规划局、市生态环境局、市发改委、市财政局、市乡村振兴局、市社联、市科协、市总工会、市妇联、团市委、景德镇陶文旅集团、市国控集团、市城投集团、市古镇公司、市合盛公司15个单位党组织开展常规巡察，共发现普遍性、倾向性问题188个。同时，在乐平市、浮梁县、昌江区、珠山区整建制组建巡察组开展异地交叉巡察，乐平市委巡察组巡察昌江生态环境局、区乡村振兴局，浮梁县委巡察组巡察珠山生态环境局、区乡村振兴局，昌江区委巡察组巡察浮梁县生态环境局、县乡村振兴局，珠山区委巡察组巡察乐平市生态环境局、市乡村振兴局。相关被交叉巡察的党组织与上一次接受巡察相比，来信来电来访量增长100%、发现问题数增长42%、问题线索增长200%。

【巡察整改“后半篇文章”工作】 8月30日，召开巡察整改工作座谈会，接受市委第二轮、第三轮巡察的24个党组织主要及分管负责人参会，其中8个单位党组织主要负责人分别发言，梳理总结上轮巡察整改经验，分析存在问题，落实巡察整改任务，压实各方责任，推动巡察整改落地见效。贯彻落实《关于加强巡视整改和成果运用的意见》，对照《意见》精神，及时制定全市贯彻落实举措，先后制定问题线索会商研判、巡察整改方案联合会审、整改情况督促检查、规范巡察整改专题民主生活会、巡察整改成效评估5项制度机制，进一步厘清整改责任、强化日常监督、形成工作合力。

【十二届市委第四轮巡察工作】 9月15日至12月13日，启动十二届市委第四轮巡察，市委派出7个巡察组，对乐平市纪委监委机关、市委组织部，浮梁县纪委监委机关、县委组织部，昌江区纪委监委机关、区委组织部，珠山区纪委监委机关、区委组织部，市水利局、市档案馆、市外办、市工信局、市史志办、市侨联、市广播电视台、市残联、市红十字会17个单位党组织开展巡察，共发现普遍性、倾向性问题225个。

【服务省委在景德镇巡视工作】 9月14日至11月18日，省委第五巡视组组长蔡厚勇带队，对景德镇市开展政治巡视，同时对市纪委市监委机关、市委组织部开展提级巡视。市委巡察办积极配合，同步派出4个巡察组对县（市、区）纪委监委机关、党委组织部开展提级巡察，并完成各类保障工作。

【巡察干部队伍建设工作】 9月28日，开展巡察业务“大练兵、大比武”竞赛活动，在全市巡察机构中精选19名干部，分成4个小组，每个小组均有师傅1名、骨干和徒弟若干名，通过巡察业务知识测试和巡察业务实操竞赛锤炼巡察干部政治素质和业务本领。完善巡察人才库，按照组长、副组长、联络员、财务审计、纪检巡察、意识形态、组织党建、工程项目8大类建立新一届市委巡察人才库，将参加省市县巡视巡察人员、上一届优秀巡察人员、新提拔处级科级干部、中青班学员、后备干部、审计人才库人员等六类人员纳入人才库，年内人才库中各类人才共计260余人。

【市级巡察机构在上下联动中更好发挥作用试点推广工作】 落实省委巡视工作领导小组《关于印发〈“市级巡察机构在上下联动中更好发挥作用”试点成果推广运用工作方案〉的通知》要求，制定市级巡察机构在上下联动中更好发挥作用试点成果推广运用清单，将任务细化分解为6个方面21项，统筹推动试点各项工作开展，形成12项制度成果，其中1项制度和4个经验做法分别被省纪委省监委内网、江西巡视巡察参考、试点成果推广运用工作简报刊发推广。

（徐梦珊）

机关党建工作

【概况】 2022年，市直机关工委紧扣迎接和学习宣传贯彻中共二十大为主线，坚持把政治建设放在首位，聚焦全力打造模范机关和纵深推进机关党建“三化”建设两个重点，夯实强化党建工作责任制、服务全市中心大局、夯实基层基础工作和选树打造党建品牌四项工作，锚定目标、对标对表，在创新理论武装、创建模范机关、信息化建设、机关纪委建设、党建品牌建设、对外宣传、常态化党建督查七个方面均取得了新的成效。

年内，省委组织部编印的《全省基层组织建设工作情况通报》（打造模范机关专刊）中累计有7期共11处通报表扬景德镇市机关党建工作及典型做法。省直机关工委门户网站和微信公众号2次刊登景德镇市机关党建工作经验做法。6月9日，省委组织部副部长王小林一行到市调研党建工作时，对景德镇市打造模范机关工作充分肯定，表示“景德镇模范机关创建开局良好，成效初显”。6月22日，省直机关工委副书记熊育杰率调研组在市开展模范机关工作专题调研时，对景德镇市坚持高位推动、统筹谋划、创新推进机关党建和各项工作走前列、作表率的做法给予肯定，表示“景德镇许多好经验、好做法确确实实值得借鉴和推广，有助于深入推进省直机关打造模范机关工作”。11月10日，省直机关工委书记叶仁荪到市开展专题调研，对景德镇市迅速掀起中共二十大精神学习热潮、营造学习宣传贯彻中共二十大精神浓厚氛围和打造模范机关工作取得的成效予以充分肯定。

【学习宣传贯彻中共二十大精神】 2022年，订购5000套中共二十大精神学习辅导材料，实现市直机关党员干部人手一册。第一时间特邀中共二十大代表姚石玉为200余名市直机关党员干部进行中共二十大精神宣讲。组织市直机关130余名青年干部举办市直机关青年干部学习贯彻中共二十大精神学习班。在工委门户网站、微信公众号开辟“学习贯彻中共二十大精神”专栏，持续宣传报道市直各单位在学习贯彻中共二十大精神的具体举措和实际行动，全年共发布专栏6期，刊登信息112条；引领和发动市直各单位制作130余条宣传栏，营造了多种形式学习、宣传中共二十大精神的浓厚氛围。

【创新派员列席旁听机制】 2022年，创新市直机关党组（党委）中心组学习派员列席旁听机制，成立27个工作组，列席旁听和点评市直93家单位中心组学习，督导“第一议题”制度落到实处，形式了全覆盖“第一议题”制度。

【党建品牌建设】 2022年，首次实行工委班子成员挂点负责，紧紧盯住涉及执法、审批、民生、公共服务等窗口单位和重点行业领域，以点带面，精心打造推出十大机关党建品牌和十佳机关党建示范点。

【对外宣传工作】 2022年，新华社、中国新闻网、《江西日报》、江西卫视等多家中央、省级主流媒体广泛报道景德镇市机关党建工作，其中新华社日点击量突破一百万。10月13日，市直机关工委首次召开全市“景德镇这十年”系列新闻发布会（模范机关建设专题）。除中央级媒体外，全年在江西日报等省级主流媒体上稿7篇、景德镇日报等市级主流媒体上稿60余篇；在门户网站和微信公众号开辟10个专栏，发布1214条信息，与上年相比增长1.3倍。

【机关纪委建设】 2022年，市直机关工委联合市纪委市监委、市委编办等部门组成2个调研组，深入了解市直机关纪委建设情况，起草《关于加强市直单位机关纪委建设的意见》报市委签发，并第一时间印发《机关纪委书记、副书记任免审批办法》，明确机关纪委的职能定位，机关纪委书记实现全覆盖。纪检监察工委联合部分派驻纪检监察组和机关纪委组成2个督查组，对近30

家市直单位打造模范机关作风建设情况进行明察暗访。全年市直单位机关纪委独立处置问题线索9件，立案审查2件，给予党纪处分2人；协助处置问题线索24件，立案审查6件，给予党纪处分6人，把机关纪委队伍锻造成为纪检监察机关的有力助手和可靠后备军。

【创办机关党建“半月大讲坛”】 2月22日，2022年景德镇市直机关党课“半月大讲坛”活动启动仪式在市发展中心举行。机关工委从市直机关中遴选50名理论素养深厚的党员干部，精心编排既有理论高度又紧接地气的课程，授课内容涵盖中共二十大精神以及国家试验区建设、双“一号工程”等重大决策部署。全年共举办18期，受众3400余人次。成立青年干部理论学习小组500余个，开展学习1100余次。

【打造让党放心、人民满意的模范机关】 3月17日，景德镇市召开年度全市机关党的工作会议暨打造模范机关动员部署会，宣读市委书记刘锋对市直机关党建工作要求的批示，研究部署2022年全市机关党的工作重点任务。市直93个党组织和4个县（市、区）2个园区与省直部门同步完成动员部署。动员部署会后第一时间研究制定下发《市实施方案》和具体任务指引，细化15项重点任务和39个子项目。做到时间、节点、任务一目了然、便于操作。在模范机关创建工作中，创新并践行“五个一”工作法（每半月发一期工作提示、每半月编一期工作简报、每半月开展一次集中调度、每半月开展一次党课、每半月小结一次工作）。创建工作

半月大讲坛

服务大局，认真落实市委提出的“干部创先20条”，设立党员先锋岗3600余个。组织发动机关352个党员志愿者服务队，1万余名党员常态化开展志愿服务33万余人次，发动机关党员干部抗疫救灾捐款97万余元。93个机关党组织开列服务清单100余个，党员服务事项3000余条。营造浓厚氛围，在市委常委楼边显眼处悬挂“打造让党放心、人民满意的模范机关”横幅，编印“市直机关打造让党放心、人民满意的模范机关”工作简报15期，共刊登市直单位工作信息61篇。

【信息化建设】 4月起，市直机关工委收集、整理、汇总市直各单位党组织和党员信息。6月将市直机关928个支部1.33万名党员全部纳入“赣鄱党建云”系统，全面使用赣鄱党建云系统，做到“三会一课”全录入，党员信息全覆盖。从最初的3000余条预警，经过每日一查看、每周一通报，对预警消除不力的单位发放工作提示函，逐步动态清零。至12月底共指导93家单位，发现解决536条问题，及时消除动态预警3685条，实现“三化”闭环管理，良性互动。全年指导45个党组织进行换届，培训支部书记560余名，新发展党员271名，慰问困难党员群众600人。

【刘锋为市直机关党员干部上党课】 “七一”期间，市委书记刘锋以“激励干部创先 争创模范机关”为题为市直机关党员干部上党课。在党课上，刘锋围绕习

市委书记刘锋“七一”上党课

近平总书记对模范机关建设的要求、对江西工作的要求和对景德镇的殷殷嘱托三个方面的内容，与大家作深入交流。

【基层党建联合督查工作】 8月下旬至9月初，市直机关工委开展市直机关打造模范机关暨基层党建联合督查第三轮“回头看”，分5个督查组督查全市56家单位，明确重点内容，细化5大类督查标准，36个具体指标，逐一对照，查找不足，当场反馈问题，推动党建工作和重点任务落实落地。常态化开展党建调研督查，对问题较多、推进不力的单位，首次推行党建工作提示单制度，共形成各组综合督查报告5份，对照清单督查出问题211个，提炼出共性问题7个，收集各单位对加强机关基层党建工作意见建议30条；年底细化4类39项考核细则，开展2022年度市直机关打造模范机关暨党建“三化”考核工作。

（曾志伟）

机构编制

【概况】 2022年，全市事业单位改革接续推进，机构编制资源持续优化，机构编制法定化进程提速。全年，分批为高新区管委会及所属事业单位共核增20名全额拨款事业编制，为市12345政务服务便民热线管理中心增加事业编制3名，给景德镇御窑博物院核增事业编制10名用于增强文物管理工作力量。年内，完成设立、变更、注销登记申请事项共194件；服务职业教育学校高质量发展，分别增加市技工学校、市卫生学校编制各75名，专门用于专任教师招聘。

【机构编制资源优化】 2022年，制定印发《市委编办关于深入推进营商环境优化升级数字经济做优做强双“一号工程”的实施方案》，纵深推进政府职能转变。整合市政府办公室（市政务服务办公室）政务服务管理职责和市发改委政务信息管理职责，组建市政务服务数据管理局，作为市政府工作部门；整合市教育局的职责和市体育局的职责，组建市教育体育局，作为市政府工作部门；将市发改委所属副处级事业单位市数据信息中心更名为市数字经济发展中心；将市政府行政服务中心管委会更名为市政务服务中心，由市政府正处级派出机构调整为市政务服务数据管理局所属正科级事业单位。为进一步激发开发区发展活力，解决好园区人才断层的问题，通过前期调研和后期论证，按照机构编制审定程序，分批为高新区管委会及所属事业单位共核增20名全额拨款事业编制，为昌南新区管委会及所属的市昌南新区陶瓷科技创新中心各核增全款拨款事业编制5名。经5月10日市委编办第10次主任办公会审议，报5月12日十二届市委第2次编委会议审定，在市生态环境局设立园区一科和园区二科，分别挂高新区、昌南新区生态环境局牌子，派驻高新区、昌南新区，承担两区范围内项目环境影响评价文件的审批和各类环境保护防治的监督管理等工作，并同时核增4名行政编制和2名科级领导职数，加强工作力量，为两区生态环境项目行政审批提速，提高办事效率，全面优化升级两区营商环境。加强对重点领域和关键环节的编制保障力度，确保企业群众诉求能够得到及时有效解决，在调研论证的基础上，为市12345政务服务便民热线管理中心增加事业编制3名。

【继续推进事业单位改革】 2022年，在市农业农村局加挂市粮食局牌子的基础上，各县（市、区）农业农村部门均统一加挂“县（市、区）粮食局”牌子。在现有事业机构和编制总量内，单独设立市农产品质量安全检测中心，向市农业事务服务中心派遣编制3名，加强军粮供应、粮油检验检测、价格监测等粮食安全工作的技术支撑和服务保障力量。根据《关于加强文物保护和考古工作机构编制保障的实施方案》要求，市委编办核准市文广新旅局机关1名遴选计划用于从全市范围内选调文物保护专业人才，该编制专门用于文物管理内设机构，1名省委选调生安置计划用于招录文物保护高层次人才；核准景德镇御窑博物院5名用编计划，用于招录文物考古相关专业技术人才；给景德镇御窑博物院核增事业编制10名用于增强文物管理工作力量。在单独设置景德镇陶瓷文化传承创新中心、景德镇御窑博物院、景德镇陶瓷馆3家文物保护和考古工作技术支撑机构，核定165名编制的基础上，增核御窑博物院10名编制，同时在事业单位招聘用编计划中予以倾斜，不断优化人员机构，加强文物保护和考古事业单位人员力量。根据“三定”规定制定的相关要求，完成景德镇陶瓷文化南昌服务中心、市金融服务中心、景德镇陶瓷研究院3家单位“三定”规定的制定印发。至年底直属事业单位已全部完成“三定”规定制定。

【清理规范开发区管理机构】 2022年，在摸清全市各级开发区管理机构编制底数、建设发展现状的基础上，起草《景德镇市清理规范开发区管理机构促进开发区创新发展工作方案》，主要清理规范开发区管理机构、规范优化开发区职能履行、改革创新开发区管理体制；经省委编办批复后，下发实施方案，清理规范后，全市开发区管理机构由 8 个减少为 7 个，领导职数、内设机构得到进一步规范。

【机构编制监督检查】 2022 年，主动加强与巡察机构的常态协调联动，建立健全巡察前及时沟通、巡察中成果共享、巡察后线索移交的常态化工作机制，确保查处合力始终贯穿巡察工作全流程。通过实地调研、座谈交流、查阅资料等形式，对巡察及巡察“回头看”指出的市人防办、市住建局等部门机构编制问题整改和机构改革任务落实等情况进行全面查验和督促推进，将整改落实情况及时反馈至市委巡察办，确保巡察整改落地落实。按照十二届市委第三轮、第四轮巡察工作安排，配合市委组织部，在市委选人用人专项检查中分别专项检查市发改委、市财政局、市乡村振兴局、市生态环境局等 20 个部门的机构编制管理和执行情况，指出其中问题，督促部门进行整改，强化了机构编制刚性约束。同时，按照《机构编制工作条例》《党政主要领导干部和国有企事业单位主要领导人员经济责任审计规定》规定，积极与市审计局对接，审计乐平市党政主要领导高翔离任机构编制管理和执行情况，通过对党政领导经济责任审计，维护机构编制权威性。

【事业单位法人证书“设立、变更、注销”登记工作】 2022 年，聚力推动服务优质化，学习《事业单位登记管理服务标准化规范（试行）》，全年完成设立、变更、注销登记申请事项共 194 件。聚力推动服务便民化，推出“容缺受理”服务，部门先予受理，待递交完善后的材料后，领取事业单位法人证书或统一信用代码证书等，实现时间成本和人力资源成本的双降，打通登记业务服务“最后一公里”，切实解决“来回跑、多次跑”的问题；全年共办理 239 件事业单位登记和赋码业务，其中有 43 家事业单位、机关群团启用“容缺受理”服务，真正将“让办事人员少跑路”的服务承诺落到实处。推动登记规范化，围绕“申请关、受理关、审核关、核准关、发证关、公告关”等环节，坚持及时受理、严格审查、限时审批，确保登记内容准确真实。

【优化教育教学机构设置】 2022 年，完善市委、市政府建设特色航空小镇规划的教育配套功能，将景德镇市航空学校机构规格调整为正科级。优化教育资源配置和布局，批复同意景德镇市文艺小学单独设立，不再由市教体局和团市委共同办学，原市文艺小学在编人员一并划入，由市教体局管理；将昌江区吕蒙乡官庄小学更名为景德镇市第十五小学，机构规格由副科级调整为正科级，市第二十一小学由正科级调整为副科级。整合优化办学机构，撤销市第十五中学和市第二十六小学，上述两所学校在编人员整体划入市第十七中学。深入职业学校开展调研，了解各职业学校的办学特色、教师编制结构、在校学生人数、发展中遇到的困难等情况，并围绕学校的机构编制保障工作征求各校的意见、建议。为服务职业教育学校高质量发展，分别增加市技工学校、市卫生学校编制各 75 名，专门用于专任教师招聘。树立新发展理念，服务职业教育均衡发展，支持昌江区职业教育学校由采取挂牌方式与昌江二中合作办学调整为单独设立昌江区高级职业学校，为区教体局所属的正科级事业单位，推动昌江区职业教育扩容提质创优。

【牵头完成国家试验区管委会“一办五中心”“三定”规定制定工作】 5 月 25 日，市委、市政府“两办”联合印发“一办五中心”的“三定”规定，国家试验区相关工作机构运行迈入正轨。作为国家首个文化旅游类试验区，肩负“为国家试制度、为地方谋发展”的重任，是实施“五新”（新零售、新金融、新制造、新技术、新能源）战略行动的重要抓手和载体。“一办五中心”“三定”规定的出台将为国家试验区高水平高标准高质量发展和工作高效运转提供有力的体制机制保障。在“三定”规定制定过程中，对照国务院批复的实施方案和省委、市委的工作部署及要求，明确职责定位、职责边界和分工，确保“三定”规定全面、规范、准确，做到职责“不重、不漏、不超、不混”。

（陈雨昕）

信访工作

【概况】 2022 年，全市共接待来访群众同比批次上升 73.60%，人次上升 41.63%；网上信访占比 54.41%，下降 22.83 个百分点。

市委信访局副局长姚石玉当选党的二十大代表并参加党的二十大，市委信访局接访科科长于艳琦被评为全国信访系统优秀接谈员。

【党政领导带头接访】 2022年，市直单位主要领导每月、市委信访局工作日每天1名局领导“坐班”接访，律师每周、心理咨询师每半月参与接访，设置政法、民生服务、城乡建设、营商环境、综合类五个接访窗口，24个市直重点部门和单位轮流进驻接访，实现“一站式接待、一个流程办理、一个机制督查、“一揽子”解决、一条龙服务”体系。年内，全市党政领导共接待来访群众105批、263人次，律师、心理咨询师等接待来访群众208批、613人次，解决一批民生焦点、热点、难点问题。

【“百姓说事+媒体监督”工作模式】 2022年，持续打造“百姓说事”电视专栏，做大做强“百姓说事+媒体监督”工作新模式。健全“市、县、乡、村”四级联动机制，设立“百姓说事”联动办公室，统筹调度推进县（市、区）、乡（镇、街道）、村（组、社区）开展“百姓说事”活动，把“百姓说事”送到群众家门口。年内，全市参与“百姓说事”活动3.37万人，共受理群众诉求1.01万件，解决化解问题9819件，化解率96.9%。

【乡镇（街道）信访工作联席会议实体化运行】 2022年，加大对乡镇（街道）信访联席会议制度运行的督查指导，定期调度，听取汇报，推动各乡镇（街道）信访工作联席会议机制实体化正常运行。

【信访积案化解“895”专项行动】 2022年，采取领导包案、专班推进、分类攻坚、挂图作战、分片督导、通报问责等方式方法化解信访积案。市委常委会每月听取专项行动汇报，市委书记刘锋、市长胡雪梅多次对信访工作作出批示指示，明确要求，刘锋、胡雪梅联名致信责任单位和包案领导提醒积案化解工作进度，并多次到县（市、区）一线调研，力促全市信访积案清仓见底。全年国家信访局交办景德镇市重复信访事项两批共546件，国家局审核通过546件，化解率达100%，化解进度和化解质量均排全省第1名。全市自行排查交办的839件，化解835件，化解率99.52%。

【学习贯彻《信访工作条例》】 2022年，各级各部门党委（党组）会、中心组及时组织专题学习研讨，并通过微信公众号、党建微课堂、开设《信访工作条例》学习专栏等形式引导公众广泛学习，推动条例进乡村、进社区、进学校、进企业、进单位。并按照条例要求，将所有信访事项全部登入系统，全程留痕；对应该受理的，在规定时限内按“三到位一处理”要求及时告知受理；对不予受理的明确告知进行分流引导；把信访纳入法治化轨道，深入推进依法逐级走访，诉访分离，依法处置工作。

（袁宇航）

对台工作

【概况】 2022年，共为台商台企办实事26件（次），帮助解决问题20余件，如协调解决兴勤电子企业发展用地问题；联系市高级技工学校与宏柏新材联合办班，定向培养技术工人，缓解企业“招工难”问题等。走访慰问在景台胞、台商、台属30余人，给他们带去党和政府的关怀。10月与市政协联合开展景德镇市台资侨资企业发展环境情况调研，了解掌握台商台企生产经营状况，优化企业发展环境，助力企业良性发展。

【台协企业家考察团到景德镇考察】 1月19—21日，全国人大代表、中华全国台湾同胞联谊会常务理事张晓东率台协企业家考察团一行到景德镇市参观考察。21日，景德镇市召开台协企业家座谈会，市委书记刘锋出席并讲话，市委副书记、市长胡雪梅出席并致辞。前深圳台商投资总会常务副会长张世杰，台湾大学博士、教授、台湾智能交通首任会长张堂贤，深圳台商投资总会常务理事张治屏，中华海峡两岸文化交流协会理事长、深圳台商协会顾问何一凡，市人大常委会副主任、市委秘书长罗建国，国家试验区管委会专职副主任刘子力等出席座谈会。副市长高晓云主持座谈会。会上，各县（市、区）、高新区、昌南新区负责人作了招商推介。张世杰、张堂贤、张治屏、何一凡等客商代表先后发言。在景德镇期间，台协企业家考察团一行深入昌南新区部分企业、陶溪川博物馆、王怀俊艺术馆、三宝国际瓷谷、乐平部分企业、古窑民俗博览区、御窑博物馆、高新区部分企业等地参观考察。

【江西省台协会长考察交流活动在景德镇市举行】 6月29日，江西省台协会长考察交流活动在景德镇市举行，国务院台办经济局局长张世宏率队到景德镇市考察，江西省台办主任邓保生，江西省台办副主任沈兵秋随同。张世宏、邓保生与各设区市台办负责人、各设区市台协会长参观考察宏柏新材料公司，并组织座谈交流，鼓励台商要坚定信心、把握大势，做好产业升级的大文章。

【全国政协调研组到景德镇市调研】 7月9—10日，全国政协常委、港澳台侨委员会副主任耿惠昌率全国政协调研组到景德镇，就“做好台湾青少年工作，促进两岸同胞心灵契合”开展专题调研，并在景德镇市召开视频座谈会。全国政协常委、港澳台侨委员会副主任，台盟中央专职副主席吴国华等参加。江西省政协副主席谢茹，江西省政协港澳台侨和外事委员会主任赵波，江西省委台湾工作办公室副主任何晞等陪同。调研组一行先后到景德镇市海峡两岸交流基地示范点——皇窑陶瓷文化创意产业园，海峡两岸交流基地——中国陶瓷博物馆，海峡两岸青年就业创业基地——陶溪川文创街区考察，强调希望景德镇继续充分调动和整合相关资源，使两岸的交流交往领域更广阔、层面更加广泛、内容更加丰富，大力促进两岸同胞心灵契合。

【第十八届“赣台会”在上饶召开】 9月15—18日，市委副书记、市长胡雪梅，副市长高晓云率我市代表团赴上饶市参加第十八届赣台（上饶）经贸文化合作交流大会。会议期间，高晓云出席了海峡两岸产业合作区发展论坛，并就陶溪川文创街区作推介发言。邀请庄孟璟、陈清隆、林启进等台商一行9人赴景德镇参观考察，让客商进一步了解近年来景德镇经济社会的快速发展，探索拓展交流合作空间。

【开展“精准服务台企月”活动】 10月，在全市范围内组织开展以“稳增长惠民生、办实事助台企”为主题的“精准服务台企月”活动，江西省委台办二级巡视员喻志东率队到景德镇市开展调研，先后到台企景德镇宏柏新材料股份有限公司、景德镇兴勤电子股份有限公司参观考察，走访台资企业，慰问台胞台商，宣讲中共二十大精神，赠送防疫物资，鼓励企业要认真学习贯彻中共二十大精神，推动中共二十大精神与企业高质量发展相融合，不断提升企业的影响力和竞争力，为推动省市经济发展做出贡献。

（市委办公室台湾工作科）

老干部工作

【概况】 至2022年底，全市共有离退休干部13346人，其中离休干部95人、退休干部13251人；有离退休干部党支部254个，离退休党员干部10195人。加强老干部思想建设，年内组织老干部观看全国离退休干部网上专题报告会、参加“喜迎二十大·我看中国特色社会主义新时代”座谈会、全市老干部党支部书记培训班、“学习二十大 银龄心向党”网上答题等各类学习活动，为老干部编发《学习参考》，为老干部订阅《中国共产党章程》《中共中央办公厅通讯》《景德镇日报》《老友》杂志，引导老干部撰写学习心得体会并在局微信公众号开辟专栏宣传，通过“听”“说”“看”“写”相结合的方式，组织老干部学习党的创新理论。召开全市离退休干部警示教育报告会，邀请市纪委领导作专题报告，发放《离退休干部党纪法规学习资料（摘编）》，观看《“赶考”路上的迷失者》警示教育片。

【老干部党建工作】 2022年，持续推进全省全市离退休干部“示范党支部”创建工作，开展创建工作专题调研，支持创建工作奖励经费，成功创建8个第二批全省离退休干部“示范党支部”、20个第二批全市离退休干部“示范党支部”。积极探索离退休干部党组织覆盖路径，市老干部活动中心12个老干部活动团体（协会）临时党组织全覆盖。市老年大学以系为单位，组建“1个党支部+8个功能性党小组”的组织网络，将学校老党员全部纳入党组织管理服务范围。加强老干部意识形态工作，发布《致全市离退休干部纯净网络行为倡议书》，倡导干部文明上网、理性上网、正确用网，促进形成健康向上、风清气正的网络环境。

【老干部服务管理】 2022年，政治上尊重：组织召开全市离退休干部形势报告会，市委书记刘锋作报告；组织老干部参加瓷博会开幕式和“相聚魅力瓷博 共话美好未来”活动；持续推行干部荣誉退休制度，指导各地各单位举办荣退仪式，发放《致光荣退休的您一封信》，编印《全市离退休干部服务指南》。生活上关心：全年走访慰问老干部及遗孀400余人次。推进离休干部“一人一策”精准服务，协调财政部门按规定落实离休干部一次性抚恤金政策，为已故离休干部的无固定收入配偶提高生活补助标准，为8名离休干部办理瘫痪护理费，为12名省属企业单位离休人员增加补贴，为30名有特殊困难的离休干部（遗属）提供更多关照，为重点帮扶对象离休干部遗孀张桂珍改造房屋，并配备新厨柜、新家具、新家电。开展打击整治养老诈骗专项行动宣传，引导老同志下载使用“国家反诈中心”App，制作发放老年人防诈反诈宣传手册2000份。精神上关怀：开展“喜迎二十大 情暖重阳节”活动和庆祝市老年大学建校35周年系列活动，组织老干部参加全国、全省、全市各类文体活动，市老年大学获第八届全国老年大学文艺会演“优秀组织奖”，市老干部代表队获全省第2届老干部象棋赛团体冠军。

【老干部发挥作用】 2022年，开展“建言二十大”调研活动和“我看中国特色社会主义新时代”调研活动、征文活动，举办“喜迎二十大”系列文艺会演、“我的景德镇”抖音短视频大赛，拍摄融媒体MV作品《领航》，引导老同志传播好声音、讲好新故事。老干部带头落实防疫要求、争当战“疫”志愿者、积极创作抗疫文艺作品，为打赢疫情防控歼灭战贡献力量。壮大“银耀瓷都”老干部志愿服务队伍，《新法制报》半版宣传老干部平安建设志愿服务活动。市关工委举办“好家教好家风”主题宣讲活动626场次、家风实践活动315场次，受教育青少年学生56573人次。市老科协提供农业技能培训、田间技术指导、抗旱救灾指导等助力乡村振兴服务，市长胡雪梅作批示肯定。

11月9日，组织老干部参观2022中国景德镇国际陶瓷博览会现场

【春节走访慰问老干部】 1月19—27日，市四套班子领导分成11组，春节入户走访慰问58名厅级老干部。市领导刘锋、胡雪梅、吴隽、孙安敏、肖承贵、廖良生、林蓉、吴财锋、邓永翔、林卫春、胡春平分别带队进行走访。

【形势报告会】 1月23日，全市离退休干部形势报告会召开。市委书记刘锋作报告，市委常委、市委组织部部长肖承贵主持，市人大常委会副主任、市委秘书长罗建国出席。老同志张烈、周庭祥、龚农民、梁高潮、梁莉莉、柯尔荣、张志海等副县级以上离退休干部在主会场参加会议。会议通过视频形式开至县（市、区）。全市共1000余名老干部参加。

【上级关怀】 1月6日，省委老干部局副局长王海燕一行到市，走访慰问部分特困离退休党员干部。2月24日，省委老干部局副局长邓国良一行到市，调研核查离退休干部“示范党支部”创建工作，市委常委、市委组织部部长肖承贵会见。

【警示教育报告会】 6月23日，在局会议室召开全市老干部警示教育报告会，全市县处级以上退休干部代表等80余人参加。市纪委常委吴振华以《坚持严的主基调不动摇 纵深推进全面从严治党》为题作报告。

【参观考察活动】 11月9日，组织90余名老干部代表、老干部

全市老干部警示教育报告会

工作者到2022中国景德镇国际陶瓷博览会现场，参加“相聚魅力瓷博　共话美好未来”活动。

（杨　玫）

档案工作

【概况】 2022年，市档案局坚决扛起“党管档案工作”政治责任，理顺依法治档体制机制，完成县市区档案局挂牌，将档案工作纳入年度市直机关绩效考核及县市区平安建设考核，探索建立局馆联席工作制度，不断推动市县两级党办以档案局名义开展工作。全年共开展各类档案工作辅导、检查20余次，覆盖单位97家，指导5家单位开展档案工作规范化管理申报工作，完成4家单位申报获评数字档案室建设试点单位。

【国际档案日宣传推广活动】 2022年国际档案日期间，举办全市“6·9”国际档案日宣传周暨“景德镇·记忆”三年行动计划启动仪式，邀请联系市档案局工作的副市长、市委秘书长出席；开展档案主题征文活动，共收到征文43篇；组织参加全省“档案颂辉煌”群众性网上答题活动，参与答题总人数逾4万人，获省档案局优秀组织奖表彰；联合市档案馆、景德镇日报社启动口述档案录制工作，抢救性记录逐渐消失的城市记忆，年内录制完成三期，在景德云媒等平台点播总量超40万人次。面向全市征集一批具有本土特色的照片、实物、口述史料等档案资料，征集到特色档案76件；开展“档案知识进校园”活动，安排档案工作人员到中小学校授课，与景德镇陶瓷大学档案馆、景德镇学院档案馆联合举行线上档案专题讲座，不断让档案意识深入人心。

【组织开展“喜迎二十大　档案颂辉煌”主题展览展示】 2022年，组织全市档案系统开展各类档案专题展览展示活动，市档案局联合市档案馆在国际档案日期间举办“喜迎二十大　档案颂辉煌”主题图片展，全面展示新时代景德镇经济社会发展的辉煌画卷；市档案馆举办“奋进新征程”主题照片档案展，昌江区档案馆举办图鉴辉煌成就展，浮梁县史志档案馆联合开展党史主题展览，乐平市档案馆以“乐平撤县设市30年30件大事”为主题，分五期举办线上图片展。

【档案业务指导】 2022年，推进档案工作规范化管理，下发通知明确22家复评、23家创评单位，分类进行上门业务辅导。全程指导市委宣传部、乐平市法院、昌江区档案馆等5家单位开展档案工作规范化管理申报工作，认真做好材料填报、制度完善、设备更新、档案收集等工作。全面推进档案信息化建设，抓好全市数字档案室建设试点单位的申报工作，争取到市检察院、昌飞公司、乐平自规局、浮梁法院4家符合条件的单位申报并全部获评。

【推行首次轻微违法行为免罚清单】 5月17日，印发《关于在全市档案行政执法领域推行首次轻微违法行为免罚清单的通知》，按照执法有据、程序合法、教育与惩戒相结合的原则，对属于《清单》中规定的未造成危害后果（或可补救）且能够及时纠正的首次轻微违法行为，免予行政处罚。确保档案执法做到严格规范、公正文明，有效提升档案行政执法效能，助力优化全市营商环境，促进经济持续健康发展。

【年度执法检查】 7—10月期间，市档案局开展2022年档案行政执法检查，制定的《档案行政执法监督检查现场检查记录表》涵盖档案工作18项具体内容，选取了23家机关、企事业单位进行现场检查，发出整改意见书22份，并根据检查结果及整改情况通报，通报情况作为市直机关年度绩效考核指标项档案工作的重要评分依据，促进全市各单位重视并抓好档案工作。

【业务学习培训】 8月9日，举办全市档案工作推进会暨档案业务培训，通过以会代训，邀请市档案馆业务科室人员对档案管理、移交、编研利用等方面进行授课，全市档案系统共180余人参加培训。会议强调中共二十大召开之年对做好档案工作的特殊意义，阐述档案工作面临的新形势新任务，要求不断正视当前档案工作存在的困难和问题，聚焦重点任务，补短板、强弱项、扬特色，推动瓷都档案工作高质量发展。

（市委办档案管理科）

党史工作

【概况】 2022年，开展党史知识科普进校园志愿服务活动，完成省委党史研究室下发的征集《毛致用同志口述史料》工作。年内根据省委党史研究室要求，配合补录充实《中共江西省组织史料》

第二卷（1987—2019）景德镇市组织史资料，修改完善后及时报送至省委党史研究室。

【党史知识进校园活动】 4月25日，组织开展党史知识科普进校园志愿服务活动，市青少年宫全体教师职工30余人参会，科普课堂上，志愿者以《红色瓷都》为题，回顾景德镇人民在党的领导下走向革命胜利的光辉历程，讲述了民主革命时期景德镇的重大历史事件、重要历史人物、革命遗址等内容。

【开展景德镇解放日活动】 4月29日，在“景德镇史志”微信公众号发布《瓷都解放幸福日》景德镇解放纪念日宣传文章，详细介绍1949年4月29日，中国人民解放军第二野战军第五兵团第十七军四十九师解放景德镇，成立景德镇人民政府的历史过程。全网阅读量8000余人次，并被“乐平之窗”等新闻平台转载。

【征集《毛致用同志口述史料》】 7月14日，根据中共江西省委党史研究室下发的《关于征集毛致用同志口述史料的通知》要求，市史志办开展征集《毛致用同志口述史料》工作。经过三个月征集，共征集整理出6000余字的文字资料、5张图片资料、1份视频资料，10月报送至省委党史研究室。

【参与主办“科技直通车进校园”活动】 9月22日，市史志办与共青团景德镇市委、景德镇市科技局、景德镇市科协、景德镇市红十字会、景德镇市少工委共同主办“喜迎二十大 童心向党 筑梦启航”2022年景德镇市流动少年宫科技“直通车”进校园活动，共有2000余名学生参加。市史志办以景德镇解放史为切口点开展生动形象的党史教育，取得了良好的宣讲效果。

【《勤廉景德镇史鉴》内部出版】 12月，根据市委办公室通知要求，由市史志办编纂的《勤廉景德镇史鉴》内部出版。全书共48个故事，约6万字，内容涵盖修身、齐家、治国、平天下的清官廉吏、名人志士，艰苦奋斗、无私奉献的领导干部，担当、实干、勤廉的先进典型。该书的出版，不仅挖掘了景德镇生动感人的勤廉故事，用活了景德镇的红色资源，也为增强党员干部“不敢腐、不能腐、不想腐”的自觉性，推进景德镇市政治文化建设、涵养风清气正的政治生态起到积极作用。

（李清然　石卉珍）

党校工作

【概况】 2022年，学校内设有4个教研科室、1个教研辅助科室和6个行政后勤科室等11个科级机构，现有在职在编教职工51人，其中教授2人、副教授5人。全年有12项课题获得立项，其中全省党校（行政学院）一般课题5项、协作课题1项，市社会科学规划项目重点课题1项、一般课题立项5项。年内获得全省党校系统科研组织奖三等奖，《抓机遇 大力发展先进陶瓷助推数字经济做优做强“一号发展工程”》获省委党校理论研讨会三等奖。全年编发5期《调研参考》，其中《关于景德镇创建全国文明典范城市的调研报告》资政报告获市委主要领导的肯定性批示。

【干部培训】 2022年，开展各类培训共计2521人次。主体班3期，培训144人，其中县干班1期42人、中青班1期65人、市直科干班1期37人；专题班25期，培训2377人，其中全市县处级领导干部深入学习贯彻中共十九届六中全会精神集中轮训班9期1049人、统战部相关专题班3期257人，全市基层党组织书记、党员重点培训班10期755人，景德镇陶瓷大学新提任处级干部专题培训班1期28人，全市领导干部数字经济“碳达峰、碳中和”专题培训班1期174人，全市2022年新录用公务员初任培训班1期114人。

【教学工作】 2022年，持续深化“用学术讲政治”改革，严格执行“两级试讲”制度，将“用学术讲政治、需求导向、选题规范”等硬指标作为新课程开发的标准，全年开展新课试讲3轮，累计通过24门新课程。拍摄录制1门年轻教师新课程参选全省干部教育培训好课程。全年共邀请10余位市领导、市级部门领导到校围绕全市工作实际进行专题授课。采取“请进来、走出去”方式，把“老方说党史”宣讲团请进课堂，又将课堂搬进“陶博城”，得到了新华社客户端、人民日报客户端等媒体的关注。

【宣讲工作】 2022年，发挥党校理论宣讲主阵地、主渠道作用，精心打造“1+6+N”系列宣讲课程，全方位、多角度、深层次宣传解读好习近平新时代中国特色社会主义思想。学校教师在参加珠山区小巷讲堂为第二中学、“两新”组织及“景漂、景归”党支部宣讲中共二十大精神时，得到了省委主要领导和省委常委的现场指导。全年学校教师共参与全市各类宣传宣讲活动160余场，累计受众达1.6万余人次。

（伍爵伟）

接待工作

【概况】 2022年共接待来宾374批1.36万余人次。其中警卫任务7批、1048人次，省部级任务87批、1048人次。

【重大接待任务】 2022年，成功接待国务委员、国家防总总指挥王勇，中央政治局委员、国务院副总理胡春华，全国政协副主席、台盟中央主席苏辉，第十二届全国政协副主席、党组副书记杜青林，全国政协原副主席黄孟复，十八届中共中央政治局常委、中央书记处书记刘云山，中央政治局委员、中央书记处书记、中央宣传部部长李书磊等党和国家领导人。成功保障台协企业家考察团，乡贤企业家新春茶话会“多彩中国、佳节好物文化和旅游贸易促进活动”等商务交流活动。圆满完成“2021年景德镇国际陶瓷艺术双年展”，景德镇非物质文化遗产保护协会成立大会及国家级景德镇陶瓷文化生态保护实验区建设暨非物质文化遗产传承保护专家论坛会议，中国农民丰收节江西活动，第十九届中国景德镇国际陶瓷博览会，第五届“阿拉伯艺术节”等接待保障工作。

表2　　2022年景德镇市接待部分重要来宾一览

序号	日期	姓名	职务	主要事宜
1	1月5日	胡强	省政府副省长	调研
2	1月20日—21日	陈兴超	省政协副主席	调研
3	1月20日—21日	谢茹	全国政协常委、省政协副主席，省知联会会长	调研
4	1月24日—27日	吴学军	江西省军区副司令员	调研
5	2月8日—9日	叶建春	省委副书记、省长	调研
6	2月11日	罗小云	省政府副省长	调研
7	2月14日	易炼红	省委书记	调研
8	2月17日—18日	刘伟	应急管理部副部长	调研
9	2月20日—21日	马志武	省人大常委会副主任	调研
10	2月21日—22日	黄喜忠	省委常委、统战部部长	调研
11	2月22日	张鸿星	省委常委、政法委书记	调研
12	2月27日—3月1日	文宏武	紫荆文化集团有限公司党委副书记、总经理	考察
13	2月27日—28日	庄兆林	省委常委、宣传部部长	调研
14	3月9日—11日	张建春	中宣部副部长	调研
15	3月9日—10日	吴浩	省委常委、组织部部长	调研
16	3月9日—10日	庄兆林	省委常委、宣传部部长	调研
17	3月10日	史文斌	省委常委、省委秘书长	调研
18	3月14日	吴学军	江西省军区副司令员	调研
19	3月24日	易炼红	省委书记	调研
20	4月7日—8日	梁桂	省委常委、常务副省长	调研
21	5月5日—6日	马志武	省人大常委会副主任	调研

续表 2

序号	日期	姓名	职务	主要事宜
22	5 月 14 日—15 日	史文斌	省委常委、省委秘书长	调研
23	5 月 24 日	陈宗懋	中国工程院院士	调研
24	5 月 25 日—26 日	郑小燕	省政协原副主席、省老科协会长	调研
25	5 月 26 日	雷元江	省政协副主席	调研
26	6 月 6 日—8 日	胡世忠	省人大常委会副主任	调研
27	6 月 7 日—8 日	史文斌	省委常委、秘书长	调研
28	6 月 7 日—8 日	黄喜忠	省委常委、统战部部长	调研
29	6 月 7 日—8 日	易炼红	省委书记	调研
30	6 月 8 日—9 日	汤建人	省政协副主席	调研
31	6 月 8 日—10 日	葛晓燕	省法院党组书记、院长	调研
32	6 月 16 日—17 日	张小平	省人大常委会党组成员、副主任	调研
33	6 月 21 日	孙菊生	省政府副省长	调研
34	6 月 24 日	王勇	国务委员、国家防总总指挥	调研．
35	6 月 24 日—26 日	陈文华	民建中央副主席	调研
36	6 月 26 日	汤建人	省政协副主席	调研
37	6 月 27 日—28 日	陈兴超	省政协党组成员、副主席	调研
38	6 月 28 日—30 日	舒惠国	省委原书记	调研
39	6 月 30 日—7 月 1 日	吴学军	省军区副司令员	检查军分区工作
40	7 月 2 日—3 日	姚增科	省政协党组书记、主席	调研
41	7 月 5 日—7 日	诸迪	中国文联党组成员、副主席、书记处书记	调研
42	7 月 9 日—10 日	耿惠昌	全国政协常委、港澳台侨委员会副主任，国家安全部原部长	调研
43	7 月 12 日—15 日	鲍泽敏	省委常委、省军区少将政治委员	调研
44	7 月 17 日—21 日	张业遂	全国人大外事委员会主任委员	调研
45	7 月 19 日	马森述	省委常委、省纪委书记、省监委主任	调研
46	7 月 19 日—21 日	李华栋	省政协副主席	调研
47	7 月 26 日—27 日	阮诗玮	全国政协委员、省政协副主席、民盟福建省委会主委	调研
48	7 月 30 日—8 月 3 日	张宏	中国文联党组成员、书记处书记	调研
49	7 月 31 日	任珠峰	省政府副省长	调研
50	8 月 4 日—8 月 5 日	曾文明	省人大常委会副主任	调研
51	8 月 5 日	叶建春	省委副书记、省长	调研
52	8 月 6 日—9 日	王晓峰	中国非物质文化遗产保护协会会长	出席中国非物质文化遗产保护协会成立大会

续表2

序号	日期	姓名	职务	主要事宜
53	8月19日—20日	罗小云	省委常委、政法委书记	调研
54	8月28日	胡春华	中央政治局委员、国务院副总理	调研
55	8月30日	尹建业	省政协党组成员、副主席	调研
56	9月4日—5日	黄璐琦	国家中医药管理局副局长、中国中医科学院院长、中国工程院院士	调研
57	9月5日—6日	陈兴超	省政协副主席	调研
58	9月6日—7日	鲍泽敏	省委常委、省军区少将政治委员	调研
59	9月8日—9日	陈小平	省政府副省长	调研
60	9月15日—17日	王刚	民进中央副主席	调研
61	9月16日—17日	马志武	省人大常委会副主任	调研
62	9月16日	李群	文旅部副部长、国家文物局局长	调研
63	9月16日	苏辉	全国政协副主席、台盟中央主席	调研
64	9月17日	姚增科	省政协党组书记、主席	调研
65	9月20日—21日	孙菊生	省政府副省长	参加景德镇艺术职业大学揭牌仪式
66	9月24日	叶建春	省委副书记、省长	参加中国农民丰收节江西活动开幕式
67	9月24日	张小平	省人大常委会副主任	参加中国农民丰收节江西活动开幕式
68	9月23日—24日	胡强	省政协党组成员、副主席	参加中国农民丰收节江西活动开幕式
69	9月25日	钟山	国家调研组组长	调研
70	9月30日—10月2日	黄喜忠	省委常委、统战部部长	调研
71	10月19日—21日	赵力平	省人大常委会副主任	调研
72	10月20日—21日	陈俊卿	省政协副主席、党组副书记	调研
73	10月26日	庄兆林	省委常委、宣传部部长	调研
74	10月31日—11月1日	刘卫平	省政协副主席	调研
75	11月1日	易炼红	省委书记	调研
76	11月5日—9日	杜同和	中国轻工业联合会秘书长、中国陶瓷工业协会理事长	出席第十九届中国景德镇国际陶瓷博览会开幕式
77	11月6日—7日	杜青林	原第十二届全国政协副主席、党组副书记	调研
78	11月6日—9日	黄孟复	全国政协原副主席	出席第十九届中国景德镇国际陶瓷博览会开幕式
79	11月6日—8日	陈兴超	省政协副主席、党组成员	调研并宣讲党的二十大精神

续表 2

序号	日期	姓名	职务	主要事宜
80	11 月 7 日—9 日	刘卓慧	国际质量科学院院士、陶瓷品牌集群主席、原国家质检总局总工程师	出席第十九届中国景德镇国际陶瓷博览会开幕式
81	11 月 9 日—11 日	张建春	中宣部副部长	出席 2022 国际版权论坛、第十九届中国景德镇国际陶瓷博览会开幕式
82	11 月 9 日—10 日	陈建安	中国贸促会党组成员、副会长	出席 2022 国际版权论坛、第十九届中国景德镇国际陶瓷博览会开幕式
83	11 月 10 日	刘福连	战略支援部队原上将	调研
84	11 月 11—15 日	刘云山	十八届中共中央政治局常委、中央书记处书记	调研
85	11 月 12 日	张弓	省军区少将司令员	调研
86	11 月 16 日—17 日	陈小平	省政府副省长	调研
87	12 月 18 日—21 日	李书磊	中央书记处书记、中央宣传部部长	出席第五届“阿拉伯艺术节”
88	12 月 18 日—21 日	胡和平	文旅部部长	出席第五届“阿拉伯艺术节”
89	12 月 18 日—21 日	尹弘	省委书记	出席第五届“阿拉伯艺术节”
90	12 月 18 日—21 日	叶建春	省委副书记、省长	出席第五届“阿拉伯艺术节”
91	12 月 18 日—21 日	庄兆林	省委常委、宣传部部长	出席第五届“阿拉伯艺术节”
92	12 月 18 日—21 日	史文斌	省委常委、省委秘书长	出席第五届“阿拉伯艺术节”
93	12 月 18 日—21 日	陈小平	省政府副省长	出席第五届“阿拉伯艺术节”

（汪　凌　但杨霄）

三宝日出（徐玉光 摄）

景德镇市人民代表大会

景德镇市人大常委会

【概况】2022年，景德镇市人大常委会召开1次市人民代表大会，召开7次市人大常委会会议，15次市人大常委会主任会议。全年共制定地方性法规1部，听取和审议专项工作报告17项，对4部法律实施情况开展检查，47件规范性文件备案审查，开展专题调研视察27次，做出决议决定9项，督办代表建议179件，依法任免国家机关工作人员39人次。

【具体工作】聚焦宏观经济管理、国家试验区建设、优化发展环境、民生改善和乡村振兴开展正确监督、有效监督、依法监督。加大对预算执行、审计及审计查出问题整改情况的全口径、全过程监督，着力审计查出问题的整改督办。完善国有资产管理报告制度，督促有关部门摸清文化类企业国有资产“家底”，建立健全整改问责与跟踪问效机制。持续做好《景德镇市陶瓷文化传承创新条例》新闻发布、备案和宣传工作，开展《中华人民共和国文物保护法》《江西省文物保护条例》《江西省优化营商环境条例》实施情况执法检查。围绕妇女儿童健康权益保障、残疾人权益保障、职业教育、社区矫正、洪灾治理、水库及山塘生态保护和综合利用、矿山生态修复利用等专题开展调研，用心用情支持办好民生大事。持续开展“环保瓷都行”“物业社区行”主题活动，重点开展了樟树坑引水工程、农村生活污水治理等项目的检查巡察，共同呵护好“青山常在、绿水长流、蓝天常见”的美丽家园。组织视察浮梁县茶旅融合发展情况，开展林长制度、河长制推进和宣传情况调研。围绕粮食产业发展和收储能力建设开展持续监督，全力守好瓷都百姓“米袋子”。大力开展聚焦“六个江西”建设、聚力“五新”战略行动、争当“四个表率”主题活动，与专项监督、立法工作、制度创新有机融合。加强对县（市、区）人大的指导，联动推进全市数字人大建设。逐项落实模范机关建设具体任务，加强机关政治文化建设，学习党章，遵守党章，努力建设让党放心、人民满意的模范机关。全年在国家和省市各类媒体上发表各类文章62篇，其中《景德镇人大—让每一部法规都载满民意》稿件在《中国人大》杂志、全国人大微信公众号、江西人大微信公众号等主流媒体刊发。

重要会议

【市十六届人大二次会议】1月23—25日，市十六届人民代表大会第二次会议召开。市委书记刘锋，市人大常委会主任曹雄泰，市委副书记、市长胡雪梅，市人大常委会副主任罗建国、孙艳峰、占剑、况小军、徐九生、朱仕木，市人大常委会秘书长雷铧参加会议。会议应到代表289人，实到代表272人。曹雄泰主持开幕式，市委副书记、市长胡雪梅作《政府工作报告》，市人大常委会副主任罗建国作《市人大常委会工作报告》，市中级人民法院院长邓建辉作《市中级人民法院工作报告》，市人民检察院检察长涂平贵作《市人民检察院工作报告》，大会提请审查市人民政府向大会提交的《关于景德镇市2021年国民经济和社会发展计划执行情况与2022年国民经济和社会发展计划草案的报告》及2022年国民经济和社会发展计划、《关于景德镇市2021年全市和市级预算执行情况与2022年全市和市级预算草案的报告》及2022年全市和市级预算草案。罗建国主持闭幕式。大会表决通过《关于景德镇市人民政府工作报告的决议》《关于景德镇市2021年国民经济和社会发展计划执行情况与2022年国民经济和社会发展计划的决议》《关于景德镇市2021年全市和市级预算执行情况与2022年全市和市级预算的决议》《关于景德镇市人民代表大会常务委员会工作报告的决议》《关于景德镇市中级人民法院工作报告的决议》《关于景德镇市人民检察院工作报告的决议》。曹雄泰致闭幕词。

【市十六届人大三次会议】12月21—23日，市十六届人民代表大会第三次会议召开。市委书记刘锋，市人大常委会主任曹雄泰，市委副书记、市长胡雪梅，市人大常委会副主任罗建国、孙艳峰、占剑、况小军、徐九生、朱仕木，市人大常委会秘书长雷铧参加会议。会议应到代表289人，实到代表203人。曹雄泰主持开幕式，市委副书记、市长胡雪梅作《政府工作报告》，市人大常委会副主任孙艳峰作《市人大常委会工作报告》，市中级人民法院副院长张春红作《市中级人民法院工作报告》，市人民检察院检察长涂平贵作《市人民检察院工作报告》，大会提请审查关于景德镇市2022年国民经济和社会发展计划执行情况与2023年国民经济和社会发展计划草案的报告、景德镇市2023年国民经济和社会发展计划草案，关于景德镇市2022年全市和市级预算执行情况与2023年全市和市级预算草案的报告、景德镇市2023年市级预算草案。刘锋、况小军主持闭幕式。大会表决通过《关于景德镇市人民政府工作报告的决议》《关于景德镇市2022年国民经济和社会发展计划执行情况与2023年国民经济和社会发展计划的决议》《关于景德镇市2022年全市和市级预算执行情况与2023年全市和市级预算的决议》《关于景德镇市人民代表大会常务委员会工作报告的决议》《关于景德镇市中级人民法院工作报告的决议》《关于景德镇市人民检察院工作报告的决议》。选举产生景德镇市出席江西省第十四届人民代表大会代表25名，选举和补选市人大常委会委员11名，通过市人大监察和司法委员会主任委员人选。曹雄泰致闭幕词。

【常委会会议】 2022年，市十六届人大常委会举行会议7次，即市十六届人大常委会第二次会议至市十六届人大常委会第八次会议。

表3　2022年景德镇市人大十六届常委会议情况一览表

名称	时间	地点	参加人员	会议内容
第二次常委会会议	1月6日	市发展中心南苑会议中心第三会议厅	市人大常委会主任曹雄泰主持会议，副主任罗建国、孙艳峰、占剑、况小军、徐九生、朱仕木，秘书长雷铧及委员出席会议，出席人数符合法定人数。市监察委员会、市中级人民法院、市人民检察院负责人列席会议，市人大及其常委会副县级以上干部列席会议	会议传达学习市委十二届二次全体（扩大）会议暨市委经济工作会议精神；会议审议并表决通过了市人大常委会主任会议关于提请接受部分省人大代表辞去江西省第十三届人民代表大会代表职务的议案和补选江西省第十三届人民代表大会代表；补选胡雪梅、孔发龙、易小明三人为江西省第十三届人民代表大会代表。按照相关规定，请辞江西省第十三届人民代表大会代表职务和补选江西省第十三届人民代表大会代表的代表资格，需将选举结果报送省人大常委会代表资格审查委员会
第三次常委会会议	3月22日	市发展中心南苑会议中心第三会议厅	市人大常委会主任曹雄泰主持会议，副主任罗建国、孙艳峰、占剑、况小军、徐九生、朱仕木及委员出席会议，出席人数符合法定人数。市人民政府副市长江民强、邹永胜，市人民检察院检察长涂平贵，市监察委员会、市中级人民法院、市司法局、市林业局负责人，市人大及其常委会副县级以上干部列席会议	会议传达学习习近平总书记近期重要讲话、指示精神和中央有关重要会议、文件精神，学习2022年全国“两会”精神，省委书记易炼红在景调研期间的讲话精神，省委副书记、省长叶建春在景调研期间的讲话精神，市委书记刘锋在全市优化营商环境动员大会上的讲话精神；会议听取市人民政府关于社区矫正工作情况的报告、关于市林长制工作情况的报告；会议审议通过市人大常委会代表资格审查委员会关于代表资格的审查报告；会议还通过其他人事事项；会议最后颁发财经监督、立法咨询专家聘书
第四次常委会会议	5月24日	市发展中心南苑会议中心第三会议厅	市人大常委会主任曹雄泰主持会议，副主任罗建国、孙艳峰、占剑、徐九生、朱仕木，秘书长、二级巡视员雷铧及委员出席会议，出席人数符合法定人数。市政府副市长徐辉，市中级人民法院院长邓建辉，市检察院检察长涂平贵，市监察委员会相关负责人，市人大及其常委会副县级以上干部列席会议	会议传达学习习近平总书记近期重要讲话精神和中央、省委有关重要会议、文件精神；会议听取和审议市中级人民法院关于全市法院知识产权司法保护工作情况的报告、市人大财经委关于开展《江西省优化营商环境条例》执法检查情况的报告；会议听取市人民政府关于2021年环境状况和环境保护目标完成情况的报告、关于我市职业教育工作情况的报告、关于开展市妇女儿童健康权益保障工作情况的报告；会议审议通过关于废止《景德镇市人大常委会规范性文件备案审查的暂行办法》；会议举行市第十六届人大常委会基层立法联系点授牌仪式；会议还通过有关人事事项

续表 3

名称	时间	地点	参加人员	会议内容
第五次常委会会议	7月26日	市发展中心南苑会议中心第三会议厅	市人大常委会主任曹雄泰主持会议，副主任罗建国、孙艳峰、占剑、况小军、徐九生，秘书长、二级巡视员雷铧及委员出席会议，出席人数符合法定人数。市监察委员会主任廖良生，市中级人民法院院长邓建辉，市人民检察院检察长涂平贵，市监察委员会、市司法局、市财政局、市卫健委相关负责人，市人大及其常委会副县级以上干部列席会议	会议传达学习习近平总书记近期重要讲话、重要指示精神和中央有关重要会议、重要文件精神；会议传达学习国务委员王勇在景考察期间的讲话精神、省委书记易炼红在景调研期间的讲话精神、省党代表会议精神暨《中共江西省委关于深入贯彻习近平总书记视察江西重要讲话精神以优异成绩迎接党的二十大胜利召开的决定》精神、中央纪委国家监委纪检监察建议（龚建华案）以案促改工作推进会精神。会议听取和审议市人民政府关于景德镇市 2022 年上半年预算执行情况和 2022 年市级财政预算调整方案（草案）的报告及市人大财经委关于景德镇市 2022 年上半年预算执行情况和 2022 年市级财政预算调整方案（草案）的审查报告；会议听取景德镇市监委关于开展国企领域监察监督工作情况的报告；会议分组审议《景德镇市爱国卫生条例（草案二次审议稿）》
第六次常委会会议	9月20日	市发展中心南苑会议中心第三会议厅	市人大常委会主任曹雄泰主持会议，副主任罗建国、孙艳峰、占剑、徐九生、朱仕木，秘书长、二级巡视员雷铧及委员出席了会议，出席人数符合法定人数。市人民政府副市长徐辉，市中级人民法院院长邓建辉，市人民检察院检察长涂平贵，市纪委市监委相关负责人，市人大及其常委会副县级以上干部列席会议	会议传达学习习近平总书记近期重要讲话精神、中央有关重要会议精神；部署学习贯彻《习近平谈治国理政》（第四卷）工作；会议传达学习中央政治局委员、国务院副总理胡春华在景德镇调研期间的讲话精神，省委书记易炼红理论文章《以正确的方法做正确的事情，下最大的功夫求最好的效果》，省委副书记、省长叶建春在景德镇调研期间的讲话精神。会议听取和审议市人民政府关于我市 2022 年 1—7 月国民经济和社会发展计划执行情况的报告、关于 2021 年市本级预算执行和其他财政收支情况审计工作的报告、关于景德镇市 2021 年市本级财政决算和 2022 年市本级财政预算调整方案（草案）的报告及市人大财经委关于景德镇市 2021 年市本级财政决算和 2022 年市本级财政预算调整方案（草案）的审查报告、关于景德镇市城市供水（樟树坑）引水工程项目进展情况的报告、关于《中华人民共和国乡村振兴促进法》和《江西省乡村振兴促进条例》实施情况的报告及市人大常委会执法检查组关于检查《中华人民共和国乡村振兴促进法》和《江西省乡村振兴促进条例》实施情况的报告；听取和审议市人大财经委关于我市 2022 年“物业社区行”活动情况的调研报告；会议听取市人民政府关于办理第十六届人大第一次会议、第二次会议代表建议情况的报告；听取市人民检察院关于加强民事诉讼法律监督工作情况的报告；书面听取市人民政府关于景德镇市引进外资情况的报告及市人大常委会外侨民宗工委关于景德镇市引进外资情况的调研报告；会议表决通过《景德镇市爱国卫生条例（草案）》，会后报请省人大常委会批准之后发布实施

续表 3

名称	时间	地点	参加人员	会议内容
第七次常委会会议	12 月 5 日	市发展中心南苑会议中心第三会议厅	市人大常委会主任曹雄泰主持会议，副主任罗建国、孙艳峰、占剑、况小军、徐九生、朱仕木，秘书长、二级巡视员雷铧及 11 名委员出席会议，线上 15 名委员出席会议，符合法定人数。市人民检察院负责人和市人大及其常委会部分副县级以上干部列席会议	会议传达学习习近平总书记近期重要讲话精神、中央有关重要会议、文件精神；传达学习省委十五届三次全体（扩大）会议精神。会议审议通过《关于召开市第十六届人民代表大会第三次会议的决定》；审议通过市人大十六届三次会议各项建议名单和选举办法（草）、市人大常委会工作报告（草案）、市人大十六届三次会议日程（草案），决定提请市人大第十六届三次会议主席团会议审议；听取市人民政府关于公安机关构建社会治安防控新格局的情况报告、关于景德镇市政府债务情况的专项报告和市人大财经委对景德镇市政府债务情况初步审查意见的报告、关于全市财政预算绩效管理工作情况的报告、关于景德镇市国有资产管理情况的综合报告、关于碳达峰、碳中和工作进展情况的报告、关于市人大常委会 2022 年“物业社区行”活动调研报告及审议意见的研究处理和整改情况汇报、景德镇市旅游新业态发展情况的报告和市人大常委会外侨民宗工委关于景德镇市旅游新业态发展情况的调研报告、市残联关于景德镇市残疾人保障工作情况的报告和市人大社会委关于景德镇市残疾人保障工作情况的调研报告；会议审议通过市人民政府关于景德镇市 2022 年市本级财政预算调整方案（草案）的报告和市人大财经委对我市 2022 年市本级财政预算调整方案（草案）的审查报告、市政府关于文化企业国有资产管理情况的专项报告和市人大财经委关于文化企业国有资产管理情况初步审查意见的报告；审议通过市人大执法检查组关于检查《中华人民共和国文物保护法》和《江西省文物保护条例》实施情况的报告、市人大法工委关于规范性文件备案审查工作情况的报告。会议通过人事事项
第八次常委会会议	12 月 18 日	市发展中心南苑会议中心第三会议厅	市人大常委会副主任罗建国主持会议，副主任孙艳峰、占剑，秘书长、二级巡视员雷铧及 26 名委员出席会议，符合法定人数	会议传达学习习近平总书记重要讲话、重要指示精神和中央有关重要会议精神。审议通过《市人大常委会代表资格审查委员会关于代表资格的审查报告》《市第十六届人民代表大会第三次会议选举和通过人选办法（草）》《市第十六届人民代表大会第三次会议表决议案、决议办法（草）》，并提请市第十六届人民代表大会第三次会议主席团会议审议。会议还通过人事事项

监督工作

【听取审议专项工作报告】 3 月 22 日，市十六届人大常委会第三次会议听取市人民政府关于社区矫正工作情况的报告、关于全市林长制工作情况的报告；5 月 24 日，市十六届人大四次会议听取和审议市中级人民法院关于全市法院知识产权司法保护工作情况报告、市人大财经委关于开展《江西省优化营商环境条例》执法检查情况的报告；会议听取市人民政府关于景德镇市 2021 年环境状况和环境保护目标完成情况的报告、关于全市职业教育工作情况的报告、关于开展全市妇女儿童健康权益保障工作情况的报告；7 月 26 日，市十六届人大常委会第五次会议听取景德镇市监委关于开展国企领域监察监督工作情况报告；9 月 20 日，十六届人大六次会议听取和审议关于全市城市供水（樟树坑）引水工程项目进展情况的报告、关于《中华人民共和国乡村振兴促进法》和《江西省乡村振兴促进条例》实施情况的报告及市人大常委会执法检查组关于检查《中华人民共和国乡村振兴促进法》和《江西省乡村振兴促进条例》实施情况的报告；听取和审议市人大财经委关于我市 2022 年“物业社区行”活动情况调研报告；听取市人民政府关于办理第十六届人大第一次会议、第二次会议代表建议情况的报告；听取市人民检察院关于加强民事诉讼法律监督工作情况报告；书面听取市人民政府关于全市引进外资情况报告及市人大常委会外侨民宗工委关于全市引进外资情况的调研报告；12月5日，十六届人大七次会议听取市政府关于公安机关构建社会治安防控新格局的情况报告、关全市政府债务情况的专项报告和市人大财经委对景德镇市政府债务情况初步审查意见的报告、关于全市财政预算绩效管理工作情况的报告、关于全市国有资产管理情况综合报告、关于“碳达峰、碳中和”工作进展情况的报告、关于市人大常委会2022年“物业社区行”活动调研报告及审议意见的研究处理和整改情况汇报、全市旅游新业态发展情况的报告和市人大常委会外侨民宗工委关于全市旅游新业态发展情况的调研报告、市残联关于全市残疾人保障工作情况的报告和市人大社会委关全市残疾人保障工作情况的调研报告；审议通过市政府关于文化企业国有资产管理情况专项报告和市人大财经委关于文化企业国有资产管理情况初步审查意见报告；审议通过市人大常委会执法检查组关于检查《中华人民共和国文物保护法》和《江西省文物保护条例》实施情况的报告、市人大常委会法工委关于规范性文件备案审查工作情况报告。

【对计划预算监督】 7月26日，市十六届人大常委会第五次会议听取和审议市人民政府《关于景德镇市2022年上半年预算执行情况和2022年市级财政预算调整方案（草案）的报告》及市人大财经委《关于景德镇市2022年上半年预算执行情况和2022年市级财政预算调整方案（草案）的审查报告》；9月20日，市十六届人大常委会第六次会议听取和审议市政府《关于我市2022年1—7月份国民经济和社会发展计划执行情况报告》《关于2021年市本级预算执行和其他财政收支情况审计工作报告》《关于2021年市本级财政决算和2022年市本级财政预算调整方案（草案）的报告》及市人大财经委《关于我市2021年市本级财政决算和2022年市本级财政预算调整方案（草案）审查报告》；12月5日，市十六届人大常委会第七次会议审议通过市政府《关于景德镇市2022年市本级财政预算调整方案（草案）报告》和《市人大财经委对2022年市本级财政预算调整方案（草案）审查报告》。

【开展四个执法检查】 2022年，对爱国卫生工作条例、物业管理条例、乡村振兴“一法一条例”、文物保护“一法一条例”开展执法检查，配合省人大对科学技术普及“一法一条例”、《家庭教育促进条例》等开展执法调研。

【省人大领导到景调研】 6月6—7日，省人大常委会党组成员、副主任胡世忠率省人大调研组一行到景德镇，调研市法院知识产权司法保护工作情况，组织召开座谈会，听取情况汇报及意见建议。省人大常委会委员、省人大监察司法委主任委员徐南凯，省人大常委会委员、省人大监察司法委副主任委员肖德福随同调研。省法院党组书记、院长葛晓燕，省法院审判委员会专职委员陈仁生，省法院二级高级法官杜玉东陪同调研。市领导刘锋、曹雄泰、胡雪梅、邓永翔、朱仕木，景德镇陶瓷大学党委书记李良智，副书记、副校长吕品昌，市中级人民法院院长邓建辉，市人大常委会秘书长雷铧分别看望或参加调研。6月9—10日，省人大常委会委员、社会委主任委员李江河率调研组一行到景德镇市，就《江西省未成年人保护条例（修订草案）》开展立法调研，并召开座谈会征求意见。市领导刘锋、胡雪梅、曹雄泰、邓永翔、罗建国看望调研组一行。市人大常委会副主任占剑陪同调研，市政府副市长江民强参加座谈会。6月16—17日，省人大常委会副主任张小平率调研组一行到景德镇，就“碳达峰、碳中和”工作情况以及绿色屋顶建设课题进行调研，召开座谈会。省人大常委会委员、环资委主任委员吴治云随同调研。市领导刘锋、胡雪梅分别看望调研组一行，曹雄泰、徐辉及雷铧陪同调研或参加座谈。7月6—7日，全国人大代表、省人大常委会委员、农委主任委员刘金接率执法检查组一行到景德镇市，开展《中华人民共和国乡村振兴促进法》和《江西省乡村振兴促进条例》执法检查，召开座谈会。全国人大代表胡梅英、罗来昌，省人大农委副主任委员罗小茶，省委农办副主任、省农业农村厅副厅长刘伟随同。市领导刘锋、曹雄泰、胡雪梅、徐九生、江民强，秘书长雷铧分别看望或陪同。8月4—5日，省人大常委会副主任曾文明率省人大财经委调研组一行，到市开展2022年“物业社区行”专题调研并召开座谈会。省人大财经委主任委员潘东军，省人大法制委主任委员刘义研，省人大财经委副主任委员孔发龙、刘翠兰，省人大环资委副主任委员董晓健，省住建厅副厅长王海涛随同。市领导刘锋、曹雄泰、胡雪梅、孙艳峰、况小军、徐辉，高新区管委会主任、昌江区委书记倪卫春，市人大常委会秘书长雷铧等看望、陪同调研组一行或出席座谈会。8月17日，省人大常委会副秘书长左继生一行赴景德镇开展信访工作调研，秘书长雷铧陪同调研。8月17—18日，省人大法制委主任委员刘义研一行，在景德镇就《江西省非道路移行动机械排气污染防治条例（草案）》进行立法调研。省人大常委会法工委二级巡视员万祥裕，省生态环境厅二级巡视员崔新平等随同。市人大常委会主任曹雄泰，副主任况小军，秘书长雷铧等看望、陪同调研组一行或出席座谈会。9月16—17日，省人大常委会调研组到景德镇，就科技创新工作进行专题调研，省人大常委会副主任马志武率队，省人大教科文卫委副主任委员李雪南、易小明，省科技厅副厅长鄢帮有随同。市委副书记、市长胡雪梅，市人大常委会主任曹雄泰看望调研组一行，市人大常委会副主任占剑，副市长、高新区党工委书记罗文军陪同或出席座谈会。10月11—12日，由省人大法制委副主任委员张鉴武、省人大常委会法工委副主任刘永亮带队的省人大调研组一行到景德镇市，对通过省十三届人大常委会第四十一次会议初次审议的《江西省无线电管理条例（草案）》征求修改意见。副主任占剑及法工委主要负责人陪同调研。10月20—21日，省人大常委会党组书记、副主任赵力平带队到景，围绕贯彻落实中央人大工作会议精神、乡村振兴、产业发展以及文化旅游工作开展调研。省人大常委会党组成员、秘书长韩军、副秘书长徐力，省人大常委会选任联工委副主任陈蔚随同调研。市领导曹雄泰、胡雪梅、罗建国，市人大常委会秘书长雷铧分别陪同。

【市人大领导基层调研】 1月18日，市人大常委会副主任徐九生深入挂点联系企业开展“企业服务日”活动。1月27日，市人大常委会主任曹雄泰带队走访看望江西富祥药业股份有限公司董事长包建华和中国工艺美术大师俞军等专家人才，市人大常委会秘书长雷铧陪同。3月7日，市人大常委会副主任徐九生率调研组开展林长制工作调研。3月9日市人大常委会秘书长、二级巡视员雷铧就全市矿山生态修复与利用情况开展专题调研，并就省人大专题调研中发现的相关问题整改落实情况进行跟踪督查。3月29日，市人大常委会主任曹雄泰带队到挂点的高岭·中国村田园综合体，参加指导高岭·中国村党建共同体2021年度组织生活会暨民主评议党员大会。3月30日，市人大常委会副主任占剑率队到景德镇常青家园工艺品有限公司、景德镇嘉加陶瓷有限公司2家侨资企业进行走访。3月31日，市人大常委会副主任朱仕木带队来到昌南新区实地调研新区先进陶瓷企业发展情况。4月14日，市人大常委会主任曹雄泰带队出席关于浮梁茶旅融合发展调研座谈会，市人大常委会副主任、市总工会党组书记、主席孙艳峰主持座谈会。4月19日，市人大常委会副主任占剑率队到浮梁县妇幼保健院、珠山区妇幼保健计划生育服务中心、市公安局珠山分局石狮埠派出所对景德镇市妇女儿童健康权益保障工作进行专题调研。4月28日，市人大常委会副主任朱仕木率队到景德镇知识产权法庭、珠山法院竟成法庭和全省首家知识产权保护法官工作室调研全市法院知识产权司法保护工作情况。5月7日下午，市人大常委会副主任朱仕木带队前往乐平市挂点工业企业江西省电化乐丰化工股份有限公司、江西欧美亚电子有限公司开展“企业服务日”调研走访活动。7月12日，市人大常委会主任曹雄泰赴挂点社区、路段督导常态长效创文暨争创全国文明典范城市工作，并召开座谈会。市人大常委会秘书长雷铧、市人大常委会办公室、市财政局、市城管局、市城市管理保障中心、市移动公司、中国银行景德镇分行负责人以及昌江区和珠山区人大常委会和政府主要领导陪同督导。7月15日，市人大常委会主任曹雄泰带队巡查昌江区常态长效创建全国文明城市和争创全国文明典范城市工作。高新区管委会主任、昌江区委书记倪卫春陪同巡查。7月18日，市人大常委会副主任况小军率市人大法制委、常委会法工委一行赴市司法局开展地方立法和文件备案审查工作调研并召开座谈会，市司法局党政主要负责人陪同调研。7月21日，市人大常委会副主任徐九生率队赴乐平市对洪灾后水利工程建设情况开展调研，市委常委、乐平市委书记林卫春一起参加。7月27—29日，市人大常委会副主任占剑率领调研组在相关部门负责人的陪同下，前往乐平市、浮梁县、昌江区、珠山区、高新区、昌南新区的外资企业就景德镇市引进外资情况开展工作调研。8月15日上午，市人大常委会副主任况小军深入高新区市重点建设项目电镀中心现场进行调研。8月24日，市人大常委会副主任占剑，带队督导昌南新区防旱抗旱工作，市人大社会建设委员会主任委员俞建明，市应急局、市国资委及昌南新区有关领导参加督导。8月24日，市人大常委会主任曹雄泰率市人大调研组一行赴昌江区，就人大代表聚焦“六个江西”建设，聚力“五新”战略行动，争当“四个表率”主题活动和人大代表联络站规范化建设情况开展实地调研。市人大常委会秘书长、二级巡视员雷锋参加调研。8月26日，市人大常委会主任曹雄泰率专题调研组一行到景德镇陶瓷技师学院，就职业院校建设发展工作进行专题调研，并召开座谈会。市人大常委会副主任占剑、况小军，秘书长雷锋参加调研座谈。9月26—27日，市人大常委会副主任占剑率队到浮梁洪源脑瘫儿童康复中心、浮梁县特殊教育学校、乐平市残疾人精准康复站、乐平市脑瘫儿童康复中心、市善童孤独症康复训练中心、市庆春农民蔬菜种植专业合作社等地，实地调研残疾人劳动就业、社会保障、康复救助以及残疾人基层组织建设情况，10月19日到浮梁县、珠山区调研旅游新业态发展情况。

选举和任免

2022年，市人民代表大会共依法选举国家机关工作人员12人次，其中通过专门委员会主任委员1人次，依法选举市人大常委会委员11人次。

2022年，市人大常委会共依法任免国家机关常委会工作人员27人次，其中任命人大常委会机关工作人员和专委会委员4人次，免职6人次；任命政府组成人员2人次，免职1人次；任命法院审判人员7人次，免职4人次；任命检察院检察人员2人次，免职1人次。

景德镇市第十六届人民代表大会第三次会议，依法选举市人大常委会委员11人（付碧林、庄文军（女）、李丰来、李军、邵园（女）、肖岚（女）、张玲（女）、余望龙、胡利华、梁燕（女）、程传冬）；通过了市十六届人民代表大会有关专门委员会主任委员1人（监察和司法委员会主任委员：肖岚）。

市第十六届人大第三次会议通过，任命李军为景德镇市人大农业和农村委员会副主任委员，邵园为景德镇市人大教育科学文化卫生委员会副主任委员；任命罗慧青为景德镇市中级人民法院审判员，李晶莹为景德镇市中级人民法院审判员，涂国鹏为景德镇市中级人民法院审判员。

市第十六届人大第四次会议通过，决定任命冯国平为市教育体育局局长，叶青为市政务服务数据管理局局长；决定免去李冬香的市体育局局长职务。任命郑志刚为市浮南地区人民检察院检察长，李剑云为市人民检察院检察委员会委员；任命许育斌为市中级人民法院审判委员会委员，方莉为市中级人民法院审判委员会委员，刘哲甫为市中级人民法院审判委员会委员，罗明华为市中级人民法院审判委员会委员；免去张田安的市中级人民法院审判委员会委员、审判员职务，孙新民的市中级人民法院审判委员会委员、审判员职务，李勇的市中级人民法院审判委员会委员、审判员职务，何静华的市中级人民法院审判委员会委员、审判员职务。

市第十六届人大第七次会议通过，免去陈筱琴的市人民检察院检察委员会委员职务。

市第十六届人大第八次会议通过，任命胡利华为市人大常委会副秘书长，朱胜军为市人大常委会办公室副主任；免去肖岚的市人大常委会法制工作委员会副主任职务，胡利华的市人大常委会办公室副主任职务，钟火石的市人大常委会外事华侨民族宗教工作委员会主任职务，巢文斌的市人大常委会副秘书长职务，江景龙的市人大监察和司法委员会副主任委员职务，徐兆斌的市人大常委会选举任免联络工作委员会副主任职务。

议案建议办理

市十六届人大二次会议期间由市政府及有关部门办理的建议数为67件，重点建议6件，为精准评价办理结果，评价等级由原来的3类细分为7类。办理结果为A1类32件，占承办总数的48%；办理结果为A2类7件，占承办总数的10%；办理结果为A3类5件，占承办总数的8%；办理结果为B1类15件，占承办总数的22%；办理结果为B2类2件，占承办总数的3%；办理结果为C1类1件，占承办总数的2%；办理结果为C2类5件，占承办总数的7%，A类建议较比去年上升9%。陆续收到67份人大代表对相关件建议办理情况的反馈意见表，其中满意66份，基本满意1份。

（人大常委会办公室）

市政府办公楼（白光华 摄）

景德镇市人民政府

重要会议

【常务会议】1月7日，市委副书记、市长胡雪梅主持召开市政府党组第4次会议暨市政府第3次常务会议。会议深入学习贯彻中共十九届六中全会精神以及习近平总书记近期重要讲话、重要指示精神，全面落实中央有关重要会议精神、省委相关会议精神和省领导近期讲话精神，开展党史学习和法规文件学习，审议和研究了有关事项。

2月22日，市委副书记、市长胡雪梅主持召开市政府党组第6次会议暨市政府第4次常务会议。会议深入学习贯彻习近平总书记近期重要讲话、重要指示精神，全面落实中央、省委有关重要会议精神，以及省委、省政府主要领导在景德镇调研时的讲话精神，开展法规文件和数字经济的学习，审议和研究了有关事项。

3月17日，市委副书记、市长胡雪梅主持召开市政府党组第7次会议暨市政府第5次常务会议。会议深入学习贯彻习近平总书记近期重要讲话、重要指示精神，全面落实全国“两会”精神以及省委书记易炼红在全省领导干部会议上的讲话精神，开展法规文件学习，听取有关汇报，审议有关事项。

3月31日，市委副书记、市长胡雪梅主持召开市政府党组第8次会议暨市政府第6次常务会议。会议传达学习习近平总书记重要讲话、重要指示精神，全面落实了中央有关重要会议精神、省委相关会议精神和省领导近期讲话精神，开展法规文件学习，部署了安全生产工作，听取有关汇报，审议有关事项。

4月19日，市委副书记、市长胡雪梅主持召开市政府党组第9次会议暨市政府第7次常务会议。会议传达学习习近平总书记重要讲话、重要指示精神，李克强总理在江西考察调研时的重要讲话要求，开展法规文件学习，听取有关汇报，分析研判了一季度经济形势、研究部署强攻二季度工作。

4月25日，市委副书记、市长胡雪梅主持召开市政府党组第10次会议暨市政府第8次常务会议。会议传达学习习近平总书记重要讲话、重要指示精神，以及中央有关重要会议精神、省委相关会议精神和省领导近期讲话精神，学习有关法规文件，听取相关工作汇报，审议有关事项。

5月10日，市委副书记、市长胡雪梅主持召开市政府党组第11次会议暨市政府第9次常务会议。会议传达学习习近平总书记重要讲话、重要指示精神，以及省委、省政府有关重要会议精神和省领导近期讲话精神，深入研究跨境电商业务，研判了我市外贸形势，审议了纵深推进“放管服”改革的十七条举措和林地占补平衡试点工作方案等有关事项。

6月6日，市委副书记、市长胡雪梅主持召开市政府党组第12次会议暨市政府第10次常务会议。会议传达学习习近平总书记在中共中央政治局第三十九次集体学习时的重要讲话精神、在《求是》杂志上发表的重要文章《正确认识和把握我国发展重大理论和实践问题》，特别是重温习近平总书记在江西考察时重要讲话精神，学习全国、全省稳住经济大盘会议精神，听取景德镇市稳住经济大盘相关工作汇报，听取全市2022年中考、高考组织工作等情况汇报，审议并原则通过《景德镇市贯彻落实江西省〈关于切实稳住经济发展若干措施〉的实施细则》《关于建立和实行及时奖励制度激励担当作为的实施方案》等事项。

7月5日，市委副书记、市长胡雪梅主持召开市政府党组第13次会议暨市政府第11次常务会议。会议传达学习习近平总书记重要讲话、重要指示精神，以及国务委员王勇在景考察期间的讲话精神，听取2022年上半年全市经济形势分析的汇报，组织学习《中华人民共和国职业教育法》，研究部署全市强降雨过程灾后重建等工作。

7月26日，市委副书记、市长胡雪梅主持召开市政府党组第14次会议暨市政府第12次常务会议。会议传达学习习近平总书记重要讲话、重要指示精神，组织开展法规文件和警示教育的专题学习，听取2022年上半年全市经济形势运行、重点项目推进以及2022年民生10件实事进展情况汇报。

8月16日，市委副书记、市长胡雪梅主持召开市政府党组第15次会议暨市政府第13次常务会议。会议传达学习习近平总书记重要讲话、重要指示和国务院有关重要会议精神，以及省相关会议精神和省领导近期讲话精神。传达学习省营商环境优化升级“一号改革工程”推进会精神，听取了全市优化营商环境指标提升情况汇报，研究部署下一步工作。并听取金融工作若干政策解读。

8月25日，市委副书记、市长胡雪梅主持召开市政府党组第16次会议暨市政府第14次常务会议。会议传达学习习近平总书记重要讲话、重要指示和国务院有关重要会议精神，以及省市相关会议精神和省市领导近期讲话精神，交流学习心得体会，开展法规文件和警示教育专题学习，听取有关汇报，审议并通过《景德镇市城市功能与品质再提升行动方案》《景德镇市法治政府建设实施方案（2022—2025年）》《景德镇市中心城区集中式饮用水源地突发环境事件应急预案》和《全市教育高质量发展十件实事》等事项，并就统筹疫情防控和经济社会发展工作作出部署。

9月13日，市委副书记、市长胡雪梅主持召开市政府党组第17次会议暨市政府第15次常务会议。会议传达学习习近平总书记重要讲话、重要指示和国务院有关重要会议精神，以及省市相关会议精神和省市领导近期讲话精神。研判当前全市经济形势，听取“疫情要防住、经济要稳住、发展要安全”督导情况汇报，研究部署国家试验区建设工作。

9月27日，市委副书记、市长胡雪梅主持召开市政府党组第18次会议暨市政府第16次常务会议。会议传达学习习近平总书记重要讲话、重要指示和国务院有关重要会议精神，以及省相关会议精神和省领导近期讲话精神，审议并通过《景德镇市项目建设“四大攻坚行动”方案》。

10月25日，市委副书记、市长胡雪梅主持召开市政府党组第19次会议暨市政府第17次常务会议。会议专题学习中共二十大精神，对全市政府系统学习宣传贯彻中共二十大精神进行研究部署。会议全面分析了三季度经济形势，并听取市重点工程建设情况汇报，研究部署下一步工作。会议审议并原则通过《景德镇市12345政务服务便民热线运行管理办法（试行）》。

12月7日，市委副书记、市长胡雪梅主持召开市政府党组第20次会议暨市政府第18次常务会议。会议传达学习习近平总书记重要讲话重要指示精神和国务院有关重要会议精神，以及省相关会议精神和省领导近期讲话精神，组织开展专题学习和法规文件学习，听取有关汇报，审议有关事项，部署有关工作。

12月18日，市委副书记、市长胡雪梅主持召开市政府党组第21次会议暨市政府第19次常务会议。会议传达学习习近平总书记重要讲话重要指示精神和中央重要会议精神，组织开展近期法规文件学习和警示教育专题学习，会议传达学习中央经济工作会议精神，听取有关汇报，审议有关事项。

【全体（扩大）会】 1月12日，市政府十六届二次全体（扩大）会议召开。市委副书记、市长胡雪梅出席会议并讲话。市委常委、常务副市长邓永翔主持会议。会议审议通过《政府工作报告（送审稿）》《景德镇市2021年国民经济和社会发展计划执行情况与2022年国民经济和社会发展计划草案的报告（送审稿）》《景德镇市2021年全市和市级预算执行情况与2022年全市和市级预算草案的报告（送审稿）》。

1月25日，市委副书记、市长胡雪梅主持召开市政府十六届三次全体（扩大）会议。会议从优化营商环境“一号改革工程”、数字经济、重大项目建设、安全生产和2021年度考核工作五个方面对市政府重点工作进行安排部署。会议传达学习了省“两会”精神和省委书记易炼红参加景德镇代表团审议时的讲话精神。会议还审议2022年《政府工作报告》重点工作任务分解。

9月27日，2022年三季度市安委会全体成员（扩大）会议召开。会议传达学习习近平总书记近期关于安全生产重要指示批示和全国、全省、全市安全生产电视电话会议精神。市委副书记、市长、市安委会主任胡雪梅提工作要求。副市长、市公安局局长邹永胜出席会议并讲话。会议还审议《景德镇市安全生产大检查“回头看”督导检查工作方案（送审稿）》；通报今年以来全市安全防范工作情况和下一步工作打算；乐平市政府、市住建局、市消防救援支队就当前及国庆、党的二十大等重要节会期间安全防范工作发言。

12月23日，受市委副书记、市长胡雪梅委托，副市长江民强主持召开市政府十六届五次全体（扩大）会议，部署落实《政府工作报告》各项任务。副市长罗文军、徐辉、高晓云出席会议。会议审议并原则通过《〈政府工作报告〉所涉重点工作责任分工方案（送审稿）》。

【其他会议】 1月27日，市政府党组召开党史学习教育专题民主生活会。市委副书记、市政府党组书记、市长胡雪梅主持会议并讲话。会议传达学习了省“两会”精神，学习肖毅严重违纪违法案件的通报、省委关于涉粮问题专项巡视监督检查有关情况和市委整改方案，通报市政府党组班子2020年度民主生活会整改措施落实情况以及此次民主生活会征求意见情况。

2月12日，全市县域经济高

质量发展考核总结大会召开。市委书记刘锋出席会议并讲话，市委副书记、市长胡雪梅主持会议。市委副书记吴隽宣读县域经济高质量发展综合考评结果和现场巡查排名情况。

3月11日，市政府召开2022年“中国农民丰收节”江西活动项目建设工作部署会。市委副书记、市长胡雪梅出席会议并讲话。她强调，要进一步增强紧迫感、使命感、责任感，充分运用以往成功经验，高质量完成各项筹备任务，确保办成一次展示景德镇农业特色、农村亮点、农民风采的盛大活动。会议对农民丰收节项目建设工作作了具体部署。市农业农村局、浮梁县和黑猫集团负责人先后作了表态发言。

3月14日，市委副书记、市长、市疫情防控指挥部指挥长胡雪梅主持召开全市疫情防控工作调度会。她强调，要按照习近平总书记关于坚决贯彻“外防输入、内防反弹”总策略和“动态清零”总方针的要求，把疫情防控放在首位，严格落实各项防控措施，确保守住不发生规模性反弹的底线。要进一步提高认识、查缺补漏，坚决落实好“快、早、严、少、够、实、准”，以临战的状态、高效的运转、务实的作风，全力保障人民生命安全和身体健康。

3月17日，在收听收看全国森林草原防灭火工作电视电话会和全省森林防灭火工作电视电话会后，市委副书记、市长胡雪梅立即组织召开全市森林防灭火暨安全生产防范工作电视电话会，安排部署相关工作。市委常委、常务副市长邓永翔主持会议，副市长江民强出席会议。会议就做好景德镇市森林防灭火和安全生产工作作具体部署。

3月30日，在收听收看全省防汛工作电视电话会议后，市第一时间召开全市防汛工作电视电话会议，安排部署相关工作。市委副书记、市长、市防汛抗旱指挥部总指挥胡雪梅出席会议并讲话。会上，胡雪梅还就当前疫情防控、清明节期间森林防火和安全生产工作进行部署。邓永翔就贯彻落实此次会议精神提出具体要求。

4月2日，全市招商引资重大项目“云签约”仪式举行。市委书记刘锋在景德镇主会场出席仪式并致辞，市委副书记、市长胡雪梅主持。市委常委、乐平市委书记林卫春，市人大常委会副主任、市委秘书长罗建国，副市长、高新区党工委书记罗文军，副市长高晓云，高新区管委会主任、昌江区委书记倪卫春出席。企业代表通过视频形式参加仪式并进行“云签约”。

4月24日，在收听收看了省疫情防控指挥部视频会后，市委副书记、市长、市疫情防控指挥部指挥长胡雪梅第一时间主持召开市疫情防控指挥部视频会议，分析当前景德镇市疫情防控形势，研究部署下一步工作。

4月25日，在收听收看国务院、省政府廉政工作会议后，市政府紧接着召开第一次廉政工作会议，市委副书记、市长胡雪梅出席并讲话。市委常委、市纪委书记、市监委主任廖良生讲话。市委常委、常务副市长邓永翔主持会议。副市长邹永胜、罗文军、徐辉、高晓云，市政府一级巡视员徐耀纯、张良华出席。

5月1日，市委副书记、市长胡雪梅主持召开全市安全生产专题部署会并深入现场调研，就全面抓好全市安全生产工作进行再部署、再推进、再落实。她强调，要认真贯彻落实习近平总书记重要指示精神，牢固树立“隐患不排查就是事故”的理念，坚持人民至上、生命至上，时刻绷紧安全生产这根弦，深刻汲取湖南长沙“4·29”居民自建房坍塌事故教训，全面排查各类安全隐患，严守安全底线，切实保障好人民群众生命财产安全。副市长、市公安局局长邹永胜，副市长徐辉分别陪同调研或出席会议。

5月19日，全市“三区三线”划定暨违法占用耕地整改工作部署会召开。市委副书记、市长胡雪梅出席会议并讲话。她强调，要深入贯彻习近平总书记关于国土空间规划和“三区三线”工作的重要论述，严守耕地保护红线，坚持系统思维，从战略和全局的高度扎实做好“三区三线”划定和违法占用耕地整改工作。市委常委、常务副市长邓永翔主持会议。高新区管委会主任、昌江区委书记倪卫春出席会议。

5月25日，在收听收看全国、全省稳住经济大盘电视电话会议后，市委副书记、市长胡雪梅立即组织召开全市稳住经济大盘电视电话会议，安排部署相关工作。她强调，要深入贯彻落实全国、全省电视电话会议精神，坚决落实党中央、国务院决策部署，全面贯彻新发展理念，努力实现投资、出口、消费“三驾马车”齐发力，农业、工业、服务业“三大产业”共推进，强攻二季度、确保双过半，坚定不移加快推动景德镇高质量跨越式发展。副市长江民强、邹永胜、罗文军、徐辉、高晓云出席会议。

5月27日，在收听收看全省自建房安全隐患排查整治工作电视电话会议后，市紧接着召开电视电话会议，对全市自建房安全隐患排查整治工作进行再部署。市委副书记、市长胡雪梅出席会议并讲话。她强调，要深入贯彻习近平总书记重要指示精神和李克强总理重要批示精神，按照省委、省政府工作要求，始终坚持人民至上、生命至上，扎实做好自建房安全隐患排查整治工作，以实际行动迎接中共二十大胜利召开。副市长徐辉主持会议。

6月20日晚，市委副书记、市长、市防汛抗旱指挥部总指挥胡雪梅参加全省防汛工作调度视频会并汇报景德镇市雨情、汛情、灾情及相关应对措施情况后，第一时间主持召开全市防汛工作紧急调度视频会，安排部署防汛抢险救灾各项工作。市委常委、军分区司令员孙安敏，市委常委、常务副市长、市防汛抗旱指挥部指挥长邓永翔，市人大常委会副主任徐九生，副市长、市防汛抗旱指挥部指挥长江民强出席会议。

6月21日下午，市委副书记、市长胡雪梅主持召开防汛救灾工作调度会。市委常委、常务副市长邓永翔，副市长江民强出席会议。会议听取全市雨情、汛情、灾情汇报，分析研判防汛形势，研究部署重点工作。

7月13日，在收听收看全省安全生产电视电话会议后，市紧接着召开全市安全生产电视电话会议，对安全生产等工作进行再部署、再强调、再落实。市委副书记、市长胡雪梅出席会议并讲话。市委常委、常务副市长邓永翔主持会议。副市长邹永胜、徐辉、高晓云出席会议。会上，胡雪梅还就严防学生溺水和疫情防控工作进行再重申和再部署。

7月28日，市政府党组全面从严治党形势分析会暨理论学习中心组集体学习会召开。市委副书记、市长、市政府党组书记胡雪梅主持会议并作总结讲话。邓永翔、邹永胜、罗文军、高晓云、张良华、高翔等市政府党组理论学习中心组成员出席会议。市纪委市监委有关人员到会指导。会议通报了市政府党组全面从严治党形势分析报告有关情况。随后，市政府党组成员围绕会议主题依次发言。

8月23日，市推进通航产业发展领导小组第一次会议暨2022中国航空产业大会（景德镇会场）执委会第一次会议召开。市委副书记、市长胡雪梅出席会议并讲话。副市长、高新区党工委书记罗文军主持会议。副市长高晓云出席会议。会议听取市通航办成立以来工作情况和2022中国航空产业大会（景德镇会场）筹备情况汇报，审议通过《2022中国航空产业大会（景德镇会场）实施方案》。昌飞公司、602所、江直公司、浮梁县政府、黑猫集团、市应急管理局、市委军民融合办等负责人先后发言。

8月27日，全省抗旱救灾会商调度会召开后，市委副书记、市长、市防汛抗旱指挥部总指挥胡雪梅立即召开全市抗旱救灾会商调度会，研究部署具体任务。副市长、市防汛抗旱指挥部指挥长江民强主持会议。胡雪梅就做好景德镇市抗旱救灾、疫情防控、安全生产、森林防火、防溺水等工作作出部署，江民强就贯彻落实好此次会议精神提出具体要求。

9月10日，召开市疫情防控指挥部调度会。市委副书记、市长胡雪梅出席会议并讲话。副市长江民强主持会议。会议认真听取了市疫情防控指挥部办公室推进疫情防控工作有关情况汇报，调度各县（市、区）、园区和市直有关部门疫情防控工作开展情况。

9月27日，景德镇航空产业发展交流座谈会在高岭·中国村村长学院召开，来自全国各地的航空产业重点供应商代表和落户景德镇的部分航空企业代表们齐聚一堂，共话友谊、共商良计、共谋发展。市委副书记、市长胡雪梅出席会议并讲话。中国直升机设计研究所所长许建华，高新区管委会主任、昌江区委书记倪卫春，昌河飞机工业（集团）有限责任公司副总经理邵剑锋，中国直升机设计研究所专务王林出席会议。副市长、高新区党工委书记罗文军主持会议。会上，许建华、邵剑锋先后作了发言。高新区管委会相关负责人介绍了景德镇市航空产业发展基本情况并解读相关招商引资政策；高新区企业家代表、参会供应商先后作交流发言。

10月10日，市常态长效创建全国文明城市工作指挥部指挥长会议召开。市委副书记、市长、市常态长效创建全国文明城市工作指挥部指挥长胡雪梅出席会议并讲话。市委常委、市委宣传部部长、市常态长效创建全国文明城市工作指挥部常务副指挥长林蓉主持会议，并对下一步工作进行全面部署。市委一级巡视员、市常态长效创建全国文明城市工作指挥部副指挥长刘朝阳，副市长、市常态长效创建全国文明城市工作指挥部副指挥长江民强、邹永胜、徐辉就各自分管工作提出明确要求。会议听取关于复评检查、2022年网报材料的情况汇报，以及非机动车、“空中乱象”、农集贸市场等整治工作的情况汇报，审议《整治非机动车交通违法行为的方案》《线缆“空中乱象”常态化整治提升工作方案》。

10月11日，市委副书记、市长胡雪梅主持召开全市政府性债务管理领导小组会议，对深化政府性债务管理和防范化解债务风险等工作进行再研究、再部署、再推进。国家试验区管委会专职副主任刘子力出席会议。会议传达学习习近平总书记关于防范化解债务风险的重要论述和有关文件精神，听取政府性债务管理工作有关情况汇报。

10月18日，2022年国家试验区建设第三次工作调度会在新城大厦召开。市委副书记、市长胡雪梅出席会议并讲话。副市长徐辉主持会议。国家试验区管委会专职副主任刘子力出席会议。胡雪梅认真听取了国家试验区管委会“一办五中心”和市直相关部门的工作情况汇报，集中调度国家试验区部省恳谈会和省领导小组会议的恳请事项落实情况。徐辉、刘子力就进一步做好国家试验区管委会“一办五中心”工作提出具体要求。

10月25日，市城市管理委员会2022年度第一次会议暨全市生活垃圾分类工作推进会召开。市委副书记、市长、市城管委主任胡雪梅主持会议并讲话。军分区政委卓健，副市长邹永胜、罗文军、徐辉、高晓云，市政府一级巡视员徐耀纯，国家试验区管委会专职副主任刘子力，高新区管委会主任、昌江区委书记倪卫春出席会议。会议传达学习习近平总书记关于城市管理工作的重要讲话、重要指示精神，听取年初以来城市管理和垃圾分类工作情况汇报，就做好城市管理和生活垃圾分类工作提出具体要求。

10月28日，市委副书记、市长、市政府党组书记胡雪梅主持召开市政府党组理论学习中心组集体学习会并讲话。副市长江民强、邹永胜、徐辉、高晓云，市政府一级巡视员徐耀纯，国家试验区管委会专职副主任高翔围绕学习贯彻落实中共二十大精神，结合思想和工作实际作交流发言。

11月3日，市委副书记、市长、市疫情防控指挥部指挥长胡雪梅主持召开全市疫情防控工作调度会。她强调，要深入学习贯彻中共二十大精神，特别是习近平总书记关于疫情防控的系列重要讲话和重要指示精神，认真落实党中央“疫情要防住、经济要稳住、发展要安全”的重要要求，着力补齐当前疫情防控的短板弱项，平战结合，持续攻坚，拧紧“外防输入、内防反弹”这根弦，全力守护瓷都安定祥和的社会氛围。

12月7日，全市2022年市县综合考核工作推进会召开。市委副书记、市长胡雪梅主持会议并讲话。副市长江民强、邹永胜、罗文军、徐辉、高晓云，国家试验区管委会专职副主任高翔，高新区管委会主任、昌江区委书记倪卫春出席会议。会上，高晓云就做好当前景德镇市市县综合考核工作提出具体要求。

12月14日，在收听收看省疫情防控指挥部会议之后，立即召开市疫情防控指挥部会议，对新形势新阶段疫情防控工作进行安排部署。市委副书记、市长、市疫情防控指挥部指挥长胡雪梅出席会议并讲话。副市长、市疫情防控指挥部副指挥长江民强主持会议。

重要决策

【印发《景德镇市生态环境保护“十四五”规划》】 1月18日，景德镇市人民政府印发该文件。文件明确了指导思想、基本原则和主要目标，通过坚持绿色低碳，推动经济社会高质量跨越式发展；推动“碳排放、碳达峰”行动，积极应对气候变化；加强协同治理，持续稳定环境空气质量；坚持“三水”统筹，巩固提升水生态环境质量；推进系统防治，提升土壤和地下水环境质量；打造美丽乡村，推进农业农村环境综合整治；加强生态保护修复，提升生态系统稳定性；强化环境风险管控，严守环境安全质量底线等方面提出具体工作举措，致力于全市生态文明建设实现新进步，美丽瓷都建设取得新进展。

【印发《景德镇市全民科学素质行动规划纲要实施方案（2021—2025年）》】 4月28日，景德镇市人民政府印发该文件。文件明确了指导思想和工作目标，通过聚焦重点人群，实施五项提升行动；突出供给侧改革，实施五项重点工程等方面分类提出具体工作举措，并明确各项工作职责单位，分工负责。

【印发《景德镇市妇女发展规划（2021—2030年）》】 5月11日，景德镇市人民政府印发该文件。文件明确了指导思想、基本原则和总体目标。文件从妇女与教育、妇女与经济、妇女参与决策和管理、妇女与社会保障、妇女与家庭建设、妇女与环境、妇女与法律等发展领域明确主要目标，提出具体策略措施，加强完善组织实施，做好监测评估工作，全面落实男女平等基本国策，促进妇女发展。

【印发《景德镇市儿童发展规划（2021—2030年）》】 5月11日，景德镇市人民政府印发该文件。文件明确指导思想、基本原则和总体目标，文件从儿童与健康、儿童与安全、儿童与教育、儿童与福利、儿童与家庭、儿童与环境、儿童与法律保护等发展领域明确主要目标，提出具体策略措施，加强完善组织实施，做好监测评估工作，全面提高儿童综合素质，培养造就德、智、体、美、劳全面发展的社会主义建设者和接班人，引领全市儿童勇担新使命、建功新时代。

【印发《景德镇市全民健身实施计划（2021—2025年）》】 5月11日，景德镇市人民政府印发该文件。文件明确指导思想和发展目标，从统筹推进全民健身场地设施建设、广泛开展全民健身赛事活动、加强全民健身社会组织建设、提升全民健身科学指导服务水平等方面明确工作任务，加强完善保障措施，推动全市全民健身高质量跨越式发展，更好满足人民群众的健身和健康需求。

【印发《景德镇市"十四五"残疾人保障和发展规划》】 7月25日，景德镇市人民政府印发该文件。文件深入贯彻落实习近平总书记关于残疾人事业的重要指示批示精神，强化建设普惠型的残疾人社会保障体系、建设可持续的残疾人就业创业体系等方面的重点任务，提出强化残疾人社会保障机制、促进残疾人及其家庭就业增收、推进残疾人特殊教育融合发展、增强残疾预防和康复服务能力、提升残疾人精神文化生活品质、着力优化残疾人平等参与环境等方面主要举措，加强实施保障，促进全市残疾人事业与经济社会协调发展，加快推进全市残疾人事业高质量发展。

【印发《景德镇市法治政府建设实施方案（2022—2025年）》】 9月28日，中共景德镇市委、景德镇市人民政府印发该文件。以深化"五型"政府建设为引领，通过依法全面履行政府职能，推动有效市场和有为政府更好结合；健全依法行政制度，推进政府治理规范化程序化、法治化；加快推进行政决策法治化，提升政府公信力和执行力；健全行政执法工作机制，推进严格规范公正文明执法；完善社会矛盾纠纷化解机制，促进社会公平正义；加强行政权力制约监督，促进行政权力规范透明运行等方面，提出工作举措，完善组织保障和落实机制，制定任务措施分工方案，为全面建设社会主义现代化国际瓷都提供有力法治保障。

【印发《景德镇市矿产资源总体规划（2021—2025年）》】 12月18日，经江西省人民政府同意，景德镇市人民政府印发该文件。文件详细阐述了景德镇市矿产资源的发展现状、形势要求和规划布局，明确了指导思想和基本原则，设置了规划目标与规划指标，从调查评价与勘查、开发利用与保护规划方面做好工作部署与管理，做好规划实施与保障措施，多层次、全方面助推我市矿业高质量发展，加快矿业绿色发展，支撑我市高质量跨越式发展战略，构建新发展格局。

建议提案办理

【概况】 市第十六届人大第一次、第二次会议上，代表们从全市经济发展、民生改善、社会稳定的大局出发，认真履行职责，积极建言献策，对政府工作提出了许多宝贵的、有针对性的建议，所提建议涉及全市经济社会发展各个方面，其中第一次会议转交市政府系统办理的建议111件、第二次会议转交市政府系统办理的建议65件、闭会期间人大代表建议1件。市政府对建议办理工作高度重视，第一时间将建议办理工作列入市政府常务会议审议，市长胡雪梅要求，要高度重视，改进工作作风，提高建议办理质量。

【承办结果】 第一次会议政府承办111件建议，均在规定时间办复，办复率达100%，从代表反馈意见来看，满意和基本满意率稳定在95%以上。办理结果为A类（意见得到采纳或所提问题得到解决或基本解决）60件，占承办总数54%；办理结果为B类（建议所提问题正在解决或列入规划逐步解决）45件，占承办总数的41%；办理结果为C类（建议所提问题因目前条件限制暂时无法解决）6件，占承办总数的5%。第二次会议政府承办65件建议，均在规定时间办复，办复率100%，从代表反馈意见来看，满意率和基本满意率稳定在95%以上。为了更加准确评价办理结果，进一步细化分类，由原来的

3 类细分为 7 类。办理结果为 A1 类 30 件，占承办总数的 46%；办理结果为 A2 类 7 件，占承办总数的 11%；办理结果为 A3 类 5 件，占承办总数的 8%；办理结果为 B1 类 15 件，占承办总数的 24%；办理结果为 B2 类 2 件，占承办总数的 2%；办理结果为 C1 类 1 件，占承办总数的 1%；办理结果为 C2 类 5 件，占承办总数的 8%。

市政协十四届第一次、第二次会议上，景德镇市广大政协委员围绕大局、关注民生，积极建言献策，形成一批高质量提案。市政府对提案办理工作高度重视，第一时间将提案办理工作列入市政府常务会议审议，市长胡雪梅要求，要高度重视，改进工作作风，提高提案办理质量。

第一次会议政府承办 183 件提案、5 件委员来信，均在规定时间办复，办复率 100%，从委员反馈意见来看，满意率稳定在 95% 以上。办理结果为 A 类（意见得到采纳或所提问题得到解决或基本解决）109 件，占承办总数 58%；办理结果为 B 类（提案所提问题正在解决或列入规划逐步解决）77 件，占承办总数的 41%；办理结果为 C 类（提案所提问题因目前条件限制暂时无法解决）2 件，占承办总数的 1%。

第二次会议政府承办 177 件提案，均在规定时间办复，办复率 100%，从委员反馈意见来看，满意率稳定在 95% 以上。按照市政协要求，为了更加准确评价办理结果，进一步细化分类，由原来的 3 类细分为 7 类。办理结果为 A1 类 102 件，占承办总数的 57.6%；办理结果为 A2 类 10 件，占承办总数的 5.6%；办理结果为 A3 类 11 件，占承办总数的 6.2%；办理结果为 B1 类 40 件，占承办总数的 22.6%；办理结果为 B2 类 7 件，占承办总数的 4%；办理结果为 C1 类 6 件，占承办总数的 3.4%；办理结果为 C2 类 1 件，占承办总数的 0.6%。

（李悦欣）

人事人才

【概况】 2022 年，人才人事工作持续推进人才队伍建设，聚焦目标任务，突出工作重点，加快构建体制活、政策优、环境好的人才生态，不断提高人事管理法治化科学化水平。加强高层次人才选拔培养，全年刚性引进人才 549 人，其中硕士以上人才 195 人。2 人获国家技能人才领域最高政府奖项，其中“中华技能大奖”1 人，“全国技术能手”1 人；3 人全部考察通过；推荐省“双高”人才工程 9 人，4 人入选；推荐“赣鄱工匠”3 人、“能工巧匠”8 人。选拔市级政府特殊津贴 40 人、市级“双高”人才工程 39 人。完成职称评审和考核认定工作，评审通过 1038 人，考核认定通过 253 人。完成 2022 年考试工作任务，全年共成功组织 11 场大型的人事考试，共设置考场数 1048 个，参加考试总人数达 3.13 万人。

【“三支一扶”人员招募】 2022 年，共招募 43 名政治素质好、专业知识扎实、富有奉献精神的“三支一扶”人员到农村基层服务，其中支教 12 人、支农 8 人、支医 17 人、水利 1 人、帮扶乡村振兴 4 人、就业和社会保障服务平台 1 人，全年招募 66 人，其中离岗 5 人、服务期满 61 人、经考核，期满合格 60 人，1 人考核不合格。全年共派遣 9 名人员参加一期全省统一组织的“三支一扶”人员能力提升专项计划示范培训班，在拓宽高校毕业生就业渠道、培养青年人才、促进新农村建设等方面发挥了积极作用。

（付　帅）

【事业单位招聘】 2022 年，共完成五批次的事业单位公开招聘工作，计划招聘 1235 人，实际完成招聘人数 838 人，其中博士研究生 6 人。

（戴　戎）

【高层次高技能人才平台建设】 2022 年，景德镇市江西宏柏新材料股份有限公司获批国家级博士后科研工作站，景德镇御窑博物院申报省级博士后创新实践基地；组织推荐 2 家省级高技能人才培训基地、3 家省级技能大师工作室。成立高层次人才联谊会，在引才引智、智库服务、学术交流、联络联谊、人才服务等方面发挥积极作用。争取省人社厅 2000 万元就业补助资金支持，打造中德（景德镇）工业 4.0 高技能人才培训共建共享基地，并投入试运营，月均培训 1000 人次。进一步加强对外交流与合作，搭建国际陶瓷人才研学游中心；市高级技工学校成功升格陶瓷技师学院，全市职业教育事业发展开启了新的里程碑。

【举办 2022 年省“振兴杯”陶瓷行业职业技能竞赛】 8 月 27—28 日，在景德镇陶瓷技师学院成功举办 2022 年省“振兴杯”陶瓷行业职业技能竞赛暨“高岭杯”第八届全国陶瓷职业技能江西赛区选拔赛，全省共有 156 名选手参赛角逐，景德镇市有6名选手获“江西省技术能手”称号，32人获“景德镇市技术”能手称号。

（袁　园）

退役军人事务

【概况】 2022年以来，景德镇市退役军人事务局（以下简称市退役军人事务局）以退役军人为中心，坚持强基础、保稳定、落政策、扩就业、扬正气、创特色，围绕“强化基础建设、守牢稳定底线、提高创新创业、展现瓷都特色”目标，深化拓展“尊崇工作法”，更加重视打基础抓落实，积极开展各项工作，取得了一定成效。2022年，景德镇市退役军人工作综合考核满分，被评为全省先进单位。

【市委退役军人事务工作领导小组2022年全体会议】 5月12日，市委书记、市委退役军人事务工作领导小组组长刘锋主持召开市委退役军人事务工作领导小组2022年全体会议。会议审议并原则通过《市委退役军人事务工作领导小组2022年工作要点》一系列文件，为全市退役军人工作指明方向，凝聚做好退役军人工作的强大合力。中共二十大召开之后，全系统把学习宣传贯彻中共二十大精神作为首要政治任务，通过宣讲辅导、专题培训、交流研讨等形式，迅速掀起学习贯彻热潮，有力地推动了习近平总书记重要指示批示及党中央、省市委决策部署落地落实。

【成功申报创建全国示范型退役军人服务中心（站）】 2022年，成功申报创建全国示范型退役军人服务中心（站），全市4个县级服务中心、56个乡镇级服务站和6个300人以上村级服务站，全部达标并通过省级复审实地验收。市“新长征”退役军人志愿服务队不断壮大，从成立之初的退役军人志愿者队伍，到开展各类志愿服务活动超600次。“新长征”志愿服务队在街头巷尾、乡村田间、厂房车间开展的各项活动，凸显退役军人服务社会的作用，群众自发地“尊崇”退役军人。特别是12月初，由退役军人组成的“新长征”退役军人志愿服务队积极参加疫情防控工作，获得一致好评。

【常态化开展党员退役军人教育管理】 2022年，市退役军人事务局依托村（社区）退役军人服务站，开展重温入党誓词、参军誓词活动，坚持每周组织一次退役军人教育。摸清退役军人投身乡村振兴基本情况，助力优化营商环境双一号改革工程。全市有些退役军人成功创业，有些返乡投资，达成返乡投资意向；有些退役军人在村居“两委”任职，有书记主任“一肩挑”和村居两委委员，退役军人在乡村振兴中的作用不断增强。戴紫燕、王立峰等全省、全市最美退役军人积极发挥示范引领作用。

【移交安置】 2022年，全市为计划安置的转业军官提供17个党政机关行政岗位供选择，为符合安置条件的退役士官提供87个事业单位岗位（其中68个全额拨款单位）、在全省率先完成安置任务，连续7年实现省委、省政府提出的军转干部安置“两个保持”目标，达到“三满意”（部队满意、退役军人满意、接收单位满意）。接收军休人员，其中包括伤残人员，符合政策条件的，做到随到随接，受到部队好评。接收逐月领取退役金转业军官，及时办理落户手续，按期审核和发放退役金。全市各级、各部门高度重视退役军人安置工作，纷纷主动向退役军人事务部门了解退役军人情况，不少单位来函来电表示愿意拿出岗位接收退役军人，市中级人民法院主动向省委编办申请三个编制，用于接收安置转业军官。市交通运输局所属事业单位主动要求接收转业军士，退役军人安置由过去的“压任务”变为现在的“主动要”。

【就业创业】 2022年，市退役军人事务局开展“线上＋线下”招聘活动。在线上举办“牵手企业、尊崇送岗”2022年景德镇市退役军人线上专场招聘会，提供1508个岗位。常态化开展就业帮扶工作，走访退役军人企业家，全面摸清退役军人企业类型、规模，有针对性地开展“退役军人个体工商户服务月”活动，协调九江银行景德镇市分行为退役军人推出申请审批高效及利率低的“退役军人贷”创业贷款项目。高标准组织全市退役士兵参加2022年度适应性培训，参训率达到100%。高质量完成全市承训机构申报工作，确定景德镇市高级技工学校等7所机构为景德镇市退役军人就业创业培训承训机构。高效率完成参加全市高职扩招退役军人身份核查认定工作。扎实开展“送政策”进军营活动，为即将面临退役官兵们宣讲军人退役一系列政策。

【优抚政策】 高标准完成优抚对

象年度确认工作，为享受抚恤补助的优抚对象，及时、准确、足额按月发放抚恤补助。全面启动优待证申领工作，截至12月31日，完成建档立卡、申领优待证、通过审核、发放优待证。持续开展信息采集和悬挂光荣牌工作，为全市退役军人和其他优抚对象采集信息，发送“光荣牌”。做好伤残等级调级、落户和重点优抚对象医疗保障工作。

【军民团结】 紧扣“双拥模范城（县）”创建，扎实开展双拥工作。春节和“八一”建军节期间，市委、市政府主要领导带队开展走访驻景部队，全市各级党委政府走访慰问省军区以及驻市部队，慰问物品（折合慰问金）；慰问景德镇籍现役军人家属，发放慰问金；全市发放各类年画、慰问信、对联。扎实开展“双拥模范城（县）”创建届中考评工作，完成2022年度景德镇市“最美军嫂”评选工作。全年为现役军人家庭送去立功喜报、发放慰问金。对符合条件的随军家属发放未就业生活补助费。持续引导开展“满怀忠诚讲尊崇、千行百业共拥军”活动，全市各行各业共同参与尊崇军人、退役军人，积极与拥军门店企业签约，形成优待清单。发挥关爱退役军人协会桥梁作用，8月31日，联合关爱退役军人协会，举办“金秋助学”活动助学金发放仪式，困难退役军人大学生获得资助。

【尊崇英烈】 清明节前夕，市退役军人事务局开展主题祭英烈活动，提供“四个一”祭扫服务（为每个烈士墓擦拭一遍墓碑、敬献一束鲜花、拍摄一组照片、给

副市长江民强发放优待证

烈属打一通电话）。全市4万余人参与“2022·奋进·网上祭英烈活动”，全市各级各部门组织开展群体性祭扫纪念活动493场次，2.2万余人参加现场祭扫，代烈属祭扫烈士墓443座，祭扫烈士667名。组织市“四套班子”领导及市直机关各单位，老干部、烈属、驻市部队等各行业代表1000余人参加烈士纪念日向人民英雄敬献花篮仪式。同日，4个县（市、区）分别在所辖烈士陵园同步举行烈士纪念仪式，参加总人数达3000余人。深入开展革命英烈后代关爱活动，全市各级走访慰问烈属28户，发放慰问金（物资）2.3万余元，组织协调14名烈属参加庐山疗养。深入昌江区、浮梁县、乐平市为15户、23名烈士家属进行义诊。认真部署烈士寻亲活动，为7位烈士寻亲成功，圆了烈属多年寻亲梦。加强烈士纪念设施管理保护，全市完善烈士信息5069条，核对纪念设施867个。完成集中迁移零散烈士墓334座，就地整修191座，实际支出资金303.92万元。

（孙　静）

外　事

【概况】 2022年，召开市委外事工作委员会第四次会议，传达学习习近平外交思想和省委外事工作委员会第五次会议精神，总结2021年全市外事工作，审议并原则通过《市委外事工作委员会2022年工作要点》。常态化开展涉外疫情防控工作，推荐景德镇陶文旅控股集团、江西昌河阿古斯特直升机有限公司、益乐中润漂白土科技有限公司3家涉外企业列入全省首批涉外企业外国人来华邀请“白名单”。受理邀请外国人来赣7批、13人次，帮助涉外企事业单位复工复产。筹划并举办2022全球先进陶瓷暨高科技产业发展大会。邀请前外国政要，国际组织和商协会负责人，专家学者和康宁国际、圣戈班陶瓷材料等10家500强，宁波江丰电子材料、山东硅元新型材料等60余家先进陶瓷头部企业，以及IBM、液化空气等其他高科技龙头企业高管，16家国际商协会组织高管、专家学者以及景德镇市先

进陶瓷企业代表160余人参会。新加坡驻厦门总领事吴俊明、保加利亚驻上海总领事斯帕索夫、俄罗斯驻广州总领事切尔诺乌索夫、日本驻上海总领事赤松秀一、泰国驻厦门副总领事冰忆莲等驻华使节应邀赴景参加2022中国景德镇国际陶瓷博览会。通过涉外视频会议系统，与日本濑户市以及韩国利川市召开中日韩三方工作会议，与友好城市意大利法恩扎市举行线上会谈，进行深入沟通交流。

外事工作

【胡雪梅会见参加“多彩中国佳节好物”文化和旅游贸易促进活动驻华使节】 7月20—22日，泰国驻厦门总领事馆马家汉总领事、韩国驻武汉总领事馆郑中燮领事等应邀前来参加在景德镇市举办“多彩中国 佳节好物”文化和旅游贸易促进活动（陶瓷文创专题）。21日，市长胡雪梅会见使节团一行，介绍景德镇市试验区建设相关情况，并对泰国驻厦门总领事馆以及韩国驻武汉总领事馆对景德镇市国际交流工作支持表示感谢，希望在两个领事馆帮助下，能够进一步深化与泰国、韩国友好交往。马家汉总领事、郑中燮领事表示景德镇市人文底蕴深厚，风景秀丽宜人，是一座值得一来再来城市，将积极推动景德镇与泰国、韩国的联系，促进文化交流，拓展合作领域，实现人心相通。

【省领导会见2022中国景德镇国际陶瓷博览会参会驻华使节】 11月8日，新加坡驻厦门总领事吴俊明、保加利亚驻上海总领事斯帕索夫、俄罗斯驻广州总领事切尔诺乌索夫、日本驻上海总领事赤松秀一、泰国驻厦门副总领事冰忆莲等驻华使节应邀赴景参加2022中国景德镇国际陶瓷博览会。省领导在景德镇市会见前来出席2022中国景德镇国际陶瓷博览会外国驻华使节。

【刘锋会见挪威驻华大使白思娜】 11月14日，市委书记刘锋会见挪威驻华大使白思娜一行，双方就进一步深化拓展景德镇与挪威在文化交流、经贸往来、人才教育等领域的合作交换意见。挪威驻华大使馆经济参赞谢喆，景德镇陶瓷大学党委副书记、副校长吕品昌，市人大常委会副主任、市委秘书长罗建国，副市长高晓云一同会见。

【市委外事工作委员会第四次会议召开】 4月14日，市委外事工作委员会第四次会议召开。会议传达学习有关会议精神，听取有关汇报，审议有关事项。市委书记、市委外事工作委员会主任刘锋主持会议并讲话。

市委副书记、市长、市委外事工作委员会副主任胡雪梅，市人大常委会副主任、市委秘书长、市委外事工作委员会委员罗建国，副市长、市委外事工作委员会委员高晓云出席。

刘锋在讲话中要求市外事单位，依托陶瓷文化等特色优势，打造好景德镇特色外事品牌，积极宣传推介景德镇，扩大国际影响力。要加强对外经贸交流，统筹整合好全市外事工作资源，扩大经贸合作“朋友圈”，有针对性开展先进陶瓷和高科技产业海外招商。要加强国际友好城市交往，加强与友好城市文化、教育、科技、经贸交往，走出具有景德镇特色的国际友好城市交往新路。

【参与《美丽江西秀天下》图片展】 8月22日，由中国驻保加利亚大使馆和江西省人民政府外事办公室共同主办、索非亚市政府协办的《美丽江西秀天下》图片展在索非亚市情人桥开幕。本次图片展人文历史部分展示了多幅景德镇陶瓷制作、陶瓷艺术图片。

【胡雪梅视频祝贺意大利法恩扎市阿吉拉陶瓷艺术节开幕】 9月1日，意大利法恩扎市阿吉拉陶瓷艺术节盛大开幕，开幕式上市长胡雪梅致祝贺视频，在此次艺术节展厅，以视频和图片的形式展示景德镇的城市风光和陶瓷文化。

【景德镇市国际友城为瓷博会发来视频祝贺】 为庆祝2022年中国景德镇国际陶瓷博览会开幕，友好城市日本濑户市和韩国公州市、英国特伦特河畔斯托克市、芬兰罗瓦涅米市通过录制视频方式在开幕式上进行祝贺和友好交流。

【胡雪梅出席参加第23届中日韩友好城市交流大会】 11月4日，由江西省人民政府、中国人民对外友好协会、日本自治体国际化协会、韩国市道知事协议会共同主办第23届中日韩友好城市交流大会在江西省南昌市举办，市长胡雪梅作议题发言，友好城市日本濑户市、韩国利川市、韩国公州市在线上共同参与，实现中日韩友城云端对话。

【景德镇市参加第三届中意友城合作对话会】 11月23日，由中国人民对外友好协会主办的第三届中意友城合作对话会以视频方式成功举行。景德镇市与友好城市意大利法恩扎市代表参加会议，开展友好合作交流。

主要外事成就

【举办2022全球先进陶瓷暨高科技产业发展大会】 11月10日，2022全球先进陶瓷暨高科技产业发展大会在景德镇市召开。大会邀请前外国政要，国际组织和商协会负责人，专家学者和康宁国际、圣戈班陶瓷材料等10家500强，宁波江丰电子材料、山东硅元新型材料等60余家先进陶瓷头部企业，以及IBM、液化空气等其他高科技龙头企业高管，16家国际商协会组织高管、专家学者与景德镇市先进陶瓷企业代表共计160余人参会，探讨国际先进陶瓷产业发展，搭建景德镇全球招商引资平台，助力景德镇打造全球先进陶瓷产业发展中心，全面配合“一带一路”倡议和景德镇国家陶瓷文化传承创新试验区建设。

【三家企业获批列入全省涉外企业外国人来华邀请“白名单”】 积极向省外办推荐景德镇陶文旅控股集团、江西昌河阿古斯特直升机有限公司、益乐中润漂白土科技有限公司3家涉外企业，并获批列入全省涉外企业外国人来华邀请“白名单”。

【中日韩友好城市联合摄影展有序开展】 11月底，为进一步深化东亚陶瓷城市之间协同配合，景德镇市与日本濑户市、韩国利川市组织举办中日韩友好城市联合摄影展，濑户市和利川市展览开幕。 （黄志超）

巩固脱贫成果及乡村振兴

【概况】 2022年，景德镇市乡村振兴局把巩固拓展脱贫攻坚成果同乡村振兴有效衔接，强化“过渡期”政策，严格“四个不摘”要求，有力推动巩固拓展脱贫攻坚成果同乡村振兴有效衔接各项责任、政策和工作落实。

【推动乡村振兴政策举措落地落实】 5月10日，市乡村振兴局出台《景德镇市2022年巩固拓展脱贫攻坚成果同乡村振兴有效衔接实施意见》，对全市巩固拓展脱贫攻坚成果作出总体部署；加强与市级有关部门统筹对接，推动抓紧制定出台配套政策，联合相关行业部门对现有健康、教育等30余项政策逐项分类优化调整，完善政策“工具箱”，确保政策不留空白、工作不留空档。

【构建各负其责、合力推进乡村振兴工作体系】 7月8日，成立市巩固拓展脱贫攻坚成果衔接推进乡村振兴工作领导小组，市委、市政府领导任“双组长”，市直部门为成员单位，强化统筹协调，定期调度推进工作。各县（市、区）均成立相应领导小组、联席会议或专项机制，构建“责任清晰、各负其责、合力推进”工作体系。市委召开市委常委会、市政府召开市政府常务会、市委理论学习中心组集体学习会议，深入学习贯彻习近平总书记关于“三农”工作重要讲话精神，研究部署和调度推进巩固拓展脱贫攻坚成果同乡村振兴有效衔接工作。

【及时监测帮扶效果】 在“三线预警”机制的基础上，建立“四必”提前预警机制，紧盯因汛情、旱情受灾人口，做到应纳尽纳、应扶尽扶，全市累计动态识别监测对象764户1964人；按照“缺什么补什么”的原则，分层分类、因户施策制定落实具体帮扶措施，守住不发生规模性返贫的底线；2022年，全市脱贫人口人均纯收入达到18165.14元，同比增长11.5%。通过常态化开展预防返贫监测和帮扶，对脱贫户和监测对象的“两不愁三保障”情况定期排查监测，全市脱贫人口和监测对象在控辍保学方面没有出现问题，全部参加医疗保险。36户脱贫户和监测对象危房改造已经全部完成。义务教育、基本医疗、住房和饮水安全保障水平持续提高。

【增强就业促脱贫】 2022年，加强劳务输出服务，完善园区企业、产业基地、帮扶车间、专业合作社、公益岗位等就近就业平台，进一步拓渠道、稳岗位、促增收。截至12月，全市就业外出务工12075人，就业人数占脱贫劳动力总人数81.33%，较2021年增长6.22%。

【产业帮扶助发展】 将中央财政推进乡村振兴补助资金的55%以上用于支持帮扶产业发展，全市带动经营主体1079个，直接带动脱贫户和监测对象9747户，直接带动脱贫户和监测对象就业2512人。全市村级扶持产业基地757个，直接带动脱贫户和监测对象10179户，较2021年底相比，昌江区新增12个，乐平市新增46个。全市巩固拓展脱贫攻坚成果任务的村建扶持产业基地比例超过90%，全市已建扶持产业基地“十四五”重点帮扶村比例也在90%以上。

【合力推动各项保障到点到位】争取财政支持，下达2022年度中央、省财政衔接推进乡村振兴补助资金，市级巩固拓展脱贫攻坚成果和乡村振兴项目库入库项目766个，资金27976.105万元，纳入年度计划项目712个，项目开工712个，开工率100%，资金支出23800.07万元，支出率100%。

【加强帮扶队伍建设】10月9—12日，全省巩固拓展脱贫攻坚成果推进乡村振兴专题研讨班在浮梁县高岭中国村成功举办。2022年，"十四五"省、市定乡村振兴重点帮扶村和红色名村全部选派驻村第一书记和工作队。市直单位选派107名干部（含第一书记）驻村帮扶，持续推进"万企兴万村"行动和帮扶产品"六进"行动，打造稳定的帮扶产品销售平台。

【县级领导带队督查】根据《2022年度景德镇市巩固拓展脱贫攻坚成果督导工作方案》，每月由一名县级领导带队开展常态化督导，督导各地各部门巩固拓展脱贫攻坚成果同乡村振兴有效衔接各项政策举措落地生根。

（韩　青）

政务服务

【概况】2022年，市政务服务数据管理局办理市本级办理政务服务事项1567250件，同比增长51%；市公共资源交易中心完成交易477项，总交易额236.03亿元，为政府增收节支16.02亿元，增收节支率6.36%；市12345政务服务便民热线管理中心受理诉求26.72万件，同比增长142.68%，办结率100%，满意度96%以上，"12345"热线破解工单交办难做法获省领导批示肯定；市政务服务代办中心推动"惠企通"企业注册率超103%，全省排名第二位；营商环境考核政务服务指标达到了预期目标，"赣政通"领导工作台做法在全省"赣服通5.0、赣政通2.0"发布会上获得经验展示。先后获评市政协先进提案承办单位、2021年度全面依法治市考评优秀单位、法治政府建设考评优秀单位、公共机构节能工作考评优秀单位、全市平安建设先进单位、第十六届江西省文明单位、第十七届市文明单位、市政务服务中心获评2021年度全省政府系统"五型"政府建设先进集体,2022年全省政务数据共享应用观摩优秀示范案例。

【打造"两大品牌"】打造"景快办"服务品牌，"瓷都小赣事"帮代办品牌。2月23日，提请市委深改委会议审议通过《关于持续深化"放管服"改革全力打响"景快办、办德好、镇暖心"营商环境品牌的实施方案》(以下简称《实施方案》)，打造"景快办"服务品牌。《实施方案》围绕着江西办事"四个要求"，提出16条工作举措，"景快办、办德好、镇暖心"服务品牌；率先在全省设立帮代办机构，打造"瓷都小赣事"帮代办品牌。组建助企纾困、便民暖心、全科服务三支帮代办队伍，搭建"两横一纵"帮代办网络，梳理公布重点企业、重大投资项目、"景漂景归"人才、特殊群众四大类帮代办服务事项，实现"e+12345热线线下窗口"全覆盖、全天候服务。全年为办事群众提供免费帮代办服务3万余人次，帮扶市场主体12.6万余家。

【协调推出多项改革举措】工程建设项目审批"超时默许制"，覆盖19个市直部门59个审批事项，事项精简率25%，审批工作日由120个压缩至41个，压减率66%，审批逾期率直降至零；行政监管领域"首违微违免罚"，公布479条"首违轻微免罚"事项清单，200余家市场主体和3万人次机动车驾驶人享受"首违不罚""轻微免罚"政策，免罚金额达850多万元;"出生一件事"改革，完成公安、卫健、医保、人社等部门数据资源深度融合共享，实现线下"基层派出所+政务大厅"窗口秒批秒办、"一证全市通办"和"只跑一次"，获得国家公安部2022年全国公安机关基层改革创新大赛优秀奖；"企业开办一件事"改革,推行"拿照即拿章""惠企大礼包"、新办企业首套7枚印章刻制免费等便利化服务，实现企业登记注册、申领发票、就业及参保登记等事项一个环节、一套材料，全流程1个工作日内办结；工程建设领域全流程电子化试点，在工程建设领域全面推广电子证照应用，对建筑工程施工许可证、房地产开发资质、建筑企业资质、建筑工程消防设计审查、消防验收等一批常用的证照实行电子化，覆盖42个审批事项，完成347个建筑工程施工许可证制发，下发电子证照2086本。

【夯实三个平台】夯实"赣服通"应用平台，推进"赣服通"5.0版上线,完成"一件事一次办""秒批秒办""赣通分""一照通证"等专区建设，打通"赣政通""赣服通”服务通道，推进落实“前店后厂”政务服务新模式，实现460个行政许可事项掌上可办，40个事项智能辅助审批，15个事项秒批秒办，40个机关内跑事项“前店后厂”办理；夯实“一窗式”综合服务平台。全面完成市县两级自建业务系统与“一窗式”综合服务平台对接使用，一窗系统平台部署实现市县乡三级全覆盖，全市54个乡镇（街道）便民服务中心完成“分散受理”向“综窗受理”转变，综合窗口合规率达100%；夯实公共资源交易平台。强力推动交易平台整合共享,做到“平台之外无交易”，开辟“不见面交易政采专厅”，建设政采非招不见面开标询标系统，率先在全省上线运行“不见面开标系统+远程异地评标”服务模式，交易软硬件提档升级。

【实施“五朵云”服务】通过筛选“云资源”项目，组织项目建设单位、承建单位召开多轮座谈会，梳理出全市在基础设施、政务服务、民生领域等41个数字政府建设项目，其中22个纳入2022年度计划，重点完成项目9个，通过多轮商谈，为政府节约项目计划资金3000万元。强化“云证照”应用，电子证照种类由2021年的120种增加到248种，市级政务服务中心通过一窗式综合服务平台可实现671个政务服务事项涉及的48种常用电子证照的授权调用，办事群众可通过“刷脸”“亮码”“扫码”授权获取，实现“免证办”。开通“云印章”功能。完成搭建景德镇市电子印章平台，在赣服通景德镇分厅上线“景E签”专区，积极推进电子印章申领及应用。申领电子印章企业及个体38344户，较2021年增加33519户，申领率由6.45%增长到51.22%，全省排名第四位；新增帮代办授权书签署、住建网签备案合同签署、不动产登记档案查询结果签章4个电子印章应用场景。提升“云共享”能力。58个部门在大数据管理基础平台发布信息资源目录2550个，较2021年（498个）增加2052个；挂接数据资源3921个，较2021年（627个）增加3294个。建好“云领导工作台”。围绕市领导关心的12345热线工单问题、工程建设项目“超时默许制”工作和“企业安静期”制度执行情况，依托“赣政通”平台，接通相关业务审批系统，开发集工作进展、数据分析、辅助决策于一体的“赣政通App”领导工作台，相关部门领导、市领导在“赣政通”平台注册登录后，便可在手机上实时查看以上工作的进展和落实情况，推动市级重点工作移动办、即时办，大大提高了领导办公效率和便捷度。

【抓实营商环境“四大”行动】开展政务服务满意度一等地区建设行动。从一等的政务服务体系、举措、支撑和保障四个方面提升工作水平，大力推进“一网通办”“一件事一次办”“一窗通办”“跨区通办”为主要内容的四办改革，依申请政务服务事项“网上可办率”达92.38%，较2021年（22%）增加70.38个百分点。“一网通办”率达100%较2021年（16%）增加近5倍；赣服通上线政务服务事项1196项，“掌上办”可办率为35.4%，较2021年（2.37%）提升33个百分点。完成市县两级依申请政务服务事项总数1446项，实现市内通办事项1417项，占比达97.99%，较2021年增加1315项，提升率90.79%。开展中介服务规范治理专项行动。围绕中介服务机构脱钩改制、中介服务收费等四个方面情况，向社会征集问题线索6条，推动82家涉审中介服务机构全面完成脱钩改制，不断规范中介服务行为。推进落实“一网选中介”工作部署，全年入驻网上中介服务超市的中介机构达142家，项目业主1690家，发布采购项目1759个，同比分别增长80%、438%、294%，节约财政性资金506万元，项目业主入驻数全省居第四位。开展惠企政策兑现机制改革行动。出台惠企政策兑现机制改革行动方案，构建“线上一网、线下一窗”惠企资金兑现“直通车”机制。协助税务部门完成涉税惠企资金兑现41.54亿元，兑现进度全省排名第二位，惠及企业5万余家。上线“惠企通”平台，注册企业39408家，注册率103.01%，全省排名第二位，上线惠企事项471个，兑现惠企奖补金额35682万元，惠及企业839家。开展告知承诺制改革行动。梳理明确了104项行政权力实施告知承诺制，办理清单内行政事项22358件，其中8229件采取告知承诺制，以承诺书代替证明事项数量26037个，占比36.8%。在涉企经营许可事项告知承诺制方面，率先在全省开展低风险食品生产经营许可告知承诺制改革，发放许可证书2286件。

【畅通企业群众诉求热线渠道】8月23日，完成全市数据汇聚任务，实现与省热线的互联互通。完成热线归并和汇聚改革。在全面完成省政府要求归并11条热线任务基础上，完成热线双号运行改革9条，进一步整合优化全市政务服务便民热线资源，畅通诉求渠道，提高政府便民利企服务水平。完成“12345”热线与110报警服务台对接联动改革。按照省政府统一部署，110报警台原受理10大类162细类项诉求逐步转由“12345”热线办理，提升协同服务效能。设立“人才江西”热线服务专席。加大对涉人才类诉求的办理，全年办理人才类诉求2件，办结率100%。高效办理“问政江西”诉求。锚定“高效办理、最好成效”目标，紧盯市场主体和群众反映突出问题推动诉求办理落实，办理及时回复率、网评满意率稳步提升，三季度位居全省前列。加强调研分析，做好领导“智参谋”。加强数据分析，推进市县联动，通过多渠道汇聚数据并开展分析研判，撰写热线分析报告12期，提出意见建议5条，为党委政府科学决策提供重要依据，解决一批热线运行管理中的问题。

【实施诉求办理智能化系统建设】 打造“12345”热线“政务服务新淘宝”，建成启用“12345”热线全流程跟踪反馈信息化系统，提高诉求办理效能，工单数据分析能力显著增强，督办能力明显提高，诉求及时办结率提升至99%，增强企业群众的获得感、满意度，成为企业群众信赖的“民心工程”。启用推卸工单办理App。建立专门针对难于交办工单办理的App，适时显示推卸、推诿工单情况，设置市领导和各级各部门主要负责人点击权限。单位领导针对推卸工单进行沟通、协调，促进热线工单顺利办理；对涉及多部门复杂工单，市领导拍板确定办理单位，形成市领导高位推动、各级各部门领导参与沟通协调的推卸工单交办机制。全市这一做法得到省政府充分肯定，10月27日，江西省委常委、省政府党组副书记、常务副省长梁桂在《江西12345政务服务便民热线季报》上作出批示，在全省推广。

【实施群众满意率提升工程】 开展“三大行动”提升热线满意率，助力营商环境优化升级。开展满意度“拧干水分”行动。通过热线回访对办理单位重答复、轻办理和“被满意”进行核实，“拧干”虚高“水分”，对核实出的不满意诉求，发回再办理，“拧”出“水分”1500件，列入二次督办，办结率93%。开展“清仓见底”行动。加大对“12345”热线、“问政江西”等遗留问题办理，做到不留一件，不落一事，向企业群众交代，对历史负责，全面清理“问政江西”遗留问题40件。开展“破冰化雪”行动。“12345”热线积极主动融入“一号改革工程”投诉举报中心工作中，对一批“骨头案”“钉子案”，敢于较真碰硬，“破除坚冰、化除积雪”，一办到底，办理一批省媒体曝光、影响面较广、涉及资金较大的疑难复杂诉求。

【持续推进文明创建工作】 积极宣传创建知识，在大厅内设立节能、禁烟、安全等标识牌，开展“做文明有礼瓷都人”、文明旅游、文明餐桌、文明交通、“讲文明树新风”等公益活动，提高创建知晓率和认可度。做好必检点点位管理，按照“全覆盖、不定期、多批次”的考核要求，对基础设施、公共秩序、指示标志等进行查漏补缺。作为窗口服务环境专项整治行动的牵头单位，不定期对12家窗口责任单位30多个实地点位反复开展督查、督导，确保点位不失。做好志愿服务。实行全员上岗、轮岗排班，领导班子带队，开展健步走、文明交通、社区帮扶等志愿服务，派出志愿者1000余人次。深化巩固共建社区及其背街小巷综合整治成果，避免“脏乱差”、占道经营等突出问题回潮，配合淘金岭社区扎实开展综合治理提升行动。全年获红榜通报表扬8次。

【助力乡村振兴工作】 先后6次召开党组会，听取柏林村驻村工作汇报，每季度实地调研考察帮扶工作，落实一对一结对帮扶举措，在每年春节、端午等传统佳节送去大米和食用油等慰问品。帮扶解决黄花菜种苗资金20万元，直接增加300多名农民就业，安装太阳能路灯120余盏，改善14个村民小组的夜间照明，帮助解决“新时代文明实践站”结对共建帮扶资金3万元，解决柏林村“四好农村路”建设资金20万元，切实提高了该村人居环境水平。 （徐　锋）

机关事务管理

【概况】 2022年，市机关事务管理中心以国家陶瓷文化传承创新试验区建设为统领，全力实施“五新”战略行动，弘扬新时代江西机关事务精神，对标先进，勇争一流，为全面建设社会主义现代化国际瓷都贡献机关事务部门力量。全面实施发展中心西迁集中办公工作，党政机关办公用房管理总体效能全面提升，变“城南城北”为“楼上楼下”，变“高额租房”为“免费用房”，确保“调整一次，方便一片”。各种配套设施建设到位，围绕市发展中心打造的10分钟“绿色生活圈”成效显现，干部职工幸福指数持续攀升。

【为职工办实事】 以“智慧食堂”引领智能化消费体验，升级改造餐卡消费系统，开通“一卡通”服务，提高职工就餐效率。幼教服务量质双升，开设托幼班，增设临时托管、延时服务等，深化办学特色，开展教师五项技能评比、评选岗位之星和优秀班级、各种主题节日等活动，办园办学成效得到家长一致认可。

【统筹兼顾办公用房管理】 统筹调配腾退办公用房。调剂办公用房33处，建筑面积15.3万平方米，从办公用房、幼儿教育、社区党建等六个方面进行处置利用。保障了国家陶瓷文化传承创新试验区“一办五中心”集中到新城大厦办公，调配面积达7千余平方米。签订省管干部规范使用办公用房承诺书。成立市直党政机关和事业单位办公用房清理工作领导小组，52名省管干部签订规范使用办公用房承诺书。开展办公用房专项督查工作，开展2022年党政机关办公用房专项督查工作。完成副县级以上领导干部签订规范使用党政机关办公用房承诺书工作。

【高效管理公务用车】 精准融入公务用车“全省一张网”，实现市、县公务用车信息全覆盖，搭建集线上智能派车、轨迹实时模拟、数据统计分析、成本精准核算等功能于一体的信息化、标准化管理平台，构建出“小平台、大监管”格局，安装北斗定位系统，实时监管车辆轨迹，实现了便捷派车、高效用车、透明管车和有效督车，全年通过公车平台派车5700多辆次，安全行驶里程达98多万千米。全力推广省产车和新能源汽车配备，更新购置新能源汽车11辆，占比21%；更新购置省产汽车26辆，占比49%。强化管理指导监督，联合市纪委市监委第二监督检查室组织召开驾驶员队伍教训警示大会。2022年10月，先后印发《景德镇市公务用车装饰管理实施办法（试行）》《景德镇市机关事务管理中心驾驶员管理办法（试行）》，对车辆及驾驶员实行规范化管理。

【高质量推进公共机构节能】 2022年，全市节约型机关创建率达83%，县级以上机关100%建成节水型单位，市级节水型事业单位创建率达65%。市民中心合同能源托管项目通过验收，九月投入使用，节能率达10.2%，每年节电35万千瓦时，减少支出22万元；利用社会资本建设市发展中心光伏车棚项目，装机容量600千瓦，年平均发电量60万千瓦时，年节约标准煤73.7吨，减少二氧化碳排放380.4吨；景德镇市公共机构低碳积分制（“绿宝碳汇”）平台正式上线，公共机构垃圾分类、绿色办公等绿色低碳行为量化为碳积分，建立积分激励机制，截至2022年底，注册人数达3万多人，碳减排量51.3吨。上半年，制定印发《景德镇市公共机构机关食堂反食品浪费工作成效评估和通报制度》《景德镇市公共机构生活垃圾分类和资源循环利用示范引领行动方案（2022—2024年）》，创办全省唯一节能专刊，2022公共机构节能宣传周的覆盖范围、参与人数创历年新高。

【举办智慧食堂线上预订系统培训会】 1月13日，举办智慧食堂线上预订系统培训会。会议邀请杭州正元智慧科技有限公司相关专业人员进行培训讲解，各机关食堂的管理人员、工作人员参加培训。通过多媒体演示，对智慧食堂的下单、入库及线上信息输入等进行详细的业务操作讲解培训，实现线上付款，线下凭取餐码取餐的模式，后台实时、精准统计每日的预订量，按需配备餐食，最大限度减少脱离实际所需引起的浪费。进一步推动食堂线上预约订餐服务，有效解决干部职工排队等候购买和食堂备餐的问题。真正实现用数字化手段促进后勤服务模式的变革，为全市机关干部职工做好“指尖上”的后勤微服务。

【编印《机关食堂反食品浪费工作成效评估和通报制度》】 上半年，依据《中华人民共和国反食品浪费法》赋予机关事务部门的职责，围绕制度建设、食堂管理、供餐管理、宣传教育、监督检查等六大方面，具体细化为17项评估内容、42条评估标准。由机关事务管理部门会同纪委监委、发展改革、市场监管等部门，对机关食堂反食品浪费工作成效进行评估和通报，推动各评估对象、责任主体、管理部门履行法定职责，做好反食品浪费工作。通过建立健全机关食堂反食品浪费管理制度，采取有效措施，强化监督管理，充分发挥公共机构在全社会反食品浪费行动中发挥示范引领作用。

【组织开展“安全生产月”消防安全知识培训及消防演练活动】 5月28日，邀请市昌江区消防救援大队工程师王翔开展消防安全知识培训及消防演练活动。通过播放消防短片、案例图片等形式向近400名市发展中心、市民中心和试验区“一办五中心”的入驻单位代表及服务保障人员全面普及消防安全知识，就火灾的预防、应急处置和疏散逃生的基本常识进行详细的讲解，向参训人员传授灭火、疏散、逃生的技能，组织全体人员开展消防疏散及灭火实操演练，增强大家的消防安全意识，提升自我防护和应急处置能力。

（汪玉婷）

地方志工作

【概况】 2022年，完成《景德镇年鉴（2022）》公开出版；成立《景德镇市扶贫志》《景德镇市全面小康志》编纂委员会和编辑部，拟定详细篇目。年内市地方志馆继续加强与全国各地开展志鉴交流活动，在上年基础上新增十八家方志办（馆）、党史研究室达成志鉴交流意向，同时与省内各地市地方志办公室确立志鉴交流意向并相互寄送年鉴等地情书籍。全年通过捐赠、交换等方式共搜集到各类书籍162本，为方志馆成为地情资料收藏中心夯实基础。

6月中旬，开展节能宣传周活动

【“两志”编纂】 2022年，根据《市委办公室 市政府办公室关于印发〈景德镇市扶贫志、全面小康志编纂工作实施方案〉的通知》的要求，成立《景德镇市扶贫志》《景德镇市全面小康志》编纂委员会和编辑部，并于10月13日，召开两志推进会暨培训会。按照进度安排开展资料收集、整理和编撰，试编试写两部志书的综合部分，年底累计完成30万字的文稿。

【《景德镇年鉴（2022）》出版发行】 3月，市委办公室、市政府办公室印发《市史志办关于〈景德镇年鉴〉（2022）编纂方案》的通知，正式启动全市年鉴工作。12月公开出版，《景德镇年鉴（2022）》由江西科学技术出版社发行。全书共90万字。全面系统地反映2021年度全市各个领域、各行各业的基本面貌和发展轨迹。

【开展未成年爱国主义教育活动】 5月14日、9月28日，市地方志馆分别联合市二中和景德镇陶瓷技师学院开展未成年人爱国主义教育活动。活动通过参观方志馆展馆与聆听“党史课堂”讲座的形式，使全体师生受益匪浅。拓展师生们的知识面，加深对千年古镇深厚文化历史的认识，同时激发学生的爱国情怀。为传承景德镇历史文化、方志文化，弘扬社会主义核心价值观发挥重要的作用。

（饶　璟　谢婉钰）

御窑厂大门（白光华 摄）

政协景德镇市委员会

综　述

【概况】 2022年，市政协共先后组织开展党组理论学习中心组、党组会议、主席会议和常委会会议集体专题学习24次；组织政协委员和机关干部开展各类专题学习35次；报送建议案、专项报告、调研视察报告、社情民意信息专报等40余件；收到提案188件，立案188件，作为来信处理4件，办复率达到100%；协助全国政协、省政协到景调研40余次，许多意见建议进入党政决策程序，有力推动各项工作开展。

重要会议

【市政协十四届二次会议】 1月22日上午，政协景德镇市第十四届委员会第二次会议开幕。十四届市政协委员283人，出席会议258人，符合政协章程规定。市政协主席俞小平主持开幕大会。市委书记刘锋代表中共景德镇市委，向大会的召开表示热烈的祝贺。市政协副主席高唤虎代表十四届市政协常委会向大会作工作报告，钟良贵作提案工作情况报告。方晓娟、李跃武、李青、胥敏、张光荣、朱青、郑志明、吴欲波、潘赛新九位委员代表各自党派、界别先后在大会上作口头发言，提出一系列建设性的意见和建议。部分党派、界别和县（市、区）政协作书面发言。市直各单位主要负责人及有关方面人员列席大会。

1月24日上午，政协十四届二次会议补选1名副主席。会议由市政协副主席肖礼庆主持。市政协十四届委员会共有委员283名，出席会议委员245名。大会以举手表决方式，通过选举办法和总监票人、监票人名单。大会以无记名投票方式，补选李冬香为市政协十四届委员会副主席。

1月24日上午，市政协十四届二次会议闭幕。会议应到委员283名，实到委员245名。肖礼庆主持闭幕大会。闭幕大会上，通过市政协十四届二次会议决议和关于提案审查情况报告，俞小平作闭幕讲话。

【市政协十四届三次会议】 12月20日上午，市政协十四届三次会议在市发展中心北苑会场开幕。委员290人，参加会议208人。俞小平主持开幕大会。市委书记刘锋代表中共景德镇市委，向大会的召开表示热烈祝贺。钟良贵代表十四届市政协常委会向大会作工作报告，洪明华作提案工作情况报告。余梅婷、廖彩云、张碧珍、朱青、孟伟文、赵戈、郑志明、翁彦俊、刘洋九位委员代表各自党派、界别先后在大会上作口头发言，提出一系列建设性意见和建议。部分党派、界别和县（市、区）政协作书面发言。市直各单位主要负责人及有关方面人员列席大会。

12月22日上午，市政协十四届三次会议闭幕。应到委员290名，实到196名。熊彤主持闭幕大会。闭幕大会上，钟良贵宣读《关于表扬市政协优秀提案、先进提案承办单位和先进提案工作者的通报》，通过政协会议决议和关于提案初步审查情况报告。市政协主席俞小平作闭幕讲话。闭幕会前，举行选举大会，补选任赣鹏、吴雄飞、蒋文娇、韩建萍、程文芳五人为市政协十四届委员会常务委员。

市政协常委会议

【政协常务委员会第二次会议】 1月7日，市政协主席俞小平主持召开市政协十四届委员会常务委员会第二次会议。市政协副主席高唤虎、肖礼庆、史晓莲、林凯、熊彤、洪明华，秘书长花长龙出席。会议集中学习中央办公厅《关于加强和改进新时代市县政协工作的意见》等相关精神，审议通过召开十四届二次会议的决定、会议议程（草案）、日程安排、执行主席名单及有关人事事项；审议并原则通过常务委员会工作报告、关于市政协十四届一次会议以来提案工作情况的报告、市政协关于进一步提高提案质量的实施意见。

【政协常务委员会第三次会议】 1月23日，市政协召开十四届常委会第三次会议。市政协主席俞小平主持，副主席高唤虎、肖礼庆、史晓莲、熊彤、钟良贵、洪明华，秘书长花长龙出席。会议完成例行程序，审议通过总监票人、监票人建议名单、副主席候选人名单，并提请大会选举；审议通过市政协十四届二次会议决议（草案），关于提案初步审查情况报告（草案）。

【政协常务委员会第四次会议】 3月14日，市政协主席俞小平主持召开市政协十四届第四次常委会。市政协副主席高唤虎、史晓莲、林凯、钟良贵、李冬香，秘书长花长龙出席。会议审议通过《市政协常委会2022年工作要点》

《景德镇市政协专题协商会议工作规则（试行）》、市政协2022年度协商计划推进工作方案；审议通过有关人事事项。

【政协常务委员会第五次会议】5月26日，市政协召开十四届常委会第五次会议，市政协党组书记、主席俞小平主持会议并讲话。市政协副主席高唤虎、肖礼庆、史晓莲、熊彤、钟良贵、洪明华、李冬香，秘书长花长龙出席。会议审议并原则通过《景德镇市政协委员激励关爱基金管理办法（试行）》《政协景德镇市委员会关于进一步加强和改进界别工作的意见（试行）》；审议通过有关人事事项。通报市政协委员上半年履职情况。

【政协常务委员会第六次会议】9月20日，市政协召开十四届常委会第六次会议，深入学习习近平总书记重要讲话、重要文章精神和中央重要会议精神，围绕“构建全域融合发展，推动打造‘半小时经济圈’”开展专题协商。市委书记刘锋出席并讲话。市政协主席俞小平主持，市政协副主席高唤虎、史晓莲、钟良贵、洪明华、李冬香，高新区管委会主任、昌江区委书记倪卫春，市政协秘书长花长龙出席。副市长高晓云到会听取发言并作情况介绍。

【政协常务委员会第七次会议】12月17日，市政协召开十四届常委会第七次会议。受俞小平主席委托，市政协副主席钟良贵主持会议。市委常委、市委统战部部长、市政协党组副书记吴财锋到会作人事事项说明。市政协副主席史晓莲、洪明华、李冬香，秘书长花长龙出席。会议听取市委办公室、市政府办公室关于市政协十四届一次、二次会议提案办理情况的通报；审议通过《关于召开政协景德镇市第十四届委员会第三次会议的决定》、政协景德镇市第十四届委员会第三次会议有关事项、《政协景德镇市第十四届委员会常委会工作报告》《政协景德镇市第十四届委员会常务委员会关于市政协十四届一次、二次会议以来提案工作情况的报告》《政协景德镇市第十四届委员会各委办2022工作总结和2023年工作要点》等。

【政协常务委员会第八次会议】12月21日，市政协召开十四届常委会第八次会议。市政协主席俞小平主持会议，市政协副主席熊彤、钟良贵、洪明华、李冬香，秘书长花长龙出席。会议听取联组讨论和分组审议情况汇报；审议通过市政协十四届三次会议选举办法（草案）；审议通过总监票人、监票人建议名单；审议通过政协景德镇市第十四届委员会常务委员候选人名单并提请大会选举；审议通过市政协十四届三次会议决议（草案）；审议通过市政协十四届三次会议关于提案初步审查情况报告（草案）。

政协党组会议、主席会议

【政协第五次党组（扩大）会议暨十四届第四次主席会议】1月7日，市政协主席俞小平主持召开第五次党组（扩大）会议暨十四届第四次主席会议。副主席高唤虎、肖礼庆、史晓莲、林凯、熊彤、洪明华，秘书长花长龙出席。会议研究市政协十四届二次会议执行主席名单、选举办法、总监票人和监票人名单等事项；审议并原则通过有关人事事项。

【政协第六次党组（扩大）会议】1月20日，市政协主席俞小平主持召开市政协第六次党组（扩大）会议。市政协副主席高唤虎、钟良贵、洪明华，秘书长花长龙出席会议。会议审议并原则通过市政协党组党史学习教育专题民主生活会有关材料。

【政协党组（扩大）会议暨主席会议】2月22日，市政协召开第七次党组（扩大）会议暨十四届第五次主席会议。市政协主席俞小平主持会议并讲话。市政协副主席高唤虎、史晓莲、钟良贵、洪明华、李冬香，秘书长花长龙出席会议。会议审议《市政协常委会2022年工作要点（草案）》《2022年度市政协协商工作计划（草案）》等文件；协商确定政协景德镇市第十四届委员会第四次常委会议有关事项；协商调整部分副主席工作分工事宜。

3月14日，俞小平主持召开市政协第八次党组（扩大）会议。传达学习十三届全国人大五次会议、全国政协十三届五次会议、全省领导干部会议精神。

3月24日，市政协召开第九次党组（扩大）会暨十四届第六次主席会议。市政协主席俞小平主持会议并讲话，市政协副主席高唤虎、史晓莲、钟良贵、李冬香，秘书长花长龙出席会议。会议审议并原则通过《关于“做实做优我市先进陶瓷高层次人才引进工作”的调研报告（草案）》《市政协关于开展“优化营商环境·政协在行动”系列活动实施方案（草案）》。

4月2日，市政协主席俞小平

主持召开市政协第十次党组（扩大）会议。市政协副主席高唤虎、史晓莲、钟良贵、李冬香，秘书长花长龙出席。会议对疫情防控、开展“优化营商环境·政协在行动”、落实“无会日”和企业走访规定等相关工作作出部署。

4月26日，市政协召开第十一次党组（扩大）会议暨十四届第七次主席会议，市政协主席俞小平主持会议并讲话，市委常委、市委统战部部长、市政协党组副书记吴财锋，市政协副主席高唤虎、史晓莲、钟良贵、洪明华、李冬香，秘书长花长龙出席。会议审议并原则通过《景德镇市政协委员激励关爱基金管理办法（试行）》《书香政协·助力国家陶瓷文化传承创新试验区建设系列活动方案（草案）》《市政协关于开展“喜迎二十大·政协在行动”主题活动工作方案（草案）》等议题。

5月24日，市政协主席俞小平主持召开市政协第十二次党组（扩大）会议暨十四届第八次主席会议。会议审议并原则通过《关于“景德镇市居家和社区养老服务体系建设”调研报告（草案）》《政协景德镇市委员会关于进一步加强和改进界别工作的意见（试行）》。

6月28日，市政协主席俞小平主持召开市政协第十三次党组（扩大）会议暨九次主席会议。市政协部分副主席出席会议。会议审议并原则通过市政协关于打造“赣事好商量·镇聚力”协商议事平台的实施意见（草案）》《关于“优化职业教育资源，推进职业教育扩容提质创优”的调研报告（草案）》。

7月25日，市政协主席俞小平主持召开政协第十四次党组（扩大）会议暨十次主席会议。市政协部分副主席出席会议。会议研究并原则通过《中共景德镇市政协党组全面从严治党形势分析会方案（草案）》《市政协党组中心组学习〈党章〉计划安排（草案）》《市政协关于“创建文明典范城市·委员在行动”方案（草案）》。

8月25日，市政协主席俞小平主持召开市政协第十五次党组（扩大）会议暨十一次主席会议。市政协部分副主席出席会议。会议审议并原则通过《关于“景德镇市乡镇推进乡村振兴战略”的调研报告（草案）》《市政协关于进一步规范公务接待的实施意见（草案）》等文件；协商确定召开市政协专题议政性常委会议有关事项；审议并原则通过有关人事事项。

9月20日，市政协主席俞小平主持召开市政协第十六次党组（扩大）会议暨十二次主席会议。市政协部分副主席出席。会议开展集中学习；审议并原则通过《市政协关于“构建全域融合发展 推动打造‘半小时经济圈’”专题调研的建议案（草案）》；审议并原则通过有关人事事项；部署安排国庆期间有关工作。

10月25日，市政协主席俞小平主持召开第十七次党组（扩大）会议暨十四届第十三次主席会议。部分副主席出席。会议开展集中学习；审议并原则通过《市政协关于“加强食品安全监管 筑牢健康屏障”的调研报告（草案）》《市政协十四届三次会议筹备工作方案（草案）》等。

12月6日，市政协主席俞小平主持召开第十八次党组（扩大）会议暨十四届第十四次主席会议。部分副主席出席会议，会议开展集中学习；审议并原则通过关于召开政协景德镇市第十四届委员会第三次会议的有关事项；协商确定召开政协景德镇市第十四届委员会第七次常委会会议有关事项。

12月17日，受市政协主席俞小平主席委托，市政协副主席钟良贵主持召开第十九次党组会议暨第十五次主席会议。部分副主席出席。会议审议并原则通过《市政协关于“优化台资侨资企业发展环境，助力台资侨资企业发展”的调研报告（草案）》《市政协关于“全力推进御窑遗址申遗工作助力国家试验区建设”专题调研的建议案（草案）》《关于表扬市政协优秀提案、先进承办单位和先进提案工作者的通报（草案）》。会议还审议有关人事事项。

12月29日，市政协主席俞小平主持召开第二十次党组（扩大）会议暨第十六次主席会议。部分副主席出席。会议审议并原则通过《市政协党组2022年度工作报告》；研究并原则通过市政协2022年度全省综合考核自评报告和对县（市、区）政协考评情况；部署春节期间有关工作安排。

【先进陶瓷高层次人才引进工作协商会召开】 2月28日，市政协召开专题协商会，邀请市直相关部门、部分市政协委员、先进陶瓷企业代表等围绕“做实做优我市先进陶瓷高层次人才引进工作”进行专题民主协商，市政协主席俞小平主持并讲话，市政协副主席洪明华出席会议，副市长罗文军应邀参加会议。会议通报专题协商会议前期工作开展情况和《关于“做实做优我市先进陶瓷高层次人才引进工作”调研报告》有关内容，市直相关部门、市政协委员、先进陶瓷企业代表分别发言，并开展协商交流。

【疫情防控工作部署会召开】3月21日，市政协召开疫情防控工作部署会。主席俞小平参加会议并讲话，副主席高唤虎、史晓莲、钟良贵、李冬香，秘书长花长龙参加会议。会上传达全市疫情防控调度会精神和省、市有关文件精神。俞小平对市政协做好疫情防控工作作部署。

【居家和社区养老服务体系建设专题座谈会召开】3月31日，市政协召开“赣事好商量”居家和社区养老服务体系建设专题座谈会。市政协主席俞小平出席，会议就热点、难点、堵点问题进行交流讨论。

【市政协文史馆改造提升工作协调会召开】4月12日，市政协召开文史馆改造提升工作协调会。市政协党组书记、主席俞小平出席会议并讲话，市政协副主席史晓莲、秘书长花长龙、市政协副秘书长、部分专委会负责同志参加会议。会议听取文史馆改造提升工作情况汇报，与会人员围绕补充、更新、完善文史馆展陈内容进行协商交流。

【市政协机关创文工作部署会召开】4月19日，市政协机关召开常态长效创文工作部署会，市政协主席俞小平出席并讲话。市政协副主席高唤虎、史晓莲、钟良贵、李冬香，秘书长花长龙及机关全体干部职工参加会议。会议首先传达刘锋书记关于创文工作一封信，通报市政协办挂点路段、社区当前存在的问题，对市政协机关下一步开展创文工作进行部署。

【居家和社区养老服务体系建设专题协商会议召开】4月28日，市政协召开“居家和社区养老服务体系建设”专题协商会议。市政协主席俞小平出席会议并讲话，副主席钟良贵主持会议，秘书长花长龙出席。座谈会上，市政协社会法制和民族宗教委员会就《关于景德镇市居家和社区养老服务体系建设的调研报告征求意见稿》起草情况作出说明，市直相关部门及部分市政协委员、社区一线干部和养老机构代表围绕调研报告内容进行协商交流。

【加强县（市、区）政协工作交流会召开】5月31日，全市加强县（市、区）政协工作交流会在浮梁县召开。市政协主席俞小平出席并讲话。市政协副主席高唤虎主持会议，市政协副主席史晓莲、钟良贵、洪明华、李冬香出席会议，市政协各专门委员会、各民主党派、市工商联、市知联会负责人，各县（市、区）政协主席参加会议。与会人员参观考察浮梁县王港乡政协工作联络办公室、“赣事好商量·浮茶叙事”协商驿站（浮东片区），观看了浮梁县政协“赣事好商量·浮茶叙事”品牌建设视频。座谈会上，各县（市、区）政协结合工作实际开展交流发言，并就进一步推动解决县（市、区）政协“两个薄弱”问题、打造“赣事好商量”品牌、加强市县政协联动履职等方面提出意见和建议。

【市政协界别组长会议召开】6月9日，市政协召开界别组长会议，市政协党组书记、主席俞小平出席并讲话。市政协秘书长花长龙主持会议，市政协副秘书长、各界别小组组长、各专门委员会主任、副主任及机关干部参加会议。会议书面学习有关文件，对设立功能型党支部及市政协委员激励关爱基金筹集使用情况进行部署。各界别小组及各专门委员会负责人围绕主题开展交流，协商讨论，提出建议。

【优化职业教育资源协商会召开】6月23日，市政协召开专题协商会，市政协主席俞小平出席会议并讲话。副主席李冬香主持会议，副市长徐辉应邀参加会议。协商会上，市政协教科卫体委作《关于“优化职业教育资源，推进职业教育扩容提质创优”的调研报告（征求意见稿）》起草情况说明，市直相关单位及部分市政协委员、有关专家、职业院校相关负责人围绕调研报告内容进行交流讨论。

【“关于我市乡镇推进乡村振兴战略”专题协商会召开】8月23日，市政协召开“关于我市乡镇推进乡村振兴战略”专题协商会，市政协主席俞小平出席会议并讲话。副主席高唤虎主持会议。副市长江民强应邀出席会议。市政协农业和农村委员会作《关于我市乡镇推进乡村振兴战略的调研报告（草）》起草情况说明，市直相关单位及部分市政协委员围绕调研报告内容进行交流讨论。

【“赣事好商量·镇聚力”协商议事平台建设推进会召开】10月11日，市政协主席俞小平出席“赣事好商量·镇聚力”协商议事平台建设推进会。俞小平一行先后到天一航空公司市区政协融合委员协商议事室、皇窑台联侨联委员工作室、珠山区竟成镇樊家井社区共青团青联界别委员工作室等党派、界别委员工作室，详细了解工作室特色亮点、工作成效及相关活动开展情况，并就深入推进“赣事好商量·镇聚力”协商议事平台建设提出指导意见。

【优化台资侨资企业发展环境】 12月13日，市政协召开“优化台资侨资企业发展环境 助力台资侨资企业发展”对口协商座谈会。市政协主席俞小平出席会议并讲话。副主席史晓莲主持会议。副市长高晓云应邀参加会议。会上，市政协港澳台侨和外事委员会作专题协商情况汇报，高新区、昌南新区、市直有关单位及部分市政协委员、企业代表进行交流讨论。

【推进御窑遗址申遗工作专题议政常委会会议召开】 12月17日，市政协召开“全力推进御窑遗址申遗工作 助力国家试验区建设”专题议政常委会议。市委副书记、市长胡雪梅出席会议并讲话。受主席俞小平委托，副主席钟良贵主持会议。副主席史晓莲、洪明华、李冬香出席。刘朝阳应邀出席。

重要活动

【省政协港澳委员和特邀海外侨胞代表到景德镇视察】 1月20—21日，省政协副主席谢茹带领省政协港澳委员、特邀海外侨胞代表到景德镇市，就“发挥陶瓷文化资源优势，深化赣港澳青少年交流”进行专题视察。省政协机关党组成员、驻省政协机关纪检监察组组长周建华，省政协港澳台侨和外事委员会专职副主任邓杰陪同。市领导刘锋、胡雪梅、俞小平、邓永翔、史晓莲陪同视察或出席座谈会。视察组一行先后实地查看陶阳里御窑景区、皇窑景区、陶溪川文创街区、景德镇中国陶瓷博物馆。

【市政协领导春节前走访活动】 春节前夕，市政协主席俞小平带领班子成员分别对市政协退休干部、困难群众进行走访慰问，为他们送去节日的祝福。副主席高唤虎、史晓莲、钟良贵、洪明华，秘书长花长龙参加。

【市政协领导走访宗教界别政协委员】 2月16日，市政协主席俞小平走访慰问民族宗教界别政协委员，为他们送去党和政府关怀和温暖，向他们致以新春问候，并实地调研中央民族工作会议精神和全国宗教工作会议精神落实情况，听取相关建议。市政协副主席钟良贵，秘书长花长龙，市委统战部及市政协社法民宗委有关负责人参加。

【“书香政协——微讲堂”开讲】 4月21日，市政协举行“书香政协——微讲堂”启动仪式，并邀请研究员、中国古陶瓷学会会员漆德三开讲第一课。俞小平、钟良贵参加学习。史晓莲致辞。

【开展“大清扫、大捡拾、大宣传”活动】 4月27日，市政协主席俞小平带领市政协副主席高唤虎、史晓莲、钟良贵、洪明华、李冬香等60余名机关干部职工分成两队分别来到责任路段和挂点联系的珠山区林荫路社区参加清扫捡拾志愿服务活动，努力争创全国文明典范城市。

【省政协人资环委到景德镇考察调研】 5月10—11日，省政协常委、人资环委副主任郭家带队到景开展“加大城市老旧小区改造力度与提升城市功能品质”专题调研。省政协常委、省住建厅副厅长李道鹏、部分省政协委员、省政协人资环委专家组成员一同调研。市政协主席俞小平看望调研组一行，市政协副主席洪明华陪同调研。市政府副秘书长郑皓及市住建局、市城市管理局、市财政局、市自然资源规划局等相关单位分管领导参加座谈会。调研组一行先后考察602所小区、观英小区智慧农贸市场、4321厂小区、景德镇记忆、国信康养项目、青花瓷艺术广场等地，详细了解老旧小区改造和城市功能品质提升的相关情况，并召开专题调研座谈会。

【《政协视窗》开播仪式举行】 5月26日，由市政协办公室主办，市广播电视台制作的全省首个设区市政协电视专栏《政协视窗》举行开播仪式。市政协主席俞小平宣布栏目开播并启动视屏。市委常委、统战部部长、市政协党组副书记吴财锋，市政协副主席高唤虎、肖礼庆、史晓莲、熊彤、钟良贵、洪明华、李冬香出席仪式并启动视屏。

【省政协提案委到景考察调研】 5月23—25日，省政协常委、提案委员会主任丁晓群率调研组就“对接大医院与盘活城市社区医疗设施资源”课题来市专题调研。省政协常委、提案委员会副主任、民进省委会副主委、省人民检察院副检察长张国轩，省政协常委、副秘书长、九三学社省委会专职副主委、市政协副主席肖礼庆及部分省政协委员一同调研。市领导刘锋、胡雪梅、吴财锋，第十三届市政协主席张春萍分别看望调研组一行。俞小平、钟良贵陪同调研。

【省政协调研组到景德镇调研平安江西建设工作】 5月26—27日，省政协副主席、省工商联主席雷元江率省政协调研组来市，就推进平安江西建设开展专题调研。省政协常委、社会和法制委员会主任池红，省政协委员、省人民检察院党组副书记、副检察长罗晓泉，省政协委员、市委常委、统战部部长吴财锋，省委信访局副局长曾小平随同调研。市领导刘锋、胡雪梅、俞小平、林卫春、江民强、钟良贵，第十三届市政协主席张春萍，市中级人民法院院长邓建辉，市检察院检察长涂平贵，市政协秘书长花长龙分别看望或陪同调研。

【省政协调研组到景德镇调研人才工作】 6月8日—9日，省政协副主席汤建人率省政协调研组一行到景德镇，就“我省留才、引才、用才政策完善与优化”课题开展调研，并召开专题协商座谈会。省政协常委、教科卫体委员会主任洪三国随同调研。市领导刘锋、胡雪梅分别看望调研组一行。市政协主席俞小平，景德镇陶瓷大学党委书记李良智，副校长吕品昌，市政协副主席李冬香、秘书长花长龙分别陪同或参加座谈。调研组一行深入景德镇陶瓷大学和陶文旅集团，听取人才工作情况汇报，就人才培养、技术创新、成果转化等方面内容与相关专家教授进行座谈交流。

【耿惠昌率全国政协调研组到景德镇调研】 7月9—10日，全国政协常委、港澳台侨委员会副主任耿惠昌率全国政协调研组到市，就“做好台湾青少年工作，促进两岸同胞心灵契合”开展专题调研，并在景德镇市召开视频座谈会。全国政协常委、港澳台侨委员会副主任，台盟中央专职副主席吴国华等参加。省政协副主席谢茹，省政协港澳台侨和外事委员会主任赵波，省委台湾工作办公室副主任何晞等陪同。市领导刘锋、胡雪梅、吴隽、俞小平、吴财锋、高晓云、史晓莲，国家试验区管委会专职副主任刘子力，分别看望、陪同或出席座谈会。

【李华栋率队到景德镇开展专题调研】 7月19—20日，省政协副主席李华栋率省政协调研组一行到景德镇，就打造“景上鹰”“清婺景”联动发展精品旅游线路开展专题调研，并召开专题协商座谈会。省政协文化文史和学习委员会主任辜清，副主任王晖、俞银先、何建洋随同调研。市领导刘锋、胡雪梅看望调研组一行。市政协主席俞小平，市领导吴财锋、史晓莲、徐辉分别陪同或参加座谈会。

【福建省政协到景德镇考察调研】 7月26—27日，福建省政协副主席阮诗玮一行到景德镇市考察调研，省政协民族和宗教委员会主任尹小明，俞小平、吴财锋、钟良贵分别看望或陪同。阮诗玮一行实地查看慈云寺教学、办公场所，详细询问管理和运行情况，就福建省和景德镇市“加强爱国宗教人才培养”方面工作进行交流。

【省政协调研组到景德镇调研优化招商引资工作】 8月4日，省政协港澳台侨和外事委员会主任赵波率调研组，就“总结工业强省经验，优化我省招商引资方式方法”到景德镇开展专题调研，并召开座谈会。省政协港澳台侨和外事委员会副主任王福平，专职副主任邓杰随同。市政协主席俞小平、副市长高晓云、副主席史晓莲陪同或出席座谈会。调研组一行访谈市委书记刘锋，深入了解全市招商引资经验和举措。座谈会上，高晓云介绍全市招商引资工作开展情况，市工信局、市商务局、市台办、高新区管委会、昌南新区管委会负责人和相关企业代表进行发言，并与调研组开展互动交流。

【“争创全国文明典范城市·委员在行动”】 8月，市政协组织发动市、区两级350余名政协委员分成69组深入珠山区全部69个社区（村）开展“争创全国文明典范城市·委员在行动”专项活动，助力全市从“文化高地”向“文明高峰”跃升。

【开展打造“半小时经济圈”协商视察】 8月31日，市政协主席俞小平带队开展“构建全域融合发展，推动打造‘半小时经济圈’”专题协商视察。市政协副主席洪明华、市政协秘书长花长龙以及部分市政协常委，市政协经济界别、工商联界别全体委员参加视察。调研组实地视察景乐城际公交起点站——公交昌南停车场、景德镇高新区电镀集控中心项目现场、景德镇农产品批发市场和景德镇国际陶瓷博览交易中心项目建设现场。

【省政协人资环委到景调研】 8月30日至9月1日，省政协委员、人资环委专职副主任金秋平带队到景开展“深入推进老旧小区改造促进城市功能品质提升”专题调研，并召开座谈会。市政协主席俞小平，市政协副主席洪明华陪同或出席座谈会。调研组一行访谈市委书记刘锋和试验区管委会专职副主任刘子力，了解了全市在老旧小区改造方面主要经验、做法和成效。调研组成员深入铁路一区、五二三厂、4321厂和海慧花园4个小区进行实地调研，座谈会上，市住建局和昌江区、珠山区住建局主要负责人介绍相关工作情况，陶文旅集团和供水、供电、燃气、通信、消防等部门负责人及专家进行发言，并与调研组开展互动交流。

【省政协主席姚增科到景德镇调研乡村振兴和村级集体经济】 9月17日，省政协主席姚增科在景德镇市调研乡村振兴和村级集体经济，与市、县、乡（镇）、村四级书记和村民代表座谈。姚增科肯定景德镇市经济社会发展良好势头，政通人和、担当务实、奋发有为浓厚氛围，市委、市政府深化挂点帮扶、推动乡村产业多元化发展等切实有效做法，希望市政协把经验总结好、宣传好，协力写好江西省乡村振兴、农业农村现代化这篇大文章。

【开展景德镇御窑遗址申遗工作专题协商视察】 10月13日，市政协主席俞小平带队开展“全力推进景德镇御窑遗址申遗工作 助力国家试验区建设”专题协商视察。市委一级巡视员、市申遗办主任刘朝阳，市政协副主席史晓莲，市政协秘书长花长龙以及部分市政协常委，市政协文艺界别、新闻界别委员和市申遗专家参加视察。俞小平一行视察三闾庙码头、湖田古瓷窑址、落马桥窑址、御窑厂窑址等地。

【省政协机关到景德镇开展红色文化主题宣传教育活动】 10月20—21日，省政协副主席、党组副书记陈俊卿，省政协副主席、党组成员陈兴超到景德镇参加省政协机关开展的红色文化主题宣传教育活动，缅怀革命先烈，追忆峥嵘岁月，重温入党誓词，接受红色洗礼，铭记入党初心，争做时代先锋。省政协经济委员会专职副主任孙晨参加活动。市长胡雪梅，市政协主席俞小平，市政协副主席钟良贵、洪明华，秘书长花长龙先后陪同。

【省政协到景德镇开展绿色农业专题调研】 10月31日至11月1日，省政协调研组到景德镇开展“建设全国绿色农产品供应基地”调研，并走访联系专家。省政协副主席刘卫平，省政协秘书长汪爽参加。市领导刘锋、胡雪梅看望，俞小平、钟良贵以及花长龙分别陪同。刘卫平一行先后来到百绿农业发展有限公司、乐平蔬菜产业示范园、乐以科农业开发有限公司、高岭·中国村，每到一处，都详细询问抗旱保收、田间管理、农户收益等情况，并现场向各生产基地人员宣讲中共二十大精神。

【赴基层宣讲中共二十大精神】 10月28日，市政协主席俞小平到乐平市塔前镇马家村宣讲中共二十大精神。11月3日，俞小平到珠山区新厂街道林荫路社区宣讲中共二十大精神。他强调，学习好、宣传好、贯彻好党中共二十大精神，是当前和今后一个时期首要政治任务，要紧密结合工作实际，用心学习、用力宣传、用情贯彻，以实实在在基层治理实效践行中共二十大精神。11月8日，省政协副主席、党组成员陈兴超率队来到景镇德市，深入乡村振兴联系点珠山区宣讲中共二十大精神。省政协民族和宗教委员会主任尹小明和省商务厅、省盐业集团公司等部门负责人随同。

【助力打赢疫情防控阻击战】 11月初，面对新冠疫情，市政协机关干部职工和广大委员积极响应党委号召，赴挂点和居住社区“双报到”，持续奋战在全市基层抗疫一线，广大政协委员或白衣为甲、逆行出征，或坚守岗位、守护家园，或积极履职、建言献策，或发挥优势、慷慨解囊。有近千名各级政协委员以不同形式参与疫情防控工作，捐赠新鲜蔬菜、食品2万余千克，筹集大量口罩、防护服等防疫物品，提交相关社情民意30余篇，展现出新时代人民政协“新风采”。

调查研究

【开展先进陶瓷高层次人才引进工作专题调研】 2月22日，市政协人口资源环境委员会联合九三学社市委会组成专题调研组，在市政协副主席洪明华的带领下，赴市先进陶瓷企业就高层次人才引进工作开展专题调研。

调研组赴高新区、昌南新区实地视察百特威尔新材料有限公司、嘉华陶瓷有限公司、晶达新材料有限公司等高科技陶瓷企业，了解企业在生产、用工和高层次人才引进工作中存在困难和问题，详细听取企业负责人在做优、做实全市先进陶瓷高层次人才引进方面意见建议。

【开展优化营商环境“回头看”调研】 3月4日，市政协主席俞小平赴华达实业集团有限公司、博大精工陶瓷有限公司、欧神诺陶瓷有限公司等企业就优化营商环境开展提案办理协商“回头看”调研，看现场、看举措、看落实，并召开协商座谈会，找差距、补短板、强弱项。

【开展打造“半小时经济圈”专题协商调研】 3月25日，市政协主席俞小平带队开展“构建全域融合发展，推动打造‘半小时经济圈’”专题调研，秘书长花长龙，市政协经济委及市交通局主要负责人参加调研。调研组一行赴绕城高速鱼山互通规划选址处及鱼山码头，实地查看鱼山互通规划及义城港区建设情况。

【开展职业教育专题协商调研】 3月31至4月7日，副主席李冬香带教科卫体委和部分对口委员，赴市高级技工学校、市第一中等专业学校、市机电工程学校开展“优化职业教育资源，推进职业教育扩容提质创优”专题调研。4月13日，主席俞小平带队开展“优化职业教育资源，推进职业教育扩容提质创优”专题协商调研，副主席李冬香、市政协教科卫体委主要负责人及部分市政协委员参加调研。调研组一行赴江西陶瓷工艺美术职业技术学院、景德镇陶瓷职业技术学校考察学校图书馆、美术馆和教学楼，实地调研校园基础设施建设、教育教学、人才培养等情况。

【开展居家和社区养老服务体系建设专题调研】 4月18—19日，副主席钟良贵带队前往浮梁县和乐平市就景德镇市开展居家和社区养老服务体系建设工作进行专题调研。市政协社会法制和民族宗教委负责人及部分市政协委员参加调研。在随后召开的座谈会上，调研组听取当地民政局等相关部门介绍推进养老工作取得成效和遇到的问题，养老服务机构代表、志愿者服务组织、老年人代表等也就养老工作发表意见并提出建议。

【调研产业发展及“赣事好商量”履职工作】 4月21日，市政协主席俞小平带队深入浮梁县浮梁四小、发展孵化园、红色教育基地、以晴5G数字经济产业园、茶产业振兴基地等现场，就产业发展、企业生产、优化营商环境、乡村振兴、基层政协工作等进行调研。听取县政协工作汇报，对县政协积极探索履职方式，打造“赣事好商量”履职阵地，发挥优势助推浮梁发展表示肯定。

【赴荷塘乡调研助推乡村振兴工作】 4月26日，市政协主席俞小平率调研组，就助推乡村振兴工作深入昌江区荷塘乡进行专题调研。副主席高唤虎，市政协农业和农村委员会、市农业农村局、市林业局、昌江区政府、区政协、市城投公司等有关负责人和部分市政协委员参加调研。俞小平一行实地查看幸福酱坊项目和童坊中心村整体风貌整治项目建设现场，详细了解项目推进情况。召开座谈会，听取荷塘乡、村两级关于乡村振兴推进情况介绍，昌江区政府、市城投公司负责人通报相关工作，市农业农村局、市林业局负责人及政协委员参加座谈交流，并提出意见建议。

【深入企业开展“提案办理协商月”专题调研】 5月12日，市政协主席俞小平率队前往高新区、昌江区部分企业，开展“提案办理协商月”专题调研，并出席优化营商环境重点提案督办协商会。调研组一行先后到景德镇旭日陶瓷有限公司、长虹华意压缩机股份有限公司、江西天一航空装备有限公司，进厂房、看产品、问需求，就企业对市营商环境的评价、企业生产经营状况、存在问题及下一步发展计划等方面与企业负责人深入交流。随后，到市政务服务中心，详细了解窗口设置、办事流程、办理周期，以及窗口服务等具体情况。协商会上，提案人就优化营商环境类提案进行发言，市发改委、市政数局等相关部门就部分提案承办情况进行汇报。

【开展推动打造“半小时经济圈”专题视察调研】 5月25日，副主席洪明华率领部分市政协委员就“构建全域融合发展，推动打造‘半小时经济圈’”课题开展专题视察调研。调研组一行先后来到鱼山码头项目义城作业区、昌景黄高铁乐平北站、乐平市城际公交终点站（华达购物广场）、永泰智能汽摩配项目、乐平润泉供水有限公司、乐平市公共卫生应急医疗救治中心等项目建设现场，视察景乐一体化、全域公交、县域医共体、城乡供水一体化推进情况。

【开展先进陶瓷高层次人才引进工作专题调研】7月5日，俞小平带队赴高新区、昌南新区开展“做优做实我市先进陶瓷高层次人才引进工作”专题协商议题跟踪调研，并召开座谈会。副主席洪明华，秘书长花长龙参加。调研组一行先后来到昌南新区人才公寓、高新区哈工大特陶所，看现场、谈落实、查短板，就全市先进陶瓷高层次人才引进、保障等工作与企业代表、园区负责同志进行交谈，对标对表、找准定位，深入了解专题协商调研报告中提出具体建议落实情况和存在问题。

【开展推进御窑遗址申遗工作专题协商调研】8月30日，史晓莲率队开展“全力推进御窑遗址申遗工作助力国家试验区建设”专题协商调研，市政协文化文史和学习委负责人、文艺、新闻界别部分委员及专家参加调研。调研组一行来到昌江区三闾庙古街区，实地查看昌江水生态保护提升工程项目建设情况，并召开专家座谈会。会上，古镇投资管理有限公司对昌江水生态保护提升工程实施方案进行介绍，提出文保建筑修缮保护方面问题，各参会委员、专家围绕提出问题开展深入讨论，提出许多有针对性、建设性意见和建议。

【开展“居家和社区养老服务体系建设”专题调研】10月10日，市政协主席俞小平带队深入开展“居家和社区养老服务体系建设”专题协商议题跟踪推进调研。调研组实地视察珠山区昌江街道桂花弄社区综合养老服务中心、珠山区景城名郡“长者之家”，并召开专题座谈会。

【开展“优化台资侨资企业发展环境调研”】10月中上旬，市政协港澳台侨和外事委员会组成专题调研组，在市政协副主席史晓莲带领下，赴全市台资、侨资企业就如何进一步优化企业发展环境、助力企业发展开展调研。市委台办、市侨联等相关单位负责人陪同调研。调研组一行深入乐平市、浮梁县、昌江区、珠山区及高新区、昌南新区实地视察20余家台资、侨资企业，认真了解企业基本情况及存在困难和问题，详细听取企业负责人在助力台资、侨资企业发展方面意见建议。

【开展优化营商环境民主监督活动】11月16日，副主席洪明华带领市政协经济委负责人、市政协营商环境民主监督调研组成员深入高新区、昌南新区企业走访调研，围绕“持续优化营商环境，助力‘工业倍增三年行动’”开展民主监督活动。先后来到景德镇和川粉体技术有限公司、景德镇邑山陶瓷智造有限公司、江西驼峰陶瓷集团有限公司、景德镇市洪坛陶瓷科技有限公司实地查看，与企业负责人进行面对面座谈交流，详细了解企业生产经营状况、新上项目建设进度、未来发展方向以及当前面临的困境，并发放调查问卷进行民主测评与民主评议，听取企业对全市营商环境工作意见和建议。

【赴台资侨资企业开展专题视察】11月18日，市政协主席俞小平带队开展“优化台资侨资企业发展环境，助力台资侨资企业发展”专题视察调研。调研组一行先后到蔡玲玲陶瓷艺术博物馆、江西兴勤电子有限公司、江西美琳康大药业股份有限公司、景德镇台达陶瓷原料有限公司、景德镇嘉加陶瓷有限公司等台资侨资企业，深入生产车间，详细了解企业经营状况、原料供应、发展规划、技术创新、用工招聘等方面情况，与企业负责人深入交流，倾听他们对全市营商环境评价，询问企业发展存在困难和急需解决问题，帮助企业出谋划策、排忧解难，鼓励企业创新发展，做大做强。

专门委员会工作

【农业农村委召开联系界别委员座谈会】1月11日，市政协农业农村委和教科卫体委召开联系界别委员座谈会，副主席高唤虎主持会议并讲话，市政协农业农村委主任、教科卫体委主任、副主任及民革、民盟、农业、科技、教育、体育、医药卫生界别委员参加座谈会。

【人资环委召开联系界别委员座谈会】1月11日，十四届市政协人资环委联系界别委员座谈会暨第一次全体委员会议召开。副主席洪明华出席并讲话，市政协人资环委负责人和九三学社、共青团、青联界别委员参加会议。会议讨论并原则通过《十四届市政协人口资源环境委员会工作简则》。委员们围绕市政协人资环委2022年度工作计划，就“充分发挥政协人资环委作用，服务市委市政府工作大局、工作重点”课题开展专题研讨。

【文化文史委召开联系界别委员座谈会】1月11日，市政协文化文史委召开联系界别委员座谈会。会议审议文化文史委专题协商议题，部署文化文史委2022年工作。与会委员围绕2022年协商议题和文史资料征集等文化文史委中心工作提出意见和建议。市政协副主席史晓莲出席会议并讲话。

【经济委召开全市政协经济委工作会议】1月12日，市政协经济委联系界别委员见面会议暨全市政协经济委工作会议召开。副主席洪明华出席会议并讲话。会议传达学习中央、省、市经济工作会议精神，介绍2022年市政协经济委工作初步安排。部分委员就"如何围绕中心、服务大局，充分发挥委员履职能力"展开讨论，乐平、浮梁、昌江、珠山等县（市、区）分管领导先后就2022年工作计划作发言。

【港澳台侨委召开联系界别座谈会】1月12日，十四届市政协港澳台侨委联系界别座谈会暨第一次全体委员会议召开。市政协副主席史晓莲出席并讲话，市政协港澳台侨委负责人和无党派、侨联、台联界别委员参加会议。会议讨论并原则通过《十四届市政协港澳台侨和外事委员会工作简则》。委员们围绕市政协港澳台侨和外事委2022年度工作计划开展广泛交流和讨论。

【社会法制和民族宗教委召开工作座谈会】3月10日，市政协社法民宗委在昌江区荷塘乡召开全市政协社会法制和民族宗教工作座谈会暨市政协社法民宗委第二次全体会议，副主席钟良贵出席会议并讲话。会上，传达全省政协社会和法制工作座谈会暨省政协社法委全体会议精神，介绍市政协社法民宗委2022年工作打算，并就即将开展专题协商调研初步安排进行说明，各县市区政协就"2022年如何发挥专委会作用，做好社法民宗工作"进行书面交流。

【农业和农村委召开第二次全体会议】4月12日，全市政协农业和农村工作座谈会暨市政协农业和农村委员会第二次全体会议在市政协召开，副主席高唤虎出席并讲话。会上，市农业农村局、市乡村振兴局、市林业局、市水利局相关负责人分别为与会委员通报了涉农方面相关情况；审议市政协农业和农村委员会2022年工作要点，通报"加强乡村产业发展 助推乡村全面振兴"对口协商、"文化赋能、助推乡村文化繁荣"自主协商活动具体安排；各县（市、区）政协农业和农村委员会以书面形式交流2022年工作；梳理全年市政协委员履职清单。

【教科卫体委组织委员进社区开展义诊活动】5月17日，市政协教科卫体委组织医药卫生界别委员到珠山区林荫路社区为广大居民开展免费义诊活动。市政协主席俞小平、副主席李冬香参加并看望专家委员。来自全市各医院10余位各科医疗专家委员为社区居民现场解疑，开展常见病诊疗咨询、免费体检、健康知识普及以及疫情防控和中医养生知识宣讲。专家们热情接待、耐心解答，通过义诊及健康知识宣教，提高居民防病意识。活动接诊百余人次。

【提案主要承办单位集中见面协商会议召开】6月9日，市政协召开提案主要承办单位集中见面协商会议，副主席钟良贵出席并讲话，市委办、市政府办、市政协提案委和提案主要承办单位负责人，以及部分市政协提案委委员参加会议。会上，市政协提案委通报市政协十四届一次会议提案办理情况和市政协十四届二次会议提案情况，市委办公室、市政府办公室负责人就提案办理工作提出具体要求。委员们就办理协商、跟踪督办、成果转化等方面提出意见建议。

【全市政协人资环委工作会议召开】6月13日，全市政协人资环委工作会议暨十四届市政协人资环委第一次专家组会议在昌江区召开。副主席洪明华出席会议并讲话。市政协人资环委负责人、各县（市、区）政协分管领导及人资环委负责人、十四届市政协人资环委专家组成员参加会议。会议通报市政协人资环委2022年工作要点；各县（市、区）政协人资环委交流2022年工作要点。与会人员围绕"充分发挥政协人资环委作用，服务市委市政府工作大局、工作重点"进行专题研讨，提出意见建议。

【市政协办公室开展界别小组活动】8月23日，市政协办公室组织中共、工会、妇联界别部分委员开展界别小组活动，市政协党组成员、秘书长花长龙，市政协办公室相关人员参加活动。委员们实地考察景德源陶瓷艺术中心，就建设"赣事好商量·镇聚力"协商议事平台事宜进行讨论。

（徐　敏）

荷（欧阳圣辉 摄）

纪检监察

【概述】2022年，市纪委、市监委紧紧围绕全市经济社会发展大局，稳中求进、坚定稳妥推进全面从严治党、党风廉政建设和反腐败斗争，充分发挥监督保障执行、促进完善发展作用。2022年，全市纪检监察机关立案1005件，处分955人，其中，县处级干部20人、留置30人。严肃查办方朋高、朱丽芳、夏金平等一批腐败分子。全市查处“四风”问题241起，处理326人，其中党纪政务处分271人。在高压态势和组织感召下，全市有14人向纪检监察机关主动投案、71人主动交代问题。

【市纪委十二届二次全会召开】中国共产党景德镇市第十二届纪律检查委员会第二次全体会议，2022年2月8日举行。市委书记刘锋出席全会并讲话。市委常委，市人大常委会、市政府、市政协领导，市法院、市检察院主要负责人出席会议，市纪律检查委员会常务委员会主持。全会以习近平新时代中国特色社会主义思想为指导，全面贯彻中共十九大和十九届二中、三中、四中、五中全会以及十九届中央纪委六次全会精神，深入贯彻习近平总书记视察江西重要讲话精神，认真落实省委十五届一次全会、省纪委十五届二次全会和市委十二届二次全会部署要求，回顾2021年纪检监察工作，部署2022年任务。全会审议通过廖良生同志代表市纪委常委会所作《勇担政治使命 勇于自我革命 以纪检监察工作高质量发展的新成效迎接党的二十大胜利召开》工作报告，充分肯定2021年全市纪检监察工作新成效，明确提出要保持政治清醒，坚定全面从严治党正确方向，强化政治担当，推动全面从严治党向纵深发展，压实政治责任，实现全面从严治党齐抓共管，以优异成绩迎接中共二十大胜利召开。

【做实政治监督】2022年，推进政治监督具体化、精准化、常态化。一是聚焦重要指示开展监督。围绕贯彻落实习近平总书记重要讲话和重要指示批示精神，紧盯“三新一高”（立足新发展阶段、贯彻新发展理念、构建新发展格局、推进高质量发展）、景德镇国家陶瓷文化传承创新试验区建设、防范化解重大风险等党中央重大决策部署，列出监督清单、明确监督内容，推动工作落实。在监督推动国家试验区建设中，摸清年度重点工程项目总数、投资总额，形成重点跟进项目监督台账，在市委常委会会议、市政府常务会议、市“四套班子”务虚会上提出监督建议，对存在风险的项目提出纪检监察建议。二是紧盯重点人开展监督。认真贯彻落实党中央关于加强对“一把手”和领导班子监督的意见，围绕“五个强化”“三重一大”执行情况，通过定期会商、约谈提醒、专项监督、指导民主生活会等方式，督促“关键少数”认真履职尽责。查处“一把手”27人，其中县处级干部14人。协助市委制定《关于加强政治生态分析研判、深化政治谈话，推动同级领导班子监督具体化的实施办法（试行）》，市委、市政府主要领导分别与市委、市政府班子成员开展同级政治谈话，指明存在问题，压实整改责任。852名县级以上领导干部参与政治谈话，指出问题2531个，制定整改举措2927条。三是围绕重点事开展监督。监督推动中央纪委国家监委纪检监察建议（肖毅案、龚建华案）整改，积极开展“七个有之”专项治理，督促各级党组织开好全面从严治党形势分析会议。查处违反政治纪律和政治规矩问题13件，处理15人。加强选人用人监督，办理廉政意见回复45批次501人，对21人提出不宜使用或暂缓使用建议。加强对统筹疫情防控和经济社会发展的监督，纠正疫情防控中的问题2502个，处理122人，下发通报20批次，曝光问题114个。时隔900多天全市突发新冠肺炎疫情，全市纪检监察机关闻令而动、逆向而行，成立25个疫情防控督导组，开展监督检查260次，发现问题369个，处理失职失责人员41名。

【切实维护好群众的切身利益】2022年市纪委、市监委围绕侵犯群众利益问题开展执纪执法、纠风治乱。一是针对民生领域全面治理。深入推进群众身边不正之风和腐败问题专项治理，查处教育医疗、养老社保、执法司法等领域问题347起，处理处分547人，其中，督促相关部门处理教师违规收费等问题10起12人；全市医疗卫生系统拒收红包30.99万元，上缴红包5.99万元，处理处分64人。督促开展困难群众救助补助资金审计发现问题专项治理工作，追缴违规领取救助补助资金297.04万元，收回有关资金1217.7万元，给予党纪政务处分20人，组织处理34人，推动完善相关制度38项。深入推进重复举报专项治理，市纪委市监委班子成员带头包案化解“钉子案”“骨头案”“疑难案”，120件重复举报件已化解119件。二是紧盯突出问题系统治理。针对近年来城市管理效果不佳、城管领域腐败易发多发、群众对城管满意度不高等问题，成立工作专班，集中8个月时间，开展城管系统作风及腐败问题专项治理，坚决纠治少数城管执法人员吃拿卡要、野蛮执法、脱离群众、奢靡享乐等不良风气，办理涉及城管领域问题线索66件，立案40件48人，留置5人，处理47人。通过专项治理，城管系统执法行为进一步规范，建立“首违不罚”、行政审批“四减一优化”等工作机制，2022年8月，创文国检测评中，城管系统一分未失，相比往年进步明显。三是服务中心工作深入治理。针对营商环境落后、群众反映强烈的突出问题，以作风建设为切入点和着力点，从5个方面提出18项具体举措，推动21个职能部门细化措施234条、优化业务流程62项、完善体制机制69项。市纪委市监委班子成员带队深入一线，通过座谈访谈、明察暗访、随同办事等形式，严查服务企业过程中不担当不作为、“小鬼难缠”、权力寻租等问题，处理376人，其中处分164人，下发纪检监察建议15份，公开通报曝光典型问题74起。开展国有经营性资产“二房东”问题专项清理，发现违规转租142处，涉及金额1413.52万元。

【一体推进“三不腐”监督执纪】 2022年，把“全周期管理”理念贯穿监督执纪执法全过程。一是加大惩治力度，强化“不敢腐”的震慑。全市纪检监察机关立案1005件，处分955人，其中县处级干部20人，留置30人。严肃查办方朋高、朱丽芳、夏金平等一批腐败分子。二是加大整改力度，织密不能腐的“笼子”。认真贯彻落实江西省纪委书记马森述关于做好黑猫集团案“后半篇文章”的批示要求，市委、市政府制定《关于加强全市国有企业监管的若干举措》，市属国有企业制定一批制度规范。针对方朋高等违纪违法案件暴露出的问题，向分管市领导发送工作提示，向案发单位制发纪检监察建议，向全市印发案件通报，压实整改责任，开展警示教育，不让查办案件的代价白付。深刻汲取彭焕武案教训，督促市机关事务管理中心制定驾驶员管理办法，对领导干部驾驶员轮岗调配做出规定，市委主要领导带头执行。做实做细查办案件“后半篇文章”有关做法在《中国纪检监察报》刊登。三是加大教育力度，增强“不想腐”的自觉。市委常委会会议审定严重违纪违法案件时播放对象忏悔视频，摄制《正风肃纪反腐永远在路上》警示教育片，印发违纪违法典型案例通报，举办全市领导干部“廉内助”培训班，释放一体推进“三不腐”叠加效能。市委召开全市全面从严治党警示教育会议，3100余名党员干部现场接受警示教育，各级党组织召开专题组织生活会，党员干部撰写心得体会。筹建新时代廉洁文化教育馆，积极配合打造全省政府系统廉政教育基地。浮梁古县衙“三鉴园”、红十军建军旧址、荷塘精神红色教育基地被命名为“江西省廉洁文化教育基地”。

【继续深化作风建设】 把中央八项规定精神贯彻落实作为作风建设的重点内容，抓住“关键少数”，紧盯重要节点，锲而不舍纠“四风”树新风。一是建立节日廉洁提醒制度。在重要节假日前向党员干部发送温馨提示，向包括市“四套班子”成员在内的各级党员领导干部发送廉洁过节提醒函11000余份。二是严肃查处风腐一体问题。加大明察暗访力度，暗访发现7名党员干部违规吃喝，有效发挥警示震慑作用，在全市引起强烈反响。三是发挥大数据平台作用。推进检举举报处置、大数据应用等平台建设，建立纪检监察信息中心，接入相关信息资源，优化升级“访”“网”“电”系统，确保能用、会用、用好信访举报、党风政风等相关数据信息系统，及时发现“四风”问题线索。持续纠治“物流送礼”问题，发现疑似通过快递物流方式收受礼品问题线索20余条，已立案3件。全市查处“四风”问题241起，处理326人，其中党纪政务处分271人。

【突出政治巡察】 深入贯彻落实中央巡视工作方针，发挥巡察综合监督作用、建立巡前情况通报机制等经验做法在全省推广。一是整改工作进一步加强。做实省委巡察指导督导反馈意见整改，反馈的5个方面14个问题已全部整改到位，先后制定问题线索会商研判、巡察整改方案联合会审等近20项制度。每轮巡察结束后，召开巡察整改工作座谈会，压实各方整改责任。十二届市委第二轮巡察结束后，印发倾向性问题通报，推动未巡先改、再查再改。二是监督质效进一步提升。制定《十二届市委巡察工作规划（试行）》和年度工作要点，已开展涉粮问题专项巡察监督检查和三轮常规巡察，对各县（市、区）纪委监委和党委组织部开展了提级巡察。组织县（市、区）对14家单位开展交叉巡察；探索实行

“市级统筹、县级实施、异地组建、市县共管”的双重领导模式，得到了省委巡视办的充分肯定。三是基层基础进一步夯实。完善巡察干部抽调机制，市委第三轮巡察首次探索从金融、税务系统抽调干部参加，巡察组力量、结构得到充实优化。持续加强巡察机构建设，增加2名正科级巡察专员领导职数和3个事业编制，副处级以下干部编制数由7个增加到12个，人员力量配备进一步增强。

【加强自身建设】 牢记打铁必须自身硬，把干部队伍建设作为“一把手工程”抓紧抓实，着力打造政治过硬、本领高强的“精品队伍”。一是加强政治建设，扎实创建模范机关。选优配强机关党委、纪委班子，落实落细意识形态工作责任制。疫情防控期间，140余名纪检监察干部就地开展志愿服务工作，发挥先锋模范作用。聚焦新时代纪检监察工作高质量发展主题，围绕加强对“一把手”和领导班子监督等课题，形成调研报告40篇，转化具体制度30余项，得到省纪委省监委和市委主要领导的批示肯定。二是加强实战练兵，一体化培养业务人才。常态化开展“纪检监察业务讲堂”“一室一讲”等业务培训，用好“一线学”、师傅带徒弟等方法，选派干部参加中央纪委、省纪委轮训调训31人次，统筹抽调74人次干部参加上级办案、巡视等中心工作，着力提高“一专多能”“多专多能”干部基数。采取书记会成员包片负责、分协管班子成员具体负责等方式一体化加强业务人才培养，首批纳入培养计划138人。严格落实“一案一总结”机制，及时召开专案总结会交流分享经验，推动审查调查工作和干部队伍培养“双提升”。经过一年培养，师傅型人才达到43人、骨干型人才83人，同比分别增长38.7%和59.6%，培养“尖刀型”办案团队10支。三是坚持多管齐下，不断增强队伍力量。积极拓宽干部人才引入渠道，通过招录招考、公开选调等方式，引进干部39名，储备一批“85”后正科职、“90”后副科职干部，初步形成老中青梯次配备的队伍结构。认真贯彻《纪检监察机关派驻机构工作规则》，开展派驻监督大调研，补齐派驻机构改革以来未到位的14个行政编制，派驻机构力量配备得到增强、体制机制更加完善、监督质效进一步提升。深入各县（市、区）专题调研纪检监察干部队伍建设，协调落实机构设置、人员编制等事项，市县纪委监委空编率从17%下降为6.5%。大力推动市直部门机关纪委建设，统筹调配卫健、教体、公安、住建、市场监管等大系统纪检干部力量，加强二级三级单位纪委建设，培养纪检监察干部“第二梯队”100多人，着力打造纪检监察干部的“蓄水池”。四是坚持严管厚爱，做到激励约束并重。积极向市委推荐提拔使用县级干部22人次、晋升职级23人次。全力配合省委开展提级巡视，做到即巡即改、立行立改。自觉接受监督，向市人大常委会报告专项工作，发挥特约监察员监督作用。认真制定并严格执行《景德镇市纪检监察干部行为规范》，汇编《把队伍建强、让干部过硬》学习手册，教育引导干部知敬畏、存戒惧、守底线。扎实开展“敲警钟明底线、守忠诚做卫士”警示教育专项活动，从熊剑、卢建、何根生等严重违纪违法案件中吸取教训，以支部为单位组织召开专题组织生活会。处理纪检监察干部8人，移送司法机关1人。

（程　坚）

三宝湿地公园一角（白光华 摄）

民主党派和工商联

中国国民党革命委员会景德镇市委会

【概况】2022年，民革景德镇市委会团结带领全市各级民革组织和广大民革党员，坚持以习近平新时代中国特色社会主义思想为指导，积极践行“四新”“三好”要求，开展“矢志不渝跟党走、携手奋进新时代”“履职能力建设年”等主题活动，全面加强自身建设，切实履行参政党职能，各项工作迈上新台阶。先后获“民革全国参政议政工作先进集体”“民革全国宣传思想工作先进集体”“民革全省参政议政工作先进集体”荣誉称号；民革景德镇市珠山支部获“民革全国祖统工作先进集体”荣誉称号。

全市有民革党员328人，平均年龄53岁，总支部1个，基层支部15个，基层组织已实现县区全覆盖。其中，男性186名，占56.7%，女性142名，占43.3%；具有中、高级职称256人，占78%；大学及以上学历240人（硕士45人、博士3人），占73.2%；厅级干部1人（熊皓主委的党员关系在景德镇），县处级干部9人，科级干部27人，其中公务员12人；担任各级人大代表、政协委员共80人次，其中，全国人大代表1人、省人大代表1人、省政协委员3人（含省政协常委1人）、市人大代表12人（含市人大常委1人）、市政协委员19人（含市政协常委5人）。

【多形式开展主题教育活动】2022年，开展“矢志不渝跟党走、携手奋进新时代”政治交接主题教育和中共党史学习教育，先后以喜迎中共二十大、民革十四大、庆祝中国共产主义青年团成立100周年、民革江西省第十四次代表大会和香港回归25周年等重大活动为契机，开展主题宣讲会11场、中心组红色研学5次、红色经典诵读3场、陶瓷艺术交流6次，与高新区联合举办主题书画交流活动，推动主题教育走深走实，不断提高政治判断力、政治领悟力、政治执行力，不断增进对中国共产党领导和中国特色社会主义的政治认同、思想认同、理论认同、情感认同。

【加强和改善宣传思想工作】加强意识形态工作，以讲好民革故事、发出民革声音、展示民革形象为目标，构建景德镇民革订阅号、服务号、学习号三位一体宣传平台，公众号订阅数超过520人，发稿247篇，阅读量为24657人次，一批有深度、有价值、有影响的稿件被《团结报》、团结网、《赣鄱统战》《江西民革》《瓷都统战》等主流统战媒体转载。1篇入2022年民主党派市级组织一周热文展播，1篇入选2022年民革微信热文周榜。获2022年度《团结报》发行征订工作先进集体地级市进步奖。有序推进《景德镇民革简史》编撰和景德镇民革党史馆打造工作。

【聚焦中心精选课题】2022年，坚持问题导向和实践导向，围绕贯彻落实中共景德镇市委决策部署，瞄准“小切口”解决“大问题”，精准确定调研课题，研究提出优化法治营商环境、历史文化街区活化利用、数字赋能文旅融合发展、后疫情时代陶瓷跨境电商的路径、县域农业大数据平台建设、地方特色种业保护与发展、通航产业发展7个大调研课题，形成“调研组组长直接负责，调研组成员全力协作，专委会、支部协同配合，全市党员广泛参与”的调研格局。全年开展专题调研30余次，形成《加快通航产业发展助力“一号发展工程”》《加强行政执法领域规范化再升级助推我市法治化营商环境新飞跃》等多篇调研报告。

【创新参政思路】拓宽参政议政渠道，创新参政思路。课题调研由原来以市委会机关干部为主，变为上下联动、左右互动的模式。邀请民革省委会主委熊皓同志率队到景德镇开展保障粮食安全专题调研，邀请民革省委会专家组来景开展城市更新下历史文化街区活化情况调研；与民革省委会联合开展“加强地方种质资源保护利用”课题调研；派员赴南昌参加重点调研课题中期成果交流会；与市发改委、市住建局、市商务局等对口单位联系常态化。举办重点提案办理面对面专题协商会，将提案办理工作从“幕后”推到“台前”，强化提案办理协商力度，促进提案成果转化。

【主动参与政党协商】2022年，参加由中共市委领导或委托中共市委统战部主持召开协商会、座谈会、情况通报会21次。在这些政党协商中，市委会围绕助推乡村振兴、政府工作报告、法院检察院工作、人事协商等主题提出一系列意见和建议，得到市委、市政府主要领导的重视和肯定。参加景德镇市党外人士座谈会，针对“大力实施乡村振兴战略，提速推进农业农村现代化”向中共市委提出建议。参加市法院、检察院工作情况通报会，提出“加大对涉诉企业司法服务，切实维护企业合法利益”等建议，进一步提升服务保障“双一号”工程质效。关于提升老旧小区改造品质建议，切实为全市推进老旧小区改造工作起到参考咨询作用。

【议政建言取得实效】 在市政协十四届二次会议上，市委会向市政协提交大会口头、书面发言2篇，集体提案7件，个人提案24件。其中，1篇大会口头发言得到市政府主要领导批示，2件集体提案被市政协列为重点督办提案。其中《以园区产业工人通勤需求为导向，推动园区产城深度融合》得到相关部门采纳和落实，昌南新区、浮梁汽配园已与公交公司合作，相继开通产业工通勤专线。在市政协十四届三次会议上，市委会向市政协提交大会口头、书面发言2篇，集体提案9件、个人提案15件，5件提案被市政协评为优秀提案。

担任省人大代表、省政协委员的民革党员积极参加相关调研、视察、座谈等活动，在省“两会”上切实反映基层实际情况和群众心声，认真履行好人大代表和政协委员职责，一批高质量的意见建议被省政府有关部门采纳。《加强地方种质资源保护利用，推进“赣种强芯”建设》受到省长叶建春的高度肯定，《关于破局我省跨境电商新零售的建议》入选书面大会发言材料，《进一步做好农村地区新冠病毒感染重症者转运的建议》《关于加快发展乡村产业的几点思考建议》被省政协选作联组发言材料。

【稳步提升信息报送工作】 市委会领导班子成员、市委会委员、民革党员中各级人大代表、政协委员等代表人士，按照贴近基层、深入一线要求，带头撰写社情民意信息，提供第一手资料，促进一批热点难点问题有效解决。全年递交各类社情民意信息32篇，《加强乡镇农技人才队伍建设的建议》被民革中央单篇采纳；《关于扎实开展农业抗旱保生产工作的建议》获民革省委会“喜迎中共二十大　助力‘六个江西’建设　我为赣鄱献一策‘金点子’征集活动”优秀奖；《关于加强对快递包装消毒及快递垃圾回收循环再利用的建议》被市政协评为“优秀社情民意信息范例”，并报送中共江西省委；《做优营商环境　打造市域品牌》《优化营商环境中介服务乱象行为亟需整治》2条信息在《优化营商环境·委员履职献良策》中刊登。

【加强人才队伍建设】 4月11日，制定《民革景德镇市委会新党员发展工作流程（试行）》，开展“工作标准化”和“程序规范化”建设。制订党员发展计划，全年发展新党员14人，平均年龄31.6岁，全部具有大学及以上学历，其中，博士1人、硕士2人、高层次人才1人、公务员2人、具有民革特色的联系人士为11人，发展对象整体质量显著提高。30余名民革党员获市级以上表彰，陈菊荣获“全国五一劳动奖章”“全国三八红旗手”，蔡文娟获“江西省三八红旗手标兵”，田田获“江西省女创业带头人”，汪洲入选“江西省高层次技能领军人才培养工程”，曾毅、洪振邦同志获“民革全省参政议政先进个人”，苏欣获“民革全省社情民意信息先进个人”，田田、吴昊获“景德镇市优秀志愿者”称号。

【支部建设得到新提升】 基层组织建设全面开花，“民革示范支部”创建工作落实、落细、落地。民革陶瓷总支部与民革省直瓷画院支部、民革南昌市西湖区总支部开展共建交流活动。民革珠山支部与民革南昌市新建区总支签订合作共建协议。民革昌江支部赴鹰潭市开展示范支部创建经验交流活动，与民革鹰潭市余江区支部签订合作共建协议。1个总支委员会、14个支部，均按照示范支部创建工作要求开展基层组织生活。民革党员之家和示范支部建设取得显著成效，基层组织活力不断增强，新建民革直属浮梁支部党员之家。全市建成11个“民革党员之家”，其中2个获民革中央优秀民革党员之家表彰，2个基层支部获民革中央全国示范支部称号。

【民主监督走深走实】 4月15日，制定《民革市委会开展优化营商环境民主监督工作实施方案》，成立由市委会负责人任组长、参政议政骨干及有关方面专家学者组成的工作组。围绕优化法治营商环境、优化物流行业营商环境与农业数字化建设等问题，先后赴乐平市4个市直部门、5个乡镇，走访企业27家，收集问题15条，向乐平市反馈有关问题及意见8条。推荐20余名民革党员企业家以及各领域专家担任优化营商环境工作监督员。在民革党员企业和党员所在的各级企业家联谊会建立观测点，及时将发现的问题反馈到相关部门研究处理。探索省市联动机制，主动向民革省委会争取支持，熊彤带领专家组，围绕“营商人文环境提质进档”开展调研，形成合力助推民主监督工作取得实效。

【招商引资彰显担当】 上半年，成立以市委会主要负责人为第一责任人，民革党内一批热心招商引资工作、精通招商引资业务、深受外商信赖的民革党员企业家为队员招商工作专班。全力配合市委、市政府围绕先进陶瓷产业做好有关招商工作，市委会主要负责人以感情招商，以政策招商，先后带队赴宁波、深圳、哈尔滨、厦门等12个城市33家企业开展招商引资活动。甲古文创意设计有限公司已于6月签约落户、项目总投资20亿元，哈尔滨联强中晖晶体材料有限公司已签订框架协议，宁波百声特电子有限公司达成初步投资意向。

【开展宣传文化活动】 选送优秀作品参加市委统战部组织的“香江赣港瓷韵展”，社会影响力持续增强。与民革省委会瓷画院联合举办陶瓷艺术交流活动，传承弘扬景德镇陶瓷文化，向世界讲好中国陶瓷故事。协办戏曲专场公益演出，民革党员中的文艺工作者积极参加演出，将文化惠民、服务百姓落到实处。

【组织慈善捐助活动】 6月，民革乐平支部闻“汛”而动，为灾区捐赠面包、矿泉水、方便面、浓缩消毒液等物资，爱心助力灾后重建。王贵英密切关注疫情防控需要，向上海捐赠价值120余万元农副产品和生活物资，体现民革党员浓浓的家国情怀。全市各级民革组织共开展法律咨询、普法活动、送医送药下乡、捐资助学等“博爱牵手活动”20余次，受益群众超过2000人次。

【深入台资企业开展调研工作】 下半年，深入台资企业江西宏柏新材料股份有限公司考察，调研关于产业发展、总体用工、营商环境等情况，提交调研报告。不断加深赣台交流，与台湾青年学生共叙中华血脉，深化认同，凝聚共识，与台湾学生开展线上追根溯源座谈会。

【机关建设提质增效】 坚持把制度建设作为一项长期基础性工作来抓，着力推进制度规范化、程序化、科学化，狠抓制度执行力，进一步提升机关工作能力和水平。持续加强机关制度建设，修订完善机关各项管理制度。9月21日，形成《民革景德镇市委会机关工作制度汇编》。开展机关零差错活动，工作效能明显提升。不断提升《关于加强和改进反映社情民意信息工作的规定》等制度的执行力。机关干部苏欣、程春芳获民革全省机关工作先进个人。

中国民主同盟景德镇市委员会

【概况】 2022年，中国民主同盟景德镇市委员会（以下简称盟市委会）共有盟员465人，主要分布在文化教育、陶瓷美术、科技卫生等部门。其中大学以上文化程度315人，占总数67.74%；中上层人士434人，占总数93.33%；平均年龄55.45岁。年内，共发展新盟员24人。市委会机关行政编制5名，内设办公室，在职4人，退休1人。

民盟市委会先后被盟中央群言杂志社授予“2022年度优秀发行单位”荣誉称号；被民盟江西省委会授予“2022年度盟务工作先进单位”“2020—2021年度反映社情民意信息工作先进集体”。主委谢景玉、盟员骆桂根获“民盟全省2020—2021年度反映社情民意信息工作优秀信息员”荣誉称号。在2021年度县级领导班子和领导干部考核中，民盟景德镇市委会被定格为“优秀”班子，主委谢景玉、副主委胥敏被定格为“优秀”等次。

【全面推进自身建设】 4月，民盟市委会成立基层组织建设调研小组，先后深入22个基层组织了解基层组织发展情况；成立陶瓷美术第三支部、经济支部和民盟青年委员会，优化基层架构；全年发展新盟员24名，超额完成新盟员发展任务；后备干部培养取得丰硕成果，提拔正处级干部1人、副处级干部2人（公务员1人，国企1人）、市级法院首次解决副处级实职1人，交流挂职锻炼副处级干部1人、兼任市政协副秘书长1人、提拔副科级实职干部5人。全市盟员中共有全省政协委员2人，市人大代表8人（其中市人大常委2人），市政协委员16人（其中市政协常委3人），县（市、区）人大代表9人，县（市、区）政协委员44人［其中县（市、区）政协副主席2人］。

全年新建盟员之家5个，实现33%的覆盖率。在铺面扩量基础上，引导基层强化作用发挥、内涵提升、特色打造，如机关支部盟员之家，将盟员之家与民盟界别政协委员工作站功能结合起来，在市政协与市广播电视台联办的《政协视窗》电视专栏中，专门介绍民盟界别政协委员工作站先进做法。景德镇民盟“盟员之家”建设经验材料被中国网、

《人民政协报》、人民政协网等中央媒体相继报道。

【持续开展营商环境民主监督】5月23日，制定《民盟景德镇市委会开展优化营商环境民主监督工作实施方案》，成立领导小组，多次赴浮梁县行政服务中心大厅、墨塔科技股份有限公司和朝蓬生物能源技术有限公司等单位开展专项调研，先后收集问题线索13条，均已跟进解决；围绕全市双“一号工程”和招商引资开展统战大调研，先后三次举办课题部署、调度和推进会议，撰写2篇调研报告，其中1篇被选为市两会口头发言材料；发动基层组织和盟员向身边企业家转发政策信息，切实提升惠企政策知晓率。

【参与招商引资工作】7月26日，民盟市委会赴雅昌文化集团北京艺术中心开展招商引资工作暨数字经济赋能文化产业发展调研，并邀请雅昌文化集团到景进行考察。引导基层组织和盟员将招商引资和本职工作密切联系起来，盟员熊帅、陈莹、高康南先后参与签约引进招商引资项目3个，项目金额超1600万元；加强与发达地市民盟组织的联系，表达招商意愿，与大同、开封、荆州、泉州、绍兴等地市民盟组织开展招商引资座谈，宣传景德镇市招商政策，邀请盟员企业来景德镇考察；主动向上级民盟组织和商界盟员代表人士对接，汇报招商需求。

2022年，民盟市委会紧扣“招商引资”工作，打好“纵向对接+横向联系+多层联动”组合拳。

【参政议政提质增效】8月25—26日，民盟中央参政议政部二级巡视员杨安民，调研处处长周荣一行赴景德镇市开展民盟中央参政议政调研基地考察调研。全年有10项课题被盟省委立项并结题，1篇理论调研顺利结题。在省、市“两会”上，民盟市委1篇调研报告被选为省“两会”书面发言材料，2篇调研报告获市政府主要领导批示，1篇调研报告被选为市“两会”口头发言材料，2篇调研报告被选为市“两会”书面发言材料，4件提案获评市政协“优秀提案”。市政协工作报告中高度重视民盟市委会提交的重点提案，两处提及盟市委提案《关于保护和重塑“景德镇制”陶瓷区域品牌的建议》推进落实情况。全年被盟省委采用社情民意信息45篇，被省政协、省委办采用11篇，被民盟中央采用2篇，社情民意信息工作全省排名第五。

2022年，民盟景德镇市委会作为江西省唯一一家推荐单位，申报民盟中央参政议政调研基地。

【强化思想政治建设】9月，承办“昂首阔步新时代 同心筑梦跟党走”喜迎二十大主题演讲比赛，开展“喜迎二十大·瓷韵颂党恩”陶瓷书画笔会活动、“我们这十年”景德镇陶瓷美术界别盟员采风创作活动和公益书签创作活动，并与大江网开展合作推出专栏进行专题报道；指导各基层组织开展各类主题教育20余次；10月，与省水利厅、省鄱建办、省水科院党支部联合开展“学思践悟党的二十大精神 党盟同心携手奋进新征程”红色走读活动；邀请中共二十大代表姚石玉宣讲中共二十大精神；指导各基层组织召开专题学习会20余次，领导班子、支部主委及盟员撰写学习心得65篇。成立“矢志不渝跟党走、携手奋进新时代”政治交接主题教育领导小组，制定学习方案，举办专题培训、座谈会、宣讲会10余次。

2022年，盟市委充分发挥“一网一号”的宣传阵地作用，适时开辟10余个专栏。新闻报道获省级、市级媒体采用300余篇次，微信公众号年访问量突破11万人次，订阅人数超500人，影响力和公信力得到持续提升。

5月5日，民盟市委会“农村教育烛光行动”示范基地在市第十九小学揭牌

【社会服务亮点纷呈】 盟市委秉承民盟"奔走国是，关注民生"的优良传统，注重发挥界别优势，提升活动品牌，组织开展各类活动 80 余次。省市联动，与盟省委赴昌南新区联合开展平安建设专题活动 2 次；创新黄丝带帮教工作形式，开展系列社区矫治帮教活动 2 次；创建"农村教育烛光行动"示范基地，每周送两节公益书法课，全年送课 30 余节，各基层组织以不同形式开展"农村教育烛光行动"10 余次；持续举办民盟行健公益课堂和民盟行健艺术沙龙等活动 20 余次；坚持在重大节庆组织开展特色活动，开展"亲子阅读暨幸福加'焙'蛋糕 DIY"活动、"重阳敬老 薪火相传"新盟员慰问老盟员活动等 10 余次主题活动。

（吴康利）

中国民主建国会景德镇市委员会

【概况】 2022 年，中国民主建国会景德镇市委员会（简称民建市委），共有会员 293 人，会员平均年龄 53.5 岁，主要由工商、经济界人士组成。其中，大专以上学历 229 人（研究生学历 22 人），中级以上职称 153 人（高级职称 88 人）。民建景德镇市委会委员 19 人（其中主委 1 人，副主委 3 人），下设 15 个支部，有正副支部主委 31 人。民建会员担任全国人大代表 1 人、省政协委员 1 人、市人大代表 5 人、市政协委员 13 人（政协常委 3 人）。

2022 年，发展会员 13 名，平均年龄 37.5 岁，净增长率 3.9%，发展率 4.6%。1 名会员获得"景德镇市三八红旗手"称号，1 名会员获得"景德镇市五一劳动奖章"；1 名会员被认定为"景德镇市'3+1+X'产业"国家级高层次人才；1 名会员获景德镇市"最美科技工作者"荣誉称号、2 名会员获景德镇市第九批"专业技术拔尖人才"称号、1 名会员获得"江西省青年工艺美术杰出人才"荣誉称号、2 名会员获得"江西省陶瓷技能大师"荣誉称号；1 名会员被聘为江西省政府文史研究馆馆员。市委会主委张婧婧当选景德镇市中华职教社第一届社务委员会主任。

在市政协第十四届二次、三次会议上提交口头发言 2 篇，书面发言 4 篇，提案 30 件，其中 4 篇提案获市政协通报表彰，被评为优秀提案。报送调研报告 3 篇，社情民意信息 18 条，其中 3 条获省政协、民建省委会采用。

【开展政治交接主题教育】 2022 年，通过领导班子带头学、各支部开展专题学、分批选送骨干会员和基层组织负责人集中培训学等方式，深入开展"矢志不渝跟党走 携手奋进新时代"政治交接主题教育，先后进行学习座谈 15 次，开展现场教育活动 3 次。

【民建江西省企业家协会景德镇分会召开专题座谈会】 4 月 15 日，民建江西省企业家协会景德镇分会召开专题座谈会，助力全市优化营商环境改革工程。会议传达全市优化营商环境动员大会精神，学习相关政策文件，讨论当前企业家在营商环境方面遇到的问题和诉求，交流分享相关经验和举措。

【举办知识产权保护专题讲座】 4 月 28 日，民建景德镇市委会举行知识产权保护专题讲座，20 余名陶美界民建会员艺术家、企业家参加。讲座邀请景德镇君和知识产权公司总经理朱琳授课，从知识产权基本常识、知识产权立法、知识产权内容简析等几个方面，深入浅出地讲解专业知识。通过实际案例解读和现场交流讨论，解答会员在经营创作过程中的困惑和遇到问题，提高企业和会员知识产权保护意识。

【民建中央副主席陈文华带队到景调研】 6 月 25—26 日，全国人大常委会委员、民建中央副主席陈文华带队到景德镇调研市级组织建设工作，出席"矢志不渝跟党走 携手奋进新时代"政治

6 月 25 日，全国人大常委会委员、民建中央副主席陈文华到景调研并出席座谈会

交接主题教育座谈会。副省长、民建江西省委员会主委孙菊生，省高院副院长、民建江西省委员会副主委胡淑珠随同调研。市领导胡雪梅、俞小平看望调研组一行。市领导吴隽、吴财锋、江民强分别陪同。其间，调研组一行先后到景德镇中国陶瓷博物馆、望龙陶瓷有限公司、浮茶集团、观道堂陶瓷文化有限公司、景德镇老三宝陶艺有限公司、欧阳敏国家级技能大师工作室等地，实地感受陶瓷文化魅力，深入了解会员企业发展。

【开展招商引资工作】 7月，为深入贯彻落实全市招商引资工作部署，市委会主委、景德镇陶瓷大学国际学院院长张婧婧邀请中广核新能源江西分公司总经理邓东一行先后三次到景德镇考察交流。一行人分别赴高新区、昌南新区、景德镇陶瓷大学考察走访。9月，中广核能源投资（深圳）有限公司江西分公司已与景德镇陶瓷大学签署战略合作协议。

【开展优化营商环境民主监督调研】 7月22日，全国人大代表、民建景德镇市委会主委张婧婧率队赴昌江区开展优化营商环境民主监督调研活动，区委常委、统战部部长周薇陪同调研。调研组一行先后到赣州银行（景德镇分行）、区行政服务中心、宁封窑国际陶艺村，通过实地调研、面对面交流等方式，详细了解优化营商环境过程中遇到具体问题，提出有针对性意见建议。

【举办“画在途中”汪凯陶瓷艺术作品展】 8月30日，由民建景德镇市委会、江西省陶瓷行业协会、江西省工艺美术学会、贵州民族大学陶瓷艺术研究院联合主办的“画在途中”汪凯陶瓷艺术作品展在江西省美术馆开幕。江西省科协主席史可，国务院特殊津贴专家龚循明，民建景德镇市委会主委张婧婧，中国陶瓷艺术大师吴能出席开幕式并分别致辞。展览共展出民建陶瓷艺术家汪凯74件陶瓷精品，描绘祖国大好河山，歌颂非凡十年的辉煌成就，展现新时代中国人民追梦圆梦奋斗经历和幸福生活，是景德镇民建人喜迎中共二十大的隆重献礼。

【开展优化营商环境宣传活动】 9月29日，民建景德镇市综合二支部到昌江区开展优化营商环境宣传活动。深入街道商铺，向各商户发放《惠企政策兑现办事服务指南》，细心讲解指南中涉及小微企业的各项惠企政策，宣传优化营商环境相关知识，收集个体工商户在经营过程中遇到的问题和建议，为民建更好地实行优化营商环境民主监督奠定坚实基础。

【民建景德镇学院支部换届】 10月21日，民建景德镇学院支部召开换届大会。经现场民主投票选举，产生民建景德镇学院支部第三届领导班子成员，徐国平当选支部主委，张淑敏、杨科朋当选支部副主委。

【开展“同心抗疫”公益活动】 11月，民建市委会组建景德镇民建志愿服务队，开展“同心抗疫”公益活动。各界会员积极投身疫情防控工作，主动联系对应社区，下沉至各基层一线参与志愿服务；志愿服务队协助会员企业华达集团仓储中心开展物资分拣、配送工作，将物资包发往各社区，减轻超市运输压力，疫情防控期间出车50余次，运送物资包近万份；会员企业捐赠抗疫中药包3000份、口罩7万余只；市委会主动慰问困难老会员，为他们送上生活物资；副主委朱青积极与江西赣翔通用航空有限公司对接，启用直升机将物资空投至社区，协助市区疫情防控工作组做好物资保障。

（程雯清）

中国民主促进会景德镇市委员会

【概况】 中国民主促进会景德镇市委员会（简称民进市委会）现有会员363人，其中博士8名，硕士37名，副高级以上职称193名，平均年龄55.3岁。2022年发展新会员14名，中级以上职称7名，平均年龄39.9岁。民进市委会委员21人，其中，主委1人，副主委4人，秘书长1人。省政协委员1人，市人大代表3人，市政协委员20人，县区人大代表、政协委员44人。在市“两会”上，共计提交人大议案2件、建议4件，政协提案59件，其中调研报告《关于高质量建设景德镇国家级陶瓷文化生态保护实验区的建议》《聚天下英才而用之——关于构筑“试验区”创新型人才梯队的建议》被选为市政协十四届二次、三次会议口头发言，《关于完善中医药服务体系锻造经济发展新引擎的建议》《让中医有为，中药有道——景德镇发展中医药文化及产业的意义和策略》被选为市政协十四届二次、三次会议书面发言，得到与会领导的充分认可。2022年共上报社情民意信息 67 条，其中 1 篇被民进中央综合采用，1 篇被省政协综合采用，14 篇被《江西民进信息》采用。

【组织文化下乡服务】1 月，组织艺术家会员赴荷塘乡、鱼山镇义务写春联、送春联 400 余副，弘扬中华民族传统文化。同时，在荷塘乡和鱼山镇开展送戏下乡活动，满足群众文化生活需求，营造良好乡村文化氛围。

【聚焦中心工作 深入调查研究】3 月 10 日，市委会组织召开参政议政工作会议，确定以优化营商环境、数字经济建设等方面为重点的 9 个课题——《关于在南昌建设中国人民解放军建军广场和建军历史纪念馆》《关于加强保护鄱阳湖上游昌江河生态环境的建议》《以职业培训提升我市农民工职业能力促进高质量发展的建议》《国家森林公园健身步道体系建设》《中医药产业建设》《景德镇传承创新试验区建设》《关于先进陶瓷产业人才产教融合的建议》《后疫情时期经济风控的对策建议》《让宜居乐居促进营商环境大提升的建议》。其中含省委会立项课题 3 个、统战大调研 2 个，当年 9 个重点课题均已完成。

【支持和参与长江生态环境保护民主监督】3 月 30 日，制定定点调研方案，组建专家队伍，班子成员带队开展定点调研，完成《关于景德镇水利枢纽工程对周边生态环境影响》调研报告 1 篇。9 月 16 日，民进中央副主席、长江生态环境保护民主监督工作领导小组成员王刚率调研组在江西省景德镇市，就民进中央长江生态环境保护民主监督、民进中央联络委员会年度调研课题开展考察调研，市委会积极配合调研，做好前期沟通协调工作。

【加强基层组织建设】4 月 16 日，制定《民进景德镇各基层组织年度考评办法（试行）》，规范支部管理。支部换届工作顺利推进，在市委会指导下，珠山小学支部、陶美支部按照换届要求，圆满完成换届工作；直属珠山支部、文化支部按程序顺利完成支部副主委增补工作。

【开展“1% 工程”爱心助学活动】4 月，创新性推出筑梦之旅“1% 工程”爱心助学系列活动，以寿安中心小学为教学点，组织有音乐、美术特长的会员开设为期一年的志愿特色教育课堂。开展童心向党暨庆祝“六一”、六一儿童爱心捐赠等活动，为留守儿童、困难学子送去“1% 工程”助学金和文体用品。

【优化营商环境民主监督】6 月 3 日，制定工作方案，成立领导小组，建立工作机制，安排部署工作。领导班子带队深入市场主体，了解实情、困难和建议，及时将线索和意见整理反馈，按月报送民主监督情况。各基层组织和全市会员立足本职，在服务发展中开展专项监督。全年开展专题调研 3 次，调研座谈会 1 次，形成《宜居乐居促进营商环境大提升》调研报告 1 篇，为推进“珠事顺利”营商环境品牌建设贡献民进力量。

【庆祝香港回归 25 周年】6 月 8 日，积极参与“香江赣港·瓷韵”陶瓷艺术展作品征集，5 件陶瓷艺术作品入选展览，会员精心创作捐赠青花瓷板 1 件，随手礼 50 件。

【参与全市文明创建活动】8 月 12 日，组织开展“1% 工程”文明志愿服务活动，号召全体会员积极参与全市常态长效创建全国文明城市、争创全国文明典范城市志愿服务工作，会员们积极走进社区、街道开展文明交通、垃圾清理、入户宣传等志愿服务活动，在全市文明创建中发挥积极作用。

【开展金秋助学女大学生专场活动】8 月 26 日，民进市委会联合市妇联、市女企协联合举办“喜迎二十大 巾帼筑梦想”2022 年金秋助学女大学生专场活动，为 30 名女大学生发放助学金，传达市委、市政府和社会各界对困难学生的关心和爱护。

【举办陶瓷艺术展暨“1% 工程”公益捐赠活动】9 月 7 日，民进市委会、珠山区政协联合举办陶瓷艺术展暨“1% 工程”公益捐赠活动，民进会员艺术家积极参与活动，参展 44 件作品定向义购，善款全捐赠给“1% 工程”基金会，用于景德镇慈善公益项目。

【多种形式参与抗疫】11 月，景德镇发生新冠疫情后，民进各基层组织、全市会员和机关干部积极响应市委、市政府号召，活跃在防疫一线，彰显民进担当作为。24 名志愿者在 20 个社区参与疫情防控 70 余人次；民进会员企业慷慨解囊，在市防控工作最关键最吃紧的时刻，分别向珠山区人民政府、昌江区人民政府捐献抗寒军大衣 1000 件和 20 余吨蔬菜，总价值 25 万元。

【加强宣传阵地建设】 高度重视宣传工作，发挥正面宣传和引导作用，全年发布新闻稿件58篇，民进江西省委会采用54篇，民进中央采用8篇，《团结报》采用4篇。持续更新党史学习教育专栏内容，推送“党史学习——1%工程·2022年志愿阅读”系列文章64篇，营造浓厚学习氛围。

【做好“信息化建设”主题年工作】 12月，获民进中央“民进信息化建设先进集体”称号。围绕“信息化建设”主题年工作，市委会从设备更新、引入信息系统和信息化培训等方面发力，用信息化技术赋能机关工作。

（郑　贝）

中国农工民主党景德镇市委员会

【概况】 2022年，中国农工民主党景德镇市委员会（简称农工党景德镇市委会）有党员250人，市委会委员20人，15个基层支部。省政协委员2人；市人大代表5人（其中市人大常务委员会1人），市政协委员19人（其中市政协副主席1人、常委4人）；县（市区）人大代表6人（其中常务委员会3人），县（市区）政协委员28人〔其中县（市区）政协副主席1人、常委5人〕。市委会机关行政编制5名，内设办公室，在职3人，退休3人。

【开展主题教育活动】 3月28日，市委会深入开展“矢志不渝跟党走、携手奋进新时代”政治交接主题教育。成立领导小组，召开动员部署会，制定下发工作方案，同步在微信公众号开辟专栏，发布日常学习内容，通过开展线上线下“农工党党员应知应会100题”学习答题活动，持续增强学习成效；创新推出“农工党‘五四’青年说”微感言、“我与农工党共成长”主题征文、“矢志不渝跟党走、献礼中共二十大”陶瓷艺术作品网络展等“原创”栏目十余个，开展红色走读、网上祭英烈等形式多样的活动，不断激发党员踊跃参与的热情。10月14—15日，市委会组织市委委员、基层支部主委、骨干党员等40余人赴红色教育基地——皖赣边区八县大会纪念广场开展为期两天的主题教育，其间，举办1场文艺活动、召开3场工作会议、开展2场现场教学及1次乡村振兴实地调研活动。

【开展营商环境民主监督工作】 4月28日，市委会召开优化营商环境民主监督工作专题部署会，成立工作组并制订工作计划，每月深入对口联系的高新区，主动对接，积极服务。组织专题学习及优化营商环境大讨论十余次，开辟“优化营商环境 助力六个江西”专栏推送营商环境相关内容49期，不断提升政策的知晓率。通过实地调研、回访，市委会认真收集相关线索问题5条，“出行道路照明缺失”的问题引起市营商环境优化升级“一号改革工程”指挥部的高度重视，全部得到协调解决，相关工作信息作为民主党派唯一刊登在《亲清瓷都暖心爽心》工作简报上。市委会组织开展“法治护航 助企发展”优化营商环境送法进企业等“企业服务日”活动10余次助力企业发展。2名党员被聘任为市首届法治化营商环境社会监督员。7月8日，市委会发出《关于号召农工党党员积极参与5020项目招商引资的倡议书》，积极动员党员助力招商引资工作。

【积极参政议政】 2022年，市委会组织完成调研报告16篇，《全面加强江西省数据知识产权保护》获农工党江西省委会“我为江西高质量跨越式发展献一策”活动三等奖。向各级两会提交人大议案、政协提案42件，入选市政协第十四届二次会议口头及书面交流2篇，其中，《营造良好营商环境 助力国际瓷都建设》

5月31日，农工党江西省委会主委、省科协主席史可（左三）率队到景德镇市考察调研

调研报告，得到市委、市政府主要领导亲笔批示，为科学决策提供参考。《关于加大我市先进陶瓷企业政策性金融支持推进“高精尖”陶瓷产业发展的建议》《关于推进全民医学科普知识宣传的建议》等多件提案被市政协评为优秀提案、重点提案。市委会建成三家“政协委员工作站”，与创新开展的“贤言慧语”网络微议政、微沙龙等活动相结合，年内报送社情民意信息127条，超省委会下达的篇数任务2.8倍，其中《关于加强完善县域120院前急救体系建设的建议》《关于对加大适龄女性HPV疫苗接种政府补贴的建议》等信息被农工党中央、江西省政协、农工党江西省委会采用。

【组织建设工作】 市委会将“政治督导”与“主委接待日”相结合，主委5次带队深入基层支部，采取“一听二看三交流”形式聆听意见建议，持续开展“发展对象集中见面会”，进一步掌握发展对象的思想动态。市委会以执政党为师，推动7个基层支部分别与其所在单位或所联系的中共党支部建立结对共建，联合开展“同心结对，合作共建”义诊进企业、环保志愿服务、优化营商环境调研等活动，增强组织凝聚力、向心力。市委会被农工党江西省委会表彰为2017—2022年“组织建设工作先进市委会”。在2022年度农工党全省各市委会综合评价工作中被评为“先进市委会”。

【队伍建设不断优化】 2022年，发展15名新党员，其中，博士1名、公务员科级干部1名、市政协委员1名。科学建立健全体制内党员人才库、医卫界党员人才库并实行动态管理，2名市委会机关干部分别提拔为副县级领导职务、四级主任科员，推荐李跃武等8名党员走上新的岗位，增补市委会专职副主委1名、市委会委员1名、任命秘书长1名、人才梯队建设取得成效。

【积极开展社会服务工作】 市委会结合“瓷都健康路 农工伴你行”“前进文化讲堂”品牌，发挥“农工党医疗帮扶专家团”作用，依托涌山村委会、众埠镇卫生院、仁正口腔门诊三所社会服务基地，通过现场义诊、法律咨询、送医送药上门等形式，全年组织开展社会服务活动78场次，400余人次党员专家参加，服务群众近2000名。疫情防控期间，市委会第一时间发出倡议书，70余名医卫界党员响应号召日夜坚守岗位、奋战一线，30余名党员主动报名在各自居住社区开展疫情防控志愿服务工作。姜志春、徐琛等7名党员被抽调驰援上海、三亚等防疫一线工作，贡献景德镇农工党的智慧力量。

（程璐璐）

九三学社景德镇市委会

【概况】 2022年，九三学社景德镇市委员会（简称市委会）全市共有社员193人，其中，男性111名，女性82名，副高以上职称103名，各级人大代表、政协委员46名。2022年发展新社员6名，正科级公务员1人，中级职称4人。保持以高、中级知识分子为主体的特色和优势，坚持主体界别特色，增添组织活力，增强后备干部力量。

【参政议政】 市委会将专题调研工作作为参政议政的重要抓手，聚焦全省深化发展和改革双“一号工程”推进大会的重要指示精神。完成省委会1项联合课题《我省典型建筑企业数字化转型的瓶颈与对策》；完成《高校和科研院所社员思想状态》专题调研；完成市统一战线大调研课题2篇，其中《借力艺术名校创联基地大平台赋能我市美术培训产业全链条大发展》得到市委主要领导批示，3篇调研报告通过“直通车”协商报送市委、市政府，为市委、市政府科学决策提供有益参考。围绕民生热点问题向社省委上报社情民意41篇，2篇被省政协采纳、26篇被省委会采纳。政协委员向市政协上报社情民意22篇。

【调研报告】《关于做实做优我市先进陶瓷高层次人才引进工作的几点建议》作为市政协十四届二次会议口头发言材料，转化的集体提案被市政协定为2022年1号协商议题，得到市委、市政府主要领导的肯定，并被政协视窗（委员声音）采用。调研报告《借力艺术名校创联基地大平台赋能我市美术培训产业全链条大发展》《景德镇市数字医疗现状分析与对策建议》分别作为市政协十四届三次会议口头发言和书面材料。提案《“嵌入式社区”居家养老建议》被政协视窗（委员声音）采用。提案《关于在全社会推进心肺复苏急救能力培训的建议》被选为主席督办的提案。“两会”期间代表、委员围绕全市中心工作，提交提案、议案23件。区县代表、委员提交提案、议案30余件。

【双招双引】 8月，邀请九三学社清华大学委员会博士团队和哈工大委员会博士团队到景德镇就高层次人才引育、校企合作、科研平台建设等考察调研。市委会在九三学社江西省委会和市委统战部的指导帮助下，通过考察调研、多方洽谈，成功引进智合（深圳）新材科技有限公司落户市高新区，引进江西省海科鳗鱼养殖有限公司落户浮梁县兴田乡。

【民主监督】 紧紧围绕营商环境优化升级“一号改革工程”这项重点工作，形成具体工作方案，制订工作计划。召开助力营商环境优化升级座谈会2次，赴昌南新区开展调研5次，围绕影响营商环境优化提升的痛点和堵点提出9条意见建议。开展优化营商环境民主监督“回头看”活动，针对前期发现的问题认真跟踪、监督整改。推荐3名社员担任优化营商环境特约监督员，他们敢于“揭短”“挑刺”，提出2条合理化意见和建议。发挥界别优势开展“关注企事业职工心理健康、创建良好营商环境”知识讲座。提交关于艺术名校创联基地建设的调研报告，助力昌南新区营商环境优化提升。

【开展五四青年节主题活动】 4月28日，九三学社景德镇市青工委在机关会议室开展“社史教育忆初心　青春喜迎二十大”五四青年节主题活动，市委会副主委赵戈应邀作社史专题讲座，青年社员和入社积极分子20余人参加活动。

【主题教育】 5月22日，市委会召开“喜迎二十大　同心跟党走”专题座谈会。以迎接中共“二十大”胜利召开为契机，与扎实开展“矢志不渝跟党走　携手奋进新时代”政治交接主题教育活动结合起来，开展各式各样的活动。开展“社史教育忆初心　青春喜迎二十大”五四青年节主题活动；组织青年社员收听收看中国共产主义青年团成立100周年大会盛况，开展主题征文活动；协办“喜迎二十大·同心向未来”戏曲专场公益演出；开展“宣传二十大·永远跟党走”书画作品展等活动。超额完成省委会《非凡十年》主题征文活动，把中共二十大精神落实到实际工作的各方面，引导社员感恩新时代，永远跟党走，勇挑重担，主动作为，汇聚起众心向党的精神洪流。

【社会服务】 从关注企事业职工心理健康、老年科学营养、小学生心理健康、老年肌少症防治方面，2022年，举办4次“九三杏林行动”医疗科普讲座；分别在景德镇市看守所、浮梁县西湖乡桃墅村、浮梁县浮梁镇旧城村开展3次义诊活动。年底，积极引导广大社员在疫情防控中发挥作用、贡献力量，组织体制内社员、九三学社界别政协委员等下沉到一线开展志愿服务；报送防控疫情社情民意信息2篇；市委会在公众号推出“抗疫一线”专栏，宣传感控专家小组成员徐晶宜、浮梁县人民医院妇产科方桂凤等社员奋战一线的事迹。江西省红十字会发起腾讯公益项目——快乐瓷娃，市委会立即响应号召，积极发动社员组建公益队，为乡村儿童筹措善款8516元，助力乡村振兴，获“2022年99公益日活动”优秀团队称号。

（刘　萍）

景德镇市工商业联合会

【概况】 2022年，景德镇市工商业联合会发展会员528人。指导成立景商联合总会、景德镇市陶瓷文创协会、景德镇市先进陶瓷商会，指导筹建景德镇市山东商会、景德镇市上饶商会。指导各商会创先争优，景德镇都昌商会、景德镇市抚州商会、景德镇鄱阳商会和厦门市景德镇商会获2021—2022年度全国“四好”商会；景德镇市新生代企业家商会等8家商会获2021—2022年度全省“四好”商会；乐平、昌江、珠山工商联荣获2020—2021年度全国“五好”工商联；浮梁县工商联获2020—2021年度全省“五好”工商联。

【聚焦“一号改革工程”】 3月，在全市开展“万干入万企 党建促发展”活动，通过干部入企帮扶全覆盖，抓紧抓实企业评宣传引导工作。深入开展“亲清瓷都·暖心爽心”专题活动，由市直行业主管部门每半年分别召开企业家座谈会，先后召开全市民营企业家座谈会、商会会长座谈会等，大力宣传市优化营商环境成效。创新形式开展“喜迎二十大 民企大走访”暨“企业评”集中宣传活动，全力做好营商环境“企业评”工作，市在全省营商环境“企业评”中由倒数第一跃居前列。

【深化“三策一平台”活动成效】 3月，联合市场监督管理局深入都昌商会对市场监管领域最新政策法规进行宣传解读，4月，联合市民政局、市政务服务数据管理局共同举办全市行业协会商会惠企政策宣讲会，5月，与非公办、金融办举行金融服务政策宣讲会等。编写10期《惠企政策汇编》，向企业发放5000余册，切实提升政策知晓率，最大限度释放政策“含金量”。

【做实做强维权中心】 3月，组织召开全市非公企业维权服务工作联系会议，实行“1个工作日联系、一般问题5个工作日办结、疑难问题10个工作日回复”的“景快解决”处置机制。加强市非公企业维权中心及“967788”民企服务热线和“12345”投诉举报中心的联动协作，对一些企业的难点堵点问题进行重点督办，借势借力，高位推动企业诉求的高效落实，铁腕护航民企健康发展。市非公企业维权中心全年收到维权诉求49件，办结44件，办结率89.8%。

【扎实抓好非公党建工作】 6月9日，制定下发《景德镇市工商联关于进一步加强领导和管理所属商会党建工作方案》，建立市非公党委委员挂点联系直属支部制度，开展市直机关党组织与非公经济党组织结对共建试点工作，强化“党建指导员”“统战工作联络员”作用发挥。开展“重读红色经典 喜迎二十大”等活动，积极推进直属支部“三化”建设，把党建工作融入商会章程和议事决策环节，努力实现全市工商联所属商会党组织“六好六强”目标。

【宣传工商联及民营经济发展成就】 6月，编撰出版《牢记初心使命 促进两个健康——景德镇市工商联（总商会）风采录》《跬步之行——瓷都工商联践行录》一书。开展“喜迎二十大 民企展风采”系列活动，精选16名优秀民营企业家成长故事、典型案例在《景德镇日报》等媒体专题报道，组织6名民营企业代表做客广播电视台《昌南对话》演播室。2022年在全国工商联媒体刊登稿件7篇，省级媒体20篇，市级媒体136篇，为促进“两个健康”提供思想保证。

【引导民企履行社会责任】 6月，乐平等多地遭受历史罕见特大洪涝灾害，组织商会组织和广大民营企业累计捐款70余万元，捐物折合30余万元。8月，对2022年“同心·光彩圆梦行动”表现优秀10个商会、33名爱心企业家进行表彰，为80名困难学子捐助42.6万元。11月，全市新冠肺炎疫情发生之后，带领全市广大商会和民营企业做好业务支持和服务保障工作，全市各商会和民营企业捐款捐物约442万元，为打赢疫情防控阻击战凝聚强大力量。持续开展“万企兴万村”活动，牵头组织79个民营企业和商会与32个乡村建立结对共建关系，累计投入各类资金1000余万元。携手民营经济人士、商会开展“六一”关爱儿童系列活动，为困难学生、特殊群体捐赠现金、物资等近10万元。常态化开展“民企送清凉行动”，组织商会企业设立100个免费供水点为公安民警、环卫工人送上夏日一份“清凉”。

【助力试验区建设和招商引资】 9月，召开景德镇陶瓷商会换届大会暨景德镇市先进陶瓷商会成立大会，努力推动陶瓷产业发展。围绕“工业倍增三年行动计划”和“数字经济”等全市重点领域，向直属商会发出《争做招商急先锋 勇当发展排头兵》倡议书，每季度印发《瓷都商会专报》，组织引导商会企业积极引进资源、企业、项目，全年落户在建“5020”项目4个，有投资意向项目30个。

【积极参政议政】 全年围绕非公经济重大战略和现实问题开展调研，形成调研成果12篇。其中《景德镇市聚焦“四个维度”全面推动营商环境优化升级助力民营经济“枝繁叶茂”》获省委常委、统战部部长黄喜忠批示，《景德镇市深入推进营商环境优化升级“一号改革工程”工作情况报告》获省政协原副主席、省工商联主席雷元江等省领导批示，多篇调研成果获得市委、市政府主要领导批示，6篇调研成果获省工商联表彰。组织工商联界别政协委员、人大代表积极履行职责，形成《关于更好发挥民营企业作用助力乡村振兴的建议》《关于景德镇陶瓷产业数字化转型的建议》《关于推进我市古建产业传承创新发展的建议》等多篇委员提案和代表建议。形成10余篇社情民意呈报省工商联。

（许慧敏）

三闾庙古码头（白光华 摄）

群众团体

景德镇市总工会

【概况】2022年，景德镇市总工会加强基层工会组织建设，全市新增新就业形态劳动者群体工会组织124个，新增货车司机、网约车司机、快递员、外卖配送员、网络主播、创客等新就业形态劳动者会员1.10万名。推进基层工会“六有六规范”建设，全市基层工会组织3700余家，覆盖职工人数25万余人、工会会员23万余人。计拨审计基层工会50家，查出漏欠工会经费企（事）业单位7家，漏欠工会经费28万元，全部补解到账。

【职工助困帮扶】2022年，春节期间对全市754名建档立卡的困难职工开展送温暖活动，每户困难户送上慰问金1000元，向春节坚守重点工程、重大项目一线职工发放慰问品930份，总价值18.6万元。端午节期间，走访慰问100名坚守生产一线人员、数字经济领域一线职工、新就业形态劳动者以及特殊困难职工，发放慰问金10万元。开展留守儿童关爱活动，开展红色教育、劳动教育、安全教育、困难帮扶等活动100场次，组织人数1188人，使用经费11.14万元。

【关爱服务职工】2022年，举行8次“健康大篷车”进数字经济集聚区、工业园区活动，为830名数字企业职工开展免费健康体检。向1.03万名加入工会组织的数字企业职工、新就业形态劳动者赠送意外大病团体综合保障互助计划。开展双“一号工程”领域职工疗休养，组织三批共计118名数字经济企业、新就业形态劳动者等一线员工、技术工人参加疗休养活动。开展3场单身青年职工联谊活动，参加人数300余人。

【职工互助保障】2022年，全年实现保障计划会费总收入740万元，较上年同期增长74.9%，会员规模99401人次。赔付金额400万元，受益会员881人次。其中二次医保会费收缴281.47万元，覆盖会员23456人，理赔43万元，受益职工329人。完成新就业形态劳动者赠送保障6360人、数字经济企业职工955人。

【职工教育】2022年，宣传教育活动经常化，开展“中国梦·劳动美——喜迎二十大建功新时代”“劳动创造幸福”等系列主题宣传教育活动共计23场，参与职工人数达2700人。结合学习宣传贯彻中共二十大精神、组织市劳模宣讲团成员深入基层开展劳模宣讲活动20余次。在工会“两微一网”新媒体平台开设劳模风采专栏和劳模工匠“云课堂”专栏。在微信服务号开设“一周工事”专栏，每周坚持就全市各级工会在服务职工群众、引领职工建功立业等方面的典型事迹进行报道。

【职工活动阵地建设】2022年，以加入全省工人文化宫联盟为契机，优化工人文化宫职工服务阵地建设，修建80平方米职工棋社，延长对外开放。全年策划春节书法公益活动、送戏曲活动、全市职工羽毛球超级联赛、全市职工网络摄影展作品征集等13大类职工文体活动40余场。

【企事业单位民主管理】2022年，指导基层工会做好集体协商、职代会、厂务公开等工作。全市企事业单位职代会、厂务公开制度建制率均在95%以上。集体协商方面，发挥协调劳动关系三方四家职能优势，协同推进集体协商集中要约行动。全年，各级工会向企业发出要约并签订合同数共计859份，覆盖职工数6.10万人，其中百人以上工会签订合同企业数达到675家，覆盖职工8.75万人，新业态工会签订合同企业数达到20家，覆盖职工6012人。

【助力经济发展】2022年，深化“瓷都工贷”工作，全年放款89笔，发放贴息贷款2700万元，其中贷款对象为数字经济领域10笔，贷款人为新就业形态劳动者6笔。开展小微企业工会经费返还工作，全年返还191家小微企业工会经费共计189.18万元。

【选树先进典型】2022年，推选全国五一劳动奖章获得者1名、全国工人先锋号1个，江西省五一劳动奖状2个、江西省五一劳动奖章获得者6名、江西省工人先锋号5个。评选出景德镇市五一劳动奖状10个、景德镇市五一劳动奖章获得者49名、景德镇市工人先锋号10个。

【景德镇市总工会第十四届委员会议】3月7日，市总工会十四届六次全委会议召开，市人大常委会党组成员、副主任，市总工会党组书记、主席孙艳峰出席会议并讲话。会议传达省总工会十四届五次全委会议精神；总结2021年工会工作，部署2022年工作任务；听取并审议景德镇市总工会第十四届常委会工作报告和市总工会第十四届经审会经费审查工作报告。6月14日，市总工会十四届七次全委会议召开，主席孙艳峰出席会议并讲话。会议履行有关人事事项的民主程序。

（杜静洁）

共青团景德镇市委员会

【概况】 2022年，共青团景德镇市委员会（简称“团市委”）共有基层团委（团工委）29个，下属支部（团总支）3534个，团员6万余名，专职团干部11名。年内，制定《关于做好团市委机关2022年度密切联系青年工作的通知》等制度性文件，强化工作落实，压实责任传导。持续推进县域共青团改革。坚持与县区同题共答，强化工作指导，推动团乐平市委通过完成全国第二轮改革试点工作。全面推开县域共青团基层组织改革，优化顶层设计，及时制定《景德镇市推进县域共青团基层组织改革实施方案》，成立县域共青团基层组织改革工作专班，从市级层面为县域改革提供制度性保障。强化联动统抓，指导县（市、区）基本完成团省委“四个一”工作要求，以强有力的组织体系推动市县两级改革工作同频共振。

【举行全国和全省青年文明号授牌仪式】 1月20日，市消防救援支队举行全国和全省青年文明号授牌仪式，市委副书记吴隽会见获奖单位代表，团省委副书记胡振燕为第20届“全国青年文明号”获得单位浮梁县消防救援大队和2019—2020年度“全省青年文明号”获得单位昌江区消防救援大队授牌，团市委书记徐新颖、市消防救援支队支队长苗成、政治委员汪勇参加活动。

【“青春暖瓷都”系列春节走访慰问】 1月26—27日，团市委书记徐新颖，景德镇日报社总编辑、景德镇新闻传媒集团党委副书记董军发，景德镇日报社副总编辑、《瓷都晚报》总编辑陈俊绮，携手爱心企业鸿远家电董事长、总经理庞伟一行人，走访慰问工作在一线的交警及环卫人员；团市委副书记魏若然带领机关干部及青年文明号创建集体代表20余人赴乡村振兴挂点村（乐平市镇桥镇新乐村）开展春节走访慰问活动；团市委副书记徐熠、施德太分别带领青年文明号代表赴浮梁县和昌江区开展走访慰问活动。

【2021年度全市共青团工作述职评议会召开】 2月24日，团市委召开2021年度全市共青团工作述职评议会暨2022年工作务虚会。团市委书记徐新颖，副书记魏若然、雷晨出席会议，各县（市、区、新区）、市直以及驻景有关单位团委主要负责人、团市委机关各部室负责人参加会议。会议听取乐平市、浮梁县等8家单位团委负责人围绕2021年工作做法与成效、问题短板分析、2022年工作思路三个方面分别现场述职，其他直属团委书记作书面述职。团市委班子成员分别作出点评。

【集体和个人受表彰】 3月5日，景德镇市文明志愿服务表彰晚会召开，团市委共推报1个优秀志愿服务项目、5个优秀青年志愿组织、3个优秀高校青年志愿组织、40名优秀青年志愿者、1名优秀机关志愿者，其中，市青年志愿者协会、2021年度省旅发会志愿服务项目代表、3名青年志愿者代表分别上台领奖。3月团省委下发2021年度全省共青团工作评议情况的通报，其中团景德镇市委获2021年度贯彻落实《江西省中长期青年发展规划（2018—2025年）》优秀单位、团景德镇市珠山区委获2021年度全省共青团工作先进县（市、区）。

【团市委十五届五次全体（扩大）会议召开】 3月17日，共青团景德镇市委员会十五届五次全体（扩大）会议召开。市委副书记吴隽出席会议并讲话，市委副秘书长徐智勇，市纪委市监委派驻市总工会纪检组组长陈晓东，团市委副书记雷晨、施德太在主席台就座。第十五届团市委委员、候补委员；不是团市委委员、候补委员的团县（市、区）委、市直各单位团组织书记；团市委机关各部门和下属单位主要负责人；基层团干代表和团员和青年代表等共计90余人参加会议。团市委书记徐新颖向大会作工作报告。

【全市共青团2022年上半年重点工作推进会召开】 3月21日，团市委召开全市共青团2022年上半年重点工作推进会，团市委书记徐新颖和副书记雷晨、施德太出席会议，团市委各部室负责人与各县（市、区、园区）团（工）委负责人、各高校及相关市直单位团组织负责人等30余人参加会议。会议下发全市共青团2022年工作要点，并对主要任务做出具体安排。

【“古镇陶瓷杯”第二十二届“瓷都十大杰出青年”评选揭晓】 3月31日，“古镇陶瓷杯”第二十二届“瓷都十大杰出青年”评选揭晓：王震、尧夏禹、吕雅婷、朱星、张威、罗慧青、赵宗盛、彭云、彭章斌、曾小军荣膺本届“瓷都十大杰出青年”称号。同时，付丹、李剑云、汪龙苗、张国珍、陈勋、陈盛、胡沐华、姜晶、喻志强、戴锦平10人获第二十二届“瓷都优秀青年”称号。

【青年之家工作调研】4月27日，团市委书记徐新颖、副书记魏若然及团市委青发宣传部干部一行4人到浮梁县、珠山区、昌江区开展青年之家工作调研，并与珠山区委副书记程传冬、昌江区委副书记江智峰就全面推开县域共青团改革、贯彻落实中长期青年发展规划等工作进行交流。

【2人获第25届“江西青年五四奖章”】5月9日，第25届江西青年五四奖章评选结果揭晓。团省委、省青联决定，授予南昌大学食品学院食品发酵与生物工程系副主任王允圃等25人第25届江西青年五四奖章，授予江西中发天信无人战机喷气动力研制团队等10个集体第25届江西青年五四奖章集体。其中，景德镇陶瓷大学艺术文博学院基础与设计史论教研室主任龙洲、景德镇画院画师麻汇源获第25届江西青年五四奖章个人称号。

【贯彻习近平总书记在庆祝中国共产主义青年团成立100周年大会上重要讲话精神座谈会】5月16日，全市学习贯彻习近平总书记在庆祝中国共产主义青年团成立100周年大会上重要讲话精神座谈会召开。市委书记刘锋致贺信，市委副书记吴隽出席会议并讲话，市人大常委会副主任、市委秘书长罗建国和市政协副主席钟良贵出席会议，副市长徐辉主持会议。团市委书记徐新颖，副书记魏若然、雷晨、徐熠、施德太和相关团组织负责人、优秀青年代表等共计80余人参加会议。会前，吴隽等市领导接见全市获得全国全省共青团荣誉的先进集体和团员青年代表、第22届十大杰出青年和市青年杰出岗位能手并合影留念。会上，与会人员共同观看由团市委制作的庆祝中国共产主义青年团成立100周年暨“青春瓷都”献礼汇报片，6名青年代表围绕“学习贯彻习近平总书记在庆祝中国共产主义青年团成立100周年大会上的重要讲话精神”为主题分别作交流发言。

全市学习习近平总书记在庆祝中国共产主义青年团成立100周年大会上讲话精神座谈会

【推出“庆祝中国共产主义青年团成立100周年暨’青春瓷都’献礼汇报片”】5月17日，为深入学习贯彻习近平总书记在庆祝中国共产主义青年团成立100周年大会上重要讲话精神，团市委围绕“喜迎二十大，永远跟党走，奋进新时代”主题制作庆祝中国共产主义青年团成立100周年暨“青春瓷都”汇报片。回顾了共青团走过的一百年光辉历程，展示近五年来，通过团市委的工作和推报，共有43个单位和个体获评全国荣誉，233个单位和个体获评省级荣誉，近两年有114个单位和个体获得市委、市政府颁发的荣誉，并荣立集体二等功一次。

【第二十七届“瓷都十佳少年”评选揭晓】6月1日，第二十七届“瓷都十佳少年”评选结果揭晓：王皓轩、刘安冉、许嘉欣、陈丹阳、余尚恒、吴儒昊、徐舍予、上官天音、章涵宇、揭山漪获本届“瓷都十佳少年”称号。

【10名青年获评江西省“青年岗位能手”】6月21日，共青团江西省委、江西省人力资源和社会保障厅联合开展2021—2022年度江西省“青年岗位能手”评选活动，经推荐、专家评审、会议研究、社会公示，决定对丁艺龙等166人授予2021—2022年度江西省“青年岗位能手”荣誉称号。景德镇市以下10人获评2021—2022年度江西省“青年岗位能手”：方桂凤（女）、邓利、叶可思、孙波、张霖雨（女）、陈瑞玲（女）、饶舜、高惠凡（女）、章晨、谌昱。

【常委（扩大）会暨半年度工作分析推进会召开】7月28号，团市委召开全市共青团2022年上半年工作总结分析会暨下半年重点工作部署会。团市委书记徐新颖，副书记魏若然、雷晨、施德太出席会议，团市委全体机关干部，各县（市、区）团委，高新区、昌南新区团工委负责人，各高校及市直单位、驻景德镇央企团组织负责人，部分乡镇、街道团委负责人等80余人参加会议。

【举办全市“青马工程”培训班（团干班）】 7月28日，团市委举办全市“青马工程”培训班（团干班）暨乡镇（街道）团（工）委负责人示范培训班，团市委书记徐新颖，副书记魏若然、雷晨、施德太出席会议，团市委全体机关干部，各县（市、区）团委，高新区、昌南新区团工委负责同人，各高校及市直单位、驻景央企团组织负责人，乡镇、街道团委负责人等共计80余人参加会议。会议邀请傅得球副校长作培训讲课。

【“喜迎二十大 圆梦微心愿”公益活动】 8月下旬，团市委、景德镇日报社（瓷都晚报）、全国中小学陶艺培训基地、景德镇学院关工委联合主办，市青联、市青少年校外活动中心、市爱心志愿者协会具体承办，市占绍陶艺职业技能培训学校协办开展了2022年“六一小心愿”暨“喜迎二十大 圆梦微心愿”公益活动，来自浮梁县天保学校、峙滩学校，昌江区历尧小学、十五小学（官庄小学）100名小学生参加活动。

【开展“金秋助学·圆梦行动”资助活动】 8月下旬，团市委组织开展2022年“金秋助学·圆梦行动”希望工程资助困难大学生活动。年内团市委资助贫困大学生活动共筹得助学金31.5万元，其中争取团省委助学项目资金10万元，自筹资金21.5万元。助学活动共资助困难家庭大学新生63名。

【建设青年发展型城市工作部署会召开】 9月15日，全市青年发展工作联席会议第四次全体会议暨建设青年发展型城市工作部署会召开。会议审议通过《景德镇市青年发展型城市建设实施方案》和《景德镇市青年发展工作2022年第四季度—2023年重点工作任务》。市委副书记、联席会议召集人吴隽出席会议并讲话，副市长、联席会议召集人徐辉主持。

【市青联召开年度重点工作推进会】 9月15日，景德镇市青联召开九届三次主席会（扩大）会议暨年度重点工作推进会，分析总结前期青联工作成效，安排部署下步重点工作。团市委书记、市青联主席徐新颖，市青联副主席欧阳琦、钟振华、林志威出席会议，市青联秘书处负责人参加会议，各县（市、区）团委负责人列席会议。

【组织青年志愿者服务“中国农民丰收节”江西活动】 9月24—28日，团市委整体承接2022“中国农民丰收节”江西活动志愿服务工作，共组织800余名青年志愿者赴高岭中国村、瑶里镇、智慧农园等各点位开展志愿服务工作，发扬“奉献、友爱、互助、进步”的志愿者精神，服务大局、服务社会，展示青春风采，倡导新时代风貌，全面完成“中国农民丰收节”江西活动领导小组指挥部交办的各项青年志愿者工作任务。

【中国·景德镇首届国际青年陶瓷文化艺术节召开】 11月9日，由中央广播电视总台央视网、共青团江西省委、景德镇市人民政府、珠山区人民政府共同主办的“央视网·瓷”数字文化产业基地启动暨中国·景德镇首届国际青年陶瓷文化艺术节开幕式在江西省景德镇市珠山区陶源谷·三宝举行。景德镇市委书记刘锋，中央广播电视总台央视网副总经

全市青年发展工作联席会第四次全体会议暨建设青年发展型城市工作部署会

理魏驱虎，景德镇市政协主席俞小平，景德镇陶瓷大学副校长吕品昌，景德镇陶瓷大学原校长宁钢，景德镇学院原院长、联合国教科文组织“陶瓷文化：保护与创新”教席主持人陈雨前，共青团江西省委副书记胡振燕，景德镇市副市长徐辉，景德镇陶瓷文化传承创新试验区管委会专职副主任高翔，珠山区委书记徐华出席开幕式。

【举办青年学习贯彻中共二十大精神报告会】 11月11日，团市委举办全市各界青年学习贯彻中共二十大精神报告会。报告会特别邀请中共二十大代表、景德镇市委信访局副局长姚石玉为全市各界青年代表进行宣讲。报告会由团市委书记徐新颖主持，团市委机关和下属青少年宫全体党员干部、全市各级团干部代表、市青联委员和学校辅导员、景漂等群体代表、青年文明号单位代表共计100余人聆听了报告会。

【少先队集体和个人获全国表彰】 12月27日，共青团中央、教育部、全国少工委决定，授予江西省浮梁县第一小学少先队员章涵宇为2022年度全国优秀少先队员，江西省乐平市第十二小学少先队中队辅导员李蓓琴为2022年度全国优秀少先队辅导员，江西省浮梁县第二小学六（1）中队为2022年度全国优秀少先队集体。

（范　馨）

景德镇市妇女联合会

【概况】 2022年，景德镇市妇女联合会（简称“市妇联”）在妇女政治思想引领、妇女儿童合法权益保护、妇女创业就业帮扶、妇女儿童关心关爱等方面做了卓有成效的工作。在2021年度全市绩效考核中被评为“优秀”单位；成功入选2022年度妇女宣传舆论阵地建设先进榜，获评2022江西巾帼直播电商创新创业大赛优秀组织奖，2022年江西省“振兴杯”家庭服务行业职业技能竞赛优秀组织奖，以及2022年江西省“少年儿童心向党”亲子阅读活动中荣获优秀组织奖；围绕儿童暑期关爱、推进巾帼双创等特色亮点工作共在全省做3次典型发言。年内，浮梁云里雾里民宿获评江西省休闲乡宿巾帼创业基地；争创并获全国三八红旗集体1个，省级“书香家庭”5户，选树市“三八红旗手”100名，市“三八红旗集体”20个；授予50人“景德镇市巾帼建功标兵”荣誉称号，授予20个岗位“景德镇市巾帼文明岗”荣誉称号，授予10个集体“景德镇市巾帼建功先进集体”荣誉称号，揭晓“景德镇市最美家庭”60户。全年开展各类法治宣传活动103场，共计发放普法宣传资料2万份，受众人群2万余人，接待妇女群众来信来电来访135次。

【“两新”组织妇联组织建设】 2022年，通过党群共建，与市委非公有制经济组织和社会组织工作委员会联合下发《关于进一步推进非公有制经济组织和社会组织妇联组织组建工作的通知》，明确组建目标，规范实施步骤，划分时间节点。至年底全市“两新”领域通过单建、联建等方式成立妇联组织253个，实现应建尽建全覆盖。

【制作专题系列宣传片《她和景德镇》】 2022年，景德镇市妇联特别打造24期人物专题系列宣传片《她和景德镇》，选取为景德镇发展做出贡献的优秀女性典型为采访拍摄对象，讲述瓷都女性为社会主义现代化国际瓷都建设贡献巾帼力量的时代风采，年内推出12期，阅读量13876人次，其中邓希平和蔡玲玲的视频被“学习强国”平台转发推送。

【组织“赣鄱红色娘子军”宣讲】 2022年，组织全市各级“赣鄱红色娘子军”宣讲团围绕中共二十大精神、习近平新时代中国特色社会主义思想等深入基层开展主题宣讲。据统计，全市各级妇联开展主题宣讲282场，参与妇女群众2.03万人次。

【巾帼志愿服务协会】 2022年，成立景德镇市巾帼志愿服务协会，积极开展志愿服务，安排挂点路段志愿者值班41次，完成市城市精细化管理信息系统分配路长制责任路段任务460余项；组织机关干部、巾帼志愿者积极参与疫情防控一线，进行人员信息排查、秩序维持等志愿服务。在全市文明志愿服务表彰中，市妇联推荐7个优秀巾帼志愿组织与20名优秀巾帼志愿者获奖。

【暑期儿童关爱服务活动】 2022年，全市各级妇联组织开展“少年儿童心向党 用心用情伴成长”2022暑期儿童三大系列关爱服务活动，活动一是以思想引领为主线、为儿童筑牢家国情怀，活动二是以防溺水工作为重点、为儿童安全保驾护航，活动三是开展“六个一”系列活动、为留守儿童送温暖。参与活动志愿者1.23万人，活动场次666次，走访慰问儿童数11.92万人，受益家长1.97万人。其中，发动2096名各级妇联主席、执委，各级先进英模女性，巾帼志愿者开展“三万”行动1.0万次，覆盖留守儿童、困境儿童1.92万人。

【养老护理员职业技能竞赛】2022年，由景德镇市民政局、景德镇市妇联、景德镇市人社局、景德镇团市委共同举办的景德镇市养老护理员职业技能竞赛在景德镇市卫生学校落幕。市民政局党组书记、局长程卫东，党组成员、三级调研员朱小燕，党组成员、副局长陈乐华，市人社局党组成员、副局长吴子和及团市委、市妇联、市卫生学校等相关负责人及全体参赛选手和部分养老机构负责人参加闭幕式暨颁奖仪式。通过选拔，来自各县（市、区）和市社会福利中心6支代表队共29名选手参加此次竞赛。

【江西省“振兴杯”政务服务职业礼仪竞赛景德镇赛区选拔赛举行】2022年，江西省“振兴杯”政务服务职业礼仪竞赛景德镇赛区选拔赛在市政务服务数据管理局举行。省政务服务办有关领导到场指导。该次政务服务职业礼仪竞赛由市政务服务数据管理局、市妇女联合会、市人力资源和社会保障局、共青团景德镇市委员会联合承办，竞赛内容包括笔试，现场必答、抢答和情景模拟题三部分，全面考核政务服务综合窗口办事员政务礼仪理论和政务礼仪技能。评选出一等奖1名、二等奖2名、三等奖3名、优秀奖6名、组织奖3名。部分获奖选手同时获得市级“技术能手”、市级“巾帼建功标兵”和市级“青年岗位能手”称号。

全市“三八”国际妇女节112周年纪念暨表彰大会

【启动2022寒假儿童关爱服务活动】1月11日，景德镇市“把爱带回家——送法到家、让孩子健康成长”寒假儿童关爱服务活动启动仪式在乐平临港镇中心完小举行。景德镇市妇联主席郑伟秀、二级调研员徐和平、副主席陈淑红、潘琪及党组成员周海凤，乐平市领导刘文平、黄城，各县（市、区）妇联主席、爱心妈妈代表，以及临港中心完小师生代表约200余人参加启动仪式，发放慰问物资价值近6万元。

【“三八”维权普法宣传周活动】3月，“三八”国际妇女节112周年期间，景德镇市妇联权益部印发《2022年市妇联“三八”维权周普法宣传通知》，将“三八维权周”宣传活动工作为“建设法治瓷都 · 巾帼在行动”的重要载体，以“维权大家学 ·《民法典》护航”“维权大家讲 · 巾帼大讲堂”“维权大家说 · 等你来提问”“维权案例说·普法在身边”为活动抓手，全面开展维权普法宣传活动。

【全市“三八”国际妇女节112周年纪念暨表彰大会召开】3月3日，全市“三八”国际妇女节112周年纪念暨表彰大会在市发展中心北苑36号楼会议中心召开。市委书记刘锋向大会发来贺信。市委副书记吴隽出席会议并讲话。会上表彰20个三八红旗集体、80个三八红旗手，20个巾帼文明岗、50个巾帼建功标兵、10个巾帼建功先进集体，大会向全市妇女发出“创建文明城市，共建美好家园”倡议，市妇联党组书记、主席郑伟秀宣读《创建全国文明典范城市倡议书》。

【“诗词妈妈”活动启动】3月10日，由市妇联主办的景德镇市“诗词妈妈”启动仪式在浮梁县第二小学报告厅举行。景德镇市妇联主席郑伟秀、二级调研员徐和平、副主席陈淑红、潘琪及浮梁县人大常委会副主任周春枝，江西省语言文字工作专家、江西省慈善总会弘传古诗词公益课堂项目发起人、“诗词妈妈”活动特聘专家黄谦，各县（市、区）妇联主席、诗词妈妈代表，以及浮梁县第二小学师生代表约300余人参加启动仪式。

【开展“六一”走访慰问活动】5月31日，市妇联党组书记、主席郑伟秀率队到乐平市临港中心完小开展“爱牵留守 相伴成长”关爱少年儿童“六一”活动。景德镇市妇联二级调研员徐和平、副主席陈淑红、党组成员周海凤，乐平市党组成员、副市长朱柳英，市妇联各部室负责人及市妇女儿童活动中心主任参加活动，乐平市妇联主席孙爱萍等陪同，参与儿童约30人。“六一”期间，市妇联先后携手先进模范全国三八红旗手陈菊荣、江西省三八红旗手吕雅婷赴浮梁县福港学校、浮梁县寺前小学开展慰问活动，向孩子们送去节日祝福及慰问品。

【江西省第八届大学生创业公开课总决赛在景德镇市举行】6月9日，“赣江新区杯”江西省第八届大学生创业公开课总决赛暨“鹤舞赣鄱”省妇联支持女大学生就业创业计划启动仪式在景德镇陶瓷大学湘湖校区学生活动中心举行。省妇联主席王庆，市委副书记吴隽，江西广播电视台副台长曾宝芽，省妇联副主席刘丽，景德镇陶瓷大学党委书记李良智、主持行政工作副校长吕品昌、副校长胡银姣，市妇联党组书记、主席郑伟秀等出席。同时，市妇联还在会场外专设2022年巾帼专场招聘会。20家企业进行现场招聘，网络专区共收录企业116家，发布职位数787个，需求岗位数2445个。

【组织开展“安全生产月”系列活动】6月16日，市妇联权益部开展“2022年安全生产咨询日”活动，妇联权益部向群众派发“安全套餐”，向广大妇女群众发放《安全生产倡议书》《中华人民共和国妇女权益保护法》《中华人民共和国未成年人保护法》《中华人民共和国反家庭暴力法》《中华人民共和国民法典》《防范溺水、交通安全事故》等相关法律法规和知识宣传资料，发放资料200余套，为现场近300名群众解答疑惑，增强安全生产意识。

【2022年金秋助学女大学生专场活动】8月26日，市妇联、民进市委会、市女企协联合主办“喜迎二十大 巾帼筑梦想”2022年金秋助学女大学生专场活动。市妇联、民进市委会、市女企协等相关负责人，各县（市、区）妇联主席，市女企业家代表以及受资助学生、家长等共计120余人参加活动，此次活动市妇联和市女企协共捐赠15万元，资助30名女大学生。

【举办不要彩礼要幸福“田园集体婚礼”】9月24日，由省农业农村厅和市人民政府主办，景德镇市妇联、浮梁县人民政府、江西文化演艺发展集团承办，浮梁县妇联、县民政局协办的不要彩礼要幸福“田园集体婚礼”在2022年“中国农民丰收节”江西活动现场浮梁县鹅湖镇高岭中国村幸福里举行。景德镇市妇联党组书记、主席郑伟秀致证婚词。参加当天田园集体婚礼的20对新人，来自全市各乡镇、各单位，涵盖村民、个体工商户、机关事业单位等各行各业，他们以实际行动向全市青年发出“婚事新办、移风易俗、勤俭办礼”的倡议，并在倡议墙上签名留念。

【举办推进全市基层妇联干部暨平安建设普法维权工作培训班】11月10日，全面推进全市基层妇联干部暨平安建设普法维权工作培训班举行。全市各县（市、区）妇联干部、村妇女小组长、网评网宣员、法律明白人等共110余人参加培训。市妇联党组书记、主席郑伟秀作开班动员，市妇联党组成员、副主席陈淑红主持开班仪式，市妇联党组成员周海凤作结业讲话。该次培训班为期两天，既有对中共二十大精神的系统阐释，也有妇联工作业务方面的技能提升，还有国家法律政策的深入解读，旨在深入学习贯彻

8月26日，举行“喜迎二十大 巾帼筑梦想”2022年金秋助学女大学生专场活动

中共二十大精神，聚集“作示范勇争先”，不断提升妇联干部素质和履职能力，增强引领服务联系妇女群众的能力。

【承办全省社区妇女“法律明白人”培养工作交流会】 11月16日，全省社区妇女“法律明白人”培养工作交流会在市召开。省妇联党组书记、主席王庆，省司法厅二级巡视员吴鹏出席并讲话。省妇联一级巡视员肖晓兰主持。全省各设区市妇联分管副主席、权益部部长；部分市县区妇联、司法局和街道、社区负责人，各设区市妇女“法律明白人”骨干代表等参加会议。

（余晓雯）

景德镇市科学技术协会

【概况】 2022年，景德镇市科学技术协会（简称“市科协”）发挥“科普、创新”两翼组织优势，围绕“喜迎二十大，科普向未来”主题，各项科协工作取得成效。乐平市获批2021—2025年度第二批“全国科普示范县”称号；景德镇市科协被评为2022年江西省“全国科普日”优秀组织单位，中国科协“全国科普日”优秀组织单位。

【科协党校阵地在全省率先创建】 2022年，响应省科协党校阵地创建要求，成立以党组书记为校长的科协党校领导机构，制定《景德镇市科学技术协会党校建设方案（试行）》《景德镇市科协党校轮训制度》等举措，在全省率先创建属于科协组织的党校培训阵地，为助力“四服务”、建设“科技工作者之家”开辟了新境界。9月、10月分别举办两期市科协党校培训班，以宣传贯彻中共二十大精神为主线，组织200余名科协干群、科技工作者开设了10个热门课程。

【专家站建设】 2022年，新建省级专家站3个、市级专家站2个，柔性引进院士2人、专家团队科研人员16人。同时，指导北航江西研究院江西景德镇分院申报航空制造及新材料刃具技术专家站，协调华讯特陶、世龙实业、上硅所陶文旅先进陶瓷材料联合实验室及哈工大特种陶瓷研究所景德镇研究中心推动市级专家站建设。

【“科创瓷都”示范基地建设】 2022年，依托中国科协实施“科创中国”做法，以服务景德镇国家陶瓷文化传承创新试验区建设为重点，市科协发挥产业人才优势，因地制宜，启动实施“科创瓷都”示范基地建设，制定《景德镇市“创科瓷都”示范基地建设方案》，经各县（市区）科协、园区科协、市直部门推荐，首次评出21个“科创瓷都”示范基地，为加快景德镇试验区建设注入发展动力。

【推进海智平台建设提升行动】 2022年，创建省级海智站2个、市级海智站2个，其中新建市级海智站1个。引导景德镇高新技术产业开发区申报中国科协海智工作基地。支持北航江西直升机有限公司海智站建站三周年评估获评全省优秀站点称号。引导乐平市乐以科农业开发有限公司与以色列农业专家团队合作并获批建立市级海智站平台。

【市科技馆发挥作用提升行动】 截至2022年年底，景德镇市科技馆入馆客10万人次，组织各类展教、研学、科普秀等活动200余场次，累计开馆260天，有效讲解时长超2500小时，展品完好率达99%，观众满意度平均率达95.2%，馆内自运营媒体宣发浏览量累计近32万，外媒、主媒宣传计15次，浏览量累计超30万，成为全市新的科普打卡地。该馆于2021年12月25日正式开馆。

【学会组织建设】 2022年，新增学会3个，完成换届会学1个，筹备换届学会4个，列入异常名单学会4个。引导水利学会、护理学会、医学会等组织开展进社区、进学校、进企业科普活动，开展科普活动30场次，学术研讨10场次，共服务8000余人次。

【科技志愿服务活动】 2022年，聚焦助力乡村振兴、疫情防控、防灾减灾、低碳环保、移风易俗、文明城市创建等群众关注的热点问题，深入乡镇、社区、超市和农贸市场等地，全年共计出动科技志愿者1100余人次，累计服务时长3900余小时，免费发放宣传品和科普手册8万余份，为群众解惑答疑积极解决问题76个，张贴科普宣传画500张，受教育群众达10万余人次。

【推进建言献策活动提升行动】 1月7日，为推进建言献策论文征集决策咨询成果，市科协、市老科协联合举办2021年度建言献策论坛，发挥老科协工作者的余热和作用，为全市经济社会发展出谋划策、把脉问诊。颁发优秀征文奖特等奖2篇、一等奖9

篇、二等奖 11 篇、三等奖 29 篇，8 位获奖老科技工作者围绕研究课题作分析报告。市长胡雪梅专门为特等奖文章作出批示，鼓励大家积极建言贡献力量。

【首次开展全市科技工作者信息采集】 4 月起，市科协首次在全市范围内开展科技工作者信息调查工作，第一阶段信息收集基本完成，分别采集到陶瓷领域 184 条、农口领域 136 条、卫健领域 753 条、院校领域 294 条、企业及其他领域 125 条，合计采集信息 1492 条。为市科协更好地代表和维护科技工作者的整体利益，履行党和政府联系科技工作者的桥梁纽带职责打下坚实的基础。

【首次开展全市最美科技工作者评选】 5 月 18 日，联合市委宣传部、市科技局、市委军民融合办开展 2022 年景德镇市“最美科技工作者”评选工作，全市各单位、各部门上报优秀科技工作者 50 名，最终评出景德镇市“最美科技工作者”10 名和“最美科技工作者提名”6 名。推荐 602 所副所长、首席技术专家徐朝梁和昌飞公司高级工程师熊曦耀获江西省 2022 年“最美科技工作者”称号。

【首次举办全市科技工作者会议】 5 月 31 日，全市 120 余名科技工作者齐集紫晶大会堂共话全市科技事业发展。市委书记刘锋向全市广大科技工作者发贺信，祝贺首次全市科技工作者会议召开，市委副书记吴隽，省科协副主席梁纯平，副市长、高新区党工委书记罗文军出席会议并讲话。大会现场为 16 名市级“最美科技工作者”颁发荣誉证书，3 名最美科技工作者代表及相关单位负责人就科技工作作了交流发言。

【首次举行国家、省、市级“科普教育基地”授牌仪式】 5 月 31 日，市科协在江西直升机科技馆举行首次国家、省、市级“科普教育基地”授牌仪式，市委副书记吴隽，省科协副主席梁纯平，副市长、高新区党工委书记罗文军出席活动并授牌，分别为 2 个国家级、11 个省级、40 个市级科普教育基地集中授牌，其中，江西直升机科技馆获批“全国科普教育基地”，市图书馆、皇窑等 7 家单位获批“江西省科普教育基地”。市科技馆、国瓷馆、高岭瑶里风景名胜区管委会等 10 家单位获批“景德镇市”科普教育基地。

【实施全民科学素质提升行动】 7 月 28 日，市政府召开景德镇市迎接全国第十二次公民科学素质调查工作推进会，市政府副市长、高新区党工委书记罗文军出席并讲话，会议调整全民科学素质工作领导小组成员，印制《2022 年全民科学素质工作要点》。2022 年，市科协联合市教体局、市科技局、团市委等部门，举办景德镇市第八届全国青年科普创新实验暨作品大赛江西景德镇分赛区初赛、景德镇市 2022 年青少年科技创新大赛、2022 年江西省科普讲解大赛景德镇赛区选拔赛等科普进校园活动 50 余场次，推荐的优秀作品获全省二等奖 1 个，全市评出一等奖 25 名、二等奖 77 名、三等奖 203 名，受益师生共计 3 万余人次，发放各类科普资料 4 万余份。10 月 23—25 日，联合市委组织部举办景德镇市 2022 年农村党员创业致富带头人培训，来自全市各县（市、区）村两委干部、新时代赣鄱乡村好青年中的党员及帮扶村以外的农技协领办人、合作社负责人等 80 名学员参加培训，开展系列科普活动和科技培训 30 余场次，受益群众 4 万余人次。联合市委党校、市委组织部等部门，开展“赣鄱科普大讲堂——心理健康科普讲座”、绿色环保知识进机关、组织参加第二届江西省科普微视频大赛等系列科普活动 20 余场次。

【全国科普日活动指数在全省排名第一】 9 月 15 日，市科协联合市委宣传部等 14 家单位印发《关于举办 2022 年景德镇市全国科普日活动的通知》并在江西直升机科技馆举行“全国科普日”活动启动仪式，市委副书记吴隽出席启动仪式并宣布活动启动，市人大常委会副主任占剑、市政协副主席钟良贵、市老科协会长周景伟出席仪式。活动围绕“喜迎二十大，科普向未来”主题，开展“多阵地、多战线、广覆盖、齐参与”的线上线下科普活动指数达 365.38%，在全省排名第一。市科协获评为 2022 年江西省“全国科普日”优秀组织单位，中国科协“全国科普日”优秀组织单位。

（英　亮）

景德镇市归国华侨联合会

【概况】 2022 年，景德镇市归国华侨联合会（简称“市侨联”）立足侨联工作职能，围绕全市中心工作，团结带领全体干部职工，完成各项奋斗目标和任务。

凝聚侨心、汇聚侨智。中共二十大召开期间，组织全市侨界群众开展热烈讨论，其中 4 名海外侨领的热议被上级侨联采用并发布。为贯彻落实景德镇市《关于深入推进营商环境优化升级"一号改革工程"实施方案》，持续优化我市营商环境。年内市侨联通过走访侨企知痛点、搭建平台促交流、侨法宣讲护侨益的方式持续推进"暖侨行动"。开展一个月的"侨资企业大走访"活动，对全市正常经营的侨资企业实现了走访全覆盖。该次大走访共发出并回收营商环境问卷18张，收集问题、困难6大类20条，并形成调研报告，同时与市政协港澳台侨外事委员会共同举办全市侨企座谈讨论会，为解决侨企困难，为侨企营造好的营商环境打下基础。侨联还推荐企业参加中德企业交流会，打开全市侨资企业经营视野，搭建交流平台。推荐并组织10家侨资、港资企业分别参加教育、人工智能和金融投资三个主题的合作交流视频会，参会企业与国内、德国的优秀企业进行深度交流并寻求合作可能。市侨界政协委员和其他界别的侨界人士在景德镇市政协十四届二次会议中围绕市委、市政府关心、侨界关注的热点、难点问题，提出"关于发挥新乡贤在国家陶瓷文化试验区中的践行作用的建议""关于规范整治陶瓷行业电商乱象的建议"等6条建议，为全市经济社会发展建言献策。市侨联与市委台办、市政协港澳台侨和外事委员会围绕"优化台资侨资企业发展环境，助力台资侨资企业发展"，对市侨资、台资企业进行走访调研并邀请侨资企业代表召开对口协商座谈会，为侨资企业排忧解难，发挥侨联的桥梁作用。市侨联持续发挥国家对外文化贸易基地景德镇侨联文化商品展示中心的"桥头堡"作用。组织入驻基地的10余家企业参加北京文化商品惠民消费季，为企业拓宽销售渠道；市侨联发挥"桥梁"作用，邀请日本方程株式会社日本华侨郝力到市项目考察。期间与市国控集团就在日本建立景德镇陶瓷官方旗舰店达成初步意向，与市传媒集团和包装协会就在景德镇市开拓包装彩印业务形成初步合作框架。

【开展侨界联谊活动】 2022年，市侨联分别与珠山区侨联、浮梁县侨联一同举办瓷都侨界"喜迎二十大，侨心永向党"陶瓷艺术展和"同心喜迎二十大，携手奋进新征程"青少年书画作品展，展现市侨界群众听党话、感党恩、跟党走，与党同心奋斗的政治自觉；市侨联联合珠山区侨联在侨资企业三宝国际陶艺村组织了来自法国、意大利等地的华人华侨共同学习《中华人民共和国归侨侨眷权益保护法》等侨法知识，现场发放《涉侨法律法规选编》20余册，并与在三宝国际陶艺村驻场交流、创作、访问的华人华侨深入交流。市侨联与国信康华社区一同开展"生如夏花，不负韶华"——感恩母亲节活动，20余位侨界"母亲"参加活动；举办的"寻根之旅"网络夏令营活动——景德镇营收到40余名来自南美洲的华裔青少年的一致好评。在中秋节举办的"明月照中秋，侨情暖瓷都"都联谊活动中邀请全市侨界代表和工作人员共计80余人参加此次活动，通过视频、实时连线的方式与海外景籍侨胞互动，向海内外侨界人士展示瓷都新风貌。

【拓展文化交流】 2022年，市侨联与日本红玫瑰协会、中欧文联签订文化交流合作协议；在发展中国和协会驻在国友好交往中讲好景德镇陶瓷故事，传播景德镇文化。总部在捷克的华人媒体中欧文联报上以整版篇幅刊登介绍景德镇的文章，并在欧洲网络媒体上创设11个以景德镇陶瓷非遗文化传承人为题材的系列宣传片，向欧盟9国宣传介绍景德镇的非遗文化和陶瓷艺术产品。向欧洲传播陶瓷好声音，与中国文化通俗研究会、日本红玫瑰协会等中外机构在北京对外国家文化贸易基地和景德镇国际陶瓷博览会期间举办2次东亚文化非遗展，该展览以"传承与创新""交流与共享"为宗旨，发掘、推广东亚各国非遗文化艺术与国际文明融合，促进东亚各国传统艺术资源的共享，推动东亚各国传统非遗文化与千年陶瓷文化交融并共同成长。该展览的成功举办被人民网、新华网等国内媒体广泛报道，获得一致好评。

（韩成伟）

景德镇市文学艺术界联合会

【概况】 2022年，市文联团结引导广大文艺工作者自觉肩负起举旗帜、聚民心、育新人、兴文化、展形象的使命任务，年内获评全省文联工作综合评价优秀单位，成为获该荣誉表彰的四个设区市文联之一，也是唯一获该表彰的小地市文联。参与1次中国文联2022"今日中国"艺术周活动，助力全国首个"文艺两新"集聚区实践基地和全国唯二中国文联文艺研修院基地两个基地落户景德镇，开展文艺"六进"等文艺惠民展演活动50余场，捐赠书籍近千本，送出春联书法美术作品近万副，惠及群众万余人次。推进新文艺群体职称评审工作，12人通过中级、初级职称评审。

【开展各类文艺活动宣传二十大精神】 2022年，围绕中共二十大，组织书法、美术、舞蹈、音乐、民间文艺、诗词等一系列主题活动。市文联参与承办的“学习宣传贯彻党的二十大精神——听故事见江西大型原创主题故事剧”在景德镇成功举办，并成为江西省“2022年最值得关注的年度文艺热点”。中共二十大召开前，举办“迎接党的二十大 礼赞新时代”摄影创作采风活动与“劳动创造幸福”主题摄影展，承办了“喜迎二十大 奋进新征程——全国陶瓷书法作品展”；组织文艺工作者积极创作参与江西省“喜迎二十大”重点工程建设摄影展、“喜迎二十大 匠心致初心”——江西省优秀民间工艺美术作品展等多项省级主题展览，其中在全省优秀民间艺术美术作品展中，景德镇市23件作品入展，占入展数的16.5%。中共二十大召开后，以“庆祝二十大 奋进新征程”为主题开展文艺作品网络展活动，10月16日起分批推出各类精选的优秀文艺作品。在中国文联“文艺两新”集聚区实践基地·景德镇成功举办2022新文艺群体陶瓷绘画作品展。落实“全市文联工作一盘棋”理念，市文联采取市、县（区）文联“两级联动”的方式，组织6支队伍，采用文艺辅导、展览展示等志愿服务方式，依托遍布城乡的新时代文明实践中心（所、站）开展6场文艺志愿服务，通过群众喜闻乐见的文艺活动让中共二十大精神传遍瓷都大地、深入百姓心间。

【开展对外文化交流】 2022年，参与中国文联2022“今日中国”艺术周活动，“传承之路”中国陶瓷非遗传承人艺术作品展分别在澳大利亚墨尔本和阿德莱德展出，完成国家试验区建设涉及市文联的工作任务。11月，举行“互鉴·共融”——2022景德镇“洋景漂”陶瓷艺术作品展暨中外陶瓷艺术家对话会，为外国艺术家真正了解中国和中华文化搭建平台。景德镇市作协主席江华明创作的“丝路百城传”丛书之《景德镇传：瓷器之都》于11月正式发布，是该丛书与江西省有关的第一本图书，通过讲景德镇故事，让世界更好地认识中国，推进中外文明交流互鉴。

【文艺创作激励机制】 2022年，强化文艺创作激励机制，启动第七届“景德镇市文学艺术奖”评选，设置文学、美术等十个评奖门类，明确由市“两办”名义表彰并发放奖金。深化文艺培训，7月6日，“中国文联文艺研修院景德镇基地揭牌仪式”在江西景德镇举办。一批景德镇文艺人才通过中国文联文艺研修院景德镇基地获得培训交流机会，定期举办市文联“文艺公益大讲堂”，2022年新文艺群体瓷画高研班、第三期江西省“文艺两新”人才专题研修班等重要文艺培训在景德镇市举办。实施优秀文艺人才激励政策，年内市人才发展基金安排5万元，对新成为中国文联各文艺家协会会员的优秀文艺人才发放创作补贴（每人1万元）。“出精品、出人才”局面逐步呈现。景德镇大鼓《开窑》获第三届江西省曲艺玫瑰奖，市作家协会主席江华明中篇小说《上个世纪的月季》获江西省第六届谷雨文学奖，景德镇市五名艺术工作者入围第十六届中国民间文艺山花奖·优秀民间工艺美术作品初评，占全省比例近50%。参与主办承办全国陶瓷书法作品展、江西省第六届青少年书画大赛等全国、全省性文艺活动。

【文艺志愿服务】 2022年，聚焦景德镇市文明城市创建等中心工作，在全市创文工作排名靠前，年内市文联4次收到市委主要领导表扬信。年初成立景德镇市文艺志愿者协会，更有力地统筹推进全市文艺志愿服务工作。结合抗疫、抗洪等重大突发事件，组织文艺界开展创作，市文联微信公众号刊发46期、330余件抗疫主题文艺作品，助力全市战疫大局工作。至年底，开展文艺“六进”等文艺惠民展演活动50余场，捐赠书籍近千本，送出春联书法美术作品近万副，惠及群众近万人次。

【团结引领“文艺两新”】 7月7日，全国首个“文艺两新”集聚区实践基地落户景德镇，并被省委文化体制改革专项小组列为省级重点改革项目基层观测点。通过引资源、争项目、建机制等措施，推动基地运行有基本保障，基地作用得到有效发挥。中国艺术报8月12日头版头条刊发《“千年瓷都”创新创业的“文艺新力量”——江西景德镇“文艺两新”调研观察》，报道景德镇市“文艺两新”工作成效。《江西改革工作简讯》推介景德镇市“文艺两新”有关工作。推进新文艺群体职称评审工作，12人通过中级、初级职称评审。

（方倩倩）

景德镇市社会科学界联合会

【概况】 2022年，景德镇市社会科学界联合会（简称“市社联”）坚持以学者为本、以学术为基、以学会为平台的宗旨，完成各项工作任务。年内全市共有省级社科普及基地10家，其中新增1家；在省社联举办的全省学习宣传贯彻中共二十大精神网上竞答活动中，景德镇市参与人次在全省排名第二，获评“最佳组织单位”；理论文章《弘扬江右文化精神 实现江西优秀传统文化与现代化互促融合》获江西省学术年会三等奖；市社联获评2021年度市直机关绩效考评优秀单位和2021年度优秀县级领导班子。

【发挥《决策内参》参谋助手功能】 2022年，以《决策内参》为平台，为领导决策提供科学依据和建议，选择优秀课题成果在《决策内参》发表，送至市四套班子领导和市直各单位，年内，编辑出版了《新型人文城市的内涵研究》《跨境电子商务浅析》《弘扬江右文化精神 实现江西优秀传统文化与现代化互促融合》《发展跨境电商新业态 助力国家试验区建设》《优化营商环境 为国家试验区建设提供强力支撑》《关于把景德镇的品牌优势转化为生产力的研究》《加快打造景德镇对外文化交流新平台的重点突破领域与发展路径研究》等理论文章8期（总第82期），其中，第79、80期文章获市领导肯定批示。

【组织开展市党代会专项课题研究】 2022年，围绕市第十二次党代会精神，聚焦“五新”战略行动，制定《加快打造景德镇对外文化交流新平台的重点突破领域与发展路径研究》《景德镇国家陶瓷文化传承创新试验区背景下职业教育人才培养变革研究——深化产教融合，校企合作新路径探索》《新型人文城市内涵研究》《打造新型人文城市新范例与巩固拓展全国文明城市创建成果的关系研究》《景德镇市城乡融合发展示范区初探》《新型人文城市如何更好满足人的全生命周期多层次多样化需求研究》6个专项委托课题，形成成果3个，为市委、市政府决策部署建言献策。

【开展“社科大讲堂”活动】 2022年，挖掘本地资源，开展了“社科大讲堂”12期，打造《党的百年奋斗重大成就和历史经验》《全面推进乡村振兴——学习贯彻党的十九届六中全会及2022年中央一号文件精神》《提高安全意识，防范电信诈骗——我市电信诈骗案例分析和应对》《学习贯彻二十大精神 持续优化营商环境》等精品课程。

【省级社科普及项目申报】 2022年，省社联首次开设省社科普及基地创新普及项目，市社联选送的《瑶里改编》等4个项目入选2022年江西省社科基金科普专项课题；选送市检察官协会的“景德镇市未成年人检察法治文化教育基地暨七色堇未成年人关爱中心”被评为第五批省社会科学普及基地。

表4　2022年景德镇市省级社科普及基地一览

序号	社科普及基地名称	主管单位
1	景德镇市未成年人检察法治文化教育基地暨七色堇未成年人关爱中心	景德镇市检察官协会
2	乐平·中国古戏台博物馆	乐平市文广新旅局
3	十里岗镇篁坞方志敏旧居	乐平市十里岗镇人民政府
4	界首红十军建军旧址纪念馆	乐平市众埠镇人民政府
5	昌江区荷塘农垦展览馆	景德镇市昌江区荷塘乡人民政府
6	浮梁古县衙	浮梁县文化旅游发展集团有限公司
7	景德镇皇窑艺术博物馆	景德镇皇窑陶瓷文化旅游发展有限公司

续表 4

序号	社科普及基地名称	主管单位
8	珠山区新时代文明实践中心（小巷讲堂）	珠山区委宣传部
9	景德镇市珠山区新村街道梨树园新时代文明实践站	珠山区新村街道
10	景德镇市珠山区新时代文明实践基地	景德镇三宝蓬美术馆

【开展市县社联主席理论宣讲基层行活动】 5月起，全市社联主席深入新时代文明实践中心（站、所）、机关、企业、学校等宣传阵地，开展《党的百年奋斗重大成就和历史经验》《绘就宏伟蓝图 奋进新的征程》《立时代之基 应时代之变》《学党史 感党恩 喜迎党的二十大》等5场主题宣讲，教育引导干部群众奋进新征程、建功新时代。

【双“一号工程”主题征文活动】 5月中旬，联合市委宣传部围绕深化发展和改革双“一号工程”联合开展主题征文活动，共收到理论文章115篇，经评审，最终确定获奖论文34篇，一等奖4项，二等奖8项，三等奖12项，优秀奖10项，在景德镇日报《知与行》版面上陆续刊登。

【景德镇经济社会发展重大研究课题招标评审】 5月中旬，分别在微信公众号、市社联官网和景德镇日报向社会发布2022年省社科基金地区项目暨景德镇经济社会发展重大研究课题招标公告，对照3个选题（《优化营商环境，为景德镇国家陶瓷文化传承创新试验区建设提供强力支撑》《大力发展数字经济，推动景德镇传统产业改造提升》《关于如何把景德镇的品牌优势转化为生产力的研究》）面向全市社科工作者公开招标。经专家组评审，分别由市委党校、市政府办公室及市委政研室课题组中标。

【组织开展景德镇市2022年度社会科学规划项目】 6月上旬，分别通过公文系统、微信公众号及市社联官网发布通知，围绕全市经济社会发展等方面拟定课题指南40项，引导社科工作者围绕指南开展理论研究，共收到申报书121份。9月下旬，经专家组匿名评审，共立项社科规划项目60项，其中，重点项目14项，一般项目46项，并在市社联官网公布。

【组织景德镇市第十次社科成果奖评选】 6月中旬，经市政府同意，开展每两年一届的全市优秀社科成果奖评选工作。按照论文类、专著类和社科普及读物类3种形式分类，首次将社科普及读物类纳入其中，填补了科普类项目在全市社科优秀成果奖中多年来的奖项空白。共收到申报材料80余份，经组织推荐、材料审核、专家评审，共评选出优秀社科成果31项，其中，论文类13项、专著类9项、社科普及类9项，并以市政府名义通报。

【组织景德镇市法治景德镇专项课题申报工作】 7月，联合市法学会开展2022年法治景德镇专项课题研究，围绕传承红色法治基因深化贯彻习近平法治思想的景德镇实践等9个方面拟定课题指南，并将其列为市社科规划项目，其中课题成果《推行“首违不罚”助力优化法治化营商环境》获市领导肯定批示。

【推动社科普及与社科研究融合发展】 8月，首次探索宣讲类专项课题，设置《什么是新时代文明？——深入学习习近平总书记精神文明建设重要论述》《人人做模范，事事争一流——让瓷都成为道德模范等先进典型的高地》《创建文明城，你我共参与——争创全国文明典范城市，市民怎么做？》3个专题，开展“喜迎二十大，文明基层行”活动，将其列为市社科规划重点项目，作为“社科大讲堂”的精品课程，前往新时代文明实践中心（站、所）进行宣讲。

【学术论文获江西省社会科学学术年会全省奖励】 9月，在省社联2022江西省社会科学学术年会中，围绕红色基因传承与江西革命老区高质量发展及江右文化资源开发研究等2个专题申报论文共3篇，其中《弘扬江右文化精神 实现江西优秀传统文化与现代化互促融合》获全省三等奖，并在景德镇日报10月26日《知与行》版面刊载。

【开展社科宣传普及周活动】 9月，根据江西省社科普及宣传周活动安排，组织开展了社科普及宣传周活动，启动仪式首次下沉至新时代文明实践站举行，并通过线上直播的方式进行宣传，近万人在线观看，受到省社联领导的赞赏。通过谋划和组织展览展演、讲座讲演、咨询服务、征文比赛、发放资料、媒体宣传、图书赠阅、知识竞赛、志愿服务等形式，共举办活动 71 场次，线上线下受众近 10 万人次。

【参与全省党的二十大精神网上竞答活动】 10 月 26 日至 11 月 4 日，省社联举办全省学习宣传贯彻中共二十大精神网上竞答活动，景德镇市参与人次在全省地市排名中位居第二，珠山、乐平、浮梁均进入全省县（市、区）前十，市社联获评“最佳组织单位”。

（陈启飞）

景德镇市残疾人联合会

【概况】 2022 年，推行残疾人辅助器具补贴制度，满足残疾人个性化需求，将残疾人基本辅具适配转化为货币化补贴。推进残疾人基础康复工作，为 3394 名有康复需要的残疾人提供基础康复服务，全市康复服务率、辅具适配率均达到 100%。开展儿童康复救助，建立全市残疾儿童基础信息数据库，为 178 名残疾儿童提供康复服务训练，实现重点保障残疾儿童实现应救尽救。实施残疾儿童康复服务机构规范化管理，开展疫情防控督察工作，指导残疾儿童康复机构建立健全突发事件应急预案。结合“爱耳日”、残疾预防日开展残疾预防宣传活动，活动期间接待残疾人康复及残疾人优惠政策咨询 2000 余人次，推送公益短信 20 万条，张贴宣传海报 1000 余张，发放宣传资料 4000 余份，200 余人参加残疾预防知识讲座，1000 余人参加线上知识竞答。

【巩固残疾人脱贫】 2022 年，配合落实三类监测残疾人“早发现、早干预、早帮扶”，市、县（市、区）残联配合有关部门将边缘易致贫户、脱贫不稳定户、突发严重困难户中的持证残疾人及时纳入防止返贫致贫监测预警范围，列入监测边缘易致贫残疾人 244 人、脱贫不稳定残疾人 128 人、突发严重困难残疾人 39 人。巩固保障政策措施，配合民政、人社、医保等职能部门，帮助困难残疾人解决低保、养老、医疗等方面存在的实际困难，配合民政部门为困难残疾人发放每人每月 80 元的生活补贴，为重度残疾人发放每人每月 80 元的护理补贴。年内全市共有 2.4 万名残疾人享受残疾人两项补贴，其中生活补贴 1.7 万人，护理补贴 1.6 万人，同时享受两项补贴 9146 人。配合住建部门实施农村危房改造。配合教育部门解决残疾儿童少年入学问题，新入学义务教育入学率 95% 以上。市财政部门按要求从残保金中列支不低于 5% 的专项资金，用于补贴特殊教育学校开展残疾人劳动技能教育与培训。资助残疾人大学新生 22 名；配合教育部门做好家庭经济困难残疾学生、残疾人子女认定；年度秋季残疾高中生免除学杂费 38 名，全年 82 名。提升残疾人服务水平，实施残疾人精准康复服务行动，以重度残疾人和低收入残疾人为重点服务对象，截至年底全市残疾人基本康复服务覆盖率达 99.07%、基本辅助器具适配率达 98.96%。全面实施残疾儿童康复救助制度和残疾人基本型辅具适配补贴制度，持续推进困难重度残疾人家庭无障碍改造项目，优先安排一户多残、老残一体等特殊困难重度残疾人家庭，为符合条件的残疾人每人每年发放 260 元机动轮椅车燃油补助。持续实施“阳光家园计划”，为 290 名符合条件的残疾人实施居家托养，推动残疾人托养机构为符合条件的农村残疾人提供多层次、多元化的托养服务超 370 人。

【就业帮扶】 2022 年，推进残保金征收，市残联与市税务局联

景德镇市全国第六次残疾预防日宣传教育活动

合下发《关于做好全市残疾人就业保障金征收管理工作的通知》，年内共收到66家市直机关、事业单位缴纳的残保金，共计129万余元，同比增长89.7%。开展残疾人家庭就业兜底保障工作，实现残疾人零就业家庭至少1人就业，安置420名残疾人担任农家书屋管理员，安置111名残疾人在公益性岗位兜底就业。开展就业技能培训，为120名残疾人提供农村实用技术培训，为94名残疾人提供城乡职业技术培训，吸纳34名农村残疾人或其家庭成员就业。

全国残疾人陶瓷工艺美术作品展

【残疾教育文体工作】 2022年，配合教育部门解决残疾儿童少年入学问题，残疾儿童义务教育阶段入学率超95%。资助残疾人学生，为82名符合条件的困难残疾人高中生减免学杂费，为22名残疾人大学新生提供资助。“全民健身·幸福江西”江西省第十六届运动会（社会部）羽毛球比赛在九江瑞昌举行，景德镇市残疾羽毛球选手兰波以绝对优势获得残疾人站立组（上肢）男子组比赛冠军，邓花在残疾人站立组（下肢）女子组比赛中获得第五名（二等奖）。

【维护残疾人合法权益】 2022年，畅通残疾人诉求渠道，为残疾人解决问题。推动无障碍环境建设，在城市主干道、机场等地组织督导体验活动，推动重点场所无障碍设施配置不断优化。开展贫困重度残疾人家庭无障碍改造工作和残疾人机动轮椅车燃油补贴发放工作，共计为558户贫困重度残疾家庭进行无障碍改造，为711名残疾人发放机动轮椅车燃油补贴。配合民政部门做好残疾人“两项补贴”发放工作，截至2022年年底，全市2.4万名残疾人享受残疾人两项补贴，其中，1.7万人享受生活补贴，1.6万人享受护理补贴，9000余人同时享受两项补贴。

【残联换届工作】 2022年，开展县、乡残联稳妥有序换届工作，选优配强残联领导班子，年内全市4个县(市、区)及54个乡镇(街道）残联全部完成换届工作。健全基层残联组织，构建“纵向到底、横向到边”的残联组织体系，推动全市677个村（社区）建立残协。

【开展全国“爱耳日”宣传教育活动】 3月3日是第23个全国“爱耳日”，市残联围绕“关爱听力健康 聆听精彩未来”宣传主题，听力康复机构工作人员为居民义诊、听力检查，讲解如何使用保养助听器，宣传残疾人精准康复和辅助器具补贴制度等惠民政策，通过“爱耳日”活动的开展，普及公众爱耳护耳科学知识，提升听力障碍人群生活质量和市民对康复政策的知晓率。

【第三十二次全国助残日系列活动】 5月15日是第三十二次全国助残日，主题为“促进残疾人就业，保障残疾人权益”。全市残联系统采取“线上＋线下”方式开展了形式多样的助残系列活动。市残疾人服务中心、市就业创业服务中心联合举办2022年残疾人就业线上岗位招聘会，针对残障朋友就业需求，筹集部分岗位供残障朋友选择。5月12日，市残联组织助残志愿者走访慰问市善童孤独症康复训练中心，为中心72名孤独症儿童送上书包、文具盒、水彩笔等学习文具。5月13日，市残联组织助残志愿者到马鞍山社区为困难肢体残疾人送去轮椅、助行器等辅具用品，同时邀请第四人民医院医生为出行不便的残疾人开展上门义诊服务。5月15日助残日当天，市残联依托电信、移动、联通三大通信公司平台发布助残日主题的公益短信。

【公益性岗位岗前培训班举办】 8月16—18日，2022年全市残疾人公益性岗位岗前培训班在乐平市举行。该培训班由景德镇市残联主办，乐平市残联协办，共计50名学员参加。培训目的是落实国务院《残疾人就业三年行动方案（2022—2024年）》、省残联《关于印发2022年残疾人就业与培训项目实施方案》，帮助新入职的农家书屋残疾人管理员等公益性岗位人员尽快进入新角色、融入新环境、适应新岗位，提高残疾人公益性岗位人员的综合业务水平和履职能力。培训邀请乐平市图书馆老师就农家书屋管理员的岗位职责、农家书屋管理员的地位和作用、管理员应知的出版物管理及常识、农家书屋的基本服务及延伸服务等业务知识进行授课。邀请脑瘫儿童康复中心的专家就缺陷儿童感统治疗进行讲解。还安排了乐平市残联相关股室的工作人员就残疾证办理、残疾儿童康复、创业就业扶持等相关政策进行解读。

【全国第六次残疾预防日系列宣传教育活动】 8月25日，全国第六次残疾预防日宣传教育活动在梨树园社区开展，该活动由市残联、市卫健委联合梨树园社区举办。副市长江民强出席活动。活动邀请部分市直医院医护人员、视力、听力、肢体、孤独症、智力等康复机构专家，开展专家义诊、视力检测、听力筛查、孤独症康复咨询等活动。在全国残疾预防日期间，市残联联合智慧瓷都于8月21—28日开展“8·25”全国残疾预防日有奖知识竞答。联合市电信公司向广大市民推送残疾预防日公益短信。在第一人民医院针对孕产妇开展孕期筛查健康知识讲座，在新枫街道哪吒庙社区邀请爱尔眼科医院专家开展眼健康知识讲座，为近百名社区居民提供视力检测和眼疾病筛查服务。

【国家通用手语培训班举办】 9月6日，景德镇市国家通用手语培训班在景德镇机场举行。该培训由景德镇市残联主办，景德镇机场分公司和市特殊教育学校支持，旨在推进文明典范城市创建，贯彻落实无障碍城市建设要求，优化营商环境，提高全市交通窗口一线人员服务能力和水平。培训班特邀景德镇市特殊教育学校的余欢、余庆两位老师为大家授课，景德镇机场、市长运公司汽车总站、火车站、景德镇北站等交通运输部门前台服务人员、一线接待人员共50余人参加培训。

【全市残疾人事业工作会议召开】 9月6日，全市残疾人事业工作会议召开。副市长、市政府残工委主任江民强出席会议并讲话。会议书面传达第六次全国残疾人事业工作会议和第五次全省残疾人事业工作会议精神，市残联党组书记、理事长李群芳作工作报告。会议指出，“十三五”期间，全市残疾人事业战线贯彻落实党中央、国务院和省、市决策部署，完成残疾人事业发展的各项既定目标任务。健全基本保障机制，残疾人生活状况持续改善；提升公共服务水平，残疾人民生福祉稳步增进；加快残疾人融合发展，残疾人精神面貌越发向上；优化残疾人发展环境，残疾人事业发展有力有序。会议强调，要把握好新时代残疾人工作群众期盼更加复杂多元、政策要求更加全面细致、融合需求更加显著突出的特征要求，让全市残疾人事业发展“大有可为、大有作为”。

【残疾人法律法规和优惠政策普法宣传活动】 9月30日，全市残疾人法律法规和优惠政策普法宣传活动在昌江区西郊街道汪王庙社区开展，该活动由市残联主办、市司法局和昌江区残联协办，为现场咨询的市民及残疾人提供法律服务、发放法治宣传资料，宣传残疾人医保政策、补助政策，广泛普及《中华人民共和国残疾人保障法》《江西省残疾人保障条例》等法律法规知识，细致解答法律上的疑问，讲解法律援助工作对残疾人弱势群体的优先政策，引导他们树立遇事找法、办事依法、解决问题靠法的法治观念。

【全国残疾人陶瓷工艺美术作品展在景德镇开幕】 11月8日，全国残疾人陶瓷工艺美术作品展开幕式在景德镇博爱陶瓷文化交流中心举行。作品展由中国聋人协会、中国肢残人协会、省残联主办，省聋人协会、省肢残人协会、市残联承办，省残疾人文化体育中心、市博爱陶瓷文化交流中心协办，主题为“自强不息赋丹青 拼搏人生如‘瓷’美”。展览设两个展馆，主展馆在景德镇博爱陶瓷文化交流中心，分展馆在国际博览中心陶博城，展出至11月12日。该展览作为瓷博会配套活动，吸引全国各个产瓷区的残疾人艺术家的参加，征集作品100余件，为残疾人艺术家搭建了一个展现特殊艺术才华、弘扬自强奋斗精神的平台，活动得到各级领导的高度认可。

（胡恺宁）

景德镇市红十字会

【概况】 2022年，景德镇市红十字会开展救灾、救护、救助，无偿献血、造血干细胞捐献和遗体器官捐献宣传动员等工作，共募集捐款物资达2206万元，培训救护员5585人次，普及培训3.3万人次。开展昌江河水域救援值守活动，救援脱力、溺水群众，劝阻青少年私自下水90余人。全市共完成造血干细胞采集样例170例，2名志愿者成功捐献造血干细胞；发展遗体器官捐献志愿者1369人，实现遗体器官捐献8例。全市新增红十字会基层组织32个，发展红十字会团体会员9个，个人会员1521人，发展红十字志愿者324人。

【应急救护培训】 2022年，为提高全市社会公众的应急救护基本知识和自救互救能力，保护人民群众的生命安全，市红十字会组织师资开展应急救护培训进学校、进企业、进社区、进农村、进社区“五进”活动，为全市各大机关单位、大中小学校、“5020”企业开展应急救护培训，全年培训救护员5585人，开展应急救护普及培训和应急演练3.3万余人次。

【造血干细胞捐献】 2022年，全市共完成2例造血干细胞捐献。9月28日，景德镇市第十一例造血干细胞捐献志愿者程雄伟在南昌完成捐献。10月17日，景德镇市第十二例造血干细胞捐献志愿者林国兴在南昌完成捐献。

【“景漂”红十字志愿者之家】 2022年，为进一步加大“人道、博爱、奉献”的红十字精神的弘扬力度，发挥“党建带红建”、党建“同心圆”的引领作用，市红十字会在高新区党群服务中心打造景德镇市“景漂”红十字志愿者之家，该阵地是全市打造红十字嵌入式阵地的有效尝试，旨在服务好“景漂”人才，助力营商环境，同时也为“景漂”人才参与红十字会公益事业搭建桥梁和平台；阵地市红十字会员积极运用陶瓷元素在瓷板上书写红十字精神、红十字运动起源知识等，是利用基层阵地讲好红十字故事的生动实践。

【“红十字博爱送万家”活动】 1月19—29日，市红十字会在全市各县（市、区）深入开展送防疫“急救包”、困难家庭“温暖包”等系列“博爱送万家”活动，共筹集物资17.68万元，受益人数1097人次。

【六届理事会第二次会议召开】 2月26日，市红十字会第六届理事会第二次会议召开。会上传达中国红十字会第十一届理事会第三次会议精神和2022年全省红十字会工作会议精神；听取并审议通过景德镇市红十字会工作报告和2020、2021年度财务收支情况报告；聘请市红十字会名誉会长；选举市红十字会会长；选举产生市红十字会六届二次理事会增补理事、常务理事、副会长；通报了监事会监督工作情况。

【致敬遗体器官捐献者缅怀活动】 4月2日，在积极做好疫情防控相关工作的前提下，市红十字会在景德镇市遗体器官捐献者纪念园举办“生命的意义”——致敬遗体器官捐献者2022年清明缅怀活动。现场，全体人员首先为成功捐献遗体器官志愿者默哀三分钟，向无私奉献的捐献者致以最崇高的敬意。默哀结束后，人体器官捐献登记志愿者代表集体宣誓，用实际行动诠释大爱，弘扬“人道、博爱、奉献”的红十字精神。活动最后，全体参与者来到纪念碑前，依次向纪念碑敬献菊花，共同表达对捐献者的无限哀思与深切缅怀。

【“世界献血者日”宣传活动】 6月15日，由市人民政府、市委宣传部、市卫健委、市红十字会等主办的景德镇市2017—2019年度全省无偿献血奉献奖表彰暨无偿献血活动启动仪式举行。6月15—16日，市红十字会联合市文明办、市卫健委在市发展中心开展“抗疫有我、热血同行、喜迎党的二十大”无偿献血志愿服务活动。2天内，382名机关党员干部职工成功献血，献血量达13.36万毫升。

【市红十字会AED投放仪式】 10月13日，“喜迎二十大，奋进新征程”景德镇市红十字会AED投放仪式在市发展中心南苑举行，市委副书记吴隽出席仪式，并宣布首批AED正式投放，市政府副市长、市红十字会会长江民强讲话，市政协副主席洪明华出席。仪式结束后，各投放单位代表现场观摩“心肺复苏+AED”救援演练。

【助力疫情防控】 11月19日起，面对严峻复杂的疫情形势，市红十字会第一时间制定出台《市红十字疫情静态管控应急预案》《市红十字会疫情防控应急工作方案》，部署疫情防控工作，做好捐赠服务工作，依法依规开展捐赠款物接收工作，并根据指挥部的统一部署、调度，做好捐赠物资的分配工作，至12月6日，市红十字会共接收社会各界爱心企业、单位、人士捐款共计39.1万元。

（何江薇）

防汛演练（李满成 摄）

军 事

景德镇军分区

【概况】2022年，景德镇军分区（以下简称军分区）深入贯彻习近平强军思想，突出举旗铸魂育人，聚焦练兵备战打仗，狠抓依法全面从严，奋力创新创优创先，以实战为背景扎实开展军事训练，圆满完成新兵征集，开展军民共建，军分区全面建设稳步发展、稳中有进。

【组织开训日活动】1月4日上午，军分区以实战为背景，以民兵新质力量为重点，区分动员集结、开训誓师大会、课目演示和战备演练四个阶段，组织开训动员系统活动。

【“守护戎装”专项行动】1月14日，制定下发《军分区“守护戎装”专项行动方案》，由军分区保障处牵头，联合市公安局等8个单位，专项行动贯穿全年，扎实组织，在军地多部门密切配合下，有力有效推进各项工作落实。全区市场监管、公安、部队系统出动60余人次、车辆15台次，发放公开信和宣传材料1320份，检查商家29家，发出限期整改通知书4份，查获07式军服及其仿制品52件（套）。检查纠查违法违规穿着军服1人次，堵住军服市场违规流通渠道，维护军服专用性、严肃性。

【“条令学习月”活动】2月21日起，军分区采集上下同步、训考结合、检查考评等方式，以“学、查、训、整”为抓手，多措并举扎实开展“条令学习月”活动。把条令学习与安全检查、“四个秩序”建设、微信泄密专项整治等工作结合起来，采取拉网过筛的方式逐岗位、逐部位全面查环境、查隐患、查思想、查保密、查军容风纪等，不断营造正规有序、依法办事良好环境。

【举办“巾帼心向党·喜迎二十大”群众性活动】3月8日妇女节，军分区举办“巾帼心向党·喜迎二十大”典型主题宣讲会。利用主题党日专题学习习近平关于妇女和妇女工作重要论述。由各单位从各行业、各类型遴选推荐5名典型女代表，从不同角度讲述她们退伍不褪色、爱岗更敬岗、吃苦不怨苦的感人故事。军分区政治委员和机关处长（主任）为她们颁发宣讲荣誉证书，鼓励她们再接再厉，为国防和军队建设贡献力量。

【兵源征集】2—3月，军分区先后组织适龄青年体检、政考、定兵、役前教育等，圆满完成全市上半年男性义务兵征集任务。3月16日开始，上半年新兵正式起运，奔赴全国各地军营。

【森林防灭火春季行动】3—4月，军分区针对清明期间森林防灭火的严峻形势，会同地方有关部门走实机制完善、指挥演练和实兵演练等环节，积极开展春季行动，高标准做好森林防灭火准备。3月中旬，结合“三法一能”集训，突出森林灭火常识、装备器材操作和扑灭山火的组织实施等重点，组织30余名干部骨干进行集中训练；3月下旬，分片组织6支120人的应急分队联合地方应急救援力量进行转移安置群众、组织阻隔围控、参加火场清理、组织物资运输等课目的现地实兵演练，提升民兵遂行森林灭火能力。

【民兵整组业务培训会】5月9日，军分区召开2022年度民兵整组业务培训会。明确新年度民兵整组的方法步骤、编组方向和职责分工，以新颁布的《民兵组织整顿工作实施方法》为依据，围绕“八个步骤”进行重点讲解，现场对民兵整组的组织和实施进行辅导授课。

【抗洪抢险】2022年，军分区先行组织训演，培养骨干力量272人；备足装备器材，投入62万元，补充冲锋舟9艘、救生衣

景德镇军分区组织辖区内人员进行抗洪

1200件，有效提升抗洪抢险能力。6月17日，景德镇市出现严重洪涝灾害，军分区动用兵力2670人，各类装备23台（套），搬运砂石料150余吨，完成堤坝加固加高19.5千米，成功封堵泡泉24个，排除管涌17处，安全转移群众6000余人，以顶格标准、满格状态、真格举措，实现“不倒一库、不决一堤、不死一人”目标。

【征兵体检】 7月12日，2022年景德镇市秋季征兵体检工作在市第一人民医院有序开展。军分区与各县（市、区）人武部、基层武装部、市第一人民医院上下联动。来自全市适龄青年精神饱满、朝气蓬勃，有序地进行信息编号采集，积极配合医护人员做好检查。7—9月，先后组织适龄青年体检、政考、定兵、役前教育等，圆满完成全市下半年男性义务兵征集任务。9月18日开始，下半年新兵正式起运，奔赴全国各地军营。

【加强军民共建】 7月30日，“八一”建军节到来之际，景德镇军分区从“为群众办实事”角度出发，加强军民共建，积极协调市第三人民医院为机关和民兵装备仓库职工进行免费体检。

【创建文明城市】 8月13日起，景德镇军分区开展为期一周的“捡拾垃圾·点亮文明”志愿服务活动，以实际行动号召大家保护环境。活动过程中，志愿者们做好防护，手持垃圾袋、垃圾钳等清洁工具，沿着主干道，排查卫生死角，清理“隐藏”的烟头、纸屑等，净化环境、清洁家园。他们将散落停车场的塑料袋、废纸、包装盒、烟头等废弃物一一清理干净。志愿者们在捡拾垃圾的途中，向过往的居民发放“夯诚信基石，创文明城市”诚信倡议书，号召居民要从我做起，做到言行合一，做一个诚实守信的人。

【开展“学、守、严、固”教育整训活动】 10月初，军分区组织开展为期1个月“学法规、守纪律、严作风、固安全”教育整训活动。围绕师团两级思想政治、安全管理和作风纪律3个方面30个问题进行重点排查纠治，各级各类人员主动把自己摆进去，发现问题、研究问题、解决问题，切实增强整训活动的针对性和有效性。组织开展“七个一”配合活动，通过多种形式助推教育整训活动取得实效。

【助推百日安全活动】 “百日安全活动”作为承上启下、接续抓好年度安全稳定工作的重要举措。10月10日，军分区结合工作实际，首先从抓军容风纪、树良好形象、强军人体能开始扎实推进“百日安全活动”深入开展，提升官兵的精气神，为活动取得实效打下坚实的基础。

【学习中共二十大精神】 10月中旬，为学习贯彻中共二十大精神，军分区党委专题研究部署，周密组织实施，迅速掀起学习宣贯热潮。开展“党的二十大精神学习周”活动，每天1小时组织学习二十大报告，采取军分区领导导读、团单位主官轮流宣讲、选取代表诵读、一人不落跟学、现场随机提问等方式学原文、悟原理，多措并举强化学习记忆。

【组织新任职专武干部培训和资格认证】 11月中旬，军分区围绕基础理论、基本技能、业务工作、组织指挥、军事体能、工作研究等，组织全市新任职专武干部集训和资格认证，参训人员全部合格并颁发资格认证证书。

【投入疫情防控歼灭战】 11月下旬，景德镇市疫情防控形势严峻复杂，军分区坚决贯彻市委市政府“以最短时间、最快速度夺取疫情防控歼灭战全面胜利”的号召，积极投入疫情防控歼灭战。军分区发布疫情防控“动员令”，号召全市专武干部和广大民兵全力投入疫情防控，专武干部始终坚持在防疫一线，出动民兵参与疫情防控。

【征兵表彰】 12月，浮梁县、昌江区被表彰为全省征兵工作先进单位，全市三所本科院校征兵量化考评成绩均排在全省前十名，景德镇陶瓷大学科技艺术学院排在全省本科院校第一名。

【抓好基层武装部高质量发展示范区建设】 4月20日，军地联合印发《景德镇市基层人民武装部高质量发展建设方案》，5月20日又联合印发《军地合力抓建议事协调机制》，采取解决矛盾问题、试点观摩学习、全面整改完善的步骤，大抓浮梁县基层武装部高质量发展示范区各项建设，12月底，基层武装部全部通过检查验收。

【做好疫情防控】 四季度，军分区每月召开疫情防控领导小组会议，分析疫情态势，研究制定针对性防控措施，5次滚动修订疫情防控预案方案。投入近6万元补充采购抗原检测试剂、口罩、消毒液等防疫物资和发热、咳嗽、止痛等药品，做好防疫物资、药品储备。依据全国全军疫情防控政策调整，加强对上饶干休所景德镇干休点的疫情防控协助指导，建立每周上门、每日电话联系制度，帮助景德镇干休点与珠山区疫情防控指挥部建立联络机制，协调洪家山社区入点全面排查，定期补充防疫物资。

（陈　路）

人民防空

【概况】 2022 年，全市人防工作聚焦“五新”战略行动，优化营商环境，服从全市大局，履职尽责，城市防空袭能力和水平得到明显提升。景德镇市人民防空办公室（以下简称市人防办）发扬“三千万”精神，千辛万苦争取各方，千方百计调动干部，千言万语宣讲人防，齐心协力共建人防事业，优化人防政务服务，加大人防车位供应，主动建设人防工程，提升城市防空袭应急能力，创建行业特色鲜明的模范机关。

【压实工作责任】 2022 年，市人防办先后出台《2022 年全市人防工作要点》《2022 年人防考核实施办法》《市人防办关于认真学习贯彻落实市委主要领导批示要求进一步做好人防事业高质量发展工作方案》《市人防办关于奋战四季度夺取 2022 年人防系统目标考核第一方阵工作方案》等 4 个文件，做到“七定”，即定目标、定任务、定标准、定责任、定时限、定人员、定奖惩，把任务分解，把责任压实到具体人，把奖惩落实到明处，充分发挥每个人的积极性。

【开展人防大讲堂活动】 2022 年，市人防办开设人防大讲堂，围绕理想信念和业务特长，领导带头，全员开口，周周开讲，交流思想，拓展知识，增长见识，化解本领恐慌，引导勤学苦练，提升干部职工的能力和水平。

【合作建设人防疏散基地】 2022 年，市人防办以景德镇佛手湖陶瓷文化旅游景区建设项目为依托，按照人防疏散基地建设规范，合作建设具有疏散指挥、临时安置、物资储备、医疗保障和交通中转等功能的景德镇市人防疏散训练基地。

【加强人防知识教育】 5 月 13 日，市人防办、市应急局和市教育局在市第九中学联合开展防灾防空应急疏散演练；9 月 16 日，市人防办在洪源中学开展人口疏散演练，进一步加强初中学生人防知识教育。同时开展人防专业队整组工作，有序建设社区人防工作站，配发人防知识手册，加强社区居民人防宣传工作。

【做好疫情防控】 11 月 16 日起，全市局部区域发生新冠疫情，市人防办派出 5 人参加全市疫情防控工作，其他人员下沉到社区参与疫情防控志愿服务。按照市新冠疫情防控指挥部要求，市人防办办公楼两次作为防疫隔离场所。

【强化人防指挥体系建设】 2022 年，市人防办新建县（市）、区机动指挥平台，注重人员遂行能力建设，坚持 24 小时战备值班制度，强化业务能力训练，增强人机适应能力。

【年度考核列前】 2022 年度，市人防工作在全省人防高质量发展考核结果第三名，“四小地市”第二名，创近 10 年来最好成绩。

徐坊村史馆一角（洪东亮 摄）

法 治

政法委和综治

【概况】2022年，全市政法机关以打造一流法治化营商环境、深化市域社会治理现代化试点工作为重点，全年化解矛盾纠纷1.71万件，化解率98.17%，刑事案件立案数同比下降24.6%，保持连续9年命案全破，打掉涉恶犯罪集团5个，电信网络诈骗案件立案数、群众损失数分别下降45.3%、46.8%，圆满完成30余项重大活动、重大会议和安保维稳任务。

【推进市域社会治理】2022年，确定20个试点社区，由市、县两级政法委委员挂点，打造“五社联动”新样本。出台《景德镇市加快推进党建引领“多网合一”工作实施方案》，全市四级721个综治中心全部建成智能化信息平台。重新调整划分网格1691个，选聘城市社区专职网格员568名，形成贯通“市—县—乡—社区—网格”五级、执行有力的社会治理体系。

【优化法治营商环境】2022年，将营商环境主要监测指标纳入系统管理，做到实时监测，动态督导。市委政法委建立企业投资人、法定代表人等涉刑事立案或羁押性强制措施，以及查扣冻企业财产金额超1000万元审查备案制度，聘任15名法治化营商环境社会监督员，常态化开展监督。市法学会成立企业法律问题研究会，定期开展企业法律问题研讨。市中级人民法院成立金融法庭，组建景德镇知识产权法庭技术咨询专家委员，设立全省首个知识产权律师调解中心。检察机关设立全省首个知识产权保护联络点，成立全国首家“两山”生态检察工作室。公安机关开展“千警助千企”活动，成立专班实行“一体化”“代驾式”服务；市司法局推动落实“企业安静期”和“首违法罚、轻微免罚”制度建设。

【市委政法委员会全体会议召开】2月17日，市委政法委员会全体会议召开，审议通过优化法治化营商环境若干措施等相关文件和市委政法工作会议工作报告。5月10日，市委政法委员会全体会议召开，通报对全市贯彻实施《中国共产党政法工作条例》及省委《实施细则》的督导调研情况。

【市委政法工作会议】2月28日，市委政法工作会议召开。市委书记刘锋肯定了上年全市政法战线取得的工作成效，对进一步做好全市政法工作提出要求。政法委书记胡春平出席会议并讲话，市公安局长邹永胜主持会议。会议强调紧扣“五个突出”，打造“五大工程”，努力建设更高水平的平安景德镇、法治景德镇。

【全市政法领导干部政治轮训基地揭牌】5月10日，全市政法领导干部政治轮训基地在瑶里生态检察室揭牌启动，政法委书记胡春平出席并讲话。要求基地突出政治建设，优化功能布局，形成集理论教育、现场教学、培根铸魂于一体的干警党性教育平台，助推政治轮训提质增效，体现政治建设成果，成为政治建设的有形阵地。

【参加全国市域社会治理交流会】5月19日，中央政法委召开第七次全国市域社会治理现代化试点工作交流会。政法委书记胡春平作了题为《凝聚社区自治力量，真正把“散”的群众组织起来》的发言。4月20日，省委政法委举办全省政法工作创新交流会，胡春平作题为《调解千家事温暖万人心》的发言，12月7日，全省打击整治养老诈骗专项行动总结会召开，景德镇市作题为《聚力“三个做实”确保质量效果》的发言。

【罗小云调研督导中共二十大维稳安保工作】8月19—20日，省委常委、省委政法委书记罗小云先后到市公共法律服务中心、市中级人民法院、市检察院、市公安局、珠山区石狮埠街道、五龙山社区，调研督导中共二十大维稳安保工作。省委政法委常务副书记林强随同调研。

【全市新时代政法工作创新交流会】9月22日，全市新时代政法工作创新交流会召开，政法委书记胡春平出席会议并讲话。昌江区委政法委、浮梁县王港乡政法委员作交流发言，乐平市公安局、浮梁县法院、珠山区法院、珠山区检察院作了书面交流发言。会议以视频会议形式开至县（市、区）一级。

【全市政法领导干部加强政治建设专题研讨班】9月26—30日，全市政法领导干部加强政治建设专题研讨班开班，政法委书记胡春平出席开班式并围绕加强全市政法机关党的政治建设作首场辅导报告。市委政法委、市政法各单位县级干部，各县（市、区）委政法委、政法单位主要负责人参加。

【全市政法英模先进事迹报告会】 9月27日，全市政法英模先进事迹报告会召开。政法委书记胡春平主持报告会并讲话。来自政法委、法院、检察院、公安、司法行政5条战线的6名优秀代表，讲述了各自奋战在防风险、保稳定、护平安、促发展、惠民生一线的感人事迹。

【省平安建设考评景德镇述职大会】 12月22日，2022年度省平安建设考评景德镇述职大会召开。市委书记刘锋作2022年度平安建设目标管理第一责任人述职报告。省平安建设考评组组长、省委信访局副局长肖平学出席会议并就考评工作作说明、提要求。副市长、市公安局局长邹永胜主持会议。

（温丽华）

地方立法工作

【立法指导和交流】 3月2日，都昌县人大常委会主任叶长青率调研组到景德镇市，就基层立法联系点工作进行调研；6月19—22日，毕节市人大常委会主任张翊皓率调研组到景德镇市，就基层立法联系点建设、历史文化保护立法进行调研；8月17—18日，省人大法制委主任委员刘义研率调研组到景德镇市，就《江西省非道路移行动机械排气污染防治条例（草案）》进行立法调研；10月11—12日，省人大法制委副主任委员张鉴武、省人大常委会法工委副主任刘永亮率调研组一行到景德镇市，就《江西省无线电管理条例（草案）》开展立法调研；10月17—19日，新余市人大常委会法工委主任郑军率调研组到景德镇市，就基层立法联系点工作进行调研；11月1—3日，贵港市人大常委会主任闫九球率调研组到景市，就《景德镇市御窑厂遗址保护管理条例》的起草、审议工作进行调研。

【地方立法工作】 3月4日，市人大常委会副主任、法制委主任委员况小军组织法制委、法工委与市卫健委召开碰头会，结合常委会委员一审提出的意见，从全市爱国卫生工作现实问题、疫情防控常态化工作、创文创卫城市工作等方面对草案的内容进行研究讨论，明确草案的修改方向；4月11日，市人大法制委、常委会法工委会同市司法局、市卫健委召开草案修改第一次审改会，对常委会委员一审时提出的意见、专委会的审查意见逐条进行修改；4月25日，市人大法制委、常委会法工委会同市司法局、市卫健委召开草案修改第二次审改会，对重点条文进行专题研究；5月19日，针对双创双修工作中本市存在的弱项、短板问题，市人大常委会法工委召开征求意见座谈会，邀请14个政府相关部门和高新区、昌南新区管委会，昌江区、珠山区人民政府参加座谈，并结合各自工作实际，对草案提出意见和建议；6月13日，市人大常委会法工委再次召开草案征求意见座谈会，听取市人大代表、市人大常委会立法咨询专家和12个基层立法联系点的意见和建议，市人大常委会副主任占剑出席会议并讲话；6月22日，市人大法制委、常委会法工委会同市司法局、市卫健委召开了草案修改第三次审改会，对两场座谈会收集的意见和建议进行梳理甄别，并对草案进行体例结构调整；7月4日，市人大法制委员会召开第二次全体委员会议，常委会法工委、市司法局、市卫健委有关负责人列席会议。经法制委员会各位委员审议，形成《景德镇市爱国卫生条例（草案二次审议稿草稿）》；7月26日，市十六届人大常委会第五次会议对《景德镇市爱国卫生条例（草案）》进行第二次审议。会后，常委会法工委邀请省人大常委会法工委就草案的合法性、适当性提前介入并予以指导；7月27日，常委会法工委在市人大新闻网公布《景德镇市爱国卫生条例（草案）》及其说明，在《景德镇日报》、“人大”公众号上向社会公开征求意见；7月28日，常委会法工委召开第四次审改会，对二审中常委会委员们的意见进行梳理。为进一步拓宽公民有序参与立法的途径，把全过程人民民主理念贯穿立法工作的各个环节，为立法决策提供依据；8月30日，市人大常委会组织召开立法听证会，就草案中部分条款补充设定行政处罚情况进行听证；8月31日，常委会法工委召开第五次审改会，围绕公开征集的意见和听证会情况，对草案进行修改完善；9月13日，市委常委会原则性通过草案送审稿；9月14日，省法工委集中开会讨论草案，并提出相关修改建议；随后，常委会法工委召开第六次审改会，根据省的指导意见对草案进行修改完善；9月15日上午，市人大法制委召开第三次全体委员会议，对草案的修改情况进行审议，常委会法工委、市司法局、市卫健委有关负责人列席会议，从语言文字、逻辑顺序方面对草案做相应调整，形成草案建议表决稿；9月20日，市十六届人大常委会第六次会议表决通过《景德镇市爱国卫生条例》。11月25日，江西省第十三届人民代表大会常务委员会第四十二次会议批准《景德镇市爱国卫生条例》。

【基层立法联系点】 1月25日下午，市人大常委会法工委召开《中华人民共和国突发事件应对管理法（草案）》征集意见座谈会；3月4日上午，市人大常委会法工委召开《中华人民共和国各级人民代表大会常务委员会监督法》征集意见座谈会；3月16日上午，市人大常委会法工委召开《中华人民共和国各级人民代表大会常务委员会监督法》征集意见座谈会；8月24日下午，市人大常委会法工委召开《中华人民共和国妇女权益保障法（修订草案）》（二次审议稿）征集意见座谈会；8月25日，市人大常委会法工委召开《中华人民共和国立法法（修正草案）》（征求意见稿）征集意见座谈会。

【备案审查工作】 2月，全面落实全国人大常委会工作要求，启动县（市、区）人大常委会规范性文件备案审查工作向常委会报告并审议工作；5月16日，为进一步做好2022年规范性文件备案审查工作，全面推动备案审查工作实现乡（镇）人大全覆盖；10月19日，根据全国人大常委会、省人大常委会工作部署，启动涉及计划生育内容的地方性法规、政府规章和规范性文件专项清理后续工作。

【立法理论与宣传】 3月，景德镇党刊总第317期刊登稿件《擦亮文化底色 筑牢法治基石 为建好国家陶瓷文化传承创新试验区提供坚强保障——〈景德镇市陶瓷文化传承创新条例〉的立法探求》；12月，报送参加省立法研究会论文征集活动的课题《新时代地方人大常委会规范性文件备案审查工作自身建设的理论探索》被省人大常委会办公厅、省人大工作理论研究会确定为合格课题。

公　安

【概况】 2022年，全市公安机关以做好中共二十大安保维稳工作为主线，不断深化“守正创新、担当实干、追求卓越”瓷都公安工作理念，举全警之力、集全警之智，统筹抓好防风险、保安全、护稳定各项措施落实，圆满完成全年各项工作任务。被省委、省政府评为“平安江西建设先进集体”，被市委、市政府推荐为“江西省优化营商环境先进集体”，在中共二十大安保维稳工作中表现优异，被省公安厅记“集体二等功”，在全省公安机关绩效考评中，被评为优秀等次。

2022年，全市公安机关把每一次安保维稳工作都当作中共二十大安保“前哨战”“检阅仗”，先后高标准、高水平地完成“北京冬奥会”、全国“两会”“中国农民丰收节”等30余项重要会议活动安保维稳任务，实现了节节取胜、节节平安，特别是夺取中共二十大安保维稳工作全胜、完胜。持续开展“15个专项行动”和18起重点专案侦查攻坚行动，快速侦破一批有影响力的案件。如：成功发现并协助破获江西省首起精神控制类部督专案；成功侦破2022年全省第1起网络涉政案件。特别是依法依规化解公安部、省公安厅、市委交办的信访积案183起，初信初访案件结案化解率与群众满意度实现“双提升”，化解率达100%。深入推进道路交通事故预防“减量控大”工作，2022年道路交通亡人事故起数和死亡数同比分别下降31.9%和31.5%。深化“危爆物品必缴”工作，特别是成功打捞、销毁18枚昌江河道战争遗留炮（炸）弹，彻底消除安全隐患。高站位开展疫情防控工作。自2022年11月19日以来，景德镇市公安局认真贯彻落实市委、市政府部署要求，严格执行中央进一步优化防控工作的二十条措施，全市公安机关果断响应、全警出动、主动作为，全员在岗在位，全力以赴开展疫情防控各项工作。疫情防控期间景德镇市公安局两批次调度3600余名民辅警参与值守执勤、秩序维护等相关工作。在实战化运转公安疫情防控大数据工作专班的基础上，抽调120名精干警力参与为全市流调溯源工作，实现第一时间对重点密接人员和初筛阳性患者的数据分析；按照预案启动“情指行”一级响应机制，运行应急加强型联合指挥部，坚持全天候调度防疫工作。

2022年，全市立刑事案件4827起，同比下降24.6%；破现行案件2404起，同比上升8.3%；破案绝对数为3763起，同比上升8.5%；刑拘犯罪嫌疑人1433人，同比上升2.1%。始终保持对黑恶势力犯罪的严打高压态势。打掉5个涉恶犯罪集团，破获涉恶九类案件84起，抓获犯罪嫌疑人182人，成功追捕涉黑逃犯2人，涉恶逃犯1人，在全省率先实现涉黑恶目标逃犯全部清零工作目标。持续加大对各类重点违法犯罪的打击治理力度。全市新发命案17起，破17起，连续九年现行命案全破，且未新增一名命案逃犯。侦破毒品刑事案件71起，刑拘毒品犯罪嫌疑人143名，查处吸毒人员311名，破获物流寄递案7起。快侦快破公安部挂账督办的南河许某被诈骗案，该案为2022年江西省公安机关唯一一起由中央政法委挂牌督办的养老诈骗案件；破获张某某涉嫌挪用资金、非法转让、倒卖土地使用权案件，得到省委常委、省纪委书记、省监察委员会主任马森述批示肯定。全力攻坚电信网络诈骗犯罪，全年破案数、抓获犯罪嫌疑人数同比增长超过100%。“长风3号”行动打击战果在同规模地市列第一，受到省公安厅表彰。通过深入打击治理，全市电诈案件立案数、群众损失数分别下降45.3%、46.8%，拦截潜在被骗金额1155万元。

建立营商环境“三四五”（三道防线、四条举措、五项创新）工作模式，推出“千警助千企”、免费刻制首套印章等数十余项便民利企特色举措。特别是“千警助千企”活动，部署民辅警深入全市1298家规上企业和316个重点工程以及29个重大项目走访调查，实行“一体化”“代驾式”主动服务，帮助企业纾困解难，先进经验做法被省委政法委宣传报道。出台优化法治化营商环境二十条措施，建立健全“首违轻微免罚”工作机制，29项“免罚清单”，免罚1万余人次。慎用强制措施，整改5起涉冻案件、解冻账户794个、解冻资金3629.99万元。优化服务利群众，与安徽省黄山市、浙江省衢州市两地公安签订联勤合作协议，实现跨省户籍业务“一站式”办理。在全警推广珠山“警民通”，获省公安厅技术革新二等奖。推出“快检联万家、食药送心安”服务，食品快检室为民免费检测，保护瓷都人民“舌尖上的安全”。特别是培育打造的“出生一件事”服务品牌先后获公安部、省公安厅基层技术革新优秀奖、一等奖。结合陶瓷文化打造的禁毒主题公园，被中央电视台《新闻联播》宣传。

抓实队伍作风，推进整治形式主义为基层减负专项工作，创新督察专员工作机制为基层减负赋能工作被人民网公众号刊发。全面有效突出典型引领，把“守正创新、担当实干、追求卓越”作为选拔干部和典型推树的“指挥棒”和“风向标”，表彰集体三等功14个、集体嘉奖14个、个人三等功40名、个人嘉奖94名、“全市优秀警务辅助人员”94名，特别是国保支队被评为“全国优秀公安基层单位”、珠山派出所被评为“全国公安机关爱民模范集体”；汪超被评为“全国特级优秀人民警察”、王建月被评为“全国优秀人民警察”，为全市公安民警树立榜样、争得荣誉，进一步激发广大公安民警、辅警爱岗奉献、干事创业的内在动力和工作热情。

【举办“第二个中国人民警察节职工运动会”】 1月10日下午，全市公安机关庆祝第二个中国人民警察节职工运动会闭幕式在市昌飞体育馆举行，在此次运动会中，全体民辅警在繁忙的警务活动中，精心安排训练内容，科学调整训练时间，妥善处理工作与练兵的关系，提高了练兵质量、保障练兵效果。通过练兵，形成一股“比、学、赶、超”积极向上的竞争氛围，为打造一支关键时刻“拉得出、冲得上、打得赢”公安队伍打下坚实基础。

市公安机关庆祝“第二个中国人民警察节”职工运动会，经过14天紧张有序的赛事，顺利地完成比赛任务。

【启动“长风3号”行动】 1—3月，按照省公安厅统一部署开展“长风3号”集中打击收网行动。在行动期间，认真贯彻落实习近平总书记关于打击治理电信网络诈骗犯罪重要指示精神，坚持把打击电信网络诈骗犯罪摆在突出位置，坚持高位推动，对电信网络诈骗违法犯罪发起凌厉攻势。全警动员、全力以赴、扎实有力开展专项行动，取得明显成效。

【多措并举提升为民服务】 5月，与黄山市、衢州市两地公安签订联勤合作协议，实现跨省户籍业务“一站式”办理。在全警推广珠山“警民通”，该项目获省公安厅技术革新二等奖。创新推出“快检联万家、食药送心安”服务，食品快检室为民免费检测，保护瓷都人民“舌尖上的安全”。持续深化打造“出生一件事”服务品牌获公安部基层技术革新优秀奖。

【推动“水美家安——全民防溺水”行动】 5—10月，全市公安机关出动警力680余人次，进社区、村组、学校开展宣传活动210余次，派出所会同社区（村委会）摸排重点水域135处，完成防溺水“四个一”（一块警示牌、一个救生圈、一根安全绳、一对安全杆）工程建设98处。与教育、水利等部门配合，采取多种形式，进校园、进社区、进村组广泛开展防溺水安全警示教育活动，并通过网络媒体积极进行宣传。全面排查摸清重点危险水域底数。对历年曾发生过溺水事故的水域重点进行勘察，筛查制定重点危险水域清单，确定防溺水“四个一”工程建设任务点位。全面推广防溺水“四个一”工程建设。推动并指导社区、村组等属地水面责任单位在重点危险水域因地制宜开展防溺水“四小”工程建设，全面完善防溺水救援机制；各个派出所建立溺水事故即时救援机制；推动地方政府、乡村街道和教育、水利等有关部门共同履行防溺水安全主体责任，建立与应急管理等部门和社会志愿服务组织常态化合作机制。

【打造全民禁毒主题公园】 6月23日，市禁毒委员会在市禁毒主题公园举行揭牌仪式，展出近年来禁毒成果。副市长、市禁毒委主任、市公安局局长邹永胜出席仪式致辞。市禁毒主题公园依托城市森林公园建成，整体以警察蓝为主色调，以图文并茂的展板、禁毒陶瓷艺术作品等形式，尤其是结合景德镇陶瓷特色树立禁毒青花瓷柱、展示十幅景德镇禁毒故事连环画瓷板，营造出集美景、美文、美图于一体的毒品预防教育氛围，使市民在运动休闲娱乐的同时，进一步了解景德镇禁毒历史和禁毒的相关知识。加强禁毒工作，提升全民防毒、禁毒意识是关键。主题公园的落成，极大完善全市禁毒预防教育体系，在全市禁毒史上具有里程碑意义。

【推进营商环境优化升级“一号改革工程”】 围绕营商环境优化升级“一号改革工程”这条工作主线，着力创造安全稳定的社会环境、公平正义的法治环境、优质高效的服务环境，打响景德镇市“景快办、办德好、镇暖心”营商环境品牌。6月28日，出台优化法治化营商环境二十条措施。明确涉企案件监督、强制措施适用等执法办案细则，树立“谦抑、审慎、善意、文明、规范”的执法理念。建立健全“首违轻微免罚”工作机制。29项“免罚清单”，涵盖交通出行、治安保卫、网络安全等诸多领域，免罚1万余人次。开展打击串通投标违法犯罪专项整治。深入推进反不正当竞争，公开征集线索13条，其中侦破一起涉案金额达1466万元的串通投标案。

昌江区禁毒主题公园揭牌

【顺利完成“丰收节”安保工作】 9月24日，2022年“中国农民丰收节”江西活动在景德镇市浮梁县高岭中国村盛大开幕。全市公安机关在市委、市政府和省公安厅的统一领导下，提早介入、突出重点、明确分工、落实责任，全面加强整体防控，圆满完成开幕式安保任务。

【启动夏季治安打击整治“百日行动”】 2022年，公安部部署夏季治安打击整治“百日行动”中，全市公安机关侦破各类刑事案件198起，抓获犯罪嫌疑人264人。其中，成功侦破黑恶案件13起，抓获犯罪嫌疑人57人。特别是对侵害妇女、儿童、老年人等弱势群体的违法犯罪重拳出击、严厉打击。打掉组织卖淫团伙1个5人，赌博团伙4个11人。打掉两个组织未成年人进行违反治安管理活动团伙，抓获5名组织者；打掉两个养老诈骗团伙，抓获8名犯罪嫌疑人；迅速破获“7·9”“7·10”非法经营烟草制品案，连夜追查、扣缴伪劣卷烟近2万条；迅速侦破乐平抢夺黄金案，抓获2名嫌疑人，挽回损失50余万元。

【推出“千警助千企”活动】 2022年，市公安机关对全市1298家规模以上企业、316个重点工程和29个重大项目开展大走访工作。全市各级公安机关领导干部带头开展助企活动。挂点联系企业民警作为该企业的专管责任民警，通过到企业生产经营一线、到重点工程建设一线，把企业“急难愁盼”问题“兜”上来，对本地市场主体经营发展面临的共性个性问题进行全面摸排，汇总形成问题清单库后逐项分解至各单位限期解决并由挂点联系企业民警进行跟踪盯办。开展企业及周边治安和交通环境集中整治行动、利企惠企优化服务行动、依法打击妨碍企业生产经营违法犯罪行动、严禁刑事手段插手干预民事经济纠纷专项整治行动、依法打击侵犯知识产权违法犯罪行动等“五大行动”，为企业发展创造良好生产经营秩序，切实解决影响企业发展的突出治安问题。针对境外景漂签证难的问题，市公安局主动靠前服务，从“进入端、审批端、留住端”入手，出台便利政策，优化招才引智环境，助力境外高层次人才来景创新创业、投资兴业、交流工作。

（朱　健）

检　察

【概况】 2022年，市检察院党组认真践行习近平法治思想，紧扣迎接和学习贯彻中共“二十大”这条主线，各项工作取得新进展，所办案件入选最高检指导性案例1件，省级以上典型案例和参考性案例8件，获省级以上荣誉36项，其中国家级10项。两级院均获评江西省文明单位。2022年，市检察院有21项业务指标居全省第1，综合排名全省第三，被评为全省质量建设综合考核先进市级院。

批捕各类刑事犯罪685人，起诉1815人。常态化推进扫黑除恶专项斗争，批捕涉黑恶犯罪15人，起诉31人，同步分析行业领域突出问题，针对非法采矿、侵占农用地等问题撰写调研报告。防范化解金融风险，办理非法集资类案件11件，起诉洗钱犯罪11人。全力服务保障疫情防控，坚持检察履职与积极参与相结合，对涉疫案件做到每案提前介入，11月，发布《关于依法追究违反疫情防控相关规定行为责任的通告》，220余名干警就地转为志愿者参与社区防疫。

4月，设立全省首个“知识产权检察联络点”，批捕侵犯知识产权犯罪1人，起诉1人；昌江区检察院办理的某电缆公司生产、销售伪劣产品案入选最高检典型案例。开展涉企合规试点工作，推动8家涉案企业作出合规承诺并督促整改落实，对涉案企业和相关人员依法作出不起诉决定，稳定就业360余人，企业预期可上缴税款2000余万元。加强“检侨”合作，依法服务保障侨资侨属企业健康发展。开展“检察官进企业”活动，办理非公企业诉求16件，提供法律咨询服务827次，诉求办结率、院均提供服务数居全省前列。

发布社会治理检察建议50件，1件被评为全省优秀检察建议。落实少捕慎诉慎押刑事司法政策，依法不批捕818人、不起诉874人，对54人变更适用非羁押强制措施，适用认罪认罚从宽制度2445人。

6月16日，出台《刑事案件赔偿保证金提存制度》等工作机制，促进刑事和解，最大限度化解社会矛盾。落实“谁执法谁普法”责任制，开展法治宣讲275场，受众17800余人，发布原创普法视频46条，点击量超110万次。

办理养老诈骗案件16件，追赃挽损658.6万余元。批捕涉“两卡”犯罪331人，起诉709人。批捕破坏生态环境犯罪5人，起诉33人。浮梁县检察院成立全国首个“两山”生态检察工作室，建立观察员、生态数据共享、生态补偿修复等制度机制，流转、办理各类举报线索156条。开展“消”字号产品、饮用水安全等公益诉讼专项监督活动，立案17件。

落实院领导首次信访包案办理、检察长带头接访等工作机制，依法办理群众信访286件，检察长接访122人次，化解信访案件58件。邀请人大代表、政协委员和各界人士担任听证员，探索建立律师参与信访接待工作机制，常态化开展检察听证472件。“瓷都六心控告申诉检察团队”被评选为全省优秀办案团队。

第五检察部办案人员用心接待非公企业代表

【新闻宣传、理论调研助推民行检察办案素能提升】 1月，市检察院办理的徐某某申请民事诉讼监督案入选第四批参考性案例，以该案为背景参与制作的微视频《情与法》入选江西省“新时代检察故事汇——检察官讲述办案故事”三等奖。珠山区检察院“促成当事人诉前和解，优化营商环境彰显检察担当”的矛盾化解工作案例被江西日报社江西营商全媒体平台转载报道。市检察院加强对民行理论研究指导工作，市检察院的《行政争议实质性化解检察与行政审判衔接机制的类型化构建》、珠山区检察院的《基层检察机关民事支持起诉工作在保护特殊群体权益中的制度完善》获2022年度最高检检察应用理论研究课题立项顺利结题。市检察院的两篇论文分别获得十八届全省检察理论研究年会一等奖与二等奖，珠山区检察院的论文获二等奖。

【“侦查监督与协作配合办公室”揭牌】 2月23日，市人民检察院、市公安局共同设立“侦查监督与协作配合办公室”揭牌仪式在市公安局执法办案中心举行。市人民检察院党组成员、副检察长徐健，市公安局党委委员、政治部主任范有光共同为办公室揭牌，市检察院第一检察部、检务督察部、市公安局法制支队相关负责人参加揭牌仪式。

【加大依职权监督力度向虚假诉讼“亮剑”】 2月23日，市检察院印发《景德镇市检察机关开展虚假诉讼专项监督活动实施方案》，在全市范围内开展民间借贷领域的虚假诉讼案件查办，调取440条法院强制执行公积金台账，摸排出存疑线索124条。梳理出王某某及相关人员涉嫌虚假诉讼的情况，向公安移送王某某及相关人员涉嫌虚假诉讼罪线索3条，王某景、王某赢等5人被公安立案刑事拘留，全市两级民事检察部门办理13件依职权监督的虚假诉讼案件。市院就基层院提请抗诉的4件虚假诉讼案件分别于7月下旬、9月上旬提出抗诉，2022年全市提出抗诉4件、提出再审检察建议5件，均已被法院采纳改判，虚假诉讼办案数达到历年之最。

【家庭教育指导工作站揭牌】 2月25日，联合市妇女联合会、市关心下一代工作委员会设立“七色堇”家庭教育指导工作站在市检察院揭牌成立。市检察院党组成员、副检察长徐健，市妇女联合会党组成员周海凤，市关工委副主任程爵解共同为“七色堇”家庭教育指导工作站揭牌，相关负责人参加揭牌仪式。工作站以景德镇市未成年人法治文化教育基地暨“七色堇”未成年人关爱中心为依托，集未成年人案件办理、犯罪预防、家庭教育指导、普法宣传、心理疏导等功能于一体，同时为家长和孩子提供家庭教育讲座、公益实践体验、家庭教育活动沙龙等综合服务，引导家长树立正确的家庭教育理念，掌握科学的家庭教育方法，做到“依法带娃”。

【刑事检察监督】 2月，设立侦查监督与协作配合办公室，纠正漏捕、漏诉80人，监督立案5件、撤案6件。提出刑事抗诉9件，提出纠正审判活动违法4件。依法对决定不起诉的犯罪嫌疑人移送有关主管机关451人，督促行政执法机关移送涉嫌犯罪案件21件。审查提请减刑、假释案件904件，提出书面纠正意见478件，核查纠正监外执行罪犯脱管、漏管94人。开展巡回检察，提出问题整改建议19条推动问题整改。受理监委移送职务犯罪21件，起诉23人。依法查办司法工作人员相关职务犯罪案件，立案2人。

【开展案件质量评查】 2月开始，对852件案件开展案件质量评查，实现“四大检察”、全体员额检察官、重点案件“三个全覆盖”。对案件质量、监外执行监督、检察听证等制度规定执行情况开展专项执法督察，织密司法办案的监管网格。深化落实防止干预司法“三个规定”，记录报告209件。跟进履行干部协管职责，对基层检察院任职10年以上的班子成员交流6人，推荐选拔优秀年轻班子成员2人。加强员额检察官与检察辅助人员考评管理，人员进出机制进一步完善。

【积极践行“枫桥经验”多措并举促当事人息诉息访】 3月31日，印发《江西省景德镇市人民检察院民事诉讼监督案件矛盾化解工作机制（试行）》，以“受理—审查—化解—处置”的“四步法”统一规范全市民事监督案件矛盾化解工作，2022年全市民事案件线上促成和解息诉7件。相关民事检察监督案件息诉息访经验做法被江西省人民检察院2022年《简报》第3期刊登，工作机制文件被省院检察工作动态采用。

【运用“公开听证＋诉前磋商”确保公益诉讼办案效果】 4月2日，市人民检察院就督促景德镇市住房和城乡建设局履行对城镇污水排入排水管网许可审批职责行政公益诉讼案举行公开听证，听取各方意见，共同推动整改。公开听证会邀请人大代表和人民监督员担任听证员，相关行政机关选派代表到场参加。听证会上，承办检察官详细介绍案件基本情况，对该案的证据、法律依据进行阐释，听证员发表听证员评议意见。听证会后，市检察院公益诉讼部门与行政机关就如何做好下一步排污监管工作进行诉前磋商，双方充分交换意见，在问题的具体解决上达成初步共识，形成“检察”加“住建”的工作合力。

【普法宣传进社区】 4月15日，市人民检察院干警进五龙山社区开展“全民国家安全教育日”法治宣传活动。检察干警通过发放宣传册、专题讲座等形式，围绕“什么是国家安全”“公民维护国家安全有哪些权利和义务”等有关知识为社区群众进行详细讲解，大力宣传相关法律法规以及新时代国家安全取得的成就，以通俗易懂的语言，使社区群众充分了解总体国家安全观，维护国家安全的重大意义。

【全省首个“知识产权检察联络点”正式揭牌成立】 4月22日，市人民检察院和市市场监督管理局在市知识产权保护中心举行签约挂牌仪式，设立全省首个“知识产权检察联络点”。为认真落实最高人民检察院《关于全面加强新时代知识产权检察工作的意见》，深入推进省委、省政府“双一号工程”，双方共同签署《关于加强知识产权保护的工作意见》，签约后，市人民检察院党组成员、副检察长徐健和市市场监督管理局副局长陈根卫为“知识产权检察联络点”揭牌。

【行政检察监督】 5月13日，联合市监委出台《在民事行政和公益诉讼检察工作中深化检察机关与监察机关工作衔接的意见》，合力促进依法行政。对审判程序和执行活动违法情形提出检察建议14件，全部被采纳。办理行政检察监督案件43件。开展社保经办机构怠于行使追偿权、土地执法查处领域行政非诉执行监督等5个领域专项监督，向行政机关发出检察建议14件，采纳率100%。就医保基金先行支付制度漏洞制发社会治理检察建议，督促相关单位及时完善制度。积极开展行政违法行为监督。

【建立市检察院与市监委工作衔接机制】 5月13日，市检察院与市监委联合出台《在民事行政和公益诉讼检察工作中深化检察机关与监察机关工作衔接的意见》，进一步加强外部协作配合。文件明确市监委与市检察院在民事行政与公益诉讼检察工作中建立完善协作配合机制，通过问题线索移送反馈、信息资源共享、情况反映通报、协同督促执行等方式，加强协作配合，形成监督合力。该工作协作配合机制的建立有利于充分发挥监察委监察职能和检察机关民事行政、公益诉讼检察监督职能，促进行政机关依法行政、严格执法，预防和纠正行政不作为、慢作为、乱作为等行为。工作衔接机制做法被江西省人民检察院微信公众号转载报道。珠山区院在意见指导下，与区监委会签《在民事行政和公益诉讼检察工作中深化检察机关与监察机关工作衔接的意见》。

【落实检律三方常态化会商机制】 5月24日，市检察院、市司法局、市律师协会召开检律三方联席会议。会议由市检察院党组成员、副检察长王子祥主持，市检察院第一检察部、第五检察部、综合业务部和市司法局公律科等有关职能部门工作人员，以及市律师协会会长万小荣等8名律师代表参会。与会人员深入交流、畅所欲言，开门见山谈问题、提意见、商对策，对本次会议的议题提出许多有针对性建设性的意见建议，就“如何加强检律协作，进一步推动检察听证走深走实，强化检察听证工作质效，提升司法公信；进一步做好做实信访工作，学习贯彻好《信访工作条例》，传承‘枫桥经验’，维护好人民群众合法权益，有效推动矛盾化解，促进社会和谐稳定；进一步规范认罪认罚案件的办理，充分保障犯罪嫌疑人、被告人及其辩护人的诉讼权利，提高办案质量”等方面形成共识。双方还就相关议题下一步工作协作、交流互动的具体流程、方式方法进行细致深入的交流。

【举办未成年人检察工作检察开放日】 6月1日，省委宣传部、省人民检察院联合举办的2022年江西省“护苗·春蕾”法治进校园暨携手落实“两法”共护祖国未来检察开放日活动在市检察院举行。省人民检察院副检察长张国轩出席并讲话，省委宣传部副部长、省新闻出版局（省版权局）局长、省“扫黄打非”工作领导小组副组长兼办公室主任黎隆武视频连线致辞，全国人大代表，景德镇市珠山区梨树园社区党委书记、主任余梅发言，省人大代表、景德镇市昌江区人大常

市检察院第六检察部针对全市部分排水户违规向排水管网排放污水一案举行检察公开听证，听证会上人大代表和人民监督员积极参与案件讨论。

委会主任李恩清出席。活动内容丰富，包括启动仪式、合唱《绿书签之歌》、讲授法治课、进行法治手绘、参与法律知识竞赛、组织模拟法庭、参观“七色堇”未成年人检察法治文化教育基地。省“扫黄打非”办、省人民检察院联合推出公益微视频《以法之名 护苗成长》首次发布。

【举办未成年人检察法治宣讲竞赛】 6月28日上午，市检察院举办全市未成年人检察法治宣讲竞赛，来自全市检察机关11名选手参加比赛。省人民检察院第九检察部副主任闫峻和市教体局、团市委、市妇联等相关单位领导担任评委。竞赛分为法治宣讲与业务答辩两个环节，充分展示新时代检察队伍的良好素质和精神风貌。

【联合市退役军人事务局开展检察建议整改效果“回头看”】 6月，市人民检察院第六检察部联合市退役军人事务局拥军优抚科前往浮梁县、昌江区、昌南新区等地对检察建议书的整改效果进行“回头看”。

2022年，开展全国县级及以下烈士纪念设施管理保护专项行动中，检察机关前期已就部分烈士纪念设施碑体污损、配套简陋、缺少防护设施、杂草丛生、缺乏革命烈士事迹介绍宣传展板等施管理保护不到位的情况发出数份检察建议书，督促相关部门积极履职整改。

【检察长进党校讲党课凝聚强化法律监督工作合力】 9月26日，市人民检察院党组书记、检察长涂平贵为中共景德镇市委党校2022年秋季青干班、县干班的全体学员讲授党课。进一步贯彻落实最高检关于检察长进党校讲党课的工作要求，推进《中共中央关于加强新时代检察机关法律监督工作的意见》贯彻落实，凝聚社会各界关心、支持新时代法律监督工作的合力，提升检察机关在党政机关和社会各界的知晓度和满意度。

【全面提升司法能力】 8月，在全省检察机关率先建成使用远程电子签名捺印系统，有效缓解疫情对办案的影响。“浮梁生态环境保护云平台”和“‘与民同行’珠山行政检察”微信程序取得良好效果。申报最高检理论研究课题立项2个，获全国检察官阅读征文活动一等奖1名、优秀奖2名。6篇论文在省检察理论研究年会获奖，市检察院被评为“优秀组织单位”。组织教育轮训111班次，2名干警被评为省级优秀办案检察官和业务标兵。

【浮梁县检察院办理一案入选最高检第四十批指导性案例】 9月26日，浮梁县人民检察院办理的诉A化工集团有限公司污染环境民事公益诉讼案作为全国首例民事公益诉讼生态环境领域惩罚性赔偿案件，先后被最高人民检察院、中央电视台、新华网、人民网等多家国家级媒体、公众号报道；由最高检、省院及市院联合制作成典型案例视频放在全国两会检察新媒体推广；两次被写入最高检工作报告；被评为全国检察公益诉讼优秀案件，入选最高检指导性案例、最高法典型案例。

【召开学习贯彻中共二十大精神专题宣讲会】 11月16日，中共二十大代表、市委信访局副局长姚石玉受邀，为全市检察干警宣讲中共二十大精神，会议通过视频形式在各基层院设立分会场，会议由院党组副书记、副检察长徐健主持。姚石玉以《心中有人民,脚下有力量》为题,原汁原味、生动准确地宣讲解读中共二十大报告主要内容以及学习宣传贯彻中共二十大精神需要领会和把握的重点，分享他在参会期间的所见所闻、所学所获，重点阐述如何以中共二十大精神为引领来维护人民根本利益、增进民生福祉的一些具体思路和举措。报告视野开阔、内容丰富、内涵深刻，对全市检察干警进一步全面深入学习贯彻中共二十大精神具有很强的现实指导意义。大家一致表示，要不折不扣把中共二十大精神运用到工作中，进一步深入思考工作目标、主要任务和重点举措，以优异的工作成绩检验学习贯彻中共二十大精神的实效。

【在第十八届全省理论研究年会上再创佳绩】 11月25日，在江西省人民检察院第十八届全省检察理论研究年会视频会议上，景德镇市检察机关6篇论文获奖，其中一等奖1篇，二等奖2篇，三等奖3篇；市人民检察院获评“优秀组织单位”并作经验交流发言。

【检察干警携手抗击疫情】 11月，市检察院积极组织全体检察干警深入所在社区配合开展疫情防控志愿活动。检察干警就地转为社区志愿者，迅速进入状态，协助配合社区工作人员做好物资配送等工作，与社区党员干部、志愿者并肩作战，共同筑牢疫情防控坚实的屏障。

【“弘扬宪法精神，建设法治国家”读书会活动】 12月4日，为进一步弘扬宪法精神，在第九个国家宪法日到来之际，市人民检察院开展“弘扬宪法精神，建设法治国家”青年干警宪法主题读书会活动。活动中，青年干警聚焦“弘扬宪法精神 建设法治国家”活动主题，结合中共二十大报告中关于法治建设相关论述，从宪法精神、依法治国、社会治理、执法办案等角度分享宪法阅读体会。通过分享个人阅读感悟，起到互相学习、增进交流、共同进步目的，达到“一人读书，众人共享”的效果。结合检察执法办案，大力宣传以宪法为核心的中国特色社会主义法律体系，努力将宪法精神内化于心，贯彻于行，将宪法精神融入检察工作各环节、全过程，营造知法守法的良好法治环境，为建设社会主义法治国家作出应有的努力，为瓷都检察高质量发展贡献青春力量。

【精心培育民行检察精品案例】 市检察院秉持“一个案例胜过一沓文件”理念加强民行检察精品案例培育工作，案例、品牌培育工作成效初显。市检察院办理的徐某某申请民事诉讼监督案入选全省第四批参考性案例、毛某某和解案入选全省第十二批参考性案例。珠山区检察院办理的朱某某等人与程某某、余某某、张某某劳务合同纠纷支持起诉案被评为全省检察机关“支持农民工讨薪”典型案例。珠山区检察院办理的余某某不服不动产更正登记行政生效裁判监督案被省检察院《案件管理工作情况》2022年第3期作为行政检察监督公开听证典型案例发布，11月21日，被最高检作为行政检察公开听证推荐行政机关依法履职典型案例发布。珠山区检察院将品牌培育工作确立为院“一号工程”，创建“与民同行”珠山行政检察工作室，该项品牌创设工作被省检察院《行政检察工作情况》2022年第3期作为“经验交流”刊登，受邀参加省检察院深化行政争议实质性化解，依法护航民生民利新闻发布会，作为全省唯一基层代表讲述该项品牌创设工作。珠山区检察院办理的景德镇市市场监督管理局违法同意终结执行检察监督案被省检察院2022年第5期《行政检察工作情况》作为行政违法行政监督典型案例刊载。珠山区检察院办理的实质性化解某纯净水厂和某市监局行政争议检察监督案被省检察院《非公企业维权专刊》2022年第8期作为典型案例刊载。

【关注弱势群体保护】 2022年，受理支持起诉案件177件，较上年同期增长7倍。帮助37名农民工追讨劳动报酬136.54万元。推进无障碍设施建设专项监督，督促清除盲道障碍、增设无障碍卫生间、引导标识12处。助力缓解案件当事人及其家庭实际困难，发放司法救助金205.65万余元。

【关爱未成年人成长】 全年起诉侵害未成年人权益犯罪59人。对涉罪未成年人附条件不起诉45人，不起诉121人。在全省率先实现家庭教育指导工作站全域覆盖，开展家庭教育指导72次。针对监护侵害、监护失职等问题，制发督促监护令115份。持续落实“一号检察建议”，承办2022年江西省“护苗·春蕾”法治进校园暨携手落实“两法”共护祖国未来检察开放日活动。全市122名法治副校长赴对口中小学开展线下法治教育，覆盖师生14300余人。市检察院未成年人检察法治文化教育基地暨“七色堇”未成年人关爱中心入选“江西省法治宣传教育基地”和“江西省少先队校外实践基地”。

【做强民事检察监督】 全年办理民事检察监督案件251件，提出抗诉、再审检察建议11件，民事裁判案件监督率提升45.8%。提出纠正审判程序和执行活动违法情形检察建议38件。制定民事诉讼监督案件矛盾化解工作机制，促进和解息诉6件。开展民间借贷领域虚假诉讼专项监督，摸排存疑线索 124 条，办理虚假诉讼案件 13 件，提出抗诉 4 件、再审检察建议 5 件，向公安机关移送线索 3 条，公安机关立案 5 人。

【公益诉讼检察监督】 深化落实省人大常委会《关于加强检察公益诉讼工作的决定》，扎实开展“公益诉讼江西行”活动，立案 236 件，制发检察建议 164 件，整改回复 167 件，实现四大法定领域和重点领域办案全覆盖。开展“守护生态瓷都”等专项监督，办理相关案件 140 件，督促修复水源地隔离网 2000 余米、回收和清理生产类固体废物 55 吨、收缴国有土地使用权出让金 3264 万元。

【真诚接受各方监督】 主动向同级人大及其常委会报告工作 9 次，邀请代表参加检务活动 58 人次。向政协和各民主党派、工商联、无党派人士通报工作 2 次。打造“‘益心为公’检察云平台”，聘请民主党派人士担任公益诉讼志愿者 30 人。召开检律会商 12 次。公开案件程序性信息 2635 件、公开法律文书 61 件。

（袁向民）

法 院

【概况】 2022 年，全市法院受理各类案件 47380 件（含旧存，下同）、办结 43077 件；其中市中院受理案件 3040 件、办结 2815 件，均创历史新高。全市法院服判息诉率 95.94%，民事一审简易程序适用率 95.49% 位列全省第 1；发改率 0.18%，刑事一审简易程序适用率 93.47% 位列全省第 2；民事一审调解率 34.66% 位列全省第三，反映司法质量与效率等多项指标位列全省前列。全省优化营商环境监测九项指标中，一审民商事案件简易程序适用占比等五项指标全省第 1，二项指标第二，一项指标第六，综合得分居全省中院前列。执行信访工作作为全省唯一中院、全国四家中院之一在全国法院作经验介绍，知识产权、执行、刑事审判、行政审判、审判管理工作分别在全省法院作经验介绍。

景德镇金融法庭揭牌

【景德镇知识产权法庭入选江西省法治宣传教育基地】 1 月 6 日，景德镇市司法局党组书记郑赞辉、局长方静、三级调研员谷炳坤到景德镇知识产权法庭，为景德镇知识产权法庭“江西省法治宣传教育基地”授牌，景德镇中院党组书记、院长邓建辉，党组副书记、副院长、景德镇知识产权法庭庭长张春红等参加授牌仪式。按照中共江西省委宣传部、省司法厅、省普法办联合印发《关于命名江西省法治宣传教育基地的通知》，经过各地各部门申报推荐，综合评议、实地抽查、社会公示等工作程序，景德镇知识产权法庭成功入选“江西省法治宣传教育基地”。

【景德镇市金融法庭成立】 1 月 7 日，市委常委、常务副市长邓永翔，市委常委、市委政法委书记胡春平，市中级人民法院党组书记、院长邓建辉，昌江区委书记倪卫春共同为景德镇市金融法庭揭牌，市政府金融服务中心、中国人民银行景德镇中心支行、景德镇银保监分局、中国银行景德镇市分行等部门负责人，昌江区人民法院全体干警参加揭牌仪式。设立景德镇市金融法庭，集中管辖全市金融一审民商事案件，有利于提升金融案件审判质效，有利于防控系统性金融风险，有利于促进金融业高质量发展、更好服务和保障地方经济社会发展。

【权力可视运行监督管理】 2 月 28 日，制定出台院长、副院长、庭长、副庭长、法官、合议庭、专委会七个层面 100 余项权责清单，进一步厘清法官、院庭长权责边界。明确院庭长审判监督管理职责权限，将“四类案件”作为控权的关键抓手，让院、庭长在审判一线“办好案”“管好人”。对案件合议、讨论等全程录音录像，实现全过程可视化、透明化、规范化，让审判权运行在屏幕之中和摄像头之下。做精做实“一院一品”，形成一批在全省法院有特色、有地位、有影响司法品牌，推动全市法院工作高质量发展。6月11日，市中院出台《关于进一步加强案件审限管理的规定》，规范案件审限变更的申请、批准和公开程序，加强案件流程监管。依托审判管理可视化平台，案件管理中心重装运行，实现对办案流程的全程可视、全程留痕，推动工作业绩可视化、工作实绩数据化。

景德镇知识产权法庭“江西省法治宣传教育基地”挂牌

【景德镇知识产权律师调解中心在知识产权法庭揭牌】 4月20日，江西省律师协会（景德镇）知识产权律师调解中心签约揭牌仪式在景德镇知识产权法庭举行。江西省律师协会（景德镇）知识产权律师调解中心为全省首个知识产权律师调解中心。这是景德镇知识产权法庭探索知识产权多元解纷新模式的举措，也是优化法治化营商环境、推动知识产权审判工作高质量发展的有力实践。

【优化营商环境】 4月，成立“一号改革工程”领导小组，下设4个工作专班，确保工作落实到位。先后召开5次党组会、5次全市法院优化营商环境工作推进会，认真研究优化营商环境工作举措。召开全市办理破产专门工作联席会，联合多家单位专题专项协同推进相关工作。开辟涉企案件“绿色通道”，对简单案件快立快审快结，提高解纷效率，降低企业解纷成本。设立100万元多元化解基金，小微企业纠纷调解成功率提升11.9个百分点，形成多元解纷新格局。市中院1篇案例入选江西“一号改革工程”典型案例，7篇典型案例入选江西法院服务保障民营经济发展典型案例百案选。

【保障民生权益】 7月4日，《人民法院报》对景德镇市法院系统延伸警务值班室功能，将哨位打造成24小时“为群众办实事”便民岗相关做法进行刊载。坚持“房住不炒”，审结涉房屋买卖、租赁、物业等纠纷案件3443件。组建全省首个司法警察女子中队，发挥女性特有的耐心、细心优势，让执法有力度更有温度。设立婚姻家庭辅导服务中心，为当事人提供法律咨询、情感疏导等服务。运行好赣法民意中心景德镇分中心，方便群众来电、来信、来访，收到工单1245条，专人跟进处理，服务满意度达到100%。加大司法救助力度，依法为当事人缓、减、免交诉讼费76.24万元，发放司法救助金83.84万元。

【推进破产审判工作】 审结各类合同案件17377件，尊重契约自由、维护诚实守信，通过司法手段挽救危困企业、淘汰落后产能，加快“腾笼换鸟”步伐，着力市场出清工作。受理破产清算案件47件，审结37件，受理和审结案件数均超出过去五年总和，江西金钥药业有限公司、景德镇市华创酒店有限公司等企业一批“悬停资产”开始“解冻复苏”，盘活闲置土地697亩，促进价值2.11亿元的土地、厂房等固定资产入市再流通。审结涉公司、股权等案件227件，促进公司治理规范科学高效。妥善处理上市企业世龙公司系列案，获得省高院主要领导批示肯定。

【服务中心大局】 2022年，市中院与生态环境等行政部门密切联系，审结各类环资案件51件，用法治力量书写“绿水青山就是金山银山”。全面服务乡村振兴，审结涉土地林地权属纠纷等农民权益案件126件。创新司法警务安全形势，构建“预、解、虑”三位一体联动模式，打造法院维稳安保工作新格局，该模式得到最高法院充分肯定。打好创文攻坚战，圆满完成共建社区（村）、路长制责任路段的环境整治任务，扎实做好文明交通等志愿活动。探索新时代“枫桥经验”，浮梁法院联合5部门成立全省首家物业纠纷诉调中心，创新构建“五社联动”工作机制，得到党委、政府充分肯定。

【加强知识产权司法保护】 受理各类知识产权案件526件，审结307件。严厉打击“搭便车”行为，对“永不分梨”陶瓷著作权纠纷案侵权者判令赔偿83万元，让侵权者得不偿失，该案入选全省法院第一批知识产权严保护案例。召开“景德镇”地理标志司法保护座谈会，全力擦亮“景德镇”这块金字招牌。聘任23位专家学者为景德镇知识产权法庭首批技术咨询专家委员，为知识“保价”，给创新“维权”。挂牌成立全省首个知识产权律师调解中心，有力推动知识产权多元解纷驶入“快车道”。审理的深圳国瓷永丰源股份有限公司与景德镇某公司陶瓷著作权纠纷案入选中国法院50件知识产权典型案例，“珠山八友”陶瓷著作权纠纷案入选最高法院《知识产权新规则案例适用》。5篇案例在《中国版权（2021中国著作权典型案例）》刊登，1篇案例入选江西法院数字经济知识产权司法保护典型案例。知识产权司法保护工作在第五届世界青瓷大会陶瓷行业知识产权保护论坛上作经验介绍。知识产权司法保护工作获市委主要领导批示肯定。

【织密筑牢疫情防线】 面对突如其来的新冠疫情，全市法院将疫情防控工作作为最紧急的政治任务，拧成一股绳、劲往一处使，勇当抗疫“逆行者”，为疫情防控保驾护航。市中院第一时间组建疫情防控突击队，124名党员、干警志愿者主动请战、下沉一线，充分发挥战斗堡垒和先锋模范作用，想在前、冲在前、干在前，让党旗在疫情防控第一线高高飘扬，为打赢疫情防控“阻击战”“歼灭战”做出积极贡献，彰显法院人在疫情防控中的担当作为。

【常态化推进扫黑除恶专项斗争】 把扫黑除恶作为民心工程，审结一审涉黑案件3件3人，涉伞案件1件1人；二审涉黑案件2件16人，涉恶案件1件4人，涉伞案件1件1人，一、二审结案率均为100%。依法审结程某科等15人涉黑案。积极参与社会治理，对重点行业发出司法建议34份。市中院报送的3篇司法建议分析，分别获评全省法院扫黑除恶优秀司法建议分析一、二、三等奖。全面推进“黑财清底”，执行到位金额3770万元，执行到位率97.89%，“黑财”处置率位居全省前列。

【依法惩治刑事犯罪】 2022年，受理一、二审刑事案件1639件，审结1488件。贯彻总体国家安全观，审结杀人、抢劫等严重暴力犯罪案件171件。依法严厉打击养老诈骗违法犯罪，受理养老诈骗案件4件，审结3件，对全部4名被告人均判处有期徒刑以上实刑，为广大老年人安享幸福晚年营造良好的社会环境。鲁鹏非法吸收公众存款案被最高法院作为第一批养老诈骗典型案例发布。依法审理涉网贷平台集资诈骗、电信网络诈骗等涉众型经济犯罪案件51件，加大追赃挽损力度。审结贪污、贿赂等职务犯罪案件39件。加强未成年人权益保护，审结校园欺凌、猥亵儿童等犯罪案件12件，用法治呵护成长。采取“法官+监护人+社会工作者”形式，对未成年当事人进行跟踪帮教、回访，帮助其重返社会。坚持宽严相济、罚当其罪，依法办理减刑、假释案件709件。

【妥善调处民事纠纷】 2022年，受理一、二审民事案件26141件，审结24243件。审结金融、票据等金融类案件4595件，助力防范化解金融风险。审结婚姻家庭纠纷案件1827件，努力促进家庭和睦，会同市委政法委、市妇联、市公安局、市民政局、市司法局联合印发《景德镇市婚姻家庭纠纷预防化解重点工作》，构建全市婚姻家庭纠纷多元化解机制，维护社会和谐稳定。妥善审理涉教育、医疗等民生领域案件410件，依法保障人民群众学有优教、病有良医。审结赡养、抚养等家事案件155件，维护好“一老一小”合法权益。11月6日，乐平法院审理的撤销罗某监护权案，由中央电视台《今日说法》栏目深入报道。

【积极化解行政争议】 景德镇法院强化司法与行政良性互动，行政案件协调化解率41.18%，促进行政争议实质化解，受理一、二审行政案件1001件，审结919件。创新实行行政机关负责人出庭应诉监督员制度，由市司法局指定对应行政机关的监督员，督促行政机关负责人出庭应诉。全市法院行政机关负责人出庭应诉率达95.6%，市中院行政机关负责人出庭应诉率达100%，有力解决“告官不见官、出庭不出声”。全市府院联动及行政审判工作获市政府主要领导批示肯定。1起案件入选全国法院保障法官依法履职典型案件。

【多元解纷便民服务】 组建景德镇法院一站式工作专班，为群众提供“服务一站式、运行一体化、解决一揽子”诉讼服务。坚持面向实际、因地制宜、分类建设，打造瓷都解纷集群，与市银保监局、市场监管局进行委派总调解，处理36.84%知识产权类诉前调解案件。把非诉讼纠纷解决机制挺在前面，诉前调解案件25434件，调解成功率达85.31%。重新组建市中院民三庭，专司速裁案件办理，有力实现速裁案件质效双提升，调撤结案331件，调撤率60.85%，速裁快审平均审限9.2天。

【破解执行难题】 全市法院受理执行案件12986件，执结11562件，执结率89.03%，执行到位金额11.41亿元。与京东集团签订框架协议，推动解决执行难题，助力提升执行质效。涉司法网络拍卖案件429件，成交金额4.86亿元，标的物成交率40.48%，溢价率24.11%。依法实施信用惩戒，发布失信名单2027人次。执行工作获市政府主要领导批示肯定。

【扎实推进“档案e管理”】 科技赋能司法，逐步实现审判工作智能化发展。已收无纸化案件1167件，电子签名案件150件，无纸化归档案件590件。推进政法跨部门大数据办案平台平稳运行，推进执法司法智能化管理监督，实现政法办案全流程一张网流转、一体化协同。市中院获最高人民法院“数助决策”专题研究示范应用二等奖。

【增强干警硬本领】 选派干警外出参训，邀请专家到院讲学，培训干警2870人次。市中院1篇论文获全国二等奖，4篇裁判文书入选全省法院“百篇优秀裁判文书”，1个部门和1名个人分别荣立二等功，全市法院19个集体、44名个人获国家、省、市级表彰。

【集中整治突出问题】 成立专项督察工作小组，开展司法巡查和审务督察14次。完成全院113名干警廉政档案建档工作，对17份廉政档案进行抽查。用好监督执纪“四种形态”，提醒谈话35人次，通报批评5人次，诫勉谈话1人次，约谈函询4人次。主动联络代表委员，走访代表委员292人次，邀请代表委员视察座谈、旁听庭审等37人次；依法接受检察监督，邀请检察长列席审委会会议5次；广泛接受社会监督，召开新闻发布会4次，积极回应社会关切。

（张　宇）

司法行政

【概况】 2022年，市司法系统统筹全面依法治市工作、着力服务营商环境提升、提供优质高效法律服务，立足“一个统筹、四大职能”使命任务，推动全市司法行政工作进入新高地，全面建设法治政府，为全面建设社会主义现代化国际瓷都贡献出司法行政力量。

【开展行政执法“三项制度”专项督查】 1月初，市司法局开展行政执法“三项制度”专项监督行动。此次专项督查紧密结合日常工作开展，对2021年度以来在行政执法日常监督过程中以行政执法监督文书方式进行监督建议或问责的7家行政执法单位进行整改“回头看”，结合乡镇综合执法机构改革的日常工作推进，对5家乡镇综合执法机构的日常行政执法活动开展情况进行监督检查。监督发现，各地各单位行政执法规范化水平相比往年提升明显，行政执法“三项制度”基本落实，但也存在基层工作较为薄弱的问题。专项监督组对监督过程中发现的问题，采取书面反馈函的形式逐一反馈并明确工作要求和工作期限。

【景德镇市司法行政工作会议召开】 3月4日上午，全市司法行政工作会议召开。副市长、市公安局党委书记、局长邹永胜出席会议并讲话，市政府副秘书长许虎主持会议，市司法局党组书记郑赞辉作传达学习，市司法局局长方静作工作报告。市司法局副县级以上领导干部、全局机关干部职工；市律师协会班子成员、各律师事务所主任、司法鉴定机构负责人；各县（市、区）司法局局长、分管纪检工作领导、办公室主任；全市司法所长等200余人参加会议。会议书面传达学习习近平总书记对政法工作的重要指示，以及省委常委、省委政法委书记张鸿星调研景德镇市政法工作时的讲话精神，总结2021年司法行政工作，部署2022年工作任务，对2021年度司法行政工作“十佳”先进集体和先进个人进行表彰。

【优化法治化营商环境工作专题部署会召开】 3月14日，市司法局召开优化法治化营商环境工作专题部署会，会议传达学习景德镇市3起损害营商环境典型问题情况的通报，景德镇市优化营商环境实施方案和景德镇市政法机关打造一流法治化营商环境具体措施，审议通过景德镇市司法局优化法治化营商环境实施方案。

【联合市普法办开展“送法进校园”活动】 3月16日，市司法局联合市普法办组织工作人员来到市第十九中学开展“送法进校园”普法宣传活动，向师生发放《民法典学法100问》《未成年人维权须知》等宣传资料200余册。

【全市开展第一期行政执法专项监督行动】 3月28—29日，为进一步了解行政执法领域营商环境重点工作任务进展情况，推动全市行政复议和行政执法工作，市司法局二级调研员张和光带领相关业务科室的人员赴市公安局、市文旅局、市人社局以及交警支队开展专项监督。此次专项监督重点围绕行政执法信息公开和“免罚”清单制度建设进行监督检查及督促推进，同时就实质性化解和预防交通违章、工伤认定及工龄认定领域行政争议进行座谈调研，以书面函形式反馈发现的问题以及相关改进建议。

【景德镇市行政争议多元调处中心揭牌】 3月29日，由市中级人民法院和市司法局共同设立的景德镇市行政争议多元调处中心正式揭牌成立。调处中心的设立能够合理配置社会资源，为行政相对人提供灵活多样、高效便捷、富有人性关怀的行政争议化解渠道，实现行政争议源头上预防、实质性化解，为景德镇市经济社会高质量发展和市域社会治理现代化贡献政法力量。

【景德镇市智慧矫正中心观摩会召开】 3月29日，市司法局赴乐平召开智慧矫正中心观摩会。与会人员首先参观乐平市智慧矫正中心软、硬件设施建设，认真听取讲解员对各功能室的介绍，学习乐平市智慧矫正中心筹备、建设、省级达标的经验做法，对打造本级智慧矫正中心初步构想及面临的困难进行汇报交流。

【开展全民国家安全教育日普法宣传活动】 4月15日，市司法局联合市人大监察司法委、浮梁县司法局、湘湖镇人民政府在湘湖镇开展“送法进乡村”暨“4·15”全民国家安全教育日普法宣传活动。此次活动共向群众发放《中华人民共和国国家安全法》《中华人民共和国民法典学法100问》等普法资料200余份。

【全省首家知识产权律师调解中心揭牌】 4月20日，江西省律师协会（景德镇）知识产权律师调解中心签约揭牌仪式在景德镇市知识产权法庭举行。景德镇市知识产权律师调解中心作为全省首个知识产权律师调解中心，将整合景德镇、九江、上饶、鹰潭等地律师提供专项法律服务，是司法行政部门和审判机关全力落实“双一号”工程，运用法治全面优化营商环境的有力举措，充分体现出有关部门的高度重视和政法机关之间的协调合作，通过组织知识产权领域的专业律师积极参与调解，为当事人在知识产权领域提供灵活多样、高效便捷的调解渠道，更好地发挥出律师的专业和实践优势，引导权利人正确高效、合理合法的维权，进一步展现司法为民和务实高效的工作作风。

【开展“民法典进农村”主题宣讲活动】 5月26日，景德镇市司法局联合市农业农村局至丽阳镇余家村开展“民法典进农村”主题宣讲活动。活动现场，工作人员向干部群众发放《中华人民共和国民法典学法100问》《中华人民共和国乡村振兴促进法》《粮食流通管理条例》《农产品质量安全法》和打击非法捕捞等农业农村领域重点整治相关法治宣传书籍及资料，为村民、专业合作社、粮食企业代表等面对面提供现场法律法规咨询解答。进一步提升群众“尊法、学法、守法、用法”意识，让民法典及农业农村领域实用政策规定和法律知识走到群众身边、走进群众心里，为推进法治乡村建设。

【行政复议应诉与行政审判府院联席会议召开】 8月8日，全市行政复议行政应诉与行政审判府院联席会议召开。市人民政府副市长、公安局局长邹永胜，市中级人民法院党组书记、院长邓建辉出席并讲话，市人民政府副秘书长许虎主持会议。各县（市、区）人民政府分管领导、法院院长及司法局局长，市县两级法院、司法局分管领导及相关庭（科）室负责人，12家行政争议高发领域部门领导及法规科室负责人参加会议。会议认真学习贯彻习近平总书记关于坚持把非诉讼纠纷解决机制挺在前面的重要指示精神，传达市委书记刘锋对行政复议应诉与行政审判工作的批示，全面总结2021年全市行政复议行政应诉与行政审判工作，就深化府院联动，推动行政争议实质性化解，更好地维护行政相对人合法权益，助力法治政府建设作出部署。

【全省首创研发“掌上执法监督”小程序】 9月30日，“掌上执法监督”小程序上线。截至11月

15 日，全市 4000 余名执法人员全部入驻，6 万余家市场主体入驻程序，占活跃市场主体 86%。各级行政执法部门及执法人员严格按照“企业安静期”制度要求执行计划报备（批）、入门检查扫码登记并接受市场主体评价。仅 10 月份，开展涉企执法检查 414 次，其中 169 次为联合检查，占比 41%，未出现差评预警。“掌上执法监督”微信小程序，具备执法计划报备（批）、执法检查入门登记及事后评价、违反制度规定执法检查实时预警等功能，构建由全市辖区内活跃市场主体、执法人员、监督部门共同在线参与执法监督大格局，显著降低“多头监管、重复检查”对企业生产经营负面干扰。

【入选第二批全国法治政府建设示范项目】 11 月 28 日，景德镇市法治护航建设陶瓷知识产权保护新高地成功入选第二批全国法治政府建设示范项目。第二批全国法治政府建设示范创建活动由中央依法治国办组织，在法治政府建设领域属于国家级荣誉。

【开展“宪法进社区”主题宣传活动】 12 月 9 日，为深入学习贯彻中共二十大精神，推动全市广大社区居民和社区组织集中深入学习宣传宪法，市司法局联合昌江区司法局组织工作人员在新枫街道嘉和社区开展“宪法进社区”主题宣传活动。活动期间，发放《中华人民共和国宪法》《中华人民共和国民法典学法 100 问》《全民反诈宣传册》等宣传资料 100 余份，现场接待群众咨询、答疑解惑 20 余人。进一步加深群众对宪法精神理解、把握，增强群众法治观念，营造遵纪守法良好社会风气，积极推动宪法、民法典走入人民群众生活，促进形成人人尊法学法、自觉守法用法。

法律服务

【市公共法律服务中心开展岗前培训】 1 月 10 日，景德镇市公共法律服务中心试运行前夕，市司法局组织全体窗口服务人员进行岗前学习培训，开展学习《公共法律服务中心窗口服务规范》等 11 项制度和相关业务知识。

【市公共法律服务中心举行揭牌仪式】 2 月 21 日，市公共法律服务中心举行揭牌仪式。市公共法律服务中心是融合实体平台、热线平台、网络平台于一体，整合法治宣传、法律援助、人民调解、律师、司法鉴定、公证、仲裁、行政复议等职能统一入驻的法律服务机构。中心的建成使用，将实现法律机构与人员集中办公，有利于方便和满足群众对法律服务的诉求，为群众提供全面周到、便捷高效的“一站式”法律服务。

【举行“进园助企 法治同行”公益活动】 5 月 12 日，为助推全市营商环境优化升级“一号改革工程”，全力实施“五新”战略，充分发挥律师公益法律服务作用，更好地为企业发展提供优质高效便捷的法律服务，进园助企法治同行——景德镇市律师服务团助推营商环境优化升级公益活动正式启动。活动现场，律师向企业家发放宣传资料，介绍企业法律服务工作展板，进行法治宣传和法律咨询，部分律师事务所与企业之间形成初步的合作意向。同时，还面向企业家进行关于优化营商环境的法治培训授课。

【高新区公共法律服务工作站揭牌】 5 月 9 日，景德镇高新区公共法律服务工作站揭牌并举行签约仪式，市司法局党组书记郑赞辉，区党工委委员、管委会副主任汪智泉共同为公共法律服务工作站揭牌，并举行座谈签约。通过在高新区设立公共法律服务工作站，涉企法律服务工作提质增效，向企业延伸司法服务触角，助力企业健康发展。同时构建日常沟通、法律指导、诉前化解等机制，营造法治化营商环境，从源头上减少涉企矛盾纠纷的产生，实现“小事不出企、大事不出园”的目标。

景德镇高新区公共法律服务站签约仪式

【开展农民工专项法律援助志愿活动】 7月20日，市司法局联合昌江区司法局，来到昌江区胜太路上的中铁三局集团有限公司昌景黄铁路项目部，开展农民工专项法律援助志愿活动。活动现场，向农民工兄弟发放《中华人民共和国法律援助法》《中华人民共和国社区矫正法 》《中华人民共和国反电信网络诈骗法（ 草案 ）》《中华人民共和国反有组织犯罪法》等法律法规资料200余份，为30余位农民工提供法律咨询服务。

【举行“乡乡通”远程视频服务终端发放仪式】 8月9日，市司法局举行公共法律服务智能终端发放仪式，市局三级调研员程太原为四个县（市、区）司法局、高新区、昌南新区代表发放远程视频服务终端。远程视频服务终端的发放，是贯彻党中央、国务院关于实施乡村振兴战略的决策部署的重要举措，是落实《司法部关于开展“乡村振兴 法治同行”活动的通知》《江西省司法厅关于印发〈“乡村振兴 法治同行”活动实施方案〉的通知》的具体体现，是最大限度地满足基层百姓通过远程视频终端享受面对面与资深律师咨询法律服务事项的需求。推广运用远程视频终端，推动城区的优质法律服务力量下沉、重心下移，能够让公共法律服务更加贴近基层、贴近群众，为群众随手获得智能化法律服务提供强有力的保障。

【开展法律援助主题宣传活动】 8月30日，市司法局及昌江区法律援助中心志愿者们走进韭菜园社区开展“打造让党放心、人民满意的模范机关法律援助暖人心、上门服务解民忧”主题宣传活动。活动现场通过发放资料、咨询答疑等形式，面对面零距离为群众提供法律宣传、法律援助、法律咨询等各类法律服务。活动中，志愿者向群众宣传法律援助、劳动纠纷、交通事故、婚姻家庭等法律知识，让群众知道如何依法维护权益、合法表达诉求，引导广大群众特别是困难群体，学会正确运用法律援助，维护自身合法权益。此次活动共接收群众咨询20余人次，现场受理法律援助3起，发放《中华人民共和国法律援助法》《中华人民共和国民法典》《中华人民共和国民法典学法100问》等宣传资料100余份。

【开展“法律援助进企业”活动】 9月中旬，市司法局扩大法律援助覆盖面，进一步提高群众法律维权意识，景德镇市司法局联合市法律援助中心走进市玉柏瓷业有限公司，开展“法律援助进企业 法治护航促发展”活动。此次活动引导陶瓷制造工人弘扬劳动精神和工匠精神的同时，鼓励工人、群众学法、用法保护自己的合法权益，促进社会和谐稳定发展。法律援助中心赠送《中华人民共和国法律援助法》《法律服务指南（劳动争议案件）》等书籍200余册。

【基层法律服务工作者协会换届】 9月20日，景德镇市基层法律服务工作者协会换届选举及培训会议召开。会议宣读《关于同意景德镇市基层法律服务工作者协会换届选举工作的批复》，全票通过理事会及财务工作报告和《景德镇市基层法律服务工作者协会第二届理事会理事、监事选举办法》，选举产生新一届理事会理事、监事。

【开展“法援惠民生 助老维权”活动】 10月20日，市司法局、昌江区司法局组织律师、基层法律服务工作者、志愿服务人员到丽阳镇港南村开展"法援惠民生·助老维权"专项活动。活动中，志愿者积极向老人们发放《民法典》《中华人民共和国法律援助法》《老年人维权须知》等法律知识读本。现场向老年人讲解法律援助法等法律知识，针对老年人法律沟通上的疑问，从专业的角度、用通俗易懂的语言解答，切实提高老年人维护自身权益意识。

浯溪口水利枢纽（欧阳圣辉 摄）

应急管理

安全生产

【概况】2022年，全市应急管理系统以防范化解重大安全风险为主线，高效统筹疫情防控和安全防范，强应急、保民生、促发展，全市安全形势持续稳定向好。安全生产实现“双下降、三连续、一确保”，即生产安全事故起数和死亡人数同比“双下降”：发生各类安全生产事故16起、死亡17人，分别减少4起、6人，同比分别下降20.0%、26.1%；是全省唯一实现连续20年无重大及以上事故的地市；连续16年实现非法小煤窑“零开采、零死亡”；连续17年实现特有燃气梭式窑领域零死亡事故。

灾害防治实现“三确保、一杜绝”。有力应对干旱、洪涝、风雹等7次灾害过程，针对2022年期间4轮强降雨过程，先后3次提前、果断启动防汛Ⅳ级应急响应，在迎击乐安河“6·21”超历史大洪水过程中，克服麻痹侥幸心理，实时关注雨情水情，逐步提升防汛应急响应至Ⅰ级，转移安置5万余人，取得抗击乐安河“6·21”超历史大洪水的胜利，确保水库无一垮坝；坚持看住人、管住火、守住山，及时发布森林火险等级预报和火险预警，确保没有发生重特大森林火灾和亡人事故；立足抗大旱、抗久旱，紧扣保供水、稳生产、护生态，先后启动抗旱Ⅳ级、Ⅲ级、Ⅱ级应急响应，投入抗旱资金1.1亿余元，调动抗旱人员7.2万余人，投入机动抗旱设备9000余台，投入机动运水车辆200余辆，全市千吨万人工程22处供水工程运行总体正常，5个县级以上水源地无取水困难，确保守住城乡用水安全底线。杜绝群死群伤性灾害事件。

【国务院安委办督导检查景德镇市安全生产】2月17日，以应急管理部副部长刘伟为组长的国务院安委办安全生产督导检查组第十组一行，到景德镇市开展春节冬奥期间安全生产督导检查。应急管理部调查统计司一级巡视员李生盛、危化监管一司副司长宋宏林等一同督导检查。省政府副秘书长王前虎，省应急管理厅厅长龙卿吉、副厅长姚丹随同。市领导刘锋、胡雪梅、邓永翔、林卫春先后陪同。督查组一行通过听取汇报、现场查看、交流询问等方式，深入督导调研企业安全专项整治三年行动任务落实情况和安全防范工作情况。

【推进乡镇森林防灭火规范化管理试点工作】3月，以浮梁县蛟潭镇为试点对象，围绕乡镇防火责任体系建设、扑火力量体系建设、火灾源头管控体系建设、安全扑救体系建设等重点内容，全面开展乡镇森林防灭火工作规范化管理试点，8月底完成。

【开展安全生产大检查】4—12月，按照全国全省统一部署，在全市组织开展安全生产大检查，着力查大问题、除大隐患、防大事故，为中共二十大胜利召开营造稳定安全环境。市党政主要领导亲自带头深入一线督导检查安全生产工作，市委、市政府其他领导以及各县（市、区），园区党委政府主要负责人及班子成员，均积极行动、主动作为，及时召开会议对安全生产工作进行再部署、再落实，深入一线分析研判，督导检查安全生产工作，现场办公解决安全生产实际问题。大检查开展以来，全市各地、各部门共辨识风险8200余处，其中重大风险点20处，全部管控到位；排查整改安全隐患9000余处。

【贯彻落实安全生产十五条措施】4月29日，在全省率先印发《关于进一步强化安全生产责任落实坚决防范遏制重特大事故的实施方案》56条具体举措，纳入2022年度重大行政决策事项目录，纳入安全生产巡查检查督查重要内容。市委、市政府多次听取工作情况汇报，高度重

市长胡雪梅带队开展大型商业综合体专项消防安全检查

视、高位推进、高频调度，全过程加强工作领导。按照路线图、时间表、任务书，高度重视、狠抓落实，推动一批问题解决，健全一批治本措施，完善一批制度成果。

【推进三年行动“巩固提升”攻坚战】 5月11日、7月12日，先后出台《景德镇市安委会办公室生产安全事故查处挂牌督办工作规程》《景德镇市安全生产挂牌警告管理暂行办法》。全市各地各有关部门聚焦“1+2+11+3”框架体系，明确时间表、路线图，突出城镇燃气安全、危化品和自建房安全整治三项集中治理，狠抓安全生产专项整治行动“巩固提升”攻坚战，坚决打赢三年行动收官战。全市成立检查组600余个，督导检查4200余次，检查单位1600余家，检查发现非法违法行为202起。

【史文斌在景德镇市督导督查安全生产工作】 5月14日，省委常委、省委秘书长史文斌带队到景德镇市督导督查安全生产工作，主持召开座谈会。省市场监管局党组书记、局长王福平，省委办公厅副主任邱峦，省应急管理厅二级巡视员刘武随同。市委书记刘锋，市委副书记、市长胡雪梅，市委常委、常务副市长邓永翔，市委常委、乐平市委书记林卫春，市人大常委会副主任、市委秘书长罗建国先后陪同。史文斌一行通过采取听取汇报、查阅资料、现场问答、实地检查等方式，深入企业了解安全生产工作及企业主体责任落实情况，对检查发现的问题和隐患均在现场向企业和部门进行反馈，提出整改要求。

【开展“防灾减灾宣传周”活动】 5月，围绕“减轻灾害风险，守护美好家园”主题，组织市红十字会现场讲解急救知识教授救助技能、市中医院现场提供免费测量血压医疗服务，发放各类防灾减灾知识宣传手册、宣传单、海报、折页等宣传资料21万余份，环保袋、毛巾等纪念品1.38万余份，惠及群众18万余人次，有效唤起社会各界对防灾减灾工作的高度关注。

【举办安全生产专题培训班】 6月9日，为认真学习贯彻习近平总书记关于安全生产重要论述、安全生产十五条硬措施、省五十条具体举措，市委组织部、市安委会办公室在市委党校联合举办全市安全生产专题培训班。培训班运用大量事例和典型案例，重点讲解习近平总书记关于安全生产的重要论述和强化安全生产责任落实、坚决防范遏制重特大事故，学习贯彻国务院安委会十五条硬措施、省五十条具体举措。此次培训200余人参加。

【应急管理部指导地质灾害防范应对工作】 6月22—23日，应急管理部地震地质司副司长沈伟志带队指导市地质灾害防范应对工作。工作组一行查看昌江区新枫街道三河新村滑坡等灾情，了解村民转移和灾害处置过程，询问基层地质灾害应急体系工作运转情况。工作组强调，要始终坚持人民至上、生命至上，坚决克服麻痹思想和侥幸心理，进一步增强忧患意识，强化底线思维，落实防灾责任。要加强隐患排查，提前做好人员转移，切实保障人民群众生命财产安全。

【王勇检查指导防汛抢险救灾工作】 6月23—24日，国务委员、国家防总总指挥王勇在景德镇上堤察看昌江、乐安河汛情，到水利枢纽、山洪地质灾害点、受损圩堤抢修现场和城区内涝综合整治点，检查指导防汛抢险救灾工作，看望一线抢险队伍。他强调，要深入贯彻习近平总书记关于加强当前防汛救灾工作的重要指示精神，认真落实党中央、国务院决策部署，立足防大汛、抗大险、救大灾，精准研判雨情汛情，提早做好应急准备，快速处置各类险情，毫不松懈抓好防汛抢险救灾，坚决把确保人民生命安全放

景德镇市安全生产汇报会

在第一位落到实处。他指出，多轮降雨导致洪涝地质灾害风险加大，务必要始终保持高度戒备状态，靠前指挥协调，严密防范应对，全力以赴做好防汛救灾各项工作。

【省安委会第三巡查组到景开展江西省2022年安全生产巡查】 6月20—21日、6月28—30日，以省市场监管局副局长谭文英为组长的省安委会第三巡查组，先后对景德镇市开展为期五天的安全生产巡查。巡查组一行深入各县（市、区、园区），与相关领导开展谈话，查阅工作台账，对企业进行明察暗访和调研。8月23日，省安委会第三巡查组巡查反馈会召开。市委书记刘锋，市委副书记、市长胡雪梅，市委常委、常务副市长邓永翔，副市长江民强、邹永胜、罗文军、徐辉、高晓云，高新区管委会主任、昌江区委书记倪卫春分别看望陪同巡查组、出席反馈会。景德镇市针对巡查发现的七个方面问题，以及前期上级督办的问题隐患，对标对表抓好整改落实。10月15日至中共“二十大”闭幕，省安委会第三巡查组对景德镇市开展驻点巡查“回头看”。

防灾减灾救灾

【开展“安全生产月”活动】 6月，紧扣“遵守安全生产法 当好第一责任人”主题，以线上线下相结合方式，创新形式、广泛发动，开展安全风险防范“大家谈”、安全生产知识“人人学”、安全生产法主题宣传、应急救援综合演练等一系列接地气、有生气、聚人气的“安全生产月”活动。6月16日“安全宣传咨询日”当天，协调市安委会30余家成员单位设立宣传展板百余块，发放宣传画2000余张，宣传资料万余份、读本万余本，有力推动安全生产和防灾减灾救灾常识“飞入寻常百姓家”。

【开展危险化学品安全风险集中治理】 年初，全面推进开展危险化学品双重预防机制数字化建设，紧盯化工园区安全风险防控和精细化工“四个清零”，对重点化工领域开展安全风险治理“回头看”，坚决遏制和防范较大以上事故的发生。全力推进乐平化工园区安全风险整治提升工作，严格落实“十有两禁”，强弱项、补短板，顺利完成化工园区复评。

【防范化解尾矿库安全风险】 上半年，督促乐平市、浮梁县完成乐平市刘家滩金矿尾矿库、浮梁县茅棚店锡矿尾矿库闭库销号工作，指导2座四等尾矿库企业和1座五等尾矿库企业安装尾矿库在线监测系统，实现尾矿库重点部位视频监控，有效提升尾矿库安全风险防范化解能力。

【取得“6·21”乐安河防洪胜利】 6月17日14时，启动防汛Ⅳ级应急响应，强化应急、水利、气象等防汛工作人员值班值守；19日8时，启动防汛Ⅲ级应急响应，指挥协调组、宣传报道组、监测调度组、抢险救援组、专家指导组、灾评救助组、督查检查组、综合保障组等8个应急工作组迅速到位；20日7时30分，紧急启动防汛Ⅱ级应急响应，防汛成员单位和工作组负责人全部集中至市防指值班室值守工作，市领导分赴各自挂点地区和重点圩堤现场指挥防汛，人员队伍、防汛物资、机械设备等集结到位，全市防汛工作有序开展；20日11时，紧急启动防汛Ⅰ级应急响应，全市投入抗洪抢险力量2.5万余人，调用120艘冲锋舟（橡皮艇）、240万条编织袋、6000包编织布、190顶帐篷、8.2万立方米土石方，转移安置5万余人，取得抗击乐安河“6·21”超历史大洪水胜利，确保水库无一垮坝。

乐安河防洪期间，景德镇市党政主要负责人亲自前往抗洪一线进行指挥调度，市委书记刘锋、市长胡雪梅多次就防汛救灾工作做出批示指示，先后7次赴市防汛抗旱指挥部指导调研防汛工作。

【胡春华督导农业抗旱保丰收工作】 8月27—28日，中共中央政治局委员、国务院副总理胡春华到景德镇市乐平市，深入粮食种植基地和水库、应急抗旱站等现场，详细了解旱情和农业抗旱工作情况。他强调，要深入贯彻落实习近平总书记关于抓好秋粮生产和农业抗旱减灾的重要指示精神，采取有力有效措施抓好水稻等秋粮抗旱保丰收，最大限度降低灾害损失，努力保持全年粮食生产稳定。

【筑牢森林防灭火坚实屏障】 2022年，坚持看住人、管住火、守住山，及时发布森林火险等级预报和火险预警，签订防火责任状374份，派出驻点领导干部、包保干部2000余人、设置卡点116个，辖区派出所上岗420余人次，上岗护林员827人，开展宣传教育活动120余次，组织防火督查115余次，出动巡查人员

1000余人次，出动巡逻车2000余台次，查处违规用火74起，排查火灾隐患60余处，处罚教育60余人，全市未发生重特大森林火灾和亡人事故。景德镇市获2022年全省森林防火"平安春季行动"优秀组织奖。

【实施基层应急体系能力建设集中行动】 下半年，推动各乡镇（街道）和功能区明确承担应急管理工作的机构，推进行政村（社区）应急服务站（点）设立，着力建强应急管理终端末梢。全市54个乡镇（街道）"六有"（有机构、有机制、有预案、有队伍、有物资、有培训演练），667个行政村（社区）"三有"（有场地设施、有装备物资、有工作制度）建设全部实现100%。

【实施"智慧应急"建设集中行动】 2022年，进一步完善应急指挥中心建设，新建和升级改造5个视频会议室。建设景德镇市安全生产风险监测预警系统，已实现对40余家接入企业的危险源状态智能化监管、动态评估、自动预警，有效提高了监管效能。大力推广"党建＋应急管理"，推动党建信息化指挥平台功能与应急管理业务深度融合，创建灾害信息员和应急管理工作者账号900余个，全市发布预报预警信息189余条、宣传教育信息384余条，信息发布率居全省前列。

【实施应急管理综合行政执法集中行动】 2022年，进一步深化应急管理综合行政执法改革，市级应急管理综合行政执法队伍扩编至27人并完成在编在岗人员统一换装，大力开展全市应急管理综合行政执法集中行动，坚持"五抓"（抓执法培训夯基础、抓示范执法立标准、抓案卷评议促质量、抓赋权指导固基层、抓执法比武练本领）以上带下强队伍，应急管理严格规范公正文明精准执法能力建设成效明显，创新制作示范执法视频获省应急管理厅肯定，实现"互联网＋执法"系统典型案例报送率、合格率双百目标。坚持"企业安静期"制度，进一步规范行政执法行为。落实"首违不罚""轻微免罚"要求，对一家企业轻微违法行为实施"轻微免罚"。

【打赢防旱抗旱"攻坚战"】 2022年，立足抗大旱、抗久旱，紧扣保供水、稳生产、护生态，先后启动抗旱Ⅳ级、Ⅲ级、Ⅱ级应急响应，投入抗旱资金1.1亿余元，调动抗旱人员7.2万余人，投入机动抗旱设备9000余台，投入机动运水车辆200余辆，减少粮食损失2.2亿余元，全市千吨万人工程22处供水工程运行总体正常，5个县级以上水源地无取水困难，确保守住城乡用水安全底线。

【实施自然灾害综合风险普查工作】 12月，全面完成负责的承灾体和减灾能力调查任务，全市共上报调查表10451张，其中承灾体1363张、减灾能力5493（包括4566条家庭减灾能力调查表）张、历史灾害3595张。开展三次质检工作，共质检数据7389条，第三次质检合格率100%。配合省厅完成全市历史灾害的评估区划。

【开展减灾救灾工作】 2022年，完成全市2021—2022年度冬春救助工作。全年下发冬春救助资金856万元，救助21758人次。全市派出67个工作组237人次，深入灾区一线核查灾情，设置集中安置点58个，集中安置982人，临时分散安置6477人。争取上级防灾救灾资金1364万元，发放救灾食品5.3万份、矿泉水3.2万箱；发放救灾物资棉被1797床、被子571床、折叠床461张，帐篷14顶，打井220座，及时保障受灾群众的基本生活。面对11月下旬以来全市严峻复杂的疫情防控形势，统筹做好强寒潮天气防范和疫情防控物资保障工作，紧急调配救灾帐篷500余顶、救灾棉被8000余床、棉大衣9000余件、折叠床2000余床、救灾毛毯4000床，为疫情防控提供有力支撑。

明确承担应急管理工作的机构，推进行政村（社区）应急服务站（点）设立，着力建强应急管理终端末梢。全市54个乡镇（街道）"六有"（有机构、有机制、有预案、有队伍、有物资、有培训演练），667个行政村（社区）"三有"（有场地设施、有装备物资、有工作制度）建设全部实现100%。

（李满成　慈梦珂）

消防救援

【概况】 市消防救援支队下辖6个大队、9个消防救援站、4个城市政府专职消防救援站，17个乡镇专职消防站，现有执勤消防车辆78辆，各种防护装备与灭火救援器材共计12707件（套）。2022年，依法开展消防监督执法工作，共检查社会单位2949家，督促整改火灾隐患1172处，下发临时查封决定书54份，责令"三停”单位47家，罚款77.99万元，办理公众聚集场所营业前消防安全检查许可项目96个。2022年，全市消防救援队伍共处置各类有效警情3650起，共出动消防车辆5804辆次、警力39324人次，抢救被困人员728人、疏散被困人员2022人、抢救财产价值26379万元。其中，火灾扑救1283起，占警情数据35.1%，出动消防车辆2866辆次、警力19516人次；抢险救援611起，占警情数据16.7%，出动消防车辆1106辆次、警力7667人次；社会救助950起，占警情数据26.1%，出动消防车辆1006辆次、警力6611人次；公务执勤725次，占警情数据19.8%，出动消防车辆655辆次、警力4108人次。圆满完成“中共二十大”“中国农民丰收节”“瓷博会”“阿拉伯艺术节”等13项重大消防安保任务，成功处置“4·9”浮梁“驴友”救援，“6·20”乐平抗洪抢险、“8·13”阿诗玛袜子生产基地火灾，“8·28”宏柏化工厂火灾、“9·20”宏森新能源火灾，“10·17”颐景花园小区火灾等急难险重任务。

【开展大型商业综合体专项消防安全检查】 1月1日，市长胡雪梅带领应急管理、消防、公安、卫健、市场监督管理等职能部门负责人，开展元旦期间大型商业综合体专项消防安全检查，全力维护节日期间消防安全。副市长江民强陪同检查。

【宣传部部长林蓉听取消防工作专题汇报】 1月4日，市委常委、宣传部部长林蓉会见市消防救援支队双主官，专题听取全市消防工作、队伍建设及社会面消防宣传工作等情况汇报。

【举行全国和全省青年文明号授牌仪式】 1月20日，支队举行全国和全省青年文明号授牌仪式，团省委副书记胡振燕为第20届“全国青年文明号”获得单位浮梁县消防救援大队和2019—2020年度“全省青年文明号”获得单位昌江区消防救援大队授牌，团市委书记徐新颖、市消防救援支队支队长苗成、政治委员汪勇参加仪式。

【召开春节冬奥消防安全防范工作视频会】 1月28日，景德镇支队组织召开春节冬奥消防安全防范工作视频会。支队主官、在家党委委员及机关全体干部在主会场参会，各大队、消防救援站全体干部在各地分会场参会。会议就春节、冬奥会期间执勤执法、灭火救援、队伍管理等工作进行了强调部署。

【市领导看望慰问消防救援人员】 1月28日，市委常委，市纪委书记，市监察委员会主任廖良生率春节慰问团，到景德镇市消防救援支队机关走访慰问消防救援人员，向大家致以新春祝福。

【开展春节前消防安全检查】 1月30日，市委常委、常务副市长邓永翔带队深入人员密集场所开展春节前消防安全检查，副市长高晓云，市政府副秘书长程念革、乐忠，市消防救援支队支队长苗成、副支队长胡竹菲以及相关行业部门负责人陪同检查。

【召开消防救援人员家属座谈会】 2月24日，支队“火焰蓝之家”召开消防救援人员家属座谈会，传递支队党委对全市消防救援人员及家属的关心关爱。政治委员汪勇，支队在家党委委员，机关各条线，各消防救援大队、站，部分消防救援人员及家属代表参加座谈会。

【与昌南新区会商消防工作】 2月24日，支队长苗成，政治委员汪勇同市政府党组成员、昌南新区党工委书记余立新，昌南新区党工委副书记、管委会主任张朝博就消防队站建设事宜进行深入交流，副支队长秦俊人参加会商。

【开展“3·15”不合格消防产品集中销毁行动】 3月14日上午，支队联合多部门开展“3·15”消费者权益日不合格消防产品集中销毁行动，清理一批不合格消防产品，从源头上防止、消除消防产品质量违法行为。

【市委书记刘锋听取消防工作专题汇报】 4月6日，市委书记刘锋亲切接见汪勇政委、王谷峰支队长，专题听取全市消防救援工作和队伍建设情况汇报，对抓好全年重点工作提出殷切期望和更高要求。刘锋代表市委对王谷峰到景德镇任职表示欢迎，并充分肯定近年来全市消防救援队伍为维护经济社会稳定、保卫人民群众生命财产安全做出的突出贡献。他指出，改革转制后，消防救援队伍作为综合应急救援主力军、国家队，作为全市抢险突击的关键力量，地位和重要性更加凸显，肩负的责任更加重大，承担的任务更加艰巨。市委、市政府将全力支持消防救援事业高质量发展，协调解决队伍前进中的难题。

【市消防救援支队与工商联制订联系工作机制】 4月8日，支队结合工作实际，积极对接市委统战部、市工商业联合会，联合印发《景德镇市消防救援支队与工商业联合会沟通联系工作机制》，建立工作联系。文件围绕落实营商环境优化升级“一号改革工程”，建立联席会议、联合调研、消防宣传合作、“景快办”便民服务工作、“景快解决”问题处置、信息共享等六项工作制度。文件还就双方协作配合，信息通报，畅通企业消防线上线下沟通渠道等便企措施进行了明确。

【成功救援“4·9”湘湖镇青龙尖“驴友”】 4月9日19时40分，位于浮梁县湘湖镇青龙尖附近7名“驴友”山上迷路，接警后立即出动2辆消防车、14名消防救援人员赶赴现场处置，经过近8个小时的艰苦搜救，3时35分，找到7名被困人员，并安全送下山。

【支队双主官向市领导汇报工作】 4月13日，景德镇市委副书记、市长胡雪梅会见支队双主官，专题听取消防“迎国考”、优化消防执法营商环境等工作汇报，对抓好当前和下阶段重点工作提出希望和要求。4月18日上午，市人大常委会主任曹雄泰会见支队双主官，专题听取全市消防救援工作汇报，对抓好当前和下阶段重点工作提出希望和要求。4月18日下午，景德镇市政协主席俞小平会见支队双主官，专题听取全市消防救援工作汇报，对抓好当前和下阶段重点工作提出希望和要求。

【召开航空救援工作协调推进会】 4月19日，支队联合昌飞通航产业公司召开航空救援工作协调推进会，支队长王谷峰、昌飞通航产业公司曾卫东总工助理出席会议，双方单位分管领导及工作专班成员参加会议。会议就楼宇、水上两类航空救援处置流程进行专题汇报，随后双方就机制优化、部门联动、装备配备、培训方案、安全工作及宣传工作等进行交流研讨。

【召开全市公安派出所消防工作会议】 5月9日下午，景德镇市公安局召开全市公安派出所消防工作会议。市公安局党委副书记、副局长方胜平，市消防救援支队支队长王谷峰、市治安支队支队长叶传红出席会议；治安支队、消防救援支队分管领导及相关业务科室人员，各县（市、区）公安（分）局分管领导、治安大队分管负责人、消防救援大队大队长参加会议。会议通报2021年全市公安派出所消防工作开展情况，分析当前消防安全形势，就2022年派出所消防重点工作予以强调部署，对2021年全市消防监督工作先进公安派出所和先进个人获得者进行颁奖表彰，市公安局党委副书记、副局长方胜平就全面加强全市公安派出所消防工作提出强化职责担当、强化排查整治、强化联动共治、强化责任落实四个方面要求。

【举办“欢度六一·情暖瓷都”消防主题亲子活动】 5月27日，支队举办2022年度“欢度六一·情暖瓷都”消防主题亲子活动，42个来自支队机关、基层大队、消防救援站消防救援人员家庭走进消防队伍零距离认识消防、学习消防、体验消防。支队长王谷峰、政治委员汪勇及在家党委委员出席活动仪式。

【举办“火焰蓝之家”授牌仪式】 6月9日，市总工会为支队“火焰蓝之家”授牌。市总工会常务副主席伍恒明、副主席邵永明，支队长王谷峰、政治部主任李南以及基层指战员代表共同参加授牌仪式。

【成功处置“6·20”乐平市抗洪救援】 6月20日，乐平市发生内涝，灾情发生后，支队出动消防车7辆、舟艇10艘，消防救援人员100余人，赶赴现场处置，经过连续5天的艰苦奋战，出动消防车52辆次、舟艇120余艘次，指战员360人次，成功疏散被困人员938人，抢救财产价值797万元，保护财产价值1270万元。

【圆满完成景德镇市抗旱救灾任务】 7月，全市消防救援队伍抗旱送水出动155起，其中饮水用水出动118起，农田抗旱出动37起；出动车辆157辆次，出动人数801人次，送水3055吨。为12847名群众送水2229吨；农田抗旱方面送水826吨，缓解608亩农作物旱情。

【召开全市消防执法营商环境升级行动工作推进会】 7月7日，支队召开全市消防执法营商环境升级行动工作推进会，抓紧抓实营商环境优化升级“一号改革工程”，全力打造“品质最优、服务一流”的消防执法营商环境持续推动消防执法服务再提升，“景快办”“景快解决”服务品牌再升级。

【明确“消防领域轻微违法行为”处理清单】 7月19日，支队联合市司法局印发《景德镇市消防领域轻微违法行为不予处罚、不予强制清单（第一版）》，对不予处罚、不予强制的内容进行明确。

【部署高层建筑重大火灾风险专项整治】 7月26日，景德镇市召开全市第二季度消防安全委员联席会议暨高层建筑重大火灾风险专项整治部署会。市消防安全委员会副主任王谷峰支队长出席会议并讲话，市应急管理局江训模二级调研员，市消防安全委员会全体成员单位分管领导参加会议。会议分析研判二季度全市火灾形势，通报全市消防安全专项整治三年行动和消防安全大检查工作情况，部署下一步重点工作，就《江西省消防安全责任制实施办法》重点内容进行再次宣贯。江训模调研员宣读《关于开展高层建筑重大火灾风险专项整治的通知》，对高层建筑重大火灾风险专项整治工作进行部署。

【成功处置"8·13"阿诗玛袜子企业火灾】 8月13日7时03分，位于江西省景德镇乐平市阿诗玛袜子生产基地发生火灾，接警后立即出动11辆消防车、67名消防救援人员赶赴现场处置，调派4辆环卫洒水车现场增援供水，经过近6个小时的艰苦战斗，9时30分，现场火势得到有效控制，10时25分，现场火势基本被扑灭，13时10分，现场基本处置完毕，疏散被困人员2人，抢救财产价值4600万元，保护财产价值12000万元。8月19日上午，市委书记刘锋、市长胡雪梅分别会见支队双主官，听取支队指挥中心建设和落实"8·13"火灾事故省、市领导批示精神、总队火灾防控工作视频会议精神情况的汇报。

【成功处置"8·27"宏柏化工火灾事故】 8月27日23时34分，乐平市宏柏材料股份有限公司发生火灾，接警后立即出动14辆消防车、78名消防救援人员赶赴现场处置，经过近3个小时的艰苦战斗，次日0时01分，现场火势得到有效控制，2时00分，现场火势基本被扑灭，3时10分，现场基本处置完毕，抢救财产价值2800万元，保护财产价值6000万元。

【成功处置"9·20"宏森新能源火灾事故】 9月20日4时11分，乐平市宏森新能源发生火灾，接警后立即出动5辆消防车、35名消防救援人员赶赴现场处置，调派3辆环卫洒水车现场增援供水，经过近6个小时的艰苦战斗，5时00分，现场火势得到有效控制，7时33分，现场火势基本被扑灭，12时10分，现场基本处置完毕，抢救财产价值600万元，保护财产价值1500万元。

【圆满完成"中国农民丰收节"消防安保任务】 9月23—25日，景德镇市举办中国"农民丰收节"活动，全市消防救援队伍出动消防车辆12辆次、消防救援人员100余人次赶赴现场前置备勤和消防安全巡查，检查社会单位42家/次，发现火灾隐患28处，督促整改火灾隐患26处，下发《行政处罚决定书》2份，罚款1万元，临时查封1处，责令"三停"单位1家，确保活动期间消防形势安全稳定。

【部署国庆、二十大期间消防安全工作】 9月28日，全市召开国庆、中共二十大期间消防安全防范暨第三季度消防安全委员会联席会。市政府副秘书长程念革，市消防安全委员会副主任、市消防救援支队支队长王谷峰，市消防救援支队政治委员汪勇出席会议。市消防安全委员会成员单位分管领导，一级消防重点单位消防安全管理人在主会场参加会议。各县（市、区）政府分管办公室主任及消防安全委员会成员单位分管领导、各消防救援大队双主官在分会场通过视频收听收看。

【圆满完成中共二十大消防安保任务】 10月1—22日，中共二十大消防安保期间，全市消防救援队伍设置前置备勤点15处，出动消防车辆31辆次、消防救援人员221人次，常态化开展辖区消防安全检查，熟悉演练，战备督导等工作，检查社会单位204家/次，发现火灾隐患89处，督促整改火灾隐患86处，下发《行政处罚决定书》20份，罚款11.74万元，临时查封6处，责令"三停"单位2家，全面确保"党的二十大"消防安全形势稳定。

【市领导带队开展国庆期间消防安全检查】 10月3日下午，市长胡雪梅，副市长、市公安局长邹永胜带队深入景瀚陶瓷商业广场、景瀚大酒店等大型商业综合体和高层建筑场所进行督导检查，支队双主官，市商务局、市应急管理局、市发改委、市文旅局等部门负责人陪同检查。

【出台《消防行政执法容错纠错实施办法》】 10月9日，为深入贯彻落实《国务院关于加强和规范事中事后监管的指导意见》《江西省消防安全责任制实施办法》

等文件要求，支队不等不靠、主动作为，在全省率先出台《消防行政执法容错纠错实施办法》。

【入选全市“首违轻微免罚”十大案例】 10月12日，为进一步优化营商环境，全方位彰显“首违轻微免罚”工作成果，景德镇市营商环境优化升级“一号改革工程”指挥部、市市场监督管理局评选出全市“首违轻微免罚”十大案例，支队案例成功入选。

【成功处置“10·17”浮梁县怡景花园火灾】 10月17日02时28分，位于浮梁县怡景花园发生火灾，接警后立即出动3辆消防车、21名消防救援人员赶赴现场处置，经过近6个小时的艰苦战斗，2时57分，现场火势得到有效控制，3时02分，现场火势基本被扑灭，3时13分，现场基本处置完毕，疏散被困人员25人，抢救财产价值150万元，保护财产价值300万元。

【举行“119”消防宣传月启动仪式】 11月7日下午，支队举行2022年“119”消防宣传月活动启动仪式暨“妈妈防火团”70周年庆典活动，副市长邹永胜、支队双主官等领导参加。

【圆满完成“瓷博会”消防安保任务】 11月8—12日，“瓷博会”期间，全市消防救援队伍共出动消防车辆30余辆次、消防救援人员210余人次赶赴现场前置备勤和消防安全检查，检查社会单位73家/次，发现火灾隐患41处，督促整改火灾隐患35处，下发《行政处罚决定书》3份，罚款0.64万元，责令“三停”单位1家，确保活动期间消防形势安全稳定。

【部署冬春消防安全整治工作】 12月13日，景德镇市召开冬春消防安全整治工作部署暨第四季度消防安全委员会联席会。副市长邹永胜出席会议并讲话，市应急管理局局长汪来金、市消防救援支队支队长王谷峰、各县（市、区）政府分管领导、市消防安全委员会各成员单位分管领导参加会议，各县（市、区）应急和消防部门主要负责人列席会议，会议由市政府副秘书长程念革主持。

【圆满完成“阿拉伯艺术节”消防安保任务】 12月18—20日，“阿拉伯艺术节”期间，全市消防救援队伍出动消防车辆18辆次、消防救援人员130余人次赶赴现场前置备勤和消防安全检查，检查社会单位45家/次，发现火灾隐患35处，督促整改火灾隐患32处，确保活动期间消防形势安全稳定。

（于　兴）

浮梁标准化茶园（农业农村局 供）

农　业

综　述

【概况】 2022年，市农业农村局贯彻落实市委、市政府关于“三农”工作的部署要求，深刻践行乡村振兴战略各项要求，农业农村各项工作稳步推进。全市粮食播面达到95634公顷，粮食产量54.61万吨。扎实推进高标准农田建设，2021年度5533.33公顷高标准农田全面建成、全市建成高标准农田4.8万公顷，农业生产基础得到进一步夯实。2022年，全市生猪出栏54.72万头，同比增长1.9%，生猪存栏31.73万头，同比增长7.07%，其中能繁母猪存栏2.58万头，同比增长6.39%，猪肉市场供应稳定充足。

【推动产业转型取得新成效】 2022年，蔬菜、茶叶两大特色产业产量分别为150万吨、1.4万吨。浮梁县成功入选部级农业现代化示范区，乐平市评为省级现代农业产业园。新落实招商引资项目14个、计划总投资45.81亿元、实际进资27亿元。“浮梁茶”入选中国第二批中欧地理标志产品，江西仅此一个。乐平市高家镇（白茶）入选全国“一村一品”示范村镇、乐平市名口镇流二村（红糖）入选省级“一村一品”示范村镇。三产融合发展持续向好，新认定乐平市馨怡、浮梁县都得农业两个省级田园综合体，浮梁县瑶里镇入选全国乡村旅游精品路线。

【农村人居环境持续提升】 完成390个新农村建设村点整治建设任务，乐平市、浮梁县、昌江区均被认定为全省美丽宜居先行县；大力开展农村户厕问题摸排整改，全年改造农村户厕9862个，群众对农村厕所革命工作支持率、满意度达95%以上。

【农村改革持续深入】 建成农村集体“三资”平台并上线试运行；宅基地改革创新推进，7月14日，出台全市农村宅改三年实施方案，明确改革任务，进一步规范宅基地审批管理和综合执法。全年受理宅基地建房申请1100余宗、审批580余宗；积极开展农业综合执法体系标准化建设，市农业综合行政执法支队获第四批全国农业综合行政执法示范窗口称号。

种植业

【概况】 始终将稳定粮食生产作为重要政治任务和全市“三农”工作头等大事来抓，全市粮食播面达到95634公顷，粮食产量54.61万吨，粮食生产持续保持稳定；全年油料作物播面26778公顷，油料总产4.16万吨，总产同比增加2.79%。全市蔬菜播面稳定在40000公顷，产量稳定在150万吨，产值超20亿元。全市茶园总面积稳定在18000公顷，茶叶总产量1.4万吨，茶叶总产值20亿元。

【粮食生产持续稳定】 2022年，全市各级党委、政府毫不放松粮食生产工作，全力推动粮食生产目标任务有效落实。及时向农民兑现耕地地力保护补贴、耕地轮作补贴、稻谷补贴、实际种粮农民一次性种粮补贴等惠农政策，发放补贴资金1.96亿元，有效调动农民种粮积极性。在早稻春播、秋粮生产等粮食作物生长关键期间，加强粮食绿色高质高效生产技术培训服务，帮助广大种植户解决粮食生产技术并做好灾害天气预测预警预报和农业自然灾害的防范指导工作。面对历史罕见汛情和历史极值旱情，全市粮食播面稳定在95634公顷，粮食产量达到54.61万吨，粮食生产持续保持稳定。

【创新性启动春茶托市收购】 针对因疫情导致鲜叶销售不畅情况，创新性启动春茶托市收购，浮梁县设立26个村级代收点，以高于市场价格10%~20%进行托市收购茶农手中鲜叶，即解决

机械化收割

工厂化蔬菜基地

茶农鲜叶“卖难”问题、又解决优质鲜叶“外流”问题，进一步夯实浮梁茶产业发展基础。截至2022年6月底，托市收购茶叶鲜叶6万千克、产出干茶1.5万千克，形成产值近千万元。

【蔬菜保供不断档】 2022年，疫情防控期间，通过多部门协作，打破农产品供需、流通壁垒，持续向全市供应新鲜蔬菜等农产品，有效保障市场供给。及时制定方案整合城市周边生产基地、蔬菜等农产品生产大县乐平市、外地农产品市场等多方力量，建立蔬菜、生猪日报制度。积极协调落实产区和主城区之间调运工作，通过靠前服务、主动服务，保障全市疫情防控期间未出现蔬菜等农产品供应链生产端短缺情况。

畜牧业

【概况】 2022年，在新冠肺炎疫情、生猪价格波动较大双重影响下，各地各部门采取措施积极应对，确保畜牧业生产保持稳中向好态势。全年生猪出栏54.72万头，同比增长1.9%，生猪存栏31.73万头，同比增长7.07%，其中能繁母猪存栏2.58万头，同比增长6.39%；肉牛出栏2.0万头，同比增长0.95%；肉羊出栏4.99万只，同比增长19.88%；家禽出笼554.71万羽，同比增长1.08%；肉类总产量5.68万吨，同比增长4.4%。

【持续做好非洲猪瘟等重大动物疫情防控工作】 各级政府高度重视非洲猪瘟等重大动物疫病防控工作，通过春秋两季重大动物疫病集中防疫、非洲猪瘟防控、生猪定点屠宰产地检疫、官方兽医派驻、养殖和屠宰环节“瘦肉精”检测等工作持续有效开展。全年开展非洲猪瘟、禽流感、口蹄疫等各类重大动物疫病检测送样17000余份，未检出阳性。

【着力稳定生猪生产】 强化生猪调研统计，组织各县（市、区）每月对辖区内生猪生产情况进行动态调研，为畜牧统计工作提供翔实数据支撑；加强政策扶持，落实2022年生猪产能调控能繁母猪一次性临时补贴项目和生猪良种补贴项目，助力稳定生猪存栏；强化生产指导，面对生猪价格持续下行情况，科学指导养殖场（户）合理安排补栏生产计划，避免盲目压栏或清栏，确保生猪出栏及价格相对稳定。截至2022年年底，全市生猪出栏54.72万头，同比增长1.9%，生猪存栏31.73万头，同比增长7.07%，猪肉市场供应充足、价格稳定。

水产业

【概况】 2022年，全市渔业经济继续保持稳步增长态势，养殖水域面积5212.33公顷，水产品总产量达30901吨，同比增长2.41%，其中：养殖产量27400吨，同比增长2.54%；捕捞产量3501吨，同比增长3.61%；特种水产品产量9859吨，同比增长3.96%。

【持续推进渔业生态保护】 为保护水生生物生态环境，维护生物多样性，1月27日，编制景德镇市2022年增殖放流方案，在乐安河及昌江河共计放流鳙鱼、鲢鱼夏花653.6万尾。落实昌景黄高铁工程及市水利枢纽工程涉渔工程渔业资源生态补偿，两家涉渔工程生态补偿渔业增殖放流563.2万尾。通过水生生物增殖放流补充天然流域鱼类种群数量，改善了天然水域生态环境。开展昌江刺鲃国家级水产种质资源保护区水生生物栖息地专项检查，对涉保护区1个水利枢纽和三座大桥补充渔业专题环评手续，开展回顾性专题论证。在昌江刺鲃国家级水产种质资源保护区（东河）、昌江、乐安河设置12个断面进行监测和统计，详细了解鱼类种类组成及生物量和丰富度等，为科学评估退捕禁捕助力长江及江西重点水域渔业恢复提供准确的数据。

【促进水产养殖业健康发展】 9月2日，全省水产绿色健康养殖技术专项行动暨水产业重大技术协同推广年中期推进会（现场会）在乐平召开，这是对景德镇市水产业重大技术协同推广工作肯定，全市建立7个示范点同步推进渔业绿色发展。在重点养殖区开展规范用药科普下乡活动，加大《兽药管理条例》《水产养殖用药明白纸》等相关法规和养殖知识的宣传培训力度。积极开展水产养殖病害测报工作，设立乐平渔业主产区水产养殖病害网络测报点，完善水产品重大疫病的监测和防控工作，促进水产养殖业健康发展。

乐平市省级水产健康养殖和生态养殖示范区成功创建，标志着景德镇市加快推动传统养殖不断向工厂化水产养殖转型升级，推进全市水产养殖业高质量发展。

农业产业化

【概况】 2022年全市规模以上农业产业化龙头企业179家，其中，省级及以上龙头企业39家（含国家级1家），新认定省级8家，监测合格省级31家，淘汰不合格省级5家；市级龙头企业140家，新增农业产业化省级示范联合体1个，全市龙头企业销售收入达99亿元，同比上年度增长23.75%。

【积极创建休闲农业品牌】 加大休闲农业品牌培育力度，打造一批发展势头好、示范带动能力强的休闲农业企业，2022年浮梁县都得农业田园综合体和乐平市馨怡田园综合体被认定为省级田园综合体。

百景汇休闲农业

【创建现代农业产业园】 推进农村一、二、三产业融合发展，2022年浮梁县入选国家级农业现代化示范区，同时被评为省级农业绿色发展示范区；浮梁县西湖镇被认定实施农业产业强镇项目；乐平市现代农业产业园被认定为省级现代农业产业园。乐平市高家镇（白茶）、乐平市名口镇流二村（红糖）被评为第一批省级“一村一品”示范村镇，乐平市高家镇（白茶）被评为第十二批全国“一村一品”示范村镇，目前景德镇市已获全国“一村一品”示范村镇9个，省级2个。

【创业创新大赛获奖】 2022年，江西省“赣茶杯”绿茶加工职业技能大赛，景德镇市参赛选手卫峰分获全省第2、四名。江西省第三届“农行杯”农村创业创新项目创意大赛，美琳康大药业股份有限公司中药配方颗粒与数字化管理全产业链获优胜奖。

【2022年“中国农民丰收节”江西活动在浮梁县举行】 9月24日，2022年“中国农民丰收节”江西活动在浮梁县“高岭·中国村”举行，包括开幕式、“我们的答卷”现代农业主题展、丰收电商消费季、茶业小镇、江西省茶业博览会、丰收幸福里、农民趣味运动会、百村宝典——江西“三农”之最成果群英会、花卉集市展和智慧农园、“瓷上赣鄱丰收景”欢庆晚会“十大主题活动”和丰收季主题宣传——前月浮梁看“丰”景、第二届最美乡村“抖”舞大赛“两大配套活动”，充分展现党的强农惠农政策、江西“三农”领域取得巨大成就、密切党群干群关系的重要载体。通过开展多领域、多层次、多元化的产销对接，活动充分激发江西省农村市场活力，进一步活跃农村消费市场，发展节日经济，促进农民增收。

农民专业合作社

【概况】 2022年，全市农民合作社总数达2246家，较上年年末减少174家（当年实际新增55家、清理“空壳社”229家），合作社成员总数8.2万人，出资总额达39.05亿元。共确认市级以上示范社142家，其中：国家级示范社13家，省级社43家，市级86家。

【中央财政支持部、省、市级示范社】 2022年，中央财政安排专项资金用于支持部分部级示范社发展壮大，景德镇市浮梁县洪盛水稻种植专业合作社、浮梁县丽景林业专业合作社等2家部级示范合作社分别获20万元中央财政资金支持，浮梁县瑶园农副产品加工合作社、浮梁县白石塔茶叶专业合作社2家省级示范社分别获得10万元的中央财政支持。此外共有35家市级示范社获中央财政支持，每个合作社补助资金5万元。

【农民合作社清理】 2022年，全市清理农民合作社"空壳社"229家，其中，乐平市151家、浮梁县78家。

农业机械化

【概况】 2022年，全市使用农机购置补贴资金5215.4万元，更新报废补贴资金149.16万元，总补贴机具2834台套，受益农户1713户。全市农机总动力达103.92万千瓦，同比增长10.35%。主要农作物综合机械化率达到80.34%，同比增长1.63%。水稻耕种收综合机械化率达到83.12%，同比增长1.13%。

【超计划完成购置补贴资金】 2022年，省下达景德镇市全年补贴资金3996万元，实际完成补贴资金共5215.4万元，使用比例138.63%，其中：完成更新报废补贴资金149.16万元，占使用补贴资金3.67%；结算资金为3606.04万元，结算比例为95.85%；总补贴机具2834台套，受益农户1713户。

【新建成浮梁县浮东农事服务中心】 新建成浮梁县浮东农事服务中心位于浮梁县鹅湖镇，占地27.6亩，涵盖包含智能化育秧中心在内的六大板块，单季育秧机插能力10000亩，全面建成后，将覆盖浮梁全县的20余个农事服务站，负责浮梁县5万亩水稻种植业务。该育秧中心采用成熟先进的"水稻二段式育秧技术""水稻叠盘暗化出苗育秧技术"和"1+N水稻育供秧模式"，集稻种精选、清理、集中育秧、烘干、低温仓储等为一体，基本实现自动化、精准化、标准化和各个育秧环节的可控制，实现了水稻育秧的工业化生产。

【农机综合农事服务中心建设成效凸显】 2022年，农机综合农事服务中心为农业生产服务发挥出色成效：提供水稻生产全程托管服务。乐平市高家镇百勤农机综合农事服务中心为周边十余个乡镇提供全程托管服务，仅早稻生产托管服务面积达480公顷，流转土地320余公顷；帮助解决小农户自身不能克服的生产难题。百勤农机综合农事服务中心同300多户分散小农户签到作业订单，服务面积133.33公顷。浮梁县田卫士农机综合农事服务中心，为1000户小农户提供无人机植保"飞防"服务面积达666.67公顷；通过农事服务中心采取插秧机手"以老带新""田间课堂"办法开展实地机插秧作业培训，共培训插秧机手100余名。

福乐欣 工厂化食用菌生产

农产品质量安全

【概况】 2022年全市农产品质量安全形势继续保持稳中向好态势，全年农产品抽检合格率98.5%；农产品品质继续提升，全市有效期内的"两品一标"农产品122个，其中：绿色食品23个、有机农产品96个、农产品地理标志产品3个；省级现代农业全产业链标准化基地4个。

【创建星级农产品质量安全检测服务机构】 为有效推进部省共

建江西绿色有机农产品基地试点省工作，市积极健全完善农产品质量安全检验监测体系，着力提升检测能力。经遴选推荐、省级专家组织评审，市农产品质量安全检测中心被评为星级农产品质量安全检测服务机构。

洁净的茶叶加工厂

粮食流通

【概况】 2022年，全市从巩固提高粮食储备能力、粮食流通能力、节粮减损能力、强化粮食质量安全治理等方面入手，不断完善粮食安全保障体系，取得积极成效：落实市县地方储备粮规模4.5万吨、储备油规模600吨、成品粮储备2400吨、粮食加工企业社会责任储备1万吨。全年收购粮食77000万千克，同比增加14000万千克。销售粮食100000万千克，较上年增加22000万千克。

【粮食储备基础夯实】 将落实地方粮食储备任务作为抓好粮食安全工作一项重要抓手：落实市县粮食储备规模。全面完成省下达地方储备粮规模4500万千克，较之前增加1300万千克；落实地方食用植物油储备规模。省级下达60万千克地方食用植物油储备规模已全部落实到位、实物全部入库；落实粮食加工企业社会责任储备。全市落实粮食加工企业社会责任储备1000万千克，超额完成省下达任务，进一步夯实全市粮食安全物资基础；落实主城区成品粮储备，完成市级成品粮储备240万千克。

【粮食流通能力增强】 国家粮食购销政策落地见效：落实强农惠农富农政策，特别是落实好国家粮食购销政策，调动农民种粮积极性，呈现粮食购销两旺的良好局面。2022年，全市各类企业收购粮食全年收购粮食77000万千克，同比增加14000万千克；销售粮食100000万千克，较上年增加22000万千克。粮油应急保障体系进一步完善。全市确定66个应急供应网点、13家应急加工企业、4家应急配送中心和3个应急储运企业，确保我市粮食市场保供稳价、规范有序；粮食流通行政执法能力不断提升。整合系统资源，成立农业综合行政执法队伍，履行粮食流通行政执法职责。与省粮食和物资储备局开展联合执法，查处粮食库存检查中发现涉嫌违规案件，有效维护粮食流通市场秩序。

【粮食质量防控完善】 扎实做好超标粮收购工作。严格落实不合格粮购销政府主体责任，2022年，粮食主产县乐平市、浮梁县扎实开展超标粮收购工作，计划收购超标粮食2400万千克，做到应收尽收，有效防止不合格粮食流入口粮市场；把好粮食销售质检关。对每批销售出库的政策性粮食，在挂网拍卖前都进行质量检测，检测合格后方可销售进入口粮加工企业，严禁不符合食品安全标准的粮食流入口粮市场和食品生产企业；做好政策性粮食销售出库监管。按照《江西省粮食和物资储备局关于进一步加强定向销售政策性粮食监管工作的通知》要求，按照属地监管原则，组织做好政策性粮食销售出库监管工作，防止定向销售粮食流入口粮市场，确保规范使用定向销售粮食。2022年，全市5370万千克饲用粮出库，未有不合格粮食流入口粮市场。

【粮食仓储设施建设投入不断加大】 针对全市粮食仓储设施基础薄弱情况，全市加大资金投入，加快粮食仓储基础设施建设步伐。全市投入2.85亿元资金，开展粮食仓储基础设施建设。乐平市投入2520万元进行粮库地面硬化、高标准粮仓、粮食绿色仓储提升等粮食基础设施建设。浮梁县投资2.2亿元现代粮食物流产业园二期项目已开工建设。投资2304万元“四化”粮库仓储设施改造项目、投资876万元浮梁县鹅湖高标准粮仓建设项目、投资501万元江西景德镇国

现代化智慧粮库

家粮食储备库粮食绿色仓储提升项目正在有序推进。全市还投入315.6万元进行粮食质量内部检验检测能力建设。

【粮食应急供应保障物质基础不断夯实】 在完成市县粮食储备规模4500万千克的基础上，全市落实成品粮储备实物240万千克、储备油60万千克。全市还落实粮食加工企业社会责任储备1000万千克，超额完成省下达给景德镇市目标任务。

【粮食仓储物流规划新格局加快构建】 按照以市直储备粮库为龙头、县级中心粮库为重点、乡镇收纳粮库为基础的粮食仓储建设规划体系，采取重点建设市直储备粮库、积极扩建县级中心粮库、维修改造乡镇收纳粮库、撤并淘汰边远库点的整体建设思路，进一步优化全市粮食储备库点功能布局。占地20公顷、投资4.35亿元、仓容12600万千克景德镇国家粮食储备库新库区建成投入使用。投资4.17亿元、占地12.87公顷、仓容4000万千克浮梁县粮食物流产业园项目正有序推进。 （杨方宇）

林 业

【概况】 景德镇市林业局围绕年度目标，团结奋斗，锐意进取，超额完成计划任务，林业生态建设得到进一步夯实。全市完成人工造林（更新造林）1446.5公顷、占省下达计划1033.3公顷的140%；完成封山育林546.4公顷、占省下达计划540公顷的101.19%；完成退化林修复1014.6公顷、占省下达计划1006.7公顷的100.79%。其中：完成国家储备林基地项目人工造林66.7公顷；完成国有林场场外造林153.5公顷。

全市森林覆盖率67.85%，活立木蓄积量2927.6万立方米，林地保有量36.56万公顷，湿地保有量1.64万公顷，完成营造林生产计划任务1040公顷，重点区域森林绿化美化彩化珍贵化建设任务完成100公顷，森林药材新造66.7公顷，油茶建设完成366.7公顷，森林资源保护得到进一步巩固，批复林木采伐作业设计39次，限额内使用9.6万立方米。持续开展检疫执法行动，全市出动执法人员80人次，排查松木及其制品企业79家，重点建设工地15处，查处案件三起，查处擅自拾捡、囤积松材行为10起，累罚款金额21890元。

2022年，完成省林业局下达油茶生产任务为1700公顷任务。积极发展森林药材种植规模，全市森林药材实现超常规发展，森林药材品种实现多元化发展。全市办理审核项目永久使用林地89宗689.67公顷，其中省重点16宗482.38公顷，征收森林植被恢复费1.26亿元，比2021年全年增加5778万元。省林业局审核同意91宗761.64公顷，其中2021年申报10宗110.24公顷、2022年申报81宗651.40公顷。

【开展第26个“世界湿地日”活动】 1月28日，市林业局在昌南湖省级湿地公园举办第26个世界湿地日宣传活动，活动主题为“珍爱湿地，人与自然和谐共生”。局长严峰致辞并宣布活动正式启动，活动采取悬挂条幅、散发宣传单、展板展示等多种形式开展，向广大市民宣传保护湿地、保护生态的重要性。市林业局领导及全体工作人员、各县（市、区）林业局局长、各湿地公园负责人参与活动。

【开展野生动植物保护“清风行动”】 2月15日至5月15日，在全市范围内开展代号为“清风行动”的打击野生动物非法贸易联合行动，重点检查是否存在非法猎捕野生动植物，非法食用野生动物，非法出售、收购、利用野生动植物及其制品，非法进出口野生动植物及其制品等违法行为。旨在加强全市野生动植物的保护，严厉打击破坏野生动植物的违法犯罪行为，进一步规范野生动物经营利用行为，全面提升生态文明建设水平。

【市领导参加义务植树活动】 2月23日，市委领导刘锋、胡雪梅、吴隽、曹雄泰、俞小平等领导参加义务植树活动。在沿江西路延伸工程二期道路旁植树现场，大家干劲十足，三四人一组，或挥锹铲土，或扶直树苗、或压实土层，或提水浇灌，合力栽下一棵棵新树。经过共同努力，完成栽植香樟、三角枫、银杏、白玉兰、桂花等苗木100余株。植树间隙，刘锋不时与市林业局负责人交谈嘱咐，绿色生态是景德镇的最大优势，要像保护眼睛一样保护好生态环境，深入践行“绿水青山就是金山银山”发展理念。

【胡雪梅到浮梁县开展巡林督导】 3月16日，市长、市级副总林长胡雪梅，到浮梁县开展巡林督导工作。胡雪梅要求，切实加强巡林督导，协调解决难点问题，纵深推进林长制各项工作，为建好国家陶瓷文化传承创新试验区，全力实施“五新”战略行动，全面建设社会主义现代化国际瓷都筑牢绿色屏障。扎实推进春季森林防火工作，切实加强组织领导，压紧压实工作责任，不断强化物资储备和队伍建设，持续加强巡护排查，严格管控野外火源，严肃值班值守纪律，广泛开展宣传教育活动，不断提升全民火灾防范意识，全力确保森林资源和人民群众生命财产安全。

【突击检查野生动物交易、滥食高发区域】 4月20日，市林业局联合市公安局森林分局、市市场监督局对全市农贸市场、冷库、药店、餐饮店等野生动物交易、滥食高发区域进行突击检查，未发现非法交易、滥食野生动物行为。同时，在检查过程中，工作人员积极向商家和群众宣讲《中华人民共和国野生动物保护法》《江西省候鸟保护条例》等法律法规，引导群众自觉抵制食用野生动物，要求商家依法依规经营，形成全社会参与保护野生动物资源良好社会氛围。

【救助国家二级保护动物草鸮】 5月23日，吕西派出所民警将一只受伤的“猫头鹰”送到昌江区林业局。经工作人员辨认，该物种为国家二级保护野生动物——草鸮。随即昌江区林业局将其送往景德镇市野生动物救助场所进一步观察救治，救助人员现场对草鸮进行初步清创处理，待其恢复后放归大自然。

【开展森林火灾隐患排查】 6月6日，由市林业局和市应急管理局联合组成督导检查组深入森林公园、自然保护区、风景名胜区和国有森林经营单位开展森林火灾隐患整治行动。督导检查组深入瑶里国家森林公园、瑶里风景名胜区、和枫树山林场浮东分场等地检查基层一线人员到岗到位、火险隐患排查、防火责任落实、野外用火管理、重点时段值班值守安排情况，对旅游点、高火险区域、山头地块等重点地段进行火险隐患排查，对个别地方存在森林防火基础设施薄弱、防火形式单一等问题，现场提出整改意见和建议，对排查出安全隐患，及时交办相关单位和部门督促整改。

【发放惠企资金助推营商环境建设】 12月23日，市林业局集中发放120万元林下经济惠企资金，惠及16家林下种植养殖合作社、家庭农场及有限公司。开展“万千人万企”营商环境帮扶活动，通过实地走访、座谈、发放问卷等形式，在了解企业经营状况基础上，详细宣传解读优化营商环境惠企政策。提供“一对一”指导服务模式，帮助企业完成“惠企通”平台注册和电子印章申领，通过“赣服通”惠企专区进行掌上申报，优化办理流程，提升办事效率。加快对企业申报材料的审核推送，及时对接政数、财政等部门，加快资金拨付，让惠企政策落到实处。

【推进林长制工作】 牢固树立一盘棋思想，加强上下贯通、横向协同、合力攻坚，高水平高效能推动森林资源管理十大专项任务落地落实，高标准高质量推进林长制各项工作。全市召开市县级总林长会议6次，签发市县级总林长令6份，开展市县级林长巡林督导81次，下达市县级督办函18次，协调解决问题43个，市级林长制协作单位新增1个、对接7次。设立市级林长6名，县级林长35名，乡级林长301名，村级林长548名，森林监管员256名，护林员603名，森林资源网格管理不断完善，人在格中走、情在格中知、事在格中办、题在格中解的管理模式建立健全，森林督查变化图斑数量由2021年2111个下降到1195个。林业灾害防控以及公益林、天然林、自然保护地和野生动植物、古树名木和乡村风景林保护成效明显，基本实现森林资源量合理增长和稳步提升。

（刘　畅）

水 利

【概况】 2022年，景德镇市水利局以全面提升水安全保障能力为目标，全面促进水利高质量跨越式发展。坚守水旱灾害防御底线，面对乐安河流域超历史洪水和鄱阳湖流域历史大旱，水旱灾害防御取得“双胜利”。水利投资创历史新高，景德镇水利枢纽、共产主义水库除险加固等工程顺利完工，全市民生“一号工程”黄泥头防洪排涝工程高效推进，泵房主体工程成功封顶，全面推行城乡供水一体化，水利基础设施体系持续完善。水利行业管理取得新突破，国家节水型城市顺利通过省级联合初审，玉田湖成功入选第二批省级重要湿地名录，浮梁县水利局被评为全国水土保持工作先进集体，乐平市水利局被评为2019—2021年度江西省河长制工作先进集体，浯溪口水利枢纽被评为省级水利风景区。水利领域改革持续深化，实施“首违轻微不罚”“行政审批项目超时默许”“企业安静期”等工作制度。

【水旱灾害防御取得“双胜利”】 2022年，面对乐安河流域超历史洪水和鄱阳湖流域历史大旱，市水利局立足防大汛、抗大旱，水旱灾害防御取得重大胜利。全力实现防汛保安澜目标，景德镇市出现11次集中强降雨过程，昌江流域发生编号洪水，尤其是乐安河流域“6·21”有记录以来最大洪水，乐安河虎山水文站出现32.28米洪峰水位，超1952年建站以来最高洪水位1.10米，超警戒水位6.28米。共产主义水库最高库水位77.01米，超1993年7月5日历史最高水位76.79米。市水利局紧盯城市防洪排涝、在建工程安全度汛和山洪灾害防御等重点环节，严格落实各类水利工程防御责任，全面编制各类水利工程防汛预案，开展防汛隐患排查，织紧织牢水旱灾害防御网。科学精细调度大中型水库，启动Ⅰ级应急响应，下发调度指令16个，有效拦洪削峰。积极防范城市内涝，城区14座排涝站全部投入运行，机组累计运行310.1小时，排涝670.3万立方米，最大限度减轻城区内涝现象。6月下旬后，全市遭遇严重干旱，深渡、虎山等水文站先后出现历史最低水位。市水利局坚持防蓄结合，科学精准抓好后汛期蓄水，充分发挥水资源联合调度机制，开展水库群抗旱保供水专项行动，争取中央水利救灾资金4225万元，实施保供水应急建设，有力保障粮食丰收和供水安全，实现“大旱之年无大灾”。

【水利建设全面提速】 2022年，全市水利建设年度投入资金创历史之最，全年落实全社会水利投资25.44亿元，较2021年增长45.12%，其中，争取中央水利投资2.68亿元、省级水利投资1.23亿元。全力抓好水利项目谋划，省、市先后召开水利高质量发展大会后，梳理谋划水利项目595个，计划总投资约311亿元，明确“十四五”期间拟建项目174个，总投资221.75亿元，其中，亿元以上项目43个，10亿元以上项目5个，15个项目列入省项目建设“四大攻坚行动”。全市四大重点项目之一的乐平水利枢纽工程前期工作扎实推进，《项目建议书》等重要成果获批，顺利列入2023年第一批省重点建设项目。

【水利基础设施体系持续完善】 2022年，全市民生项目“一号工程”黄泥头防洪排涝工程高效推进，泵房主体工程提前封顶，2.35公里防洪堤基本完成，工程建设后市主城区防洪工程将形成完整封闭圈。扎实推进玉田水库扩建工程，完成投资约2.2亿元，计划于2023年6月底前主体工程完工。乐平市塘西联圩除险加固工程加快推进，累计完成投资1.12亿元。昌江浮梁县段（兴田乡）河道治理工程累计完成投资5440万元。景德镇水利枢纽、共

景德镇水利枢纽工程顺利完工

产主义水库除险加固、玉田水库除险加固、续湖联圩除险加固等一批重点水利工程相继完工。持续推进城乡供水一体化，全年完成投资1.318亿元，完成13处水源工程、26处农村供水工程，受益人口16.9万人，农村自来水普及率达90.57%，高于全省平均水平。

【开展国家节水型城市创建】 5月，开展国家节水型城市创建工作，顺利通过省级联合初审。11月初，通过国家部委材料初审，国家节水型城市创建工作取得阶段性成果，为全市创评“联合国人居环境奖”奠定基础。珠山区成功创建为全国第五批县域节水型社会建设达标县，昌江区、乐平市县域节水型建设达标县顺利通过省水利厅验收。2022年，全市有1家企业获得省级节水标杆企业称号，3家企业获得省级节水型企业称号，2家单位获得省级公共机构水效领跑者称号。完善水资源联合调度机制，明确水工程联合调度、水资源统一调配和水生态流量监测等有关要求，市水利局统筹协调水资源，有效保障大旱之年昌江流域城乡供水、农业灌溉、工业生产和水生态用水总体正常。

【水土保持生态建设扎实推进】 2022年，推进水土流失综合治理，加大水土保持综合治理力度，完成水土流失综合防治面积40平方千米，其中重点预防保护面积7平方千米。严格执行水土保持生产建设项目水土保持“三同时”制度，加强事前事中事后监管、监督执法及违法案件查处，对225个在建生产建设项目全覆盖开展水土保持监督检查。严格执行水土保持方案一稿制审批制度，全市审批121个生产建设项目水土保持方案。浮梁县水利局被评为全国水土保持工作先进集体。

【继续开展水库移民后期扶持】 全市涉及水库移民乡镇44个，包括360个行政村，922个村小组，大中型水库移民50481人，其中直接补偿人口29922人，无法核定人口20559人。水库移民主要由“两江”（新安江、富春江）水库移民、三峡水库移民、浯溪口水库移民和其他大中型水库移民组成。2022年度，中央下达景德镇市大中型水库移民后期扶持项目资金6775.97万元，实施水库移民后期扶持项目433个，受益村组558个，受益水库移民50481人次。

【全面加强河长制湖长制】 全市河湖管理保护水平持续提升，深化“河湖长+检察长”“河湖长+警长”联动协作长效机制，定期召开会议、互相通报情况、协调解决问题，进一步加大河湖保护、管理与治理力度。开展“清河行动”，全市各级河湖长巡河湖近3万次，先后下发河长令3份、督办函8份以及梳理各类损害河湖水域环境问题127个，全部整改完成，实现河长制、湖长制全面建立到全面见效。加大河湖长制宣传教育力度，投入约80万元打造全省首家河湖长制主题公园。乐平市水利局被评为2019—2021年度江西省河长制工作先进集体。玉田湖成功入选第二批省级重要湿地名录。

【健全法治水利体系】 全面推进依法治水、依法管水，着力提升水事服务管理法制化规范化水平，先后开展“世界水日”“中国水周”暨“第四届江西省河湖保护周”系列宣传活动，市县两级联动宣传《中华人民共和国长江保护法》等水利法规条例，发放宣传品2万余册。推进扫黑除恶斗争常态化，开展河道非法采砂专项整治行动，全年查处非法采砂行为9起，没收非法砂石500余吨，查处非法采砂船1艘、挖掘机9台，查处水事违法案件11起，处罚11人，罚没金额17.7万元，形成依法严惩的高压态势。

【深化小型水库管理体制改革】 全市446座小型水库全部通过政府购买服务方式开展专业化养护，全面推行工程运行管理与维修养护分离，切实解决水利工程“重建轻管”的现象，有效提升水利工程运行管理水平。持续推进农业水价综合改革，乐平市、浮梁县、昌江区列入江西省农业水价综合改革“整体推进县”。

【深入推进营商环境优化升级】 将营商环境优化作为“一号改革工程”，梳理完成42项局本级“只跑一次、一次不跑”政务服务事项清单以及4项“市县同权”事项清单。进一步压缩证明事项承诺时限，水文水资源监测资料统一汇交等6项事项压缩承诺时限29天。开展告知承诺制改革工程，对河道范围内建设项目审查等5个事项实行“承诺制+容缺”审批制度，对农村集体经济组织修建水库审批等3个事项实行承诺制审批制度，全力推进水利营商环境优化升级，助推全市经济社会高质量发展。

（聂波文）

珠山大桥（潘旺福 摄）

工 业

综　述

【概况】2022年，全市556家规上工业企业完成工业产值1319.8亿元，同比增长30.8%；工业增加值同比增长8.4%，增速列全省第6位；实现营业收入1358.9亿元，同比增长27.6%，增速列全省第1位；实现利润总额69.9亿元，同比增长37.8%。

聚焦优势产业，打造发展高地。2022年，围绕陶瓷、航空、精细化工和医药三大优势产业，立足汽车、电子信息等特色产业，持续推进产业延伸扩张集群集聚，不断提升产业能级。做大陶瓷产业，把先进陶瓷作为主攻方向，成功举办全球先进陶瓷暨高科技产业发展大会，设立先进陶瓷产业发展基金，中日先进陶瓷产业合作园加快推进，电镀集控中心、先进陶瓷检测分析中心和“一室三中心”研发平台投入使用，先进陶瓷企业达134家，陶瓷产业营业收入预计达660亿元。做强航空产业，抢抓国家军民融合发展战略机遇，以航空小镇为依托，着力构建了整机制造、零部件配套、通航服务“三位一体”产业发展格局，推动航空产业强起来，预计营收达240亿元。做优精细化工和医药产业，依托乐平精细化工产业基地和鱼山医药产业园，立足基础化工、维生素、医药中间体、新材料、生物医药五大优势产业链，促进产业集群发展，预计营收达640亿元。推动数字赋能，全力实施数字经济“一号发展工程”，推动产业数字化、数字产业化，景德镇市成为国内首个获得陶瓷行业标识解析二级节点建设许可的城市。中国陶瓷工业互联网平台正式启动上线，获得央视等媒体广泛关注，平台运行后，汇聚超1.5万条陶瓷资源数据，吸引1万家产业服务商，3000余家全国陶瓷产业链上下游企业入驻平台。新增上云企业1.2万家，列四小市第一；新增省级两化融合示范企业43家，创历史最好成绩。

加快项目建设，添蓄发展动能。景德镇市围绕工业倍增三年行动计划，坚持抓项目建设不放松。2022年，全市纳入重大项目管理调度平台的亿元以上工业项目共有407个，位列全省第五名，同比增长109.8%，总投资2172.2亿元，同比增长611.%。其中，投资20亿元以上重大工业项目有42个，位列全省第七名，总投资1235.6亿元。全年全市完成工业固定资产投资同比增长12.2%，列全省第四位，完成工业技术改造投资同比增长34.1%，列全省第2位。组织并指导企业成功申报国家、省级各类专项资金4561万元，较上年增加1191万元。从市级工业发展专项资金中划拨600万元用于贷款贴息，撬动引导社会投资52.2亿元。

着力扶优扶强，优化发展环境。坚持每月开展企业服务日活动，市委、市政府主要领导亲自挂帅，建立市级领导、联点市直部门、驻企特派员三级联动机制，先后对“老树发新芽”“专精特新”“数字经济”“科技创新”“升规入统”等企业分专题开展帮扶，累计帮助企业解决重难点问题超过120个。支持企业发展，出台扶优扶强16条政策措施，鼓励存量企业实施增资扩产，全力提升企业核心竞争力，推动“老树发新芽”。重点调度和服务38个增资扩产项目，其中16个项目实现建成投产。强化企业培育，实施企业培优行动，通过梯次培育和重点扶持，推动“个转企、企升规、规改股、股上市”。天新药业实现主板上市，全市主板上市的制造业企业达到6家，位居全省第4。宏柏新材料成功通过国家级单项冠军复核。新增国家级“专精特新”“小巨人”企业2家、省级“专精特新”企业43家，创历年最好成绩。连续两年新增规上工业企业破百。

推动园区建设，夯实发展平台。全面推动乐平工业园区，陶瓷工业园区、浮梁产业园调区扩区，浮梁产业园成功获批，园区面积从348.24公顷扩大至791.06公顷。全面启动昌江区鱼丽工业平台省级工业园区申报工作。推进特色发展。重点推进中日先进陶瓷产业园、航空产业园、鱼山医药园、中科泛半导体产业园等特色产业发展平台建设，努力打造在全省、全国有优势、有竞争力的特色产业集群。乐平市获评全省首批高质量发展试验区。促进融合发展。建立“飞地经济”模式，支持各县（市、区）、园区之间打破行政地域界限，建立招商利益共担共享机制，促进资源优化配置和项目合理布局，实现合作共赢。加快推进产城融合，大力推动高新区、昌江区“两区”融合发展。

【强化顶层设计】2022年，以市工业强市建设工作领导小组名义印发《景德镇市工业倍增三年行动计划2022年实施方案》，明确2022年全市工业发展主要目标任务，重点围绕陶瓷、航空、精细化工和医药等优势产业，全力推进产业基础高级化、产业链现代化，打造特色产业发展新高地。强化工业强市领导小组作用，建立信息收集、问题解决、考核评价等工作机制，全力以赴稳增长、强产业、优环境。

【推进亿元工业项目建设】 2022年，全市工业项目加速推进，从项目数量上看，提前超额完成“三年倍增行动”指标任务。纳入重大项目管理调度平台的亿元以上新(续)建工业项目407个(其中，投资20亿元以上重大工业项目有42个，总投资1235.6亿元)，总投资2172.2亿元，比上年同期增加210个。

【推动企业“专精特新”发展】 2022年，支持开展“专精特新”中小企业认定，培育一批代表全市产业特色和创新水平的中小企业，促进企业走“专精特新”发展之路。推荐92家企业参加申报，其中43家成功入围，年新增创历史最高。至年底，全市有效期内省级“专精特新”中小企业95家，其中，航空装备14家，医药制造8家，精细化工6家，先进陶瓷8阿家，陶瓷文创27家，电子信息8家，汽车零部件1家，机械制造4家，家用电器3家，建筑材料4家，新材料1家，农副食品10家，包装设计1家。

【打造专业化小巨人企业】 2022年，推动优势企业做专做强，崛起为细分产品市场龙头和专业化小巨人，提升核心竞争力，逐步走向“小而专、小而优、小而强”发展路子。年内围绕全市“3+1+X”主导产业，组织21家企业申报国家、省级“专精特新”“小巨人”企业。其中，景航锻铸、联晟电子2家企业入围国家级，电化乐丰、百特威尔、景华特陶3家企业入围省级,使全市省级以上“小巨人”企业总数达到18家，中小企业梯次培育核心队伍不断发展壮大。

【工业互联网建设】 2022年，牵头中国陶瓷工业互联网平台、全国首个陶瓷标识解析二级节点项目建设和申报工作，以当年申报、当年建成、当年运营的速度，建成了全国首个陶瓷行业工业互联网综合服务平台和工业互联网标识解析二级节点(陶瓷制品制造)，并在11月9日举行的中国陶瓷工业互联网生态创新发展峰会上正式启动上线，至年底汇聚超1.5万条陶瓷资源数据，吸引1万家产业服务商，300余位陶瓷大师及3000余家全国陶瓷产业链上下游企业入驻平台，成为全行业的“产业云脑”，为景德镇市陶瓷行业数智领航发展提供“景德镇路径”。平台建设获得中视新闻、《光明日报》等国内大型媒体的报道和高度认可。

【“两化”融合建设】 2022年，景德镇市新增企业上云数突破1.23万家，完成全年指标任务(3000家)的410%，当年新增数列全省中上游，四小地市第一，增速保持全省第1。指导企业开展国家级两化融合管理体系贯标，江西天新药业有限公司、乐平鑫博源电子有限公司获批国家级两化融合管理体系评定证书。指导企业申报省级信息化和工业化融合示范企业，江西天新药业股份有限公司等43家企业获批省级信息化和工业化融合示范企业。组织企业申报2022年省级工业发展专项(省级中小企业发展专项)项目(第二批)申报工作，3家公司获省级发展专项资金支持。组织推荐景德镇黑猫集团有限责任公司获国家级创新领航企业荣誉。组织推荐昌河飞机工业(集团)有限责任公司“智能在线检测”场景获批国家级智能制造优秀场景。组织推荐长虹华意压缩机股份有限公司、江西宏柏新材料股份有限公司、景德镇乐华陶瓷洁具有限公司获批2022年度江西省智能制造标杆企业。

【政府性融资担保机构助企纾困】 2022年，景德镇市中小企业融资担保有限公司发挥政府性融资担保逆周期调节作用，积极实施优化升级营商环境“一号改革工程”，持续执行抗“疫”纾困服务模式，增设普惠金融中心服务窗口，运用审批绿色通道，实行“一企一策”降低企业融资门槛，有效提高企业融资的可得性。全年新增金融服务46.39亿元，同比增长27.97%；在保余额达28.38亿元,在保客户753户，其中小微企业和“三农”主体服务规模占比超90%，工业企业占比超50%；普惠金融业务产品种类达28项；综合担保费率降至0.35%。公司获省级融资担保机构贡献奖，小微企业融资担保业务降费奖补资金608.4万元；被认定为首家省级融资担保类中小企业公共服务示范平台。

【工业企业创新研发】 5月13日，昌河航空、明兴航空、景光电子3家企业4项新产品获2021年度省级优秀新产品奖，其中一等奖2项,三等奖2项;7月18日，景德中药等11家企业被认定为第1批市级企业技术中心；8月5日，江西直升机公司JH–5小白虎无人驾驶直升机、JH–6“小麻雀”单兵共轴飞行器入选《江西省首台(套)重大技术装备推广应用指导目录（2022年版）》；12月9日，联晟电子、富祥药业、远洋威利3家企业入选第二届"赣出精品"企业名单；12月13日，昌兴航空、赛复乐、金意陶3家企业被认定为第25批省级企业技术中心，至年底全市企业技术中心总数达到30家，其中省级以上企业技术中心22家。

【陶瓷工艺美术人才建设】 8月5日，景德镇市丁虹等7人成功获评"中国工艺美术大师"称号，占全省获评总数的7/9。9—11月，配合省工信厅、省人社厅开展江西省第八届工艺美术"杜鹃奖"评比活动，全省共计60人获奖，其中，景德镇38人，占全省获奖总数的63.33%。金奖获得者10人，景德镇8人。2022瓷博会期间，成功举办江西省第八届工艺美术杜鹃奖作品展暨江西省第八届中国工艺美术大师作品展和"杜鹃奖"颁奖仪式。

（郭婷玉）

陶瓷产业创新发展

【概况】 2022年，景德镇陶瓷产业创新发展中心逐步将原江西省陶瓷工业公司和原景德镇市工业国有资产经营公司（原市工业管理办公室）两大系统，进行人、财、物整合，制定和完善相关内部管理制度，并正常运转。利用系统现有资源，聚焦陶瓷产业数字经济、传统传承、创新发展等方向，打好坚实基础，助推景德镇国家陶瓷文化传承创新试验区建设。

【建设景德镇陶瓷产业全链地图】 2022年，与中国信息和通信研究院江西分院共同合作建设景德镇陶瓷产业全链地图，作为景德镇陶瓷产业数字经济基础性建设。产业地图运用云计算、大数据、移动互联网和5G等技术，以园区库、企业库、经济指标库、产品库和产业集群库等多维数据为基础，建立全市相关园区、陶瓷企业等实时连接，对全市陶瓷相关企业真正实现数字化赋能，成为市委、市政府及管委会管理景德镇陶瓷产业的总参部、总指挥部。至年底，完成珠山区、昌江区、高新区等县（区）数据采集工作，初步完成珠山区全链地图可视化建设。

【打造四个传统工艺传承发展"示范点"】 2022年，依靠系统内陶瓷资源，分别在光明管理处打造青花玲珑示范点、在建国（人民）管理处打造青花梧桐示范点、在艺术瓷厂打造粉彩示范点、在雕塑瓷厂打造雕塑示范点，通过吸引传统工艺大师、工匠聚集，共同交流研讨、制作创新，形成陶瓷工艺产、学、研新平台，不断激发传统工艺生命力，吸引新鲜血液融入传统工艺进行传承发展，促进传统工艺创新升级。至年底，青花玲珑示范点具备产品生产、文化交流、工艺传承等基本功能，青花梧桐示范点完成基地建设，粉彩和雕塑示范点仍在建设过程中。

【景德镇陶瓷包装智慧园建设】 8月，陶瓷包装工业设计中心设计团队开发的"一纸结构"环保型陶瓷包装作品获全国包装创意设计大赛一等奖。年内，景德镇陶瓷包装智慧园从设备、服务、产学研等方面能力和水平全面提升。引进德国海德宝4色胶印机、德国高宝6色胶印机、日本小森5色胶印机等100余台套国内外先进的印刷包装设备，构成保障产品产能，精益产品品质的现代化生产链条。与南昌大学、南昌航空大学、陶瓷大学设计艺术学院、陶瓷大学法学系、陶瓷大学科技艺术学院、江西陶瓷工艺美术职业技术学院设计艺术学院、景德镇艺术职业大学7所高校签订校企合作协议并成为高校教学的实践基地。

【景德镇陶瓷产业数字经济论坛召开】 8月15日，在三宝蓬美术馆学术报告厅，召开"数字经济赋能陶瓷产业发展工作推进"论坛会，景德镇国家陶瓷文化传承创新试验区管委会主办，景德镇陶瓷产业创新发展中心承办，市各有关部门及景德镇市陶瓷企业家联合会会员单位130余人参加。论坛会紧紧围绕"数字价值、赋能转型"主题进行交流，推出陶瓷产业数字经济赋能倡议书，推广数字经济赋能陶瓷产业发展新理念、新知识，为景德镇陶瓷数字经济拉开新的帷幕。

（冯燕玲）

航空工业

航空工业直升机所

【概况】 2022年，直升机所履行强军首责，改革创新，增强发展动能，推进重大项目建设，完成各项考核指标任务。

全年型号研制成果丰硕。AC313直升机荣获中国航空学会科技进步奖"特等奖"，研制团队荣获集团公司科技创新"卓越团队奖"。AC313A直升机成功首飞，标志着中国航空应急救援装备体系建设取得新进展。AC352直升机获颁型号合格证，AC352搜救型直升机通过总体技术方案评审。AC311A警用型和医疗救援型完成适航取证并交付西藏用户。AR-500W无人机完成水面移动靶试，验证了AR-500W打击水面移动目标能力。全年获国防科技进步奖3项（二等奖1项，三等奖2项），中国航空学会科技进步奖3项（特等奖1项，三等奖2项），航空工业科技进步奖11项（一等奖1项、二等奖4项、三等奖6项）。全年共申请专利305项，其中发明专利269项，新授权专利209项；签订14项专利许可合同，金额104万元；首次获中国专利优秀奖1项，获江西省推荐申报第24届中国专利奖评选1项，向航空工业集团公司报送国防专利分析20篇。

4月28日直升机所成立赋能工程中心，实行党校、团校、培训中心“一套班子、集中办学、资源共享”办学新路子，为干部提升、员工赋能打造新平台。7月14—15日，直升机所以优异成绩通过集团公司先进文化力建设星级评定（现场考核），获评三星级文化建设单位。11月10日，AC313A直升机荣获第三届金芦苇工业设计奖“优秀产品设计奖”。12月7日，AR-500W无人机成功完成水面移动实弹靶试，验证了AR-500W直升机打击水面移动目标的能力。

2022年“双青”开班仪式

【通过武器装备质量管理体系认证】 2月17—20日，直升机所的武器装备质量管理体系的覆盖范围通过认证。审核范围覆盖天津、景德镇所区，包括鄱阳基地。该次认证是“天津直升机研发中心”第一次取得武器装备质量管理体系证书，标志着“天津直升机研发中心”的武器装备设计开发能力取得认可，为直升机所“一所两地三区”持续健康发展提供了坚实基础。

【实施“三青培养”计划】 4月26日，召开首届人才工作会议，系统实施“青马”工程、“青蓝”“青苗”计划及新员工“启航”工程，有序推进学员选拔、计划制定、培养落实，选拔26名青马工程学员、81名“双青”学员进入能力提升阶段，打造直升机所人才培养样本工程。

【AC313A直升机实现首飞】 5月17日，大型多用途民用直升机“吉祥鸟”AC313A在景德镇吕蒙机场成功首飞。AC313A直升机是在AC313直升机基础上研制的一款13吨级大型多用途民用直升机。该型机应用工业设计理念，采用宽体机身结构，整机外形优美流畅，整体风格稳重大气。换装新型发动机，提升传动系统功率和寿命可靠性，升级机电、航电、飞控、操纵等系统，增装健康监测系统（HUMS）、旋翼防除冰等机载设备。最大外吊挂起飞重量13.8吨，洒水能力5吨，可运输28名乘员。海拔4500米典型高原使用环境运输1.3吨货物航程可达600千米。具备执行消防灭火、搜索救援、

“吉祥鸟”AC313A首飞

紧急医疗救护、人员物资运输、警用执法等任务能力。

【搭建产业协同创新平台】 6月23日，成立直升机协同创新中心，探索科技创新市场化改革的新路径和新模式，打造直升机所科技创新的“尖刀班”“突击连”，着力构建直升机科技创新高地和行业新地标。成立垂直起降飞行器体系实验室，打造体系创新平台，统筹推进低空领域装备的需求论证、体系仿真、虚实集成能力一体化建设、协同化发展，深度开展陆、海、空、武警装备运用推演与体系建设工作，推进机载系统集成供应商体系建设。

【AC311A直升机完成医疗救援型完成构型取证】 6月29日，民航华东地区管理局适航审定处批复AC311A直升机医疗救援构型取证。直升机所2021年启动AC311A直升机医疗救援型和警用型研制工作，2021年6月完成初步技术方案；2022年，3月完成详细设计，5月完成医疗救援担架和驾驶员的机上地面试验。

【AC352直升机获颁型号合格证】 7月26日，中国民用航空局颁发先进中型多用途民用直升机直15（AC352）直升机型号合格证，标志该型直升机研制工作取得成功，具备进入国内民用市场的条件，填补中国民用直升机谱系空白。

【AC352搜救直升机通过总体技术方案评审】 11月18日，AC352搜救直升机总体技术方案通过评审。作为中国航空应急救援力量体系重要参与力量，AC352搜救直升机是在已完成适航取证的AC352直升机基础上进行改型研制的一款直升机，通过改型研制能够在海上搜索救援、应急运输等任务中发挥优势作用，支持中国应急救援体系建设。

【国企改革三年行动收官】 12月，直升机所国企改革三年行动高质量收官攻坚战取得阶段性胜利，改革任务完成率100%，改革三年行动考核成绩在全集团名列前茅，并在航空工业集团公司对直升机所的年度经营业绩考核中获得专项考核加分。形成一批标志性改革成果和经验。共计上报航空工业集团公司及国资委7篇改革案例，其中3项被纳入航空工业集团公司改革经典案例集、2项被航空企业管理协会纳入航空企业管理杂志刊发、1项被作为航空工业集团公司改革三年行动优秀成果在集团微信平台刊发。

【AR-500C无人直升机系统状态鉴定通过评审】 12月22日，AR-500C无人直升机系统状态鉴定通过评审。AR-500C无人直升机主要用于高海拔地区的物资运输及投放，成功在海拔5380米完成起降，最大升限飞行达7000余米，创造了多项国产无人直升机飞行新纪录。该型机具备出色的高原运输、战场侦察、通信中继、边防巡视能力，增强了中国高原边防作战和补给能力。

【AC311A直升机警用型完成构型取证】 12月28日，民航华东地区管理局适航审定处批复AC311A直升机警用构型取证。AC311A直升机警用型是景德镇地区直升机厂所发挥社会责任，支援西藏高原地区应急救援体系和警用航空队伍建设专门研制的新构型。在该构型研制中，AC311A配装了光电吊舱、图像传输系统和乘员氧气等设备。

（李春至）

昌飞公司

【概况】 2022年，昌飞公司推动各项工作的高质量完成，打赢疫情防控和科研生产“双线战役”，优质实现均衡生产目标，全面完成集团公司考核目标及上届职代会任务目标。

稳步推进“创新决定30条”工作，成功召开公司第五届科技创新大会，全面推进公司科技创新发展。全年公司获得国防科技进步奖2项，江西省新产品一等奖1项，航空学会科技进步特等奖1项，航空工业科技发明二等奖1项，航空工业科技进步奖6项。质量安全专项整治和新时代装备建设质量管理体系建设取得阶段性成果，新时代装备建设质量管理体系在第三、四阶段现场技术审查中华中片区排名第一，通过新时代认证中心现场成熟度评价，推荐为三级+。

年内,AC313A成功首飞，为国家航空应急救援装备建设再添利器。直8护航北京冬奥会，直8L首次亮相珠海航展，引发社会关注。开展航空应急救援装备市场开拓专项行动，AC313A、S-300C首次实现销售。公司国企改革三年行动任务全面完成，获得集团经营业绩考核加分。开展平安昌飞建设，严格落实“安全生产十五条措施”，优秀级通过集团安全生产专项整治三年行动巡查，全年重伤及以上事故、职业病发病率、环境污染事故均为零。公司高质量通过保密现场审查。公司荣获中国工业大奖、江西省制造业领航企业等荣誉。

【直 8 型直升机护航北京冬奥会】 1 月 7 日，“2022 北京冬奥会安保航空救援任务”专项保障团队进驻北京冬奥会张家口赛区，全程保障应急管理部森林消防局大庆航空救援支队的 3 架直 8 型直升机，执行安保和航空救援任务。3 月 30 日，在历经了 68 天的全程安全护航北京冬奥会、冬残奥会赛事工作后，昌飞公司生产制造的 3 架直升机以安全飞行 53 小时 25 分，总起落 70 架次，任务期间完好率 100% 的成绩完成“2022 北京冬奥会安保航空救援任务”专项保障。

【AC313A 大型民用直升机首飞成功】 5 月 17 日，由昌飞公司和直升机所共同研制生产的大型多用途民用直升机 AC313A 在吕蒙机场成功首飞。AC313A 直升机是在 AC313 基础上研制的一款 13 吨级大型多用途民用直升机，可有效地支撑国家航空应急救援体系建设。当日央视《新闻联播》节目播出首飞新闻，《人民日报》、人民网分别于第 11 版及首页刊登相关报道，新华社于海内外媒体同步发文。

【通过新时代认证中心现场成熟度评价】 7 月 25—30 日，中国新时代认证中心审核组一行 5 人，对公司开展装备质量管理体系监督审核和新体系能力成熟度评价。经过现场审核，同意公司通过中国新时代认证中心监督审核和新体系能力成熟度三级评价，并推荐公司新体系能力成熟度等级评定为三级 +。

【共建航空应急救援联合实验室】 8 月 11 日，昌飞公司与南京航空航天大学举行航空应急救援联合实验室揭牌仪式。双方将以联合实验室为契机，发挥各自优势，瞄准航空应急救援标准建设，深入开展项目合作。

【直 8、直 10 型直升机亮相长春航空展】 8 月 26 日，直 8、直 10 型直升机亮相长春航空展。空军航空开放活动期间，空降兵突击分队的直 8、直 10 型直升机进行了反恐营救行动演示。

【AC311A 加装消防吊桶完成“STC”审定试飞】 9 月 30 日，AC311A 加装消防吊桶后在景德镇吕蒙机场顺利完成补充型号合格证（简称“STC”）审定试飞，标志着 AC311A 直升机具备森林消防灭火功能。

【公司第五届科技创新大会召开】 10 月 28 日，公司召开第五届科技创新大会，大会采用“主会场 + 视频分会场”形式召开，会议总结公司 2019 年后的科技创新工作，表彰公司科技创新战线上取得突出成绩的团队和个人，部署下一段时期科技创新的重点工作。

【多款产品参加珠海航展】 11 月 8 日，昌飞公司携多款首次亮相的产品参加珠海航展。在展馆内静态展示直 8 系列直升机、直 10ME、直 11E 以及 AC313、AC313A、AC311A 等模型。AC313A 航空医学应急救援沉浸式模拟训练系统在室外展区展览。直 8、直 10 型直升机进行了室外静态展及飞行表演。

【公司开展“双线作战”】 11 月 19 日，昌飞公司疫情防控工作领导小组第一时间召开紧急会议，分析研判疫情形势，制定疫情防控措施，并迅速启动应急方案，开展疫情防控和科研生产“双线作战”。20 日，公司组织符合防疫要求的 800 余名职工进入吕蒙厂区开展驻厂封闭式工作，抢干生产任务。

【公司主要领导调整】 12 月 7 日，航空工业以视频形式召开昌飞公司干部大会，宣布昌飞公司主要领导调整事宜。徐德朋不再担任昌飞公司党委书记、董事长职务。周国臣履新昌飞公司党委书记、董事长；赵亚波履新昌飞公司总经理、董事、党委副书记。

【首架国产 S-300C 直升机交付】 12 月 22 日，首架国产 S-300C 直升机正式交付华夏九州公司，标志着国产化后的 S-300C 进军国内通航市场。S-300C 直升机是一款 1 吨级轻型多用途直升机，主要应用于飞行员培训、低空旅游、观光等领域。

【AC311A 交付西藏喜马拉雅通航公司】 12 月 30 日，2 架 AC311A 直升机（货物吊挂型、警用执法型）交付西藏喜马拉雅通航公司。自此，昌飞公司共向西藏喜马拉雅通航交付 3 架 AC311A 直升机。（李益乐）

江西景航航空锻铸有限公司

【概况】 2022 年，江西景航航空锻铸有限公司（简称“航空工业景航”）保持战略定力、聚焦客户需求、创新生产组织、奋力攻坚克难，公司营业收入迈上“14

亿元”台阶、生产产值突破“16亿元”规模，成功打入景德镇地区“纳税八强”。年内公司持续巩固航空市场，积极探索发动机、民用航空和航天市场，成为发动机核心主机厂家合格供应商，商飞认证按计划完成阶段性工作，航天、兵器和高端民品市场也取得突破，全年共签订合同订单19.9亿元，完成新品开发2050项，全年完成生产产值同比增长25.6%，各重点任务、急需产品的准时交付受到客户广泛称赞，获航空工业集团“2022年度优秀供应商”称号。在航空工业集团公司发布的2021年度航空产品生产供应商综合评价结果中，荣登“锻铸件供应商”排名第一，同时被评价为“金牌”等级。在江西省工业和信息化厅开展的江西省“专精特新”中小企业集中申报认定工作中，航空工业景航被成功认定为2021年江西省“专精特新”中小企业。

【产能产线持续优化】2022年，公司投入技改资金3000余万元，启动200MN电动螺旋压力机信息化改造、热处理集成控制系统改造、自动化酸洗线改造、钢钛件打磨现场改造等项目，通过热处理、理化实验、取样、下料等资源配置，质量检验能力和效率进一步提升。新老区产线持续优化，通过新区“大精益”单元的打造，开创了新、老厂区皆可独立完成全部生产工序的新局面。

【提升科技创新实力】2022年，组织技术工艺评审60次，取得601所重点型号的材料供应商资质；完成新材料新工艺科研10余项，掌握各类新材料热加工工艺，为新材料新产品开发奠定了基础。公司获批“江西省航空金属材料热加工工艺开发技术创新中心”，科技创新实力得到认可。

【质量管控】2022年，持续开展全面质量提升工作，开展质量专项整顿，聚焦内部质量问题归零，全年梳理质量问题102项，已归零80项；在全公司范围内开展产品防磕碰工作、整治质量责任不明确的管理行为，持续开展QCC改进活动、完成6个课题，在锻造二厂试点开展质量诚信班组建设，全员质量责任意识不断强化，产品退货率相比2021年明显改善，实现了质量损失率0.23%，远低于年初≤0.39%的目标。

【开展对标世界一流管理提升三年行动】2022年，国企改革三年行动主要任务基本完成，开展对标世界一流管理提升三年行动，围绕“向国内一流锻造企业迈进”的目标，制定公司综合能力提升指标体系，实施战略方针、党群文化、集成研发等15个业务域、20个提升目标和21项改进要点。公司认定为江西省“专精特新”中小企业、第四批国家级专精特新“小巨人”企业；管理成果获得航空工业东南片二等奖1个，参加通飞鲲龙杯微创新大赛获得“1金、2银、4铜”的好成绩。

【队伍建设】2022年，打破年终奖“大锅饭”做法，将工资中固定部分的比例由原来的50%下降到40%，浮动部分的比例由原来的50%上升60%；加大了绩效考核的力度，形成正激励和负激励并存的局面；社保基数同比提高20%，住房公积金的缴纳方式按照国家政策进行并轨并普遍得到了提高。推进“长家匠”工作落地，评聘技术、技能人员17人为公司内部专家；开展一、二级培训378次，组织31名新职工“师徒结对”并进行跟踪考核。全年共送出去培训53人次，请进来培训317人次，同时与西北工业大学、南昌航空大学、景德镇陶瓷大学都建立了在职研究生深造机制，年内有11名职工西北工业大学在职研究生学习、有3名职工报名南昌航空大学的在职研究生学习，为职工职业能力提升搭建了良好的平台。

【安全保密工作】2022年，开展“三违”视频检查83人次，现场安全督查24次、督查各类问题整改379项，消减危险点14个；组织各类专项、综合应急预案培训和演练69次。接受集团金航网复审、省保密局保密检查各1次，内部共组织开展2次半年度保密检查、3次信息设备专项检查、7次涉密载体专项检查，突出问题导向，落实问题整改11项，不断夯实保密管理工作基础。

【韩志飞被聘为航空工业通飞“航空制造技术专业一级专家”】2022年，经过中航重机推荐，通飞组织集团专家评审，层层筛选，航空工业景航总工艺师韩志飞被聘为中航通用飞机有限责任公司“航空制造技术专业一级专家”，这是公司获得的航空工业集团内技术专家等级最高的荣誉。

【三届二次职代会召开】1月22日，航空工业景航召开三届二次职工代表大会。会议全面梳理和总结公司上年生产经营工作情况，部署2022年度的经营目标和重点任务。

【Nadcap 热处理认证项目整改通过】 2022 年春节假期，美国 PRI 认证公司对景航公司 Nadcap 热处理认证项目整改工作予以认可，并特别授予景航公司长达 18 个月的认证周期奖励（正常认证周期为 12 个月）。

【FP1000 热模锻精益自动化线验收成功】 2 月 17 日，航空工业景航举行 FP1000 热模锻（小锻）精益自动化线验收仪式。该生产线的顺利验收标志着景航公司生产制造的自动化、智能化水平得到进一步提升，为将公司打造成为“国内一流锻造企业”迈开了坚实的一步。

【荣获多项荣誉】 2 月 25 日，中航重机在贵阳召开 2022 年工作会暨职工代表大会、2021 年度先进表彰会。航空工业景航荣获集体与个人多项荣誉。3 月 21 日，景德镇市全市工业倍增暨招商引资攻坚大会召开。航空工业景航获景德镇市 2021 年度工业企业“纳税二十强”称号。11 月 2 日，江西省国防科技工业文化联合会第二届三次会员代表大会在吉安举行。会上，航空工业景航被评为“江西省国防科技工业军工文化建设先进单位”并授予奖牌。

【冉兴到航空工业景航调研】 6 月 9 日，中航重机党委书记、董事长、总经理冉兴一行到航空工业景航开展调研，中航重机证券法务办公室主任王文胜等陪同调研。冉兴对景航近年来生产环境的改善和取得的发展进步表示赞许，并就景航公司未来的发展提出意见与建议。9 月 28 日，总经理冉兴、副总经理毛智勇、副总经理胡灵红及相关部门负责人一行到航空工业景航调研指导工作。冉兴表示，景航公司近年来发展迅速，各方面发展都呈良好态势。面对主机厂的需求变化与激烈的市场竞争，如何在公司转型升级进程中保持良好增长态势，冉兴提出了建议与意见。

【通过中航重机专项质量审核】 6 月 23—24 日，中航重机审核组一行 5 人来到航空工业景航，对公司开展专项质量审核。通过现场审核，审核组一致认为：景航公司领导高度重视质量管理体系建设，形成了多体系充分的融合，供应商管理、与客户有关的过程基本受控，某专项检查涉及的质量体系改进工作的持续性保持较好。

【EP-8000T 生产线交付投产】 7 月 19 日，航空工业景航在锻造二厂 5# 厂房内举行 EP-8000T 生产线正式交付投产仪式。新的主力设备的正式投产有效提升了景航高端锻件的生产制造能力，助力景航打造成为“最具竞争力的中小型航空锻件供应商”。

【接受 IATF16949 年度监督审核】 12 月 13 日，航空工业景航顺利通过 TUV 南德认证检测中心对公司开展的 IATF16949 汽车标准质量管理体系年度监督审核，继续保持认证资格。

【获省级技术创新中心资质】 12 月 30 日，江西省科技厅公示 2022 年江西省技术创新中心名单，航空工业景航顺利完成 2022 年度省技术创新中心（企业类）组建，组建了“江西省航空用金属材料热加工工艺开发技术创新中心”，这是公司首次获得省级技术创新中心资质。（谢文静）

江西直升机有限公司

【概况】 2022 年，公司实现营业收入同比增长 33%，全年运营飞行和各种型号科研试飞累计达 598 小时 44 分，共计 1844 架次。军品完成交付，民用无人机产品与服务受到客户好评，在疫情防控期间开展防疫物资空投至社区，彰显了直升机在应急救援中的独特优势。2022 年是江西直升机公司成立的十周年，也是公司的“转折之年”。十年间，江直公司在产品研发、制度体系建设、人才队伍培养等方面实现了从无到有、从有到优、从优到强的飞跃。

【荣获奖项】 2022 年，中国科协发布《关于命名 2021—2025 年第一批全国科普教育基地的决定》，江西直升机科技馆经过初评、终评和公示等程序，获得 2021—2025 年第一批“全国科普教育基地”殊荣。年内江西直升机公司成功研制“小麻雀”便携式共轴无人机，拥有可折叠、噪声低、长航时等特点，可作为单兵常备装备。该产品获评第 23 届中国国际高交会优秀产品。

【公司控股股权变更完成并更名】 2021 年 12 月 15 日，北京通航所持有的江直公司股权正式在北京产权交易所挂牌，2022 年 4 月，经过 4 轮挂牌，景德镇市国控集团完成摘牌手续。4 月 26 日景德镇市国控集团与北京通航完成股权转让协议的签订，6 月 2 日取得股权交割单，并于当月完成工商变更手续。景德镇市国控集团自此成为江直公司控股股东。2022年8月1日，经江西省人民政府及景德镇市人民政府批准、江西省市场监督管理局核准，“北京通用航空江西直升机有限公司”正式更名为“江西直升机有限公司”。

【JH-2A“小朱雀”教练版获国内首款轻型运动直升机TC/PC证书】6月6日，中国民用航空华东地区管理局向江西直升机公司JH-2A直升机颁发生产许可证书，3月9日获得JH-2A直升机型号合格证书。这标志着江西直升机公司自主研制开发的双座轻型运动类直升机通过民航局型号合格审定，直升机设计、生产满足适航标准的安全要求，具备了量产能力，达到进入民用航空销售市场的必要条件。

【浮梁机场竣工】11月20日，历时三年获批、历时半年建设的浮梁机场项目竣工。浮梁机场项目是省重点工程，第一期投资1.36亿元，该机场成为省内第一个建成的A1类通用机场，标志着景德镇的民用直升机有了完整的试飞空域，为全市通航产业发展提供良好平台。

（余海燕）

汽车工业

昌河汽车

【概况】2022年，昌河汽车贯彻落实北汽集团与江西省政府签署的《支持昌河汽车业务调整和深化改革合作协议》，紧盯目标任务，全力推进乘用车向商用车战略转型工作，生产线技改、高端零部件落地、零部件属地化等重点事项都取得积极进展；抓紧抓牢产品生产、新品导入工作，公司生产经营逐步恢复，全年整车产销同比分别增长130%和76%，营业收入同比增长86%，高效落实完成各项改革任务，为企业高质量发展注入强劲动能。公司员工叶杰获2022年度江西省“赣鄱先锋”荣誉。

【推进企业内部改革】2022年，昌河汽车持续深化内部改革，盘活土地、房产等各类存量资产，精准分类施策，实现资源高效利用。主动配合市委、市政府对昌河39.29公顷土地盘活规划，促进景德镇市昌河片区城市更新改造工作。履行企业责任，强化资源转化利用，化解历史债务，至年底企业资产负债率下降30%，有效缓解了各类风险，助力公司战略转型稳步推进。

盘活人力资源。昌河汽车在改革调整中，主动识变应变，积极探寻盘活用工存量有效机制，不断增强内生动力。前后组织3批次员工赴安徽、山东、九江等地援产、研修，解锁“共享用工”新模式，在有效压降人力成本同时充分发挥出企业内部人力资源活力。

对外开拓市场，实现创收增效。昌河汽车全力保障业务订单交付，积极对外开拓零部件业务，进入国内主流自主品牌一级供应商名录。全年共交付超100万件产品，累计实现外拓市场收入3800多万元。

【“乘转商”改革转型】2月27日，北汽集团与江西省政府签署《支持昌河汽车业务调整和深化改革合作协议》，明确在江西省政府、景德镇市政府的共同支持下，将昌河汽车洪源工厂打造成为北汽集团商用车南方战略基地，按照“15+15”的总体业务规划，同步推进“乘转商”整车、零部件主营业务调整和降债减负工作。

推进“乘转商”业务调整。合作协议签署后，北汽集团和景德镇市政府联合成立北汽昌河项目工作专班。3月底，北汽集团在景德镇设立“江西北汽福田南方汽车有限公司”“江西北汽海纳川星徽汽车部件有限公司”，协同昌河汽车快速推动整车及零部件项目各项工作有序落地。4月，北汽集团和江西国控同股比向昌河汽车注资30亿元，支持昌河汽车乘用车转商用车工作，推进景德镇汽车产业改革转型。

推进洪源工厂“乘转商”技改工作。6月启动洪源工厂生产线技改，对四大车间进行商用车适应性改造，并同步推动祥菱M系列微卡、领航S1系列小卡等2款成熟产品及在研W系列微卡产品的导入工作。至年底，生产线技改和产品导入均按计划完成相关准备工作，为2023年新产品的正式投产奠定基础。

商用车零部件属地化。在属地政府的支持下，昌河汽车按照洪源工厂“乘转商”技术改造及新产品导入进度，推进零部件属地化开发布局。10月，配合属地政府召开重点供应商属地化洽谈会，会后10家供应商与昌南新区政府、福田签订三方协议并完成属地工商注册。

高端零部件落地再创突破。昌河汽车推动与北京海纳川在景德镇的零部件合作项目，10月奔驰高端零部件 VW205（奔驰C级车）EOP项目获量产许可。V253（奔驰GLC）项目于7月获得定点。随着奔驰高端零部件项目正式投产，标志着昌河汽车在高端零部件业务拓展方面迈上新的台阶，也势必将带动景德镇零部件产业走向高端化。12月，又新增6家供应商同意转移至景德镇属地生产。

【领导调研】 4月2日，景德镇市委书记刘锋调研北汽昌河片区城市更新工作并主持召开座谈会，市委副书记、市长胡雪梅，市委常委、常务副市长邓永翔等参加调研。会议就昌河汽车39.29公顷土地收储及规划进行研讨，并初步确定土地收储金额，将项目纳入景德镇重点管控项目。此次调研是市委、市政府主动贯彻落实2月27日北汽集团和江西省政府签署合作协议精神的具体行动，也是全力支持昌河汽车深化改革的一项重要举措，将极大推动昌河汽车深改进程。

7月20日，胡雪梅一行到昌河汽车调研并现场办公，市委常委、常务副市长邓永翔，副市长高晓云等陪同调研。在实地察看奔驰VW205零部件生产试制及冲压零部件生产现场，并听取了昌河汽车业务调整和深化改革工作推进情况后，胡雪梅指出，昌河汽车正处于转型的关键阶段，业务正在优化调整，改革正在持续深化，要加大力度，立说立行，同心同向，抓好落实，努力在转型发展的道路上行稳致远。会上，就支持昌河汽车业务调整和深化改革各项具体事项，与会领导作了沟通和研究，明确了各项支持事项的推进计划、目标节点等关键内容。（李男秀）

电力工业

国家电投集团江西电力有限公司景德镇发电厂

【概况】 2022年，景德镇电厂火电发电量67.08亿千瓦时；风电发电量1.42亿千瓦时；厂区光伏发电量0.037亿千瓦时；供电煤耗293.81克/千瓦时，同比上升0.82克/千瓦时，较年度计划高1.16克/千瓦时。年内企业连续四届蝉联“全国文明单位”称号，连续多年获“江西省文明单位”称号，被授予全国、江西省“安全文化建设示范企业”称号，多次被评为景德镇市年度工业企业“纳税二十强”。

【完成能源保供任务】 2022年，景德镇电厂贯彻落实各级能源保供工作要求，持续加强机组设备维护和生产运行管理，合理控制调峰深度和频率，做好两会、迎峰度夏冬等重要时段的保供工作。克服煤价、运力等客观因素，做好燃料供应保障。坚持员工身体健康和生产经营稳定两不误，紧扣属地政府疫情防控政策最新要求，优化完善疫情防控措施和重要部门、关键岗位的人员应急保障，加大疫情防护知识宣传力度，健全完善疫情防控专项应急处置机制，将疫情影响降到最低，牢固树立和践行“守土有责、守土负责、守土尽责”理念，完成全年保供工作任务。

【安全生产】 2022年，景德镇电厂筑牢安健环体系根基，通过集团公司安健环体系“四钻一星”验证。运用尽职督查、安全责任制评价等手段抓实责任落实，推动岗位安全生产责任制与日常工作的深度融合。持续加大安健环体系管理工具应用力度，有效发挥双重预防机制、风险数据库等工具的促进作用。不断加大科技创新投入力度，挖掘设备潜力，荣获国家发明专利1项。强化应急能力提升，抓实应急演练和培训，全面提升应急响应和处置能力，开展各类安全生产大检查24次、专项应急预案和现场处置方案演练113次，获江西省应急厅“安全生产标准化达二级单位”认证。全年未发生环保超国标排放事件，继续保持全国和江西省“安全文化示范企业”称号。

【经营管理提质增效】 2022年，景德镇电厂聚焦“一利五率”“一增一稳四提升”目标，发挥出JYKJ、SDSJ管理体系积极作用。找准财务管理提升着力点、市场营销效益突破点、燃料降本控价切入点。紧盯惠企政策、债务优化等工作落实，挖掘其价值创造能力，较预算节约财务费用1655万元。实现光伏电价补贴、政策补助收入252万元，留底退税收入1.43亿元，全年利润总额较同期减亏52.57%。紧扣电力市场化交易政策，积极研究报价策略，全年实现省间辅助服务市场收入934.55万元，省内辅助服务市场收入1024万元。加强市场分析和沟通协调，保证长协和经济煤种兑现量，全年通过九储通道进煤184.4万吨，内河经济通道进煤19.74万吨，节约物流成本217.14万元。

【推进改革治理提升】 2022年，景德镇电厂着眼构建内容科学、程序严密、运行有效的制度体系，对全厂294项规章制度进行全面修订完善，堵塞管理漏洞。坚持问题导向，聚焦审计检查、巡视巡查和案件办理发生问题，深化自查自纠、强化问题整改，聚焦工作“庸懒散”问题，制定作风建设实施方案，常态化开展作风检查，力促干部员工责任意识的提升，营造干事创业的良好氛围。抓好青年人才培养，创新培养方式，开展“挑战者计划”特色活动，围绕安全生产、党群管理、规划发展、经营管理四个培养方向，制订方案计划，提升青年职工综合素质，学员发电车间郑帆荣获“21届全国青年岗位能手”、集团公司“技能大师”称号。

表5　2022年国家电投集团江西电力有限公司景德镇发电厂发电量等指标情况一览表

名　称	计算单位	2022年12月	累　计	去年同期	去年同期累计
1. 发电量	万千瓦时	76842.60	670832.80	68832.60	698013.80
2. 发电设备平均利用小时	小　时	582.14	5082.07	521.46	5287.98
3. 发电设备平均容量	千　瓦	1320000	1320000	1320000	1320000
4. 发电最高负荷	千　瓦	1320000	1320000	1320000	1320000
5. 电厂生产全部耗用电量	万千瓦时	2444.18	23969.94	2210.81	24428.40
其中：发电生产用电	万千瓦时	2077.93	20827.68	1907.87	21376.11
6. 发电全部耗用电率（按销售电量计算）	%	3.18	3.57	3.21	3.50
7. 发电厂厂用电率（按发电生产用电计算）	%	2.70	3.10	2.77	3.06
8. 厂供电量	万千瓦时	74764.67	650005.12	66924.73	676637.70
9. 上网抄见电量	万千瓦时	73496.43	637571.31	65574.42	664245.27
10. 销售电量	万千瓦时	74398.42	646862.86	66621.79	673585.40
11. 发电耗用标准煤量	吨	222988.96	1909782.16	198768.64	1982509.47
其中：燃油折合	吨	0.00	35.49	3.09	26.80
12. 供电标准煤耗率	克/千瓦时	298.25	293.81	297.00	292.99
13. 发电标准煤耗率	克/千瓦时	290.19	284.69	288.77	284.02
14. 发电用原煤量	吨	324116.50	2768201	285268.00	2857450
15. 发电用燃油量	吨	0.00	24.84	2.16	18.76
16. 发电设备可调小时	小时	744.00	8064.82	744.00	7931.94
17. 发电设备平均可调出力	千瓦	1320000		1320000	

（开园淇）

国网景德镇供电公司

【概况】2022年，景德镇市全社会用电量累计78.62亿千瓦时，同比增长9%，累计增速排名全省第1。其中工业电量累计48.78亿千瓦时，同比增长8.01%，累计增速排名全省第1；制造业电量累计31.89亿千瓦时，同比增长9.53%，累计增速排名全省第1。全网最大负荷123.79万千瓦，同比增长14.34%，五创历史新高；统调最大负荷119.65万千瓦，同比增长13.43%，十创历史新高。完成固定资产投资5.26亿元，完成电网基建投资4.05亿元。台区线损率2.88%，同比下降0.37个百分点，降幅列全省第1。

【电网建设】2022年，滚动修编电网规划，中心城区变电站站址及线路廊道全部纳入国土空间规划。年内在新平开关站举行景德镇电网重大项目建设集中开工活动，开工项目数量及规模均创历史最高，10项电网重大项目将新增变电容量79万千伏安，新建线路总长192.922千米，总投资达12.2亿元，涉及全市大部分县市区，辐射面广，影响力大，直接保障高铁商务区、乐平工业园区等重点片区以及江西赢成、景德镇艺术职业大学等重大项目用电。有序推进主网建设，仅用6个月建成投产校场110千伏输变电工程，创造了景德镇电网基建新速度，并在校场变电站首次召开全省“一键顺控”建设应用现场交流会，真正实现“一键顺控”替代“人工倒闸操作”。建成投运名坊110千伏输变电工程，开工建设青塘、后港220千伏输变电工程及新景德镇北、新鹅湖牵引站220千伏外部供电工程，其中青塘输变电工程创新采用了长螺旋钻孔压灌桩工艺，该工艺在江西省系统内第一次应用于粉煤灰地质。建设配电网，完成配电网投资1.24亿元，推进配电网供电提升“123”工程，梳理建立“补短板”“强网架”两个问题清单，全年整治配电网过载、动态“低电压”问题1732处。

【保障电力供应】2022年，有效应对夏季负荷十创新高的严峻考验，坚决守住民生用电底线，在抗洪抢险、抗旱保供、疫情防控等大战大考中彰显央企责任担当。高效完成高铁商务区、昌景黄客专重大电力迁改工作，完成中共二十大、国家领导人视察调研及中国农民丰收节江西活动、瓷博会、第五届阿拉伯艺术节等重大保电任务。提高电网设备运维管理水平，推行“立体巡检+集中监控”运维模式，实现三跨、外破、易覆冰等特殊区段通道可视化覆盖100%，推动建设综合管廊在线监测系统，实现输变电设施状态实时监控；建立市县乡三级林区线路火灾联防联控机制，累计开展电力设施保护宣传67次，发送隐患通知书115份，签订安全协议32份，与政府联合执法2次、警企联动2次、企业内部联动14次，保障输电线路安全稳定运行。牢记“不停电、少停电”服务理念，创新技术手法，在全省首次采用“主变整体平移法”更换塔山变电站主变，停电次数由2次减少为1次，停电时间由10天缩短为2天；优化不停电作业审核流程，做到申请、勘查、计划等环节无缝衔接，开展不停电作业487次，同比增长19.07%；加强配网检修计划管理,从“单一消缺”向“综合检修、能带不停”转变；推动“图实遥”相符及配电自动化专项提升，缩短故障平均处理时长，台区平均停电时长同比下降20.61%。

【优化营商环境】2022年，政府出台《景德镇市人民政府关于支持电力高质量发展的实施意见》《景德镇市电力接入工程费用分担机制试行办法》，为电网发展创造了良好的外部环境。在景德镇市优化营商环境新闻发布会上，公司从申请办电、保障用电、提升服务三方面，宣传推广提升“获得电力”服务水平系列举措，持续优化办电环节，缩短办电时间，降低用电成本。推行低压“带表勘察”、业扩“365天无休办电”模式，主动对接县区政府重点办，提前掌握项目落地用电需求，全年新装增容申请166.84万千伏安，净增容157.52万千伏安，同比增长19.91%。优化电力接入工程审批流程，实现线上线下“一窗申请、同步受理、并联审批、限时办结”，全流程办理不超过3个工作日；打通办电系统和政务平台接口，实现“零证办电”“刷脸办电”；用电报装系统与政府工程建设项目审批管理系统实现贯通，提前获取重点项目建设信息，主动提供从业务受理到装表

7月15日，公司在全省首次使用“主变整体平移法”更换110千伏塔山变电站主变

接电全过程服务，缩短用户办电时长，线上办电率93.25%，低压居民接电平均时长1.1个工作日，小微企业1.75个工作日；全面实现160千瓦以下小微企业办电零投资，节约用户办电成本近1800万元，累计受惠用户达2600余户。

【争先创优】2022年，国网景德镇供电公司获评国家电网有限公司2022年先进集体、国网江西省电力有限公司同业对标经营专业标杆单位、2022年度景德镇市工业倍增工作先进单位、景德镇市希望工程突出贡献奖。国网景德镇乐平市公司获评国网江西省电力有限公司先进县级供电企业，国网景德镇供电公司团委获评国网江西省电力有限公司五四红旗团委，变电运行中心蛇龙运维班获评景德镇市青年文明号；14人获地市级以上荣誉，其中1人获评国家电网有限公司劳动模范，1人获评国家电网有限公司优秀共青团员，1人获评全国电力行业职业技能竞赛优秀技能选手，1人获评国网江西省电力有限公司赣电工匠，1人获评国网江西省电力有限公司巾帼建功标兵。

（方　勤）

机械制造工业

长虹华意压缩机股份有限公司

【概况】2022年，公司推进产品提质、生产提效，深耕国内外市场，与关键客户达成长期战略合作协议，在主业和新业方面都实施了海外项目。同时，公司各基地一体化的数字化工厂建设启动实施，实现了销、产、供、仓储、品控、设备、能源衔接流程化、标准化、数据化，以及生产过程数据的实时自动采集，订单、产品、成本、生产相关数据的全面互联互通。全年销售收入130亿元，同比下降0.78%。利润2.6亿元，同比增长47.70%。全年生产冰箱冰柜压缩机6702万台，同比下降2.97%。全年冰压业务实现总销量6731万台，同比小幅下降0.9%，大幅跑赢行业大盘（根据产业在线数据，2022年中国冰箱压缩机行业总销量同比下降10.3%），连续10年保持行业产销量第一。

【2021年度表彰大会召开】1月27日，公司在202厂房生产现场组织召开了“踔厉奋发、笃行不怠”2021年度先进表彰会。公司领导肖文艺、史强、余万春、何成志、陈思远、姚建林及全体中干正职、先进集体代表、先进个人参加会议。公司党委书记、董事长杨秀彪在会上作总结讲话。副总经理肖文艺宣读《关于表彰2021年度先进集体和优秀个人的决定》。总工程师何成志宣读《关于表彰2021年度长虹华意技术创新优秀成果和先进个人的决定》，公司领导为获得先进集体、先进代表及技术创新先进个人领奖。

【荣获奖项和荣誉】1月21日，长虹控股集团第二届、股份公司第五届职工代表大会暨长虹控股集团2022年方针目标誓师大会在绵阳召开。大会对2021年度经营卓越单位、经营优秀单位予以表彰。长虹华意因优异的年度经营业绩，被授予“2021年度经营卓越奖”，并成为长虹集团唯一荣获该奖项的异地子公司。3月21日，全市工业倍增暨招商引资攻坚大会召开。大会宣读了《景德镇市人民政府关于通报表彰2021年度工业企业纳税20强的决定》，长虹华意获“2021年度工业企业纳税20强”荣誉称号。年内，景德镇市委、市政府联合印发《关于授予彭想生等115名同志为景德镇市第九批“专业技术拔尖人才”称号的决定》，公司员工刘斌获此殊荣；长虹华意《小型高效定变频冰箱压缩机关键技术应用及研究》的成果项目，被授予2021年度江西省科学技术进步奖三等奖。

【三届四次职工（会员）代表大会召开】3月19日，长虹华意三届四次职工（会员）代表大会召开。公司领导肖文艺、史强、余万春、何成志、陈思远、姚建林出席会议。三分之二以上的正式代表出席会议，部分党团代表应邀参加会议。会议审议通过《长虹华意2021年公司工作报告》和《长虹华意2021年工会工作报告》，并采取无记名投票表决的方式，通过《关于要求长期不在岗员工返岗的议案（草案）》。公司工会代表员工与公司签订《长虹华意2022年集体合同》。

【铸造项目联动试产】3月26日，长虹华意铸造项目联动试产正式启动。公司铸造项目的联动试产，标志着长虹华意打通全产业链，培育新的核心增长极向良性发展，是长虹华意发展史上的重要里程碑。公司副总经理肖文艺、总工程师何成志、副总会计师熊光海、工会主席陈思远、总经理助理姚建林，长虹工业指挥部、承建方、监理单位、设备制造商、项目组全体成员以及长虹华意各单位正职共46人见证了这一历史时刻。

【领导到长虹华意调研指导】 5月31日,长虹控股集团党委委员、副总经理杨军一行莅临长虹华意对公司经营发展、安全生产进行指导调研。公司领导肖文艺、余万春、何成志、熊光海、陈思远、姚建林陪同调研。杨军一行听取公司领导就经营发展、华铸项目、安全生产、疫情防控等工作的汇报，询问了公司今年经营情况。对公司在当前严峻的经济形势下取得业绩增长表示肯定，为长虹华意经营团队点赞。随后，杨军一行深入华铸公司、总装车间现场调研。

6月7日，省委书记、省人大常委会主任易炼红在省委常委、省委秘书长史文斌、市委书记刘锋以及高新区主要领导的陪同下到公司展开调研，公司副总经理肖文艺、工会主席陈思远陪同调研。

易炼红一行先后到华铸公司、车间一线展开调研，实地了解公司生产经营、产能规模、产业布局等情况。易炼红对公司这几年通过大规模技术改造，设备更新，提升了企业的创新力、创造力、竞争力，给予充分肯定。

11月3日，长虹控股集团党委书记、董事长赵勇到长虹华意加西贝拉调研，强调数字化转型要坚持以质量为魂，提高全过程的精细化管理能力。长虹华意党委书记、董事长杨秀彪，长虹华意、加西贝拉总经理张勤建，长虹华意高级顾问朱金松，长虹华意党委副书记史强，加西贝拉总经理班子成员等陪同调研。赵勇在参观加西贝拉三厂智能制造生产车间、新能源汽车空调压缩机生产线、智能化产业园建设现场、二厂技术中心企业展厅等后，召开了座谈会。

【庆祝建党101周年暨“两优一先”表彰会召开】 7月1日，长虹华意公司党委召开庆祝建党101周年暨“两优一先”表彰会，纪委书记史强主持。公司领导肖文艺、何成志、段守辉、陈思远及各基层党支部书记等出席会议。会上宣读《关于表彰先进基层党组织、优秀共产党员和优秀党务工作者的决定》。共有3个基层党组织、20名优秀党员、4名优秀党务工作者受到表彰。此外，公司还对获上级党委“两优一先”的代表进行表彰。杨任平、包阳阳、詹志武分别代表先进基层党组织、优秀党员、优秀党务工作者发言。

【长虹华意HCB公司成立十周年庆典召开】 7月2日，HCB10周年庆典正式开启。中国驻巴塞罗那总领馆总领事朱京阳、萨瓦德尔市副市长Gonzalez、巴列斯堡市市长Jose Leiva、加泰罗尼亚大区工业部、大区贸易投资局代表、中国建设银行巴塞罗那分行、中国工商银行马德里分行、中远航运伊比利亚公司、中国检验检疫西班牙总部、中国国航巴塞罗那分公司等驻西班牙十余家中资企业负责人、巴塞罗那当地华人侨领以及多名中国留学生代表、HCB员工及家属逾300人出席庆典。2012年的夏天，创立于1962年的西班牙CUBIGEL工厂正式被长虹华意并购，更名为长虹华意巴塞罗那公司（以下简称HCB），开启了目标世界级领军企业国际化进程的全新篇章。

【“酷冰”NUS125FSC新品亮相2022中国制冷展】 8月1日，“第三十三届国际制冷、空调、供暖、通风及食品冷冻加工展览会”（下称“中国制冷展”）在重庆开幕。作为全球该领域内规模最大的专业展会，每年都会吸引百余个国家和地区的相关企业参展。长虹华意携华意、Cubigel（酷冰）两大品牌的科技新品参加该届中国制冷展，为全球制冷器具提供“芯”动力，助力低碳环保。当天，公司发布长虹华意“酷冰”NUS125FSC智能高效环保变频商用压缩机新品，该款产品采用了空气动力学流体技术、材料表面处理技术、电机控制技术、控制驱动技术等前沿科技技术，以“智能化、宽转速、高能效、低噪声、环保、高可靠性”等特点，获得与会专家、客户的高度认可。

【承办“中国轻型商用制冷产业年会”】 8月25日，以“聚轻商启未来”为主题的2022中国轻型商用制冷年会在素有“人间天堂”之称的杭州正式开幕。长虹华意作为“中国轻型商用制冷产业年会”的承办方，携手各政府部门、行业协会和高校科研机构的领导和专家，以及轻商制冷设备上下游企业等行业翘楚300余人，围绕轻商设备，共同探讨行业上下游如何合力打造新业态下的高品质轻商全体系解决方案。会上就行业形势、产业技术发展及应用等内容进行深入的交流与探讨。

【华意酷冰“1.2.5”新产品矩阵战略全球发布】 10月11—13日，欧洲规模最大、创新程度最高的Chillventa制冷展，在被新冠疫情阻隔四年以后，在德国纽

富祥科技项目

伦堡盛大举办，全球制冷领域的头部企业悉数参展。2022年时值华意酷冰庆祝西班牙工厂成立60年重大发展里程碑，全球正式发布“1.2.5”新产品矩阵战略，其“高效节能+”系统解决方案在该展会受到万众瞩目。（方硕祺）

精细化工及生物医药工业

【概况】2022年，全市规模以上精细化工及生物医药行业共有67家企业，工业总产值593.78亿元，同比增长25.0%；营业收入累计完成637.34亿元，同比增长16.4%；利税总额40.24亿元，同比增长12.6%。

【推进项目建设】2022年，同宇新材、德孚二期、天新药业维生素科技园、黑猫集团、宏柏特种硅烷及硅基新材料、江西赢成、富祥生物科技、凌富生物科技等项目先后顺利开工，项目建设推进快速有力，形成产业新高地。其中，富祥科技项目占地面积近67公顷，总投资50亿元，包含新能源、新医药、生物制品等。天新维生素科技园项目规划总占地面积46.90公顷，总投资32亿元，可新增维生素产能10000吨以上，新增就业岗位800余个，成为国内维生素行业品类齐全的一流科技园。

【培育龙头大企业】7月，天新药业成功在上交所主板上市，全市精细化工及生物医药产业上市企业有世龙实业、黑猫股份、富祥药业、宏柏新材，以及刚上市天新药业，5家上市公司总市值突破400亿元。年内全市在精细化工及生物医药产业逐步形成五大细分领域：以天新药业为主的维生素，以世龙实业为主的基础化工，以黑猫股份为主的煤化工，以富祥药业为主的医药中间体，以宏柏新材为主的硅系化工。

【推动平台大发展】8月，乐平市获批第一批省级制造业高质量发展试验区，全省共4个设区市和7个县（市、区）获此殊荣。年内，乐平工业园区顺利通过第一批省级化工园区认定。精细化工及生物医药产业成为园区最有潜力、最具活力、最备竞争力的主导产业，全市精细化工及生物医药产业产能80%以上在乐平化工园区。至年底全市有精细化工及生物医药行业有省级认定的高新技术企业11家，省级创新型试点企业5家，建有省级科研平台11个、市级工程技术研究中心2个。（万云香）

煤炭化工

景德镇黑猫集团有限责任公司

【概况】2022年，景德镇黑猫集团（下文简称“集团”）在经营形势总体运行平稳，全年实现营业收入174.12亿元，实现利润总额1966万元；上缴税金3.97亿元；炭黑产量88.93万吨，同比减少4.59万吨，下降4.91%；焦炭产量192.33万吨，同比减少1.6万吨，下降0.83%；复合肥产量53.04万吨，同比增加3.12万吨，增长6.25%。面对不利的市场环境，下属景焦能源、黑猫股份、肥业股份强化产供销联动，各大板块在逆境中稳步前行，产品产销率、资金回笼率继续保持着100%的水平高位运行。年内，根据国家知识产权局官网显示，黑猫股份列2022年国家知识产权优势企业榜单；11月19日，朝阳黑猫伍兴岐炭黑有限责任公司4号炭黑生产线投产仪式在朝阳黑猫公司举行；12月24日，开门子肥业公司河南驻马店海藻肥项目一期25万吨高塔成功试生产并产出合格产品。

【转型升级】2022年，集团锚定市场、结合自身优势，投资新上了一批优质项目。1月初，危废处置中心项目在乐平签约，加大全市危险废物处理处置力度，为景德镇市创建“无废城市”添砖加瓦。8月，集团旗下黑猫股份高性能材料公司碳纳米管项目举行开工仪式，布局新能源产业，准确切入新能源赛道。9月，黑猫股份碳基材料一体化项目和超导炭黑项目初步确定工艺流程与设备选型。12月，河南驻马店项目全面竣工投产。新项目为集团实现三年倍增打下良好的基础，为集团新发展增添新动力。

【安徽黑猫公司获“首批安徽省先进化工材料优势企业”】 2022年，在安徽省发展和改革委员会发布的首批安徽省新材料产业优势企业和高成长性企业清单中，安徽黑猫新材料有限公司获“先进化工材料优势企业”。该次公布的优势企业需符合产品在本行业市场占有率不低于10%，企业综合实力在全国同行业中排名前十，近三年年均营收5亿元以上，承担国家、省关键核心技术攻关任务中的任一条件。

【集团危废综合处置中心项目正式签约】 1月5日，年处置50000吨危废综合处置中心和年产2000吨造影剂投资建设项目签约仪式在乐平市为民服务中心举行。该投资建设项目位于塔山工业区，规划用地面积500亩，总投资20.56亿元，项目主要由危废综合处置中心和造影剂生产两大块组成。

【跃华药业公司“吡拉西坦原料药”顺利通过CEP认证】 3月29日，江西跃华药业有限公司收到欧洲药品质量管理局签发的吡拉西坦欧洲药典适用性证书（即CEP证书），证书编号R0-CEP 2020-429-Rev00。标志跃华药业成功打开了欧洲市场，是公司走向世界的一个重要里程碑。

【黑猫股份股价创历史新高】 6月13日，江西黑猫炭黑股份有限公司股价大涨。至当日收盘，黑猫股份上涨10.00%，报收14.19元/股，总市值达106亿元，创下历史新高。

【黑猫集团（青岛）企业技术中心挂牌成立】 6月22日，黑猫集团（青岛）企业技术中心成立挂牌仪式在青岛黑猫落幕，该技术中心的成立，加大了集团在节能减排、绿色发展方面的研发投入，为国家双碳战略的实施落地贡献“黑猫”力量。

【黑猫集团碳纳米管项目正式开工】 8月5日，黑猫集团旗下黑猫股份高性能材料公司碳纳米管项目开工仪式在昌江区历尧古老山地块举行。此次开工的碳纳米管项目总投资约6.8亿元，生产的主要产品——碳纳米管为锂电池导电剂、导电塑料等新材料原料。

【集团荣列2022中国制造业企业500强】 9月6日，中国企业联合会、中国企业家协会在北京发布“2022中国制造业企业500强”等榜单。景德镇黑猫集团有限责任公司以2021年全年营业收入逾150亿元的业绩上榜。至此景德镇黑猫集团连续11年荣登该榜单。

（余　泰）

景德镇华润燃气有限公司

【概况】 2022年，景德镇华润燃气有限公司（下文简称“公司”）坚持一手抓生产一手抓安全，防范化解重大安全风险、坚决遏制各类灾害事故；始终以“想用户之所想，急用户之所及”为原则，为用户提供更多便捷服务，确保平稳供气。全年营业额4.98亿原，等热值销气量1.77亿立方米；全市居民用户16万余户，工商业用户800余户。

【开展安全生产月活动】 2022年，公司落实安全生产责任，提高公司全员和燃气用户安全用气意识，规范用户用气行为，提高用户的安全用气技能，预防各类事故发生。6月起，景德镇华润燃气有限公司多措并举，开展一

黑猫集团旗下黑猫股份高性能材料公司碳纳米管项目开工仪式

系列以“遵守安生产法 当好第一责任人”为主题的安全生产月活动。组织公司全体员工参与全国安全生产月活动组委会办公室在全国范围内开展的“新安法知多少”网络知识竞赛。以“遵守安生产法，当好第一责任人”为主题，分别开展部门员工安全教育培训工作。培训围绕活动主题，分成“观看事故警示视频”“燃气爆炸案例回顾”“学习宣贯《新安全生产法》”“部门半年度形式分析”4部分。

安全知识宣传。特邀全市大型工商燃气用户在公司开展工商业燃气安全知识培训，改善用户不安全行为习惯，强化燃气用户安全用气意识。6月8日，乐平子公司市场客服部组织工作人员前往乐平中等专业学校，开展“燃气安全进校园”活动。6月10日，在大型连锁餐饮米宝堡方家山店开展商业燃气安全宣讲活动，并对该店用气场所开展全面安全检查。6月20日，浮梁华润燃气公司在江西工艺美术职业学院开展燃气安全宣传党日活动。6月23日，客服党支部组织相关人员走进陶阳学校开展以“关注燃气安全，共创平安家园”为主题的燃气安全宣传教育活动。

应急演练提高实战能力。6月9日，景德镇华润燃气运行管理部在206国道门站组织开展第二季度山体滑坡应急演练，现场模拟连日降雨导致门站靠山体侧发生山体滑坡，滑坡影响到管束区设备。演练有序进行，达到预期效果，展示了班组应急抢险的实战能力。

【冬季保供为民生】2022年初，天然气需求急剧上升，冬季保供形势严峻。公司坚持早筹划、早动员，制定详细周密的冬季保供工作方案，多措并举做好气源调度，确保燃气足量、平稳、安全供应。加强场站管理，以LNG为应急补充气源，提高LNG气化设备的气化能力；错峰调度，合理调节工业用户需求时段。运行管理部每周进行一次安全大检查，对气站、管线、燃气设施、施工现场进行严格检查，做到无隐患运行，遇到安全隐患及时上报处理。通过安全教育和培训，提高整体素质和日常维护的业务技能，确保了冬季供气。

【老旧管网燃气改造置换】2022年，公司按照全国、省、市燃气安全专项整治工作部署，落实好集团、省市管道燃气隐患整治要求及景德镇市市长胡雪梅的调研指示精神，于9月30日前完成全市129千米燃气老旧管网改造工作，消除全市老旧管网安全隐患。按照年初制定的景德镇华润燃气老旧管网改造专项工作行动方案，将全市划分六个片区，先后分为三个批次进行系统化推进；130个改造项目全面开工，至6月底，全市完成80个老旧小区燃气改造工作，解决了4837户焦炉气用户人工煤气供气不足的突出问题。改造工作完成新建管道76.8千米，涉及老旧管网42千米，置换废除老旧管网24.5千米，燃气泄漏报修率同比上年下降28.57%。

【保障城市燃气管网安全运行】7月后，景德镇持续高温天气，上升至39度，地表温度则更高。景德镇华润燃气有限公司员工顶着烈日，走街串巷，巡检、查管网、排漏点，守护着全市的燃气安全。7月26日，黄泥头工地，这里正在进行雨污分流施工。巡检员齐斌头戴安全帽，顶着烈日开挖查找燃气管线，并指导施工人员，避免第三方施工过程中破坏燃气管线。用户只要有需要，无论室外温度有多高，他们都会第一时间前往现场为用户排忧解难，积极回应用户需求。

（景德镇华润燃气有限公司）

江西乐矿能源集团有限公司

【概况】2022年，江西乐矿能源集团有限公司（以下简称“乐矿能源”）按照“疫情要防住、经济要稳住、发展要安全”总体要求，实施煤炭主业向西北转移、盘活资产助推企业转型、培育巩固新业态“三条主线”发展战略，实现了扭亏为盈，职工收入实现较大幅度增长，公司呈现出向上向好的发展态势。

【实现安全环保年】2022年，坚持“人民至上、生命至上”安全发展理念，坚守红线意识和底线思维，全面落实企业主体责任，按照“党政同责、一岗双责、齐抓共管、失职追责”安全生产责任制度和“管行业必须管安全、管业务必须管安全、管生产经营必须管安全”的总要求，完善安全生产责任体系，做到不安全不生产，全集团安全生产周期延续1692天。新鸣煤业鸣西煤矿全年生产原煤8.98万吨。高度重视环保工作，完成原涌山煤矿矸石山生态恢复整治销号、沿沟煤矿矸石山和鸣西煤矿矸石山植树复绿等工作。

【主业转移取得成效】2022年，在山西省会城市成立江西乐矿能源集团太原分公司的基础上，又先后在陕西省成立江西乐矿能源集团陕西有限公司、江西乐矿能源集团陕西黄陵分公司，在新疆维吾尔自治区成立了江西乐矿能源集团新疆拜城分公司。全年托管、管理省外煤矿矿井12对，年产能725万吨。第一次在省外实现全托管120万吨的现代化矿井——陕西红石岩煤矿，煤炭主业走出去发展和实现煤矿托管、股权收购、资源整合“三步走”战略迈出坚实的步伐。有序推进非煤矿山项目，成立工作专班和专职机构，办证相关工作进入窗口期，积极对接非煤矿山相关业务。

【推进转型项目发展】 2022年，推进陶源列车项目，引进战略合作伙伴，与山东文旅集团签订了陶源列车综合文旅项目框架协议，利用铁路沿线存量资产、矿区闲置资产、城区优良资产，盘活存量、扩大增量、寻求变量，融入瓷都发展，助力景德镇陶瓷文化传承创新试验区建设。利用矿区闲置房屋及土地资产发展清洁能源，乐矿电力一期装机容量148.5千瓦光伏发电项目实现并网发电。

【助力瓷都发展】 2022年，全力支持景德镇市城市规划及棚户区改造民生工程建设。按珠山区政府要求，全面完成原地铁李家坳换装站土地及地面构筑物等资产征收处置工作，积极推进景德镇市御窑厂一号保护工程棚户区改造项目建设。配合珠山区政府完成原地方铁路管理处仓库4270.05平方米土地和2416.5平方米地面构筑物的征收拆迁工作，为景德镇市黄泥头防洪排涝工程建设做出了乐矿贡献。

【提高职业收入】 2022年，推进“三减三清三进”等改革，效果明显，职工收入得到大幅提升。2022年年末，职工1722人，其中从业人员1095人（在岗1000人），在岗人员年平均工资达9.35万元，同比增加3.59万元，增幅38.4%。住房公积金缴纳比例由原来的8%上调至12%，职工的幸福感、获得感、安全感进一步增强，确保了矿区平安稳定。

（李乐明）

表6 2022年获江西省工信厅表彰企业

单位	荣誉名称
乐平市赛复乐医药化工有限公司	2021年江西省专业化“小巨人”企业
江西景德中药股份有限公司	2021年江西省“专精特新”中小企业
江西远洋威利实业有限公司	
江西吉翔医药化工有限公司	
景德镇凤凰山生态农业开发有限公司	
乐平市立邦化工有限公司	
乐平市洁净漂白土有限公司	
江西乐平万年青水泥有限公司	
江西万年青塑料包装有限公司	
乐平福乐欣农业科技有限公司	
江西春景钙业有限公司	
景德镇市丰林林产有限公司	
江西欧美亚电子有限公司	

续表 6

单位	荣誉名称
江西晨航照明科技有限公司	2022 年江西省“专精特新”中小企业
乐平市洎阳古韵酒业有限公司	
江西省博浩源化工有限公司	
江西煜旺化学工业有限公司	
乐平市康鑫医药化工有限公司	
江西世龙生物科技有限公司	
景德镇市长盛金属制造有限公司	
乐平市中盛化工有限公司	
乐平市创亿钙化物有限公司	
江西盘圣食品酿造股份有限公司	

唐英大道（潘旺福 摄）

陶　瓷

景德镇国家陶瓷文化传承创新试验区

综合协调工作

【概况】 2022年，景德镇国家陶瓷文化传承创新试验区在省委省政府的高度重视和高位推动下，紧紧围绕国家试验区“两地一中心”发展定位，按照“一年见成效、三年上台阶、五年树标杆”要求，推动各项工作落实落地，实现文化底蕴进一步厚植、产业发展进一步壮大、文旅融合进一步增强、人才资源进一步集聚、国际交流进一步扩展的目标。

2022年，景德镇陶瓷工业总产值（测算值）665.37亿元，同比增长28.95%，顺利完成三年倍增计划阶段目标；先进陶瓷产值130.77亿元，同比增长165.63%；陶瓷税收7.65亿元，同比增长46.06%；陶瓷海关出口5.2亿元，同比增长147.9%。

文化传承创新迈上新台阶。一是实施大遗址保护计划。全力推动以御窑厂遗址为核心的申遗工作，扎实推进各申遗要素点文物保护、展示、监测以及周边环境整治等项目，保护景德镇“根”和“魂”。正式实施《景德镇市陶瓷文化传承创新条例》，积极推动湖田窑遗址申报省级考古遗址公园，搭建监测预警平台，完成南市街区域考古勘探。二是健全非遗传承创新体系。完成第二批国家文物保护利用示范区申报工作，编制《景德镇国家陶瓷文化生态保护实验区总体规划》，成立全国首个古陶瓷基因库，成立景德镇非遗保护协会，景德镇非遗馆、景德镇外销瓷博物馆正式开馆，全市非遗生产性保护示范基地达100个，市级以上非遗代表性传承人1899人。三是陶瓷文化阐释推陈出新。中国文联文艺研修院景德镇基地揭牌落户，纪录片《我是你的瓷儿》被国家广电总局评为“2022年第三季度优秀国产纪录片”，《塑形与铸魂——景德镇国家陶瓷文化传承创新试验区研究（2018—2021）》出版发行，《瓷·心》《坯房小哥》《窑工号子》等一批影视歌曲不断推出。

产业创新升级迈上新台阶。一是聚焦数字赋能陶瓷。首次编制并面向全球发布中国陶瓷价格指数，推进工业互联网标识解析二级节点（陶瓷制品制造）项目建设，争取到省“03”专项建设“景德镇陶瓷产业大脑”平台和陶瓷产业全链地图，打造景德镇陶瓷包装智慧园。二是聚焦功能平台建设。全市完成89万平方米工业标准厂房建设，促进园区形成产业集聚，构建4个国家示范平台、5个省级示范平台，陶瓷工业园区获评省级绿色园区，电镀集控中心建成运行。三是聚焦先进陶瓷发展。建立先进陶瓷商会，引进先进陶瓷专业领域博士58名、硕士122名，组建先进陶瓷产业发展专家库，签约引进先进陶瓷产业类项目47个（其中50项目3个、20项目9个），以晴数字经济产业园等多个先进陶瓷产业园区运行投产。四是聚焦陶瓷品牌建设。成立国家陶瓷版权交易中心，先后编写《景德镇制区域品牌保护与重塑战略规划》《“景德镇制”区域品牌保护与重塑标准化体系建设方案》《“景德镇制”区域品牌保护与重塑认证体系建设方案》，成立陶瓷艺术品鉴证专业委员会。

文旅融合发展迈上新台阶。一是优化旅游线路。积极推动四景区入选“稻花香里说丰年”全国乡村旅游精品线路，成功建成高岭·中国村、荻湾等一批标志性项目。二是打造旅游项目。加大陶阳里御窑景区创AAAAA力度，投入52.9亿元，重点围绕吃、购、娱、馆、作、居六大版块植入多元业态。推荐浮梁县双龙溪景区等7家景区申报江西省AAAA级乡村旅游点。三是创建旅游品牌。景德镇陶溪川文创街区、御窑厂国家考古遗址公园成功创建省级工业遗产旅游基地，成功创建“夜珠山”消费带、陶阳里御窑景区两个国家级夜间消费集聚区，高岭中国村拟评定为江西省Ⅰ级智慧景区。

人才队伍建设迈上新台阶。一是强政策引人才。研究出台深化人才发展机制体制改革攻坚行动实施方案（2022—2024）、推荐外籍高层次人才申请在华永久居留办理等政策，增强政策吸引力和竞争力。二是强院校育人才。成立“一带一路”国际陶瓷教育联盟，景德镇市高级技工学校升格设立景德镇陶瓷技师学院，景德镇陶瓷大学和景德镇学院共新增5个国家一流专业，获批教育部中外高水平大学生交流计划，与英国创意艺术大学合作，录取培养首批本科生80人，与加纳夸美恩克鲁玛科技大学合作培养硕士研究生。三是强创新聚人才。承办全国陶瓷行业职业技能竞赛，加快“三陶一区”文创空间建设，陶溪川汇聚创客2万余名，孵化创业实体2800余家，获评国家旅游科技示范园区。深入开展“三请三回”活动，大力实施景籍人才回归工程。

国际交流交易迈上新台阶。

先进陶瓷高科技发展大会

一是多渠道拓展对外文化交流。承办第五届“阿拉伯艺术节”并获国家主席习近平致贺信，首次举办第十二届中国陶瓷艺术大展、“瓷的精神——2021景德镇国际陶瓷艺术双年展”，承办“多彩中国，佳节好物”文化和旅游贸易促进活动，申报2022年Z世代国际青年文化交流基地等项目，开展“国际青年中国行”活动。二是多层次促进对外经贸合作。2月，中国（景德镇）跨境电商综试验区正式获批，并以此为契机，推动线上综合服务平台和深化保税物流中心（B型）建设，获批市场采购贸易方式试点。举办陶瓷跨境电商产业峰会，陶溪川直播基地被评为“第一批江西省数字经济集聚区”。三是多维度提升会展经济能级。精彩举办第十九届瓷博会，交易额总计102.8亿，同比增长12.4%，首次突破百亿大关。景德镇陶瓷官方旗舰店线下加快在大中城市布局，开设线上名瓷旗舰店，构建“景德镇陶瓷官方旗舰店”为首10个陶瓷类账号矩阵，吸引上千万点击量。

【推进陶瓷安全生产】 2022年，组织开展15次督查，检查企业65家，消除安全隐患56处。做好全市燃气梭式窑台账更新工作，全市（除乐平市外）燃气梭式窑1706户。

【举办先进陶瓷企业融资对接会】 国家试验区管委会办公室与市政府金融办、市银保监分局和市政数局联合主办先进陶瓷企业融资对接会，促成9家银行机构和11家先进陶瓷企业达成融资意向2.93亿元。

【举办第十二届全国陶瓷艺术大展】 11月7—10日，由“最美中国风 从‘新’向未来”—第十二届中国陶瓷艺术大展在景德镇举办，全国各省市陶瓷艺术家参展作品四千余件（套）参与本次展览评比。

【发布中国陶瓷价格指数】 11月7日上午，“数智引领 瓷创未来”——中国陶瓷价格指数发布会在景德镇召开，全国各产瓷区政府部门、行业协会、企业、高校代表200余人参加。中国陶瓷价格指数是目前国内唯一“全国性、全品类”的陶瓷指数，有助于政府把握全国陶瓷产业价格行情和发展趋势，优化陶瓷市场资源配置，以数字化培育发展新动能，以新动能推动产业新发展。

【继续推进国家试验区重点项目建设】 景德镇将项目建设作为城市发展“生命线”，推动试验区建设主抓手。试验区发展服务中心对国家试验区重点项目实行月调度制，并通过开展实地调研和督查，深入项目建设现场，协调解决项目建设有关问题。2022年，国家试验区重点项目共68个，计划总投资1226亿元，本年计划投资267亿元，1—12月完成年度投资290.7亿元，完成年度计划108.9%。其中陶瓷文化保护传承创新基地项目28个，2022年度计划投资130亿元，1—12月完成145.5亿元，完成年度计划111.9%；陶瓷文化旅游目的地项目28个，2022年度计划投资85亿元，1—12月完成85.9亿元，完成年度计划100.71%；陶瓷文化交流合作交易中心项目12个，2022年度计划投资51.6亿元，1—12月完成59.3亿元，完成年度计划114.88%。

（姜　涛）

陶瓷文化传承创新

【概况】 景德镇陶瓷文化传承创新中心按照国家试验区“一年见成效、三年上台阶、五年树标杆”的工作目标，紧紧围绕“两地一中心”战略定位，找准职责定位，积极为陶瓷文物保护、陶瓷文物考古、博物馆公共文化服务体系建设、非物质文化遗产保护利用和陶瓷文化弘扬等提供服务。

【“百川汇流”陶瓷非遗进校园驻场表演】 2月28日，“百川汇流”陶瓷非遗进校园驻场表演在景德镇陶瓷大学美术馆一楼进行。来自景德镇大件器物拉坯、手工雕刻、泥条盘筑、捏雕、印坯、青花、古彩、扒花及瓷用毛笔制作等非遗传承人，与从事宜兴紫砂、醴陵釉下五彩、佛山瓦脊、山东黑陶、龙泉青瓷、德化白瓷、建阳建盏、云南慢轮制陶等各陶瓷非遗代表共同进行驻场创作，与全体师生共同分享中国各地陶瓷非遗的精彩。

【推荐申报第六批省级非遗代表性项目】 4月21日，第六批省级非遗代表性项目推荐申报评审会在非遗中心召开。传承中心积极组织符合要求市级项目申报，通过评审专家论证最终推荐“严台村大新油坊传统榨油技艺”等10个项目申报。

【江西省文化创意产品线上直播大赛】 4月22日，组织参与“最in的文创battle—全省文化创意产品直播大赛”。此次大赛，全省73家博物馆参赛，中心销售金额达25128元，超过总销售额的10%，获得2022年全省博物馆文创直播组织奖（省级荣誉），且四款文创产品获得最具人气文化创意产品。

【“幻彩三星堆”联合线上推广活动】 5月16日，景德镇陶瓷文化传承创新中心组织两位艺术家以“三星堆”元素为主题，结合陶瓷绘画技艺，创作以“幻彩三星堆”为主题个人作品。此举作为中华文化全球推广，趣味体验中华文明的神秘与璀璨。

【5·18国际博物馆日】 5月18日是国际博物馆日，2022年博物馆日主题是：博物馆的力量。陶瓷民俗博物馆举行“民俗之美”系列活动——古装踏春游园、中国传统乐器演绎、茶道表演、书画笔会、民间婚俗展演等，通过故事演绎方式，围绕祈福、及笄礼、古代传统婚俗纳吉之礼等内容展开，讲述千年瓷都寻常百姓的生活故事。

民窑博物馆在国际博物馆日，赴景德镇市第十六中学和珠山区竟成镇三宝村开展博物馆流动展览活动，用移动展板方式宣传文物保护法律法规和景德镇千年制瓷文化；开展“博物馆第二课堂”系列活动，邀请景德镇陶瓷大学艺术文博学院来馆开展陶瓷文化大讲堂之“名师带你走进景德镇民窑博物馆”活动，邀请景德镇学院人文学院学生来馆开展“景德镇民窑制瓷生产工艺现场教学”专题教育活动。

推荐申报第六批省级非遗代表性项目

【“6·11”文化和自然遗产日】 6月11日，2022年江西省“文化和自然遗产日”景德镇主会场活动在景德镇群众文化活动中心举行。活动为景德镇手工制瓷技艺省级代表性传承团体代表、代表性传承人及景德镇陶瓷非遗馆捐赠作品代表颁发证书，共同为景德镇陶瓷非遗馆开馆启幕。现场还有景德镇手工制瓷技艺——琢器拉坯等11位非遗项目代表性传承人进行技艺展演，特设10个非遗特色产品展位进行展示展销。国际古迹遗址理事会副主席姜波，省文旅厅副厅长、省文物局局长丁新权，市委常委、宣传部部长林蓉，市委一级巡视员、市申遗办主任刘朝阳，市政府副市长徐辉，景德镇国家陶瓷文化传承创新试验区管委会专职副主任、陶文旅集团党委书记、董事长刘子力等省、市领导出席活动。

【景德镇陶瓷非遗馆开馆】 6月11日，位于景德镇市昌江区昌南大道财富大厦圆形厅一层的景德镇陶瓷非遗馆正式开馆。该馆总面积1150平方米，包含前厅、展示厅、多功能室、库房、办公室等。是对原有“景德镇非物质文化遗产展示馆”进行升级改造，展示内容主要涵盖七大模块，是全市优秀陶瓷非遗资源对外展示窗口和服务阵地。

【推荐申报第六批国家级非遗代表性传承人】 8月15日，在传承中心召开第六批国家级非遗代表性传承人推荐申报专家评审会。根据要求评审，产生5名推荐人选报送省文旅厅。

（马　丁　汪露露）

陶瓷产业发展

【概况】 2022年，景德镇陶瓷产业创新发展中心逐步将原江西省陶瓷工业公司和原景德镇市工业国有资产经营公司（原市工业管理办公室）两大系统，进行人、财、物整合，制定和完善相关内部管理制度，已正常运转。利用系统现有资源，聚焦陶瓷产业数字经济、传统传承、创新发展等方向，打好坚实基础，助推景德镇国家陶瓷文化传承创新试验区建设。

【建设景德镇陶瓷产业全链地图】 与中国信息和通信研究院江西分院共同合作建设景德镇陶瓷产业全链地图，作为景德镇陶瓷产业数字经济基础性建设。产业地图运用云计算、大数据、移动互联网和5G等技术，以园区库、企业库、经济指标库、产品库和产业集群库等多维数据为基础，建立全市相关园区、陶瓷企业等实时连接，对全市陶瓷相关企业真正实现数字化赋能，成为市委市政及管委会管理景德镇陶瓷产业的总参部、总指挥部。至2022年底，完成珠山区、昌江区、高新区等县（区）数据采集工作，已初步完成珠山区全链地图可视化建设。

【全面提升景德镇陶瓷包装智慧园】 8月，陶瓷包装工业设计中心设计团队开发的“一纸结构”环保型陶瓷包装作品获全国包装创意设计大赛一等奖。2022年，景德镇陶瓷包装智慧园从设备、服务、产学研等方面能力和水平全面提升。引进德国海德宝

召开数字经济赋能陶瓷产业发展工作推进·论坛会

4色胶印机、德国高宝6色胶印机、日本小森5色胶印机等100多台套国内外先进的印刷包装设备，构成保障产品产能，精益产品品质的现代化生产链条。与南昌大学、南昌航空大学、陶瓷大学设计艺术学院、陶瓷大学法学系、陶瓷大学科技艺术学院、江西陶瓷工艺美术职业技术学院设计艺术学院、景德镇艺术职业大学7所高校签订校企合作协议并成为高校教学的实践基地。

【召开景德镇陶瓷产业数字经济论坛】 8月15日，在三宝蓬美术馆学术报告厅，召开“数字经济赋能陶瓷产业发展工作推进·论坛会”，景德镇国家陶瓷文化传承创新试验区管委会主办，景德镇陶瓷产业创新发展中心承办，市各有关部门及景德镇市陶瓷企业家联合会会员单位130余人参加。论坛会紧紧围绕“数字价值、赋能转型”主题进行交流，推出陶瓷产业数字经济赋能倡议书，推广数字经济赋能陶瓷产业发展新理念、新知识，为景德镇陶瓷数字经济拉开新的帷幕。

【打造四个传统工艺传承发展“示范点”】 依靠系统内陶瓷资源，

召开申报第六批国家级非遗代表性传承人推荐评审会

分别在光明管理处打造青花玲珑示范点、在建国（人民）管理处打造青花梧桐示范点、在艺术瓷厂打造粉彩示范点、在雕塑瓷厂打造雕塑示范点，通过吸引传统工艺大师、工匠聚集，共同交流研讨、制作创新，形成陶瓷工艺产、学、研新平台，不断激发传统工艺生命力，吸引新鲜血液融入传统工艺进行传承发展，促进传统工艺创新升级。至2022年底，青花玲珑示范点已具备产品生产、文化交流、工艺传承等基本功能，青花梧桐示范点已完成基地建设，粉彩和雕塑示范点仍在建设过程中。

陶瓷人才服务

【概况】 景德镇陶瓷人才服务中心围绕国家试验区“两地一中心”战略定位，积极推动人才项目实化、政策细化、优势转化，“景漂”人才品牌效应持续放大，陶瓷人才培养集聚能力持续提高。2022年第5期《中国人才》杂志刊发景德镇市服务人才经验做法。

【打造人才集聚高地】 4月，举办江西省2022年公共就业服务进校园（景德镇陶瓷大学）就业创业专场网络招聘直播活动，共吸引省内外410家用人单位参会，提供就业岗位18349个；加强对接国家级、省级重大人才工程申报，推荐8人申报国家级人才计划、70人申报省级人才计划，5人入选省“双千计划”。6月，联合相关部门依托“第七届清华校友三创大赛晋级赛（景德镇赛场）暨景德镇市招商对接会”“2022年景德镇市人力资源与重点产业协同发展高峰论坛暨人力资源服务供需对接会”等重大活动，拓宽以赛引才、活动引才路径；深入开展“三请三回”活动，大力实施景籍人才回归工程，充分发挥北上广深招才引智工作站高层次人才对接联络作用，邀请海归先进陶瓷企业家团队赴景德镇市参观学习先进陶瓷产业及人才情况，对景德镇市先进陶瓷产业及人才政策进行推介。

【推动政策落地见效】 6月，落实中共江西省委打造天下英才重要首选地意见，研究制定《全市关于加快构筑世界陶瓷人才高地实施意见及分工方案》，对全市今后一段时期人才工作目标任务、工作举措等提出实施意见，指导各县（市、区）制定区域特色人才集聚高地建设方案。8月，研究出台《深化人才发展机制体制改革攻坚行动实施方案（2022—2024）》。12月，配合相关部门制定《先进陶瓷高层次人才分类评价暂行办法》，促进先进陶瓷领域高层次人才在景德镇市创新创业。支持人才科技项目创新成果转化奖励116万元，为16家市级人才创新创业示范基地下达创新创业经费175万元。

【把准人才工作方向】 2022年，落实市委组织部、市委人才办组织召开市委人才工作会议、全市人才工作专项述职会精神，制定2022年人才工作要点，编制年度重点工作任务清单。做好春节期间市领导走访慰问专家和“景漂景归”人才工作，建立与人才制度化、常态化的沟通交流机制。8月，推荐哈工大特陶所景德镇先进材料研究院等一批项目作为市县党委书记领衔人才工作项目；在广吸纳、重扶持、兴产业中加强对景漂协会的工作指导，重点打造陶溪川、三宝国际瓷谷、名坊园等“景漂”集聚区和实践基地，积极落实“景漂”人才创新创业若干措施。组织开展市“3+1+X”（陶瓷航空产业、汽车和旅游产业，以及新经济、新业态）产业人才国家高层次人才（B类）评审会认定B类人才9人，组织开展市“3+1+X”产业人才认定评审联席会（C、D类）认定C类人才69人、D类人才187人，多批次完成市“3+1+X”产业人才基础人才（E类）备案工作，认定备案各类人才473人。

【加快平台载体建设】 2022年，按照“顶尖人才引领，高端人才集聚，优质项目汇聚”这一目标，积极筹备高层次人才联谊会，设立陶瓷、航空、精细化工和医药、文化旅游、教育体育卫生、新经济新业态、乡村振兴等7个专业委员会，进一步推动高层次人才为全市经济社会发展发挥参谋助手作用。积极统筹调度各地各部门人才平台建设，哈工大特陶所景德镇先进材料研究院、特陶院、中德工业4.0基地、北航研究院景德镇分院等一批重点人才平台建设得到有效推进。积极争取各类人才平台申报，邑空间获评全国创业孵化示范基地，北通航江直公司海智站建站获批全省4个优秀站点之一，陶大、一院、三王牧业获批设立省级专家工作站。积极开展市级人才平台创建，伊人如瓷等12家单位获批市级人才创新创业示范基地。

【提升服务保障水平】 打造“一站式”人才服务平台。采取“互联网+人才”方式，优化“瓷都人才服务”App。线上受理人才服务申请200余次，接待人才热线服务280余次；积极与市政数局及赣服通平台对接，整合打通各级各部门政务服务，开通人才服务专柜，打造人才服务专区，扩大线上服务范围。积极落实兑现人才政策。2021年9月，落实《景德镇市公安局关于执行国家移民管理局复制推广国家重点发展区域12项便利政策措施的实施细则》，出台推荐外籍高层次人才申请在华永久居留办理相关制度；统筹落实高层次人才子女入学33人，解决人才子女秋季入学难题；协调企业人才融资需求，扶持“景漂”贷48人1087万元，发放“人才贷”14笔2800万元；跟踪市领导“企业服务日”活动收集问题，全年收集15个人才相关问题均已办结；持续做好第二批8名省高层次人才服务团成员服务工作。

（洪佳琪）

陶瓷文化交流合作

【陶瓷文化发展服务】 2022年，发展服务中心对国家试验区重点项目实行月调度制，并通过开展实地调研和督查，深入项目建设现场，协调解决项目建设有关问题。全年，国家试验区重点项目68个，计划总投资1226亿元，年计划投资267亿元，12月止完成年度投资290.7亿元，完成年度计划108.9%。其中陶瓷文化保护传承创新基地项目28个，年度计划投资130亿，12月止完成145.5亿元，完成年度计划111.9%；陶瓷文化旅游目的地项目28个，年度计划投资85亿元，12月止完成85.9亿元，完成年度计划100.71%；陶瓷文化交流合作交易中心项目12个，年度计划投资51.6亿元，12月止完成59.3亿元，完成年度计划114.88%。

（牛　俊）

【“慎用——景德镇艺术陶瓷粤港澳大湾区巡礼（广州站）”】 1月5日，景德镇陶瓷文化国际交流中心与粤港澳大湾区美术家联盟陶瓷艺委会、广州市美术家协会陶瓷艺术委员会、天河区文化广电旅游体育局、天河区文联共同主办“慎用——景德镇艺术陶瓷粤港澳大湾区巡礼（广州站）”。本次展览采用60位景德镇陶瓷艺术家的100余件原创艺术陶瓷精品，含有高温颜色釉窑变、青花与釉里红、釉下五彩、釉上新彩、粉彩、颜色釉等综合装饰。借用多种工艺表现手法及丰富的艺术风格变化，诠释陶瓷艺术的多元化格局，展示陶瓷艺术创作技术、艺术语言及景德镇陶瓷艺术工艺性，提高景德镇陶瓷艺术在珠三角的影响力和知名度。

【主办景德镇陶瓷跨境电商助力数字经济产业峰会】 4月26日，景德镇陶瓷文化国际交流中心联合景德镇跨境电子商务协会共同主办景德镇陶瓷跨境电商助力数字经济产业峰会。邀请亚马逊中国区域市场负责人、陶瓷跨境产业专家学者、本地跨境电商优秀代表现场分享陶瓷跨境电商产业趋势，详细解析景德镇区域传统陶瓷转型跨境电商产业发展方面的相关问题，吸引相关陶瓷企业、创客300余人参会。联合相关跨境服务企业，举办首届景德镇陶瓷产业跨境电商实训营，免费精准为30家有基础、有意向的本地企业进行跨境电商业务培训，帮助企业完成从跨境平台开店至业务破零，全方位经营环节实操。

【2022中韩陶瓷艺术交流展】 6月8日，景德镇陶瓷文化国际交流中心与景德镇市委宣传部、景德镇陶瓷大学陶瓷文化高等研究院、韩国圆光大学美术学院、江西国际传播中心、景德镇陶瓷大学设计艺术学院共同主办2022中韩陶瓷艺术交流展。正值中韩建交30周年，两国艺术家的70余件精品力作同台绽放，用艺术的形式展现文化交融、碰撞的无穷魅力和创新力量，不仅为后疫情时代提高两国陶艺水平提供了

中国艺术名校创联基地（CFAC美院基地）

良好契机，更是通过共享艺术的美好，搭建两国艺术家、爱好者求同存异、和谐共生的桥梁。通过活动，让更多韩国艺术家、爱好者近距离感受景德镇深厚底蕴和文化魅力，为景德镇创建“东亚文化之都”，打造对外文化交流新平台增光添彩。

【举办联合国教科文创意城市网络（陶瓷）手工艺和工匠国际能力提升研讨会】 8月4日，景德镇陶瓷文化国际交流中心与景德镇学院、市政府外事办公室在CFAC美院基地联合国教科文“陶瓷文化保护与创新”教席大楼设分会场，共同举办联合国教科文创意城市网络（陶瓷）手工艺和工匠国际能力提升研讨会。交流活动中播放景德镇宣传片和配合活动而举办的古、今、中外三个陶瓷展（清白瓷展、古彩陶瓷展、走进非洲主题展）视频。活动旨在以文化为桥梁、以瓷器为纽带，深入探讨陶瓷技术、形式、设计和创作过程以及手工艺技能和工匠精神，有力地推动陶瓷文化国际交流和手工艺技能提升。

（李振辉）

陶瓷研究院

【概述】 2022年，景德镇陶瓷研究院全面开展工作，以“试验区四年行动计划”为目标，以“开拓创新、融入大局、服务陶瓷、助推发展”的工作要求为指导，积极融入试验区建设，在主责主业、课题研究、窑炉项目、人才梯队等方面工作稳步推进。

【艺术陶瓷标准化】 2022年，先后确定《艺术陶瓷追溯 核心元数据》等8项地方标准起草单位和制订计划，3项地方标准的申报推荐、申报建议书和标准申报初稿；完成《吉州窑传统制瓷工艺规范》地方标准送审稿；参与《地理标志产品景德镇瓷器》地方标准征求意见和实施效果评估工作；完成申请筹建“全国日用陶瓷标准化技术委员会艺术陶瓷分技术委员会”专家论证报告；与景德镇陶瓷大学、公安部第三研究所、景德镇瓷与链智能科技有限公司建立陶瓷知识产权保护联合实验室，已采集数千件陶瓷艺术品特征数据，为陶瓷艺术品发布数字身份证书；完成市级科技创新平台——景德镇市陶瓷文化数字化技术创新中心的申报论证。

【产学研创新平台】 3月，与景德镇创艺前线会展服务有限公司签署战略合作协议，打造5G在线展研平台，引领数字经济发展；完成王步家族、王锡良家族、王大凡家族瓷作全球展艺术研讨会。规范电商市场行为，4月，牵头参与完成陶瓷电商协会四项团体标准研制《T/JCECA 10101-2022 陶瓷电子商务标准体系表》《T/JCECA 10102-2022 协会工作指南》《T/JCECA 20202-2022 陶瓷产品鉴证特征检验技术规范》《T/JCECA 20601-2022 陶瓷艺术品身份证书》，现已应用于协会管理工作和景德镇艺术陶瓷身份追溯工作，得到行业和社会各界的肯定；协助珠山区招商引资工作，9月，设立“景德镇市陶瓷研究院设计中心”，打造成为对外交流的重要窗口。

【课题研究】 先后完成《非水解溶胶－凝胶低温合成铬铝锌尖晶石颜料的研究》《过渡金属掺杂纳米晶SnO2修饰氧化铝微滤膜在低成本陶瓷过滤管上的应用研究》《陶瓷红绿彩装饰在公共环境中的应用研究》《液相共沉淀法制备高性能青花料的工艺研究》四项市级课题，其中《非水解溶胶－凝胶低温合成铬铝锌尖晶石颜料的研究》项目相关科研成果论文，在《中国陶瓷》核心期刊通过专家评审录用；申报《无锂低热膨胀耐热陶瓷材料的研究》《高温还原焰铁胎瓷的研制》市级课题。

【承接窑炉工程项目】 2022年，先后承接山东奥福环保科技股份有限公司28m连续式网带传动燃气脱脂隧道窑项目；山西晋城富谦特种陶瓷有限公司18m^{3}的先进陶瓷燃气间歇窑炉和烟气净化炉项目；江西安天新材料科技有限公司3.0m^{3}高温电炉项目；景德镇百特威尔新材料有限公司38m隧道窑提升改造项目；江西奥福精细陶瓷有限公司（原焦化高环陶瓷）32.0m^{3}燃气间歇窑项目；宜兴王子制陶有限公司14.6m^{3}和45m^{3}燃气间歇；100m燃气隧道窑炉焚烧炉升级改造项目。

【科技情报汇编】《陶瓷信息汇编》期刊，收集含先进陶瓷、日用陶瓷、艺术陶瓷等各类陶瓷行业资讯，已出版十期共收集入篇信息49篇，有效推动陶瓷专业图书资料数据库建设工作。《陶瓷研究》杂志，刊发各类学术文章，已出版六期260余篇，其中“纸上展厅”栏目收录约60余人次新晋陶瓷工作者及陶瓷专业学生的陶瓷艺术创作作品，刊发陶瓷原创设计作品百余件，在陶瓷领域取得有较高的专业影响和行业声誉;《景德镇陶瓷》2022年2期杂志，刊发各类学术论文，已出版六期，其中与唐英学社合作出版的《唐英专辑》，对唐英学术研究近四十年原创性研究成果进行总结，引起学术界广泛关注。

【主题创作成果】 献礼瓷：建军95周年献礼瓷《观山河》高温颜色釉七彩曜变虎瓷雕，联合中国工艺美术大师张育贤先生共同创作，是景德镇国家陶瓷文化传承创新试验区向祖国献礼的艺术珍品；中共二十大献礼瓷《前程似锦》粉彩寿桃，由江西省工艺美术大师唐德贵领衔设计创作，表达中国人民永远跟党走的坚定信念。兔年生肖瓷：中国工艺美术大师赖德全《兔沐春风》；中国工艺美术大师刘伟《玉兔迎春》；中国工艺美术大师王卫平《迎瑞呈祥》《和谐家园》；中国陶瓷艺术大师曾亚林雕塑系列作品。

【荣获大赛奖项】 11月9日，由江西省工业和信息化厅、江西省人力资源和社会保障厅主办的江西省第八届工艺美术“杜鹃奖”赛上，2件获金奖。11日，与招商银行联合主办第七届“金葵花杯”中国（景德镇）原创陶瓷艺术大赛展中，2件获三等奖。

【人才梯队建设】 结合景德镇国家陶瓷文化传承创新试验区发展建设需求，采取“不为我所有，可为我所用”的柔性化合作方式，搭建非遗人才基地、技能人才培训示范基地、1+X专业人才实践基地以及文化、创意、科研、信息及互联网等产业支撑平台，为陶瓷千亿产业提供复合型人才。2022年，2人被评为景德镇市专业技术拔尖人才，3人被授予“中国工艺美术大师”荣誉称号，6人被列入B类人才。

（李　丹　涂嘉蕾）

中国轻工业陶瓷研究所

【概况】 2022年，陶研所根据其“十四五”规划的总体要求和部署，统筹做好了疫情防控和中心工作，全所经济运行状况良好，社会贡献力进一步提升。获得2021年度中国轻工业联合会科学技术进步三等奖1项，1人获得2022年度江西省“三八红旗手”荣誉称号，2人获得2022年度市政府特殊津贴、2人入选市高层次高技能领军人才培养工程（专业技术人才类）。2人被授予首届“江西省青年工艺美术杰出人才”光荣称号。在第二届中国工艺美术博览会、第十二届中国陶瓷艺术大展中获二金三银以及江西省级金葵花奖项、杜鹃奖等行业重要评比中共获六金五银四铜的成绩。

【助推景德镇国家陶瓷文化传承创新试验区建设】 7月，与景德镇市场监管局签订战略合作协议，为其开展“景德镇市百城千业万企对标达标提升专项行动”提供技术服务，顺利完成97家参与企业的对标方案、公布130份对标结果，提供第三方证明130份；协助景德镇市场监管局制定团体标准《“景德镇制”日用硬质瓷器》，为其提供检测服务近450批次；为景德镇市陶瓷企业提供检测报告和实验数据600余批次，以实际行动助力国家陶瓷文化传承创新试验区建设。助力“景德镇制”区域品牌的确立，先后完成地方标准《地理标志产品 景德镇瓷器》《“景德镇制”陶瓷品牌评价通用要求》《“景德镇制”陶瓷通用技术要求 日用硬质瓷》的编制工作。

【文化交流】 9月、11月，先后参加“中国非物资文化遗产保护协会及非遗作品展”“中国工艺美术产业大会”等在行业有重要影响力的会议，同时在“2022中国工艺美术标准化技术委员会”成立大会上，本所两名同志在担任委员；10月，与安徽黟县江南荷文化艺术研究院签订研学战略合作协议；11月，为迎接和庆祝中共二十大胜利召开，在校党委的领导下，作为主创部门，协办景德镇陶瓷大学“时代乐章——庆祝党的二十大胜利召开”陶瓷艺术作品主题展览项目。同时，在社会效益方面，设计生产的生肖礼品瓷也产生良好的社会反响。

【人才队伍建设】 10月，组织开展2022年专业技术人员岗位晋级评审和专业技术二级岗位申报竞聘工作；组织完成2022年江西省高层次高技能领军人才培养工程（专业技术人才类）、省教工委名师工作室的推荐工作；完成2022年人才公开招聘工作。

【科学研究】 2022年，继续在科研申报、管理等方面加强力度，全年共立项14项。同时持续加大在科研方面的资金投入，其中为所级科研项目及纵向项目投入160万元配套资金。完成验收各级科技项目11项，验收合格率100%，项目按期完成率达99%。新增横向科技服务项目5项，合同金额143.4万元。以项目负责人自组入企科研服务团队形式进行申报，12个入企服务团队与相关企业正式签约，在项目的实施过程中，与相关企业的合作关系融洽，产学研项目进展顺利，进一步夯实了合作基础。此外，为进一步增加科研实力，投入约225万元用于设备采购，投入约28.5万元用于实验室场地建设。

【检测标准服务】 全年，完成日常委托2800余组样品测试。先后与全国20多家陶瓷生产企业及检测机构签订长期委托检验服务协议及分包合作协议。为全国大中小型企业及个人提供近6000余批次测试项目，对国内陶瓷产品质量控制提供技术支撑。在标准服务方面。全年完成4项国家标准、行业标准的报批工作，完成4项国家标准、行业标准的起草工作；完成2项地方标准的起草工作；完成3项团体标准的起草工作；申报4项国家标准项目计划；完成陶瓷领域国家标准验证点的申报工作；编写陶瓷行业绿色低碳标准化工作调研报告；完成国际标准组织ISO/TC166国内技术对口单位中国轻工业陶瓷研究所考核评估自评工作；开展2次标准宣贯培训工作；6月，完成江西省质量强省建设相关课题研究报告《绿色陶瓷标准、认证、标识体系建设研究》编写工作；开展省市场监管局组织的江西省2022年度陶瓷制品领域企业标准“领跑者”工作。

【中文核心期刊《中国陶瓷》】 2022年《中国陶瓷》正常出刊12期，载文244篇，其中，国家项目论文50篇、省部级项目论文64篇、基金项目稿件132篇，保质保量完成计划。编写《中国日用陶瓷年鉴（2022版）》，同时进行栏目风格的调整，使之更加贴近行业。出版《〈中国陶瓷〉—“景德镇国家陶瓷文化传承创新试验区专题”（增刊）》，为全国陶瓷文化传承发展提供一定参考，社会反响良好。

【内部管理】 强化预算管理，提升资金使用效率，根据巡察意见规范各项财务制度，进一步加强对所属中心财务管理。加强国有资产管理，2022年新增资产427.22万元（含2021年共建项目采购375.7万元设备），新增各类设备22台（套）。加强用电用水管理，做好所属房屋出租管理工作，疫情防控期间对经营性出租房产租金进行相应减免。组织完成30余项维修，同时对近20年基建维修资料进行整理、归档，为以后相关工作奠定良好基础。

第十二届中国陶瓷艺术大展开幕式

【民生保障】 按照相关政策要求完成在职人员基本工资标准调整，并补发到位；完成全所绩效工资总量申报工作。对全所在职职工的住房公积金月缴存额上下限进行调整，由2021年的977.32元/人，调整到目前的1526.14元/人。全年走访慰问107人次，发放各类慰问福利年底25.39万元。

（邱文豪）

景德镇御窑博物院

【概况】 2022年，御窑博物院努力推进御窑文化文物保护、考古研究、宣传推广等各项工作，全年博物馆参观达1225344人次，其中未成年人达229544人次，其中，“十一”黄金周参观人数113685人次，同比增长约3.4%。全年完成75件器物的保护与修复工作、50件器物病害病例体式显微镜摄影工作、60件宣德黄釉碗盘类器物拼合工作、153件馆藏器物修复项目工作以及探索应用3d打印纹饰补配、透明填充补配、以瓷补瓷补配3种新型修复方式进行器物修复工作。御窑博物院官方网站制作完成。微信公众号用户关注数量达58068人，发布工作动态111条。抖音粉丝数达1.8万人，发布抖音33条，在“今日头条”“西瓜视频”同步上传。

【陶瓷修复科技工作】 1月，科技室完成与北大考古文博学院合作《景德镇御窑博物院基因库实体样品管理、制备及保存标准》工作，确立考古、造型、纹饰、款识、胎、釉、彩、装烧工艺与延展内容相结合的数字基因信息框架；6月，正式启动景德镇古陶瓷基因库以及基因制样室，对2400个标本位进行规划和二维码占位，建设信息录入系统，完成IWA/ISO国际工作组协议“古陶瓷修复指南”的申报；12月与复旦大学工程与应用技术学院相关团队合作开发机器人自动化制样硬件和软件系统，完成景德镇市技术创新中心市级科研项目申报。

修复室分别于5月、7月、10月、11月完成省级非遗、省级修复课题、国家文物局重点科研基地、全国十佳文物藏品和江西省博士后创新实践基地等五项课题申报工作；10月，与北京鉴恒、四川建恒、湖北省文物信息交流中心签订修复合作协议。

【讲座活动】 3月4日，景德镇市陶瓷考古研究所名誉所长江建新在景德镇御窑博物院研学中心举办《御窑遗珍——谈明御窑厂出土明正统—成化官窑瓷器》讲座；3月20日，名誉所长江建新受邀参加东莞博物馆《瓷国明珠——谈明清御窑厂遗址出土的官窑瓷器》讲座活动；3月20日，景德镇御窑博物院院长翁彦俊受邀参加深圳博物馆“深博学堂”《十五世纪景德镇瓷业的“三重门”讲座》活动；5月18日，国际博物馆日举办御窑论坛第二期《邂逅桑托斯宫》之系列活动，名誉所长江建新主讲《晚明社会与景德镇及克拉克瓷——谈克拉克瓷的烧造年代及相关问题》讲座和由上海博物馆副研究员陈洁主讲的《16—18世纪中欧陶瓷贸易与文化交流》线上讲座；6月25日，院长翁彦俊在研学中心举办《元明青花二三事——从中外交流看青花瓷的创烧与发展》讲座；7月26日，厦门大学历史与文化遗产学院徐文鹏老师在景德镇御窑博物院研学中心举办《从爪哇海沉船看南宋时期瓷器外销》讲座；7月31日，在景德镇御窑博物院学术报告厅举办御窑论坛第三期“蓝白辉映，铄古铸今”《“景德镇与中阿文化交流”研讨会》；9月8—9日，名誉所长江建新在研学报告厅举办《元明清青花瓷器研究与鉴赏》讲座；10月30日，院长翁彦俊以线上方式举办《数字和艺术在考古大遗址展示中的应用》讲座；11月12—13日，景德镇御窑博物院携手中国电信参加2022世界VR产业大会。

文物进出境责任鉴定人员考察古窑址

【考古工作】 4月，完成浮梁县寿安镇南市街村、老珠山区政府区域和老三中区域的考古勘探；6月，完成三宝国际瓷谷瓷源秀带建设范围考古勘探。

【文创工作】 4月，与苏州远传文博产业发展有限公司签订数字3D藏品授权协议，开发“数字藏品+音频课程”数字商品、注册“御窑文创”微店线上店铺，入驻“畅游景德镇”App等方式拓展文创销售渠道；5月，参与由江西省博物馆学会组织的“最in的文创battle——全省博物馆文创直播大赛”、与由上饶举办的首届江西文化产业博览交易会，组织文创产品入驻景德镇展厅；10月，参与江西省文旅厅主办的“物华天宝·赣鄱有礼——2022首届江西手礼展示周活动”，并获“全省博物馆文创直播组织奖”；10月完成御窑博物馆新标识、“御窑天下”展相关版权登记工作，启动御窑博物馆新标识的商标注册工作；11月，完成明永乐青花压手杯的复刻。

【文保工程】 4月，完成“御窑厂明清制瓷作坊遗迹及瓷业文化堆积层保护展示项目”验收和审计工作并报省文物局；7月，完成“落马桥窑址保护规划”报送市政府审批；8月，完成“御窑厂珠山北麓遗址渗水治理工程”“御窑厂珠山南麓及北麓遗址本体展示工程”招标工作；9月，“御窑厂遗址黄老大窑、刘家窑本体保护修缮工程计划书”获国家文物局批准；10月，“御窑厂遗址保护规划（修编）”通过省政府委派的专家组团队的论证、“御窑厂珠山南麓遗址考古扩挖区和西南段围墙遗址本体保护工程”（属子项目）设计方案获得国家文物局批复通过；11月，完成“景德镇申遗点四有档案梳理课题研究”项目中御窑厂遗址及浮梁县高岭和东埠码头项目档案的整理；12月，完成“御窑厂窑址数字化展示利用工程”验收工作。

【藏品管理】 5月，完成等级文物管理建档工作，初步遴选院藏的1018件（套）文物拟定为三级文物；6月，完成新增三级文物1018件（套）文物建档和申报工作；7月，完成院藏文物的遴选增加工作；8—10月，完成吊脚楼院藏文物搬迁工作；9月，完成2121件院藏永乐白釉砖的编目、拍摄、测量、登记、装箱工作；10月，完成7774册院藏图书（2000年前出版）的编目、拍摄、登记工作；12月，完成503件（套）三级文物藏品登记及撰写器物说明工作。

【研学工作】 6月1日，在御窑博物馆举办“御窑摩斯”考古体验半日游活动；6月28日至7月8日，景德镇御窑博物院联合国际学院（UIC）举办暑期研学班；7月21日至8月5日，举办2022年北京大学“力行计划”江西景德镇实践团研学活动；8月7—15日，北京大学考古文博学院、景德镇御窑博物院联合举办2022年“古代制瓷工艺暑期实践研学班”活动。

【交流展览】 6月21日至7月9日，在北京市保利艺术博物馆举办《青花的故事：景德镇御窑遗址所出与海内外珍藏元明青花瓷器对比展》；7月12日至10月9日，在四川省遂宁市博物馆举办《再鉴御瓷：景德镇御窑遗址出土明代瓷器展（1368—1521）》；7月19日至12月21日，在景德镇中国陶瓷博物馆举办《丝路遗珍：中国古代外销瓷展》；9月2日至11月30日，在河南省郑州市博物馆举办《繁星盈天：百年百大考古发现展》；10月1日至次年5月31日，在御窑博物馆1、2、3号交流展厅举办《御窑天下·青花秘境》展览；11月1日至次年1月8日，在广东省东莞市袁崇焕纪念园举办《珠光宝影：景德镇御窑厂遗址出土明代正统、景泰、天顺御窑瓷器展》，并编撰图录；11月16日至次年4月16日，在江西省博物馆举办《赣地宝藏2022：新时代江西文物成果展》。

【接待工作】 7月16日，中国博物馆协会理事长刘曙光到景德镇御窑博物院参观调研；7月25日，中宣部版权管理局一级巡视员、副局长赵秀玲和省委宣传部副部长黎隆武等一行到景德镇御窑博物院参观调研；9月8日，省政府副省长陈小平到景德镇御窑博物院参观调研；9月16日，文化和旅游部党组成员、副部长，国家文物局局长李群到御窑厂、陶阳里历史街区、御窑博物馆和御窑博物院参观调研；9月19日，国家文物局原党组成员和原副局长宋新潮到景德镇御窑博物院参观调研；10月26日，江西省委常委、省委宣传部部长庄兆林到景德镇御窑博物院参观调研；11月11日，中宣部副部长张建春一行；省发改委副主任李庆红一行到博物院参观调研。

【对外宣传】 景德镇日报和瓷都晚报等市级纸质媒体报道18次，江西日报和江南都市报等省级纸质媒体报道3次，《人民日报》《中国文物报》《参考消息》和《光明日报》等国家级纸质媒体报道10次，其中翁彦俊撰写的《解码古陶瓷基因》7月9日在人民日报第07版发表。景德镇广播电视和景德镇电视台等市级媒体报

景德镇国际陶瓷博览会展馆

瓷博会拍卖会

道 11 次，江西广播电视台、江西新闻和天津文艺广播等省级媒体报道 10 次，新华网、“文化强国”、《光明日报》协同推广平台、人民网和央视网等国家级媒体报道 24 次。拍摄《“守正出奇——御窑·陶阳里的传承与创新”研讨会开幕式》《御窑论坛第一期之围炉夜话 御窑需要怎样的声音（上）》《御窑论坛第三期：御景夜话——御窑文化与艺术创作》《景德镇古陶瓷基因库》《御窑天下．青花秘境第一季开幕式》《御窑考古宣传片》《国家文物局精品共享课程宣传片》《景德镇古陶瓷修复技艺宣传片》等视频对御窑文化进行宣传。

（张丽萍）

中国景德镇国际陶瓷博览会

【概况】 2022 年 11 月 8—12 日，第 19 届中国景德镇国际陶瓷博览会（以下简称“瓷博会”）在景德镇市陶博城（景德镇国际陶瓷博览交易中心）举办。本届瓷博会以“瓷上世界 共享未来”为主题，坚持贸易驱动、博览带动、体验拉动、创新联动，在展示、推广、交流、贸易提质提效上实现更进一步，在“更大体量的产品交易平台、更具实效的投资促进平台、更高品位的人文交流平台、更加出彩的开放合作平台”上实现更进一步，在打造“永不落幕”瓷博会，助推景德镇成为“买全球、卖全球”国际瓷都愿景上实现更进一步。为期 5 天的瓷博会线上实现交易额 89.6 亿元，同比增长 13%；线下实现交易额 13.2 亿元，同比增长 9%，交易额总计 102.8 亿元，同比增长 12.4%，首次突破百亿元大关。并成功签约了一批重大投资项目：如市政府和中国中小企业协会签署战略合作协议、市国际商会与深圳市西邮智仓科技有限公司签订合作共建海外仓项目、景德镇鸣海陶瓷有限公司与俄罗斯皇家陶瓷签订贸易采购项目、武夷星茶业与丰瑶陶瓷签约茶瓷战略合作协议、跨境电商买家和海外直采团与景德镇陶瓷企业开展现场对接洽谈等。其中，“百年薪火 槌响瓷博”——近现代景德镇陶瓷专场拍卖会成交 119 件，总成交额 2873 万元，成交率超 72%，成交率创历届瓷博会拍卖会新高。

【国家有关部委和江西省委、省政府领导参会】 2022 年 11 月 8 日，瓷博会开幕式上，十届、十一届全国政协副主席，九届、十届全国工商联主席，中国人权发展基金会理事长黄孟复、江西省委副书记、省长叶建春，江西省政协主席姚增科，江西省政协副主席雷元江，商务部党组成员、部长助理李飞，中国轻工业联合会副会长、中国陶瓷工业协会理事长杜同和，中国国际商会、商业行业商会会长曾亚非，住房和城乡建设部总经济师杨保军，原国家质检总局总工程师刘卓慧，中国工程院院士傅正义等领导出席开幕式或参观展览。商务部外贸发展事务局、江西省商务厅、工信厅、贸促会等部（局）、省直单位和协会组织有关领导参会。

【严格履行 2022 瓷博会报批程序】 2022 年 3 月，瓷博会执委办启动 2022 年瓷博会报批文工作，根据全国整理和规范庆典研讨会论坛活动领导小组办公室申报工作要求，省防疫指挥部于会前一个月对 2022 瓷博会已落实防控举措再次进行评估，给出同意举办 2022 瓷博会的意见，申报材料逐级上报至国清办。10 月 25 日，国清办批复同意举办 2022 瓷博会。

【打造景德镇陶瓷靓丽新地标】 2022 年 10 月于陶博城开始搭建第 19 届瓷博会展馆，总展览面积近 3.8 万平方米，同比增加 1 万平方米，创历届之最、业界之首，气势恢宏的陶博城成为景德镇的新地标和亮丽名片。为了打造陶博城国际范，在策展布展上更加专业化，引进专业的会展设计团队对展馆进行统一设计和布展，在主视觉设计、展区布置、氛围营造等方面都更具专业水平，创造出更加开放、多元、现代化的空间环境。

【建设合作共赢的展示贸易平台】2022年11月8—12日瓷博会会展期间，许多商家推出更多新品一展风采，赢得商机，一批茶具、餐具等“陶瓷美器”在瓷博会上精彩亮相。展馆内部1号展厅9600平方米，为景德镇展区，设茶具、餐具、陈设瓷、酒具等展区，代表有红叶、澐知味、逸品天合、古镇、陶溪川、富玉、博大、望龙、诚德轩等企业；中式传统建筑样式的展台互相连接，让观众成为徜徉江南小镇的“剧中人”；2号展厅9200平方米，设国内、国际展区，除了国内各产瓷区政府参展团以及企业代表唐山、上虞、醴陵、宝丰区、德化、邯郸、黎川展区、永丰源、高淳、汉青、广西三环、华光等参展企业，来自德、法、英、俄、意、日、韩等国家的40余家知名陶瓷企业齐聚于此，具有参展国标志性风格的展台引人注目；3号展厅9600平方米，为临时展厅，设先进陶瓷展、杜鹃奖、产业链、名茶美器、大众创业展区，展台科技与时尚齐飞，全景式呈现陶瓷企业的独特魅力。主入口序厅2900平方米，用于开幕式和相关会议。展馆内部设有咖啡店、奶茶店以及休息区，形成交互式休闲平台，供人体验，促进交流。

【合力促进陶瓷产业推动】2022年11月8日至12日瓷博会会展期间，秉着继续坚持扩大交流水平的目标对配套活动精益求精，其中每四年举行一次中国陶瓷艺术大展，有着中国陶瓷界“奥林匹克”美誉，2022年是第12届，展出了29个省市的4000余件（套）作品，既有经典传统元素，又富创新创造精神，集中展示了近年来陶瓷设计创新进步的丰硕成果和当代中国陶瓷艺术的全新风采。2022国际版权论坛期间，启动世界知识产权组织版权保护优秀案例示范点调研项目“IP与创意产业：景德镇故事”和民间文艺版权保护与促进试点工作，举办世界知识产权组织版权保护优秀案例示范点、民间文艺版权保护、《马拉喀什条约》落地实施主题展览。2022景德镇国家陶瓷文化传承创新试验区发展高峰论坛上，省人大常委会副主任马志武、市委书记刘锋出席开幕式并致辞，崔愷、傅正义等专家学者围绕陶瓷文化传承创新和先进陶瓷产业发展等主题作主旨演讲。“匠人匠心 至诚至精”——江西省第八届工艺美术“杜鹃奖”获奖作品展收到报名参评作品488件，评选出金奖作品10件、银奖作品20件、铜奖作品30件，是近几届中参评作者最多、水平最高、评审最严格、影响力最大一次。作品特点鲜明，既体现传统元素与现代题材的碰撞，又彰显传统技法与现代工艺的融合。品类百花齐放，除陶瓷，还涌现出剪纸、木作、竹编、玉雕、刺绣等36种工艺美术品类。“智在走前列 领跑向未来”——先进陶瓷展参展高校院所和企业70多家，展品数量600余件，突出通信电子、新能源两大主要应用领域，重点展示本地先进陶瓷企业在一些细分市场具有优势和在技术上实现突破填补国内空白产品，同时展示国内近20家科研院所部分先进陶瓷技术成果，为行业的产品交易、项目合作、技术交流搭建了平台，提供便利。景德镇陶瓷主题原创歌曲发布会正式发布《此生只为你》和宣传曲《景德一面》《许你今生》《青花》《永恒的美丽》五首歌曲，邀请著名歌唱家李玉刚现场演唱。

【推进2022瓷博会宣传造势】氛围营造方面，在城市主要干道、重要路口利用灯杆道旗、户外广告牌、建筑围挡等媒介设置宣传标语和公益广告，沿街有电子显示屏的商铺、学校、银行、景区、酒店以游走字幕的形式，机场、高铁北站、汽车站利用电子大屏游走的形式，公交车、出租车通

瓷酒融合跨界合作交流恳谈会

过车身电子显示屏循环播放的形式进行宣传，并通过手机报、短信、彩信等方式向用户发送瓷博会宣传标语口号。新闻报道方面，通过百度检索关键词“2022 景德镇瓷博会”发现，中央、省、市各级各类媒体推出系列报道 10.5 万余篇（条）。如人民日报整版报道《2022 中国景德镇国际陶瓷博览会开幕》《2022 国际版权论坛开幕》,先后推出《江西景德镇：陶瓷主题曲〈此生只为你〉正式发布》等 10 余篇视频、图文报道。新华社刊发系列专题稿件，稿件总点击量达 500 万 +。央视《新闻联播》播发快讯《“2022 国际版权论坛”今天在景德镇举行》。CGTN（中国国际电视台）在电视频道、对外广播双平台播发《景德镇启用新展馆 打造“永不落幕”的瓷博会》，并在英语谈话播客栏目《圆桌议事》连续推出两期瓷博会特别节目。此外，学习强国江西平台开设“2022 中国景德镇国际陶瓷博览会”专题，下设“聚焦瓷博会”和“陶瓷嘉年华”两个子专题，刊发相关稿件 40 余篇。“学习强国”景德镇平台瓷博会专题刊发相关稿件 60 余篇，合计刊发 100 余篇稿件。凤凰新闻开设“2022 中国景德镇国际陶瓷博览会”专题，下设新闻、融媒看瓷博会、资讯服务三个子专题,集纳相关稿件 40 余篇，并在首页推送开幕式直播链接，直播观看人次近 100 万。

（徐文钰）

景德镇陶瓷集团

【概况】 2022 年，按照市委召开做强、做大红叶陶瓷专题会议的工作要求，以完成三年倍增计划为起点，以实施国资国企创新改革三年行动为抓手，以实施五年战略规划为举措，不断巩固市委巡察整改成果，生产管理上狠抓“保供货、降成本、提质量、抓现场”十二字方针，销售经营上多渠道多元化尝试，全年生产经营总体平稳有序。

2022 年，集团实现主营业务收入 9399.33 万元，缴纳税金 807 万元，但受销售因素影响，产量释放还不够充分。白胎产量 589.4011 万件，与 2021 年（559.5048 万件）同比提高 5.35%，彩瓷产量 300.4666 万件，与 2021 年（221.9805 万件）同比增长 35.36%，白胎质量 59.41%，与 2021 年（56.11%）相比上升明显。

当代陶瓷艺术发展趋势国际高峰论坛

【疫情防控期间生产销售达产达标】 为切实做好疫情防控各项工作，成立“预防新型冠状病毒疫情防控领导小组”，结合实际情况制定强化疫情防控管理措施 20 条，并严格落实具体的措施和办法。集团销售在 7 月开始稳步上升。

【销售渠道建设】 2022 年，百城千店工作经销商质量提升，运营平稳。B、C 级产品销售势头良好，为集团销售带来可观利润。成立数商公司，运营线上销售初见成效，为集团开展新零售奠定了基础。

【党的二十大“纪念瓷——20CHINA”、文具“福山寿海”】 7 月 21 日上午“多彩中国·佳节好物”文化和旅游贸易促进活动（陶瓷文创专题）在景德镇市举办。活动由文化和旅游部产业发展司指导并组织实施，江西省文化和旅游厅、景德镇市政府、景德镇国家陶瓷文化传承创新试验区管委会主办并开幕。文化和旅游部产业发展司副司长马力，江西省文化和旅游厅副厅长陈晓平，泰国驻厦门总领事马家汉，市委常委、市委宣传部部长林蓉，韩国驻武汉总领事馆领事郑中燮，中国工艺美术馆·中国非物质文化遗产馆副馆长王辉，中国东方演艺集团副总经理张蕾，副市长徐辉出席开幕式并共同开启活动专题。马力讲话，陈晓平、林蓉分别致辞，国家试验区管委会专职副主任高翔主持开幕式。

活动按照陶瓷文创、精品演艺、文化娱乐新业态、文旅装备、

IP国际授权等多个专题，在优势产品和服务比较集中城市分步组织实施。景陶集团精心研制的《福山寿海》九头文具在陶瓷文创专题推介亮相。

【新品图文】《福山寿海》。九头文具开发成功，器型采用海棠花为原型变形而来，花面采用传统的海水江崖纹与蝙蝠纹相结合，寓意福山寿海。瓷器胎质细腻坚致，釉面莹洁温润，衬之青花斗彩寿山。陶瓷笔杆与毛笔结合属企业创新之作，三种毛笔分别为硬毫，软毫，兼毫。

《20CHINA》。10月12日，由景德镇陶瓷集团设计团队精心打造红叶国瓷品牌——20CHINA（爱你中国）发布。该套自由组合的大套件珍藏版日用瓷为庆祝中共二十大胜利召开设计制作。

整套瓷器设计缀满红色文化元素，红色主基调寓意喜庆美满，美观高雅。巧妙融入“两弹一星”横空出世，“神州”问天、“嫦娥”揽月等科技实力元素，以及“天安门”“红船”“一大会址”“古田会议”“延安”“井冈山”等红色符号，反映祖国日新月异变化和取得巨大成就。

20CHINA（爱你中国）产品工艺也极其考究，选用精细高白泥的特殊配方，经1350度高温烧制而成，表面洁白莹润：施以珐琅彩、山水墨画、描金等综合装饰手法，汇集了25道色彩，画面有凹凸感，错落有致，融为一体。

（夏　强）

江西省陶瓷销售总公司

【概况】2022年是受江西省供销新零售有限公司托管的第二年，在新领导班子带领下，陶销公司保持安全有序，平稳运行。全体职工围绕社有资产安全管理，公司稳定，职工服务等中心工作坚守岗位，主动作为，一年来未出任何责任事故。

【抓好社有资产安全管理】为迎接中共二十大胜利召开，落实省供销联社《关于进一步加强安全防范工作的通知》精神，全面树立安全重于泰山的防范意识，把问题解决在萌芽之时，成灾之前。加大安全意识宣传力度，多次发放安全用电、防火小知识，在危房危墙处张贴安全警示等。在雨季到来之前，对友谊商场三楼屋面漏水问题立即上报走流程报修，及时有效排除险情；对公司大院及周边一些零星不安全因素，如房顶掉瓦、杂草杂树等，自己动手清除排险。克服工作杂、人员少困难，坚持值班值守，职工全年坚守岗位，以实际行动确保中共二十大期间胜利召开。

【做好企业稳定服务工作】2月，认真做好向省医保局申报2022年度困难企业职工医保补贴各项工作，及时上报材料表格，为公司500多名退休下岗职工解决看病之忧。11月，根据省总工会文件精神，对公司下岗困难职工入户调查，及时确定下符合条件6位深度困难职工，填表、公示、收集信息资料、精准建档，上报移交景德镇市总工会，确保春节前总工会救助款打到每一位深度困难职工账上。同时还为6位相对困难下岗职工申请到市总工会春节送温暖款。全年为13名下岗职工办理了退休手续。

【开展公司制改革工作】2001年，公司曾进行改制，但因多方面原因，改制不够彻底，公司仍为全民所有制企业。2022年2月，省供销联社根据省政府、省国资委通知，向公司下达进行公司制改革任务，即由全民所有制企业改制为有限公司。此项工作由托管单位省供销新零售公司牵头，公司配合办理。改制工作牵涉到人员、资产等诸多方面，公司积极与市场监督局、自然资源和规划局等部门沟通，不断将改制工作向前推进。

（邱建新）

东埠大桥（余昭彦 摄）

园区经济

景德镇高新技术产业开发区

【概况】2022年，全区有规上工业企业127家，工业从业人员3.7万人。全年实现营业总收入830亿元，同比增长14.64%；工业增加值157.78亿元，同比增长10.39%；财政总收入16.1亿元，同比增长10.01%；内资进资同比增长8.77%；现汇进资1336万美元；外贸出口30亿元；“五上”企业新增净增28家，其中规上工业净增20家。

【“一航两新”主导产业集聚】2022年，航空产业链条有新的延伸，新引进12个航空产业类项目，31家航空企业实现营业收入362.19亿元；先进陶瓷产业有新的发展，新引进10个项目中8个实现当年开工建设，34家规模以上陶瓷企业实现营业收入88.04亿元；新能源产业布局有新的进展，引进了5个总投资190亿元的产业链项目；传统产业有新的提升，规划投资20亿元建设华意配套产业园项目，华意铸造仅用10个月时间建成投产，当年完成产值近亿元；数字经济有新的成效，年内有数字经济核心产业11家，核心产业营收37.37亿元，共有在建数字经济项目12个，总投资124.67亿元，挂牌成立中国联通（江西）工业互联网研究院景德镇分院，智慧产业标准厂房项目基本完工。

【推进“大院大所”合作建设】2022年，北航江西(景德镇)研究院、哈工大特种陶瓷研究所景德镇研究中心、西工大航空学院景德镇产学研用基地、景德镇·中关村智酷科技成果转化基地等一批科创平台和研发机构落地高新区。园区引进西工大航空学院天马物流无人机项目，实现该机型产业化；与哈工大特陶所合作，成立智合特种陶瓷研发生产制造中心项目。与南昌航空大学签订框架协议合作共建航空制造产业学院。

景德镇产学研合作创新大会

【科技创新平台建设】2022年，园区有高新企业71家，19家企业获批国家高新技术企业，104家企业获国家科技型中小企业申报认定，16家企业成功申报“专精特新”企业荣誉称号、1家企业入选首台套重大技术装备目录、1家企业获得智能制造标杆企业称号，成功申报2家省级“小巨人”企业，1家国家“小巨人”，2家瞪羚企业，11家省级“专精特新”中小企业，省级技术创新中心1个，省级工程技术研究中心1个，省级企业技术中心1个。华意公司被评选为2022年国家知识产权优势企业，为制造业单项冠军、隐形冠军。昌河航空作为负责单位牵头承担国家工信部重点项目。

【优化营商环境】2022年，开展市场主体“全生命周期”服务，实行“一个专班、一套机制、一个窗口”模式，全方位服务园区企业从开办、建设审批、生产运营到市场退出全过程，为企业在政策兑现、要素保障、项目建设、产业扶持等方面提供“零距离”服务；实行“企业特派员”制度。园区357名干部职工挂点市场主体2641家，有效建立挂点干部与市场主体之间的联系，常态化点对点开展“保姆式”服务。每周组织1次园企恳谈交流早餐会，每月开展1次“企业服务日”活动，现场协调解决企业发展中存在的困难和问题。在全市率先实现惠企政策兑现“掌上办”，实行项目审批“全流程”帮代办制度和工程建设“全过程”跟进协调制度。争取省、市政府支持下放67项经济管理权限，其中省级经济管理权限46项，市级经济管理权限21项。

【高新区、昌江区实现两区融合】2022年，高新区与昌江区签订《两区社会事务融合合作协议》，将教育体育、文化旅游、卫生健康、农林水利、民政事业等21项非直接涉企的社会事务工作交由昌江区代为履行，将工作重心全部转向经济发展、招商引资、产业升级等主责主业。

【通用航空产教融合基地建设项目】 1月，该项目开工建设，计划于2023年3月建成完工。项目用地面积约20.68公顷，总建筑面积33.58万平方米；项目定性为集职业教育实训、生产、研发及生活配套齐全的标准化厂房标杆园区，以高标准厂房、产业集聚为主，适应各种规模的公司研发、生产需求。项目依照目标产业分区规划有三个生产组团和一个生活配套组团，共32栋建筑，主要由1~5层单多层建筑组成，建筑功能涵盖标准生产厂房、研发孵化厂房、单层重工业生产厂房、职工宿舍、职工食堂五大功能板块。

【航空小镇学前教育中心】 1月，该项目建成完工，项目于2021年1月开工建设。航空小镇学前教育中心项目总用地面积约5.54公顷，总建筑面积约2.20万平方米，主要建设幼儿园（托儿所）、学前教育楼（包含学前教育综合教室、幼儿图书室、报告厅、教师办公室、幼儿活动室、益智教室、室内互动亲子园等）、兴趣教育教学楼（包含音乐兴趣启蒙教室、外语教育教室、美术教育教室等）、停车场及相关附属设施（包含大门、围墙、地下设备用房、护坡、道路、广场、绿化、排水、供电等配套设施）。项目建成交付办学后有利于完善西城区功能，解决外来优秀人才子女教育问题，推动景德镇航空产业和航空小镇高质量跨越式发展。

重大项目集中签约开工仪式

【高新区、昌江区举行2022重大产业项目集中签约开工仪式】 2月11日，高新区、昌江区举行2022重大项目集中签约开工仪式。市委书记刘锋出席并向签约和开工项目表示热烈祝贺，市委副书记、市长胡雪梅讲话，副市长、高新区党工委书记罗文军主持仪式，高新区管委会主任、昌江区委书记倪卫春致辞。此次集中签约项目20个，开工项目16个，涵盖航空产业配套、新能源、新材料、数字经济、产学研用合作、生物科技、航空医疗救援等项目，既有投资强度大、科技含量高、产业效益好的项目，也有产业平台、配套布局的项目。

【智慧产业标准厂房建设项目】 5月，该项目开工建设，计划于2023年2月建成交付。景德镇高新区智慧产业标准厂房建设项目用地面积约7.10公顷，总建筑面积12.6万平方米，建筑功能涵盖标准生产厂房、办公研发、招商展示中心、报告厅、职工食堂、配套商业六大板块。项目定性为集设计研发、中试生产、办公及生活、商业配套齐全的高标准数字经济产业园。项目以高标准厂房、产业集聚为主，适应多种研发类型的公司研发、中试生产需求；主要目标产业为VR、5G产业、无人机产业、电子信息产业、航空汽车工业研发。

【通航产业配套基础设施工程项目】 6月，该项目建成完工新建直航路延伸段道路、工业十四路、金桥路、工业十五路和顺风路东侧水渠及相关配套设施，道路总长3137.331米。项目于2020年9月开工建设，项目的建成有利于进一步拉开高新区整体片区开发框架，完善高新区路网系统，完善城市路网系统和周边配套市政道路。

【电子信息产业标准厂房建设项目】 7月，该项目中新建厂房等配套设施11.23万平方米、改建建筑厂房等10.03万平方米建成交付。景德镇高新区电子信息产业标准厂房建设项目总用地面积约12.67公顷；总建筑面积约12.26万平方米。项目拟建56条全自动/半自动电镀生产线，年加工处理能力446万平方米。

【职业教育学校项目】 8月，该项目二期竣工，一期于2021年12月竣工。高新区职业教育学校项目总建筑面积5.96万平方米。

一期项目建设用地面积5.55万平方米,建筑面积约2.76万平方米,建设内容包括教学楼、实训楼、行政楼、食堂、宿舍楼、400米环形操场及相关配套附属工程。二期项目建设用地面积4.15万平方米,建筑面积约3.20万平方米,包括室内游泳馆、室内体育场、宿舍楼、实训楼、食堂、小餐厅、教研楼、光伏三路、地下室人防、智慧校园及景观绿化等相关配套室外工程。

【景德镇智能物流装备产业项目】 9月,该项目建成完工,项目于2021年11月开工。项目用地面积约6.48公顷,总建筑面积7564.01平方米,容积率1.08,建筑密度52.64%。场地内规划有1号工业厂房,2号工业厂房,3号工业洁净厂房,4号附属楼,配套工程包括有道路及铺装、绿化、围墙、室外给排水管网、室外电力管线及照明灯。

【高端新材料产业标准厂房建设项目】 11月,该项目正式开工建设,用地面积约14.65公顷,总建筑面积约为18万平方米,拟建设17万平方米标准厂房以及供水管道、雨水管道、污水管道、园区道路等其他基础配套设施。项目围绕高新区"一航两新"产业主攻方向,着力推动航空产业实现集群发展。

【直升机产业标准厂房建设项目(一期)】 12月,该项目建成完工,建成后全部交付江西神州六合直升机有限公司使用。项目于2020年9月开工建设。项目用地面积8.11公顷,总计容建筑面积约8.47万平方米,包含模拟器中心、设备保障中心、模拟器拓展、复合材料厂房,4栋钢结构单层厂房,1栋5层框架结构倒班楼、1栋6层框架结构工艺大楼,1栋3层框架结构加钢结构集成中心。

【(首届)景德镇产学研合作创新大会召开】 8月26日,以"创新驱动、转化成果、绿色发展、开放共享"为主题的2022(首届)景德镇产学研合作创新大会在紫晶国际会展中心召开,大会由景德镇高新区管委会主办,北京中关村智酷双创人才服务股份有限公司承办,中国国际"互联网+"大学生创新创业大赛展示交流中心支持。院士专家、高新区领导、中关村软件园知名头部企业、中关村智酷主要领导、高新区属各部门负责人、区内外创投机构负责人、市属高校领导及创业学院相关负责人等150余人参会。会上举行由景德镇陶瓷大学与江西陶瓷工艺美术职业技术学院参与的"中关村智酷与高校共建创新创业实践基地"的揭牌仪式。项目签约仪式上,武汉飞流智能技术有限公司、河南坤宇无人机科技有限公司、深圳中科保泰空天技术有限公司、江西中安航空航天装备制造有限公司院士工作站、直播经济数字新媒体人才实践基地项目、科技成果转化专项投资基金成功签约。

(程立梅)

领导名录

市政府副市长、区党工委书记

罗文军

高新区党工委副书记、管委会主任,昌江区委书记

倪卫春 2022.01(任职)

区党工委副书记、管委会副主任

秦烨明

区党工委副书记(兼职)

余笑兵

区党工委委员、管委会副主任

汪　湖

蔡　珉

汪智泉

区党工委委员、纪监工委书记

余　刚

区党工委委员、组织宣传部部长

万军燕

区党工委委员、管委会副主任

陈钊正 2022.02(任职)

区管委会副主任(挂职)

曾志峰

昌南新区

【概况】 2022年,昌南新区主动融入国家试验区建设,突出"瓷业高地、产业新城"定位,坚持"主攻先进陶瓷、做大日用陶瓷、做精艺术陶瓷",激发社会创新创业活力,实现经济和社会事业稳步发展。主要经济指标稳中向好。全年完成规上工业总产值104.32亿元,同比增长16.41%;规上工业营业收入102.7亿元,同比增长21.42%;规上工业企业新增入库28家,全区规上工业企业累计达到138家;固定资产投资81.6亿元,同比增长8.1%;财政总收入12.96亿元,同比增长4.1%;一般公共预算收入退税返加后3.38亿元,同比增长11.9%;限上消费品零售额20.21亿元,同比增长29.94%;新增标准化厂房建设面积66.65万平方米,超额完成35万平方米任务。招商引资蹄疾步稳。坚持把工业强区、招商引资、优化营商环境一同研究、一起部署、一体推进,做到招大引强、扶优扶强双管齐下,新签约项目62个(拓

增量52个，挖存量10个），总投资252.6亿元。其中，陶瓷产业链项目48个（先进陶瓷14个、日用陶瓷24个、陶瓷配套7个、数字经济3个），装备制造14个。签约项目中，亿元以上项目42个，其中“50”项目1个，“20”项目7个。同时，储备在谈项目96个，意向投资总额超295亿元。市场活力显著增强。落实各类减税降费7.77亿余元；为38家企业、9家商铺减免租金208.21万元；落实基地孵化企业运行费补贴212万元；帮助90家企业融资5.16亿元，帮助企业向上争取资金1330万元、争取省级发展专项6个；培育国家“专精特新”小巨人企业1家，省级“专精特新”企业12家，省级“创新创业示范基地”1家，新增四上企业入库50家，市场主体共增长1625户，同比增长48.4%。消费潜力逐步释放。组织开展“兴商贸促消费”系列活动，累计发放消费券100余万元，打造以景德镇记忆文化演艺为核心的夜间消费集聚区，推动《china》成功复演，名坊园成功入选第二批江西省特色文化街区培育名单，全年旅游人数达200万余人次，文旅营收突破2.9亿元。

（涂　强）

【推进数字经济做优做强】2022年，实施陶瓷数字化赋能等“八大行动”，加快促进企业数字化转型升级，数字经济核心产业企业达到40家，营收约30.4亿元，上云企业1771家；数字经济入库重点项目23个，总投资233.84亿元。新增省级两化融合示范企业7家，新增工业互联网标识体系二级解析节点建设1个，新增软件产业培育企业2家，新增省级智能制造标杆企业1家。实施科技创新战略，成功申报科技型中小企业65家，高新技术企业净增数全市领先。推进营商环境优化升级。聚焦企业重点关注领域，精简办事流程，深入推进“一件事一次办”等改革，新增赋权事项97项，累计帮代办事项6700余件。创新思路打造全年365天不打烊的“企业之家”，累计接待企业473家，协调解决问题412件，办结率超97%；开展“万千人万企党建促发展”活动，打造17个“131+N”党建联合体，对接市场主体5129家，解决问题428个。开展“新官不理旧账”整治行动，整改化解15件涉企历史遗留问题。

（涂　强）

【聚焦先进陶瓷“一极引领”】2022年，制定出台《昌南新区先进陶瓷产业发展行动实施意见（2022—2025年）》，着力打造昌南新区先进陶瓷产业“一基地”“三片区”和“四大集群”。引进三圆华鑫、微瓷、感瓷邦瓷、宁波敏特等14家优质先进陶瓷企业入驻；透光陶瓷新材料、AT陶瓷平板膜、陶瓷基板等先进陶瓷项目基本建成，建成先进陶瓷标准厂房91.79万平方米，高标准启动27.35万平方米压电陶瓷产业园建设。现有先进陶瓷企业41家，全年实现总产值37.4亿元，其中规上先进陶瓷企业20家，占全市总数的46.5%。聚焦日用陶瓷做大做强。依托数字经济百亿产业园、唐英创意设计园、智造工坊等标准化厂房，承接市内外陶瓷企业“退城进园”和招商引资企业落户，火凤凰、玉风等日用陶瓷企业先后入驻，三雄等4家日用陶瓷增资扩产建设，规上日用陶瓷企业82家，产值达48.85亿元。构建陶瓷酒器制造产业链，平行路顺利建成通车，启动12.16万平方米国际陶瓷酒文化产业园建设。聚焦艺术陶瓷做精做优。做好“名坊园”区域品牌，产业与文旅互融共荣。名坊园一至三期共入驻艺术陶瓷企业100余家，打造成手工制瓷基地、非遗传承基地。聚集着镇尚、厚森等10家非遗基地（企业），国家及省、市级非遗传承人100余人。中国文联景德镇研修基地顺利揭牌及开班，中国艺术名校

景德镇中日先进陶瓷产业合作园

创联基地（八大美院）成功开馆，中国美协景德镇创作基地顺利开业，景德镇非物质文化遗产馆开馆，为艺术陶瓷发展带来“文艺新力量”。

（涂　强）

【重点项目建设】 2022年，牢固树立“天天抓项目、月月上项目、年年成项目”意识，全力实施工程建设项目五项代办制度，严格按照时间节点调度项目，现场一线解决建设难题。49个市重点工程完成投资93.97亿元，完成年度计划117.15%；省大中型项目年度完成投资82.4亿元，完成年度计划135.6%，形成更多实物工作量、更高发展质量。狠抓文明城市创建做细做实。全面开展“十大专项整治行动”、名坊园环卫体制改革试点工作，机关环境卫生工作竞赛评比活动，罗家桥乡“十星文明户”、洪源镇“最美家庭”创建评比等活动，构建上下全员参与支持文明创建的良好氛围，旸府滩社区8次进入“红榜”，为全市进入“红榜”次数最多的社区。狠抓“满园扩园”集约增效。按照“提质、扩园、增效”的要求，进一步拓展发展空间。完成铁炉片区3.14平方千米控制性详细规划编制和土规延续方案申报工作，谋划新增建设用地指标约134公顷。推进“腾笼换鸟”和土地集约增效行动，全年完成土地征收83.3公顷，收回企业低效闲置土地19.3公顷，有效地推动节约集约利用土地，提高单位面积投资强度和产出能力。

（涂　强）

【基本民生保障】 2022年，精准落实救助政策，加强城乡低保、特困人群动态管理，实现应保尽保、应退尽退，及时足额发放退役军人优抚对象抚恤金和生活补助费，累计发放各类民生补贴1413万元。秋季开学全区共接收500余名企业进城务工子女入学，投入近300万元抗旱救灾专项资金，及时启动保灌措施，确保粮食不减产、农民不减收。强化民生项目建设。实施洪源镇城乡一体供水工程、新增城镇就业人数、加密区内公交线路、新建西城区（洪源镇）城市配套道路工程（西河南路工程）、启动保障性住房建设等“十件民生实事”基本完成。启动桂花桥和鸣山大桥改造，开展西冲水库、杨泗庙水渠等19座水库修复工作，乡村面貌焕然一新。强力保障社会大局安全稳定。坚持“外防输入、内防反弹”总策略和“动态清零”总方针，科学设置4处常态化检测点位，设置景北、景西高速路口2个爱心驿站，全力守好入景“两大门”。推进平安昌南新区建设、市域社会治理试点工作及综治中心实体化建设，加快“雪亮工程”建设，持续深入推进六大行业领域整治排查，聚焦防范化解社会矛盾风险问题，全力推进“895”信访积案化解，罗家乡获2021年度“平安江西建设示范乡镇”荣誉。聚焦重点领域隐患排查整治。

（涂　强）

【刘锋到昌南新区调研】 1月9日，市委书记刘锋先后到昌南新区中日高科技陶瓷产业合作园景德镇AT陶瓷平板膜项目、氮化硅及氮化铝陶瓷基板等部分重点项目建设现场，实地调研督导项目建设。1月29日，市委书记刘锋带队深入昌南新区特种工业陶瓷技术研究院（江丰电子）、国际先进陶瓷产业园项目、陶瓷博览交易中心项目等部分重点在建项目和企业，就“重大项目不停工、重点企业不停产”工作进行调研。4月4日，应对新型冠状病毒感染肺炎疫情工作领导小组组长刘锋检查督导昌南新区疫情防控工作，看望慰问在清明节小长假期间坚守一线的抗疫工作者。4月6日，刘锋到昌南新区景德镇华迅特种陶瓷有限公司等部分挂点企业调研并开展“企业服务日”活动。

4月21日，刘锋到昌南新区，调研透光陶瓷项目建设情况，并采取现场办公的方式，协调解决存在的问题。 5月6日，刘锋到景德镇国际陶瓷博览交易中心项目建设现场，查看施工进度，协调解决项目推进过程中遇到的问题。刘锋一行到项目BIM工作室，参观沙盘模型并听取研学交流中心建设规划。随后，刘锋深入项目施工现场，看进度、听介绍、问规划，协调解决项目推进过程中遇到的困难和问题，并就场馆外观设计、空间布局等细节与项目负责人推敲、提出改进意见。7月19日，市委书记刘锋深入昌南新区唐英大道平行路、仕龙骨质瓷、透光陶瓷新材料、数字经济百亿产业园、国际先进陶瓷产业园等项目工地和三圆华鑫、火凤凰等企业，调研项目建设情况并召开座谈会。9月21日，刘锋到景德镇国际陶瓷博览交易中心项目施工现场，实地查看项目进展，督促指导加快项目建设进度。12月6日，刘锋到昌南新区江丰电子、数字经济产业园（一期）项目建设现场等地调研疫情防控和复工复产工作。

【胡雪梅到昌南新区调研】 1月6日，市委副书记、市长胡雪梅赴昌南新区调研经济社会发展情况，并先后到昌南新区企业之家、陶瓷原料标准化基地、透光陶瓷新材料光伏板项目施工现场等处开展“企业服务日”活动。市委常委、常务副市长邓永翔，副市长高晓云，国家试验区管委会专职副主任刘子力分别陪同。市政府党组成员、昌南新区党工委书记余立新，昌南新区党工委副书记、管委会主任张朝博等陪同调研。4 月 1 日，胡雪梅到昌南新区宝龙城项目工地、江西景航航空锻铸有限公司开展“企业服务日”活动并检查疫情防控、安全生产工作。4 月 30 日，胡雪梅先后深入昌景黄铁路制梁工地、“上硅所”陶瓷基板项目施工现场，调研“五一”期间商贸消费情况和不停工重点项目，看望慰问节日期间坚守一线的工作人员，向全市广大劳动者致以节日的问候和崇高的敬意。7 月 20 日，胡雪梅深入昌河汽车有限责任公司调研，并就加快推进昌河汽车发展，促进相关改革措施落地现场办公。10 月 2 日，胡雪梅深入昌南新区名坊园·景德镇记忆风情街区集市调研文旅夜经济消费新业态发展情况。胡雪梅先后深入昌南新区景德镇非物质文化遗产馆调研“国庆”期间不停产企业，开展“企业服务日”活动，并走访慰问非遗传承人和非遗工作者。

【《昌南新区损害营商环境行为问责办法（试行）》出台】 1 月 10 日，昌南新区党工委印发《昌南新区损害营商环境行为问责办法（试行）》（以下简称《办法》）。《办法》坚持依规依纪，实事求是；失责必问，问责必严；权责一致、错责相当；惩前毖后，治病救人；集体决策，分清责任的问责原则。明确对部门的问责方式包括检查、通报、改组；对部门问责的，同时对该部门中负有责任的班子成员进行问责。对公职人员及其他行使公权力人员的问责方式包括责令书面检查、通报批评、诫勉谈话、停职检查、调整职务、责令辞职、降职、免职、纪律处分、政务处分；上述问责方式可以单独使用，也可以依据相关规定合并使用。在落实政策法规、行政审批、行政执法、廉洁用权、其他应当问责共 5 个方面明确了共 27 种问责情形。坚持实事求是原则，对在优化营商环境工作中出现失误或者偏差，设定了 7 种情形容错情形，允许当事人按程序申请免责或减责。

【昌南新区代管昌江区新成立的 2 个居委会】 2 月 9 日，昌南新区（社会事业局）、昌江区（民政局）负责人签署新城居民委员会、如意湖居民委员会代管协议，标志着昌南新区在完善社会管理体系方面迈出重要一步。为改变原昌南拓展区内住宅小区管理“真空”状态，进一步提升公共服务水平，完善以民生为导向的服务体系，根据市政府相关会议精神，先由昌江区（西郊街道）在原昌南拓展区内分别组建新城居委会、如意湖居委会，再将这两个新组建的居委会成建制划归昌南新区代管。

【成立优化营商环境领导小组】 3 月 18 日，昌南新区党工委、管委会印发《昌南新区关于深入推进营商环境优化升级“一号改革工程”工作方案》，成立由党政主要领导任组长的优化营商环境领导小组，下设 11 个专项工作组和 1 个投诉举报中心，各组（中心）常态化开展“带角色、走流程、疏堵点”行动，深入一线抓落实。

【昌南新区实施“八大行动”推进数字经济做优做强】 3 月 18 日，昌南新区党工委、管委会印发《昌南新区关于深入推进数字经济做优做强“一号发展工程”的实施意见》，决定实施“八大行动”，助力全市数字经济高质量跨越式发展，促进昌南新区产业快速转型升级。一是陶瓷数字化赋能行动，二是数字文创加速集聚行动，三是数字经济核心产业提速行动，四是产业数字化转型行动，五是新型智慧园区建设提升行动，六是新型基础设施升级行动，七是数字人才集聚支撑行动，八是对外开放合作共赢行动。

【出台帮助中小企业纾困解难的若干政策措施】 4 月 2 日 ，昌南新区管委会印发《关于有效应对疫情帮助中小企业纾困解难的若干政策措施的通知》，配套制定 32 条政策措施，帮扶企业纾困解难。32 条政策措施除普惠性纾困扶持措施（14 条）外，还涉及餐饮住宿、批发零售业纾困扶持措施（5 条）、文化旅游业纾困扶持措施（5 条）、交通物流业纾困扶持措施（2 条）、工业纾困扶持措施（6 条）。纾困扶持措施既有税费减免、房屋租金减免，也有帮助企业解决融资难题、提供创业担保贷款服务、创业孵化扶持，保障企业用水用电用气用网等，还有发行政府消费折扣券、支持文旅企业参与政府采购、实施清理拖欠中小企业账款专项行动等。

【昌南新区数字化精密 3D 陶瓷打印项目“云签约”】 4 月 12 日，

昌南新区通过“云端”连线，与全球先进材料头部企业AGC集团、Roland DG株式会社、上市公司爱司凯科技股份有限公司相约“云端”、牵手“线上”，对数字化精密陶瓷3D打印项目落户新区进行“云签约”。数字化精密3D陶瓷打印项目由日本AGC陶瓷株式会社、爱司凯科技股份有限公司、日本Roland DG株式会社共同出资，在景德镇市昌南新区设立微瓷科技有限公司，通过爱司凯公司的喷头开发制造技术、3D打印机设计能力及拥有竞争力的生产成本控制力，与AGC先进的材料技术和管理技术、RDG精密打印控制技术、小型3D打印机设计技术相结合，旨在为中国陶瓷模具、陶瓷生产技术的创新和发展做出贡献。公司将提供教育中心培训服务、陶瓷3D打印设备＋原材料销售服务、3D打印服务等。

【全市公共法律服务助推营商环境优化升级公益活动启动】 5月12日，“进园助企、法治同行”·全市公共法律服务助推营商环境优化升级公益活动在昌南新区“企业之家”（名坊园）拉开帷幕。副市长、市公安局局长邹永胜，市政府党组成员、昌南新区党工委书记余立新，高新区党工委副书记、管委会常务副主任秦烨明，市司法局党组书记郑赞辉，市司法局局长方静，昌南新区党工委委员、管委会副主任张英等出席活动，昌南新区、高新区、市司法局相关负责人，律师和企业家代表等参加活动。邹永胜分别向市律师协会，市公共法律服务中心负责人授“进园助企、法治同行”·市司法局企业法律服务志愿队旗，宣布“进园助企、法治同行”·全市公共法律服务助推营商环境优化升级公益活动启动。活动现场，共发放法律宣传资料500余份，答复各类咨询80余件，部分律师事务所和企业达成初步合作意向。活动启动仪式上，还专门安排了企业法治培训课程。

【先进陶瓷数字化生产线项目落户昌南新区】 5月30日，昌南新区与宁波敏特传感器有限公司在浙江宁波签署《先进陶瓷数字化生产线项目合作协议》，投资超亿元的先进陶瓷产业项目落户昌南新区。该项目采用宁波敏特传感器有限公司自主研发制造的最新一代自动化生产设备，建成投产后主要生产压电蜂鸣片、压电超声波传感器、压电发电元件、桥梁压电传感器等产品，达产达能后年均产值达5000万元以上，提供就业岗位1000个以上。该项目对先进陶瓷产业向昌南新区聚集起到积极的示范引领作用。

【法国洛克沃德高档陶瓷酒瓶生产线项目户昌南新区】 5月31日，昌南新区与洛克沃德汉纳斯（嘉兴）酒业有限公司在浙江嘉兴平湖综合保税区签署《法国洛克沃德高档陶瓷酒瓶生产线项目合作协议》，投资超亿元的日用陶瓷产业项目正式落户昌南新区。该项目由洛克沃德汉纳斯（嘉兴）酒业有限公司投资，在昌南新区建设酒瓶配套生产基地，为洛克沃德集团海外产品销售提供陶瓷酒瓶配套供应，达产达能后年均生产专用高档陶瓷酒瓶500万只、产值达8000万元以上，提供就业岗位500个以上。该项目是昌南新区主攻工业倍增三年行动计划的又一最新成果，带动更多优质创投资金投资景德镇。

【推行市场体系建设公平竞争审查制度】 6月7日，昌南新区管委会印发《关于在市场体系建设中建立公平竞争审查制度的实施方案》，全面推行市场体系建设公平竞争审查制度，旨在按照加快建立统一开放、竞争有序市场体系的要求，开展公平竞争审查工作，确保相关管理及服务行为符合公平竞争和相关法律法规要求，维护公平竞争秩序，保障各类市场主体平等使用生产要素、公平参与市场竞争、同等受到法律保护，激发市场活力，提高资

先进陶瓷产业园区标准化厂房

源配置效率，推动营商环境优化升级“一号改革工程”落地见效，推动大众创业、万众创新，促进实现创新驱动发展和经济持续健康发展。

【深圳甲古文数字文化创意产业基地项目落户昌南新区】 6月12日，昌南新区与深圳市甲古文创意设计公司签署深圳甲古文数字文化创意产业基地项目合作协议，全国领先、世界著名的“甲古文”文化创意产业落户昌南新区。昌南新区党工委副书记、管委会主任张朝博与深圳甲古文创新事业部总裁任锋签署合作协议。项目依托昌南新区完整且雄厚的陶瓷产业链、独特的区位优势和政策优势，本着以“文化创意赋能商业发展，驱动陶瓷美学生活方式”的发展思路，共同筹建以商业创新设计、产业数字化运营及科技智能制造为核心功能的“景德镇工业创新中心”，助力景德镇传统陶瓷产业转型升级，把产业、行业、品牌三者高度融合，使景德市的陶瓷企业更具国际化、现代化。该项目既可使“甲古文”的创意设计优势得到最大限度发挥，又可在短时间内为昌南新区企业迅速赋能超20亿元，助力景德镇市陶瓷产业实现高质量快速发展。

【发放全市首张“一照多址”营业执照】 6月29日，江西利尔奇贸易有限责任公司经办人在昌南新区市场监督管理局工作人员的指导下，成功登记并领取到全市首张“一照多址”营业执照，成为景德镇市“一照多址”政策实行后第一家受惠企业，标志着昌南新区在深入推进营商环境优化升级“一号改革工程”、进一步深化市场主体住所（经营场所）登记改革工作中取得突破性进展。“一照多址”就是在一张营业执照上的登记住所之外，同时备案多个经营场所，企业无须为这些登记住所之外的经营场所申领新的营业执照，节省了企业增设分支机构的时间和成本，实现一张营业执照、多个经营地址生产经营。

【建17个“131+N”党建联合体促营商环境优化升级“一号改革工程”持续深化】 至6月底，17个“131+N”党建联合体全部建成。

昌南新区党工委采取基层党组织与区内外基层党组织组成党建联合体，将党政部门、社会组织、企业单位等各级党组织纳入联合体，打破“条块分割”的基层党建组织架构，将原本各自为政的基层党组织整合成紧密型基层党建联合体，共同推进党建提升、经济发展、民生改善。“131+N”党建联合体的组织体系中，首个“1”为1名领导（班子成员、副县级及以上领导）把方向，“3”是以3个党支部（1个机关党支部、1个“两新”党支部、1个片区统建党支部）为核心，后一个“1”为挂点帮扶1个农村党支部；“N”为区域内外的垂管部门党支部、国企党支部、院校党支部等。“党建联合体”聚焦推进党建工作共同进步，推进发展和改革双“一号工程”，助力乡村振兴、社会治理和全国文明典范城市创建三大目标任务开展工作。实施“131+N”党建联合体建设，旨在以党建推动改革与发展双“一号工程”“万千人万企”、乡村振兴等任务落实落地，让机关党支部真正实现党建与业务相结合、服务企业有抓手、服务乡村有途径；帮助“两新”党组织真正实现从“有形覆盖”到“有效覆盖”，引导他们抓党建、促发展，强化政治把关作用，引导企业服务中心大局、依法合规经营、有序健康发展；帮助农村党支部服务中心有方向、服务企业有目标；鼓励区域内其他不同隶属关系的党组织参与到疫情防控、乡村振兴等工作当中来，真正把党的政治优势、组织优势、群众优势转化为管理优势、竞争优势和发展优势，实现党建资源共享、优势互补，不断增强基层党组织的创造力、凝聚力和战斗力，以高质量党建助推经济社会高质量发展，为打造“瓷业高地、产业新城”提供坚强的组织保证。

【中国美术学院景德镇艺创中心启幕展暨揭牌仪式举行】 7月5日，中国美术学院景德镇艺创中心启幕展暨揭牌仪式在昌南新区名坊园CFAC美院基地举行。中国美术学院党委书记金一斌、景德镇市委副书记吴隽出席并共同为艺创中心揭牌。中国美术学院党委副书记刘正，市委常委、市委宣传部部长林蓉分别致辞。市政府党组成员、昌南新区党工委书记余立新，市城投集团党委书记、董事长，昌南新区党工委副书记陈鸿云出席。随后，出席仪式的领导及嘉宾一同参观“道器襟怀——中国美术学院景德镇艺创中心启幕展”。

【中国文联文艺研修院景德镇基地揭牌仪式举行】 7月6日，“中国文联文艺研修院景德镇基地揭牌仪式”在昌南新区名坊园CFAC美院基地（原“八大美院”创作基地）举行。中国文联党组成员、副主席、书记处书记诸迪，中国文联文艺研修院常务副院长傅亦轩，中国文联国内联络部副主任、一级巡视员苗宏，省委宣传部副部长、省新闻出版局（省版权局）局长黎隆武，省文联党组书记、省政协教科卫体委员会副主任马玉玲，省文联党组成员、副主席邬定忠，市委常委、市委宣传部部长林蓉，市政府党组成员、昌南新区党工委书记余立新，市城投集团党委书记、董事长，昌南新区党工委副书记陈鸿云，昌南新区党工委委员、管委会副主任张英出席揭牌仪式。副市长江民强主持仪式。傅亦轩、马玉玲、林蓉分别致辞。揭牌仪式上，中国文联文艺研修院与昌南新区签订了合作协议书。诸迪、黎隆武、马玉玲、林蓉共同为中国文联文艺研修院景德镇基地揭牌。

【“四海升平·和合呈祥”餐具套组获第23届中国专利奖】 7月26，国家知识产权局发布《关于第二十三届中国专利奖授奖的决定》，景德镇市2件专利上榜，其中景德镇澐知味陶瓷文化有限公司的“四海升平·和合呈祥”餐具套组获中国外观设计优秀奖。这是景德镇市陶瓷企业首次获得国家级专利奖项。位于昌南新区名坊园内的景德镇澐知味陶瓷文化有限公司为省级非物质文化遗产（传统手工制瓷技艺）生产性传承基地，以盛产“国礼瓷”而闻名。获奖的“四海升平·和合呈祥”餐具套组被钓鱼台国宾馆选定为国宾宴会用瓷。该餐具套组由托盘、食盘和盖碗三部分组成，集多种工艺集于一器，青花、珐琅彩、色釉等装饰，加以堆雕、半刀泥隐刻、扒花等各种工艺，器型各树其长、色彩交相辉映，传递出创造者高超的陶瓷技艺、把陶瓷工艺做到极致的职业追求。

【景德镇国家陶瓷版权交易中心上线运营】 8月28日，景德镇国家陶瓷版权交易中心上线运营启动仪式在昌南新区昌南里国家陶瓷版权交易中心综合展示馆举行。启动仪式上进行了国家陶瓷版权交易中心上线运营信息发布，介绍了交易界面、交易规则及交易进度等情况。当天推出92幅非遗传承人的各类作品，全部进行了版权登记，具有确权确真的公信力。截至当天16点，版权交易中心此次首批上线运营的业务板块全部开花结果，版权作品线上成交额达50余万元，其中版权拍卖板块推出的10件作品成交4件，拍卖价款共计15.2万元，分别为中国工艺美术大师赖德全和陶瓷非遗传承人中青年艺术家的版权作品。

【景德镇市先进陶瓷商会成立大会召开】 9月28日，由市工商联主办，昌南新区管委会协办的景德镇陶瓷商会换届大会暨景德镇市先进陶瓷商会成立大会召开。市委书记刘锋向大会发来贺信，市委副书记吴隽出席会议并讲话。会议选举产生景德镇陶瓷商会第四届理事会会长、副会长、秘书长、监事长。吴隽、吴财锋为景德镇市先进陶瓷商会揭牌。吴财锋、江民强分别为景德镇陶瓷商会会长单位、景德镇市先进陶瓷商会会长单位授牌。

【“名坊园·记忆”入选第二批省级特色文化街区培育名单】 9月，省文化强省建设工作领导小组办公室发布第二批入选省级特色文化街区培育名单，昌南新区“名坊园·记忆”入选（全省共9条街区）。这是继景德镇三宝瓷谷、景德镇陶阳里历史街区于2021年4月入选首批江西省特色文化街区培育单位（全省共17条街区）后，景德镇市第3条入选的省级特色文化街区。“名坊园·记忆”特色文化街区以“名坊园＋景德镇记忆”为核心，建设理念扣紧景德镇制瓷业历史脉搏，紧密结合“生态园林”“花园工坊”“博物馆群”“文旅融合集聚区”等理念打造，使街区兼具“博物馆”式的文化功能和“大观园”式的观赏功能，且综合服务配套设施完善（含高档酒店、电商、培训、娱乐休闲、实景演出、三产等项目），被称为“浓缩版景德镇”，入驻100余家高端手工制瓷企业，是集文化创意、旅游休闲、生活娱乐高度融合的多业态文化街区。

【民革江西省委与昌南新区签约合作】 10月13日，民革江西省委员会与景德镇市昌南新区管理委员会合作共建先进陶瓷产业园区签约仪式在昌南新区举行。中共景德镇市委副书记吴隽，省政协常委、民革江西省委员会主委熊皓，景德镇市政府党组成员、昌南新区党工委书记余立新，民革江西省委员会秘书长舒铭东，景德镇市昌南新区党工委副书记、管委会主任张朝博等出席签约仪式。该次民革江西省委员会联系省内外高科技陶瓷等有关企业落户到景德镇市昌南新区，合作共建昌南新区先进陶瓷产业园区，旨在落实中共江西省委、省政府“工业强省”的部署和中共景德镇市委、市政府工业倍增三年行动计划，深化实施双“一号工程”，加快景德镇工业实体经济发展。双方本着优势互补的原则，在互惠互利的基础上建立战略合作关系，以统一的资源整合优势结成长期共同发展之联盟，重点围绕先进陶瓷等产业和企业，重点开展招商引资，构建景德镇市昌南新区先进陶瓷产业园。

【“红叶”（陶瓷）入选2022最受欢迎江西企业十大消费品牌名单】 10月31日，2022最受欢迎的江西消费品牌上榜品牌发布，景德镇市“红叶”（陶瓷）品牌入选2022最受欢迎江西企业十大消费品牌名单。“红叶”（陶瓷）商标（品牌）持有人为景德镇红叶陶瓷股份有限公司。该公司成立于1996年，为景德镇市集研发、设计、生产、销售于一体的大型企业，主要生产经营高档日用瓷、礼品瓷、陈设艺术瓷及高档窑具，具备年生产高档日用高白细瓷600万件能力，其工艺技术和装备处于国内陶瓷行业领先水平，是江西省工业旅游示范点、景德镇日用陶瓷标志性企业、全国重要陶瓷出口基地，产品远销欧美等国家。

【景德镇非物质文化遗产馆正式开馆】 11月9日，由昌南新区管委会、景德镇非物质文化遗产保护协会、市城投集团主办的景德镇非物质文化遗产馆开馆仪式在名坊园中国艺术名校创联基地举行。市委书记刘锋宣布开馆，市委副书记、市长胡雪梅，市政协原主席、市非遗协会会长张春萍现场展示著名古陶瓷研究和鉴定专家耿宝昌为非遗馆亲自题写的馆名。景德镇非物质文化遗产馆由“党的建设、瓷国高峰、丝路茶语、窑相呼应、好戏连台、器成天下”六大主题的独立场所以及非遗生活体验空间组成，展陈面积约1600平方米。该馆正式建成开馆，标志着景德镇市非物质文化遗产保护工作迈上了新台阶，将为把景德镇市建设成为国家陶瓷文化保护传承创新基地、世界著名陶瓷文化旅游目的地增添浓墨重彩的一笔，为景德镇市进一步弘扬千年陶瓷文化，打造对外文化交流新平台起到积极的推动作用。

【微瓷科技（江西）景德镇生产基地开业】 11月9日，由中日合资创办的微瓷科技（江西）有限公司生产基地（景德镇生产中心）开业。

微瓷科技（江西）有限公司生产基地（景德镇生产中心）位于昌南新区数字经济百亿产业园，由中国爱司凯科技股份有限公司、日本AGCC株式会社和日本罗兰公司共同投资设立，对外提供陶瓷智能制造生产设备、工艺、技术的一站式解决方案，其发展愿景是致力成为全球陶瓷智能制造领军企业。该基地拥有CW1000、CW800与CW400生产线，可满足最大1000×1000×500mm、最小400×300×200mm打印需求，既可提供精密陶瓷打印服务，也可对外提供精密铸造服务。

【景德镇陶瓷智造工坊小型微型企业创业创新基地入选省示范基地名单】 11月14日，江西省工业和信息化厅公布2022年江西省小型微型企业创业创新示范基地名单，包括景德镇邑山瓷业有限公司的景德镇陶瓷智造工坊小型微型企业创业创新基地在内的全省13家企业的13个基地（园、中心）入选。景德镇陶瓷智造工坊小型微型企业创业创新基地的入选，是昌南新区围绕“众创业、个转企、小升规、规转股、股上市、强龙头、育集群”工程，以打造小微企业双创示范基地为着力点，加强政策指导、监测调度，协调落实各项扶持政策，推动示范基地发挥集聚效应，不断提高创业辅导能力和服务水平的最新成果。

【“江西省航空用金属材料热加工工艺开发技术创新中心”入选2022年江西省技术创新中心批准组建名单】 11月，省科学技术厅下发2022年度省技术创新中心（企业类）批建平台名单，包括江西景航航空锻铸有限公司“江西省航空用金属材料热加工工艺开发技术创新中心”在内的全省34家企业入选。江西景航航空锻铸有限公司注册于景德镇市昌南新区。（涂　强）

【项目建设】 至12月底，昌南新区年内开工的在建工程及竣工项目。

景德镇卢青青花生产基地项目。1月项目开工。该项目位于景德镇陶瓷工业园区内，总用地面积约1万平方米，总建筑面积约1.09万平方米，共建有1栋2层生产厂房、1栋3层办公及生活用房，总投资1亿元，由山东炎黄健康产业集团有限公司投资建设。（赵海波）

景德镇中日先进陶瓷产业合作园。项目位于206国道以东、枫林路以北、陶瓷原料基地以南，入驻“AT陶瓷平板膜”和“陶瓷基板”2个项目，由市城市建设投资集团公司投资建设。2月16日，AT陶瓷平板膜、陶瓷基板项目开工（分二期实施）。该项目用地面积约12.25万平方米，总建筑面积约12.6万平方米，总投资约6亿元；其中一期建筑面积约7.2万平方米，包含2栋标准生产厂房、综合办公楼、宿舍楼和配套道路。一期主要生产设备为年产55万平方米陶瓷平板膜生产线、年产200套电分解水处理生产线、年产50套成套环保水处理系统生产线，并设立研发中心；二期建筑面积约5.4万平方米，主要生产设备为年产50万平方米陶瓷平板膜生产线、年产300套电分解水处理生产线、年产80套成套环保水处理系统生产线。陶瓷基板项目（分二期实施）用地面积约6.67万平方米，总建筑面积约5.7万平方米，总投资约6亿元。共分二期实施。其中一期建设用地约2.93万平方米，建筑面积约2.23万平方米，建成达产后产能达70万片/年氮化硅陶瓷基板；二期建设用地约3.73万平方米，建筑面积约3.5万平方米，建成达产后产能达300万片/年氮化硅陶瓷基板。

景德镇市陶瓷非遗传承培训基地项目。3月项目开工。该项目位于名坊园内红叶路与名坊西路交叉口处，总占地面积6014.22平方米，总建筑面积20276.06平方米，由陶瓷拉坯车间、陶瓷模具车间、陶瓷实训车间、陶瓷材料车间、玻璃车间、陶瓷打样车间等区域组成，由市城市建设投资集团公司投资建设，总投资1.23亿元。

数字经济产业园标准化厂房建设项目。3月项目开工。该项目位于名坊路东侧，其南侧为规划道路，南面临近杭瑞高架与唐英大道，用地面积1.04万平方米，总建筑面积2.22万平方米，其中地上总建筑面积1.56万平方米、地下建筑面积6582平方米。主要建设内容为多层标准厂房及一层地下室，项目建成后对景德镇市及名坊园旅游业的发展有极大的促进作用，为景德镇数字经济产业的推动奠定基础。该项目由市城市建设投资集团公司投资建设，总投资1.01亿元。

景德镇机场保障能力提升改造工程项目。4月项目开工。该项目位于景德镇罗家机场，用地面积7.49万平方米，建筑面积5.56万平方米。项目包含民建工程和民航机场工程，其中机场工程包含场道工程约5万平方米，附属工程包含消防、排水等工程、灯光工程跑道灯60座、连廊及消防站的弱电工程、机坪照明高杆灯6座以及民航专用设备采购21台，采购及安装登机桥两座；民建工程包含新建连廊一座，新建消防站一座。该项目由市城市建设投资集团公司金岭开发投资有限责任公司投资建设，总投资1.29亿元。

雷迪森度假酒店（景南三里民宿服务中心）项目。4月项目竣工。该项目位于206国道界首村，总建筑用地面积4.5万平方米，总建筑面积1.89万平方米。项目定位为休闲度假型酒店，其中客房数为130余间，配套建设有儿童乐园、游泳池、水池、园林绿化等，可承接旅游接待，宴会宴请及餐饮食宿，10月正式营业。该项目由市城市建设投资集团公司投资建设，总投资2.1亿元。

名坊园景区旅游配套设施项目。6月项目竣工。该项目位于名坊园景区西南侧临红叶路，用地面积约8826.66平方米，总建筑面积8535平方米，由研讨教室、舞台区、会客厅、套房、贵宾接待室、自助餐厅、休闲茶吧区、棋牌室等区域组成，总投资约4690万元，由市城市建设投资集团公司投资建设，于2021年9月开工。

昌南新区康养服务中心项目。6月28日项目完成医院部分的主体建设。该项目位于昌南新区纬四路与经八路交会处，东临景兴大道，总用地面积14.49万平方米，总建筑面积26.73万平方米（地上建筑面积18.48万平方米、地下建筑面积8.25万平方米），建设内容包含门诊楼、住院楼、医技楼及康养楼等，该项目是景德镇市重点民生工程，由市城市建设投资集团公司投资建设，总投资约25亿元，于2021年10月开工。

5G换热及超导换热项目。7月20日项目主体验收。该项目位于昌南新区加速基地内，用地面积1.41万平方米，分三期建设，总投资约20亿元。其中一期厂房建设面积为4.5万平方米，设备投入2.6亿元。建设内容为新建石墨烯厂房面积8603.52平方米，原A06厂房、A07厂房装修改造，厂区道路新建（改造）。该项目由市城市建设投资集团公司投资建设，于2021年11月20日开工。该项目基于石墨烯涂层的无相变热管技术、石墨烯涂层金属轧制翅片管技术、CPU/GPU散热器等具体产品，广泛应用于5G、军工、能源、化工等行业，解决航天、军工、通信等领域换热技术瓶颈，实现中国科技创新并在核心关键技术方面实现自主可控，是国家科技创新、替代进口的重大战略产业。

景德镇昌南电力勘测设计有

限公司生产综合楼建设项目。7月项目开工。该项目位于名坊园园区内，用地面积约6012.5平方米，总建筑面积7497.47平方米，由地下车库、丁类生产用房、配套办公组成的生产综合楼，总投资2167.26万元，由景德镇昌南电力勘测设计有限公司投资建设。（赵海波）

高科技陶瓷产业园区一期标准化厂房及配套基础设施项目。8月项目竣工。该项目是江西省、景德镇市重点调度的“50”项目，位于昌南新区铁炉高科技陶瓷产业园区内，总用地面积约36.5万平方米，总建筑面积23.58万平方米。该项目建设安装2座1200t/d陶瓷新材料光伏板熔窑及配套生产线，其日熔化量1200吨级熔窑是全球最大的单体窑炉，整套生产线的工艺技术和设备设施在国内处于领先水平。项目建成后可形成75万吨陶瓷新材料光伏板的生产能力，年产成品光伏板1.5亿平方米。该项目由市城市建设投资集团公司、景德镇陶汇投资发展有限公司投资建设，总投资约50亿元，于2022年11月8日开工。

景德镇记忆旅游休闲街区基础设施项目（一期）。9月15日项目（一期）开工。该项目位于陶瓷工业园区唐英大道北侧、杭瑞高速南侧，用地面积约1.92万平方米，总建筑面积2.87万平方米（地上1.8万平方米、地下室1.07万平方米），项目工程包括游客服务中心（超市）、游客服务中心（商业）、影厅、地下停车库（平战结合战时人防工程）等。该项目由市城市建设投资集团公司投资建设，总投资2.02亿元。

市第二职业学校项目。10月20日项目开工。该项目位于浮梁县唐英大道（延伸段）北侧、西河西侧，用地面积6.7万平方米，总建筑面积4.5万平方米，其中地上建筑面积4万平方米、地下建筑面积为5000平方米、机动车车位约160个。该项目由市城市建设投资集团公司投资建设，总投资2.56亿元。

（除署名外，均由李颂欢撰写）

领导名录

市政府党组成员、区党工委书记
余立新
党工委副书记、管委会主任
张朝博
党工委副书记
陈鸿云 刘 海
党工委委员、纪检监察工委书记
张国亮 2022.04（任）
舒 琦 2022.04
（免纪检监察工委书记）
党工委委员、管委会副主任
张 英
黄发金 2022.01（任）
胡卫华 2022.02（任）
党工委委员、三级调研员
舒 琦 2022.04
（任三级调研员）
党工委委员、公安分局局长
叶传红
党工委委员、管委会副主任
王俊祥
涂志勇 2022.01（任）
卢志恩 2022.04（免）
党工委委员、管委会副主任（挂职）
沈 钊 2022.02（任）
管委会副主任（挂职）
薛海涛 2022.02（任）
二级调研员
罗志伟 2022.01（任）
三级调研员
卢志恩 2022.04（任）
冯国盛 2022.04（任）
四级调研员
黄发金 2022.01（免）

昌南湖湿地公园一角（余诏彦　摄）

城乡建设

城乡建设

【概况】 2022年来，市住房和城乡建设局聚焦“疫情要防住经济要稳住、发展要安全”的工作总要求，围绕双“一号工程”“五新”战略行动等全市中心任务，自我加压、调高标尺、奋楫争先，较好地完成各项工作目标。在全省率先实施工程建设项目审批超时默许制，工程建设项目审批压缩时限全省排名第一，经验做法在全省住建工作会上作典型交流发言，并荣获江西省优化营商环境先进集体荣誉；连续四年入选住建部城市体检样本城市；在被评为江西省城市功能与品质提升三年行动先进市、2021年城市功能与品质提升考核先进市的基础上，强力启动城市功能与品质再提升行动；积极开展第六批中国传统村落推荐申报工作，西湖乡桃墅村、勒功乡勒功村、涌山镇沿沟村入选第六批中国传统村落；十件民生实事中由市住建局牵头的事项3508套保障性租赁住房筹集任务和1.8万户焦炉煤气用户置换工程均已全面完成。

村镇建设

【持续开展农村危房改造】 根据江西省2022年农村危房改造实施方案精神，全市继续开展农村危房改造工作，对农村易返贫致贫户、农村低保户、农村分散供养特困人员，以及因病因灾因意外事故等刚性支出较大或收入大幅缩减导致基本生活出现严重困难家庭等农村低收入群体以及农村低保边缘家庭和未享受过农村住房保障政策支持，且依靠自身力量无法解决住房安全问题的其他脱贫户进行再摸排，摸排危房户183户，纳入年度危改计划全部开工，其中：完工174栋，完工率达95%。

【加强传统村落建设】 积极督促县市区加快传统村落规划编制工作，乐平市洪岩镇小坑村等多个传统村落保护规划已编制完成报省厅评审；积极开展第六批中国传统村落推荐申报工作，全市推荐申报县（市区）11个村落，经省专家评估，省级推荐5个村落至住建部，最终经住建部评估，西湖乡桃墅村、勒功乡勒功村、涌山镇沿沟村拟公布为第六批中国传统村落。

【积极实施城乡环境综合整治及美丽乡镇建设】 牵头推进城乡环境综合整治工作和美丽乡镇建设五年行动，强督导、抓落实，确保各项重点工作扎实推进。浮梁县投入约11.4亿元重点建设四好公路，整个提升改造项目为84个，改造提升公路总里程为346.7千米、危桥15座，为全省首个超10亿元农村公路项目。乐平市投资约3亿元用于打造洪岩镇、涌山镇、众埠镇、临港镇、接渡镇等特色小镇和双田镇、浯口镇等外立面改造工程，计划投资约1亿元建设镇桥镇、十里港镇、鸬鹚乡、名口镇、浯口镇等5个乡镇污水处理工程。

建筑业管理

【推进城市功能品质再提升】 1月11日，制定《景德镇市第二污水处理厂浓度提升“零点行动”工作实施方案》，重点开展两个月一次的定期检测及年终绩效考核，系统推进污水处理厂浓度提升工作，市第二污水处理厂进水COD浓度已得到明显提升。完成直饮水试点项目6个，覆盖人群约1万户，直饮水覆盖范围进一步扩大。牵头强化城市体检、城市更新、城市功能与品质提升“三位一体”工作机制，4月27日，重新修订《景德镇市中心城区城市更新改造实施办法（试行）》，探索编制城市更新专项规划，结合全市城市空间发展战略，谋划葡萄架、老鸦滩、昌江东、东三宝等11片城市更新单元25个重点项目，全力打造城市更新亮点，探索城市更新试点可复制推广经验；全面完成住建部8类69项以及江西省10类105项城市体检指标数据收集整理工作，结合全市特色构建13项个性指标，积极探索城市体检成果实践应用，致力为全国各地开展城市体检工作提供经验样本；11月2日，对标对表制定《景德镇市城市功能与品质再提升行动方案》，筛选出205个、年度计划完成投资295亿元的城市品质提升项目，加大督导力度、压实工作责任、强化跟踪问效，确保服务优享、防灾除险等城市功能与品质再提升“十大行动”有序推进。突出抓好中央环保督察水环境整改工作，针对“污水处理厂浓度低”等问题，加快污水收集管道建设和管网连通工程，提高污水收集率。

【加快推动建筑业转型升级】 6月15日，拟定《景德镇市一星级绿色建筑标识认定和管理工作实施办法（试行）》，明确绿色建筑标识的申报和审查程序、标识管理等相关要求，着力推动建筑业绿色低碳转型发展。认真贯彻落实全省房地产建筑产业链链长制工作推进会和全省装配式建筑现场推进会议精神，建立房地产建筑重点企业联系服务制度，成立建筑业帮帮团，积极扶持本市建筑企业资质增项、转型升级，针对性做好帮扶工作，以服务企业的真心增强企业发展的信心。第一至三季度全市建筑业总产值达到42.6亿元，同比增长12.3%，全年建筑业总产值突破50亿大关。

【提升工程建设项目审批时效】2022年，在全省率先实行工程建设项目审批超时默许制，实现办事不用求人，审批逾期率从7.53%降到0；进一步深化工程建设项目审批制度改革，政府投资项目、社会投资类项目审批时间均得到大幅压缩。精准施策降成本，将城市基础设施配套费从36元/平方米调整为34元/平方米，每年为企业节省费用约400万元；工业用水水价从2.22元/立方米降为2.10元/立方米，用气价格将夏秋季非居民管道天然气价格核定为2.88元/立方米。主动作为优服务，开展企业“帮帮团”活动，与全市147家企业全面对接，梳理化解建筑业企业发展难题34条，解决矛盾纠纷200余件；开展“亲清瓷都、暖心爽心”专题活动，向企业家问计求策，将企业家的才智转化为推动发展思路和措施。

【全面提升建筑工程质量安全】2022年，压实建设单位质量安全主体责任，严格执行“两书一牌”制度，全面落实工程质量终身责任制，持续开展工程质量标准化工作，扎实推进混凝土、钢材、砂浆举牌验证制度，全市建筑工程质量安全保证体系不断完善。抓好建筑工地实名制管理，建立全市建筑工地项目实名制“红黑榜”，加强实名制日常预警监测复核、数据统计，全市在建工地实名制管理人员综合平均到岗率达到81.84%。坚决惩治转包挂靠出借资质等违法违规行为，全面开展房屋建筑和市政基础设施工程招标投标领域突出问题专项整治行动，排查发现问题线索76件，其中疑似转包挂靠的8件、违规招投标问题18件、未批先建无证施工的35件、其他未落实实名制或管理人员履职不到位等15件，处罚金额526.12万元。

房地产业

【全力稳定房地产市场预期】5月6日，印发《促进房地产业良性循环和健康发展的若干措施》，公布实施包括降低房企购地资金成本、降低个人住房消费负担等12个方面的调控措施，积极组织“红五月”房地产交易展示会，刺激房地产消费活动，全市住房销售额势出现一定扭转迹象，土地交易市场成功出让商住用地2块。受房地产金融政策收紧及恒大楼盘涉稳风险影响，全市房地产投资、销售均出现大幅滑落，市场总体呈现“供应放缓、销量下行、价格平稳”运行特点。为稳定房地产市场预期，提振市场信心。

【推进住房保障体系建设】5月13日，拟定《景德镇市中心城区保障性租赁住房建设和管理实施办法》，建立保障性租赁住房联合审批机制，全市2022年保租房筹集任务3608套已全部开工，开工率100%，保租房项目认定书发放率100%。2022年，7996户老旧小区改造任务已全面开工，老旧小区改造有序实施，各实施主体整体形象进度均超过50%，其中珠山区整体形象进度已达83%。棚户区改造稳步推进，全市2022年2649套城市棚户区改造任务已面开工，开工率达100%；棚户区改造基本建成目标任务200套，基本建成200套。保障房管理更加规范，全力做好住房困难家庭公租房租赁补贴发放工作，11月底发放2172.64万元，7462户家庭正享受住房补贴；积极推动保障性租赁住房发展工作。

【推进自建房安全隐患排查整治】5月28日，制定《景德镇市自建房安全隐患排查整治实施方案》《景德镇市经营性自建房安全专项整治“百日行动”实施计划》，统筹协调全市各县（市、区）、各市直部门推进自建房安全隐患排查整治，严格按照抽查比例不低于经营性自建房10%和鉴定为危房自建房20%开展督查抽查，积极组织排查整治“回头看”工作。全市摸排经营性自建房18315栋，初步判定隐患房屋352栋，完成鉴定315栋，鉴定率89%，管控整治危房为339栋，管控率96.31%，鉴定率和管控率排名全省前列。全市自建房安全隐患排查整治“百日行动”如期完成，逐步开展“回头看”巩固提升工作。

【有效化解房地产涉稳风险】牵头抓总恒大“三保”工作，全面压实珠山区政府、昌江区政府、国控集团、城投集团及恒大企业主体责任，通过政策性专项借款、定向收购、股权转让等方式多措筹集复工资金，狠抓复工方案落地落实，严格保交楼项目工程质量、安全、进度及建设标准监管。

恒大“三保”工作已取得阶段性进展，恒大悦府、恒大珑庭、翡翠华庭及恒大新城4个保交楼项目，涉及4262套住房，实现全面复工，交楼318套，努力加快交房进度。

（罗　兵）

城市管理

【概况】 2022年，市城管局牢固树立“人民城市人民管，管好城市为人民”的工作理念，坚持以问题为导向，优化审批流程，推动免罚清单，实行人性化管理不断提高城市管理科学化、精细化、智能化水平，助力全市常态长效创建全国文明城市。

市政设施与绿化建设

【改造提升垃圾焚烧设施】 景德镇市生活垃圾焚烧发电厂地处县寿安镇黄土岭东侧。7月，启动炉排炉项目，推动生活垃圾焚烧发电厂提标改造。9月14日，取得环评批复，土建及安装单位已确定，土建单位已进场施工，原有老旧设备拆除已完成80%，锅炉基础已开挖，全年处理生活垃圾235133吨。

【推进公厕选址厕位整改】 3月7日，按照“厕所革命”要求，制定下发《关于要求对女男蹲位比未达标的城区公厕进行整改的函》，完成建成区22座人流密集场所女男蹲位比例未达标公厕整改。3月15日，委托市城市规划设计院编制《景德镇市中心城区公共厕所近期建设规划》，完成20座新建公共厕所选址，通过市规划委员会批准。

【市政道路维修养护】 全年审批城市道路挖掘89起、排水入网8起；修复人行道约1.2万平方米、盲道约2466平方米、车行道约2.3万平方米；整修路沿石约1276米；清理雨水井约1005座；改造瓷都大道、新风路、广场南路等5条路段的积水点约627米，在景德西大道、浙江路、瓷都大道等7条路段，检查井设置防坠网462座；对瓷都大道、珠山大道、广场南路等12条路段进行专项整治，进行23项养护，完成整治面积约2.5万平方米。

【绿化养护精细化管理】 列管绿地面积420万平方米，各类行道树约4.52万株，完成修剪草坪面积810万平方米、绿篱面积170万平方米、各类花灌木8万余株；清运各类绿地垃圾2800余车；行道树修剪病腐枝、截枝复壮1360株；行道树越冬刷白约6万株；布置各类草花123.5万盆。宝龙城等7个项目通过审批，审批绿地面积10.6万平方米。完成碧桂园·昌南府二期和景德镇朝阳路农贸市场等七个项目绿化验收，附属绿地面积10.7万平方米。

城管执法

【助力营商环境优化升级】 4月14日，召开全市城管系统推进营商环境优化升级“一号改革工程”动员大会，先后制定印发《“三进三亮三服”活动实施方案》《“万干入万企 党建促发展”活动实施方案》《城市管理大家谈工作实施方案》等。工作开展以来，出动干部419人次，入驻企业406次、社区90次，收到问题清单169条，全部协调督办完成。开展“城市管理大家谈”26次，进入社区30余个，向辖区企业、商户、市民开展政策宣讲220人次，协助解决各类城管领域问题120余个。积极宣传贯彻《江西省优化营商环境条例》，完善配套政策、细化举措7项。

【改进审批流程】 对标全省最高标准，占用、挖掘城市道路审批材料齐全符合要求1个工作日内办结，推动水电气（排水）接入外线工程实行“简易低风险项目”告知承诺备案制和“一般项目”联审批制；行政事业性收费缓缴落地半月初显成效，缓缴挖掘修复费156万余元；支持企业稳工增产，直达惠企资金1000万元。

【推行首违免罚制度】 梳理6项“免罚清单”，实行轻微违法行为，首次违反及时纠正，没有造成危害后果的，免予行政处罚，实行867起首违免罚、轻违免罚案例；督促城管部门指导企业注册“惠企通”，申领电子印章，接待和处理企业困难28批次。

【加强执法监督】 督促各区（园区）城管局整治各类流动摊点14676次，整治出店经营16360次，清理乱堆乱放8600余处，劝导晾晒6300余次，清理“牛皮癣”5127处，督促居民有序停放车辆8000余辆，督导规范车辆停放9600余辆，处理电话投诉1000余起，扣缴物品175件，督促清运爆桶垃圾1140次，查处偷倒垃圾行为108起。

市容环卫

【做好生活垃圾分类】 3月25日，制定印发《景德镇市城区生活垃圾分类2022年工作要点》等9个生活垃圾分类工作文件，根据胡雪梅市长批示精神，先后四次召开生活垃圾分类工作联席会（推进会）；先后建成景德镇市垃圾焚烧发电厂、乐平垃圾焚烧发电厂、市建筑垃圾处理厂、市餐厨垃圾处理厂（待竣工验收，已投料试运行），餐厨垃圾收运体系已建立。市政公用集团投入215万元购买4辆餐厨垃圾收运车和1辆厨余垃圾收运车；推动分类试点建设，昌江区确定在新风街道（交警宿舍、水文局宿舍）、西郊街道（4321厂宿舍、滨江苑小区）、吕蒙乡（华意宿舍、安徽转运站宿舍）各选取2个小区开展生活垃圾分类试点工作，浮梁县确定在梁城美景小区、滨江小区南苑、浮梁二小3个点开展生活垃圾分类试点工作；开展《江西省生活垃圾管理条例》巡回宣讲活动，组织40人队伍，深入268个小区进行宣讲培训，培训人数2200余人次，发放8800余份宣贯手册。

【持续巩固环卫一体化成效】 督促北京环卫和玉禾田两家环卫公司开展环卫作业，全市道路机扫率95%以上，道路保洁市场化率100%。同时，对新增道路、公厕、“三无小区”等新增区域进行现场核查和测量，与各区（园区）报送数据逐一对比，为新增作业面积补充协议签订做好前期准备。

【开展市容环境整治】 做好御窑遗址申报世界文化遗产、陶阳里御窑景区创AAAAA、第五届阿拉伯艺术节和2022年“中国农民丰收节”江西活动等多个大型活动的环境整治工作。4月19日，先后制定《陶阳里御窑景区环境综合整治实施方案》等专项整治方案，清理垃圾死角124处、清运沿河护堤杂草杂物碎石20.8吨、清除“牛皮癣”小广告328处、清洗景区公共设施宣传栏积尘、油污、污渍285处、混凝土浇筑修复珠山大道（华达段）人行道板1300米、增补“一江两岸”防溺水安全警示牌15块、整治景区范围流动摊贩、占道经营368起等。

【加强市容秩序督查考核】 对各区（园区）城市管理部门在建筑（渣土）工地、餐饮油烟、秸秆焚烧等市容秩序管理方面存在漏管、失管问题进行查漏补缺，做到定时督查、及时公布、现场督办，函告整改。督查发现市容管理乱象问题1500余起，大气污染乱象问题336起，派发督办整改函件30份，各区（园区）函复整改30份，整改完成率100%。

【做好环卫项目监管】 做好宋家山垃圾填埋场监管，进场督导检查15次，下发督办单5件，运营单位已经完成宋家山垃圾填埋场封场方案，渗滤液处理站处理水28233.86吨，均达标排放；粪便无害化处理中心正常运行，接收粪便1476车（每车约3吨）约4428吨，达标处理。

（王建伟）

城市供水

【概况】 2022年，全市供水量约10210.4万立方米，平均单耗约253.88 kWH/千吨。水质检测达到106项水检项目全覆盖，全年水质综合合格率为100%。供水服务热线年总呼入量115226件，受理回复政府热线464件，市委民生通道2件，信访6件，受理营商环境指挥部督办单10件，均已完成回复，回复率、及时率、满意率均为100%。

【推进节水型城市创建工作】 1月，在全市开始征收超计划阶梯水价；同时根据创建需要，采集2021年供水管网、DMA分区流量监控设备、智能水表、老旧小区二次供水设施改造等各类数据，配合景德镇市节水型城市创建工作，协调落实非生活用户超计划阶梯水价营销收费系统的建设，报送市节水型城市创建小组。2021年，景德镇市顺利成为江西省第一个省级节水型城市。

【第四水厂二期扩建项目运行】 3月10日，第四水厂二期扩建项目投产运行，采用先进技术，运用数据采集监控系统（SCADA系统）进行数据采集，与一期工程同步进行供水保障，可达到日产20万立方米。项目投产后惠及整个西市区、高新开发区、昌南拓展区和昌江区丽阳乡、鲇鱼山镇居（村）民，提高居民用水水质和供水能力，进一步强化和完善供水网络。西市区管网压力由原来的0.25mpa提升到0.35mpa，有效缓解管网末端用户用水难的问题。在管网压力提升的情况下，漏损率由原来的28.46%降为26.10%。

【报装系统上线】 4月18日，公司新上线的报装系统通过在各流程节点新增时限预警提醒，申请报装用户可以通过手机客户端即时在线查询办理进程，实现用水流程全透明，打通“办事层次不明”堵点问题，真正提升获得用水一站式服务体验。

【继续开展水表“身份”普查】5月，对珠山区开展水表普查行动。完成84121块水表电子“身份”信息记录，发现各类问题并整改到位171处。全市一户一表总数28.72万户，其中智能远程水表8.89万户。

【查漏补漏降产销差】2022年，探漏767处，其中DN100以上漏点333处。完成珠山、昌江区60余套智能消防栓加装工作，该消防栓具有超声流量计量、GPRS实时在线数据远传、水压监测、定位、刷卡开锁等多种功能，能够实时上传消防栓工作状态及监测数据，大大减少消防栓不良用水的事件发生。管网部门利用市政雨污水管改造的契机，对新厂林荫路DN500口径水泥管、三河老村DN600口径水泥管进行更新改造，并对漏损较严重的新厂老厂村加装DN200口径压力管控阀、中国陶瓷城加装DN300口径压力管控阀，通过分时段调控供水压力，达到减少漏损的成效。五大片区分区计量，夜间最低流量由原来的70吨/小时下降至9.5吨/小时，用水最高峰108吨/小时下降至现在最高峰60吨/小时，实现片区化管理精细到户，大大减少管道漏损。

【提高供水品质】2022年，二次供水分公司完成老旧小区二次供水改造项目有幸福嘉园、莱顿风情小区10栋等12处。对景德镇陶瓷大学二次供水项目进行接收并改造，通过紧张的设计、施工、调试后于9月开学前正式通水，解决2万名师生的优质供水问题。完成试点小区(项目)32个，23001户，覆盖人口约8万人。其中包含住宅小区23个，公建单位项目2个，学校项目3个，旅游景点项目3个，陶瓷企业项目1个。

【推进智慧水务】2022年，市水务公司响应江西省打造“双一号工程”，响应03专项工作要点中基于NB-IoT、5G、人工智能技术的深度融合，加快推进景德镇智慧水务建设，结合江西水务GIS平台、外业工作系统，实现景德镇水务管理部门与户外维修服务人员的数据联系通道。完成昌河加压泵站无人值守改造，在实现机组启停远程操作、故障设备主动隔离、助力精准调度的同时，把置换出来的人力资源加以优化，充实到各个供排水关键岗位，投入提升供水服务水平中去。

【支持高新园区优化营商环境】为打造“立马就办、一次就好”的供水营商环境品牌，通过减少接入环节、压缩接入时间、降低接入成本等系列举措，加大高新园区入驻企业申报绿色通道力度，新增服务网点和预约服务，实现“一窗通办”、大客户全程专人对接办理。企业申请用水可凭营业执照“一照”办理，在接到用户申请后，相关部门会完成现场勘察、出具预算、联系用户缴费等程序；在4个工作日内，完成无外线工程企业的立户通水，极大地节省时间成本。通水后，公司采取“周常规、月全检”的水质检测机制，加密园区管网巡查频率，发现漏点1小时到场，直径200毫米以下管道12小时内修复，直径200毫米以上管道24小时内修复。用户通过关注“江西水务”微信公众号，可实现用水账单查询、开具电子发票等服务。

（吴　煜）

在市发展中心觅食的国家二级保护动物戴胜鸟（白光华 摄）

生态环境

环境保护

【概况】 顺利完成省环委会下达景德镇市生态环境有关指标计划。其中，县级及以上城市 $PM_{2.5}$ 浓度好于年度目标 20.9%，设区城市 $PM_{2.5}$ 浓度好于年度目标 12.5%，地表水达到或好于Ⅱ类水质的断面比例好于年度目标 9 个百分点。

2022 年，全市积极应对历史罕见的极端高温干旱气象条件影响，生态环境质量保持较高水平改善。环境空气优良天数比率达 98.9%，比全省平均值高 6.8 个百分点，连续六年全省第 1，$PM_{2.5}$ 平均浓度为 23ug/m^3，连续七年下降。氮氧化物、挥发性有机物、化学需氧量、氨氮重点工程减排量均完成年度目标。全市地表水断面水质优良比例达到 100%，其中达到或好于Ⅱ类水质的断面比例达到 90.9%，饮用水水源地水质达标率保持 100%，地表水环境质量位列全省第 2。建设用地安全利用率达到 100%，全面完成受污染耕地安全利用类和严格管控类治理任务。

【严格落实生态环境保护责任】 2022 年，市委常委会、市政府常务会、市环委会研究生态环境保护工作 12 次。市委十二届三次全体（扩大）会议明确要建设生态景德镇。市政府工作报告就突出扬优势、树品牌，着力在绘就生态文明画卷上奋勇争先做出具体部署。市生态环保局认真落实“党政同责、一岗双责”和“管发展必须管环保、管行业必须管环保、管生产必须管环保”的要求。市生态环境保护委员会和各专委会，分领域、分专业推进生态文明建设和生态环境保护工作。

【科学谋划生态环境领域布局】 4 月，制定印发《关于进一步加强生态环境保护 深入打好污染防治攻坚战的实施方案》《景德镇市深入打好污染防治攻坚战八大标志性战役 30 个专项行动工作方案》《全面落实美丽江西建设景德镇任务实施方案》。编制《景德镇市委市政府关于完整准确全面贯彻落实新发展理念做好碳达峰碳中和工作的实施意见》《景德镇市碳达峰实施方案》等“1+N”政策体系工作方案。生态环境等有关部门编制实施生态环境领域有关专项规划和行动方案，形成了全面系统的路线图和施工图。

【推进蓝天保卫战】 建立健全常态长效工作机制，成立大气污染防治攻坚指挥部，巡察组开展常态化巡查，发现问题立行立改。安排专人值守，对异常情况做到迅速响应、快速处置。实行大气管控任务清单制、每日报告制、每周通报制，确保大气管控落实落细。全面推进“控气、控车、控烧、控尘、控防”，开展建陶、砖瓦行业专项整治行动，深入推进重点企业 VOCs 治理，巩固燃煤锅炉淘汰成果。持续做好移动源管控、扬尘管控，加强秸秆禁烧监管，开展餐饮油烟整治。强化应急管控，在夏秋季全省臭氧污染形势严峻、各地大面积连续超标的情况下，景德镇市仅出现两个轻度污染天，为全年考核任务完成打下了坚实的基础。

【推进碧水保卫战】 5 月，与上饶市签订饶河流域突发环境事件联防联控协作框架协议，完善区域联防共治机制，推进流域保护与治理。6 月，浮梁县与安徽省祁门县签订《跨省流域上下游突发水污染事件联防联控工作协议》，浮梁县、珠山区、昌江区人民政府签订上下游横向生态保护补偿协议。不断完善集中式饮用水水源地规范化建设。规范入河排污口整治。深入整治城市黑臭水体。持续推进生活污水处理效能提升，大力开展‘收污水’‘撇清水’系统整治，2022 年中心城区新建改造污水管网约 111.75 千米，污水收集范围增加约 30 平方千米，第二污水处理厂进水 COD 浓度由 30 毫克每升左右提升至 110 毫克每升左右。

【推进净土保卫战】 严控建设用地准入管理，建立建设用地土壤污染风险管控和修复名录制度，列入名录的地块不得作为住宅、公共管理与公共服务用地，建设用地安全利用率达到 100%。严格重点领域源头防控，动态更新土壤重点监管单位名录。组织开展新一轮涉镉等重金属重点行业企业排查整治。开展矿区历史遗留固体废物排查整治，建立排查清单。开展地下水污染协同防治，完成全市地下水“双源”基础状况调查、乐平化工园区地下水环境状况调查，启动景德镇市地下水环境状况调查评价及污染区划、危险废物处置场地下水调查评估。

【深入推进废弃矿山生态修复】 扎实推进中央环保督察反馈废弃采石矿山生态修复治理，开展矿山生态环境大排查大整治专项行动，进一步加大持证矿山监管力度，建立并完善问题台账，督促指导各矿山企业履行地质环境保护与治理恢复义务，编制“一矿一方案”，落实整改措施。

【探索“两山”转换路径】 4月，在全省率先成立市“两山”（绿水青山和金山银山）转化推进领导小组，设立实体化工作专班，对全市“两山转化”工作进行谋划部署。浮梁县创新建立“两山”生态检察制度，成立“两山”生态检察工作室，聘任161名“两山”生态观察员，上线“两山”生态检察App，实现县域生态数据共享。2022年，全市新增1个“绿水青山就是金山银山”省级实践创新基地、4个省级生态乡镇、20个市级生态村。

【加强自然保护地日常监管】 将自然保护地巡查巡护纳入林长制考核，依托护林员实行网格化管理，做到巡护无死角，生态环境、林业等部门不定期对各自然保护地进行实地督查。深入开展“绿盾”自然保护地强化监督工作，在“绿盾2017—2021”专项行动基础上，继续巩固“绿盾”等专项行动问题整改成果，各自然保护地暂未发现新增违法违规事件。

【坚持严格监管与优化服务并重】 实施常态化监督执法正面清单，加强非现场执法监管，开展重点自动监控排查，实施排污许可专项执法行动、打击危险废物环境违法犯罪和重点排污单位自动监测数据弄虚作假违法犯罪专项行动，保持打击环境违法犯罪高压态势。积极推行“上门服务单”，张贴“环境监管服务卡”，企业通过服务单提出需要解决的环保问题和诉求，优化生态环境保护执法方式助力稳住经济大盘获生态环境部通报表扬。

【加强行政执法与刑事司法衔接】 建立“河湖长＋检察长”“林长＋检察长”协作机制，定期召开环境保护行政执法与刑事司法衔接工作联席会议，健全信息共享、线索移送等机制。开展“守护生态瓷都”检察公益诉讼专项监督活动。2021年1月，“海蓝化工有限公司污染环境民事公益诉讼案”入选最高人民检察院以生态环境公益诉讼为主题的第四十批指导性案例。

环境综合治理

【概况】 开展景德镇市流域水环境综合管理平台建设，构建全市生态环境监测“大格局”，优化生态环境监测“一张网”、夯实生态环境监测基础，加强装备能力建设，推进监测数据联网共享，推动生态环境监测体系与监测能力现代化建设。

【建立健全常态长效工作机制】 年初，成立景德镇市大气污染防治攻坚指挥部，进一步健全大气专委相关成员单位之间信息互通、问题会商、分工合作等工作机制。2月，市大气污染防治攻坚指挥部印发《大气污染防治任务清单》，进一步细化措施，压实责任，实行大气管控工作任务清单制、每日报告制、每周通报制，确保各项管控措施取得最大成效。

【强化管理基础工作】 全市完成2019年度、2020年度大气污染源排放清单编制、VOCs组分清单编制以及臭氧源解析工作。开展企业绩效分级指南宣贯活动，组织专人进企开展帮扶工作，基本完成第一批省、市重点VOCs企业绩效评级。

【深入开展挥发性有机物治理】 全市围绕“十大关键环节”深入开展挥发性有机物治理专项整治行动，检查企业109家。将帮扶指导与减排工作相结合，排查问题及时整改，强化科技支撑能力建设，多领域、深层次抓好重点行业治理和企业管控，助力协同控制和减排措施落地见效，挥发性有机物治理取得积极成效。

【推动分散燃煤锅炉淘汰】 6月底，完成乐平市景顺实业有限公司、江西东风药业股份有限公司锅炉改造工程。全市严格落实中央环保督察整改方案，按时完成乐平工业园区中供热管网覆盖区域内分散燃煤锅炉淘汰。景德特种设备检验中心对两家公司锅炉进行停炉检测，市场监管局备案均从燃煤锅炉改为生物质锅炉。

【移动源监管】 全市开展机动车环检机构常态化检查，现场检查70家次，约谈、停业整顿29家次。完善移动源监管执法模式，健全生态环境、公安交管等部门联合执法路检路查工作机制，现场对尾气不合格车辆进行处罚，完成710台车辆路检路查及入户抽测，不合格车辆26台，处罚8台。全市全年抓拍黑烟车2403辆，处罚到位56辆（4月公安部已取消处罚，5月起每月将黑烟车信息公示）。全年上传56万辆次遥感检测结果到省级平台。强化非道路移动机械管控，全市申报登记非道路移动机械4793台，深入建筑工地、厂矿企业等，完成监督抽测210台。

【严防露天焚烧秸秆行为】 2022年，景德镇市各乡镇（街道）出动7000多人次开展巡查，联合执法40余次，发现并及时扑灭火点230余起。全市将秸秆禁烧工作作为提升环境空气质量的重要抓手，各县（市、区）、管委会严格落实常态化秸秆禁烧巡查和管控机制，对重点区域、重点部位、重点人员进行重点监管，紧盯“双抢双收”重要时间节点，加强田间地头的巡逻检查力度。

【农村生活污水综合环境整治】2022年，完成50个行政村农村生活污水整治，完成12个国家级黑臭水体整改，完成14套集中式农村生活污水设施改造。

【强化土壤污染源头防控】2022年，全市土壤重点监管单位29家动态更新，督促新纳入土壤重点监管单位开展土壤污染隐患排查及整改工作，发现隐患26处，全部整改完成。完成2个涉镉等重金属污染源整治销号，切断涉镉等重金属进入农田的途径。

污染减排

【概况】2022年，浮梁县污水处理厂扩容及提标改造工程核定减排量分别为：化学需氧量减排578吨，氨氮减排78吨。均完成2022年度减排量的目标任务。

【大气主要污染物减排】2022年，全市申报挥发性有机物减排总量255.86吨，氮氧化物减排总量173.25吨。全市始终坚持“一手抓管控，一手抓减排”的工作准则，采取有力减排举措实现多领域协同治理、协同增效，减少大气主要污染物减排。

【开展排污许可专项执法专项行动】排污许可专项执法专项行动中检查企业75家次，其中，现场检查53家次，非现场检查22家次，现场检查发现违法问题5个，非现场检查发现违法问题2个，行政处罚4起。

环境监测监察

【概况】完善8个空气自动站和9个水质自动站的基础保障；完成2个市级集中式饮用水源地水质自动监测站建设；对企业自行监测“周巡查、月核查、季帮扶”，2022年重点企业完成率达到99.64%，全年帮扶企业17家；完成重点监控村、“千吨万人”、农田灌溉水、农村生活污水处理设施出水等农村环境质量监测工作；完成69个重点排污单位、234个入河排污口、27个土壤重点监管单位和3个工业园区周边土壤及地下水、7个重点尾矿库尾水下游断面执法监测、城市建成区黑臭水体季度监测工作；完成《2021年度环境质量报告书》编制。

【涉核单位开展核与辐射安全隐患排查】分别对全市3家涉源单位和33家Ⅲ类射线装置单位进行核与辐射安全隐患排查，重点对放射源的应用现状，放射源安全保卫设施和措施的运行情况，辐射安全与防护及放射源安保相关规章制度的制定和落实是否到位，管理台账、应急预案等制度是否建立完善，闲置、废弃放射源储存处置状况进行全面安全隐患检查；对射线装置的应用现状、安全保卫设施和措施的运行情况，场所和个人剂量监测，应急预案是否更新，管理台账和制度是否健全等进行了全面安全隐患排查。对检查中发现问题的核技术利用单位提出整改期限，要求其在规定的时限内提交整改报告。

【持续落实“双随机、一公开”监管】2022年，全市开展“双随机、一公开”环境执法检查628家次（远程非现场监管496家次，占比79%），其中对一般监管单位开展447家次，重点监管单位181家次。

【实施常态化监督执法正面清单监管】全市现有正面清单企业55家，实行差异化管理。全年对正面清单企业非现场执法检查299次，现场检查105次，指导帮扶78次，有效减少对守法企业的现场检查频次。

【做好在线监控】全年自动监控及时传输有效率为99.35%，补全传输有效率为99.73%，为非现场执法提供硬件支撑，所有重点监控点位均按要求完成联网传输。

【持续督促企业落实环境问题整改】按照2021年驻厅纪检组李鹏云组长调研现场检查时指出问题，督促景德镇焦化集团、江西祥太生命科学有限公司、江西跃华药业有限公司，完成现场环境问题整改。

【开展重点单位自动监控排查】持续推进执法信息化工作，克服重点单位数量剧增的困难，按期完成重点单位自动监控排查，坚持每日对自动监控数据进行巡查，及时督促辖区对自动监控异常进行处理，全市重点单位数据传输有效率为99%，达到上级部门考核要求。

【强化土壤污染源头防控】 2022年，全市土壤重点监管单位29家动态更新，督促新纳入土壤重点监管单位开展土壤污染隐患排查及整改工作，发现隐患26处，全部整改完成。完成2个涉镉等重金属污染源整治销号，切断涉镉等重金属进入农田的途径。

（谭　斌）

水　文

【概况】 2022年，景德镇市遭受极端天气影响，信江饶河水文水资源监测中心团结带领干部职工勠力同心、为民服务，统筹做好斗洪水、战高温、抗疫情、保民生、护稳定等各项工作，全面战胜乐安河超有记录以来最大洪水和夏秋冬特大干旱，高位推动乐平县域水文服务工作开展，在水旱灾害防御、水资源节约集约利用、水生态保护治理等方面为瓷都经济高质量发展提供坚实的基础保障，完成水文从数据服务型向产品服务型转变。

【服务防汛保安全】 2022年汛期，信江饶河水文水资源监测中心通过微信、电话、短信、预警平台等形式向景德镇市社会公众发布相关雨水情信息。其中与景德镇市气象台联合发布中小河流洪水及山洪灾害气象预警9期，发布“三个3天”预报专报24期；发布洪水蓝色预警4期，洪水黄色预警7期，洪水橙色预警2期，洪水红色预警3期，中小河流洪水预警39期，河道预报单18期，水库预报单41期，呈阅件6期，景德镇市雨水情专报6期，乐平市水情专报22期，水情快讯78期，短信34270余条。为景德镇减少灾害损失、安全转移人口提供了强有力的决策支撑。

【服务抗旱保民生】 7月以来，景德镇辖区呈现涝旱急转态势，珠山区、昌江区、乐平市气象干旱等级均为特大干旱。景德镇辖区三个水文水资源监测大队积极应对旱情，报送“三个3天”预报15期（次），景德镇全市、乐平市、浮梁县、珠山区、昌江区“三个10天”预报专报各27期；《景德镇旱情分析简报》13期、《乐平旱情分析简报》7期。对公众发送雨水情信息44期、短信11300余条，参加旱情会商11次，为政府决策提供有力的技术依据。

【做好水库调度技术支撑】 信江饶河水文水资源监测中心作为水库预报调度技术支撑单位，为景德镇市各大中型水库提供各场次洪水预报调度建议，浯溪口水库在2022年各场次洪水中削峰率达到10%～30%。在水库后汛期管理时充分考虑未来天气情况和上游来水情况，合理调配水资源，较好地实现景德镇辖区水库的后汛拦蓄。其中2022年07月01日08时，浯溪口、共产主义水库等2座大型水库蓄水量2.30亿立方米，比多年同期均值（1.67亿立方米）偏多37.72%，比2021年同期偏多0.61亿立方米；玉田、山田等6座中型型水库蓄水量0.543亿立方米，比多年同期均值（0.45亿立方米）偏多20.67%，比2021年同期偏多0.054亿立方米；小型水库蓄水量17.858亿立方米，为2022年夏秋抗旱工作提供较好的水资源储备工作。

【新建渡峰坑水文站项目工程开工建设】 2022年8月，新建渡峰坑水文站项目开工。新建渡峰坑水文站工程的建设用地面积5357.64平方米，总建筑面积1467.1平方米，批复总投资1474.71万元，预计于2023年汛前投入使用。“监测要素齐全、监测手段先进、监测成果优秀、水文服务精准、成果展示充分、文化底蕴深厚、站院环境幽美、测站管理规范”，成为信江饶河水文水资源监测中心发展的目标。

渡峰坑水文站建于1941年，测站控制集水面积5013km^2，系鄱阳湖饶河水系一级支流昌江控制站，属国家重要水文站，江西五河七口控制站，景德镇市城市防洪标志站，为景德镇市防汛抗旱、水资源管理、水生态保护、经济社会建设和发展提供科学决策依据。但随着城市发展和水旱灾害多发频发的现状，其防御能力已远不能满足社会经济发展需求。

（吴美芳）

气　象

【概况】 2022年，景德镇市气象局深入贯彻落实习近平总书记对气象工作的重要指示和视察江西重要讲话精神，积极实施“质量提升年”行动，切实补短板强弱项，对标2021年度气象现代化评估结果和新的指标体系，制定并落实全省气象工作会议重点任务清单，各项工作取得明显进展。对照《江西省气象业务技术体制重点改革试点方案》和6个专项改革实施方案及任务清单，高质量完成国家气象系统事业单位改革试点工作任务。

【印发人工影响天气工作方案】 1月7日，市政府第3次常务会议审议通过《关于推进人工影响天气工作高质量发展实施方案》。到2025年，要形成组织完善、职责清晰、服务精细、保障有力的人工影响天气工作体系，人工影响天气监测、指挥、技术、服务、安全管理、科研六大能力明显提升，体制机制和政策环境更加优化。人工影响天气作业可保障面积覆盖率达90%，作业装备自动化率达90%，作业装备物联网覆盖率达90%，站点标准化率达90%。

【落实气象部门纪检监察体制改革试点方案】 5月10日，市气象局印发《景德镇市气象局关于落实〈江西省气象部门纪检监察体制改革试点实施方案〉工作任务的分工清单》，认真学习推动《江西省气象部门纪检监察体制改革试点实施方案》，重点对照《落实〈江西省气象部门纪检监察体制改革试点实施方案〉工作任务的分工清单》中细化的主要任务及落实举措一一研究，构建成“上下贯通、突出专责、监督融合”的纪检监督工作体系，切实有效地推动了监督在最后“一公里”落地。

【荣获2021年度全市平安建设先进集体表彰】 5月10日，景德镇市平安景德镇建设领导小组下发《关于表彰2021年度全市平安建设先进集体的决定》，景德镇市局获“2021年度全市平安建设先进单位”。

【重大天气气候事件】 6月17—21日，全市出现入汛以来最强降水集中期，部分地区出现大暴雨、特大暴雨。此次过程平均雨量302毫米，其中市区平均408毫米，浮梁245毫米，乐平370毫米，站点以乐平港边村595毫米为最大，珠山区何家桥557毫米次之。站点雨量超500毫米3个，超400毫米19个。强降水造成昌江河、乐安河超警，昌江渡峰坑水文站6月20日13时10分出现29.96米，超警戒线1.46米，特别是乐安河虎口站水位超警戒线6.28米，超历史最高水位1.1米。

【全力筑牢防灾减灾第一道防线】 6月18日15时开始，一场特大暴雨袭击景德镇市全境，乐安河流域超历史警戒水位。景德镇市气象台提前三天做出判断，立即向市委、市政府汇报。先后发布1次雷电预警、6次强降水通报、5次暴雨预警以及联合发布地质灾害风险预警2次、联合发布中小河流洪水风险预警2次。全市气象部门充分发挥气象信息先导作用，市委、市政府科学精准决策，全市上下防汛秩序井然。

【陈鲍发获市“专业技术拔尖人才”称号】 7月1日，景德镇市第九批“专业技术拔尖人才”评选落下帷幕，市气象台正研级高级工程师陈鲍发名列其中。

【出现历史罕见的伏秋连旱】 7月1日至11月22日，景德镇市出现历史罕见的伏秋连旱，高温日数、无降水日数、平均气温之高、累计降水量之少等多项气象指标创历史纪录。连续高温少雨导致境内干旱发展严重，持续长时间全市范围内气象干旱指数处于特旱状态。

【印发《关于切实加强防雷安全工作的通知》】 7月19日，市政府印发《关于切实加强防雷安全工作的通知》，各县（市、区）、各部门要切实加强领导，牢固树立“人民至上、生命至上”理念，深入贯彻中央、省、市有关安全生产工作要求和部署，坚持“安全第一、预防为主、综合治理”工作方针，切实做好防雷减灾工作。

【落实全省营商环境改革“一号工程”部署】 9月19日，制定《景德镇市气象领域轻微违法行为不予处罚不予强制清单（试行）》《景德镇市气象局“双随机、一公开”抽查工作指引（第一版）》，出台首违轻微违法行为免予处罚制度，持续深化气象行政审批制度改革，更好地融入了地方优化营商环境“一号改革工程”。

【生态文明建设气象保障水平得到提高】 年内恢复温室气体监测站运行。浮梁县获评“中国天然氧吧”，为浮梁经济发展烙上生态标签。围绕水稻、茶叶、蔬菜等重要农产品生产关键期做好气象服务，与省农气中心联合发布《江西蔬菜气象》服务产品。完成浮梁金竹瑶、乐平历居山茶叶气候品质评价工作，助力生态绿色农业品牌建设。乐平工业园区气象台每日发布园区风向风速预报和污染物扩散潜势分析。进一步做好大气污染防治攻坚战气象保障服务，在大气污染防治关键时期，连续开展人工增雨作业，积极参与地方碳达峰碳中和工作，如期完成年度工作任务。

【精准预报每次灾害性天气】 按照省局部署，开展市县两级灾害性天气风险预警服务体系建设，建立完善强降水“市级3小时风险通报、县级1小时风险叫应”工作机制，在2022年重大气象服务中进行有效检验。全年启动重大气象灾害应急响应13次，呈报《气象呈阅件》61期，对外发布气象灾害预警信号196期，其中红色预警信息9期，气象情况反映71期，联合发布气象灾害风险预警17期，为市委市政府指导防灾减灾提供科学依据。为开展“瓷博会”“中国农民丰收节”“中国—阿拉伯艺术节”等全市重大活动及工程提供精细化气象服务，圆满完成全年各项工作。

【人工增雨助力全市抗击超历史干旱】 面对历史罕见的伏秋连旱，市气象局启动调整提升应急响应4次，发布气象服务产品47期，预警信号94次，开展人工增雨作业43次，尽最大可能争取空中水资源，为地方抗旱减灾发挥重要作用。8月17日14时40分至15时10分在浮梁县人影中心在瑶里镇虎头岗地面碘化银作业点，点燃2根烟条实施人工增雨作业。作业前阴天，作业后中阵雨。

【区气象防灾减灾体系初步完善】 景德镇市的珠山、昌江、高新和昌南新区地处中心城区，未设立气象机构。景德镇市气象局立足于“四区”的气象服务需求，通过政府购买服务，推进“六有”气象灾害防御能力建设，切实增强未设气象机构县区防灾减灾能力，进一步筑牢气象防灾减灾第一道防线，将“四区”努力打造成未设气象机构县区监测精密、预报精准、服务精细的标杆和示范。政府主动、部门联动、社会参与的未设气象机构的县区气象防灾减灾体系已初步形成。

（徐　园）

御窑井巷一角（白光华 摄）

交通运输

综 述

2022年，全市交通运输事业实现进位赶超，跨越式发展，《景德镇市“十四五”综合交通运输发展规划》正式发布，为全市交通运输发展提供指引。水运建设加速，鱼山货运码头完成码头、驳岸水工主体建设和港池疏浚；昌江航道提升工程工可报告通过评审，通航报告完成初稿编制，重振昌江千年黄金水道指日可待。全市公路建设稳中有进，交通路网进一步延伸，景德镇绕城高速、鱼山码头二期（物流园）项目、乐平鸣山码头建设项目有序推进，王港至湘湖公路、凤凰大桥建成通车，塔荷公路如期完工。浮梁县成功创建全国“四好农村路”示范县、昌江区成功获评“四好农村路”省级示范县。

农村公路投资超预期。2022年，完成新改建里程136.5千米、危桥改造12座、生命安全防护工程46千米，累计完成投资7.43亿元。“四好农村路”国（省）示范县创建工作持续推进，浮梁县成功创建“四好农村路”全国示范县，成为全市首个“四好农村路”国家级示范县，昌江区成功创建“四好农村路”省级示范县，先后为30余个乡镇（村）争取省级补助资金120万元，农村公路管养水平进一步提高，为全市争创“四好农村路”省级示范市打下坚实的基础。

市交通运输综合行政执法支队结合实际探索出“电话申请+网络预审”的办证新模式，2022年“跨省通办”有效申请3437件全部成功办结，办结率100%，居全省第1，相关做法被“人民日报江西频道”“学习强国”等媒体刊载。在“惠企通”平台发布交通运输惠企政策12项、兑现惠企补贴1803万元。

全域公交基本实现。《景德镇市全域公交一体化改革项目实施方案》印发，农村客运班线公交化改造稳妥推进，逐步实现城市公交与城际、城乡公交无缝衔接与“零换乘”。6月30日，开通景乐公交A线（沿G206国道），9月1日，开通景乐公交B线（沿S205省道），票价5元/人次，乐平至景德镇平均票价降低40%以上，市民出行更加实惠、便捷。浮梁县东线（覆盖王港、臧湾、鹅湖、瑶里）和浮梁县西线（覆盖蛟潭、经公桥、西湖、勒功）农村客运班线公交化改造已完成，各项“公交城市”创建工作任务和17项创建目标基本完成，浮梁县基本实现全域城乡公交一体化。

深化巡游出租汽车行业改革。下发《关于深化巡游出租汽车行业改革规范经营关系的实施意见》，制定行政执法“三项制度”、重大案件集体讨论制度、首违轻微免罚制度和行政执法办案流程，出台了，第一版交通运输首违轻微违法免罚事项清单，客货运服务水平显著提升。在整合景德镇市“12328”交通投诉处理功能的基础上，不断优化完善景德镇市交通运输监控指挥中心功能，实现对“两客一危”车辆、巡游出租车、客运场站和市域内高速公路、部分国省道的实时监控，智慧交通监管水平进一步提升。

交通基础设施建设

【开通高岭瑶里景区公交线】 3月28日上午10时许，三台景区公交车从景区游客服务中心缓缓驶出，这标志着高岭瑶里景区旅游交通集散体系的完善。高岭瑶里景区开通景区公交，让当地群众出行更加便利，解决景区游览“最后一公里”问题，引导游客逐步形成低碳出行、节能降耗的生活习惯。本次开通的景区公交投入3台新能源车辆（2辆19座，1辆33座），分两条线路，始发点均为游客集散中心。其中，一条至汪胡景区，每天10个班次，约50分钟一班；另一条至梅岭，每天2个班次，上下午各一班。

【“高颜值”塔—荷公路上线】 2020年9月，塔（前）—荷（塘）公路改建工程开工，2021年12月完工并交付使用。主线昌江段全长约6.3千米，起点位于荷塘乡童坊村，与乐平市塔前街道界首村相接，道路等级为三级公路，单向2车道，设计车速30千米/小时，路基宽8米，路面宽6.5米，这条公路沿线是荷塘乡各旅游景点的核心区块，沿线有殊源坞新时代文明实践点、横柏山百荷园，以及童坊村、仓下村等美丽乡村。

【浮梁“四好农村路”建成通车】 9月1日，浮梁县鹅湖镇桃岭村至采育林场段“四好农村路”建成通车，村民喜笑颜开。该工程全长共8.3千米，改建道路路面宽6.5米，路基宽7.5米，铺设沥青路面。鹅湖镇“四好农村路”开工建设5条，里程18千米，让村民群众享受到更加安全、通畅、整洁的出行环境。

【开展国防公路专项检查】 9月16—17日，市交通局有关人员到乐平市、浮梁县开展国防公路建设、管理和养护专项普查。针对存在的问题抓整改，要求指定专人负责，完善相关资料；尽快完善公路信息告示牌、限速牌等，桥涵处应设置超限超载警示牌等；尽快完善坡道、曲线弯道等复杂、易发生事故路段的交通安全设施，如转弯半径小处设置广角镜、导向牌，完善全线的轮廓标设置；加强维护管理，水泥路面之间接缝处的垃圾要及时清理，至少半年要组织一次专项检查，平时可结合各项检查巡查及时掌握路段情况。

【曾晓文调研交通运输发展工作】9月29—30日，江西省综合交通运输事业发展中心主任曾晓文一行到景德镇市调研交通运输发展工作。市交通局局长陈振中、市公路事业发展中心主任陈望贤等陪同调研。9月29日，曾晓文一行实地考察浮梁县道蛟潭至胡宅、梅源至琅溪公路项目和蛟潭农村公路综合服务站建设情况，9月30日，先后到乐平市桃林、成功驾校、乐平市为民服务中心调研，通过实地察看、听取汇报等方式，深入了解当地驾校经营现状、当前行业发展情况。

运输生产

【推进平安百年品质工程示范创建工作】1月19日上午，全市农村公路平安百年品质工程示范创建推进会在市交通运输局召开，各县（市、区）交通运输局、各相关单位负责人参加会议。传达学习省交通运输厅《关于印发“十四五”期间公路水运平安百年品质工程示范创建方案的通知》精神，深入剖析了示范创建工作过程中的焦点、难点问题，就推进全市农村公路平安百年品质工程示范创建工作进行部署。结合交通强市、质量兴市要求，以浮梁县创建全国“四好农村路”工作为着力点，从项目立项、施工技术规范、创新提升理念等方面，积极为创建农村公路平安百年品质工程示范创建工作建言献策。

【打造农村公路平安百年品质示范工程】1月20日，景德镇市召开打造农村公路平安百年品质工程示范创建推进会。市交通运输综合行政执法支队、市交通运输事业发展中心、各县（市、区）交通运输局负责人参加会议。以“优质耐久、安全舒适、经济环保、社会认可”为建设品质工程的主要目标，推广先进建管理念，加强对农村公路品质工程有关规范性文件、项目工程设计、工程质量安全管理、工艺创新等好的做法；推广现代工程管理、施工标准化管理、“互联网+项目管理”等先进建管理念和做法，参建单位自主发力，积极作为，要夯实创建基础，坚持创建达标与品质增效相结合，创建工作激励机制，加强成果管理，推进工程质量安全诚信体系建设

【部署治超工作的源头监管和联合执法】1月26日，景德镇市治超工作部署会召开，市政府副市长高晓云出席会议并讲话，市交通运输局、市公路事业发展中心、市公安局交警支队，市工信局、市自然资源局、市水利局、市市场监管局、市城管局、市高速路政支队、省交警总队直属三支队以及各县（市、区）政府分管领导参加会议。与会单位分别就全市2021年治超工作情况及当前全省治超工作需推动解决的“十大问题”进行发言。

会议要求：各单位、各部门要按照“政府牵头，部门配合，标本兼治、综合治理”的总体原则，加大治超工作的力度，加强源头管理，要强化市治超办协调职能，完善制度、明确任务、压实责任，发挥好枢纽和引擎作用，推动治超工作再上新台阶。切实规范货运车辆运输行为，保护公路、桥梁和人民群众生命财产安全。

【公交四条线路开进昌南新区】2月16日，为更好地服务全市县域经济发展和全市项目建设，切实推进城区公交建设步伐，满足昌南新区企业及沿途群众对公交出行的需求，继近期对7路、902路等公交线进行优化的基础上，景德镇市905路等四条公交线公交车开进昌南新区。四条公交线分别为25路、66路、88路（游一）和905路。

【景德镇新增10条城乡公交班线】3月24日，景德镇市高新区、昌江区城乡公交一体化正式运营及新能源公交车发车仪式在景德镇市西客站站前广场举行。市委常委、常务副市长邓永翔宣布高新区、昌江区城乡公交城市一体化正式运营，新能源公交车正式发车。此次开通的10条城乡公交班线，均是新增线，乘客可以选择上车投币、扫码支付及IC充值刷卡等方式支付。票价为每人次1元，冬天暖气、夏季冷气开放则为2元每人次。首班车时间从早上6点至7点30分不等，末班车时间从下午6点至6点半不等。班车按照城市公交运营模式，站点停靠，采取直达、环行

方式运营，直达高新区、昌江区各乡镇。

【深入危化品运输企业一线检查安全生产工作】 4月20日，市交通运输局检查组一行，深入危化品运输企业一线检查行业安全生产工作。先后到浮梁县祥发运输有限公司、景德镇平安液化气有限公司等企业，实地查看车辆、驾驶员安全培训工作落实情况，认真听取公司负责人有关情况汇报，重点对企业隐患处置和疫情防控工作进行督导。

【“六减一增”优环境】 4月27日上午，市交通运输局检查组一行到市行政服务中心交通运输窗口，以市民身份全流程体验办理交通道路运输经营许可、从业人员资格证诚信考核等业务，围绕“六减一增”（减环节、材料、证明、跑动、时限、费用，增加透明度）了解办事流程中的难点、堵点问题。局领导要求交通运输窗口一定要认真贯彻落实“六减一增”，今后办理该业务无须提供需提交身份证、驾驶证复印件、从业资格证复印件、照片和车管部门出具3年无事故证明材料，着力提升办事效率。鼓励窗口工作人员要以更热情的态度和专业的精神为企业为人民群众做好服务工作。

【局领导开展“企业服务日”活动】 5月10日，市交通运输局领导深入景德镇陶瓷集团有限公司、景德镇欧神诺陶瓷有限公司开展“企业服务日”活动，帮助企业解难。针对货车司机落实“即采即走即追”的防疫政策，保障货车运行畅通，全力以赴为实现“民生托底、货运畅通、产业循环”提供坚实的保障。“政府优化环境，企业创造财富，人民共享繁荣。”局领导还为景德镇陶瓷集团有限公司、景德镇欧神诺陶瓷有限公司送上惠景消费券。

【开展鱼山码头防汛工作督查】 6月5日，正值端午节假期，市交通运输局组织有关人员冒雨前往鱼山码头施工现场查看昌江水位上涨情况。市交投公司等相关人员陪同。督查主要围绕良港和义城作业区防洪、防汛现场应对情况开展，对现场排水设施、机械设备撤场、人员安全撤离等工作进行查看，进一步细化汛期施工应急预案，增强预案的可操作性和针对性，保证施工质量和施工进度，确保项目平安度汛。

【景德镇汽运集团做好防汛物资运输保障】 6月20日，景德镇市防汛应急响应提升至Ⅰ级应急响应，景德镇汽运集团迅速启动防汛应急预案，全力做好抗洪救灾运输保障工作。当晚8点，因乐平市遭遇历史罕见的连续强降雨，多处内涝，多个乡镇受灾，汛情严重，急需运输一批救灾物资前往乐平抗洪抢险。接到任务后景德镇汽运集团党委高度重视，该集团广大党员干部迅速投入战斗，第一时间调集12辆应急车辆赶到指定地点装运抗洪救灾物资，并每辆车安排一名党员干部跟车。截至6月21日早7点，所有抗洪救灾物资已全部安全运送到乐平。

【乐平至景德镇城际公交正式开通】 7月1日，乐平至景德镇城际公交车正式上线运行。12台全新纯电动空调公交车每天在两地来回穿梭，运行30个班次，每人每次票价5元，设32个站点，全程运行时长预计60分钟。作为实施景乐一体化战略的重要举措，乐平至景德镇开通公交车备受关注。景德镇公交公司收购原景德镇市长运公司班线经营权，投资700万元购置8米纯电动空调大型公交车12台，车辆技术等级为一级，乘车环境大幅提升。为减轻乘客经济负担，全程48公里票价从10元的基础上再降5元，首末班时间分别为6：00和20：30，每天运行30个班次，运行间隔为20~40分钟，全程采用5元/人次票制票价（学生和老年人不享受优惠价），沿途乘车可采用自助投币、扫码支付等方式乘车。

【“公交城市”创建工作协调会召开】 7月21日，市交通运输局（市“公交城市”创建办）召开工作协调会，景德镇市“公交城市”创建办主任、局长陈振中主持会议，景德镇市“公交城市”领导小组各成员单位参加会议。全域公交是市委向省委汇报的唯一课题，“公交城市”创建是全域公交的重要部分、核心部分，关系到全域公交改革的成功，“公交城市”创建也是便民利民工程。会议要求统一思想认识，按照责任分工迅速行动，针对未完成的8项任务，强弱项补短板，全力攻坚克难，高质量完成创建任务。创建办要确保创建专项资金及时拨付，要定期调度，加强督导，发挥牵头作用。

【加密景乐城际公交运营班次】 7月29日起，景乐城际公交运营时间调整。景德镇首班时间由6：20调整到6：00，班次由30班次调整到33个班次。

【召开 2022 年第三季度安全生产例会】 8 月 5 日，市交通运输局召开 2022 年第三季度安全生产例会，各县（市、区）交通运输局、局属各单位分管领导参加会议。会议传达学习全省交通运输厅安委会工作会议精神，分析全市交通运输系统二季度及 7 月安全生产形势，就三季度安全生产工作进行部署。全面做好中秋、国庆、中共二十大等重点时段期间安全生产监管工作，把握行业监管重点，紧盯“两客一危”（旅游包车、班线客车和运输危险品火车）、水上运输、农村公路安防和交通在建工程等重点领域，严格贯彻落实安全生产全员责任制，形成各单位齐抓共管工作模式，全面排查安全隐患，筑牢安全生产的“防护墙”。

【组织开展鱼山码头建设工程中秋节前综合大检查】 9 月 8 日，景德镇市交投公司组织开展鱼山码头项目中秋节前综合大检查工作，项目监理单位、施工单位及各相关负责人组成。围绕中秋节这一重点时段、重要人群、重要节点，重点对安全生产、疫情防控、施工质量、项目进展和隐患排查等方面进行综合大检查。检查组一行先后来到良港、义城作业区进行检查，重点对现场的疫情防控台账、出入人员扫码、现场临时用电、高处作业安全措施、吊装作业安全措施、施工人员安全措施等多方面进行排查。在现场，检查组对所发现的问题进行详细的拍照和记录，要求施工单位限时整改。

【开展“公交出行宣传周”活动】 9 月 19—25 日为全国“公交出行宣传周”，2022 年活动主题为“绿色出行，你我同行”。19 日上午，景德镇公交有限公司在景德镇高铁北站开展宣传周启动日活动，宣传绿色出行的理念和国家公交优先发展战略，营造一个让社会了解公交、支持公交、选择公交的良好氛围。活动现场，通过新能源和纯电动公交车图片展板、散发宣传单、公交服务满意度问卷调查、推介“掌上公交”App 等形式，宣传绿色公交给人们生活带来的便捷以及对社会的贡献。活动周期间，开展“进千家门，暖万人心”活动，通过进学校、进企业、进机关、进社区、进家庭，广泛听取社会各界对公交出行的意见和建议。

12 月，鱼山码头主体施工基本完成

【国庆期间开通“高岭·中国村”公交旅游专线】 10 月 1—7 日，景德镇公交有限公司开通“高岭·中国村”旅游专线。起点站为人民广场公交 7 号站台，发车时间为上午 8：00、8：30；下午 13：00、13：30、17：00、17：30。终点站为高岭·中国村停车场，返回时间为上午 11：00、11：30；下午 15：30、16：00；晚上 21：15、21：30。中途不设停靠站。营运车辆为 50 坐豪华旅游大巴。游客乘车按 5 元 / 人次计费，可使用微信、支付宝、银联等扫码支付，不接收现金。

【积极推进营商环境优化升级“一号改革工程”】 为全面深入推进营商环境优化升级“一号改革工程”，市交通运输综合行政执法支队水政部门结合工作实际，探索出“电话申请 + 网络预审”的办证新模式，企业可以通过电话的方式进行申请，将准备好的申请材料通过网络发给工作人员进行预审，大大缩短办证周期、提高办事效率，实现了“一件事只跑一次”。（洪耀祖）

交通管理

【联合开展道路运输领域违法违规专项整治】 2 月 7 日至 12 月 31 日，市交通运输执法支队联合市交警支队、市城警支队、景德镇高速路政支队、景德镇高速交警联合开展道路运输领域违法违规专项整治行动，按照“各司其职、相互配合、联合行动”的原则，按照月碰头、季调度、年总结方式建立五方常态联席会议制度，建立完善案件移交和信息共享机制和常态联合执法机制，统筹安排联合执法行动，紧盯春运、全国两会、文明创建等重要时期，切实增加联合执法行动频次，形成“会议联商、信息共享、联合执法、齐抓共管”良好格局。

【“跨省通办”跑出政务服务加速度】 3月，开通“跨省通办”以来，市交通运输局贯彻省、市优化营商环境“一号工程”会议精神，持续发力改善营商环境，积极推行“跨省通办”少跑腿，“高频事项”一网通。全市办事窗口、运输站场、物流园区和机动车检测机构张贴宣传海报106张，点对点发送短信10000余条。市交通运输局以购买服务方式和移动公司合作，点对点精准推送道路运输驾驶员高频服务事项“跨省通办”政策宣传到全市道路运输驾驶员手机上。“道路运政一网通办”微信小程序、“道运通”App、国家政务服务平台“跨省通办”服务专区这5个通道，可咨询“12328”服务电话办理。

【开展平安建设宣传月活动】 3月23日，市交通运输局组织系统干部职工到共建单位百眼井社区开展“全面建设和谐景德镇 携手书写精彩新华章”主题平安宣传活动。活动采取发放扫黑除恶破、反网络诈骗、交通运输行业禁毒知识等平安建设宣传资料，为群众解读交通运输知识等形式开展，广泛动员社区群众积极参与平安建设。

【建服务直通车着力优化营商环境】 市交通运输综合行政执法支队将“12345政务服务热线”和“12328交通运输服务热线”服务效能提升作为优化营商环境的一项重要内容，以“企业群众满意”为出发点和落脚点，细化工单事项办理流程，保证群众诉求“一事一办、即接即办、即报即查”。建立健全责任清晰、运转高效、全程追溯和闭环管理的制度机制体系，举报投诉类案件办结时限已由原来的5个、10个工作日，缩短为普通案件1个工作日办结，复杂案件3个工作日办结，处罚案件5个工作日办结，落实首违不罚、轻微不罚制度，坚持处罚教育相结合。4月10日止，“12328”平台受理案件207件，已办结207件，“12345”平台共受理案件25件，已办结25件，平台服务热线响应率100%，回复率100%，解决率100%，抽查回访满意率100%。正逐步将“12328交通运输服务热线”打造成交通运输服务的“风向标”，人民群众的“连心桥”，服务民生的“好帮手”。

【开展“领导干部走流程”活动】 4月18日，市交通运输局领导以办事群众的身份，深入市政务服务大厅交通运输服务窗口，开展“领导干部走流程”活动。通过“亲身办”的形式，查找窗口服务流程制定不科学、业务操作难度大等深层次问题，积极推动审批制度再完善、办事流程再优化、服务能力再提升，切实提高全市交通运输行政服务水平。

【全力推进“公交城市”建设 实现“全域公交”】 5月24日上午，市交通运输局“全域公交”专题推进会召开。会议决定：全力加快“公交城市”建设，到2022年年底将基本实现城乡公交一体化，群众出行将更优惠、更便捷；进一步提升城市公交覆盖率，为进一步推动“景乐一体化”，积极协调开通景德镇至乐平城际公交班线，按照景德镇市交通运输部门关于推进城乡公交发展的部署，将投入纯电动公交车45辆于年底完成乐平市区至众埠、沿沟农村客运班线的公交化改造，于10月底前投入纯电动车21辆完成浮梁县西线（通往蛟潭、经公桥、西湖、勒功等浮梁县西部所有乡镇）农村客运班线公交化改造，进一步推动城乡交通一体化发展，助力乡村振兴。

【开展联合执法整治交通违法行为】 7月22日，市交通执法二大队配合公安系统的“百日行动”，与市公安局机场分局开展联合执法行动。晚8时许，联合执法人员针在交通违法行为较为突出的景德镇机场周边设立缉查点，对机场上下客的巡游车，网约车一一甄别排查，严查“不合规网约车”“黑出租”“黑客车”等无证或超范围从事道路运输经营的车辆，严查出租车驾驶员未经乘客同意搭载其他乘客以及不按照规定携带从业资格证等行为，严查网约车驾驶员未按规定携带相关证件、途中甩客、故意绕行、违规收费等行为。同时，公安交警对过往车辆酒驾、毒驾、电动自行车违规加装雨棚、骑乘人员未佩戴安全头盔、出租车乘客未按规定佩戴安全带等违法行为进行查处。

【严查旅游包车违规行为】 8月10日，市交通运输执法支队处理一起旅游包车长期异地违规运营案件，收集的线索提示乐平市某旅游运输有限公司所属营运车辆赣H37**6涉嫌长期异地违规运营，为查清违法事实，支队执法人员收集该车辆运营数据，查看车辆动态监控系统，依法对该公司进行调查核实，经查发现，该旅游客运车辆在未持有效客运包车标志牌的情况下，从事包车经营活动，涉嫌客运包车线路两端均不在车籍所在地长期异地违规运营，且该公司未按规定配备专职监控人员。

【深入一线调研乡村振兴和平安建设工作】 9月8日，市交通运输局一行深入乡村振兴帮扶点岐田村和平安建设帮扶点桃墅村开展走访调研。在经公桥镇岐田村，了解该村乡村振兴工作开展情况走访结对帮扶对象；在西湖乡桃墅村，听取桃墅村推进矛盾纠纷排查化解、预防养老诈骗、法治教育和平安建设宣传、信访稳定等方面工作开展情况，实地查看该村对虾养殖产业基地和农村公路建设情况。

【启动路政执法专项行动】 11月1日起，市交通运输执法支队在全市范围内开展为期两个月的交通运输综合路面执法专项行动，重点对非法营运、道路旅客运输市场、出租汽车行业、货车超限超载、路域环境五个领域进行整治和治理。严厉查处未取得道路客运、网络预约出租汽车、巡游出租汽车经营许可擅自从事经营活动等违法违规行为。重点整治客运班车不按批准的客运站点停靠或不按规定的线路、日发班次下限行驶、站外揽客；重点整治巡游出租车异地经营、拒载、故意绕道、议价、途中甩客、不按照规定使用文明用语、车容车貌不符合要求、未经乘客同意搭载其他乘客、不规范使用空车标志、不按照规定出具相应车费票据、安装“跑马器”违法计价等违法违规行为；重点治理公路沿线穿城镇区域集市贸易、摆摊设点、打场晒物、占道经营等交通秩序混乱现象；公路桥下空间堆放各类工业、建筑垃圾及生活垃圾、违法建筑物和构筑物；公路用地及公路建筑控制区内违法修建建筑物、构筑物，公路、公路用地及公路建筑控制区内违法设置非公路标志（含广告牌）；未按国家标准设置或设置不规范、不合理的公路交通标志；货运车辆违规脱落扬撒和其他影响公路安全运行或路容路貌的行为。专项行动中，景德镇市交通运输执法支队借助“12345”“12328”等监督举报渠道，收集、回复和处理交通运输各领域存在的问题线索，主动回应民众关心的热点、焦点问题，积极营造“全民参与、社会共治”的整治环境。

公路建设

【概况】 2022年，市公路事业发展中心管养国省道公路里程741.526千米（含城管路段50.272千米和济广高速乐平连接线11.117千米），国道2条，省道13条，高速连接线1条。公路规划方面，启动G351浮梁县湘湖至分水岭段升级改造工程项目前期工作，完成该项目可行性研究报告文本编制和行业意见涉及自然保护区相关意见办理；公路建设方面，在建普通国省干线公路建设项目6个，完成交工验收项目1个，为S404浮梁东港至黄坛段公路改建工程，当年建设里程4.01千米；公路养护方面，完成养护大中修及预防性养护工程项目17个，里程71.456千米，其中大修里程2.636千米，中修里程21.614千米，预防性养护里程47.206千米，完成7个国道安全精细化提升项目，共处理隐患路口78处，完善钢护栏，中央分隔带，消除隐患里程37.83千米。在洪水灾害期间累计抢通15处交通双向阻断路段，完成S205、S409等部分水毁严重路段的修复重建工作；桥梁建设方面，完成吕蒙大桥危桥重建工程、观音桥危桥重建工程2个危桥重建项目，完成桥梁日常小修养护13座和桥梁安全防护能力提升项目1个；公路服务设施方面，完成半路港养护中心建设。

【观音桥危桥重建工程完工】 观音桥位于浮梁县湘湖镇351国道湘湖村境内，桥梁中心桩号为K606+766，跨径组合3～16米，桥梁宽度12.5米，全长53米，桥梁跨越南河，项目于2021年9月中旬开工建设，原设计施工方案拆除老桥原址重建，后因此桥属古桥，在浮梁县1990年第三次文物普查时列为登记文物，受文物保护法保护，不允许拆除重建，经多方协调，2022年2月14日变更并确定施工方案，决定保留老桥，新桥桥址往上游平移12.5米。3月20日正式开工，10月10日完工通车。

【S306仙莲线养护大中修工程完工】 S306仙岩—莲湖线养护大中修项目全长0.533千米，铺设沥青混凝土路面，工程总投资218.2549万元。3月开工建设，4月完工。

【S205瑶鹅线路面预防性养护工程完工】 S205瑶（里）—鹅（湖）线路面预防性养护项目全长6.029千米，沥青混凝土路面，工程总投资381.556万元。4月开工建设，5月完工。

【S205瑶鹅线部分路段大修工程完工】 S205瑶（里）—鹅（湖）线（K140+450 ~ K141+450）项目全长1千米，沥青混凝土路面，工程总投资347.5477万元。4月开工建设，5月完工。

【半路港养护中心完工】 5月31日，半路港养护中心建设项目完成。项目于2021年12月18日开工，建筑面积506.86平方米，框架结构。

【S502严储段移交浮梁公路分中心管养】 6月30日，浮梁县交通运输局将S502严台至储田K0+932 ~ K3+132段合计2.2千米所有权、养护管理权以及技术档案和法律文件等移交至浮梁公路分中心，该路段正式由浮梁公路分中心管养。

【G351台小线部分路段大修工程完工】 G351台州—小金线（K631+172 ~ K631+408）段大修工程8月17日开工，12月30日交工。项目起点桩号为K631+172，终点桩号为K631+408，路线全长0.236千米。

【S205瑶鹅线中修工程完工】 S205瑶鹅线（K152+400 ~ K153+400）段中修工程于9月开工建设，11月完工。项目全长1千米，沥青混凝土路面，工程总投资186.733万元。

【市公路养护领责权调整方案出台】 10月8日，市政府下发《关于印发景德镇市公路养护领域财政事权和支出责任划分调整实施方案的通知》，市、县两级政府公路养护领域财政事权和支出责任得到明确。2021年12月29日，《江西省财政厅关于提前下达2022年成品油税费改革转移支付预算的通知》下发，文件明确提出成品油税费改革转移支付资金不再列支管理机构运行经费和人员等其他支出。为确保景德镇市公路事业高质量发展，2022年6月20日，景德镇市公路事业发展中心就有关情况向景德镇市人民政府报告。

【S404东港至黄坛段公路改建工程完工】 11月14日，S404浮梁东港至黄坛段公路改建工程项目交工。项目起于黄坛乡东港村东港小学向西北延伸约500米（起点桩号K0+000），终于黄坛乡敬老院附近（桩号K13+306.346）相接，路线全长约13.306千米，施工单位为江西建工第一建筑有限责任公司，2020年10月12开工。

【G206威汕线钢护栏防护工程完工】 11月开工建设，12月完工。项目完成10.268千米的波形梁钢护栏，总投资355.689万元。

【乐平分中心总支组织关系整体划转】 12月16日，经景德镇市直机关工委批复同意，中共景德镇市公路事业发展中心乐平分中心总支部委员会的组织关系由乐平市直属机关工委整体转移至中共景德镇市公路事业发展中心机关委员会，实行垂直管理。乐平分中心总支部委员会下设机关支部委员会、养护支部委员会、退休支部委员会，正式党员58名。

【吕蒙大桥危桥重建工程完工通车】 12月30日，吕蒙大桥危桥重建完工并正式通车。该项目位于景德镇市城区西南面的吕蒙乡吕蒙渡，起始桩号K2+861.5，终止桩号K3+154.781，桥梁全长353米，桥宽33米。新桥按一级公路兼顾城市主干道标准建设，设计速度60千米/小时，双向六车道，主桥为预应力混凝土变截面连续箱梁桥，跨度4跨（38米+60米+60米+38米），引桥为预应力混凝土简支连续小箱梁，跨度6跨（25米×3+25米×3）。2021年9月16日正式开工建设，建设单位为景德镇市公路事业发展中心昌江分中心，施工单位为江西景泰路桥工程有限公司，景德镇市昌江两岸交通状况得到改善。（宋　城）

民航建设

【概况】 2022年，景德镇市民航建设服务中心紧紧围绕“五新”战略行动，对标对表国家试验区建设和全面建设社会主义现代化国际瓷都，把瓷都民航发展工作融入全市中心工作大局，按照打造让党放心、人民满意模范机关有关要求，以“做示范、勇争先”的昂扬斗志，埋头苦干、勇毅前行，各项工作取得实实在在的成效。全年安全起降3768架次，同比–37.61%；完成旅客吞吐量214810人次，同比增长–54.79%；完成货邮吞吐量162.70吨，同比增长–58.99%。

【景德镇民航执行夏秋航班时刻】 3月27日至10月29日，民航航班执行夏秋航班时刻，换季后，航班换季后，执飞每天一班航线为4条，分别是景德镇⇄北京（首都机场）、广州、上海、深圳。执飞每周四班（一、三、五、七）

的航线为9条，分别是景德镇⇌北京（大兴机场）、成都、厦门、昆明、青岛、宁波、西安、天津、海口。时刻方面：景德镇至北京（首都机场）起飞时间不变，抵达时间改为22：40；至上海起飞时间改为20：50，抵达时间不变；至厦门起飞时间不变，抵达时间改为0：25；至北京（大兴机场）起飞时间改为12：05，14：05抵达；至成都起飞时间改为16：35，19：05抵达；至昆明起飞时间改为22：05，1：00抵达；至广州起飞时间改为22：25，0：10抵达；至深圳起飞时间改为11：05，12：45抵达；至青岛起飞时间改为10：10，11：55抵达；至宁波起飞时间改为17：40，18：50抵达；至西安抵达时间改为21：35，23：55抵达；至天津起飞时间改为16：25，18：25抵达；至海口起飞时间改为10：15，12：30抵达。航班号：景德镇⇌上海航班号由原来的ZH9519/20变更为ZH9521/22，景德镇⇌深圳航班号由原来的ZH9520/19变更为ZH9522/21。目的地机场：景德镇往返成都的航班由原双流机场改至天府机场。

【景德镇机场扩容提升论证前期工作稳步推进】 9月19日，市四套班子主要领导调研景德镇机场扩容提升项目座谈会精神，以及市委书记刘锋提出的“五个研究”和市政府市长胡雪梅提出“四个抓紧”工作要求，市民航建设服务中心在上海民航新时代机场设计院有关机场迁建和原址扩建比对方案的基础上，委托中国民航工程咨询有限公司开展机场原址扩建与迁建论证研究和对比分析，为景德镇机场建设决策提供科学合理的研究论证支撑。

12月12日，再次召开市四套班子工作会议，听取研究咨询机构论证成果汇报。经充分讨论、民主决策，一致认为机场改扩建是景德镇市机场建设客观、现实、有效选择。

【景德镇民航执行冬春航班时刻】 2022年10月30日至2023年3月25日，民航航班执行冬春航班时刻。此次航班换季后，我市航班执飞每天一班的航线为3条，分别是景德镇⇌北京（首都机场）、上海、深圳训。其中：景德镇至北京（首都机场）起飞时间不变，抵达时间改为22：45；至上海起飞时间改为21：00，抵达时间不变；至深圳起飞时间改为11：30分，抵达时间改为13：20。景德镇⇌广州每周执飞六班，其中周三、周五、周日起飞时间为22：30，抵达时间为0：20；周二、周四、周六起飞时间为23：15，抵达时间为1：05。执飞每周四班（一、三、五、七）的航线为7条，分别是景德镇⇌北京（大兴机场）、成都、厦门、昆明、青岛、天津、海口。其中：景德镇至北京（大兴机场）起飞时间提前至10：15、抵达时间提前到12：25；至成都起飞时间改为16：25、抵达时间改为18：50；至厦门起飞时间不变，抵达时间改为0：20；至昆明起飞时间改为21：05、抵达时间改为0：15；至青岛起飞时间改为10：15、抵达时间不变；至天津起飞时间改为16：55、抵达时间改为19：05；至海口起飞时间改为10：30、抵达时间改为13：00。执飞每周三班的航线有3条，分别是景德镇⇌宁波、西安和赣州（一、五、七），其中至宁波起飞时间为17：20，抵达时间18：20；至西安起飞时间为21：45，抵达时间为0：10；至赣州起飞时间为14：00，抵达时间为15：30。厦门⇌景德镇⇌成都航班号由原来的SC4935/36变更为SC2157/58，昆明⇌景德镇⇌青岛航班号由原来的SC8835/36变更为SC4827/28；西安⇌景德镇⇌宁波航线在2022年12月1日—2023年3月25日期间调整为每周一、三、五、七执飞。

【景德镇机场飞行区保障能力提升改造工程即将全面完工】 12月底，机场飞行区保障能力提升改造工程主体完工。为积极推进项目施工进度，市民航建设服务中心结合优化营商环境工作要求，定期深入工程项目部召开工作例会，协调解决相关问题事项，每周提供气象信息，便于施工单位（云南四建）合理安排施工计划，以保障工程进度。主动协调机场分公司在无航班保障情况下为施工单位人员、设备进场施工，监督落实施工过程中的疫情常态化防控以及提供机场相关技术资料参数等方面支持，帮助项目施工单位推进施工进度。受上海疫情原因，民航华东质监站无法实地开展工程阶段性验收。积极协调民航华东质监站对工程项目开展线上视频验收，为项目施工单位安排下阶段施工任务提供有力支持。

（王雅琴）

民航运输

【概况】 2022年，景德镇机场安全保障航班3768架次，旅客吞吐量214810人次，货邮162.704吨，分别同比减少37.61%、54.79%、58.99%。其中，进港79039人次，出港135771人次。旅客吞吐量在江西省6个通航支线机场中排名居第五。至12月，有中国国际航空、深圳航空、山东航空、天津航空、长安航空、江西快线6家航空公司在景德镇机场运营，开通航线有景德镇至北京、上海、广州、深圳、青岛、昆明、天津、海口、厦门、成都、西安、宁波、赣州13个城市9条航线14个通航点的航班，平均每周航班72架次。

【组织开展冰雪等冬季复杂天气气象保障应急演练】1月10日，针对冬季复杂天气发生频率预计较往年有所增加，可能发生低温雨雪冰冻灾害，为做好景德镇机场冰雪等冬季复杂天气气象保障，景德镇机场分公司航务保障部组织开展冰雪等冬季复杂天气气象保障应急演练。在演练准备阶段，分公司航务保障部气象班组通过总结以往寒潮冰雪天气气象保障经验，根据《景德镇机场SMS应急保障分册（气象）》（气象台复杂天气保障预案），制定步骤合理、流程完善、操作性强的应急演练预案，组织预案学习。

【高晓云检查督导景德镇机场春运及疫情防控工作】1月17日，春运第一天，市政府副市长高晓云深入民航一线，检查督导景德镇机场春运和疫情防控工作。在现场，高晓云重点查看防爆口发热监测点旅客测温情况，详细了解受疫情影响航班现状，听取分公司在春运和疫情防控方面工作汇报。

【春运首日全力以赴守护旅客出行】1月17日，以"坚守一线党旗红，春运攻坚当先锋"为主题党员志愿服务活动启动仪式在景德镇机场分公司候机楼顺利举办，为期四十天春运号角也随之吹响。在疫情形势依旧复杂严峻的大环境下，为确保春运及冬奥会期间安全运输万无一失，景德镇机场高度重视、尽早谋划，聚焦旅客需求，在践行真情服务，始终保持高度警惕，持续严格落实各项防疫部署。

【接受民航华东管理局及江西监管局督导检查】1月26—27日，民航华东地区管理局党委书记唐伟斌携督导组赴景德镇机场开展检查，民航江西安全监督管理局副局长陈智华陪同检查。

【机场分公司成功加入中旅协会航空旅游分会】1月30日，景德镇机场分公司收到中国旅行社协会航空旅游分会颁发的证书，该会正式接纳景德镇机场分公司为其会员单位，2021年完成注册。景德镇作为国家首批公布24座全国历史文化名城的城市，陶瓷文化底蕴深厚，技艺精湛蜚声海外，是世界知名瓷都。城市周边200千米范围之内分布有"三山五湖"国家顶级旅游景点，人文与自然生态资源丰厚。完成该组织的申报，是落实江西省旅发大会精神，实施旅游兴市重要战略的举措，也将促进航司、景德镇机场与旅游企业进行整合对接，实现航空业与旅游业的资源共享、优势互补，为景德镇航旅产业高质量融合发展搭建重要平台。

【景德镇机场"秀昌南"班组获市三八红旗集体荣誉称号】3月3日，景德镇机场"秀昌南"服务班组获市三八红旗集体殊荣。此次表彰，是地方政府对分公司妇女工作成绩充分肯定，也是对机场女职工辛勤努力最佳褒奖。

【景德镇机场开展女性健康义诊活动】3月4日，景德镇机场联合市第一人民医院在候机楼开展健康义诊活动，拉开了景德镇机场"三八"妇女节系列活动的序幕，充分体现企业对女性关心关爱，增强女职工和女性旅客健康意识，助力打造"人文机场"。

【举行公务机代理合同签约仪式】3月11日上午，景德镇机场与江西基地运行航空服务有限公司（以下简称"南昌FBO"）举行公务机代理合同签约仪式。由南昌FBO独家代理景德镇机场公务机业务，使用景德镇机场提供的各项保障资源为公务机提供相应服务。

【开展"共促消费公平 乐享民航服务""3·15"宣传活动】3月15日，为增强消费者自我保护意识和风险防范能力，消除侵害消费者权益隐患，构建和谐金融生态环境，"3·15"国际消费者权益日，景德镇机场在候机楼举办"共促消费公平 乐享民航服务"主题宣传活动。

【景德镇机场单日货邮出港量创历史新高】4月17日，景德镇—北京大兴航班出港货邮4.142吨，创景德镇机场始发货邮单日出港历史新高。17日全天，保障货邮吞吐量4.648吨，是2022年单日货邮吞吐量新高。此单货物为千岛湖加工的鱼子酱成品，经北京中转出口法国。鱼子酱为鲜活产品，对航班稳定性、运输时效性要求很高。为全力保障好这批重要出港货物，稳固来之不易的货源，分公司组成保障专班，开辟快捷通道，提供 VIP 服务。货物一经千岛湖发出，机场货代、安检、搬运就处于待命状态，做好随到随检，随检随发的充分准备。为尽可能小的影响鱼子酱保鲜度，安检采取开箱抽检以及图像对比方式，减少开箱数量，最大限度满足外包装完好以及低温要求，既确保航空安全，又服务好货主，受到货主的高度认可。

【国家统计局景德镇调查队调研恢复发展政策落实】 5 月 12 日，国家统计局景德镇调查队到景德镇机场就促进服务业领域困难行业恢复发展政策落实效果开展专题调研，分公司党委书记程瑶陪同调研。机场作为省属国企，一直以来坚决扛起国企担当，确保运行安全、提升服务水平、积极履行社会责任，为展示良好形象，助力地方经济发展贡献民航力量。作为公共运输企业，疫情以来，机场生产发展影响十分严重，航班执行情况十分不理想，严重影响企业生存，希望政府在税费减免支持及其他基础费用补贴方面继得到财政支持，帮助企业渡过难关。

【召开通用航空短途运输机场安全服务保障研究座谈会】 6 月 22 日，民航东北地区管理局一行领导 21 人赴景德镇机场分公司开展“通用航空短途运输机场安全服务保障”研究座谈会，就江西通航运输机场运行保障进行深度交流民航东北地区管理局就景德镇机场运行现状、通航运输保障流程、通航长期规划、智慧机场建设及政府投入等情况进行调研，为将来东北地区开展通用航空短途运输机场汲取经验。

【景德镇机场召开争创全国文明典范城市工作推进会】 8 月 5 日，景德镇机场召开争创全国文明典范城市攻坚推进会，对创建工作“冲刺战”进行再部署，再推进，再落实。传达全市常态长效创建全国文明城市暨争创全国文明典范城市誓师大会精神。会议对《景德镇机场分公司常态长效创建全国文明城市实施方案》进行再梳理，再细化。会议指出，全市常态长效创建全国文明城市和争创全国文明典范城市工作已经进入临战状态，分公司全体干部职工要站在讲政治、讲大局、讲党性的高度，深刻认识此项工作的重要性，要以最高标准、最严要求、最强作风、最佳效果确保创建复审工作走深走实。

【景德镇机场分公司引进顺丰航空货运】 8 月 8 日，在分公司党委高位推动下，景德镇机场成功引进顺丰航空货运，双方签订战略合作框架协议。此前，景德镇机场与各快递公司一直未正式建立合作关系，2022 年市场开发部，协同货代到顺丰快递、邮政快递等大型快递公司拜访洽谈，与顺丰正式签订合作协议。

【景德镇机场夏秋季通航点全面恢复】 8 月 10 日，深航恢复深圳 = 景德镇 = 上海往返航班，自此，景德镇机场夏秋季计划航班全面恢复，航点达到 14 个。受疫情持续影响，2022 年景德镇机场航班量大幅下降，为在逆境中寻找突破，分公司党委班子扛起主体责任，积极协调、主动对接各航司及当地民航建设发展中心。经过大家共同努力，航班复苏势头明显，加之暑运来临，景德镇机场航空市场逐步恢复，航班量快速回升，旅客量增幅明显。7 月，航班运输架次环比增长 96.15%，旅客吞吐量环比增长 120.36%，生产形势明显回暖。

【周军调研景德镇机场不停航施工和鸟防工作】 8 月 18 日，集团公司副总经理周军带队，赴景德镇机场分公司开展不停航施工和鸟防工作专项调研。调研组第一时间直奔飞行区，对景德镇机场鸟防设施的布设位置、有效性和使用频率，明沟盖网的全覆盖与围界牢固性进行调研，了解飞行区围界外排水沟长年积淤等问题，提出捕鸟网“随时而动”与“生态鸟防”理念，达到“鸟类不敢来，来了不能落、落了不能走”理想鸟防状态。周军来到不停航施工现场，重点关注贴近跑道中心线 75 米范围以内的施工情况，仔细询问不停航施工工程进展、工艺流程、行车路线、安全措施等相关情况，提出要汲取兄弟机场经验，提升施工效率。

【景德镇机场分公司党委部署迎二十大安全工作】 8 月 23 日和 26 日，分公司分别组织召开党委理论学习中心组学习会以及专题党委（扩大）会，以“第一议题”形式，集体学习《习近平谈治国理政》第四卷，传达学习局长宋志勇在民航局月度航空安全委员会全体会议讲话精神。围绕全力做好迎接保障中共二十大工作主线，党委（扩大）会研究审议《景德镇机场全面压实安全生产主体责任防范化解重大风险临战专项行动工作方案》，听取对重点岗位人员摸排的情况汇报、局方检查发现个别部门工作作风不严不实问题的专项整顿工作汇报，重点对二十大召开前的各项工作做出全面部署，为中共二十大胜利召开营造平安稳定环境。

【景德镇机场开展油库火情应急演练】 8月25日，景德镇机场消防联合机场公安分局、中航油景德镇机场供应站开展油库火情紧急处置演练。此次演练模拟在中航油供应站内3号油罐突然遭到雷击，随即开始起火，罐体也因雷击遭到损坏，有大量油料从罐内泄漏，情况十分危急，为提高景德镇机场危险品燃烧应急处置能力，检验"封火"消防班组实战本领，油库工作人员立即按流程报火警请求机场消防支援。

【景德镇机场与浮梁垚山文化旅游开发有限公司合作洽谈】 8月30日，浮梁垚山文化旅游开发有限公司一行四人来到景德镇机场分公司，就分公司与瑶里风景区合作项目推进，双方举行洽谈会进行深入交流。会上描绘未来双方深入合作方向：挖掘旅游市场，在机场打造旅游集散地，开通景区直通车，深挖文旅资源，打造瓷韵茶香文化广场，将景区文化要素植入机场候机厅、停车场等场所，合作推动"机＋景""机＋车""机＋酒"等合作模式，满足旅客出行多样化的需求。

【完成2022年度地面除防冰专项培训】 9月19日，委派江西航授权教员对分公司机务人员进行飞机除防冰专项培训。本次培训内容主要是飞机带冰雪霜飞行的危害、飞机除冰/防冰操作规程、飞机除冰/防冰操作注意事项和飞机除冰/防冰后的检查等方面的课程，根据民航华东管理局对外站除防冰工作的要求，结合实际工作展开分析讨论。培训结束后进行考核，分公司所有机务人员均通过考核，获得飞机防/除冰工作的资质。

【开展重大保障任务综合检查】 10月13日，为迎接中共二十大胜利召开，深入贯彻落实民航上级安全生产工作要求，确保重保期间景德镇机场安全生产形势持续稳定、疫情防控工作有序开展。分公司党委班子带队深入保障一线，开展为期一周重大保障决战决胜阶段综合检查。在分公司领导的带领和指导下，质量安全部、航务保障部、党群工作部组成联合检查工作组，检查内容主要涵盖安全监察、应急管理、支部建设等方面。在安全监察板块，各部门安全监察员交叉检查，结合法定自查事项库，将20个业务模块汇总制作成专项检查单，通过对标规章制度与现场检查相结合的方式，确保各部门的安全运行工作"文文相符""文实相符"。

【开展2022年度非法入侵模拟演练】 10月27日，景德镇机场利用航班间隙，联合机场公安分局联合举行外来人员非法入侵控制区模拟演练，检验《景德镇机场跑道非法入侵应急预案》的适用性，提高景德镇机场工作人员对非法入侵突发事件的应急处置能力，检验景德镇机场应对非法入侵应急工作的能力和各保障单位应对非法入侵工作可操作性，确保景德镇机场安全平稳运行。

【迎接2022年"平安民航"建设考核工作】 11月4日，由民航江西安全监督管理局空防处处长顾奇带领江西地区2022年"平安民航"建设考核工作组赴景德镇机场开展考核工作考核小组根据分工，深入各单位进行检查考核，按照《2022年"平安民航"建设工作考核表》中所述内容逐项对照，采取人员访谈、现场查看、台账检查、视频监察等方式，从组织机构、责任目标、安保管理体系建设、平安建设工作部署、社区治理工作等方面开展深入全面的考核。分公司高度重视本次考核，派专人对接、配合考核组进行现场察看和文件查阅工作，顺利完成考核检查任务。

【组织开展2022年除冰雪应急演练】 12月7日，为保证景德镇机场冬季冰雪天气条件下飞行安全和航班正常，提高机场使用效率，减少机场临时关闭或限制性运行造成损失，应对即将到来的冬季寒潮，做到未"雪"绸缪，景德镇机场组织开展2022年除冰雪实战演练。在此之前，景德镇机场已根据实际情况，组织各运保部门模拟多种冰雪特殊极端天气情况，开展桌面推演，根据推演结果，完善除冰雪预案和除冰雪物资储备等工作，不断提升冬季运行保障能力。

【景德镇机场生产快速回暖】 12月12日，景德镇机场单日货邮量2.49吨，环比前一日增加2.3吨，创8月以来单日货邮吞吐量新高，同比2021年12月12日增加2.485吨。12月16日起降架次达22架次，较11月30日增长超过450%；当日运送旅客865人次，相比11月30日增长472.85%，同比2021年12月16日增长67.64%。

（雷乐其）

春绿昌江岸（白光华 摄）

信息业

通　信

电　信

【概况】 2022年，景德镇电信全年完成各项建设投资0.71亿元，全市移动用户52.4万户，宽带用户33.69万户。宽带网络出口带宽为800G。完成基站及移动网络建设5G：3306.79万元、4G：518万元、室外宏站27个、小站9个，新建室分系统126套、新建基站3.5G 51个、2.1G63个、3.5G无源室分32.4套、2.1G无源112套、3.5G有源6套，实现全市无线网络无缝覆盖。投资2224万用于有线接入网建设，新增FTTH端口4万个。城镇区域光纤覆盖率达到100%，城区千兆覆盖率达到98%。

【景德镇市“天工杯”云计算支撑技能竞赛成功举办】 6月27日，2022年景德镇市“天工杯”云计算支撑技能竞赛启动仪式在电信公司大院举办。市人大常委会副主任，市总工会主席孙艳峰，市总工会常务副主席伍恒明，景德镇分公司领导等30人参加。

“天工杯”云计算支撑技能竞赛的举办，切实把各行各业职工数字化业务技能提升作为提高生产力，增强核心竞争力的重要手段，必将推动全市各行业参与到数字产业化、产业数字化工程中来。启动仪式后进行参观，重点就“智慧工会”项目，实现工会治理数字化、工会服务智能化进行介绍。

【景德镇电信“一城一池”示范点的信息化建设】 7月，景德镇电信践集团“千城万池”战略，在景德镇成功落地。天翼云“一城一池”，为规上企业上云、医卫上云、教育上云提供强大算力支撑。同年，景德镇市政务云成功上线，规模达10000+核，天翼云以国家队安全云优势，为政务云提供技术底座，为全市各委、办、局政务系统提供造自主可控、安全可信云服务。景德镇电信作为唯一一家能为全市各行各业提供属地化算力服务和运维服务运营商，将继续加快政务云、以及行业云建设，充分发挥信息化专业优势，主动担当作为，积极融入景德镇发展大局，加快打造数字经济发展高地聚集人才，推动景德镇数字经济高速发展。

【景德镇电信全力做好中国农民丰收节通信保障】 9月24日，2022年“中国农民丰收节”江西活动在景德镇市浮梁县高岭中国村举行。

景德镇电信成立市县前后端应急保障组，由分管领导担任保障组组长亲自指挥调度。省公司总经理肖柳南到通信保障现场指挥，强调要“主实协同”，共同努力做好基站调测、网络优化、通信安全、应急通信等各项保障工作。在丰收节开幕式晚会预演前，开通9条专线、7个基站21个小区4/5G小区的开通。省、市联动，调动2辆应急通信车并按照计划完成9个小区应急设备的开通，加强开幕式和重要区域的手机信号。在预演和正式保障期间，景德镇电信通过有效组织和落实完成现场保障工作，9条专线运行正常，带宽速度均达到江西广电的网络需求。两个应急基站的连接用户数达到2000人次以上，吸收流量达到600GB以上，高峰期4G用户感知速度达到20Mbps,5G用户感知速度达到200Mbps。确保2022“中国农民丰收节”江西活动顺利举行。

【景德镇电信助力“数字乡村”建设】 9月，为积极响应乡村振兴工作部署，景德镇电信分公司充分发挥云网融合和数字化能力优势，以数字乡村云平台为基础，通过智能化、数字化的手段、助力数字乡村的建设，开始在鱼山、洪源、丽阳三镇推动数字乡村整镇签约，基于中国电信天翼视联网，为乡镇搭建起一张张基层治理的安全网，结合摄像头AI分析、云存储等能力打造的天翼视联摄像头，面向村民提供视频查看、语音对讲、侦测告警等安防和亲情看护服务。此外，人形侦测、车牌抓拍、区域告警等AI功能及分权分域管理功能面向村委可以提供基层治理单位对管理区域的布控、特定人员轻追踪等需求，构建基层治理立体安防，实现乡村治安防控全覆盖。天翼数字乡村集成智慧大屏、视频监控、天翼云播、乡镇电视等应用以及智慧农业解决方案，打通了乡村信息服务的“最后一公里”，通过与相关产品应用合作伙伴的合作，不断拓展村民生活和乡村产业的新业态，服务乡村全面振兴，为推进乡村治理能力现代化保驾护航。

【景德镇电信助力“互联网＋智慧监管”守护舌尖安全】 10月，与市市场监督管理局开展智慧监管项目合作。通过“互联网＋智慧监管”的信息化技术手段，完成全市60余家餐饮企业的后厨，其中包含全市40余家大中型知名酒店和餐饮企业，20余家幼儿园、中小学和高校食堂。

通过明厨亮灶的全面有效覆盖，采取线上网络实时监管结合线下实地监督的方式，强化事前规范要求、事中预警监督、事后总结提升，坚决落实守护群众舌尖上的安全。

【景德镇城区全面进入千兆光网时代】 2022 年，景德镇电信新增 10GPON 端口 0.4 万个，全市 10GPON 端口规模达到 1.16 万个，其中城市 10G PON 端口占比达到 84%，千兆用户数突破 5 万户，基本实现城区千兆全面覆盖的目标，市、县城区范围基本满足千兆即装即通的能力，宣告着景德镇市正式进入千兆光网时代。

（沈　琴）

移　动

【概况】 2022 年，景德镇移动贯彻“疫情要防住、经济要稳住、发展要安全”的要求，实施作风建设和能力建设，坚持创新驱动，全年“一超一稳二增长五提高”生产经营目标任务圆满完成。全年通信业务年收入 8.67 亿元，移动手机用户数达 113 万户，宽带用户数 40.6 万户，全年完成各项建设投资 2.0851 亿元，宽带网络出口带宽为 800G。完成基站及移动网络建设投资 0.9561 亿万元（近 2 年 2.7 亿元），新建室分站点 59 个，新建 5G 室外基站 573 个。投资 584.89 万元用于有线接入网建设，新增 FTTH 端口 1.691 万个。2022 年 12 月止，全市 5G 基站到达 1671 个，实现“乡乡通”，光纤宽带城镇区域覆盖率达 100%，行政村光改率达到 100%，乡镇及以上区域用户已 100% 具备千兆网络接入能力，坚实的信息化服务底座，为景德镇经济社会智能化转型与高质量发展充分赋能。

【建成全省首个 5G 双域教育专网】 1 月 24 日，为贯彻“教育强国”战略，加强 5G 技术在产学研用方面的联合创新，景德镇移动浮梁县分公司与景德镇陶瓷大学深度联合，达成双域教育专网合作意向，通过多日联调测试、现场测试，成功建立与学校内网无缝对接的 5G 专网。校内客户无须换卡换号，通过 5G 手机无须 VPN 拨号即可高速、移动、安全的同时访问校内网和互联网，解决校园 Wi-Fi 信号不稳定、弱覆盖的问题，极大提升用户感知，满足校内客户随时随地学习和生活需求。

【全力做好雨雪天气网络通信保障】 2 月 23 日，景德镇突降暴雪，全市因大雪导致基站停电 235 个站点。公司全力保障移动网络信号畅通，统筹调度，协同各区县公司、代维公司、铁塔公司全面抢修发电工作，派出 30 支发电保障队伍，调用 198 台油机。及时安排线路巡检，对容易发生险情的区域重点保障，安排 20 余名巡线员对沿途线路巡检，及时消除暴雪天气对线路带来的不良影响，确保网络信号稳定。当日出动应急保障人员 114 人次，车辆 48 台次，油机发电 198 站次，迅速完成网络抢修恢复任务。

【扎实做好疫情防控三个保障工作】 3 月，因省内多个地市出现疫情，疫情形势严峻，公司立即响应号召，扎实开展疫情通信保障，制定加强疫情防控宽带专线装维和无线通信保障方案，实行 7×24 小时值班机制，加强对故障告警、性能告警、投诉预警及网络安全事件的管控。完成对党委政府所在地、疫情防控指挥部、医疗机构等重点场所进行重点网络保障。扎实开展疫情服务保障，在各厅店场所开展“6 个 100%”防护举措，对进店客户做好“4 个 100%”防护动作要求。针对重点场所的重要集团单位和重点人群，开展集团单位上门服务 507 场次、电话服务 4710 人次。配合地方政府及疫情防控指挥部做好公益短信发送 60 万条。

【开展智慧助老“银发”服务】 5 月，为推动老龄社会信息无障碍建设，提升老年人运用智能技术方面的获得感，景德镇移动公司联合景德镇市卫健委在全市开展“智慧助老公益服务活动”。组织银发市场场景运营团队，培训 40 名志愿服务讲师，确保 100% 覆盖全市网格和自办厅。结合老年人出行、消费、文娱等高频服务场景制作跨越“数字鸿沟”科普系列课程，嵌入开展“银发小课堂”活动，在深入社区、服务站、老年大学等场景中明确培训实施标准动作，做好事前、事中、事后统筹安排。现场开展“第一议题”反诈宣传，提升客户安全意识，向客户推荐孝心卡、2G/3G 换机等适老化产品，讲解防诈保险、定位跟踪、一卡付费等服务功能。5 月，智慧助老公益活动发展孝心卡用户 1101 户，开展“银发小课堂”活动 38 场，多项适老化服务获得老年客户的高度信任及赞扬。

【全力以赴筑牢通信“生命线”】 6 月，受集中强降雨侵袭，景德镇市启动防汛Ⅱ级应急响应。移动公司第一时间启动防汛专项应急预案，全力保障通信畅通，公司党委书记、总经理吴建平连夜组织召开紧急会议，启动24小时抢修和值班制度，结合汛情科学合理调度人员、车辆和抢险物资，根据节点机房、汇聚光缆优先抢通的原则迅速部署抗洪抢险保通信工作。防汛期间，出动抢修人员156人次，抢通基站55个，修复光缆故障23处；各服务岗位人员向市民群发市防汛办紧急提示，发出短信100余万条，搜集水淹区域客户名单，启动免停机服务，为全区汛区约91.5万移动用户在6月21—28日期间免费提供7天免停机尊享服务，切实保障景德镇老百姓的通信畅通和生命财产安全。做好后台投诉处理人员工作排班，确保灾区网络、套餐资源使用等问题优先响应，处理受灾地区手机上网问题28件，宽带网络质量问题205件。

【与浮梁县人民政府签订“5G+数字经济战略合作协议”】 7月27日上午，景德镇移动公司与浮梁县人民政府在浮梁县茶文化交流中心签订“全面深化5G+数字经济战略合作协议”。市政府副市长高晓云，江西移动省公司董事、副总经理黄圣明，浮梁县领导程新宇、张汉坤、黄爱喜、周春枝、刘继莲，江西移动省公司集团客户部副总经理刘歆、有线业务部总经理助理郭卫民，市移动公司领导吴建平、程新群、邹标明、徐义民等出席签约仪式。浮梁县政府副县长张华勐主持仪式。常务副县长黄爱喜，公司副总经理邹标明分别代表双方签约。

浮梁县表示，此次战略合作将推动5G技术在浮梁县智慧城市建设、公服设施建设、产业发展、城市管理等领域广泛应用，对全县未来发展有重大而深远的影响。公司党委书记、总经理吴建平表态，将以数字经济战略合作为契机，主动发挥在5G、云计算、物联网、人工智能等信息技术与资源整合上的优势，全面助力浮梁县做强、做优、做大数字经济“一号发展工程”。

【牢记使命保卫群众“安全线”】 8月，与市公安局协作，通过技术监测发现流动作案的电信诈骗窝点，通过对该移动式诈骗窝点的行为进行精准“画像”，连续追踪奋战4天，最终捣毁一个移动式“电诈”窝点，抓获嫌疑人2名、车载设备1套、涉案卡20余张。针对电信网络犯罪，实行技防“四立刻”，从严从实抓好电信网络诈骗防范治理各项工作，对于四类高风险号码立刻关停，研判处置1.38万个高危号码。强化宣传引导，统筹开展服务进集团反诈宣传100余场次，发送公益短信260万余条；守住入网源头，针对高低龄用户强化入网要求规范，有效解决学生涉诈案件多发问题；强化内外联动，加强警企协作，涉案号码同比下降82%。

【圆满完成2022年农民丰收节网络通信保障】 9月23日，“中国农民丰收节”江西活动在景德镇市浮梁县举行，为做好丰收节网络保障工作，在县政府的统一部署下，以高标准、高要求全力做好此次丰收节通信保障工作。省、市、区（县）三级联动组建丰收节应急保障小组，联合华为公司制定重大活动保障方案。3月起，陆续对本次活动涉及13个参观点、2条观光路线、4家下榻酒店及沿线交通枢纽干线进行规划勘察，新开通5G基站7个、4G基站10个，新扩容5G小区16个、4G小区144个。活动当天，开通应急通信车2辆，出动保障人员61人次。

【与臧湾乡政府签约数字乡村战略合作意向书】 9月29日，浮梁县召开数字经济应用场景供需对接会，会上浮梁县分公司与臧湾乡签订数字乡村战略合作意向书。围绕夯实新型基础设施建设、助力数字政府建设和赋能农业产业数字化转型建设提出数字乡村建设的具体工作思路。由江西移动省集团客户部乡村振兴军团队长携中移集成现场解读乡村振兴相关政策，结合臧湾的建设需求提出具体解决方案。双方签约数字乡村战略合作意向书，在乡村生态人居环境监测、无人机巡防、高清直播带货、农产品溯源、乡村文旅互动体验、乡村远程医疗等多个场景中开展深度合作，从而完善乡村治理体系，提升乡村服务质量，助力乡村实现全面振兴。

【圆满完成瓷博会通信保障】 11月8日，中国景德镇国际陶瓷博览会在国际陶瓷博览交易中心隆重举行，公司按照政府统一部署，高标准、严要求落实此次通信保障工作。此次瓷博会在新的场馆举行且场馆在装修不便施工，对保障工作带来很大挑战。精心组建高效保障团队，经过多方协调，盯紧施工进度，顺利在开幕前一周完成2个室分、4个宏站和2台应急通信车的开通。密集测试，优化品质，现场摸底测试工作安排120人次，拉网测试10多轮，优化、扩容156个小区。现场值守时后台安排值守人员9人，现场保障人员8人，包含传输、线路、动力、无线等专业共同协作，每天7点前就必须到岗会商。瓷博会期间，4G/5G网络运行用户感知良好，现场零质差、零故障、零投诉，圆满完成本次保障任务。

【全面助力乡村振兴建设】 在践行巩固拓展脱贫攻坚成果同乡村振兴有效衔接工作中，公司通过省市县共同协作、帮扶村委会的强强联盟，进一步畅通数智化新基建工程、产业数智化资金帮扶项目、乡村治理数智化项目、民生帮扶等的渠道。立足村民需求让村民足不出户就能和远方亲人视频通话，以解相思之愁。公司领导对乐平魏家网络新基建工程建设项目深入调研、对村内网络建设工作给予指导，网络部门多次现场实地查勘，反复选点沟通多方需求，制订优化解决方案，投资30万元建设5G基站信号塔，实现魏家村5G网络全覆盖。通过多维度、聚合力联动合作，经常与帮扶村委会现场就资源、民生困难等问题现场走访、沟通，寻求更多的可支撑乡村振兴帮扶项目。自2021年以来，先后帮助乐平众埠魏家村委会大院内健身器材及村内照明和乐平涌山稍田村内40盏太阳能路灯项目投资，投入14万元。2022年，通过产业帮扶工程，帮助乐平众埠魏家200亩旱稻种植产业、乐平涌山稍田水产养鱼项目和乐平众埠濮家的油茶基地扩建工程争取资金18.29万元。紧紧依托公司帮扶团队，成立公司乡村振兴工作领导小组及办公室，汇聚整合公司各条线、社会各方资源、力量，推行任务清单制度，推进共建5G融合各产业发展，带来更大的产业效益化。大力推动平安乡村安防系统建设，在全市安装269个行政村网点，重点在浮梁县臧湾乡、蛟潭镇全面铺开建设及使用。由于安防摄像点位铺放精准，能自动对接公安天网，扩大天网覆盖范围，提高警方案件侦破效率，防止儿童溺水发生，为乡村综治治理工作带去便利。

（华田生）

联　通

【概况】 2022年，景德镇联通围绕“网络强国、数字中国、智慧社会”建设，贯彻落实集团“1+9+3”战略规划体系，聚焦“大联接、大计算、大数据、大应用、大安全”五大主责主业，坚持基础创新双轮驱动，锚定数字经济主航道，全面助力地方政府推动数字经济建设。

【积极完成应急保障】 2022年，联通景德镇公司圆满完成冬奥会、中共二十大、两会等重大会议，中国农民丰收节江西活动、瓷博会、阿拉伯艺术节等重大活动的应急通信保障任务。洪涝期间，火速组建抢险救灾小组，加强值班值守，科学调度防汛，全力保障通信网络安全，确保受灾地区通信畅通。疫情期间，以信息化手段助力全市“精准防控”，为景德镇的疫情防控争取时间，以“联通速度”贡献联通力量，党/团员、青年志愿者100余人主动靠前，投身社区、乡镇防控一线，全方位助力政府联防联控。肩负起乡村振兴的使命，以“数字乡村+集体经济”的新模式积极推动乡村振兴工作，激活乡村振兴新动能。在对口帮扶浮梁县峙滩镇佟溪村，完善宽带覆盖，打造数字乡村平台，实现黄泥水监控。

【努力打造精品网络】 2022年，景德镇联通全力以赴加快构建完善数字信息基础设施，不断提升网络支撑能力，打造4/5G、千兆、政企精品网，为数字经济发展夯实网络基础底座。全年启动数个千万级网络基础建设项目，实现全市主城区、县区、乡镇主街、重点区域移动网络全覆盖，宽带网络覆盖、质量实现双提升。

【以创新引领数字经济新赛道】 2022年，景德镇联通聚焦陶瓷产业，构建中国陶瓷产业工业互联网暨陶瓷标识解析二级节点平台，大力推动陶瓷产业“上云用数赋能”，进一步促进景德镇陶瓷产业链水平和竞争力。依托江西联通“四云、四院、两联盟、三基地、N实验室”创新体系，持续做深做透5G等信息产业应用示范标杆，在智慧城市、智慧教育、智慧林业、智慧庭审等方面实现5G应用从“样板间”到“商品房”的变化。通过主动融入地方经济建设主战场，将数字经济与传统产业、实体经济融合发展，聚焦产业数字化，数字产业化，打造中国式现代化数字景德镇场景，助力数字景德镇走在全省前列。

【开展“智慧助老·联通美好”专项活动】 8月，携手市科协、市卫健委、市残联等单位共同开展“智慧助老·联通美好”专项活动，努力在智慧助老、健康助老、科技助老方面发挥更大作用，以科技力量助力老年人积极拥抱数字化浪潮，为老百姓提供更加贴心、顺心、暖心高品质服务；加大与市、县残联的合作，精准聚焦残障人士提升消费感知，让更多残障人士畅享数字生活；加强警企联动，科技反诈进社区，提高社区群众电信网络诈骗防范意识。

（曾　蕾）

邮　政

【概况】2022年，市邮政管理局等部门支持引导快递企业发展，借助景德镇陶瓷产业结构优化升级的“东风”，结合全市陶瓷产业优势，积极发展订单末端配送模式，打造个性化、专业化、差异化服务，实现与陶瓷电商的无缝对接，推动景德镇国家陶瓷文化传承创新试验区建设。2022年，全市陶瓷快件业务量全年6058.25万件，业务收入4.85亿余元。

2022年，景德镇市获得快递业务经营许可法人企业、分支机构和末端网点376家，其中法人企业11个，分支机构27个，末端网点338个，网点分布更趋向合理化。景德镇市邮政快递行业业务收入（不包括邮政储蓄银行直接营业收入）完成9.19亿元，同比增长22.88%；邮政行业寄递业务量完成11319.46万件，同比增长12.06%。全市规模以上快递服务企业业务量完成7691.28万件，同比增长23.57%；业务收入完成6.37亿元，同比增长25.02%。在全省四个小地市中综合排名第二。

【做好快递员群体合法权益保障工作】5月，景德镇市邮政管理局联合市交通运输局、市发展改革委、市人力资源社会保障局等7部门印发《关于做好快递员群体合法权益保障工作的实施意见》。到“十四五”末期，要实现全市快递企业基层党组织引领作用进一步凸显，基层工会覆盖面进一步扩大，企业用工更加规范，员工队伍更加稳定，快递员群体薪资待遇更趋合理，社保权益得到维护，专业技能有效提高，从业环境明显优化，职业的自我认同和社会认同持续增强。明确落实快递企业主体责任、维护快递市场经营秩序、加强行业稳定运行监管、保障快递员依法取得劳动报酬、提升快递员社会保障水平、优化快递员生产作业环境、完善快递职业发展保障体系等7项主要任务，以及强化党建引领、注重部门协同、落实地方责任、强化宣传引导4项保障措施。

【邮政快递业纳入“十四五”交通运输发展规划】7月，市政府办公室印发《关于印发景德镇市“十四五”综合交通运输发展规划的通知》，将邮政快递业多项内容纳入重点工作任务。包括推进县、乡、村三级农村物流节点体系建设，整合利用区域内农村客货运站场和网络等运输物流资源、农资农产品集贸和批发市场等商贸资源以及邮政网络资源，开展农村物流客、货、邮、商同网经营试点研究。推广“交邮融合+”改革创新发展模式，鼓励邮政、快递企业与农村客运经营者合作，依托农村客运车辆代运邮件快件。推进农村地区公共取送点建设，提升邮政基本公共服务水平。要继续完善邮政与快递服务，实现加快普遍服务基础设施建设、完成邮政业结构优化调整、拓宽邮政服务领域、完善寄递末端服务、融入地方经济发展格局、全面坚持依法治邮等工作目标。

【景德镇市“昌江·畅快跑”红色驿站揭牌】10月12日，景德镇市昌江区举行“昌江·畅快跑”红色驿站揭牌仪式，成立中国共产党景德镇市昌江区快递外卖行业联合委员会。市委组织部、市邮政管理局、市市场监督管理局和昌江区相关单位领导出席仪式。区快递外卖行业联合党委成员和快递外卖行业单位代表60余人受邀参加活动。

“昌江·畅快跑”红色驿站中心站点，是景德镇市昌江区首个以新业态新就业群体党建为主题，融合教育、管理与服务于一体党建阵地。中心站点位于西郊街道蟠龙岗社区党群服务中心，常态化提供政策咨询、业务办理、休憩续航、红色课堂等服务，致力打造快递员、外卖配送员、网约车司机方便来、愿意来、经常来的温馨家园。全区各社区党群服务中心开辟“昌江·畅快跑”红色驿站功能区，提供读书看报、避暑躲雨、歇脚充电、喝水热饭等即时服务，让小哥“处处有家”。

【中共景德镇市快递行业综合委员会成立】12月16日，中共景德镇市快递行业综合委员会第一次党员大会在景德镇市邮政管理局会议室召开。会议宣读市两新工委《关于同意成立中共景德镇市快递行业综合委员会的批复》，选举产生市快递行业综合党委第一届党委领导班子以及党委书记和副书记。中共景德镇市快递行业综合委员会接受景德镇市邮政管理局党组、市委非公有制经济组织和社会组织工委双重领导和指导。主要职责是：负责指导全市快递行业党建工作；宣传和贯彻执行党的路线、方针、政策，促进中央、省委、市委、国家邮政局和省邮政管理局各项决策部署在快递行业的贯彻落实；研究制定加强快递行业党建工作的政策、制度和规划；指导市快递企业党建工作。

【景德镇加快农村寄递物流体系建设】 12月，景德镇市政府办公室印发《景德镇市关于加快农村寄递物流体系建设的实施方案》。按照“市县有分拨、乡镇（街道）有中转、村级有配送”的原则，深入推动邮政快递、交通、供销、商贸流通等物流平台资源共享，加快推动城乡配送服务平台建设，积极打造高质量“快递进村”示范县。就完善农村邮政公共服务体系、健全末端共同配送体系、优化协同发展体系、构建冷链寄递体系等，提出具体工作要求。明确分类推进“快递进村”、积极推动农产品上行、加快补齐农村寄递物流基础设施短板等重点任务。

（沈　波）

乐平水上古戏台（风颖 摄）

经济管理及监督

宏观经济管理

2022年是中共二十大胜利召开之年，是工业三年倍增行动攻坚之年，也是推进国家试验区建设上台阶之年，全市上下坚持以习近平新时代中国特色社会主义思想为指导，全面学习宣传贯彻中共二十大精神，全力实施“五新”战略行动，统筹抓好稳增长、促改革、调结构、惠民生、防风险等各项工作。2022年GDP增长4.7%，规上工业增加值增长8.4%，固定资产投资增长8.1%，社会消费品零售总额增长4.5%，CPI增长1.9%，城乡居民人均可支配收入分别增长4.6%、6.4%。

稳经济增长工作富有成效。认真落实疫情要防住、经济要稳住、发展要安全的总体要求，统筹疫情防控和经济社会发展精准有力。在经济调控上加力。面对超预期因素影响，始终以战斗的姿态冲刺第一季度、强攻第二季度、拼搏第三季度、决战第四季度，扎实开展惠企稳岗保运行和抓项目促投资周例会、经济增长支撑点月调度和季强攻等系列工作，狠抓经济监测研判和宏观调控。在承接政策上加力。认真贯彻中央和省稳住经济发展“一揽子”政策，建立稳住经济大盘督导服务工作机制，出台市稳住经济发展48条及接续政策30条、惠企纾困34条等系列措施细则，最大力度把疫情对全市经济社会发展的冲击和影响降到最低。在企业帮扶上加力。深入开展“领导干部走流程”“万干挂万企”等系列活动，广泛收集和解决市场主体反映的痛点堵点难点问题，建立市县两级惠企资金兑现“直通车”机制，实现惠企政策兑现“一窗专办”。

国家试验区建设再上台阶。牢记习近平总书记殷殷嘱托，“两地一中心”建设如火如荼。成功召开国家试验区第二次部省恳谈会和省试验区建设领导小组第四次会议，提请的20个事项获得支持。年度68个试验区重点项目跑出“加速度”。文化保护有力有序。编制实施《景德镇市陶瓷文化传承创新条例》《景德镇国家陶瓷文化生态保护实验区总体规划》。成立景德镇非遗保护协会，举办江西省“文化和自然遗产日”景德镇主会场活动启动仪式暨陶瓷非遗馆开馆。全市非遗生产性保护示范基地达100个，市级以上非遗代表性传承人1899人。融合发展迸发活力。陶溪川三期等45个文旅项目加快实施，陶阳里入选第二批国家级夜间文旅消费集聚区，高岭·中国村获评江西省Ⅰ级智慧景区，瑶里镇入选全国乡村旅游精品路线，文旅消费领域获国务院督查激励。贸易交流更加广泛。成功承办第五届阿拉伯艺术节，习近平总书记专门发来贺信，给全市人民以极大鼓舞。深化与意大利法恩扎、韩国利川等国际友城交流，与土耳其伊兹尼克缔结友好城市。景德镇入选2022“一带一路”建设案例，编制并面向全球发布中国陶瓷价格指数，成功举行2022国际版权论坛。成功举办第十二届中国陶瓷艺术大展。圆满举办2022中国景德镇国际陶瓷博览会，吸引全球2000多家企业，常年展参展企业突破300家，瓷博交易总额首次突破百亿元。

工业强市战略有新突破。坚定不移实施工业强市战略，“3+1+X”特色产业体系不断强大。全市规上工业增加值增速创近5年最好成绩，工业用电、制造业用电、工业技改投资增速均列全省第1。陶瓷优先发展战略取得新进展。设立65亿元先进陶瓷产业发展基金，年产75万吨透光陶瓷一期建成，中日先进陶瓷产业合作园加快推进，电镀集控中心和“一室三中心”研发平台投入使用，先进陶瓷企业达到134家、净增50%，年产值突破100亿元。规上陶瓷企业突破200家，规上陶瓷产业增加值增长22.1%，上缴税收8亿元，实现两年翻番。航空产业实现新跨越。江直“JH系列直升机”逐步量产，天马无人机、汉翱机械等5家企业落户，浮梁通用机场一期建成，通航协调运行分中心试运行，AC313A直升机成功首飞，“小朱雀”获全国首个轻型运动型直升机TC/PC证，规上直升机及通航产业增加值增长24.6%。精细化工和医药产业创造新佳绩。积极推动基础化工、维生素、新材料、医药中间体、生物医药五条产业链延链补链强链，富祥科技（一期）投产，凌富生物医药产业园加快建设，天新维生素科技园试生产，黑猫市值突破200亿元大关，规上精细化工和医药产业增加值增长5.1%。龙头企业培育结出新硕果。实施“映山红行动”，新增1家上市公司（天新药业），1家企业（联晟电子）报国家证监会审核，2家企业报“新三板”（全国中小企业转让系统）上市，10家企业完成股改并在省股交中心挂牌。宏柏新材、黑猫炭黑复核推荐申报国家“单项冠军”，电化乐丰、远洋威利等推荐申报国家重点“小巨人”企业。新增43家省“专精特新”中小企业，全市有效期内专精特新中小企业总数达到97家。

双“一号工程”强力推进。着眼抢占“新赛道”、培育“新增点”、壮大“新引擎”，积蓄经济高质量发展后劲，成立市双“一号工程”领导小组，实行党政主要领导“双指挥长”制，组建强有力的工作专班，坚持“一月一调度、双月一督查、每季一对标”。数字经济起步有力。围绕数字文创、电子材料等15条数字经济产业赛道，大力推进总投资610亿元的100个数字经济项目。以晴数字经济产业园一期投产运营，美科LED、安正科技、三龙MR陶瓷数字产业园等项目正式落地。成功举办景德镇（杭州）数字经济专场招商推介会，集中签约华创精密制造、央视网·瓷等18个项目，签约金额达267.6亿元。三宝国际瓷谷获评全国版权示范园区（基地），瑞牛文化科技荣获全国版权示范单位。景德镇获批中国（景德镇）跨境电商综合试验区。成为国内首个标识解析二级节点（陶瓷行业）运营授权城市。陶溪川直播基地、昌南新区先进陶瓷数字经济产业园获评省级数字经济集聚区。2022年，完成数字经济项目投资195.3亿元，占年度计划116.7%。规上软件和信息技术服务业营收增长103.8%，列全省第1。营商环境显著改善。围绕18个测评指标，制定了153条具体措施，全面打响“景快办、办德好、镇暖心”营商环境品牌。深化“放管服”改革，组建政务服务数据管理局，赣服通4.0版应用不断拓展，创新推出“拿照即拿章、开办零成本”等87项改革举措，“企业开办一件事”实现全流程1个工作日内办结率99%、全省第1，知识产权法庭结案率、服判息诉率名列全省第1。围绕营商环境“五大改革”主要任务提出213项改革创新任务事项，推动全市营商环境整体提升。三季度全市营商环境工作成效排全省第五。

区域融合发展协同发力。立足全域、因地制宜，积极构建城乡统筹协调、区域均衡发展新格局。全域融合发展加快推进。实施全域融合十大工程，新改建农村公路76.9千米、危桥改造12座、生命安全防护工程12.8千米，景德镇绕城高速、鱼山码头疏港公路项目有序推进，王港至湘湖公路、凤凰大桥建成通车，塔荷公路如期交工，新增新能源公交车204辆，景乐城际公交于7月1日正式开通，“全域公交”基本实现。城市功能品质提升成效明显。“三区三线”划定结果获自然资源部批复，当选《中国美丽城市》城市典范，获评全省城市功能与品质提升三年行动先进市。全面开展城市功能与品质提升2.0行动，启动东三宝等25个城市更新项目。农业生产平稳有序。农业生产积极推进粮食稳产扩面，全年粮食播面将达到143万亩以上。茶叶特色产业持续壮大，创新性启动春茶托市收购，全市茶园面积稳定在27万亩、产量1.5万吨。乡村振兴成果丰硕。村庄整治建设扎实推进，布置新农村建设点390个，全市共创建4个美丽宜居乡镇、43个美丽宜居村庄、7032个美丽宜居庭院。成功举办第五届中国农民丰收节江西活动。“浮梁茶”入选中国第二批中欧地理标志产品，浮梁县瑶里镇入选全国乡村旅游精品路线。巩固拓展脱贫攻坚成果同乡村振兴有效衔接，确保返贫人口动态清零。

坚持内需主导态势强劲。着眼构建新格局，积极扩大投资，全力做好重大项目建设与上级资金争取，深入实施商贸消费升级行动，加快经济恢复。重大项目建设提速提质。升级实施“项目建设大会战”，1—11月328个市重点工程完成投资726.1亿元，比2021年同期增加110.4亿元，占全年计划的103.3%。全市175个省大中型建设项目年度累计完成投资525.28亿元，超年度计划8.8个百分点。9月，制定出台《景德镇市项目建设“四大攻坚行动”实施方案》，市四套班子主要领导亲自谋划推动乐平水利枢纽、浮梁抽水蓄能、景德镇电厂扩建、景德镇机场建设四大工程，为全市高质量发展积蓄强大后劲。窗口资金争取成效明显。争取中央预算内资金6.46亿元，储备2023年专项债项目172个、债券需求278.8亿元。审核通过国家设备购置与更新改造贷款财政贴息项目13个，成功投放5个、投放金额12.32亿元，其中国控5亿贴息贷款项目创造单体项目投放数额全国最大纪录。签约投放政策性开发性金融工具（基金）项目3个、2.14亿元。招商引资持续强劲。引进“5020”项目32个，入统亿元以上项目200个，增速全省第1，进出口增速连续6个月全省第1。1—11月，全市外贸进出口总值为204.1亿元，同比增长173%，增速全省排名第一；其中出口总值148.3亿元，增长100.4%，增速全省排名第二。获评全省开放型经济综合先进市。商贸消费升级特色鲜明。重点打造“夜珠山”消费带，开展“夜珠山·消夏节”上百场文旅活动，形成“全域、全时、全龄”的文旅消费生态体系。打造九集小镇、大唐茶市等一批特色街区，开展“2022 惠景消费季”等促销活动，市县两级发放消费补贴 4600 万元，举办“百城百夜”文化和旅游消费季，陶阳里御窑景区、高岭·中国村分别获评国家级、省级夜间文化和旅游消费集聚区。积极培育直播带货等新业态，陶溪川直播基地引入抖音总部全国陶瓷直播产业带。

绿色发展步伐铿锵有力。认真贯彻新发展理念，切实做好“治山理水、显山露水”这篇大文章，坚定不移走生态优先、绿色发展之路。深入打好污染防治攻坚战。扎实推进蓝天、碧水、净土保卫战，多项环境指标持续蝉联全省第 1。环境空气质量持续保持全省前列，$PM_{2.5}$ 累计平均浓度为 22 微克 / 米^3，全省第 2；空气优良天数比例为98.7%，全省第 1；地表水断面水质优良比例 100%，全省第 1，水质综合指数 3.0262，全省第 2；重点建设用地安全利用率 100%。稳步推进碳达峰碳中和。召开 2022 年全市生态文明建设、碳达峰碳中和工作、推动长江经济带发展领导小组第一次会议，12 月，市政府发布《景德镇市碳达峰碳工作实施方案》《景德镇市生态价值实现实施方案》，有力有序推动“两山转化”。

社会民生建设长足发展。坚持人民至上，始终把人民冷暖放心上。十件民生实事基本完成。对外发布“景德镇这十年”，全面展示瓷都大地的辉煌成果。就业体系不断健全。实施就业优先战略，城镇新增就业 1.704 万人，新增转移农村劳动力 1.78 万人，零就业家庭安置率达 100%。组织线上线下招聘会 155 场，提供就业岗位 5.5 万个，提供公共就业服务 1.6 万人次。住房保障持续加强。老旧小区改造任务 7996 户，改造项目 24 个，开工率达 100%。改造完成 129.6 千米燃气老旧管网。教育事业发展显著。艺术职业大学新校区正式招生，高级技工学校成功升格陶瓷技师学院，卫生健康职业学院纳入国家“十四五”专项规划，新增在校大学生 1.8 万人。新改扩建中小学 14 所，新增学位 3.3 万个，全面消除超大班额。市第二职业学校、乐平职业中专等一批新改扩建项目加快推进，职业学校达 13 所，开启了教育事业发展的崭新篇章。安全基础更加牢固。采取果断措施，成功应对百年一遇汛情和超历史旱情，实现大汛之年无大灾、大旱之年保丰收；严格落实安全生产责任制，连续 20 年未发生重大及以上事故。果断处理突如其来的省外输入疫情，有力守护人民群众生命安全和身体健康。

【景德镇获批中国（景德镇）跨境电商综合试验区】 1 月 22 日，《国务院关于同意在鄂尔多斯等 27 个城市和地区设立跨境电子商务综合试验区的批复》公布，中国（景德镇）跨境电子商务综合试验区正式获批。

【陶阳里入选第二批国家级夜间文旅消费集聚区】 8 月 16 日，文化和旅游部公布第二批国家级夜间文化和旅游消费集聚区名单，江西省入选景区分别为：南昌市“夜东湖”文化和旅游消费圈、南昌市万寿宫文化街区、上饶市梦里老家演艺旅游度假区、抚州市黎川古城、景德镇市陶阳里御窑、萍乡市南正街。

【“中国农民丰收节”活动在景德镇举行】 9 月 24 日，2022 年“中国农民丰收节”江西活动在景德镇市浮梁县“高岭·中国村”举行，包括开幕式、“我们的答卷”现代农业主题展、丰收电商消费季、茶业小镇、江西省茶业博览会、丰收幸福里、农民趣味运动会、百村宝典——江西“三农”之最成果群英会、花卉集市展和智慧农园、“瓷上赣鄱丰收景”欢庆晚会“十大主题活动”和丰收季主题宣传——前月浮梁看“丰”景、第二届最美乡村“抖”舞大赛“两大配套活动”。

【“第五届阿拉伯艺术节”在景德镇举办】 12 月 19—20 日，“第五届阿拉伯艺术节”在江西省景

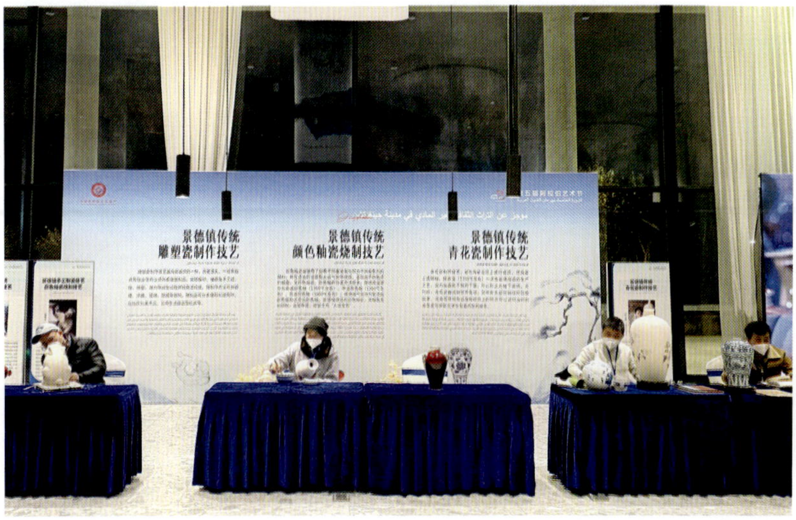

第五届“阿拉伯艺术节——民间非遗艺术展演”活动

德镇市举办。“第五届阿拉伯艺术节”由文化和旅游部、外交部、江西省人民政府、阿拉伯国家联盟秘书处共同主办。本届阿拉伯艺术节主题确定为“丝路瓷魂，艺享天方”。艺术节通过一系列活动，开创新时代中阿人文交流新局面，为推动建设新型国际关系、构建人类命运共同体厚植根基，共同展望中国与阿拉伯各国共建“一带一路”，合作共赢的美好前景。

重点工程建设

【概况】2022年，全市安排市重点工程建设项目328项，计划总投资3115亿元，年计划投资703亿元。其中：国家试验区“两地一中心”项目68个，年度计划投资267亿元；产业壮大项目179个，年度计划投资338亿元；城市功能提升项目21个，年度计划投资21亿元；民生保障项目41个，年度计划投资37亿元；基础设施项目19个，年度计划投资40亿元。1—12月，全市重点工程完成投资790亿元，比2021年同期上升115亿元。年计划完成112.4%，比2021年上升5.1个百分点。

聚焦聚力“两地一中心”，国家试验区建设蹄疾步稳。实施陶阳里历史街区保护更新、落马桥元青花遗址及刘家弄历史街区旅游基础设施提升、太平巷陶瓷文化旅游基础设施建设、乐平市南窑遗址文化旅游建设等项目，对景德镇具体历史文化遗存的老街区、老厂区、老里弄、老窑址进行保护修缮、活化利用；建成陶溪川景区一期、二期工程，三期、四期工程正加速推进，高岭·中国村田园综合体、三宝国际瓷谷、景德镇记忆旅游休闲街区等融入景德镇元素的景区精美呈现；中日先进陶瓷产业合作园、高科技陶瓷产业园、国际陶瓷产业合作园等一批先进陶瓷产业项目集中建设，奋力开创景德镇传统陶瓷与先进陶瓷相结合的文化传承创新发展的新篇章。建成景德镇艺术职业大学（一期）、国际陶瓷文化博览旅游交流中心，快速推进高铁北站北广场建设等，进一步将景德镇打造成为软硬实力兼具的对外文化交流新平台。

聚焦聚力“工业倍增”，以产业促发展强势起步。重点建设昌南新区日用陶瓷标准化厂房、高新区通用航空产教融合基地、景龙特种陶瓷等项目，完善“3+1+X”特色产业体系；持续推进富祥、凌富生物科技园、方圆新材料、天新、宏柏、赛复乐医药等项目助力精细化工和医药产业集群发展；实施电镀集控中心、富祥环保设施技术及公用设施提升、高新区蒸汽供热管线工程等，优化产业功能配套；建设昌南新区康养服务中心、现代农产品批发市场、智慧综合停车场等，建立配套功能齐备的服务业全生态产业链。

聚焦聚力“品质提升”，城市配套功能逐步完善。启动三宝入口片区改造提升、昌江区城乡综合整治提升、珠山区南河流域三宝河段生态修复、三河堤“昌南江畔”旅游改造提升等项目，改善出行及人居环境；大力建设昌景黄高铁浮梁东站站前广场智慧停车及配套工程综合体、昌景黄铁路乐平北站广场配套工程等，进一步拓宽景德镇市对外开放通道；统筹建设滨江区沿江西路二期道路防洪工程、滨江路网及环境提升工程、西城区（洪源镇）城市配套道路、凌富药业基础设施、浮梁县城城北新区市政道路一期等项目，搭建起便捷高效城市道路系统。

聚焦聚力“共建共享”，群众幸福指数不断攀升。景瑶小区、观溪郡小区（二期）、方家山小区等一批改造安置房建设交付，保障不同群体住房需求；社会福利中心、昌江区森林公园幼儿园、第一小学新校园改建工程等项目的建成，进一步促进社会领域提质增效；乐平市城乡供水一体化工程、燃气老旧管网改造工程、珠山区新村、周路口、石狮埠等老旧小区改造便民性工程的建设，满足全市人民生活所需，进一步提高全市居民生活幸福指数。

聚焦聚力“蓄势赋能”，改革创新基础设施全面提升。大力推进鱼山码头、昌景黄铁路、景德镇机场飞行区保障能力提升改造等项目，构建景德镇“水、陆、空”全方位交通网络；吕蒙大桥危桥重建项目顺利通车，浮梁县“四好农村路”项目的继续推进，加快城乡区域融合发展步伐；实施玉田水库扩建、乐平市景鹰挂线跨铁路大桥，及青塘220千伏输变电、乐平市后港220kV输变电、名坊110千伏输变电、昌景黄铁路（景德镇段）客专配套电网工程等项目建设，持续完善景德镇市基础设施建设。

（李斯宇　黄晓峰）

国有资产监督管理

【概述】2022年，全市国资系统坚决贯彻落实市委、市政府系列决策部署，统筹推进疫情防控和经济发展，攻坚克难、担当作为，圆满完成了年度工作任务。

截至2022年12月底，监管企业资产总额2761.60亿元，较上年底增长12.61%负债总额1696.37亿元，较上年底增长15.59%，净资产1065.24亿元，较上年底增长8.17%。实现营业总收入351.90亿元，同比增长28.17%，实现利润总额12.95亿元，上缴税金9.39亿元。黑猫集团实现营收174.12亿元，再次刷新历史最好成绩，陶文旅集团资产总额突破千亿元大关，景陶集团总体生产稳中有进，市政公用集团取得市政一级资质，合盛公司产业项目投资迈出新步伐，古镇公司打造全市唯一的临江夜市综合体，传媒集团、建筑设计院公司也取得较好的经营业绩。

2022年，各监管企业承建108个重点项目，占全市项目总数的41.61%，其中，50亿元以上的项目4个，20亿元至50亿元的项目11个，10亿元至20亿元的项目15个。疫情防控期间重大项目保持不停工、不减速，重大节日期间做到“三不停一旺盛”，跑出项目建设“加速度”，全年完成固定资产投资185.31亿元。

【惠民生展现国企责任担当】 2022年，全市国资国企始终把惠民生、保稳定、促发展作为工作重点，突出体现国资国企社会责任担当，一大批重大民生项目建设完成，增进民生福祉。在面对突发疫情时，全市国资系统3000多名党员干部闻令而动、日夜坚守在抗疫一线，出色地完成市委、市政府赋予各类急、难、险、重的防疫任务。各监管企业提供14家酒店1944间房，2808个床位用于防疫隔离，昼夜兼程建设3个方舱医院4280个床位，面积达2.8万平方米；建设隔离围挡11.07万米，处置高危医疗废物213吨；累计运输感染人员7933人，为有效阻断病毒传播渠道，守护城市安全和市民健康做出重要贡献。认真落实省市关于减税减费减租减支政策，全年为2540户中小微企业和个体工商户减免租金3643.39万元，城投集团还筹集恒大保交楼资金1.9亿元，有力维护全市稳定大局。高岭·中国村成功承办“中国农民丰收节”江西活动。保安公司全力以赴做好“中国农民丰收节”安检工作，国顺公司为全市高考学子提供爱心送考，得到群众称赞。

【压实全面从严治党主体责任】 全市国资国企坚持把学习宣贯中共二十大精神作为首要政治任务，采取多种形式组织学习和开展宣讲活动。完成党建入章、制定党组织前置研究事项清单、开展党组织书记抓党建述职评议、打造一批党建品牌，压实党建主体责任。重点建立健全划转管理企业党组织建设，配备党务工作队伍，落实党建主体责任，不断加强基层党组织“三化”建设，推动企业党建基层基础全面进步、全面过硬。认真落实全面从严治党政治责任，建立健全权力运行制约机制、领导班子议事规则和“三重一大”决策机制，突出抓好管党治党责任落实，扎实开展重点领域廉政风险防控专项整治，从严从实从细抓好巡视巡察反馈意见整改工作，着力营造风清气正的政治生态。

【市国资国企改革创新三年行动高质量收官】 全市国资国企坚决贯彻落实党中央、国务院和省、市关于改革三年行动的决策部署，围绕三年行动实施方案确定的重点改革任务，精心组织、统筹实施，重点突破，全面夯实，系统推进改革创新工作，破解一批制约国资国企发展的体制机制障碍，形成一批标志性成果，实现三年行动高质量收官。在3月份全省考核评估中获评A级，受到省国企改革办发文通报表扬。

【市国资委完成经营性国有资产集中统一监管工作】 2022年，按照景德镇市《关于全面推进市直机关和事业单位经营性国有资产脱钩移交集中统一监管的实施方案》《关于授权市国资委统一监管经营性国有资产的批复》精神，市国资委较好完成市直党政机关和事业单位所属国有企业划转统一监管工作，为进一步整合资源，放大国有资产效能奠定基础。

【市国资委积极落实疫情房租减免政策】 按照减税减费减租减支政策，全市国资系统全年为2540家中小微企业和业主减免租金3643.39万元，充分体现国资国企担当。

【获批国内首个标识解析二级节点（陶瓷行业）建设许可城市】 市国控集团所属国信城市运营发展有限公司专班小组成功通过工业互联网标识解析二级节点能力评估，成为国内首个标识解析二级节点（陶瓷行业）建设许可的城市，标志着景德镇市陶瓷产业发展将迎来全新工业互联网时代。

【景德镇国控产业母基金成功备案】 1月29日，母基金作为省、市、区三级联动的产业基金设立，总规模 50.05 亿元。4 月 7 日，由景德镇国控金融发展有限公司与江西省国控、昌江区国资合作发起组建的江西景德镇国控产业母基金合伙企业（以下简称“母基金”），在中国证券投资基金业协会成功备案，标志着母基金正式进入投资运作阶段。

【防风险国资监管面貌一新】 3 月，出台《投资监督管理办法（试行）》《融资管理暂行办法》等文件，修订完善各类监管制度 58 项，为依法监管、科学监管提供制度保障。2022 年，市国资委严格落实市委《关于加强全市国有企业监管的若干举措》要求，进一步强化企业债务风险监测，夯实防范化解债务风险的主体责任，提升企业内控体系有效性和科学性，牢牢守住不发生重大风险底线。

【黑猫集团乐平精细化工项目高质高效推进】 3 月，黑猫集团“年处置 50000 吨危废综合处置中心和年产 2000 吨造影剂投资建设项目”正式启动。该项目建设占地 520 亩，总投资 20.56 亿元，采取去工业化高标准建设，致力打造现代化花园式工厂，为全市创建无废城市夯实基础。

【“景德云媒”App 上线】 3 月 11 日，“景德云媒”上线暨江西报业传媒集团与景德镇新闻传媒集团战略合作签约仪式，在景德镇举行。该 App 按照“原创首发本地新闻资讯，服务大众生活和景德镇陶瓷特色”原则，建设新闻发布、民声互动、数据共享、展示交易、志愿服务五大平台，不断满足人民群众日益增长的文化需求，更好地讲述景德镇故事、传播景德镇声音。

【沿江西路二期道路通车】 5 月 1 日，国控集团投资建设的沿江西路二期道路正式通车。该项目起点为岚山大桥北桥头西侧，顺接沿江西路一期道路，途经规划路、龙井路、园德南路、兴都南路，终点至兴都南路西侧。其中道路全长 2 千米，红线宽 30 米，道路等级为城市次干道，设计时速 40 千米 / 小时。

【中日先进陶瓷产业园项目一期交付使用】 6 月底，由城投集团开发的景德镇中日先进陶瓷产业园目前项目一期完工。该项目总用地面积约 106 亩，建筑面积约 7.2 万平方米，道路长约 600 米，总投资约 2.8 亿元，拟建设年产 55 万平方米陶瓷平板膜生产线、年产 200 套电解水处理生产线、年产 50 套成套环保水处理系统生产线，设立研发中心。

【5G 换热及超导换热项目钢结构厂房竣工】 7 月，由城投集团实施的 5G 换热及超导换热项目钢结构厂房的主体结构、二次结构及首层地坪施工完工。该项目投资完成后预计可实现年产值超过 50 亿元，年税收超过 3 亿元，提供 100 人以上就业岗位。

【国控集团景德镇农产品批发市场开业】 8 月 27 日，景德镇农产品批发市场正式开业。作为景德镇市唯一最大的“菜篮子”“米袋子”民生工程，该项目占地 275 亩，总投资近 10 亿元，是集农副产品批发、交易、加工、储运、冷链仓储、电子商务、产品展示、检验检测、食品安全可追溯管理体系等综合服务功能于一体大型现代化农产品批发市场。

【景德镇艺术职业大学举行新校区揭牌仪式】 9 月 21 日，副省长孙菊生，市领导刘锋、胡雪梅、汪立夏、吴隽、俞小平共同为陶文旅集团举办的景德镇艺术职业大学新校区揭牌。该大学在过去两年时间里实现“转设、更名、乔迁”三大跨越，有力促进本市成为一座教育之城、活力之城、青年之城。

【2022“中国农民丰收节”江西活动在高岭·中国村开幕】 9 月 24 日，2022“中国农民丰收节”江西活动在浮梁县高岭·中国村开幕，省委副书记、省长叶建春出席开幕式并宣布 2022“中国农民丰收节”江西活动启动。开幕式后，现代农业主题展、中国农民丰收电商消费季以及江西京东农特产购物节等先后正式启动。

【第五届阿拉伯艺术节在我市开幕】 12 月 19 日，第五届“阿拉伯艺术节”在江西省景德镇市开幕。中共中央政治局委员、中宣部部长李书磊出席开幕式，宣读习近平主席贺信并致辞。中阿艺术家们同台交流、碰撞、融合，同台携手舞动经典、欢歌未来，唱响中阿友谊的缤纷旋律，跳出了生生不息的美好向往，展现了中阿美好友谊。

【陶溪川文创街区荣获国家旅游科技示范园区称号】 12 月，经文化和旅游部组织评定，景德镇陶溪川文创街区获“2022 年国家旅游科技示范园区”称号，全国仅 12 个，是江西省唯一获评项目，树立了江西省乃至全国科技赋能旅游创新发展的新典范。

（程新华）

统计管理

【概况】2022年，市统计局印发《统计分析报告》84期，其中《统计分析报告——专报》3期，提供统计分析文章40篇。按月编印《统计月报》、编印《景德镇统计年鉴（2022）》《景德镇市情提要（2022）》《景德镇市2022年国民经济和社会发展统计公报》等统计资料。严格按照国家统计制度要求，全面、优质地完成160多种统计年报和80多种统计定期报表审核和上报任务。

【市长胡雪梅赴省统计局走访】1月14日，市长胡雪梅带队赴江西省统计局走访，与省统计局局长方向军、副局长喻滨以及相关处室负责人进行座谈，双方就景德镇经济发展、全省高质量发展考核等相关事项进行深入交流。市委常委、常务副市长邓永翔，市统计局局长雷军等陪同。胡雪梅代表市委、市政府对省统计局一直以来关心支持景德镇发展表示感谢，详细介绍2021年景德镇市经济发展工作。方向军代表省统计局热烈欢迎胡雪梅市长一行，感谢景德镇市委、市政府对统计工作支持和关心，表示对景德镇实现三大突破、使景德镇发展跃上新台阶感到非常振奋，肯定景德镇实施一流谋划、取得一流成效，打造一流前景。

【走访慰问脱贫户】1月20日，市统计局党组书记、局长雷军带领全局帮扶干部深入瑶里镇白石塔村开展春节前走访慰问活动，为脱贫户送去米、油、桃酥等慰问品，把美好的新年祝福送到群众家中。

【帮助挂点村抗洪抢险】6月29日上午，瑶里镇遭遇暴雨，平均降雨量50毫米以上，市统计局挂点村瑶里镇白石塔村河流水位迅速上涨超出警戒线，防汛形势严峻。驻村第一书记洪振宇带领驻村工作队和村两委干部坚持奋战在第一线，团结带领党员群众抗洪救灾，走村入户第一时间排查安全隐患，对脱贫户等重点人群上门查看住房及排水状况，提醒群众防范坍塌等险情，动员帮助脱贫户安全转移，确保村民生命安全，充分发挥模范带头作用，成为“百姓的指战员”。

【举办第十三届“中国统计开放日”宣传活动】9月20日，市统计局举办以“数说新时代，奋进新征程”为主题的第十三届“中国统计开放日”活动。活动现场，采取悬挂“数说新时代，奋进新征程”第十三届“中国统计开放日”横幅；设置宣传咨询台，现场发放宣传手册200余份，为群众现场答疑解惑，宣传统计政策法规；利用图文并茂的宣传展板，展现中国政府统计机构70年来发展与变革，近年来国家经济发展取得巨大成就，用数字解说江西省和景德镇市经济发展成绩，解读《中华人民共和国统计法实施条例》；组织开展现场签名活动，广大干部职工和群众踊跃参加，纷纷参与在签名墙上签名。

【“双随机、一公开”统计执法检查】9月27—29日，市统计局认真组织开展2022年度“双随机、一公开”统计执法检查。局党组高度重视，召开会议研究制定景德镇市统计局2022年“双随机、一公开”统计执法检查实施方案，成立执法检查领导小组，明确责任分工；通过双随机执法平台，按照执法人员和企业随机匹配原则，随机抽取27家企业，按照执法检查企业“安静期”管理要求，明确检查时间，制作检查文书，做好执法检查各项准备。严格执法程序，认真核查数据。严格按照程序，科学编组人员，按照“全程留痕、可追溯、可监督”要求，做到全程录音录像；重点核查规上企业2022年1—8月各专业财务相关报表数据，问询企业贯彻落实江西省《关于深化统计管理体制改革提高统计数据真实性的实施意见》情况，查看企业记录台账，了解检查对象学习贯彻《统计法规、规定》的情况。

【参观红色文化主题展】10月14日下午，市统计局组织全局党员干部前往紫晶红馆参观“百年伟业，典亮千秋——‘强国复兴有我，传承红色基因’景德镇市喜迎中共二十大红色文化主题展”。进一步丰富党史学习教育内容、创新党史学习教育载体，运用红色资源教育引导党员、干部坚定理想信念、筑牢初心使命，传承红色基因，以优异成绩迎接中共二十大胜利召开。

【核查2022年人口变动建筑物和住房单元情况】10月21—25日，市统计局赴各县（市、区）开展人口变动建筑物和住房单元情况现场核查工作。这次核查走访9个村级单位，做到6个县（市、区）全覆盖。每到一处，市局核查小组都认真查看小区图、县级验收表及村级验收表等资料，了解调查工作遇到问题，在现场提出意见，进行指导。在核查现场，市局核查组对于建筑物拆除重建及住房单元空户情况进行核实，市局督促村级单位会同物业、网格员对于空户住房单元进行再次确认，以上门走访、查看水电表、询问邻居等多种方式来准确判断是否住房单元空户。县、区统计局就人口变动调查建筑物和住房单元核查工作进行汇报，核查组充分肯定各地做法，提醒县、区要注意不能出现对住房单元空挂户误登漏登情况，对各村级单位边界和建筑物进行二次确认，加强对数据审核和评估，确保建筑物和住房单元数据准确。

（解怡芬）

审计监督

【概况】 2022年，完成审计项目49个，查出问题金额38520万元，其中管理不规范金额38170万元、违规金额350万元；审计发现非金额计量问题902个；出具审计报告和专项审计调查报告45篇；审计提出建议60条，被采纳48条；移送相关单位18起。

2022年，提请市委审计委员会2次召开会议研究部署审计领域重大工作，切实加强全市审计领域重大工作的统筹协调、整体推进和督促落实。根据省委审计委员会要求，认真落实报告报备制度，及时上报省审计厅对全市审计整改相关材料报。认真贯彻落实《中共江西省委审计委员会工作规则》《中共江西省委审计委员会办公室工作细则》等制度，严格执行重大事项请示报告制度，加强对县（市、区）党委审计委员会的指导，构建上下贯通、步调一致、执行有力的审计工作运行体系。积极推进审计监督与纪检监察、巡视巡察、组织人事、人大监督等其他监督贯通协同高效，形成监督工作的合力。2022年，派出18人次参加巡视巡察、纪委办案和上级机关审计工作；提供相关线索及相关资料26次。

【国家重大政策措施落实情况跟踪审计】 每季度开展一次国家重大政策措施落实情况跟踪审计，以达到促进高质量发展、构建新发展格局、推动国家重大政策落地生根、促进经济持续健康发展目标。

【财政审计】 不断加强预算执行和决算草案审计，采取“从纵到边，上下联动”方式，把审计重点放在上级转移支付资金，以及市本级安排的重点专项资金管理和使用情况绩效评价上，沿着资金走向，下沉到县（市、区）财政局和专项资金使用单位进行现场调查。通过对项目绩效指标完成情况的核对，将第一手绩效评价情况及时反馈给财政部门，作为其资金分配的重要依据。

【经济责任审计】 全年开展34个经济责任审计项目，围绕权力运行和责任落实，紧盯领导干部贯彻执行中央重大经济方针政策和省委、省政府、市委、市政府重要决策部署、重大经济事项决策等情况加强审计监督，有力促进领导干部管好财、用好权、尽好责。紧盯领导干部经济责任履行情况，强化审计监督，一体推进不敢腐、不能腐、不想腐。加强对重点地区、关键岗位、权力集中部门和资金、资产、资源密集领域领导干部的审计监督力度。

【民生资金审计】 9月，开展浮梁县粮食领域专项审计调查、市文化广电新闻出版旅游局部门预算执行及决算草案情况审计、市人社局部门预算执行及决算草案情况审计、市公路管理局财务收支情况审计。坚持执审为民，持续加大对重点民生资金和项目的审计力度，重点关注民生资金使用，保障惠民资金落实落地。

【重点领域审计】 在防范化解重大风险方面，开展景德镇农商银行资产、负债和损益情况审计，重点关注落实金融政策、业务经营、风险管控、资产质量以及薪酬管理等方面存在的突出问题，促进金融机构化解风险。在污染防治方面，持续开展领导干部开展离任审计，对乐平市原市长自然资源资产离任审计。为防范金融风险、促进乡村振兴、保护生态环境提供审计力量。

【国有企业审计】 2022年，对国控集团进行审计，重点关注企业经营管理、对外投资、资金安全、风险防控等方面。为贯彻落实金融服务实体政策，充分发挥审计在促进地方国有企业金融机构政策执行及风险防控方面的重要监督和保障作用，对全市国有企业融资担保公司融资担保情况进行审计延伸调查，为国有资产增值和国企纾困。

【审计整改】 2022年，持续在审计整改“后半篇文章”上发力，做到敢于和善于揭示问题，狠抓问题整改到位，治已病、防未病，从根源上防止问题产生。根据省审计厅《关于进一步强化审计整改督促检查责任的意见》要求，加强审计整改信息化建设，着手开展景德镇市审计整改监督平台建设工作。严格按照中央两办《关于建立健全审计查出问题整改长效机制的意见》和省委办公厅、省政府办公厅《关于建立健全审计查出问题整改长效机制的实施意见》文件要求，加强督查检查，将审计整改工作贯穿于审计全过程，制定审计查出问题清单、整改清单，形成审计整改常态长效化。

（邱诚伟）

国家调查

【概况】 2022年，景德镇国家调查队坚持以提高统计调查数据质量为核心，提升统计调查服务水平为目标，扎实高效地完成各项统计调查工作。

有力加强党建引领。坚持深入学习贯彻落实中共二十大精神，切实履行党建工作责任制，严把政治方向、筑牢思想根基，推动党建工作与调查业务深度融合、同频共振。创建“瓷都调查服务红”特色党建品牌，助力模范机关创建，走深走实。全年召开党组会议15次、党员大会12次、支委会议12次。

扎实完成调查任务。圆满完成城乡居民生活调查、居民消费价格调查、工业生产者价格调查、采购经理调查、劳动力调查、农业农村调查等各项常规调查任务。坚持将住户调查大样本轮换作为全年调查工作重点，成立领导小组，第一时间将国家局和省政府工作要求向市政府分管领导进行专题汇报，由市政府发文支持，与地方财政部门沟通落实经费保障。

高效提供调查服务。完成总队布置调研任务为根本，全年参加总队各处室布置各类调研142次，编印调查专报17期，景德镇调查42期，呈报市委、市政府主要领导参阅，其中15篇次获市主要领导批示。以完成政府办布置的调研工作作为提高地方影响力的重要手段，全年完成政府办布置的调研23次，形成调研材料23篇。积极参与总队首届新媒体推文创作大赛，11月8日，国家局“统计微讯”公众号转载采用《邢捕头带你认识CPI调查》一文。

依法提升调查能力。组织学习贯彻习近平总书记关于统计工作重要讲话指示批示精神，开展统计违纪违法典型案例警示教育4次。4月25日、5月12日市政府常务会和市委常委会分别传达学习中共中央办公厅国务院《关于更加有效发挥统计监督职能作用的意见》。3月31日，制定实施方案，明确责任要求，加强督办落实。在国家宪法日、统计法颁布纪念日、统计开放日等重要时点，走访对口帮扶村、调查企业、记账户，开展统计法治宣传。

【荣获全市绩效考核优秀驻景单位】 1月29日，《关于2020年度市直机关绩效考评结果的通报》景德镇国家调查队在2020年度景德镇市直机关绩效考评中获得优秀等次，在驻景德镇部省属单位中排名第三。

【高质量完成住户调查大样本轮换工作】 3月3日，市人民政府办公室印发《关于认真做好住户调查大样本轮换工作的通知》；4月，开展大样本轮换抽样框信息核实工作，完成全市6371个城乡调查小区的信息核实；8月10日，完成新一轮37个调查小区的落实工作；8月12日，举办全市住户调查大样本轮换工作推进暨现场业务培训班；8月14日，总队党组书记、总队长方正亚一行赴景德镇开展大样本轮换督导调研，就大样本轮换现场调查摸底工作开展座谈交流。8月22日至10月12日，开展大样本轮换现场调查摸底工作；10月19日，总队党组成员、副总队长周献华一行深入新一轮调查点太阳船社区进行走访慰问；10月30日，完成大样本轮换开户调查工作，新一轮370户记账户全部落实到位；11月1日，正式开始新一轮记账户试记账工作；11月8日，举办全市住户调查大样本轮换试记账培训班；11月18日，总队党组成员、纪检组长薛大伟一行赴市督导调研大样本轮换试记账工作，听取工作情况汇报，并走访慰问新一轮调查点黎明社区。

住户调查由国家统计局统一部署开展，以住户为对象，通过日记账和问卷调查相结合的方式开展的一项抽样调查。为防止样本老化，保证样本代表性，每隔五年会进行一次住户调查样本的新老更替，此过程叫作大样本轮换。2022年正值大样本轮换之年，景德镇国调队严格执行有关要求，组建大样本轮换工作领导小组，通过宣传培训、入户调查、数据审核等一系列工作，高质量完成全市2022年住户调查大样本轮换工作，12月1日，正式启动全市新一轮住户调查370户记账户的记账工作。

【顺利完成农作物对地调查样本轮换工作】 根据《国家统计局关于开展农作物对地抽样调查样

本轮换工作的通知》和江西调查总队《关于开展农作物对地抽样调查样本轮换工作的通知》，景德镇国调队高度重视，高效推动，成立2022年景德镇农作物对地抽样调查样本轮换工作领导小组，圆满完成样本轮换工作。2023年起，农作物对地调查新样本正式运行。

【胡雪梅对调查工作作出批示】3月22日，市委副书记、市长胡雪梅对调查工作作出批示："过去的一年，景德镇国调队围绕中心、服务大局，调研报告有深度，所提建议有质量，提供了一批定量和定性相结合的决策依据。望新的一年再接再厉，再创佳绩！"。

【刘锋对文明创建工作做出批示】4月14日，市委书记刘锋对景德镇国调队的文明创建工作做出批示，要求"精益求精、持续发力、久久为功，为景德镇市常态长效创建全国文明城市、争创全国文明典范城市做出更大贡献。"

【荣获全市公共机构节能优秀单位称号】4月14日，《景德镇市人民政府办公室关于2021年度市公共机构节能工作考核评价结果的通报》下发，景德镇国家调查队获2021年度全市公共机构节能优秀单位称号，是本队连续第六年获全市公共机构节能优秀单位称号。

【市委、市政府常务会议专题学习《监督意见》】4月25日市政府第8次常务会议、5月12日市委第18次常委会会议分别传达学习习近平总书记关于统计监督工作重要讲话精神和《关于更加有效发挥统计监督职能作用的意见》文件精神，研究部署贯彻落实意见。

【林蓉到调查队调研指导工作】5月9日，市委常委、宣传部部长林蓉一行赴景德镇国调队调研指导工作，亲切看望慰问干部职工，召开座谈会，听取队党组书记、队长李寿木工作汇报。

【荣获2021年平安建设先进集体】5月10日，市印发《关于表彰2021年度全市平安建设先进集体的决定》，景德镇国调队获2021年度平安建设先进单位，是本队连续13年获此荣誉。

【总队一级巡视员张福坤赴景开展政治和廉政谈话】6月9日，江西调查总队一级巡视员张福坤一行，到景德镇开展政治和廉政谈话，代表总队第六党支部与市国调队党支部联合开展"走进平民夜校 重温红色记忆"主题党日活动。

【总队党组书记、总队长方正亚赴景调研指导工作】7月7—8日，江西调查总队党组书记、总队长方正亚一行赴景德镇国调队和以晴数字经济产业园，深入了解基层调查队工作和数字经济发展等情况。

【总队副总队长许晓红赴景开展"三项清理"专项治理检查工作】7月18日，江西调查总队党组成员、副总队长许晓红一行，赴景德镇开展2022年"三项清理"专项治理检查工作，就党建工作开展督导。

【总队党组书记、总队长方正亚赴景督导大样本轮换工作】8月14日，江西调查总队党组书记、总队长方正亚一行赴景德镇国调队督导住户调查大样本轮换工作。

【四篇分析报告获市政协主席俞小平批示】9月11日、9月16日、9月20日、9月30日，市政协主席俞小平分别在景德镇国调队呈报的《景德镇市职业教育发展现状、问题和对策研究》《提高统计调查数据质量 服务经济高质量发展》《把脉问诊寻"病根"精准赋能开"药方"》和《抢抓农业"新机遇"迈出现代"新步伐"》四篇调研文章上作出肯定批示。

【总队副总队长周献华赴景调研指导工作】10月19日，江西调查总队党组成员、副总队长周献华一行赴景德镇调研指导采购经理调查和住户大样本轮换工作。

【总队纪检组长薛大伟赴景宣讲党的二十大精神】11月18—19日，江西调查总队党组成员、纪检组长薛大伟，纪检监察室主任杨国万一行赴景德镇国调队宣讲中共二十大精神。

【课题分析双获全省一等奖】2022年，景德镇国家调查队以调查数据开发为基础，紧密围绕时政热点、民生焦点问题，开展课题调研分析，取得良好效果。据江西调查总队《关于2022年度全省调查队系统中标课题、优秀分析评比结果的通报》，景德镇国家调查队报送A类课题《紧牵"工业强市"牛鼻子做好"产业兴市"大文章》和分析文章《"慢"就业心态凸显 稳就业需多方助力》双双喜获全省一等奖。

（周　密）

自然资源和规划管理

【概况】 2022年，市自然资源和规划局初步完成市本级国土空间总体规划编制。“三区三线”划定成果正式运用，调出中心城区原永久基本农田面积2.47万亩。持续推进土规延续调整工作，完成昌江区土规延续调整方案编制，共完成用地土规调整1.5万亩，同比增长137%。持续加大山体保护管控，加强全市66座山体保护，完成景德镇市山体保护专项编制。

【调研矿产开发领域反腐败突出问题制度建设】 3月10日，江西省自然资源厅党组成员、省纪委省监委驻厅纪检监察组组长邝先华一行到景德镇开展矿产开发领域反腐败突出问题制度建设工作调研。邝先华强调：要提高政治站位，认真高度重视矿产开发领域反腐败工作；要加强与相关部门对接、沟通。建立联合机制，全方位查找廉政风险点，切实抓好矿业权协议出让、出让登记、矿产执法监察和矿山生态修复等工作；要切实强化业务监督、人员监管和制度建设，大力营造自然资源领域风清气正政治生态。

【市局赴乐平开展自然资源和规划工作对接服务】 3月24日，市自然资源和规划局局长邹虚怀带队赴乐平市开展自然资源和规划工作对接服务。乐平市市委副书记、市长吴艳，副市长彭建和，乐平市自然资源和规划局负责同志陪同。

【全市“三区三线”划定暨违法占用耕地工作部署会召开】 5月19日，市委副书记、市长胡雪梅出席“三区三线”划定暨违法占用耕地整改工作部署会议讲话。要求深入贯彻习近平总书记关于国土空间规划和“三区三线”工作的重要论述，严守耕地保护红线，坚持系统思维，从战略和全局的高度扎实做好“三区三线”划定和违法占用耕地整改工作。

【黄国品一行赴政务服务中心自然资源窗口调研】 9月1日，驻江西省自然资源厅纪检监察组二级巡视员黄国品一行4人赴政务服务中心自然资源窗口实地调研，市自然资源和规划局党组书记、局长邹虚怀以及相关分管领导、不动产登记中心负责人陪同调研。

【市政府调度有关重点工作】 10月26日，市政府在自然资源和规划局召开有关重点工作推进会。局党组书记、局长邹虚怀，局领导郭扬，以及储备利用中心储备科、开发利用科、执法支队等有关科室（部门）负责同志，各县（市）自然资源和规划局、分局有关人员参加会议。会议听取局相关分管领导分别就三项处置、违法用地整改、债务方面、明年重点项目谋划、“三区三线”落实、2022年自然资源督查进驻等重点工作推进情况进行汇报。

【用地报批提速提效】 2022年，报批农转用征收项目36个批次1.29万亩，其中市本级1929.75亩，有效保障206国道改扩建、黄泥头防洪排涝等重点工程用地需求。节约集约用地水平提高，处置2009—2018年批而未供土地3698.7亩，完成率109.8%，处置2019—2022年批而未供土地9912.9亩；闲置土地8896.8亩，完成率117.69%；批而未用土地5181.47亩，消化周期4.3年。同时全市工业园区工业用地超过75%按工业“标准地”方式进行出让。土地征收管理更加规范。依法征收地块811亩；加强12宗已收储地块后期维护和管理。积极落实耕地占补平衡，完成16个项目报备，面积1911.62亩。积极落实耕地占补平衡面积2122.62亩。同时完成耕地占补平衡动态监管系统上线报备补充耕地项目举证任务20个，面积4979亩。

【民生服务水平有所提升】 2022年，排查切坡建房隐患点1897处，发放“防灾明白卡、防灾避险卡”4771张，及时处置地灾灾情险情11起，有效保障了群众生命财产安全。同时加快6个地灾项目实施，涉及资金1500余万元。完成全市32个“十四五”省定乡村振兴重点帮扶村、28个全域土地综合整治试点村庄文本规划编制。发放农房一体确权登记不动产证245809本。完成村庄集镇建设用地报批63.79亩，有力保障农村一、二、三产业发展建设和农民建房用地需求。

【严格落实违规用地监管查处机制】 2022年下发全市土地卫片图斑2937个，面积19814.3亩，其中耕地2911.17亩。经核查，判定违法图斑702个，面积3824.12亩，其中耕地439.17亩。全年立案查处土地违法案件139宗，查处面积3842.71亩，涉及耕地面积384.91亩，收缴罚收金额18990.48535万元，处理相关责任人54名。同时重点督办乐平市6个、昌南新区管委会1个违法占用耕地典型案件，处理相关责任人4名。

【保障土地矿产交易力度】 全市出让土地156宗，面积12780.79亩，土地出让金164.77亿元；划拨土地147宗，面积8042.32亩。成功挂牌2宗矿业权，面积0.848平方千米，出让价款23858.62万元。治理修复废弃矿山16座，建成绿色矿山9座，其中浮梁县九英山采石场获国家级绿色矿山。完成全市81家矿山企业注册，完善问题台账，及时下发督办函或整改通知。编制完成《景德镇市矿产资源总体规划（2021—2025）》，成果已获省政府批复。办理采矿权审批登记2宗、核发采矿许可证1个。受理业主查询压覆矿15家；下达开采钨精矿总量控制指标150吨。完成4个矿产资源储量备案以及75个矿山企业固体矿山开发利用统计等工作。

【全面优化营商环境】 提升不动产登记水平。不动产登记中心采取“绿黄红”三色审核预警提醒功能，全面实现一般登记3个工作日内办结，抵押登记1个工作日内办结，实现“不动产+金融服务”“不动产+民生服务（水电气）”“不动产+司法查控”互联互通，预告登记已延伸至开发企业。全年颁发不动产权证书16712本、证明16482份，提供资料查询15322份，实现数据共享7.6万条。针对小微企业办理预告、预抵登记、更正登记、变更登记、廉租住房、公共租赁住房、经济适用住房和棚户区改造安置住房所有权及其建设用地使用权办理不动产登记免收登记费。扎实推进历史遗留问题解决，共完成51个历史遗留项目15484户业主办证难问题；减免企业登记办证费、房屋租金180余万元，有效为企业纾难解困。乐平市成立不动产司法查控中心,建立“互联网+不动产登记”平台，实现网上拟处置土地调查发函、反馈，不动产登记信息查询，不动产的查封、解封、裁决后的转移登记等，提高不动产查询时效性，并确保法院对涉案不动产的有效控制和处置效率。

【多测合一入选“营商环境十大典型案例”】 线上“多测合一”项目策划生成86个项目，全市“多测合一”实现率94.14%，位于全省第四。其中“多测合一”改革经验刊登在《江西改革工作简讯》，已上全市营商环境红榜，项目涵盖工程建设项目立项用地规划许可、工程建设许可、施工许可、竣工验收四个阶段所有涉及的测绘事项（含不动产测绘），其中测绘项目由原16项精简、合并为10项。进一步减少测绘事项，压缩测绘时限、降低测绘成本、优化服务保障，提高工作效率。市属测绘机构（国资）提高主动提出降费达50%以上，2022年6月以来为22家企业降低测绘成本269.7784万元。

【大力推进科技赋能】 完善国土空间“一张图”基础信息平台建设。建成行政办公系统、建设用地许可证、规划条件设计及采矿权变更等35项审批流程，实现与市政府一窗受理、工改系统对接。完成设施农用地上图入库351宗，面积3284.89亩，已办理日常办公6206件、审批事项410条。建成档案管理系统，录入历史档案44346条。及时更新局门户网站，更新信息1256条，发布微信公众号信息196条、微博发布信息301条。积极推进市县两级自然资源智能视频监控系统建设。乐平市投入2300余万元建成自然资源和规划综合监管指挥中心，实现对全市76.88万亩永久基本农田、38座持证矿山、952处地质灾害重大隐患点、15127亩储备地块等区域地块进行全天候、全方位监管。

【乡镇全域土地综合整治项目入选全国试点】 2022年，深入推进生态修复，浮梁县寿安镇、乐平市乐港镇、浮梁县王港乡3个乡镇全域土地综合整治项目入选全国试点。

（章　武　张诗晨）

市场监督管理

【概述】 2022年，景德镇市市场监管局领导班子围绕省市场监管局和市委、市政府工作大局和目标任务，始终坚持党建引领，以“作示范、勇争先”担当作为当先锋、打头阵，各项工作扎实推进并取得良好成效，开创瓷都市场监管工作新局面，为全市高质量发展做出积极贡献。

多措并举解决企业群众“急难愁盼”。在全省率先免费提供7枚公章，为新开办企业提供“惠企大礼包”，实现企业开办“零成本”。推出“低风险告知承诺制”“企业休眠制”，多方位解决企业准入和经营过程中的难点问题。为经营困难企业设置“缓冲带”，办理歇业备案“休眠”，避免吊销营业执照的风险。上线“一照通办”平台，开展一照多址登记，施行登记注册审核合一、容缺受理，采取提前介入、上门服务、包全程跟踪的工作模式，优化审批机制。守正创新提升知识产权“软硬实力”。全国首创专利“牵手”非物质文化遗产传承人，加大对非物质文化遗产知识产权保护力度。全市专利授权量为3243件，每万人有效发明专利拥有量9.2件，排名全省第2。办理知识产权行政案件1091件，办案数量排名全省第1。完成专利质押融资58件、金额10.145亿元，融资额是2021年10.06倍，增幅位居全省第1。合计发放企业质押融资贴息补贴84.69万元；完成版权质押融资8件、金额225万元；完成商标权质押融资5件、金额1520万元。5家企业被评选为2022年度国家知识产权优势企业，2件专利获第23届中国专利奖优秀奖。获全国知识产权系统和公安机关知识产权保护工作成绩突出集体、北京冬奥会和冬残奥会奥林匹克标志知识产权保护全国突出贡献集体。宽严相济增加市场监管“执法温度”。全省率先实施市场监管领域不予实施行政强制措施清单，明确全市471项“免罚清单”，将市场监管领域免罚清单拓展至166项，免罚金额超570万元，“首违轻微免罚十大典型案例”被景德镇日报、江西营商等主流媒体刊发，获全市法治优秀单位。全省市场监管“以案释法”行政执法十大典型案例中占2例。充分发挥双随机工作牵头作用，联合部门检查事项占比实现100%，完善企业信用修复机制，依法列入异常名录企业2693条，依法移出经营异常名录563条。“严暖”结合助力疫情最后攻坚阶段，打击查处囤积居奇、哄抬物价等价格违法行为10余起，多方协同50余家药店和企业参与免费发放抗疫药品的活动，群众拍手称赞。争先进位打造质量强市“有力引擎”。突出“3+1+N”重点产业，布局重点县区，全面开展质量提升行动。全市对标企业数139家，发布747项对标结果，全省排名第二；出具第三方证明130家，全省第1。推荐江西黑猫炭黑股份有限公司参评第四届江西省井冈质量奖，推荐和帮扶13家企业产品获批2022年江西名牌产品，推荐10家企业12个产品申报第二届“赣出精品”。建成3个陶瓷行业质量基础设施“一站式”服务平台，采取主动上门方式为陶瓷企业提供政策宣传和品牌建设帮扶服务。将“浮梁碱水粑”“乐平洄田排粉”等纳入地理标志商标培育库，向中国知识产权报推介“景德镇制”“浮梁茶”2个地理标志证明商标。

开展“局长服务日”活动，为216家企业提供服务，提出解决方案579条，彻底解决问题568个。将全局42名研究生学历人员组建为“三讲三创”先锋队，充分发挥每位队员专长优势，与企业建立“一对一”服务机制，共联系帮扶企业218次，解决问题451个，该项工作获省委组织部通报肯定。开展“百企千坊”帮扶活动，建成豆芽小作坊集中加工区，规范冷粉、糕点等小作坊建设。区域品牌保护有成效。制定并实施《“景德镇制”陶瓷品牌评价通用要求》和“日用硬质瓷”产品标准，初步建成陶瓷产品全程追溯系统，完成《景德镇制管理条例》立法启动。开展“景德镇制”区域品牌形象标识和宣传口号征集，收到国内外宣传口号2267个、形象标识283件，新选用的标识和口号在瓷博会期间发布并使用。整合市级陶瓷检测机构优势资源，完成实验室装修和实验用台柜设施以及办公设备的安装调试，打造全新的先进陶瓷检测分析中心。党建队伍建设有活力。创新开展“党建+执法监督”“党建+双‘一号工程’”等工作，组织各支部开展各类主题活动140余次，以党员干部创先激发全局创新创业活力。同时打造党建文化宣传走廊，模范机关创建工作得到省委组织部和省直机关工委肯定。树立长远历史眼光，提拔任用想干事、能干事、干成事以及敢想、敢闯、敢试，有过硬的政治素养、业务本领、优良作风的年轻干部到重点岗位历练成长，形成干部虚心学、领导用心带、人人善作为的良好氛围。新闻舆论宣传有声色。开展市场监管十佳卫士、市场监管最美基层工作者的评选表彰等工作，建成市场监管室外宣传显示屏，成立宣传工作专班，制作的视频《少年》在国家市场监管总局举办的“三微大晒”中获评“年度银质作品”。撰写的《创优三大环境，叫响营商品牌》等稿件等被《人民日报》转发，1人被评为全省新闻宣传先进个人。

深入开展食品安全“守查保”专项行动，其中办理的超市虚假宣传案等案例被列为全省民生领域案件查办“铁拳”行动典型案例。完成402家“智慧药店”的建设和验收工作，制定106批次重点产品质量抽查清单，完成全市34家拥有工业产品生产许可证的企业监督抽查。对全市1354家单位17743台特种设备开展专项检查，辨识管控风险点353处，企业隐患排查整改337处，确保特种设备安全零事故。所有县（市、区）局基层快速检测实验室建设基本完成，其中四家已经投入使用并开展日常检测工作。将药品、化妆品、医疗器械抽检任务纳入年度计划中，开展“你送我检”活动28次，为消费者提供免费快检2440批次。第十九届中国景德镇国际陶瓷博览会、中国农民丰收节、全国特种设备检验机构质量管理能力提升及核准鉴定评审人员技能提升培训班、全省特种设备事故应急救援综合演练等大型活动在我市成功举办，全面做好“三品一特”服务保障工作。年度打击侵权假冒工作绩效考核全省排名第一，年度公共服务质量监测全省排名第二，民生保障持续增强。“智慧监管”持续推进。在全省率先探索建立地磅“智慧监管”平台，实现对破坏计量器具行为的即时掌握和对计量器具的强检提醒，该项工作得到省纪委的高度关注。此外，推进“信用＋智慧”监管，通过优化建设特种设备、食品经营、行政审批、气瓶管理等市场监管平台，切实提高监管综合效能。强化对教育、公立医院等“衣食住行”领域违规收费违法乱象等监管整治，在“保质、保量、稳价”方面取得实效。“12315”平台全年调解并办结投诉举报案件4463件，移交和转办案件线索32件。在全省创建放心消费工作会上做典型发言，荣获“全市学雷锋示范点”。“3·15”现场销毁50多种品牌的3820条假冒伪劣香烟，总价值113万余元。先后查处面向未成年人开展“无底线营销”类案件、网络直播案件、刷单炒信案件等案件，其中2起案件入选全省铁拳行动典型案例。查处一批关注民生的大要案件，其中殡葬服务和医疗机构专项执法罚没款200余万元。办理全省首例保障性住房案件，为住户退款23万余元。打击侵权假冒工作全省排名第一，连续7年被评为全市平安建设先进单位。

精心打造党建文化墙和党员活动室，设立打造模范机关党员先锋示范岗51个，打造13个支部品牌，严格落实“三会一课”、谈心谈话、组织生活会等组织制度。面对新冠疫情，班子成员率先垂范、中坚力量恪尽职守、年轻干部深入一线，充分发挥党员先锋模范作用。认真落实党风廉政建设责任制。局党组班子成员带头落实“一岗双责”，将党风廉政建设工作与市场监管各项业务同研究、同部署、同检查、同考核、同落实。组织局属单位“一把手”签订《2022年全面从严治党工作责任状》，定期开展作风建设专题政治谈话，营造风清气正市监政治生态。全面履行意识形态领导责任。局党组书记、局长牵头抓总、靠前指挥，在落实意识形态工作责任制上做到“三带头三亲自”；班子成员按照“一岗双责”要求，直接抓分管部门的意识形态工作。坚持把学习好、宣传好、贯彻好中共二十大精神作为当前和今后一个时期的首要政治任务，意识形态工作主题鲜明、举措有力。扎实做好干部选拔任用工作。始终坚持政德为先、突出选贤任能、激励担当作为，选拔任用强专业业务，敢想、敢闯、敢试，有过硬的政治、本领、作风的干部。2021年晋升二调2人，晋升三调1人，晋升四调6人，提拔事业单位副县2人，晋升职级19人，提拔15人，交流13人，重新任职4人。扎实做好人才工作和贯彻落实《推进领导干部能上能下规定》。加强食品、药品、特种设备、知识产权、检验检测等专业人才培养，完善人才发展平台，深化人才发展体制机制改革。市场监督局现有干部职工242名（不含县区局），其中拥有大学本科及以上学历209人，约占86.4%，具有硕士研究生及以上学历45人，约占18.6%。通过健全能上能下的选人用人机制，推动形成能者上、优者奖、庸者下、劣者汰的用人导向和从政环境。

【全国特种设备检验机构质量管理能力提升及核准鉴定评审人员技能提升培训班在景德镇举办】 3月10日，全国特种设备检验机构质量管理能力提升及核准鉴定评审人员技能提升培训活动在景德镇举办，此次培训活动由中国特种设备安全与节能促进会（以下简称中特促进会）和江西省特种设备安全技术协会联合举办，全国各地特种设备检验机构和鉴定评审人员共计100人参加此次培训。

【获评江西省市场监管2021年度“以案释法”行政执法十大典型案例】 江西省市场监管2021年度“以案释法”行政执法典型案例评选结果于2022年10月揭晓，市市场监管局选送的《某建筑工程公司侵犯注册商标案》被评为江西市场监管“以案释法”行政执法十大典型案例，《某医院不执行政府定价、政府指导价案》被评为江西市场监管“以案释法”行政执法十大入围案例。

【2021年特种设备安全专业委员会全体成员工作会议召开】 1月29日上午，景德镇市召开2021年特种设备安全专业委员会全体成员工作会议，市政府副市长张良华出席会议并讲话，全市特种设备安全专业委员会成员单位分管领导、各县（市、区）特种设备安全专委会办公室负责人参加会议。

【全市市场监管工作会议召开】4月2日，景德镇市市场监管工作会议召开。会议以习近平新时代中国特色社会主义思想为指导，深入贯彻落实中共十九届六中全会、省第十五次党代会、市第十二次党代会和全国、全省市场监管工作会议精神，总结2021年工作，部署2022年任务。会议传达学习市委副书记、市长胡雪梅对全市市场监管工作批示精神，景德镇市市场监管局党组书记、局长邱晨阳出席会议讲话。

【"专利牵手非遗"座谈会召开】4月14日，市市场监管局联合市文广新旅局、市陶瓷文化传承创新中心召开"专利牵手非遗"座谈会，市局党组成员、副局长陈根卫参加会议并讲话。知识产权科全体干部职工和市文广新旅局、市陶瓷文化传承创新中心、市知识产权保护中心的科室负责人及全市28位非物质文化遗产传承人参加会议。

【打击侵权假冒工作领导小组全体会议召开】4月18日，景德镇市召开打击侵犯知识产权和制售假冒伪劣商品工作领导小组全体会议，市政府副市长、市打击侵权假冒工作领导小组组长高晓云出席会议并讲话，市政府副秘书长、市打击侵权假冒工作领导小组副组长乐忠主持会议。市市场监管局局长、市打击侵权假冒工作领导小组副组长邱晨阳，市打击侵权假冒工作领导小组成员单位分管领导参加会议。

【2022年度企业事中事后监管暨全市"双随机、一公开"监管工作推进会召开】4月18日，景德镇市2022年度企业事中事后暨全市"双随机、一公开"监管工作推进会在市市场监管局召开。市政府副市长、市企业事中事后监管改革领导小组副组长高晓云出席会议并讲话，市政府副秘书长乐忠主持会议，市市场监管局局长、市企业事中事后监管改革领导小组办公室主任邱晨阳，市企业事中事后监管改革领导小组成员单位分管领导参加会议。

【特种设备安全专业委员会全体成员会议召开】4月18日，市特种设备安全专业委员会全体成员会议在市市场监管局召开，市政府副市长、市特种设备安全专业委员会第一主任高晓云出席会议并讲话，市政府副秘书长乐忠主持会议，市市场监管局局长、市特种设备安全专业委员会主任邱晨阳及市特专委会12个成员单位分管领导参加会议。

【市市场监管局与太保景德镇中支签订保险服务知识产权战略合作协议】4月21日，景德镇市市场监管局党组书记、局长邱晨阳与中国太平洋财产保险股份有限公司景德镇中心支公司党委书记、总经理李卫平，在市局会议室签订保险服务知识产权战略合作协议，开启全市"知识产权"与"保险"第一次牵手。

【高晓云督导督查特种设备安全】4月22日，市政府副市长高晓云督导督查市市场监管局特种设备安全工作，市政府副秘书长乐忠、市市场监管局局长邱晨阳、昌江区副区长聂刚陪同督导督查。

【荣获"景德镇市2021年度全面依法治市优秀单位"称号】中共景德镇市委全面依法治市委员会办公室发文通报2021年度全面依法治市考评结果，景德镇市市场监督管理局在27个以外部行政管理为主要职责的市直单位中评分第一名获得优秀，这也是市局连续五年获此殊荣。

【荣获全国知识产权保护工作成绩突出集体】景德镇市市场监管局（知识产权局）获得2021年度全国知识产权系统和公安机关知识产权保护工作成绩突出集体，全省仅有4家单位入围，是江西省市场监管领域和景德镇地区唯一获此殊荣单位。

【2021年全省公共服务质量监测中名列前茅】省市场监管局下发《关于2021年全省公共服务质量监测情况的通报》，景德镇市公共服务质量总体满意度评价为82.16分，排名全省第2。

【2022年全省特种设备事故应急救援综合演练举行】6月30日，由江西省市场监管局、景德镇市人民政府联合主办，景德镇市市场监管局、乐平市人民政府协办，乐平市市场监督管理局、江西世龙实业股份有限公司承办的，主题为"遵守安全生产法、当好第一责任人"的2022年江西省特种设备事故应急救援综合演练，在乐平市工业园区江西世龙实业股份公司厂区内成功举行。

【荣获2021年度全省打击侵权假冒工作绩效考核第一名】2022年全省打击侵权假冒工作电视电话会议在南昌召开，会议通报2021年度全省打击侵权假冒工作绩效考核情况。景德镇市以全省排名第一优异成绩被评为优秀等次。

【举办2022年景德镇陶瓷大学外观设计专利转化线下对接会】联合景德镇国家陶瓷文化传承创新试验区管委会办公室、景德镇陶瓷大学科学技术处、景德镇陶瓷大学陶瓷文化高等研究院、中国陶瓷知识产权信息中心共同举办“2022年景德镇陶瓷大学外观设计专利转化线下对接会”，市市场监管局、市瓷局、景德镇陶瓷大学相关人员及全市40家企业代表参加会议。

【省禁捕办督导组一行到景德镇市调研督导禁捕退捕重点工作】7月13日，以省市场监管局总工程师王小庆为组长的省重点水域禁捕退捕督导组来景德镇市调研督导，市农业农村局党组书记、局长黎廷相，三级调研员郛书杰和市市场监管局二级调研员陈鸿海等分别陪同。

【景德镇市知识产权保护中心举行揭牌仪式】7月19日，景德镇市知识产权保护中心揭牌仪式在新办公场所（景德镇市市民行政服务中心东4楼）举行。市政府党组成员、副市长高晓云，市市场监管局党组书记、局长邱晨阳，市中级人民法院党组副书记、副院长张春红共同揭牌，省陶瓷知识产权信息中心、市检察院、市珠山区人民法院等有关领导受邀参加揭牌仪式。

【2022年全国食品安全宣传周景德镇主场宣传教育活动启动】7月20日上午，2022年全国食品安全宣传周景德镇主场宣传教育活动在昌南新区体育馆启动，2022年食品安全宣传周主题是“共创食安新发展，共享美好新生活”。市政府副市长、市食安委副主任高晓云出席仪式并宣布活动启动，仪式由市政府副秘书长乐忠主持。

【市县（区）联动开展“你点我检”瓷都“菜篮子”行主题活动】7月21日，景德镇市市场监管局及下属各县、区市场监管局联动开展食品安全“你点我检”瓷都“菜篮子”行主题活动。

【省委组织部通报表扬景德镇市市场监管局“三讲三创”党员先锋队工作模式】省委组织部打造模范机关专刊通报表扬，景德镇市市场监管局“三讲三创”党员先锋队为市场主体和群众解决实际问题。

【景德镇市2件专利获得第23届中国专利奖】国家知识产权局7月26日发布公告，景德镇市2件专利获得第23届中国专利奖。获奖专利分别是：中国直升机设计研究所一种磁悬浮旋翼系统及具有其的直升机（中国专利优秀奖），景德镇澐知味陶瓷文化有限公司餐具套组四海升平和合呈祥（中国外观设计优秀奖），其中景德镇澐知味陶瓷文化有限公司是全市陶瓷企业第一次获奖。

【省市场监管局一级巡视员刘建华督导“一号工程”】8月3日，省市场监管局一级巡视员刘建华带队赴景德镇就深化发展和改革双“一号工程”推进情况进行督导。市局党组书记、局长邱晨阳，市局领导班子成员林春杰、陈根卫、冯晖、姜群，三级调研员方国裔等陪同督导。

【荣获北京2022年冬奥会和冬残奥会奥林匹克标志知识产权保护突出贡献集体】在国家知识产权局、国家市场监督管理总局、北京2022年冬奥会和冬残奥会组织委员会联合下发的《对在北京2022年冬奥会和冬残奥会奥林匹克标志知识产权保护专项行动中作出突出贡献的74个集体和148名个人予以通报表扬》中，景德镇市市场监督管理执法稽查局获突出贡献集体荣誉称号，据悉全省仅2家单位获此殊荣。

【刘斌在景德镇市督导药品安全专项整治】8月23日，省药品监督管理局副局长刘斌一行到市督导药品安全专项整治工作。市市场监管局党组书记、局长邱晨阳，市、县市场监管局相关人员陪同督导并参加督查情况反馈会。

【省市场监管局法规处一行到景市开展行政执法专项督导检查】8月25日，以省市场监管局法规处副处长李洪斌为组长的省局督查组一行来景德镇市开展《市场监督管理行政执法责任制规定》专项执法检查工作。市市场监管局党组成员、三级调研员冯晖陪同。

【2022年度打击传销工作部署会召开】8月30日，市市场监督管理局召开2022年度打击传销工作部署会。市局党组成员、副局长、市打传办主任姜群参加会议并讲话，各县（市、区）市场监管局分管领导和相关业务股（室）负责人参加会议。

【2022年度国家陶瓷试验区项目工作部署会召开】9月1日上午，市市场监管局召开国家陶瓷试验区市场监管相关项目工作部署会。市局党组成员、副局长、局陶瓷发展推进工作领导小组副

组长林春杰主持会议并讲话，涉及市场监管局职能的9个项目组的负责人及参与人员23人参加会议。

【江西省陶瓷知识产权信息中心一行深入知识产权保护中心调研】 9月8日，江西省陶瓷知识产权信息中心主任鄢春根，国家知识产权局三级调研员、副主任宋聪雨（挂职）一行7人深入知识产权保护中心开展调研。

【开展全市冷链企业疫情防控工作督查检查】 9月9日，市市场监督管理局党组成员、副局长林春杰带队开展冷链企业疫情防控工作督查检查，市局食品经营科及县（市、区）局相关人员陪同检查。

【市政协党组书记、主席俞小平调研食品安全】 9月15日，市政协党组书记、主席俞小平带队开展“加强食品安全监管 筑牢健康屏障”专题协商调研。市政协副主席钟良贵陪同调研并出席座谈会，市政协秘书长花长龙参加调研，市市场监管局局长邱晨阳及相关负责人陪同调研。

【省药监局在景德镇调研药品化妆品检验能力建设】 9月20日，省药监局党组成员、副局长章光文率省药监局科技处、省药品检测院相关人员一行5人，到市综合检验检测中心开展药品化妆品检验能力情况专题调研，市市场监管局党组成员、副局长林春杰，三级调研员陈文陪同调研。

【市人大常委会副主任朱仕木一行调研市消保委组建工作】 9月22日下午，市人大常委会副主任朱仕木一行三人到市消协调研指导市消费者权益保护委员会筹建工作。市局党组成员、三级调研员冯晖陪同调研，市消协办相关人员参加会议。

【“景德镇制”区域品牌启动立法保护工作】 9月23日上午，市人大常委会组织开展“景德镇制”区域品牌保护工作立法讨论。市人大法制委副主任委员、常委会法工委主任段晓红，市人大常委会法工委副主任肖岚，市司法局副局长叶朝华和市市场监管局副局长林春杰等相关人员参与会议。

【江西省井冈质量奖获奖企业经验交流会召开】 9月30日，为深入开展2022年“质量月”活动，景德镇市市场监管局在珠山区三宝文创中心召开江西省井冈质量奖获奖企业经验交流会。市局党组成员、三级调研员冯晖参加会议，市局有关科（室、局）、珠山区市场监管局负责人，全市江西省井冈质量奖获奖企业代表以及珠山区有关企业负责人等40余人参加活动。

【省市场监管局调研组来我市开展行政许可工作】 10月26日，省局行政审批处处长李峰率省局行政审批处、南昌市局行政审批办公室、赣江新区局相关人员一行5人到检验检测中心开展行政许可工作调研，市市场监管局党组成员、副局长林春杰陪同调研。

【景德镇市召开“双随机、一公开”监管工作推进会议】 11月3日，景德镇市召开“双随机、一公开”监管工作推进会。市委常委、市委统战部部长、市营商环境指挥部副指挥长吴财锋主持会议并讲话。

【“景德镇制”区域品牌形象标识和宣传口号发布会暨“景德镇制”区域品牌系列标准发布会举行】 11月18日，“景德镇制”区域品牌形象标识和宣传口号发布会暨“景德镇制”区域品牌系列标准发布会在景德镇国际陶瓷博览交易中心举行。中国轻工业联合会副会长、中国陶瓷工业协会理事长杜同和，省市场监管局局长谢来发，市委副书记、市长胡雪梅分别致辞，市委书记刘锋宣布“景德镇制”区域品牌宣传口号、形象标识及“景德镇制”陶瓷系列标准之一“日用硬质瓷器”标准正式发布。市委副书记吴隽主持。

【开展2022年侵权假冒伪劣商品全国统一销毁行动】 11月10日上午，景德镇市打击侵犯知识产权和制售假冒伪劣商品领导小组办公室在江西景圣环保有限公司开展侵权假冒伪劣商品全国统一销毁行动。市打击侵权假冒领导小组副组长、市市场监管局局长邱晨阳出席活动并讲话，市打击侵权假冒领导小组办公室主任、市市场监管局副局长姜群主持活动，市市场监管局、市公安局、市烟草专卖局、市生态环境局及各县（市、区）“双打”办等相关单位执法人员70余人参加活动。

【省市场监管局专家组指导验收陶瓷知识产权联盟项目建设】 11月9日，以省市场监管局邹丽媚副处长为组长的项目专家组成员一行4人到市局指导验收陶瓷知识产权联盟建设项目工作，市局召开景德镇陶瓷知识产权联盟建设项目评审会，市局党组成员、副局长陈根卫主持评审会，四级调研员王勇等参加会议。

【叶仁荪调研指导机关党建和模范机关创建】11月10日，省直机关工委书记叶仁荪到景德镇市市场监督管理局，专题调研指导机关党建和打造让党放心、人民满意的模范机关工作。市直机关工委书记李承尧、市市场监管局党组书记、局长邱晨阳等陪同调研。

【高晓云深入景德镇陶瓷大学开展食品安全“两个责任”检查】12月14日，市政府副市长高晓云带队深入景德镇陶瓷大学新校区第三食堂开展食品安全“两个责任”专项检查，景德镇陶瓷大学及景德镇市市场监管局相关人员陪同检查。

【2022年江西省“振兴杯”职业技能大赛喜获佳绩】12月15日，2022年江西省“振兴杯”职业技能大赛特种设备行业职业技能竞赛决赛在南昌圆满落幕。景德镇市代表队获得叉车司机团体三等奖，吴彬、朱小军、薛龙、汪忠市、邹先发、王永林6名选手获得个人优秀奖。

海　关

【概况】2022年，景德镇海关坚持以习近平新时代中国特色社会主义思想为指导，深入学习宣传贯彻中共二十大提出的一系列新论断、新战略、新部署，围绕总署党委“铸忠诚、担使命、守国门、促发展、齐奋斗”工作要求，总关党委“忠诚作示范、创新促发展、实干防风险、严管勇争先”的工作思路，以“三实”讲堂为平台、以“1234”工作法为手段、以“鉴证溯源”科技应用为重点，服务国家试验区建设和地方开放型经济发展取得新成效，促进跨境电商、市场采购等新业态发展取得新突破，助推关地间合作和关区间合作进入新阶段，相关工作获省政府主要领导和总署有关领导批示肯定。

组织党员干部集中收听收看中共二十大召开盛况，召开党委扩大会第一时间向全体关员传达学习总署视频会议精神，贯彻落实总关党委扩大会议精神，以“三实”讲堂为平台，通过领导干部专题学、党员干部示范学、线上线下全员学、青年群体创新学等方式，形成层层示范、时时推进的理论武装促学架构，全员结合工作岗位撰写学习心得体会21篇，切实把思想和行动统一到中共二十大精神和决策部署上来，紧扣总署党委提出的12个“必”、38个“深入思考”，学思践悟、学用结合，切实将学习成果转化为提高站位的自觉、谋划工作的思路、履行职责的本领。

【深化政治机关意识】抓好理论武装，坚持“第一议题”制度，把学习贯彻习近平总书记最新重要讲话精神和重要指示批示精神作为首要政治任务，坚持以党的政治建设为统领，落实党委主体责任，深化模范机关创建，把讲政治的要求落实到每个岗位上、每项工作中，做到“两个维护”有表达、有情感、有行动、有成效。召开党委会32次、党委中心组（扩大）学习12次，带动各支部开展集中学习220次，形成“中心组示范学、党支部集中学、党员干部自发学”的良好体系；坚决贯彻落实习近平总书记重要指示批示精神，打好新冠肺炎疫情防控持久战，严格“百名科长百日督查”重点督查内容的落实，组织应急演练2次。全面落实“六稳”“六保”工作部署，始终保持查缉濒危动植物及其制品高压态势，加强进口洋垃圾等固体废物监管。持续提升关党委自身建设水平，努力打造政治坚强、务实担当、团结有力的党委班子。

【统筹推进“学查改”专项教育】通过党委中心组学习、“三会一课”、科务会等形式会议开展专题学习研讨，将学习内容编成随身读本形式发到每名关员，督促每日学、随身学；结合岗位实际开展“没有离开政治的业务，也没有离开业务的政治”座谈讨论，把讲政治的要求落实到每个工作岗位，每项具体业务，强化党员干部“第一身份是党员”“第一职责是为党工作”“第一要求是旗帜鲜明讲政治”的理念，确保政治机关意识入脑入心；立足本职梳理各岗位具体政治要求，查摆岗位政治要求及政治风险，形成全员覆盖的政治要求清单；深入一线开展调查研究27次，组织开展重大风险隐患梳理评估工作，排查涉及进境粮食监管工作、展览品监管、企业认证等方面风险4条，梳理形成政治机关专项教育活动暨“学查改”专项工作查摆问题整改清单，明确整改目标、责任科室和完成时限。开展基层党建“双提升”行动，持续深化“四强”支部建设，着力提升支部政治功能和建设质量，培育创建“青花”系列党建品牌，该关综合业务科“青花匠心”党支部获评关区“四强”支部和关区先进基层党组织，4人获评优秀共产党员，1人获评优秀党务工作者。开展狠抓工作落实专题组织生活会，深入开展批评与自我批评，深刻反思剖析，各支部共查摆问题9个，有针对性地提出整改措施，逐项狠抓落实。充分发挥青年理论学习小组作用开展研学，做好“知与行转化”。

【外贸增长成效显著】 积极响应营商环境优化升级“一号工程”，以“三促一优”为抓手，推动优化口岸营商环境专项行动取得积极成效。1—10月，出口总值170.9亿元，增长106.7%，历史性首次突破100亿元大关，增速居全省第2位；进口总值73.7亿元，增长81.1倍，增速居全省第1位。景德镇市外贸依存度由去年全年的7.6%提升到2022年前三季度的15.1%，实现翻倍增长，海关职能对外向型经济发展的重要性日益凸显。

【通关监管提速增效】 持续压缩整体通关时间，对景德镇辖区报关货物通关全流程开展监控，及时处置超长时间报关单，严格控制通关各环节作业时间，实现通关“零延时”“零等待”，为企业提供合理稳定的通关预期。2022年景德镇海关进、出口整体通关时间分别为0.06小时、0.11小时，分别较2017年压缩95%以上，位居关区前列。

【外贸商品监管有力】 积极开展“安全生产月”活动，明确责任和完成时限，扎实开展每月1次安全生产“两个清单”排查；坚守国门生物安全，加强出口茶叶质量安全监管，开展出口输非茶叶专项监督检测，经抽样送检，所检22个农残项目均符合要求，共监管放行出口茶叶9批166吨；到出口企业宣传危险品安全监管政策10次，检察发现风险隐患5个，并督促企业整改；检验合格商品7批次，报送专项简报8期，严格落实危化品及其包装监管要求，对系统信息录入不完整情况，立行立改，全年检验监管危化品及其包装1220批，检出不合格出口危化品及其包装53批；积极开展打私线索的风险排查工作，积极推进海关国门利剑2022联合行动，分析相关企业数据2000余条。

【强化风险防控】 全面落实总署党委防范化解海关重大、系统性风险的工作要求，深入开展内部安全隐患排查整改。以“四不两直”形式开展进燃气安全、办公场所安全等监督检查，发现问题及时整改，切实消除安全隐患，防范安全事故发生。对新厂老楼老旧窗户进行绑扎加固处理，无法加固的进行了拆除。根据鉴定结果，对为危房的新厂老办公楼发电房进行拆除处理。针对办公楼楼顶钢结构存在锈蚀问题，处于施工整改阶段，完成主体工程项目。扎实开展“口岸危险品综合治理”百日专项行动。

【服务开放平台建设】 8月9日，南昌海关与市政府顺利签署《合作备忘录》，积极主动作为，充分发挥海关职能，2022年景德镇市外贸进出口总值为244.6亿元人民币，进出口规模创历史新高，同比增长192.7%，增速居全省第1位，海关工作得到市委、市政府高度肯定。积极争取南昌海关支持景德镇市场采购等新业态发展和海关监管作业场所等开放平台建设。

【支持新业态发展】 积极建言献策，向市委、市政府提交6篇关于开放型经济、国家试验区建设、跨境电商发展、文化自贸区建设等方面的工作专报，景德镇海关主要领导获邀在市政府常务会上为市政府班子全体成员及各职能部门主要负责人授课，宣讲跨境电商有关知识；受邀到市委宣传部以《发展高质量开放型经济 开创对外文化交流新辉煌》为题做专题辅导报告。助推跨境电商快速发展。在景德镇海关的大力指导、帮扶下，跨境电商贸易在2021年不到1万元基础上，实现出口超过20亿元。促成江西省唯一市场采购新业态试点。充分发掘景德镇作为国内主要的陶瓷生产及研发的地域特点，积极向市政府建言献策，获批后，迅速组建工作专班，制定工作方案，推进相关工作。

【优化营商环境】 围绕全市陶瓷、航空、精细化工与医药等重点产业和中科泛半导体、黑猫炭黑等重点骨干企业，深入开展“关‘助’发展”系列宣讲活动，积极推动“问题清零”，全力支持壮大发展，推动外贸提质增效。加班加点，针对江西云杉智能科技有限公司特殊情况，将需要一个星期的工作量压缩到1天时间完成，顺利推动景德镇市锂电池实现了出口“零”的突破。针对企业关注，实施“首违轻微不罚”措施，惠及辖区7家进出口企业，体现海关执法温度。精准服务助力景德镇浮梁以晴数字经济产业园快速发展，成立以晴数字产业园监管服务工作专班，配备“一对一”联络员，为企业提供政策咨询、疑难解答、业务办理等全方位指导服务，重点企业外贸增幅明显，加工贸易进出口由去年全年的0.39亿元增长到2022年的 124.9 亿元，相关工作获省政府主要领导批示肯定。

【打造过硬班子】 坚决履行“第一责任人”职责，党委书记严把重点任务分工关，对照总关部署细化 4 个方面 53 项具体举措，召开党委会研究部署全面从严治党工作；自觉夯实“一岗双责”，党委班子成员指导督促分管领域全面从严治党工作，与分管科室就从严治党任务落实情况开展座谈，切实把全面从严治党当作分内之事、应尽之责，担起责任、狠抓落实；与派驻纪检组形成整体合力，党委班子每季度与第八派驻纪检组就全面从严治党工作情况进行研究讨论，全面掌握日常监督中发现的突出问题，经常性就疫情防控、作风建设、廉政风险等交换意见。落实巡视整改到位，以高度的政治自觉和行动自觉全力以赴做好巡视整改“后半篇文章”。注重“举一反三”，以整改落实巡视组意见为突破口，认领共性问题，完善二级台账及佐证材料，坚持抓小、抓早、抓苗头，把问题发现在前、整改在前，不断扩大巡视整改成效。

【创新“1234”工作法】 坚持立足实际，积极探索创新，按照“一专班、两制度、三调度、四公开”的“1234”工作法，不断发挥党组织核心引领、督查考核“风向标”“指挥棒”作用，积极激发干部队伍活力，突出党委领导作用，强化基层党组织凝聚功能，激发基层海关内生动力，突出先锋模范作用，确保监管服务精准精细，突出关员创先争优作用，培育踔厉奋发的准军队伍。在抓好全面工作基础上，做实做细监督职责，着力在日常监督、精准监督、长效监督上探索创新，建立业务指标、党建、准军、信息宣传等四方面 42 条细则的绩效考核负面清单和 19 条激励清单，解决“不能干什么”和“我该干什么”的问题，有力推动了景德镇海关各项工作开展，实现有“绩”有“效”。认真开展“内务规范强化月”活动，持续发挥绩效考核专班作用，查工作纪律、查办公秩序、查环境卫生，确保纪律作风建设落到实处，每日开展日常纪律作风和内务督查，进一步锤炼队伍令行禁止良好精神风貌。2022 年，先后获第十六届江西省文明单位、一星级全国青年文明号、全市第二批节约型机关建成单位等荣誉称号。

【加强廉政建设】 严肃认真开展“海关重点项目和财物管理以权谋私”专项整治工作，坚持刀刃向内，建立领导小组抓总、工作专班实体运作、各科室具体落实的工作机制，梳理形成重点项目清单、企业清单、人员清单和风险清单，涉及问题、廉政风险 5 项并制定整改措施 15 条。以“10+10+5”案例、《国门卫士岂容违纪破法》警示教育片、应知应会手册等内容为重点，认真开展政治教育、纪法教育和警示教育、狠抓监督检查，推动专项整治落实落地，发现问题 3 条，均已整改完毕，针对整改问题，举一反三，在基建项目、修缮工程等重点项目中建立和试行“采购与实施分离”机制；修订了《景德镇海关国内公务接待管理规定》《景德镇海关公有住房管理实施细则（试行）》，进一步营造以制度管人、管事的良好氛围，全年未发现领导干部不廉情事，未收到企业任何投诉。坚持以廉洁文化启智润心，将景德镇陶瓷文化与海关廉政教育相结合，努力发掘青花瓷“清正廉洁”的特有内涵，以打造“青花”品牌党总支为抓手，坚持将廉洁文化建设与纪律作风教育、警示教育与防范腐败风险意识教育联动起来。因地制宜开展廉政教育，对外组织关员走进景德镇青花廉政主题公园、荷塘廉政文化教育基地、浮梁古县衙“三鉴园”廉政文化基地进行沉浸式观摩学习，对内将办公大楼走廊建设成“青花廉政文化走廊”，打造“青花”廉洁文化阵地，创作“一鹭蜻莲（一路清廉）”瓷板画被总署评为“国门清风”廉洁文化创意作品二等奖，厚植廉洁奉公文化基础，进一步树正气、遏邪气、易俗气。

【开办“三实”讲堂】 推动“求实、扎实、朴实”海关文化在基层落地生根。组建师资队伍，让组织形式“活”起来。采取“组织提名 + 个人自荐 + 考核评估”方式，以党性强、专业精为标准，充分整合资源，邀请景德镇市纪监委、市委党校、综治专家、业务骨干等师资，不断增强师资活力。丰富培训课程，让学习内容“实”起来，开设思想政治、警示教育、专业技能等主题课程，丰富课程结构。提升学习动力，优化培训形式，让学习成效“显”出来，依托辖区瑶里爱国主义教育基地、陈毅旧居、红军北上抗日先遣队指挥部旧址等红色资源开展主题党日活动，引导党员干部感悟红色历史，传承革命基因，继承和发扬党的光荣传统和优良作风，有针对性地解决学习问题，提升课堂活力，巩固培训学习成果，全年开展“三实”讲堂 11 次。

（陈正强）

景德镇北站（欧阳圣辉 摄）

商 贸

商　务

【概况】 2022年，景德镇市商务局紧紧围绕国家试验区建设这一主线，聚焦产业发展，主抓招大引强，以稳外贸、稳外资、促消费等为重点，狠抓全年目标任务落实。

2022年，商务经济主要指标增速全面提速，总量实现历史新高，开启了商务工作跨越式发展的全新局面。全年实际利用外资8824万美元，总量排名全省第7位，四小地市第1位；同比增长68.72%，增幅全省排名第4位，四小地市第1位。利用省外项目资金实际进资629.58亿元，同比增长9.18%。增幅全省排名第6位。外贸进出口完成244.6亿元，同比增长192.7%。其中，进口完成73.7亿元，同比增长81.1倍，进口增幅排名居全省第1位；出口完成170.9亿元，同比增长106.7%，出口增幅排名居全省第2位。社会消费品零售总额573.06亿元，排名全省第8位，居四小市第1位；同比增长4.5%，在四小地市中，增幅排名第3位。网络零售额实现125.02亿元，总量排名全省第5位；同比增长5.68%，增幅排名全省第9位。在四小地市中，总量排名第1位，增幅排名第3位。

“金葵花杯”景德镇第一届美食大赛

【“金葵花杯”景德镇第一届美食大赛火热开赛】 1月12日下午，在景德镇瓷源山庄举行“金葵花杯”景德镇第一届美食大赛——景德镇十大名菜、十佳小吃、十大招牌餐厅认证活动。本届美食大赛由市商务局主办，市招商银行景德镇分行、市瓷都晚报、市烹饪餐饮饭店行业协会承办。市商务局党组成员、副局长刘茨坪出席活动并致辞，市瓷都晚报、市招商银行景德镇分行、景德镇烹饪餐饮饭店行业协会工作负责人参加活动启动仪式。活动得到广大餐饮单位、厨师、美食爱好者的积极响应，陆续收到报名参赛菜品近百种，经过专家认定师的精挑细选，数十个菜品入围大赛。大赛现场数十位专业厨师大秀绝活，用“工匠精神”烹饪出一道道美味，菜品中不仅有景德镇市民熟知的“冷粉”“饺子粑”“油墩子”等特色小吃，也有听起来高大上、实则接地气的“船板肉”“佛印豆腐”“昌江石鳜”等特色名菜，向现场人员呈现一场饱含景德镇味道的佳宴。

【“双品网购节”“云选好物”直播活动启动】 4月28日,2022年景德镇“双品网购节”暨陶溪川“云选好物”直播活动，在陶溪川天工开物二楼正式启动。市商务局党组成员、副局长程新裕出席活动并致辞，陶溪川直播基地负责人陈曦，陶溪川创客及部分电商企业代表参加启动仪式。活动由市商务局主办，陶溪川直播基地承办，活动围绕“品牌品

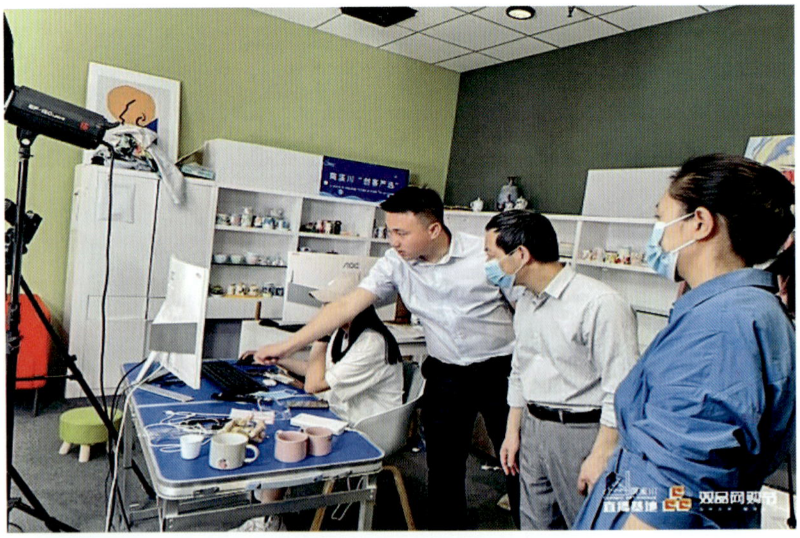

陶溪川直播基地负责人介绍好物节专场直播带货、“云选好物”网购活动

质·惠享生活”的主题，依托陶溪川直播基地，组织一批有影响力的电商企业、品牌企业和创客朋友积极参与，强攻网络消费快回补，积极开展电商产销对接、“线上+线下”展会，促进产品无接触交易，应对疫情冲击、推动消费持续恢复，积极服务构建电商新发展格局。

【开展2022年惠景消费季活动】4月30日至7月，景德镇市组织开展惠景消费季活动，做旺汽车、家电、餐饮、商超等大宗商品和民生领域消费。本次活动参与主体为市中心城区知名车企，品牌家电卖场，主要餐饮业和大型商场超市，旨在促进居民潜在消费和增量消费为目标，活动总资金521万元、其中21万元为原省商务厅安排汽车展经费，用于此次活动的各活动点宣传、启动仪式等费用，汽车、家电消费投放280万元、餐饮和商超消费投入220万元，由景德镇市财政解决。

【乐平市获评县域物流配送体系建设试点县】9月，根据省商务厅、省财政厅、省供销联社《关于印发江西省县域物流配送体系建设试点实施方案的通知》和省财政厅、省商务厅、省供销联社《关于开展县域物流配送体系建设试点的通知》精神，市财政局、市商务局、市供销合作社供销联社联合推荐乐平市、浮梁县申报全省县域物流配送体系建设试点县，通过专家评审、网上公示，经省商务厅、省供销联社党组会议研究，确定景德镇市乐平市为2022年县域物流配送体系建设试点县，力争实现县县有物流配送中心、乡镇有物流中转站、村村通快递的总体目标。着力完善县级物流配送中心、乡镇中转站、村级服务网点基础设施和标准化、信息化建设，提升改造仓储、快递分拣中心、冷库等基础设施及装卸作业设备，构建畅通高效、协同共享、标准规范、智能绿色、融合开放的县域物流配送体系，有效降低乡村物流成本，真正打通“最后一公里”，促进农村消费升级。

【“十百千万·非遗百匠开窑节”圆满成功】11月4日下午，“十百千万·非遗百匠开窑节”于景德镇高沙明珠柴窑正式开幕。由市商务局主办，景德镇陶溪川手工陶瓷制造有限公司承办，将传统柴烧制瓷技艺与非物质文化遗产相结合，旨在扩大景德镇陶瓷文化影响力，通过线下烧窑与线上直播活动方式，促进陶瓷产业数字经济发展。

【外出招商引资成效显著】2022年，市委、市政府和各县（市、区）、园区主要领导外出招商共695天，举办招商引资活动77场。2022年，省商务厅入统亿元以上项目个数195个，入统5亿元以上工业项目53个。全市上报省商务厅“5020”项目27个，其中，“50”项目5个，“20”项目22个；全年新招引“5020”项目共计24个，加上2021年9个存量项目，全市“5020”项目库33个。

【瓷博会首次突破百亿元大关】2022年第19届瓷博会，在商务部支持下，在省商务厅具体指导下，线上实现交易额89.6亿，同比增长13%；线下实现交易额13.2亿，同比增长9%，交易额总计102.8亿，同比增长12.4%，首次突破百亿大关。成功签约一批重大投资项目：市政府和中国中小企业协会签署战略合作协议、市国际商会与深圳市西邮智仓科技有限公司签订合作共建海外仓项目、景德镇鸣海陶瓷有限公司与俄罗斯皇家陶瓷签订贸易采购项目、武夷星茶业与丰瑶陶瓷签约茶瓷战略合作协议、跨境电商买家和海外直采团与景德镇陶瓷企业开展现场对接洽谈等。其中，“百年薪火 槌响瓷博”——近现代景德镇陶瓷专场拍卖会成交119件，总成交额2873万元，成交率超72%，创历届瓷博会拍卖会新高。

【国家级外贸平台试点接连获批】2022年，国务院正式批复同意在景德镇市设立跨境电子商务综合试验区。这是景德镇市取得又一项国家级殊荣，也是全市外贸和电商行业发展的重要里程碑。省政府发布《中国（景德镇）跨境电子商务综合试验区实施方案》，明确全市跨境电商综试区建设目标和实施路径。在国新办举行的支持外贸稳定发展有关情况国务院政策例行吹风会上公布最新一批全国市场采购贸易方式试点名单，景德镇陶瓷交易市场成功获批，成为全省唯一一个国家级市场采购贸易方式试点。

（丁雄飞）

供销合作社联合社

【概况】2022年，全市供销系统坚持“政治引领、创新驱动、合作开放、市场理念、系统观念、强基导向”的工作原则，提出“布网点、建体系、搭平台、育实体、展功能、助三农”的工作思路。景德镇市供销合作社获2022年

7月20日，召开早稻全程机械化服务试验示范田收割测产暨晚稻机插观摩会

度全省供销合作社系统综合业绩考核二等奖，排位前进一位。

2022年，市、县级联合社设立理事会、监事会实现全覆盖；市、县级联合社成立社有资产管理委员会实现全覆盖；全市县、区社全面完成资产确权工作；县、区乡镇落实分管供销的领导。对鹅湖、寿安、丽阳基层供销社维修改造；完成基层社示范社建设工程，成立鹅湖供销社中心社；与臧湾乡仓下村开展社村共建，共同成立浮梁县社村农业服务专业合作社。

【供销传统业务】 截至11月底，全市供销系统农资、资源回收利用等传统业务，各项统计指标稳步上升，全市供销系统购进总额实现493745万元，同比增长53.69%。乐平市供销联社投资1500万元的供销广场已建成营业，乐平烟花爆竹仓存储中心项目基本建成。

【培育新兴产业】 加快推广“互联网+第四方物流”工作，组织申报县域物流配送体系建设试点县工作，乐平获批全省县域物流配送体系建设试点县，财政奖补资金500万元。

【全程机械化服务试点试验工作】 2022年，市供销联社联合省供销农科公司、昌久世纪农科公司分别在乐平和浮梁，开展全程机械化服务试点试验工作，服务面积1210亩。种子、化肥、农药全要素供给，耕、种、管、收全过程服务，整地、插秧、施肥、喷药、收割全环节机械化。通过精心组织、科学管理、多方协同，早稻亩产650千克，优质中稻亩产695千克，晚稻650千克，增产明显，试验取得成功，得到市委、市政府主要领导的肯定批示。

【“江西小炒”项目】 联合江西省智慧食疗养生产业发展中心和乐平市推动“江西小炒”项目。9月，在南昌召开“江西小炒”项目座谈会。10月，省智慧食疗养生产业发展中心调研组会同景德镇市供销联社、乐平市政府、乐平市供销联社、鸬鹚乡等领导到义乌市考察“江西小炒”项目；乐平市副市长徐庭家在乐平商务局召开“江西小炒”项目研判会。乐平农民通过20多年勤劳拼搏，在省外浙江等地创造门店5000多家，营业收入近50亿元的“江西小炒”的餐饮业态，行业前景广阔，具有典型的“三产融合发展”产业链特征。大力推进“江西小炒”产业发展，对于推动实现景德镇乃至全省赣菜发展、乡村振兴、共同富裕，彰显地方文化具有良好的经济前景。

【签订战略协议】 市政府第11次常务会议上专题审议通过《江西省供销合作社联合社景德镇市人民政府战略合作协议（送审稿）》。2月16日，景德镇市供销合作社联合社与江西供销农业科技有限公司在景德镇市发展中心签订战略合作框架协议。景德镇市供销联社党组书记、理事会主任朱瑞龙，江西供销农业科技有限公司总经理熊昆分别代表双方签署合作协议。10月13日，江西省供销合作社联合社与景德镇市人民政府战略合作协议暨江西供销（乐平）综合农事服务中心项目招商协议签约仪式举行，省供销联社党组书记、理事会主任李晓刚，市委副书记、市长胡雪梅出席仪式。省供销联社党组成员、省供销集团党委书记、董事长陈立新，市委常委、乐平市委书记林卫春，副市长江民强参加仪式。

（叶子谦）

烟　草

【概况】 2022年，景德镇市烟草专卖局以习近平新时代中国特色社会主义思想为指导，深入学习贯彻中共二十大精神，坚持稳中求进的总基调，坚定不移贯彻“十六字”方针，聚焦高质量发展主题，认真落实国家局、省局各项决策部署，较好完成全年目标任务。全年实现税利66660万元，同比增加4281万元，增幅6.86%；销售卷烟56004箱，同比增加303箱，增幅0.54%；查处各类涉烟违法违规案件534起，完成国际网络案件2起，查获卷烟1816.98万支，同比增长140.66%，查获假私非烟862.408万支，同比增长1168.40%。各项工作取得明显成效，发展质量和效益不断提升。

【提升客户满意度为主抓手】客户服务和市场管理取得较好成效，客户服务水平有新提升。客户总体满意度得分97.76分，排名全省第二名；零售客户毛利率保持在14%以上。常态化抓好终端质量提升，打造示范陈列街，突出“双包”陈列和重点品牌“C位”陈列，积极打造农网零售示范终端，建成农村流通品牌店100家，打造出样示范村10个。

【市场监管成效显著】2022年，查处各类涉烟违法违规案件534起。其中，查处5万元以上重案80起，完成国际网络案件2起。查获卷烟1816.98万支，同比增长140.66%，刑拘12人，提请逮捕4人，依法判刑9人，“元春保卫战”专项行动成果列全省第三，城区局查获近年来查缴数量最多、金额最大的一起本地外流案件，涉案卷烟6769条，涉案金额达160余万元。城区局“4·18”案件被国家局评定为打假打私重大案件。

【质量管理获多个奖项】《卷烟十二品类市场状态分析模型建立与应用》荣获全国烟草行业第三十二届（2021年）优秀质量管理小组成果发布会三等奖；《降低城镇客户卷烟价格标签损耗量》《现场办公软件的研发》两个课题，分别获江西省第四十三次质量管理小组QC一等和二等技术成果；《智能拜访的标签管理系统研发》在省局QC发布会上获三等奖；余纯达、江瞻两人撰写的论文《统计理论方法在烟草行业中的应用案例》在2022年烟草行业统计论文征集评选活动中获二等奖。

【优化改进数字化仓储系统】优化改进数字化仓储系统、“异标合一”分拣线混合叠烟机，改造旧分拣线；健全完善质量管理体系，内控水平不断提高；持续贯彻落实“过紧日子”要求，强化预算考核和执行过程跟踪，开展实物资产盘点和清查，进一步提高资产使用效益。

【加大培养干部员工力度】内强素质，修订机关和基层单位科级领导干部选拔任用工作实施办法。7月6日，出台青年干部培养锻炼方案，开展机关部门和专卖人员“人人上讲台”活动，举办基层股级干部和优秀员工素质提升培训班，开展“星空课堂”网络培训，常态化开展各类型、各层次线上知识考试，干部员工能力素质进一步提升。外树形象，持续推进乡村振兴工作，设立“星火驿站”，积极组织干部职工参与文明城市创建、助残扶困等志愿服务活动，尤其是广大干部职工奋战在抗洪抢险和疫情防控第一线，积极履行社会责任，展现良好企业形象。

【基层中队标准化通过省局验收】完善硬件设施，制定标准化建设制度，完善专卖、营销工作手册，推进基层中队（网点）规范化、标准化，乐平的高家中队和城区的城南中队通过省局验收。

【党建引领力有新提升】以迎接中共二十大、学习宣传贯彻中共二十大精神为主线，深入贯彻新时代党的建设总要求，深化党支部标准化、规范化建设，全力推动“让党放心、人民满意”的模范机关建设，建立办实事清单，完成办实事事项39项。推动“一支部一品牌”建设，创建8个党建品牌，充分发挥党支部战斗堡垒作用和党员先锋模范作用。扎实开展纪律和作风建设专项整治工作，提升干部职工廉洁自律意识，加强新时代廉洁文化建设。认真落实深化纪检监察体制改革试点工作，探索建立“内·地”协作配合机制。持续强化对“一把手”和领导班子监督，系统施治一体推进“三不腐”，加大警示教育、案件查办和以案促改力度。全年查办违纪案件4起，运用“第二种形态”处理4人次。

（朱小甜）

盐　业

【概况】2022年，景德镇公司在江盐集团、华康盐业公司正确领导下，在全体员工团结一心、在上级科学决策下，立足公司转型升级可持续发展工作目标，紧咬年度各项经济指标和重点工作完成不放松，坚持党建+经营工作、强化忠诚干净担当履职能力不懈怠，积极适应政策形势变化，主动接受市场挑战，坚定信心，保持韧劲，齐心协力、战胜困难，确保全年任务奋斗目标

"6973"的完成，全力打好集团IPO攻坚战，为公司转型升级高质量跨越式发展目标迈出坚实的一步。

2022年，景德镇公司主要经济指标完成：全年销售完成小包装盐6834.65吨，完成计划6973吨的98.02%；大包装盐完成1044.3吨，完成计划的100.68%；有效终端客户数5607家，完成年计划的100%；有效客户下单数3072家，完成计划的100.69%，开发精品店1393家，完成年计划的121.77%，全年利润113万元。

【增强基层党组织战斗力】 景德镇公司党支部严格落实"第一议题"制度，支委会会议前置制度，2022年召开支委会11次，中心组学习11次，传达集团2022年度工作会议精神、华康2022年度工作会议精神。组织党员突击小分队深入各基层团队，通过党建引领经营工作，结合各地实际情况，开展各项宣传促销工作。利用特殊节日，开展各项专题宣传促销活动，为广大消费者排疑解惑，普及科学用盐知识、国家安全知识，传播国家安全理念。

【强化讲规矩守纪律意识】 坚持把党的政治建设摆在首位，坚持全面从严治党。召开全面从严治党工作会议1次、党风廉政专题会议4次、作风建设专题工作会议1次，对2022年景德镇公司党风廉政建设工作进行安排布置。传达集团、华康全面从严治党工作会议精神，组织全体党员干部职工观看《零容忍》《"赶考"路上的迷失者》等警示教育片，组织全体党员干部开展中央八项规定及其精神十周年"回头看"自查自纠工作，坚决防止"四风"问题反弹回潮。以目标为导向，以问题为导向，贯穿落实到员工政治、思想宣传与意识形态、党风廉政等工作中去。

【党建工作与经营工作融合】 2022年，利用"3·15""5·15"等特殊节日，通过党日活动开展促销活动，以党建工作为引领，展开"江盐"品牌宣传促销活动。坚持以党建为引领，以落实集团和华康党委下达的销售目标为己任，发扬领导带着党员干、党员带着员工干的工作作风，广大干部职工主动放弃节假日，以"5+2""白＋黑"干劲，深入辖区市场、城镇乡村、商超和终端店、全力开拓销售渠道，陈列宣传产品，践行党员干部"五增强、五争当"要求，全力冲刺第四季度公司销售目标完成，充分发挥党支部战斗堡垒作用和党员先锋模范作用。

【积极应对突发疫情】 11月19日，景德镇公司领导班子紧急召集会议，思想高度重视，迅速反应，启动突发事件食盐供应应急预案。组织机关全体人员在珠山区内各大商超维护陈列，发现市场情况立即上报。迅速与当地疫情防控指挥部门对接，紧急办理车辆临时通行证，全力配送食盐，保证市场不断供。在这场抗"疫"中，公司全体人员团结一心、履行国有企业责任担当，做好疫情防控和食盐保供工作，维护食盐市场供应秩序和社会秩序，坚决守住食盐供应安全和质量安全底线。

【强化团队基础】 景德镇公司以经营团队为单位，深入开展"五型班组""岗位大练兵"活动，确保经营团队全覆盖，提升员工业务技能，增强员工的凝聚力和向心力。制定景德镇公司考勤管理制度，统一达到转作风、促发展的目标任务。针对问题，制定各项促销方案，提高低迷市场情况。以队伍建设、攻坚克难为抓手，切实维护职工合法权益，激发职工活力，组织全体员工开展体检活动，注重员工们身心健康。

【重视安全教育】 利用公司党支部会议、经理办公会、党员会议、经营工作会议、全体职工大会，进行各有侧重点的安全知识教育，及时传达、贯彻上级文件精神及要求，分析各类事故隐患，举一反三，结合公司实际，查找问题制定防范措施，不断提高员工安全综合素质和安全防范能力。组织相关人员参加安全生产管理工作人员培训考核，获得相应资格证书。公司召开安全生产工作专题会议，用安全事故案例进行安全警示教育，通过链工宝、微信公众号等平台参加全国安全知识网络竞赛，开展网络安全宣传，开展消防安全知识培训，邀请江铃汽车维修站讲师开展驾驶员安全培训，进一步增强职工主人翁责任感，鼓励职工积极参与公司安全生产工作，激励广大职工为安全发展、安全建设献计献策。

【加强安全检查】 2022年，华康安全大检查活动中，通过检查发现安全隐患，对上级要求整改的及时整改到位，对公司安全生产工作起到很好的促进作用。节假日前，仓库都进行一次全面检查，对全区车辆做出规定节假日不出车，安排专人值班。做到把检查和整改结合起来，边查边改；把检查与落实责任追究结合起来；把检查与加强安全生产基础工作结合起来；把检查与专项整治结合起来。

【完善健全台账资料】 坚持严格按照安全标准化要求开展工作，加强领导，落实责任，努力做到“为之于未有，治之于未乱，防患于未然”。修订、补充和完善各项安全管理制度，制定和完善规章制度。公司制定安全生产责任制，用电管理制度，消防安全制度。完善仓库管理制度，安全保卫制度，汽车管理制度。切实做到有章可循；完善各种安全记录、台账和档案资料；及时签订员工安全责任状和部门安全监管责任书。

【项目建设工作】 景德镇公司退城进园征迁项目是集团和华康2022年重点项目之一，2021年与景德镇市自然资源和规划局签订《盐业公司“退城进园”征迁合同》，因土地未取得相应临地指标，工程进度严重滞后，为避免公司利益损失，及时与相关部门沟通，成功签订征迁补充协议。

【IPO工作】 IPO工作是江盐集团重点工作，景德镇公司面对集团IPO工作任务重、时间紧等情况，为确保能够稳步有序地推进集团IPO工作，公司统筹部署，及时调整员工的心态和思想，举全司之力，抽调各团队和部门业务骨干，全力配合，为确保集团IPO工作取得圆满成功。

（陈玲莉）

石 油

【概况】 2022年，中国石化景德镇分公司坚持以习近平新时代中国特色社会主义思想为指导，瞄定年度经营管理任务，围绕“保、争、创”目标，扎实开展“牢记嘱托、再立新功、再创佳绩，迎接学习贯彻二十大”“优质服务年”等主题活动，班子成员团结一心带领全体干部员工共克时艰，逆风前行，较好地完成经营创效目标。全年成品油经营总量完成25.13万吨，实现营业收入23.01亿元，其中易捷服务营业收入0.77亿元，上缴利税1628.40万元。

【特殊时期扛起责任担当】 2022年11月，面对突发新冠肺炎疫情，分公司坚决贯彻执行中共景德镇市委、市政府和省公司的要求，坚持“一手抓疫情防控，一手抓经营生产”的工作思路，科学防疫，精准防控，竭尽全力将酒精、口罩、防护服等防疫物资送到库站一线。全力做好疫情防控，有序组织资源，全力保障疫情防控期间油品供应和刚需商品销售，践行“油品不断供、商品不涨价、服务不打烊”庄重承诺。分公司党委号召党员第一时间下沉社区，全力以赴协助社区做好疫情防控各项工作，彰显央企责任与担当。

【强化安全防风险】 牢固树立安全首位意识，扎实推进“安全生产三年专项整治”行动，有序开展“五查五能”工作，员工安全意识得到提升。签订全员HSE责任状，完善配套考核制度并严格兑现，守住安全生产底线。强化数质量管理，加能站、油库损耗控制在合理范围内，油品质量合格率达100%。

【配合政府部门净化市场】 积极与地方政府沟通，为执法部门收集非法“自流黑”线索，加大“打非治违”、打假维权工作力度，协助政府相关部门查处流动车4辆，窝点自备油罐9个、收缴油品101余吨，有效消除了社会不安全因素，净化成品油经营环境。

【优化推进网点建设】 2022年，完成乐平大桥站、昌江北环站提质增效升级，以及乐平众埠站、昌江鱼山站重建投营工作。四座站点以全新形象正式投入运营，采用新设计、新工艺，对品牌柱、罩棚檐口、立柱、便利店、洗手间、客户休息区进行全面的优化升级。新形象站点还配置“爱心驿站”，配备微波炉、饮用水等，为户外工作者提供便利的同时，满足顾客加油、IC卡充值、洗车、购物、休息等综合服务需求。

【党建共建促发展】 推进落实分公司昌江党支部与景德镇市市场监督管理局稽查局第一党支部签订支部共建协议，双方围绕公共安全维护、环境治理、文明创建等方面，共同开展“我为群众办实事”主题实践活动，关注民生，回应关切。通过搭建党建共建活动平台，分享优质资源、交流工作经验、解决实际问题，进一步推进党建经营深度融合。

（周丽洁）

景德镇机场（欧阳圣辉 摄）

财政 · 税务

财　政

【概况】 2022年，全市一般公共预算收入完成94.00亿元，比上年下降7.4%。全市一般公共预算支出完成247.55亿元，比上年增长9.5%。2022年，市本级一般公共预算收入36.26亿元，比上年下降0.9%；市本级一般公共预算支出85.88亿元，支出比上年增长20.3%。

表6　　2022年度景德镇市和市本级一般公共预算收支决算总表

单位：万元

一般公共预算收入（决算数）			一般公共预算支出（决算数）		
	全市	市本级		全市	市本级
一、税收收入	471793	135,794	一、一般公共服务支出	235,269	59,016
增值税	96922	8,675	二、外交支出		
企业所得税	49257	13,615	三、国防支出	8,265	6,194
个人所得税	14475	5,306	四、公共安全支出	103,482	73,501
资源税	4378	34	五、教育支出	417,406	113,793
城市维护建设税	28134	7,621	六、科学技术支出	69,570	30,839
房产税	19334	6,524	七、文化旅游体育与传媒支出	46,871	22,372
印花税	11068	3,656	八、社会保障和就业支出	271,966	91,313
城镇土地使用税	31069	10,483	九、卫生健康支出	219,884	140,334
土地增值税	68571	6,121	十、节能环保支出	59,661	22,481
车船税	13747	4,966	十一、城乡社区支出	407,489	94,314
耕地占用税	4956		十二、农林水支出	201,850	32,925
契税	129187	68,319	十三、交通运输支出	99,008	50,749
烟叶税			十四、资源勘探工业信息等支出	83,536	5,943
环境保护税	695	474	十五、商业服务业等支出	13,429	4,803
其他税收收入			十六、金融支出	1,035	785
二、非税收入	468202	226,763	十七、援助其他地区支出	30	
专项收入	19853	6,579	十八、自然资源海洋气象等支出	20,666	9,980
行政事业性收费收入	49035	37,853	十九、住房保障支出	56,737	29,938
罚没收入	70923	34,626	二十、粮油物资储备支出	5,636	2,999
国有资本经营收入	96500	95,500	二十一、灾害防治及应急管理支出	20,016	6,559
国有资源（资产）有偿使用收入	208402	42,064	二十二、其他支出	77,376	22,810
其他收入	23489	10,141	二十三、债务付息支出	56,051	36,987
			其中：地方政府一般债券付息支出	55,115	36,056
			二十四、债务发行费用支出	268	157
本年收入合计	939995	362,557	本年支出合计	2,475,501	858,792

【全市财政工作会议召开】 3月8日下午，全市财政工作会议暨全市财政系统全面从严治党工作会议召开。会议总结回顾2021年全市财政工作，部署安排2022年财政工作和全市财政系统全面从严治党和党风廉政建设工作。市委常委、常务副市长邓永翔与会指导并讲话，市财政局党组书记、局长芦继云作全面报告，市财政局党组成员、驻局纪检监察组组长李云珍作全面从严治党工作报告。市政府副秘书长程念革主持会议。各县（市、区）常务副县（市、区）长及财政局局长、市财政局班子成员、县级领导和副科级以上干部，驻局纪检监察组等参加会议。

【首个政府采购“不见面开标”项目顺利实施】 4月27日上午，景德镇市首个“不见面开标”政府采购项目——景德镇市妇幼保健院过氧化氢低温等离子灭菌器采购项目在市公共资源交易中心顺利完成招标。这是景德镇政府采购加强公平公正管理，防范人为干扰的一项新举措。

【科技创新产业基金签约仪式举行】 7月30日，景德镇市科技创新产业基金签约仪式在市发展中心举行。市委副书记吴隽，中银证券股份有限公司董事会秘书兼财务总监刘国强，中国银行江西省分行副行长马健雄出席仪式并分别致辞。中银国际投资有限责任公司总经理金坚作为基金管理人代表与市政府出资方代表签署合作协议。这是全省地市级首支政府引导产业基金，母基金初始规模10亿元。

【加大财税支持经济发展力度】 2022年，景德镇推进国家减税降费政策落地见效，完成增值税留抵退税39亿元；“财园信贷通”等财政金融工具累计撬动社会资本73.1亿元；设立全省地市级首支政府引导产业基金——景德镇市科技创新产业基金，母基金初始规模10亿元；争取中央预算内基建资金9.1亿元，发行地方政府债券71.54亿元，有力支持乡交通、水利等领域86个重点项目建设；大力压减一般性支出和非急需、非刚性支出，全市合计压减约6亿元；完善结转结余资金收回机制，盘活财政存量资金7.1亿元；收到上级直达资金37.26亿元，支出28.13亿元。

【防范财政运行债务风险】 2022年，市财政坚持把“三保”（保基本民生、保工资、保运转）放在优先位置，规范建立县级“三保”专户；加大财力下沉力度，科学调度库款，向各县（市、区）调度库款31.14亿元；严格执行政府债务限额管理制度，严禁新增政府隐性债务，多渠道筹措化债资金，按计划有序化解存量政府隐性债务；加大专项债项目收益催缴力度，上缴资金3.29亿元；加大专项债券下沉力度，下沉专项债券资金11.15亿元，开启全市专项债由县区承接和专项债收益上缴历史；2022年10月，出台《景德镇市本级政府融资平台优化升级实施方案》，稳步推进融资平台公司整合升级。

【及时落实民生保障资金】 2022年，市财政统筹落实乡村振兴资金2.58亿元，落实高标准粮田建设项目资金3.48亿元；推动农业保险提标、增品、扩面，全市农业保险保费规模达到7141万元；落实社会水利投资26.04亿元，支持景德镇水利枢纽工程等重大水利项目建设；启动《景德镇市新型冠状病毒感染的肺炎疫情防控财政应急保障方案》，紧急调拨1亿元库款资金到各县（市、区），落实援万隔离工作经费3598万元；发放稳岗返还资金1347万元，就业“直补”资金599.7万元，创业担保贷款贴息资金212.21万元；安排教育资金支出35.74亿元；统筹安排文化旅游专项资金1.36亿元；落实科技专项资金1.13亿元；统筹预算内生态环保资金5000万元，争取上级生态环保专项资金7200万元。

【深化财政预算、投资、决算等管理改革】 2022年，先后下发《景德镇市关于进一步深化预算管理制度改革的实施意见》，推动预算编制、预算执行、决算和财务报告全面融入预算管理一体化系统；下发《景德镇市公路养护领域财政事权和支出责任划分调整实施方案》《景德镇市全域公交一体化改革市与县（市、区）支出责任划分实施方案》，完成全市县区法检两院财物统一管理改革，稳步推进教育等领域改革；下发《景德镇市市级政府投资建设项目投资评审管理办法》《景德镇市本级基本建设项目竣工财务决算审核批复管理办法》，强化市级政府投资项目预、决算和财政投资评审管理；推行政府采购供应商基本资格条件承诺制，制定景德镇市政府采购负面清单和“首违轻微违法”免罚事项清单，推动建成政府采购“不见面开标”系统和不见面开标政府采购专厅，全面完成政府采购领域12项营商环境评价指标；加快完善预算绩效管理体系，对二类和三类项目支出绩效目标开展重点审核。

【念好财政监督的紧箍咒】按照《景德镇市陶瓷产业发展资金绩效评价工作方案》，对陶瓷产业财政资金使用情况开展绩效评价；加强政府采购监管，市本级完成采购预算金额2.14亿元，实际采购金额2.13亿元，节约金额约1000万元；强化政府投资评审，评审市本级政府投资建设工程项目19个，报送评审金额1.49亿元，定审金额1.31亿元，审减金额1827.59万元，审减率12.23%，有效提升财政资金使用效益。组织开展全市地方财经秩序专项整治行动、地方预决算公开情况专项检查、会计信息质量核查、“吃公函”“三公”经费管理等监督检查。

（彭德凤）

税　务

【概况】2022年，全市税务系统组织各项税费收入342.20亿元。其中，税务系统口径税收收入77.60亿元，同比下降32.5%；海关代征进口税收422万元，同比下降66.6%。社会保险基金收入44.87亿元，非税收入214.70亿元，其他收入5.03亿元。其中分税种收入，国内增值税收入18.26亿元，同比下降60.5%；国内消费税收入2.75亿元，同比增长17.0%；企业所得税收入17.59亿元，同比下降0.1%；个人所得税收入5.22亿元，同比增长20.4%；车辆购置税收入2.63亿元，同比下降27.5%；资源税收入4378万元，同比增长32.6%；城市维护建设税收入2.81亿元，同比下降5.6%；房产税收入1.93亿元，同比增长14.7%；印花税收入1.11亿元，同比下降8.7%；城镇土地使用税收入3.11亿元,同比增长3.3%；土地增值税收入6.86亿元，同比下降29.3%；车船税收入1.37亿元，同比增长127.4%；耕地占用税收入4956万元，同比下降68.3%；契税收入12.92亿元，同比下降33.8%；环境保护税收入992万元，同比下降29.8%。

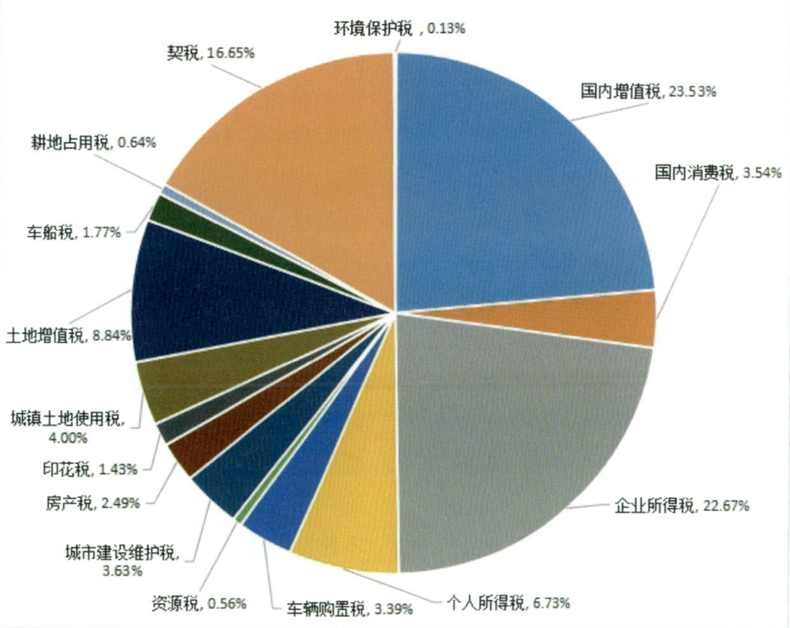

各税种收入占总量比重

【组织税费收入】严守组织收入原则，有效防范税收风险。全年组织税费入库342.2亿元，税收结构持续优化，平台税收由28.95亿元下降到8.77亿元，下降69.7%；财行税比重由34.5%下降到26.7%。着力挖潜增收，工业“三个千亿”工程中，精细化工、陶瓷、航空税收分别增长46.4%、46.1%、37.3%，零散税收车船税入库1.37亿元，同比增长127.4%；重点工程项目税收入库7.4亿元，同比增长10.6%。贯彻税费并重理念，承接好国有土地出让金等征收职能，组织社保费及非税收入264.6亿元。聚焦稽查执法主业，查补入库税收1.4亿元。

【落实税费支持政策】坚决贯彻党中央、国务院决策部署，不折不扣落实新的组合式税费支持政策，全市新增退税减税缓税降费总额51.1亿元，占税收收入总量的43.80%。惠及7.3万个市场主体，占登记户数的60.83%。充分发挥督审和稽查职能，内防疏漏、外防骗税，保障国家税款安全，通过六部门常态化打虚打骗机制，立案查处6起涉嫌骗取退税案件，曝光1起。

【社会保险费】2022年，入库社会保险基金收入44.87亿元，其中，企业职工基本养老保险21.71亿元，职工基本医疗保险9.25亿元，机关事业单位基本养老保险8.29亿元，城乡居民基本养老保险9616.84万元，城乡居民基本医疗保险3.57亿元，工伤保险5058.16万元，失业保险5794.67万元。

【陶瓷税收管理】 成立实体化运作的陶瓷行业税收管理服务办公室，构建“陶瓷智税”管理模式，全市享受国家试验区手工技法制瓷增值税优惠政策的纳税人273户，同比增加227户，增长493%，减免税额同比增加2.01亿元，增长334%。全市先进陶瓷企业从2021年的86户增加到165户，增幅91%。入库陶瓷税收7.65亿元，同比增长46.1%，实现了两年翻番，其中：入库先进陶瓷税收2.5亿元，同比增长171.8%；入库日用陶瓷税收2.18亿元，同比增长53.1%。入库税收是2021年的48倍。加快搭建“标准+认证+溯源”为基础的陶瓷品牌公共服务平台，深化陶瓷知识产权保护；创新运用“税收大数据智慧服务平台”分析陶瓷上下游链条供需信息，助推构建全要素、高质量的“陶瓷经济”生态链。陶瓷行业规上企业286家，同比增长115%。

【办税缴费服务】 建成“城区一体化集中审核审批中心”，将城区5个区局71个办税事项前移，实现城区集中征收、集中审核审批，提高办税缴费效率。审核审批中心一站式办结各类事项2.3万户次，即时办结率达95.3%，办税时间平均压缩82%，留抵退税审批从6.5天缩减至半天以内。做法被评为全市营商环境十大优秀案例，入围第一批“江西省普法依法治理创新案例”。通过“税收+政务、邮政、商圈、社区”合作模式，打造5分钟税费服务圈，创优“景快办”政务服务品牌。设立“简事快办”专区，设置“一分钟”专窗；优化“发票网上申领、邮政配送上门”服务，即时专人审核领用申请；在全市城区各街道社区等安放自助办税终端，组织社区志愿者提供社保费缴纳等服务。累计提供“最多跑一次”服务115.6万笔，“一次不跑”服务18.7万笔，实现98%以上办税事项一次办结。做出首违不罚389件。帮助425户纳税人复评、修复信用等级，“银税互动”发放信用贷款16.2亿元。出台《办税服务厅规范化建设手册》,2个办税服务厅获评“一星级全国青年文明号集体”。

【征收管理】 做好企业所得税汇算清缴，2.8万户实行汇算，补税3.8亿元。组织个人综合所得汇算，10万人次完成申报。落实婴幼儿照护费用纳入个人所得税专项附加扣除政策，4925人次办理申报，被纳入市为民服务十件实事之一。强化分类风险应对，用好市“大数据中枢平台”等第三方数据，风险应对316户次，查补入库7516.9万元。国有土地使用权出让收入、矿产资源专项收入划转工作平稳有序开展，征收国有土地使用权出让收入210.3亿元。新业态从业人员职业伤害保险率先在景德镇开展试点工作，5月1日起正式在全市开征，889家企业缴纳保险489.2万元，惠及企业职工48.9万人次。

【落实《关于深化税收征管体制改革的意见》】 落实落细中办、国办《关于深化税收征管体制改革的意见》，对照“四精”目标，强化工作落实。制定年度改革任务51项，逐条抓好落实。聚焦分类分级管理，在浮梁县税务局开展“五员”管理体系试点工作，逐步在全市推广。推行不动产登记“政务服务+区块链”办理新模式，乐平市税务局办税服务厅获评江西省不动产登记办税“一窗综合受理”示范窗口。强化电子税务局、赣税行、赣服通的推广应用，推动办理量大、频次高的业务实现“指尖办”“掌上办”“非接触式”办理业务量占比达78.5%。

【“税务+司法”合工作机制】 建立“税务+司法”不动产司法处置涉税事项联合工作机制，减少涉税事项纠纷。联合市中级人民法院出台两个规范性文件，创新司法协助税费缴纳程序，突破以往“法拍房”交易和企业破产案件中税费难以征缴的困境。运行以来精简各类材料报送50%，当事人办理业务的时间由平均5天减少至2天，完成“法拍房”交易和破产案件税费征收40笔，征缴税费3041万元。

（林　瑶）

丽阳镇方家村演出（洪东亮）

金 融

银行业

中国人民银行景德镇市中心支行

【概况】 2022年，中国人民银行景德镇市中心支行传导货币政策，全力维护金融稳定，持续优化金融服务，推动了全市金融总量持续增长，信贷结构进一步优化，为国家陶瓷试验区建设和全市经济高质量发展提供了有力金融支持。年内，全市新增本外币各项贷款232亿元，创历史同期新高，至年末，全市本外币各项贷款余额1576.8亿元，同比增长17.3%，高于同期全省各项贷款增速5.4个百分点，增速位列全省第三，连续20个月位列全省第1方阵。

【惠企纾困政策】 2022年，协助政府出台6个惠企纾困政策文件，发布做好疫情防控和经济社会发展金融服务承诺书，多渠道加大政策宣传，推动民生领域贷款大幅增长。引导金融机构用好结构性货币政策工具，结构性货币政策工具应用基本实现全覆盖。研发“银企产融对接云平台”，向银行推送重点项目654个、专精特新等各类企业1186个。围绕“景漂”、电商、陶瓷创客等新市民群体特点，创新推出“电商户贷通”“景漂贷”等特色信贷产品，做优“瓷都”特色金融工作。印发文件对银行机构党委（党组）贯彻落实党中央、国务院重大金融政策支持地方经济高质量发展情况进行通报，对落实金融政策不到位的银行机构进行约谈；组成7个小组对全市银行机构惠企纾困政策落实情况开展专项督查。年内，全市制造业贷款余额同比增长36.7%，比上年提高15个百分点，普惠小微贷款余额同比增长24%，高于全市各项贷款平均增速6.6个百分点，全市房地产贷款余额较年初增量列全省第三位，是全省房地产贷款保持正增长的4个设区市之一。策应人民币国际化战略，推进跨境人民币业务，景德镇成为全省仅有的3个同时完成2项占比目标考核的地市。

【金融风险防控】 2022年，多次向市政府及相关部门、企业发送风险提示函，赴京参与汇报和推动银行间市场交易商协会恢复景德镇市发债通道，维护全省债务兑付“零违约”的良好局面。助力推进“三保”工作，向政府相关部门及有关银行发送多个提示函，加强与住建、银保监分局的工作协调，积极参与研商相关处置方案，推动涉险楼盘全部复工。在全省率先开展早纠衔接工作，针对1家地方法人机构的风险问题加强与属地政府沟通，促成属地政府和风险机构分别落实好属地和主体责任。全市4家地方法人机构央行评级结果实现全面优化，为自2018年开展央行评级工作以来最好成绩。

【优化金融服务】 2022年，举办全市金融系统“扫黑除恶·反洗钱·防诈骗”大型主题宣传，开展“优化账户服务 全民反诈防骗”直播宣传，对120个银行机构网点优化银行账户服务情况抽查暗访；狠抓电信网络诈骗治理，涉案账户数量从全省第六位降至第十位，新增涉案账户数连续4期通报全省最少。成功推动5例洗钱案件判决，其中3例为自洗钱案。举办“征信卡通形象大使征集大赛”“拒绝电诈 珍爱信用 创业护苗”等活动，受众面超10万人次。推动应收账款池融资试点，运用中征应收账款融资服务平台为企业促成融资228笔共30.6亿元，成交笔数列全省第四位。“解征信急难，助企业融资”入选全市“优化营商环境十大典型案例”。办理增值税留抵退税1566笔，金额38.64亿元，惠及企业1461家；疫情防控期间拨付防控资金19笔1.09亿元；国库电子化退税作为惠企纾困特色工作登上“红榜”；加强商业银行代理国库业务监督，探索代理国库业务巡访机制；开展“国债科普 理财有招”直播，收看者达3000余人次。协助市政府制定《中国（景德镇）跨境电子商务综合试验区实施方案》，在全省率先开展市场采购贸易方式试点。推进优质企业贸易外汇收支便利化试点扩容增效，新增试点银行网点3家、试点企业4家，办理贸易便利化业务2.56亿美元。3次开展汇率避险政策宣讲，覆盖全市200余家企业，其中，38家企业成功试水汇率避险业务。相关做法被《市营商环境优化升级工作简报》推介，获企业赠送锦旗。推进“瓷之源”金融教育示范基地建设，创新金融教育精品课，5大类21节课程均可在教育基地展播，均上线抖音宣传账号，点播观看超1.1万次。深入老年大学开展“普及金融知识 守住钱袋子”主题宣传，创办“我的开学（创业）第一课”等系列金融教育活动。与景德镇市中级人民法院联合出台《关于建立金融纠纷多元化解工作机制的实施意见》。根据人民银行南昌中心支行授权，如期完成对乐安县农商银行异地综合执法现场检查。推行现金服务网格化管理，开展全市银行机构现金服务知识与技能竞赛，对33个网点进行小面额人民币现金服务暗访，成功处置6起拒收人民币现金投诉，开展现金服务“适老化”调研。

（朱艺玲）

中国农业发展银行景德镇市分行

【概况】 2022年，中国农业发展银行景德镇市分行（简称“市农发行”）立足自身“三年发展规划”要求，实现“业务经营、基础管理、党建融合、队伍建设”四个提升，全力服务稳住“三农”基本盘和经济大盘。到年底，各项贷款余额突破200亿元大关，对公贷款市场份额及净增额在全市金融同业中均排名第一。中间业务大幅增长。超额完成国际业务结算任务。先后获“金融服务景德镇国家陶瓷文化传承创新试验区建设优秀单位”“金融服务工业倍增三年行动优秀单位”“政策性贷款发放优秀单位”“2022年度景德镇市反假货币工作先进单位”等荣誉。年内，辖区乐平市支行被江西省银保监局评选为“绿色支行”，全省仅15家支行获评；辖区浮梁县支行被总行通报表彰，授予第七届“中国农业发展银行文明单位”称号，全省仅3家单位获评。

【推进“三农”主责主业新发展】 2022年，农发行景德镇市分行顺应粮食收购市场化改革趋势，落实储备计划、保障储备安全、抓好库存管理，坚决扛稳服务国家粮食安全的政治责任，确保贷款发放及时、监管到位。推广信用保证基金、竞拍贷、定购贷等新模式，拓展煤炭石油能源储备、粮棉油进口业务等新业务，促进业务转型发展。全年累计投放粮食类贷款4.85亿元，全力支持保障国家粮食安全。

市农发行支持的“高岭·中国村田园综合体”项目建设

【探索政策性金融服务乡村振兴新路径】 2022年，农发行景德镇市分行坚持“融资融智”理念，不断探索服务乡村振兴新路径。创新“产业+”业务模式，保障风险可控前提下拓宽增信方式，发放2.39亿元林权抵押贷款、6.92亿元农村土地经营权抵押贷款，盘活农村“沉睡资产”，将生态优势转化为发展优势；对接地方农业农村部门种业发展规划、实际情况、金融需求，立足地方产业特色，发放1000万元贷款助力种业振兴。创新“金融+企业+N”综合赋能新模式，持续支持“高岭·中国村田园综合体”项目建设，全力服务巩固拓展脱贫攻坚成果同乡村振兴有效衔接。

【厚植“合规护航发展”新理念】 2022年，农发行景德镇市分行开展年度“合规护航发展”主题文化月活动，打造合规文化宣传阵地，稳步推进“合规农发行”三年行动，全年累计上报合规工作调研报告1篇、内控合规金点子2个。坚持学训结合，压实“三合一”专员监督责任，全年辖内专员共配合季度反洗钱检查2次、参训“监督专员能力提升大讲坛”4次、被上级行抽调参与巡回检查及审计2次、撰写专员经验总结及调研报告3篇，实现合规文化理念内化于心、固化于制、外化于行。

【连续五年获“全市平安建设先进单位”称号】 2022年，农发行景德镇市分行围绕中共二十大安保维稳工作主线，全面落实安保工作“日巡察、月分析、季检查、年总结”机制，连续五年荣获“全市平安建设先进单位”称号。

【成功办理首笔“保交楼”专项业务】 8月31日，农发行景德镇市分行成功获批“保交楼”专项借款10.78亿元，并在36小时内发放全省农发行首笔5亿元。

（朱沙莉）

中国工商银行景德镇分行

【概况】 2022年，中国工商银行景德镇分行落实监管要求，统筹推进巡视整改、经营管理、疫情防控和安全生产，主体经营指标保持了持续向好、稳步上扬的态势，内部管理基础进一步夯实。全年实现营业收入8.30亿元，增幅13.94%；拨备前利润6.53亿元，增幅18.17%；净利润4.17亿元，增幅14.42%。各项存款余额209.65亿元，较年初增长14.48亿元。各项贷款余额216.51亿元，较年初增长34.81亿元。不良贷款余额1.14亿元，不良率0.53%，拨备覆盖率385.31%。

【助力实体发展】 2022年，分行聚焦景德镇市产业布局特点，主动对接省市重点项目，加大对景德镇陶瓷文化创新试验区建设、“5020”（50亿和20亿产业投资企业）招商引资等重点建设项目的信贷投放力度。落实“工业强省战略”和“金融保链强链行动”要求，深入开展“金融支持制造强国”“专精特新 工行先行”等专项行动。实现全年各项贷款净增39.57亿元，其中，制造业贷款净增19.12亿元、绿色贷款净增18.82亿元、民营企业贷款净增1.63亿元，增幅分别达74.72%、164.65%和9.06%，以实际行动践行国有大行担当。

【推动金融产品和服务创新】 2022年，分行深入开展“工银普惠行”“千名专家进小微”等系列活动，围绕景德镇市重点推进的线上陶瓷产业、数字经济集聚区、专精特新“小巨人”，绿色节能降碳等重点领域，加强产品和服务创新，运用“跨境贷”“电力贷”“税务贷”等数字普惠新场景加大政策支持和资源倾斜，创新推出“景德陶瓷贷”特色产品，推动普惠金融扩面提质，全年实现银监普惠口径贷款净增5.8亿元，增幅44.6%。同时，下沉服务重心，加大对涉农产业支持力度，推动脱贫攻坚成果同乡村振兴有效衔接。年内涉农贷款净增7.66亿元，增幅48.57%，系统排名第一。建设“兴农通”农村普惠金融服务点2家，推动金融服务“进镇入村”，延伸触达范围。

【开展惠民生活动】 2022年，运用政策及产品优势，以信贷支持、场景建设等为抓手，为市场主体“减担子”，为民生消费“增动力”。推进助商惠民计划，联合景德镇珠山区文旅局开展“2022年中国旅游日消费优惠活动”，围绕居民“衣食住行”高频场景，推出“爱购567”“加油满减”等线上线下惠民消费活动，帮助消费“热”起来。全年累计投放促销费用超200余万元，参与活动人数近16万人次，有效带动超市购物、餐饮、加油等消费2300万余元。全面落实各项稳企纾困政策，为小微企业和个体工商户提供延期还本付息支持。全面落实各项减费让利政策主动承担包括贷款抵押登记费、抵押物评估费、保险费和公证费等手续费用，坚持“房住不炒”定位，全力支持“保交楼”工作，累计发放个人住房贷款2127笔、金额10.2亿元。

（江　勇）

中国农业银行景德镇分行

【概况】 2022年，中国农业银行景德镇分行（简称“景德镇农行”）各项存款时点余额218.5亿元，较年初增加26.66亿元；核心存款日均余额206.9亿元，较年初净增23.6亿元；各项贷款余额173.7亿元，较年初增加28.1亿元。年内实现中间业务收入0.87亿元，营业收入7.44亿元，净利润4.14亿元。

【助力实体经济发展】 2022年，景德镇农行支持景德镇市重大项目贷款融资需求，积极对接工业园区、产业聚集区、科技产业园区等平台，推广“抵押e贷”“房抵e贷”“纳税e贷”“微捷贷”等产品，严格执行减费让利政策，降低小微企业融资成本，提升小微企业及企业主融资可得性和便利度。围绕国家粮食安全，与市工商联推进“万企兴万村”行动，推广“联企兴村贷”金融服务模式；重点关注县域、涉农领域基础设施建设规划，优先支持重要农产品稳产保供，加强对粮油、蔬菜、水果等经济作物种植户以及畜牧、水产养殖等经营户的贷款投放。全年对公实体贷款净增15.77亿元，涉及制造业、绿色信贷等实体企业和重点工程；农业贷款净增1.85亿元；乡村产业贷款净增5.2亿元；涉农贷款净增7.64亿元；普惠领域贷款净增3.88亿元。年内获评景德镇市银行业金融机构外汇稳企纾困先进集体、人行服务乡村振兴考核评估优秀等级、金融服务景德镇国家陶瓷文化传承创新试验区建设优秀单位、景德镇市绿色金融工作优秀单位、景德镇市政策性贷款发放优秀单位。

【经营转型推动改革发展】 2022年，景德镇农行制定并全面启动《优化网点劳动组合、提升网点营销能力工作方案》，辖内30个营业网点全面试点；实施网点主任薪酬体系改革，出台了《网点负责人绩效薪酬管理指导意见》，进一步加强绩效考核管理；制定出台《对公业务下沉网点实施意见》《对公客户分层管户考核评价实施细则》《对公标杆网点考核实施意见》等制度办法，将对公业务、客户经理、审批权限下沉到营业网点；制定出台《零售业务转型实施意见》，切实提升网点综合服务能力。加快数字化转型，执行线上展业赋能措施，依托智迎客、标签中心、DCRM、CMM等数字化工具，将单纯线下传统作业模式转变为线上线下协同作业，加大校园、医疗、民生等领域高频场景服务，提升居民生活便利度。

【精细管理打造平安农行】2022年，员工管理方面，景德镇农行深入开展“五型机关”创建活动和机关作风满意度评价，以活动创建促进工作、推动发展，推动党员干部能力提升、作风转变；开展“合规教育年”活动，抓牢员工行为管理；通过开展网点文明服务及监管投诉弱项指标专项治理活动，提升文明服务水平。资产质量方面，加强信贷风险管控能力，加强信贷政策的落实与传导，严格业务真实性审查，严防新增不良，2022年不良贷款下降1135万元，不良率0.45%，较上年年末下降0.16个百分点，实现不良“双降”。安全生产方面，严格落实安全生产责任制，开展安全生产隐患大排查，推进平安农行建设；深入开展“三化三铁”创建，建立健全金库“查、改、防、处”闭环管理机制，夯实金库风险管理基础；加强全行网络安全防护和数据安全管控，强化互联网应用安全；制定《中国农业银行景德镇分行治理电信网络诈骗专项行动方案》，开展电信网络诈骗专项行动，电信网络诈骗高发态势得到有效缓解。年内获评人行综合评价A类行、市平安建设先进单位、现金管理先进单位。

（戴淑媚）

中国银行景德镇市分行

【概　况】2022年，中国银行景德镇市分行（简称市中行）人民币各项存款时点四大行市场份额16.77%，较上年末提升0.60个百分点，提升幅度四大行第一。人民币各项贷款时点四大行市场份额18.48%，较上年末提升1.01个百分点，提升幅度四大行第一。实现净收入3.57亿元，增幅13.38%；拨备前利润2.56亿元，增幅20.20%；净利润1.62亿元。累计实现表内不良清收化解2104万元，表外核销呆账累计收回386.17万元。年内，市中行荣获市人行颁发的年度征信工作考核优胜单位、年度货币金银业务综合工作先进单位等荣誉称号，获年度昌江区企业纳税十强荣誉称号，获评年度国家外汇管理局外汇业务合规与审慎经营评定等级A级。

【开展消费者权益保护知识普及宣传活动】3月15日，为引导金融消费者树立理性投资、理性维权的观念，进一步提高金融消费者的权责意识和风险意识，构建和谐绿色的金融消费环境，市中行成立金融知识宣传小分队，分批走进养老院、社区、乡镇、企业和老年大学，通过发放反诈宣传手册、防范非法集资宣传折页和知识讲座等形式，提高各类消费群体对非法集资、电信诈骗等不法行为的识别能力，提升金融风险防范意识。

【普及金融知识万里行系列宣传活动】6月，为进一步保障广大金融消费者合法权益，帮助金融消费者树牢风险防范意识，提高风险识别能力和树立正确消费观念，市中行开展“普及金融知识万里行”系列宣传活动。活动按照“金融宣传反诈周”“金融宣传征信周”“金融宣传处非周”3个宣传周主题，通过“线上+线下”相结合的方式开展。

【“6·15”防范非法集资集中宣传日活动】6月15日，为切实做好防范非法集资宣传教育工作，不断提升社会公众对非法集资的防范意识和能力，市中行以“守住钱袋子·护好幸福家”为主题，在市中心人民广场开展宣传活动，现场宣讲防范非法集资、防范电信诈骗、反洗钱等知识以及金融消费者权益保护知识并发放宣传品。

【“倡导诚信兴商理念 护航健康外汇市场”系列宣传活动】6月22—24日，为优化对外开放营商环境，支持当地企业对外贸易的高质量发展，市中行以独家合作银行身份参与市商务局对全市外汇企业全覆盖的三场专场政策宣导会。活动中，市中行通过“以案说法”的形式详细讲解非法炒汇的特征、表现形式、社会危害性等内容，并与各园区及外贸企业代表分别就跨境人民币结算、外汇衍生品等内容展开深入探讨。

【刘层慧在景调研】7月5—6日，省中行副行长刘层慧在景德镇开展工作调研，参加座谈研讨、走访重点企业、慰问基层员工。调研期间，先后走访陶文旅集团和景德镇黑猫集团，深入数字经济孵化基地和企业车间现场了解经营生产情况，并前往一线网点慰问基层员工。

【刘锋在市中行开展防疫督导并慰问】 11月24日，市委书记刘锋在全市开展防疫督导时，到市中行进行慰问，与驻守人员亲切交谈，并对疫情防控工作作重点要求。市人大常委会副主任、市委秘书长罗建国，副市长、市疫情防控指挥部副指挥长江民强，景德镇市分行主要负责人及相关行领导陪同慰问。

（吴承臻）

中国建设银行景德镇分行

【概况】 2022年，中国建设银行景德镇分行（下文简称“景德镇建行”）统筹做好疫情防控和服务实体经济，各项业务总体保持稳健发展。年内，景德镇建行克服理财回表到期回收的重大影响，对公信贷业务持续新增。被建行江西省行评为2022年投行资管中收拓展先进集体、债券承销规模拓展先进集体、理财资产业务引领先进集体。

【反赌反诈反洗钱工作】 2022年，景德镇建行健全可疑交易监测机制，引导一线员工主动识别和报告客户异常交易行为；坚决打好打击治理电信网络诈骗工作阻击战，及时研究调整措施，加强可疑账户管控和处置；按照人民银行的规范要求，完成金融教育示范基地的升级建设，组织示范基地开展以金融诈骗、反假币为主题的反洗钱宣传活动，获得人民银行的好评。

【金融科技助力地方经济】 2022年，景德镇建行巧用建行生活平台优势促进地方政府消费政策落地，全年累计发放政府消费券440万元。推进三资平台上线运营，实现农村集体经济组织客群的获客、活客。年内共开立农村集体经济组织账户91户，激活63户，实现资金沉淀305万元。

【政策工具运用】 2022年，贯彻落实人民银行关于绿色低碳转型金融支持工作要求，加大结构性货币政策工具运用力度，落实信贷投向，发挥精准滴灌、杠杆撬动作用。年内景德镇建行通过碳减排支持工具、普惠养老专项再贷款、设备更新改造再贷款、科技创新专项再贷款、交通物流专项再贷款五项结构性货币政策降低企业融资成本。五项政策工具运用排名均进入前四，其中碳减排贷款实现全市首笔投放、普惠养老专项再贷款位列第一。获人民银行结构性货币政策工具运用优秀单位。

【获评多项金融机构优秀单位】 2022年，为发挥先进引领作用，激励担当作为，凝聚奋进力量，经市政府金融办、人行景市中心支行、景德镇银保监局考评，市政府决定，对年度全市金融工作成绩显著的单位给予通报表扬。其中景德镇建行获评金融服务工业倍增三年行动优秀单位、普惠金融工作优秀单位、跨境人民币业务及外汇服务优秀单位、政策性贷款发放优秀单位；至年底，景德镇建行首个完成外管局远期结汇，外汇期权全年任务。

【助力实体经济提质增效】 2022年，景德镇建行支持发展住房租赁推动住房体制改革，加快改善居民，尤其是城市新居民的住房条件，推动新型城镇化的发展。全年支持发展保障性租赁住房投放6.55亿元，分别为长租房6.5亿元、住房租赁0.05亿元；为提高医院诊疗服务能力，保证医疗质量。年内景德镇建行支持医院设备改造升级项目2个，投放0.40亿元。

【开展“服务提能创优年”活动】 2022年，景德镇建行落实市政府双“一号工程”要求，进一步优化营商环境，制定《景德镇市分行2022年“网点服务效能提升年”活动实施方案》及活动细则，围绕活动目标，明确“四优化、六增强”等10项重点工作，推进物理渠道服务提质，经营增效。制定《员工职业形象专项整治行动方案》，开展服务治理工作，全面提升网点员工职业形象。

（胡超凡）

交通银行景德镇分行

【概况】 2022年，交通银行景德镇分行走访景德镇各级政府、企事业单位的力度，主动对接市重点项目、重点企业融资需求，切实服务实体经济。年内各项贷款余额达79.95亿元，较年初增长16.81亿元，市场份额占比10.29%；实现贷款累计投放49.83亿元，各项贷款增量位于全省首位。支持小微企业，普惠贷款余额较年初增长1.86亿元，增速达32.28%，高于各项贷款增速5.65%；支持制造业高质量发展，制造业贷款增长3.52亿元；

保持乡村振兴力度不减，涉农贷款增长 4.05 亿元。

【金融支持抗疫工作】 2022 年疫情期间，景德镇交行坚持发挥“两个作用”，在分行党委的带动下，各经营单位共为 20 名客户办理无还本续贷 1790 万元，发放各类贷款 62005 万元，为企业办理开户 85 户；全行 14 名党员主动报名参加全市抗疫志愿者工作，分行金融抗疫工作受到景德镇市委、市政府的肯定。

【推动转型发展】 2022 年，景德镇交行持续完善经营管理体制机制。在浮梁县筹建综合网点，成功开始试营业，分行机构在景德镇“两县两区”实现全域覆盖；抓实“插旗破冰”重点攻坚，新增“插旗破冰”客户 21 户，成功获得高新区、昌江区财政国库集中支付业务代理资格，带动新开立机构客户 5 户、重点企业客户 2 户；深入推动零售转型，组建个贷、信用卡直营团队，优化展业模式，零售资产市场份额占比 7.9%，较年初提升 63 个基点，新增信用卡活户 3434 户，全辖贡献度较年初提升 1.33%；优化薪酬激励机制，加大全员全产品计件计价考核力度，打破机关管理部门“同分同酬”现象，年内业务经营管理岗位人均绩效工资提高到同职级管理部门岗位的 1.25 倍。

【争先创优】 2022 年，景德镇交行获评江西省交行优秀经营单位一等奖；分行还以全市最高分获评市人民银行政策和管理规定 A 级金融机构，先后获评全市金融消费者权益保护工作先进单位、征信考核优胜单位，普法工作先进单位、国债发行先进单位等光荣称号；百花支行党支部获评交通银行 2022 年“攻坚堡垒”基层营业网点党组织；公司部、乐平支行、浮梁支行绩效考核排名位列全行前三；多家经营单位实现兴农 E 贷、普惠 E 贷、蕴通 E 智、五大领域专项再贷款、增信流水贷、代投国债等业务创新突破。

【驰援上饶交行守住业务不中断的风险底线】 4 月 24 日，上饶交行面临可能安排集中隔离、业务连续性无法保障的风险时，景德镇交行派出骨干力量组成工作组，临时接管上饶分行，确保交行在上饶地区金融服务不断档。第一批工作组成员，于凌晨 5 时驱车赶赴上饶分行；5 小时后第二批工作组成员接着赶赴上饶交行；截至当日下午 16 时，工作组顺利进驻上饶分行大楼并接管相关系统、业务，完成第一笔业务处理，上饶分行业务连续性风险得以解除。景德镇交行为上饶交行、江西省交行经营管理安全有序运转做出了贡献。

（吴玉婧）

邮政储蓄银行景德镇市分行

【概况】 2022 年，邮政储蓄银行景德镇市分行（下文简称“分行”）辖内设有 2 个县市支行，营业网点 42 个，其中，自营网点 12 个，邮政代理网点 30 个，内设 13 个一级部门、4 个二级部门，共有在岗员工 252 人。年末，分行各项存款余额 152.19 亿元，年净增 16.78 亿元，存款规模列全市六大国有商业银行第四位；各项贷款余额 82.29 亿元，年净增 7.48 亿元，贷款规模列全市六大国有商业银行第 5 位；2022 年末逾期率 0.66%，不良率 0.61%，保持在全市同业的先进水平。邮政储蓄银行景德镇市分行于 2008 年 2 月成立，秉承“进步，与您同步”的发展理念，始终围绕“世界瓷都，航空工业摇篮”这篇特色文章，高协同融入景德镇国家陶瓷文化传承创新试验区建设，呈现出了良好的发展态势。分行获评 2022 年度景德镇国债工作先进集体；该行员工获全省五一劳动奖章、全省邮储银行优秀共产党员、2020—2021 年“惠聚邮行”跨年度专项营销活动高光时刻理财经理明星奖等。

【助力地方经济发展】 2022 年，坚持做好对基建投资、小微企业、科技创新、制造业、绿色发展、个体工商户等重点领域的金融服务，全年制造业贷款净增 5.52 亿元，同比增速达 139%，列全市同业第二位。分行推出流水贷、极速贷等特色产品，以批发联动的模式“贷动”建材、汽车、陶瓷等地方特色产业。围绕“专精特新”企业，分行以创新产品、优化服务为切入点，推出多种针对“专精特新”企业的新产品。2022 年景德镇市分行小企业法人贷款计划完成位列全省邮储银行第一位。年内分行持续保持与市县各级平台企业、各个工业园区等重点客户的合作关系，加强沟通协调，强化项目对接。2022 年仅新增的 2 户银团项目贷款就实现投放资金 11.47 亿元，实现政银企多方共赢。

【推出普惠金融】 2022 年，分行不断降低小微企业融资综合成本，年内景德镇市分行小额贷款利率同比降低 41BP、小企业贷款利率同比降低 32BP、普惠小微企业贷款利率同比降低 37BP，携手景德镇市总工会创新推出“瓷都工贷”贷款产品，优化产品担保方式，通过工会贴息进一步降低利率，有效惠企纾困、助力发展。

（万文杰）

江西银行景德镇分行

【概况】 2022年景德镇分行资产总额202.73亿元，较年初增加20.24亿元，增幅11.09%。存款余额195.74亿元，较年初增长17.26亿元，其中对公23.84亿元，较年初增长4.17亿元，储蓄171.90亿元，较年初增长13.09亿元；贷款余额111.97亿元，较年初增长17.04亿元，其中对公81.23亿元，较年初增长17.68亿元，个贷30.74亿元，较年初增长0.64亿元。实现拨备前利润16119.33万元，较上年同期增加4429.11万元；增长37.89%。不良资产控制额10941.09万元，不良贷款率0.77%，较年初下降0.05%。

【机构改革】 4月，启动机构人事改革，按部室整合、双向选择、人员分流三个阶段稳妥推进，通过精兵简政，实现减员增效，机关部室从原来13个减少至9个，机关部室人员总数由原87人精简至58人，27名机关员工分流至网点和业务团队，助力构建“厅堂、外拓、线上”立体综合营销体系。

【公司金融】 2022年，全面实施营销网格制，推动机构业务发展，全年机构账户存款日均增长2.84亿元。开辟资金来源新渠道，成功中标一手房监管资金、昌江财政、珠山财政集中支付招标。成功引存鱼山码头、第一小学改扩建、昌河西区开发等工程项目专项债资金4.30亿元。“借力”信用证及银承业务撬动保证金存款增长3.81亿元。灵活运用国内证及福费廷业务，实现跨境人民币业务量3913.89万元。围绕绿色金融、乡村振兴、国家陶瓷文化传承试验区建设等重点领域，强攻项目储备，实现三河购电子商贸新增投放2亿元，国新建设新增投放0.4亿元，焦化能源新增制造业贷款0.59亿元，驰城杭萧新增绿色贷款6000万元，浮梁国联医疗新增1.60亿元乡村振兴贷款。通过银团贷款参团投放景德镇艺术职业大学4.5亿元项目贷款，发放陶阳置业房开贷款4亿元。

6月27日，由江西银行景德镇分行承办的“文企贷”政银企对接会在景德镇市名坊园召开

【普惠金融】 2022年，加快“云企链”“超抵贷”等普惠产品运用，实现普惠信贷投放上量。承办江西银行文企贷政银企对接会活动，积极推广文企贷信贷产品。持续扩大担保贷款合作渠道，与景德镇市中小企业融资担保有限公司签订合作协议及银担“普惠担保贷”批量担保业务产品担保合同。持续强化金融服务和信贷支持，切实解决小微企业融资痛点，“贷”动小微企业实现持续健康发展。至12月31日普惠小微企业贷款（不含贴现）余额9.27亿元，较年初增长4.30亿元；其中小微企业主和个体工商户的个人经营性贷款余额3.06亿元，较年初增长1.92亿元；普惠小微企业贷款户数为146户，较年初增长27户；小微企业主和个体工商户的个人经营性贷款户数为689户，较年初增长424户。普惠贷款占比由2021年底5.23%提升至8.28%。

【个人金融】 2022年，围绕“稳存量、拓增量”开展系列厅堂活动400余次，全心全意做好客户服务，提升客户厅堂体验满意度，全面提升“新江银 心服务”“省属重点企业”品牌内涵和影响力。重点加强结算性存款营销，持续推动基金、保险、贵金属等产品营销，扩大个人中间业务收入。推动消费类贷款和信用卡分期的营销，促进个人消费类信贷和信用卡分期业务收入。至12月31日个人储蓄存款余额为171.9亿元，较年初增长13.09亿元，存款日均余额164.5亿元，较年初增长12.53亿元。景德镇市内金融机构份额占比13.8%，排名第二。

【不良管控】2022年，对照清收处置任务目标，“一户一策”逐笔逐项拉出清单，咬定“压不良、防新增”目标，全面落实应诉尽诉，以诉促谈。至2022年12月31日，清收不良贷款6186.23万元，其中，表内完成2484.62万元，表外完成2917.23万元，委托清收完成784.38万元。（陈　丽）

景德镇农商银行

【概况】至2022年年末，景德镇农商银行内设16个机关部门，下辖59个营业网点，在岗员工664人。全行资产负债总额达到735.93亿元，存贷款规模达到534.33亿元，稳居本地金融机构第1位，其中，各项存款余额295.94亿元，较年初增加22.97亿元，各项贷款余额238.93亿元，较年初增加24.58亿元。全年累放贷款113.17亿元，累计缴纳税款1.55亿元，累计对571户、12.26亿元贷款实施延期还本付息，为实体经济降低融资成本超过5000万元。获评2022年度全省农商银行主要业务经营质效考评优秀单位、党建工作综合考评优胜单位、平安建设工作先进单位，景德镇市金融服务陶瓷试验区建设优秀单位、绿色金融工作优秀单位。

【与珠山区市场监管局签订《促进珠山区知识产权质押融资战略合作协议》】2022年，为助推营商环境优化升级“一号改革工程”，景德镇农商银行与景德镇市珠山区市场监管局签订《促进珠山区知识产权质押融资战略合作协议》，加强知识产权资源与金融资源的有机结合，引导和扶持中小微企业采取专利权质押方式实现专利权的市场价值，促进专利权市场化运用，支持实体经济发展。根据战略合作协议，双方将通过党建联建合作，支持辖区内拥有知识产权的中小微企业发展。景德镇农商银行将在符合国家产业政策及银行授信标准的前提下，给予珠山区市场监管局推荐的中小微企业授信总额度人民币3亿元，指定辖属珠山支行、昌河支行、广南支行、陶溪川支行及南河支行为业务主要经办网点，有效服务珠山区拥有知识产权的中小微企业。至年底，该行累计办理知识产权质押“白名单”企业贷款29笔、余额1.55亿元。

【推出《福·瓷》文创瓷礼】2022年，景德镇农商银行跨界推出2022福瑞瓷都文创礼《福·瓷》茶具套组，用陶瓷文创的语言，绘制农商银行因农而生、根植本土，创新金融服务，助力乡村振兴，服务“三农”“小微”，为瓷都经济发展做出卓越贡献的精彩画卷。全套文创礼将设计创意、艺术审美与实用体验完美融合，匠心打造雅致而美好的生活器皿。

【协助承办市银行业服务先进陶瓷企业融资需求对接会】4月28日，由景德镇市政府金融办公室、市国家陶瓷文化传承创新试验区管理委员会办公室、市银保监分局、市政务服务数据管理局联合主办，景德镇农商银行协助承办的景德镇市银行业服务先进陶瓷企业融资需求对接会在市行政服务中心成功举行。景德镇农商银行与景德镇景光精盛电器有限公司、景德镇市博大精工艺术陶瓷有限公司签订《融资贷款意向书》，授信金额为1100万元。向参会企业介绍了针对先进陶瓷企业融资解决方案，建立由“百福·陶瓷版权贷”“百福·创客景漂贷”“百福·小微流水信用贷”等30余款产品所组成的立体化陶瓷金融产品矩阵，可满足各阶层客户多样融资需求。

【与各市、县（区）政府签署“服务乡村振兴”战略合作协议】11月10日，景德镇农商银行与昌江区政府正式签订“政银联合服务乡村振兴”战略合作协议。标志着2022年乡村振兴整村授信试点工作正式进入到阶段，逐

景德镇农商银行与各市、县（区）政府签署“服务乡村振兴”战略合作协议

步向辖属全部42家试点支行全面铺开。至年底，景德镇农商银行分别与乐平市、浮梁县、昌江区政府建立战略合作关系，共同致力于服务农民农业农村，巩固脱贫攻坚成果，推动乡村产业、人才、文化、生态、组织振兴。提升服务质效，对农户、新型农业经营主体等客户进行批量准入、批量获客、批量授信、批量管理，更加有效地满足农村、农户、农民的金融需求，推动信用环境建设，带动群众致富创业，持续延伸普惠金融的覆盖面。

【保障金融安全运行】 11月19日，珠山区进入社会面临时防疫管控，浮梁县、昌江区陆续发布防疫紧急通知，景德镇农商银行党委果断决策，成立疫情防控事件应急处置小组，启动防控应急预案。梳理全行关键岗位，部署办公防疫措施；落实网点值班留守，指导发布暂停营业信息公告；向市疫情防控指挥部申办金融安全保障通勤证。全行干部员工坚守岗位，发布7×24小时线上金融服务指南，切换至线上阵地为客户提供远程金融服务，各岗位“逆行者”自带被褥、以行为家，以实际行动坚守一线，全力筑牢金融服务保障。

（项　东）

九江银行景德镇分行

【概况】 截至2022年12月末，九江银行景德镇分行资产总额119.3亿元，各项贷款余额71.7亿元，各项存款余额116.39亿元。各项业务均衡、快速、稳健发展，市场份额稳步增加，规范化服务不断提升，内控制度建设日趋完善，风险管控能力全面提升。在昌江区举行的2022年度全区综合考核总结表扬大会暨重大项目集中签约仪式大会上，景德镇分行获评昌江区企业纳税十强称号。2022年3月，中国人民银行景德镇市中心支行授予九江银行景德镇分行2021年度景德镇市货币金银业务综合工作“先进单位”的荣誉。年内，九江银行景德镇分行获评“2022年度景德镇市银行业金融机构外汇稳企纾困先进集体”和2022年度征信工作考核“优胜单位”。

【开展“银税互动”持续优化营商环境主题调研】 5月5日，九江银行景德镇分行联合景德镇市税务局、乐平市税务局，深入当地企业开展调研，搭建银、税、企三方对接平台，疫情当下，切实为企业纾困解难。通过专题调研，深入了解客户需求，为下一步银税互动打下良好的工作基础。九江银行景德镇分行将提升主动服务意识，响应市场需求，加强各方联动，打好金融组合拳，以高效率的信贷服务破解客户融资难题。

【“信用园区建设”推广活动】 8月15日，九江银行景德镇分行联合景德镇市高新技术产业开发区，承办了由市人行、市金融办主办的“景德镇市园区信用建设推进会暨应收账款池质押融资试点启动仪式”活动。活动主要围绕园区信用建设，应收账款质押融资服务平台进行了相关业务宣传和推广。景德镇市有关部门、各金融机构主要负责人、全市部分企业代表共计100余人参加了此次会议。在参会各领导及金融机构、企业的共同见证下，九江银行景德镇分行与4家企业现场签约。

【与浮梁县财政局签署政采贷业务战略合作协议】 8月26日，九江银行景德镇分行与浮梁县财政局签署了政采贷业务战略合作协议，并成功落地第一笔政府采购信用融资贷款项目。

“政采贷”是指根据政府采购、公开采购中标结果，通过形成资金回款闭环，为供应商提供用于满足中标采购合同项下备货、生产、加工、日常经营等资金需求的授信。该次政府采购信贷融资合作协议的签订，是县财政局和九江银行景德镇分行落实市委、市政府和县委县政府优化营商环境的具体行动，为推进“一号改革工程”贡献财政和金融力量。该项目是推进政银企合作、帮助中小微企业和民营经济拓宽融资渠道的重要举措，对破解融资难、担保难瓶颈，支持中小微企业和民营经济健康发展，促进全县经济高质量跨越式发展具有重要的现实意义。　（韩智鑫）

上饶银行景德镇分行

【概况】 2022年，上饶银行景德镇分行（以下简称分行）总体经营持续向好，各项业务稳健发展。至年末，各项存款时点余额46.57亿元，较上年增加10.02亿元，增长27.41%；各项贷款余额46.28亿元，较上年增加12.78亿元，增长38.15%。

【构建和谐稳定金融环境】 2022年，围绕党风廉政教育等主题开展专题党课，厚植清廉金融文化。组织开展全面从严治党专题学习、廉政知识测试活动，参加以“廉洁文化”为主题的书法、绘画、摄影作品展。创新学习教育方式，拍摄微党课教育视频《纸醉金迷中的破碎人生》，支部大会时集体观看学习，开展违纪违法案例学习探讨。联合团支部开展“我为群众办实事”活动，发挥党建带群团作用，构建和谐稳定金融环境。

【支持地方经济发展】 2022年，围绕景德镇市工业强市战略，融入地方经济建设当中，把优化营商环境作为服务提升的重要抓手，主动对接地方融资需求，提升支持实体经济发展效能。确定“专项专人，专项专组”的工作模式，确保重点项目融资快速落地，年内支持了“名坊园”“乐平市特色乡村旅游”“浮梁县发展孵化园”“宁封窑”等一批重点项目建设。加大对小微企业、科技创新、制造业、绿色发展以及个体工商户等重点领域的金融服务，全年新增普惠小微贷款2.34亿元，绿色贷款增加2.1亿元，科技创新型企业贷款增加7840万元，涉农贷款增加2.66亿元，个体工商户贷款增加5900万元。

【普惠金融】 2022年，聚焦县域、乡村振兴重点帮扶县和“新市民”群体，实现普惠金融与乡村振兴有效结合，创建普惠金融服务站8家。支持小微企业成长，创新“惠”系列普惠金融产品，丰富担保模式，积极拓宽融资渠道，全年普惠小微实现增量扩面目标；运用支小再贷款、普惠小微阶段性减息等货币政策工具，将普惠优惠政策直达小微市场主体，平均下调普惠小微利率0.6个百分点。

【企业文化】 2022年，分行始终不忘共同富裕初心，践行服务高质量发展的使命，持续推动产品创新、服务优化，努力打造服务小微、服务市民、服务当地的称心、暖心、贴心银行。年内深入开展迎接中共二十大系列活动和十五周年行庆活动；承担社会责任，开展援助受灾贫困群众、慰问养老院老人、关爱环卫工人等系列活动，冠名景德镇市足球联赛和浮梁县篮球联赛。获评“景德镇市2022年度金融机构服务地方经济高质量发展优秀单位”“2022年度全市平安建设先进单位”和“2022年度景德镇市电信网络诈骗银行卡治理工作优秀网点”等。 （徐敏红）

上饶银行昌江支行与社区举行普惠金融服务站挂牌仪式

银行保险业监管

【概况】 2022年，景德镇银保监分局聚焦服务实体经济、防控金融风险、深化金融改革三项任务，着力提升金融服务实体经济质效，坚决打赢防范化解金融风险持久战，持续推动辖内银行业保险业高质量发展。年末全市银行业资产总额2099.44亿元，负债总额2043.06亿元；各项存款余额1761.95亿元，各项贷款余额1572.83亿元。全市保险行业资产总额48.63亿元，保险机构实现原保费收入29.19亿元，累计赔付支出10.72亿元。

【重点领域金融支持】 2022年，持续扩大有效金融供给，全市各项贷款余额较年初增长17.02%，增速为全省第三名；保费收入增长8.82%，位居全省第二名。全力支持国家试验区建设，举办全市银行业服务先进陶瓷及专精特新中小企业产融对接活动，全市68个试验区年度重点项目贷款余额113.66亿元。《银行业保险业出台支持景德镇工业强市战略实施的指导意见》，策应工业倍增三年行动，年末全市工业贷款余额243.58亿元，增速34.58%；制造业贷款、绿色信贷余额较年初分别增长40.51%和48.97%。强化金融助企纾困，推动稳住经济一揽子政策措施落实落细，全市批发零售业、交通运输业、住宿餐饮业贷款分别增长22.42%、20.91%和25.86%；全年累计为1176户中小微企业等市场主体办理延期还本，涉及贷款金额23.56亿元。

【普惠金融服务】2022年，推动普惠金融服务中心建设，引入“信易贷”平台，增加融资担保等9家入驻机构，全年累计放贷2.40亿元。按月监测调度获得信贷指标情况，开展涉企乱收费专项整治，联合举办金融政策进企业、投资者保护、知识产权质押融资等政策宣讲，助力营商环境优化升级。年末，全市普惠型小微企业贷款增速高于各项贷款增速8.02个百分点，有贷款余额的户数增加4022户；新发放普惠型小微企业贷款平均利率4.77%，下降0.26个百分点。涉农贷款、普惠型涉农贷款分别增长15.94%、15.56%。

【民生领域保险保障】2022年，推动农业保险提标扩面增品，全市农业保险保费收入、赔付支出分别增长45.81%、151.63%；特色农业保险险种增加到7个；乐平地区水稻完全成本保险全面落地，保额由650元/亩上升至1100元/亩。做好乐平水灾理赔服务，多次召开理赔工作协调会，督促相关保险机构应赔、尽赔、快赔、早赔，累计赔付4000多万元，有效帮助受灾农户恢复生产。推进巩固拓展脱贫攻坚成果同乡村振兴有效衔接，脱贫人口小额信贷增加5137.67万元、1222户，防贫保险覆盖6.16万“两易户”群体。

【防范化解金融风险】2022年，督促法人银行做实存款异动及舆情监测，健全流动性和负面舆情应急处置预案，有效维护辖内金融安全稳定。向地方党委政府报告法人银行监管及风险情况，推动加快乐平融兴村镇银行风险化解。坚持准确分类、提足拨备、做实利润、加快处置，着力加强信用风险管控。年末，全市不良贷款余额13.20亿元、不良率0.84%，较年初减少1.87亿元、下降0.28个百分点。稳妥应对恒大楼盘业主“停贷”事件，密切监测风险楼盘信贷融资、逾期断供情况，协助推进“保交楼、保民生、保稳定”。

【乱象整治和改革转型】2022年，公司治理三年行动方案收官，开展股权和关联交易专项整治，完成浮梁农商村镇银行股权违规问题整改及监管问责。持续深化车险综合改革成果，车险综合费用率24.16%，同比下降2.36个百分点；车险累计赔付4.87亿元，同比增长4.45%。开展人身险“双录”后评估，继续保险中介机构清虚，联合整治“代理退保”黑产乱象，持续规范保险市场秩序。坚持强监管严监管，依法查处银行保险机构违法违规行为，累计处罚机构6家次，警告13人次，罚款合计275万元。

（杨宏群）

茶叶初制（徐玉光 摄）

科学技术

科技发展计划

【概况】 至2022年底，全市共有高新技术企业178家，320家科技型中小企业获得入库编号，4批共91家企业开展了产学研合作，新增市级重点实验室8家、市级技术创新中心17家，新增3家瞪羚企业、1家潜在瞪羚企业。全年有效服务54家企业，发放贷款1.39亿元，下发“科贷通”贴息及奖励资金160余万元，缓解了企业融资难、融资贵等问题。持续开展科技人才入企服务，下达财政资金137万元支持31个人才团队深入29家企业开展技术服务。2021年，全市科技创新监测评价跃居全省第2，研发投入占GDP比重达1.75%，位列全省第三，3项科技成果获2021年度江西省科学技术奖二、三等奖。

【项目申报】 2022年，组织企业申报省级及以上科技计划项目，全年争取到省级科技项目经费近1800万元。组织实施市级科技计划项目，全年下达四批次市级科技计划，共计1220万元支持各类科技创新项目105个。根据《景德镇市陶瓷产业技术创新和研发补助专项资金管理暂行办法》，开展景德镇市陶瓷产业技术创新项目立项工作，共征集到项目41个，经会评、实地考察等评审程序，遴选出年度景德镇市陶瓷产业传承及技术创新项目18项。

【科技经费投入及管理】 2022年，加大力度落实市级科技经费管理改革相关制度，根据《景德镇市科技奖励与后补助的暂行办法》，1220万元市科技专项经费中，对符合条件的相关单位共下达后补助与奖励资金159万元。规范景德镇市陶瓷产业技术创新和研发补助专项资金的使用和管理，根据《景德镇市陶瓷产业技术创新和研发补助专项资金管理暂行办法》，全年共下达该专项资金500万元。

【创新型省份建设】 2022年，根据《江西省推进创新型身份高质量发展三年行动方案（2021—2023年）》，制定《景德镇市全面建设“创新景德镇”实施方案》，方案包含总体要求、重点任务、保障措施三大点。其中重点任务包括构筑创新平台、实施优化营商环境改革攻坚行动等19个具体任务，涉及全市相关职能单位。

【科技政策法规实施与建设】 2022年，依据《全面建设创新江西实施方案》《景德镇国民经济与社会发展第十四个五年规划和二三五年远景目标纲要》《景德镇市“十四五”科技创新规划》等文件精神，6月22日景德镇市科学技术局牵头制定《景德镇市全面建设“创新景德镇”实施方案》，坚持创新在现代化国际瓷都建设全局中的核心地位，聚焦“五新”战略行动，以创新引领、人才为基、改革攻坚和开放发展为基本原则，实施科技驱动发展战略，把科技创新作为全市高质量跨越式发展的战略支撑，充分释放科技创新人才红利，不断提升全市整体科技创新水平，以更多“作示范、勇争先”的发展成果，为加快推进全面建设创新江西贡献景德镇力量。

【科技创新平台与载体】 2022年，江西省航空用金属材料热加工工艺开发技术创新中心、江西省轻小型航空器技术创新中心获批省级技术创新中心。开展科研条件平台清零行动，批复组建了8家市级重点实验室、17家市级技术创新中心。

【科技体制改革】 10月8日，景德镇市委深改委出台《关于印发〈景德镇市科技体制改革三年攻坚行动实施方案〉的通知》。该方案确定改革创新重大科技项目立项和组织管理方式、构建先进陶瓷科技创新体系、打造数字经济新引擎等14项改革攻坚任务，聚焦新兴产业创新和创新平台体系建设，推进源头创新，健全完善人才发展体制机制，强化创新生态治理，从科研管理、科研平台、科技人才、成果转化、科技合作、创新治理等方面齐头并进全力推进科技体制改革。

高新技术及产业发展

【概况】 2022年，通过举办培训班、组织调度会、深入企业调研、咨询有关专家等方式，深入各县区及企业，宣传有关政策，加强业务指导，鼓励有潜力、符合条件的企业申报高新技术企业、科技型中小企业，为落实高企所得税、科技型中小企业研发费用加计扣除等科技创新优惠政策奠定基础。全年共推荐90家高新技术企业申报企业至省科技厅，全市共有58家企业获得高企编号。年内科技型中小企业获得入库编号的企业320家，超额完成省科技厅下达的年度目标。

【科技园区与基地】 2022年，推动景德镇产业优势与北京航空航天大学知识、人才与科技优势相结合，加强高校与地方政府的交流合作。2020年5月，北京航空航天大学江西研究院景德镇分院正式通过市委编办批准登记，合作共建科技研发创新平台、科技成果转化平台和高端人才培养平台。年内，北航江西研究院景德镇分院继续组织开展科技人员入企服务，并与企业开展技术对接各项工作。智能制造及工业软件团队已昌飞建立合作关系，实地走访信航航空科技有限公司详细了解技术难题，为企业排忧解难。景德镇高新区是鄱阳湖国家自主创新示范区七个主体之一，高新区以航空小镇建设为载体，发展航空直升机产业。把产业转型升级、产业提质作为推动园区大发展的重要突破口，集中优势资源，加快培育一批具有核心竞争优势的产业项目。至年底，入驻航空企业40家，其中昌飞、北通航江直公司、景德镇临空科技有限公司和江西德利4家整机制造企业，通航企业2家，平台企业1家，航空零部件企业33家，航空小镇的产业集聚初具雏形，形成军机、民机和国际合作项目协调发展的新格局，形成“制造与运营相融合、总装与配套为一体、企业集中连片发展”的良好势头。

【科技人才】2022年，完成人才计划的宣传发动、申报指导、材料初审和择优推荐等各项工作。1位专家成功入选国家高层次人才计划科技创业项目，取得了近年来景德镇市入选国家级人才计划的新突破，1位专家入选省级人才计划科技创新领军人才项目，1位专家入选省主要学术学科和技术带头人培养计划，1位外籍人才入选省高层次海外人才引进计划。

年内，发挥人才作用，深入开展科技人员服务企业专项行动，以“企业出题、高校院所解题、政府助力”等模式，在高校、科研院所遴选一批优秀专业技术人才深入企业开展各类技术服务工作，帮助企业解决技术难题。全年下达财政资金137万元支持31个人才团队深入29家企业开展产学研协同创新，促进科技成果的产出和转移转化，有效推动全市陶瓷产业创新发展。

【科技合作与交流】2022年，拓宽科技交流合作渠道，引导企业广泛参与“长三角”和“粤港澳”等经济发达地区的交流合作，深入开展科技项目、科研平台、人才培养、智库建设等全方位合作，推进科技资源开放共享，推进“外部研发＋本地成果应用”的合作模式。开展与大院大所科技交流与合作。组织了11家企业参加2022江西智库峰会暨国家级大院大所产业技术及高端人才进江西活动，加强与国家级大院大所及院士专家团队的联系，帮助企业解决技术创新、共性产业技术难题，促成国家级大院大所的优质科技成果、专家团队与工业园区、企业有效对接，多家企业与大院大所签订合作协议，引进项目、人才和技术，助推产业高质量发展。组织举办2022瓷博会国际先进陶瓷成果展，邀请清华大学、中科大、中科院宁波材料所等大院大所的专家参展，带来先进技术和成果，为景德镇市先进陶瓷产业问诊把脉。

科技活动

【概况】2022年，举办全市科普讲解大赛，普及科技知识，弘扬科学精神，提高科普传播者、科普志愿者和讲解人员的科普讲解能力。开展科普知识进校园活动，组织科普志愿者到市青少年宫开展以“科普知识进校园 航空梦想飞起来”为主题的科普知识进校园宣传教育活动。科技活动周期间开展以“走进科技 你我同行”为主题的特色活动。该活动传授青少年安全教育、童学党史、航空知识、消防、急救技能、卫生保健等科技体验实践活动，倡导健康、安全、文明的生产、生活

3月，在市少年宫开展科技活动周宣讲

方式，让广大群众切感受到科学技术的力量。

【举办科技特派员骨干助力乡村振兴工作培训班】1月11日，由市科技局主办、昌江区科技局承办的2022年全市科技特派员骨干助力乡村振兴工作培训班在朗逸酒店举行，市科技特派员和县市区科技局相关人员共60余人到会。会议传达学习全国科技特派员骨干培训班精神，邀请专家围绕科技特派员服务能力建设主题专题讲解科技特派员工作实务和现代休闲农业发展规划政策。

【举行全市科技系统先进陶瓷规划宣讲会】1月13日，市科技局落实市委、市政府大力发展先进陶瓷的战略谋划，大力实施创新驱动发展战略，着力推进我市先进陶瓷科技进步和产业发展，举行全市科技系统先进陶瓷规划宣讲会。党组书记虞萍主持会议，市科技局局长、市先陶办科技规划组组长王筱松就先进陶瓷发展规划进行系统解读，市科技局全体人员，各县（市）区园区、高校科研机构、国家陶瓷工程中心相关负责人和专家学者，以及数十家先进陶瓷企业的负责人共计70余人参会。

【加大全社会研发投入调度会召开】1月28日，景德镇市召开加大全社会研发投入暨高质量发展综合绩效考核创新相关指标专题调度会，市政府副市长罗文军出席会议并讲话，市科技局党组书记虞萍、局长王筱松参加会议，参加会议的还有市科技局、市工信局、市统计局、市税务局、市卫健委等相关单位分管负责人，各县（市）区、园区分管负责人，县（市）区、园区科技局及统计局主要负责人参加会议。调度会由市政府副秘书长夏锋主持。

【全市科技工作务虚会召开】2月，市科技局召开2022年度全市科技工作务虚会，总结上年重点工作完成情况，谋划2022年全市科技创新工作。市科技局局长王筱松主持会议，市科技局党组书记虞萍出席会议并作总结讲话，局副县级以上干部、机关各科室、局属单位、各县（市、区）、高新区、昌南新区科技部门负责人参加会议。

【联合举办“流动少年宫”进校园主题教育活动】3月9日，团市委、市科技局等部门联合举办的“童心向党，创新筑梦”流动少年宫暨“心中有祖国，心中有他人”主题教育活动在市第十二中学正式启动。市科技局副局长张爱芝、团市委副书记雷晨及相关单位领导出席活动，共有770余名学生参加活动。该次活动内容丰富，开设《百年团史》专栏，让同学们走进百年团史，追寻信仰之光，勇担青春使命；活动还设计了科技感满满的航模制作和奇妙的仿生鱼科普课程，以及祖国在我心中、不倒森林、鼓舞飞扬、重走长征路、跳跃平衡板、坦克爬行圈、电动平衡车等七种趣味体育游戏项目。

【组织召开科技人才入企服务工作调度会】3月22日，为掌握科技人才入企服务工作情况，了解工作推进过程中存在的堵点、问题，谋划好下一步产学研协同创新工作，市科技局在五楼会议室组织召开科技人才入企服务工作调度会。入企服务专家、企业代表和景德镇陶瓷大学、景德镇学院、轻工业陶瓷研究所等人才派出单位代表共计40余人参加会议。参会的科技专家和企业代表、派出单位分别交流产学研协同创新工作的进展情况，对持续深入开展人才入企服务提出了意见和建议。

【开展送科技下乡活动】3月30日，为实施乡村振兴战略，大力发展科技支撑作用，巩固脱贫攻坚成果，市科技局在昌江区鲇鱼山镇凤岗村开展送科技下乡活动。活动中，市科技局组织多位专家在鲇鱼山镇凤岗村设立科技咨询台，开展农业科技政策、农技推广、畜牧技术、果树栽培等知识的宣传咨询。该活动共接受群众咨询150余人次，向群众发放科技宣传资料100份，活动现场气氛热烈，群众积极参与，取得良好的效果。

【科普讲解大赛举办】4月14日，由市科技局、市科协联合主办的2022年景德镇市科普讲解大赛在市政府会议厅举行。该次大赛以“全面建设创新江西”为主题，旨在普及科学知识，弘扬科学精神，倡导科学方法，传播科学思想，为全市科普传播者、科普讲解员和科普志愿者搭建学习交流的平台。在科普讲解大赛现场，来自全市各领域的60名参赛选手同台竞技，以通俗易懂、深入浅出的语言为观众奉上精彩纷呈的“科普秀”，比赛评选出市级一等奖6名，二等奖12名，三等奖18名。

【科普知识进校园】4月21日，市科技局志愿者们前往景德镇市青少年宫开展科普知识进校园宣传教育活动，给孩子们带来一场精彩的“航空梦想”盛宴。活动现场展示了螺旋桨飞机模型等，授课老师用深入浅出的语言，向学生们讲述飞机的构造，分析发展航天事业的意义，从而激发学生对航天科学的兴趣。互动中，同学们观看飞机模型，分享学习感受，激励同学们积极投身航天事业，用航天梦助推中国梦的实现。

【2022 年科技工作会召开】 4 月 26 日，景德镇市 2022 年科技工作会召开。景德镇市委书记刘锋和市长胡雪梅专门作出批示，肯定一年来全市科技工作成效，向全市科技战线同志们致以诚挚问候，并对做好 2022 年科技工作提出明确要求。市科技局党组书记虞萍作全市科技工作报告，市科技局局长王筱松宣读市领导批示。会议总结上年全市科技工作在建设陶瓷材料科创城、推进鄱阳湖国家自创区建设、打造高层次创新平台等七个方面取得的成绩。要求全市科技系统在思想认识上，要树立强烈的争先进位意识，聚焦“作示范、勇争先”目标定位，放大“坐标系”，找准“参照物”，开展“三争”活动；在谋划布局上，要紧紧围绕五项重点工作，抓产业发展、抓研发投入、抓成果转化、抓科技人才、抓平台建设；在落实推进上，要牢牢把握四大关键环节，坚持政治引领抓落实、压实责任抓落实、优化作风抓落实、凝心聚力抓落实。

【举办科技型企业认定及财税政策培训班】 5 月 26 日、6 月 2 日和 3 日，为贯彻落实省、市“双一号工程”优化营商环境相关文件精神，稳步推进全市科技创新惠企政策落实落地、培育科技型企业，市科技局、市税务局联合昌江区、高新区科技局、昌南新区科创中心共同组织举办科技型企业认定及财税政策培训班，相关企业共 40 余人参加培训。会议全面介绍高新技术企业所得税优惠政策、预缴申报时具体如何填报、高新技术企业认定管理、填报研发费用加计扣除等内容，并对高新技术企业申报时的注意事项、常见误区重点强调。通过培训，使企业对科技型企业的申报、相关惠企政策有了更清楚的了解。

【全市“03 专项”工作推进会召开】 5 月 30 日，全市“03 专项”工作推进会在市发展中心召开。市政府副秘书长夏锋主持会议。会上，市科技局总结了全市“03 专项”工作总体进展情况，并就下一步工作进行部署。市工信局、市消防支队、市国控集团、市移动公司负责人分别汇报有关工作进展情况及下一步工作计划。会议审议并原则通过《2022 年景德镇市推进新一代宽带无线移动通信网国家科技重大专项成果转移转化试点示范工作要点》。

2022 年全市科技工作会召开

【景德镇市科研助理岗工作推进会召开】 7 月 13 日，景德镇市科技局召开科研助理岗工作推进会，市科技局三级调研员王旭出席会议并讲话。各县（市）区、昌南新区科技局主要领导、十余家重点企业代表等共计 20 余人参加会议。会上，总结并传达了省科技厅科研助理岗位动员大会的会议精神，就开发科研助理岗位、吸纳高校毕业生就业有关工作进行讲解与部署。

【组团参加 2022 国家级大院大所进江西系列活动】 9 月 14—15 日，省委、省政府与中国科学院在南昌举办 2022 江西智库峰会暨国家级大院大所产业技术及高端人才进江西活动。景德镇市企业抓住机遇，与大院大所的科技成果和人才对接，江西辉力宝生态农业开发有限公司和中国科学院武汉植物园、金好农场和中国农业科学院油料作物研究所、江西省百绿农业发展有限公司和中国科学院南京土壤研究所 3 家企业签订了合作意向书，并围绕猕猴桃水肥土管理、病虫害防治、种苗调配、肥药配用等领域达成进一步对接合作意向。景德镇欧神诺陶瓷有限公司、景德镇恩达陶瓷有限公司、景德镇民俗实业有限公司、景德镇博大陶瓷和中科院上海硅酸盐研究所进行洽谈，就陶瓷如何从原料入手进行创新、如何实现日用陶瓷新的跨越等疑难问题进行了交谈。随后，5家企业与该所在陶瓷材料、陶瓷衔生用品应用研发等领域现场签订了合作意向协议书。

【科技活动周“走进科技 你我同行”系列活动举办】 9月22日，2022年景德镇市科技活动周暨“走进科技 你我同行”——市流动少年宫科技进校园活动在昌江实验学校举行。副市长徐辉出席活动，市科技局、团市委等部门领导和昌江实验学校全体师生共计1300余人参加活动。科技进校园活动营造浓郁的校园科技氛围，提高青少年的科学素质、科学兴趣，激发学生的创新意识，促进学生创新精神的培养，提升学生的创新能力，增强学生自主创新的自信，为学生创造了实践体验的条件。

【组织高校院所参加瓷博会先进陶瓷成果展】 11月，景德镇市科技局组织邀请清华大学材料学院、清华大学佛山（华南）新材料研究院、中国科学技术大学、中科院宁波材料研究所、山东大学、兰州理工大学、景德镇陶瓷大学、北航江西研究院景德镇分院等高校院所参加瓷博会先进陶瓷成果展，带来19余项最新科研成果精彩亮相，主要涉及新材料、新能源、医药化工、国防军工、土壤修复、环境治理、节能减排等领域，26件成果展品引人注目，吸引了大批业内人士驻足交流。

【组团参加第二十四届中国国际高新技术成果交易会】 11月15—19日，第二十四届中国国际高新技术成果交易会（简称高交会）在深圳会展中心举行。该届高交会以“科技改革驱动创新，科技创新驱动发展”为主题，集中展示国内外最前沿高新技术成果，为科技创新与实体经济深度融合搭建交流平台。景德镇市科技局党组书记虞萍率队参加此次高交会。市科技局围绕本市主导产业和战略性新兴产业，筛选一批紧贴市场需求、具有自主知识产权的高新技术成果组团亮相高交会。景德镇陶瓷大学碟式陶瓷膜、江西景光电子有限公司核磁共振设备射频放大器元件、景德镇猎户星空智能科技有限公司的智能服务机器人、北航研究院景德镇分院的柔性复合材料等科技产品吸引参观者驻足咨询。景德镇猎户星空智能科技有限公司的“智咖大师——双臂手冲咖啡机器人”获得该届高交会优秀产品奖殊荣。

科技成果及市场转化

【概况】 2022年，景德镇市3项优秀科技成果分获江西省省科学技术二、三等奖，景德镇陶瓷大学“生物序列信息挖掘研究”等项目获省自然科学奖二等奖；长虹华意压缩机股份有限公司“小型高效定变频冰箱压缩机关键技术应用及研究”项目和中国直升机设计研究所“基于模型的装备数字化协同研制技术”项目获得省科学技术进步奖三等奖。开展技术交易补助政策的宣传和落实，邀请江西省信息所专家到景开展技术交易补助政策的宣讲，帮助企业享受政策红利，提高企业开展技术交易的积极性，鼓励企业开展科技成果登记工作，发布科技成果登记信息12条。全年技术合同成交额达37.58亿元。

【农村科技工作】 2022年，出台《景德镇市科技特派员助力乡村振兴行动计划》，印发《关于加强科技特派员考核工作的通知》《关于开展乡村振兴重点帮扶村科技服务全覆盖工作的通知》等政策文件，深入推行科技特派员制度，组织实施关键核心技术攻关，强化农村科技创新服务载体建设，推进科技服务水平和服务质量显著提升。至年底，科技特派员队伍达到百余人，创建国家级星创天地7个，省级科技特派团工作站9个、省级产业技术服务基地9家、省级创新型县市区1个，省级创新型乡镇1个，建立市级星创天地10个、乡村振兴产业科技服务基地2个、科技特派员产业技术服务基地48个、科技特派员工作站89个。立项实施市级以上农业科技项目30余项，投入财政科技资金500余万元。组建10个省市科技特派员服务团，针对乡镇产业发展需求选派科技特派员至各乡镇与重点村对接帮扶，在全省率先实现科技特派员服务全市乡村振兴重点帮扶村全覆盖。与中国农业科学院郑州果树研究所签订合作协议，共同建设成立“景德镇市果业科技工作站”，引进徐小军、张桂兰研究员为省级科技特派员，建立浮梁县蛟潭镇浯溪村等多个试验示范基地。先后引进试种了桃、梨、葡萄、猕猴桃、柿子等多个科研新品种进行试验示范，累计引进8类43个果树新品种、推广500余亩。与中国农业科学院西部研究中心签订合作协议，推进中国农业科学院西部研究中心科技专家工作站建设，强化农业科技交流与合作。《景德镇市浮梁县智慧茶园》项目入选省级数字经济与农业产业融合发展优秀案例，《浮梁茶特色专用品种绿色优质生产技术示范与应用》项目获得中央引导地方科技发展资金支持。举办了全市科技特派员骨干助力乡村振兴工作培训会、科技特派员畜牧养殖技术专题培训班。组织开展送科技下乡活动，派出特派员科技服务小分队先后奔赴乐平市牌楼村、珠山区小岗嘴村茶叶产业基地，浮梁县黄坛神发食用菌专业合作社食用菌新品种种植示范基地、浮梁金竹兴农果业专业合作社、黟山傍水生态农业公司、经公桥镇老查果园、浮梁县马墩口小付家庭农场和浮梁县鑫火家庭农场等地开展科技服务，累计发放果树种植实用技术资料3000余份，解决农业产业生产过程中遇到的技术问题80余个。每月编辑印发一期“科技特派员工作简报”，至年底印发48期。

【社会发展科技工作】 2022年，出台《关于加强科技创新支撑平安景德镇建设的实施方案》《景德镇市临床医学研究中心管理办法》《景德镇市科技局新冠疫情应急处置工作预案》《关于做好在景工作外国专家防控新型冠状病毒疫情服务工作的通知》等政策文件。组织《农村“厕所革命”新技术产品研发与应用》《瓷质文物保护修复材料关键技术攻关》申报江西省科技厅2022年重点研发计划“揭榜挂帅”项目，并批准立项。围绕陶瓷、航空、精细化工与生物医药，绿色农业等特色产业，举办景德镇市能源结构优化、工业领域碳达峰行动、果蔬产业技术升级等多种专题培训活动。批准新增组建3个市级临床医学研究中心，组织10余家医药企业参与中医药强省科技成果在线对接会。5月，到景德镇高新区及相关单位开展一次重特大事故、安全生产大检查、大宣传、大实践活动，指导安全生产十五条措施落实、自建房安全专项整治和了解安全生产重点隐患整改，坚决压实园区安全生产属地管理责任。组织实施国家、省、市级社发领域重点研发计划项目。组织实施了国家重点研发计划“陶瓷固废分类处置与资源化利用技术及示范”、省级重点项目“江西特色中药饮片茶芎、炒薏苡仁对新冠肺炎预防研究”、市级重点计划“古陶瓷修复与保护关键技术研究”“降碳材料硅酸锂的改性研究”等科技创新项目。

（熊　麟）

气　象

【概况】 2022年，景德镇市气象局认真贯彻执行“质量提升年”行动方案，制定并落实全省气象工作会议重点任务清单。对标2021年度气象现代化评估结果和新的指标体系，对照《江西省气象业务技术体制重点改革试点方案》和6个专项改革实施方案及任务清单，高质量完成国家气象系统事业单位改革试点工作任务。

【印发人工影响天气工作实施方案】 1月7日，市政府第3次常务会议审议通过《《关于推进人工影响天气工作高质量发展实施方案》，该方案提出到2025年，要形成组织完善、职责清晰、服务精细、保障有力的人工影响天气工作体系，人工影响天气监测、指挥、技术、服务、安全管理、科研等六大能力明显提升，体制机制和政策环境更加优化。人工影响天气作业可保障面积覆盖率达90%，作业装备自动化率达90%，作业装备物联网覆盖率达90%，站点标准化率达90%。到2035年，全市人工影响天气业务、科技、服务综合能力进入全省人工影响天气先进设区市行列。

【印发气象部门纪检监察体制改革试点实施方案】 5月10日，市局审议印发《景德镇市气象局关于落实〈江西省气象部门纪检监察体制改革试点实施方案〉工作任务的分工清单》，认真学习推动《江西省气象部门纪检监察体制改革试点实施方案》，重点对照《落实〈江西省气象部门纪检监察体制改革试点实施方案〉工作任务的分工清单》中细化的主要任务及落实举措一一研究，构建成“上下贯通、突出专责、监督融合”的纪检监督工作体系，切实有效地推动了监督在最后“一公里”落地。

【荣获2021年度全市平安建设先进集体表彰】 5月10日，景德镇市平安景德镇建设领导小组下发了《关于表彰2021年度全市平安建设先进集体的决定》，景德镇市局获“2021年度全市平安建设先进单位”。

【重大天气气候事件】 6月17—21日，全市出现入汛以来最强降水集中期，部分地区出现大暴雨、特大暴雨。此次过程平均雨量302毫米，其中市区平均408毫米，浮梁245毫米，乐平370毫米，站点以乐平港边村595毫米为最大，珠山区何家桥557毫米次之。站点雨量超500毫米3个，超400毫米19个。强降水造成昌江河、乐安河超警，昌江渡峰坑水文站于6月20日13时10分出现29.96米，超警戒线1.46米，特别是乐安河虎口站水位超警戒线6.28米，超历史最高水位1.1米。

【全力筑牢防灾减灾第一道防线】6月18日15时开始，一场特大暴雨袭击景德镇市全境，乐安河流域超历史警戒水位。景德镇市气象台提前三天做出判断，立即向市委、市政府汇报。先后发布1次雷电预警、6次强降水通报、5次暴雨预警以及联合发布地质灾害风险预警2次、联合发布中小河流洪水风险预警2次。全市气象部门充分发挥气象信息先导作用，市委、市政府科学精准决策，全市上下防汛秩序井然，未出现人员伤亡和重大财产损失。

【陈鲍发荣获市“专业技术拔尖人才”称号】7月1日，景德镇市第九批“专业技术拔尖人才”评选落下帷幕，市气象台正研级高级工程师陈鲍发名列其中。

【出现历史罕见的伏秋连旱】7月1日至11月22日，景德镇市出现历史罕见的伏秋连旱，高温日数、无降水日数、平均气温之高、累计降水量之少等多项气象指标创历史纪录。连续高温少雨导致景德镇市干旱发展严重，持续长时间全市范围内气象干旱指数处于特旱状态。

【印发《关于切实加强防雷安全工作的通知》】7月19日，市政府印发《关于切实加强防雷安全工作的通知》，各县（市、区）、各部门要切实加强领导，牢固树立“人民至上、生命至上”理念，深入贯彻中央、省、市有关安全生产工作要求和部署，坚持“安全第一、预防为主、综合治理”工作方针，切实做好防雷减灾工作。

【落实全省营商环境改革“一号工程”部署】5月，制定《景德镇市气象领域轻微违法行为不予处罚不予强制清单（试行）》《景德镇市气象局“双随机、一公开”抽查工作指引（第一版）》，出台首违轻微违法行为免予处罚制度，持续深化气象行政审批制度改革，更好地融入了地方优化营商环境“一号改革工程”。

【生态文明建设气象保障水平得到提高】年内，恢复温室气体监测站运行。浮梁县获评“中国天然氧吧”，为浮梁经济发展烙上生态标签。围绕水稻、茶叶、蔬菜等重要农产品生产关键期做好气象服务，与省农气中心联合发布“江西蔬菜气象”服务产品。完成浮梁金竹瑶、乐平历居山茶叶气候品质评价工作，助力生态绿色农业品牌建设。乐平工业园区气象台每日发布园区风向风速预报和污染物扩散潜势分析。进一步做好大气污染防治攻坚战气象保障服务，在大气污染防治关键时期，连续开展人工增雨作业，积极参与地方碳达峰碳中和工作，如期完成年度工作任务。

【精准预报每次灾害性天气】按照省气象局部署，开展市、县两级灾害性天气风险预警服务体系建设，建立完善强降水“市级3小时风险通报、县级1小时风险叫应”工作机制，在2022年重大气象服务中进行有效检验。全年启动重大气象灾害应急响应13次，呈报《气象呈阅件》61期，对外发布气象灾害预警信号196期，其中红色预警信息9期，气象情况反映71期，联合发布气象灾害风险预警17期，为市委、市政府指导防灾减灾提供科学依据。为开展“瓷博会”“中国农民丰收节”“中国—阿拉伯艺术节”等全市重大活动及工程提供精细化气象服务，圆满完成全年各项工作。

【人工增雨助力全市抗旱】面对历史罕见的伏秋连旱，市气象局启动调整提升应急响应4次，发布气象服务产品47期，预警信号94次，开展人工增雨作业43次，尽最大可能争取空中水资源，为地方抗旱减灾发挥重要作用。

【区气象防灾减灾体系初步完善】景德镇市的珠山、昌江、高新和昌南新区地处中心城区，未设立气象机构。景德镇市气象局立足于“四区”的气象服务需求，通过政府购买服务，推进“六有”气象灾害防御能力建设，切实增强未设气象机构县区防灾减灾能力，进一步筑牢气象防灾减灾第一道防线，将“四区”努力打造成未设气象机构县区监测精密、预报精准、服务精细的标杆和示范。政府主动、部门联动、社会参与的未设气象机构的县区气象防灾减灾体系已初步形成。

新居园古樟（白光华 摄）

教　育

综 述

2022年，全市共有各级各类学校、教学点、幼儿园1195所。其中，高校6所，中职学校10所，普通中学105所（初级中学45所、九年一贯制学校35所、完全中学11所、高级中学7所、十二年一贯制学校7所），小学274所、教学点267所，幼儿园530所（公办199所、民办331所），特教学校3所。现有省重点中学6所（景德镇一中、景德镇二中、乐平中学、乐平三中、浮梁一中、昌江一中），省重点建设中学6所（景德镇市外国语学校、景德镇七中、景德镇十六中、昌河中学、乐平四中、乐平洪马中学），国家级重点职业中学1所（景德镇市第一中等专业学校），省级重点职业中学1所（景德镇市机电工程学校），省级示范性特教学校1所（景德镇市特殊教育学校），省级示范性幼儿园9所（市委机关保育院、市教育局直属幼儿园、乐平市幼儿园、昌河幼教中心、602所幼教中心、天天乐幼教集团、珠山区实验幼儿园、珠山区民办长虹国际双语幼儿园、鹅湖中心幼儿园）。全市中学专任教师9663人，小学专任教师7288人，特殊教育学校教师84人，中等职业学校教师643人，幼儿园专任教师3774人。在岗特级教师34人、省级学科带头人45人、省级骨干教师169人。全市中小学在校生28.17万人，在园幼儿4.97万人，公办园在园幼儿2.67万人。全市民办小学2所，学生1915人；民办普通中学10所，学生6392人；民办中等职业学校3所，教职工52人，在校学生3374人；民办幼儿园教职工3490人，民办在园幼儿2.30万人。

市直各学校（幼儿园）共31所，其中，中职学校5所，普通中学19所，小学3所，幼儿园3所，特教学校1所。市直中学专任教师2572人，小学专任教师155人，特教学校教师55人，中职学校教师335人，幼儿园专任教师109人。市直中小学在校生5.21万人，在园幼儿853人。

年内，景德镇市国家财政性教育经费占地方生产总值的比例为4.06%，比上年的3.79%增加了0.27个百分点；一般公共预算教育经费占一般公共预算支出的比例为17.59%，比上年的17.04%增长0.55个百分点，一般公共预算教育经费增长高于财政经常性收入增长11.8个百分点。全市一般公共预算教育经费为40.2亿元（其中教育事业费39.4亿元，教育费附加0.8亿元）。普通高中生均一般公共预算教育经费为1.75万元/人，同比上年增长2.41%；普通初中生均一般公共预算教育经费为1.35万元/人，同比上年增长15.54%；普通小学生均一般公共预算教育经费为1.10万元/人，同比上年增长6.4%。

坚持党对教育工作的全面领导，强化思想教育。选举产生市教体局机关党委；成立市教育事业发展服务中心党支部；成立共青团市教体局委员会；成立市教体局妇女委员会。全面推行党组织领导下的校长负责制，市体育运动学校先行试点。成立景德镇市大中小学思政课一体化建设指导委员会，加强党对思政课建设的领导。开展“喜迎二十大 奋进新时代”红色课堂研学活动。开展“送教下乡”和“思政和红色文化进校园”活动。组织开展“阳光成长”心理健康教育巡讲5场，开展未成年人心理健康辅导活动11场。筹措近300万元资金，重点打造了市实验学校、市五中、市特殊教育等12所学校的标准化心理健康咨询室。

教育事业更加协调发展。推进幼儿园与小学科学衔接，实行幼儿园去小学化、小学一年级零起点。明确2022年大班额控制在4%以内，全面消除全市中小学66人以上超大班额的目标和任务。组织开展全市中小学生校外陶艺培训。景德镇市第十九中学、陶阳学校等12所学校获全省劳动教育示范校。景德镇市教育体育局获江西省实施妇女儿童发展纲要先进集体。适龄残疾儿童少年入学率99.34%。

教育均衡发展取得实效。启动新建13所学校，改扩建1所学校，全市共投入约22.55亿元，新增建筑面积51.29万平方米，新增学位3.299万个。市中心城区新建及续建一批学校相继完工，其中新建项目学校3所（市一小迁建、市十八小改扩建、市十三中迁建）、改扩建项目学校1所（珠山区实验学校改扩建），4所学校共投入约6.74亿元，新增建筑面积9.6万平方米，新增学位6510个。启动市昌河中学，市机电学校等2所学校迁建项目。编制完成《中心城区学前教育专项规划（2021—2035年）》。建成市二十六中综合楼、市七中高中部、市十九中中学教学楼、市第一幼儿园项目等四个改扩建项目，改善学校校舍建筑面积2.20万平方米。全面完成2022年学生资助经费发放工作，共资助1.17万人，金额1277万元。

教师队伍建设。全市招聘中小学教师287人、特岗教师253

人。引进部属公费师范生6人，接收安置省属公费师范生40人，涵盖高中学段所有学科。起草《景德镇市义务教育学校教师“县管校聘”管理体制改革实施意见》。9月5日，市委出台《关于2022—2023年度加快全市教育发展的十条举措》，明确“保障义务教育教师年平均工资收入不低于当地公务员年平均工资收入水平”。市财政拨款3000万元用于教师工资收入补差（统筹考虑了高中阶段教师），人均1.04万元，进一步缩小了教师与公务员的收入差距。召开庆祝教师节大会，评选表彰景德镇市“十大模范学校”“十大模范校长”“十大模范教师”。全市1.71万名教师通过师德考核审核。

完善“五项管理”，严格落实“双减”政策。把作业管理作为“五项管理”重中之重，全市142所义务教育学校都出台作业管理细则，4.68万名1~2年级学生没有书面作业、10.37万名3~6年级学生每天书面作业平均时间不超过60分钟，7825名初中学生每天书面作业平均时间不超过90分钟。景德镇五中的《推行“五色”教育，助力减负增效》在全省推广。全市有118所学校开展了暑假校内托管服务，自愿参与学生3.15万人，志愿参与的教师1979人。景德镇市十五小探索出一系列作业特色设计，有效提升了作业质量。市陶阳学校、市五中、乐平九小入选江西省义务教育阶段“课后服务百校行”示范学校。景德镇市监管账户核验通过率、线上支付开通率、平台中实现购课、销课机构比例三项指标位居全省第1，三项指标均达100%。共关停190家违规校外培训机构，完成退费人数3724人，退费金额460万元。

优化营商环境。出台《关于服务融入营商环境优化升级“一号改革工程”的若干举措》。为百树学校、浮梁县高级职业学校和景德镇百盛中学安排37.93万元支持民办中职、高中的发展，为百树学校下达300名普通高中招生计划。在昌河社区某居民楼查处一家托管机构违规开展学科类培训与餐饮服务，市监部门按照优化营商环境规定，对托管负责人轻微违法行为进行首违免罚处理。

维护教育安全稳定，筑牢校园防护墙。十一月下旬以来，市教体系统干部职工下沉一线投身防疫工作志愿者服务，为群众做好宣传引导工作，协助社区工作人员开展进出登记、执勤值守、秩序维护。全年共开展12轮校园周边环境治理行动，清理流动摊贩超过200个，收缴非法书籍、音响制品2000余册，检查各类网吧、电子游戏厅、KTV等娱乐场所13家。全市903所学校全部完成安防建设任务。各地各校对排查出的360余个隐患，落实整改责任，整改率达到100%。

【庆祝第38个教师节大会召开】9月8日，景德镇市召开庆祝教师节大会。市委书记刘锋、市长胡雪梅出席会议。市委副书记吴隽宣读市委、市政府表扬决定。会上为模范学校、模范校长和模范老师颁发奖牌和证书。景德镇一中校长施刚义、乐平市历居山小学校长占美华、景德镇二中老师何志宏分别作典型发言。

【网络授课模式】11月下旬，新一轮疫情突如其来。全市中小学、幼儿园通过“希沃”“钉钉”“腾讯会议”等网络授课模式，转为线上教学。一至三年级以开展防疫知识教育、心理健康教育为主；四至九年级开展在线学科教学工作。体育与健康教师上好健康教育课。

学前教育

【概况】2022年，全市基本建成以公办幼儿园为主体、覆盖城乡、普惠优质的学前教育公共服务体系。学前三年毛入园率达93.39%。完成12所公办幼儿园、20所普惠性民办幼儿园项目建设，增加公办学位2850个，普惠性民办学位2740个。全市39个乡镇全部建设乡镇公办幼儿园，184个2000人以上行政村幼儿园建设，覆盖率达83%。加快了凤凰幼儿园、新安路幼儿园和昌飞嘉园等20所幼儿园建设，提供4320个公办学位。利用腾迁办公用房改建成幼儿园。市中心城区现有公办园73所，公办园在园幼儿占比51.2%。市中心城区共摸排71所无证幼儿园全部实施治理。通过采取政府购买服务、综合奖补等多种措施扶持普惠性民办幼儿园，全市现有普惠性幼儿园513所，其中，公办园266所、普惠性民办幼儿园247所，普惠性幼儿园覆盖率90.30%。市中心城区共认定81所普惠性民办幼儿园。

【“六一”儿童节慰问少年儿童】5月31日，市委副书记、市长胡雪梅先后到市委机关保育院、市第一小学与少年儿童们共度“六一”，6月1日，市委书记刘锋，市委副书记吴隽，市委常委、宣传部部长林蓉，市人大常委会副主任、市委秘书长罗建国，副市长徐辉来到景德镇五中开展“六一”儿童节慰问活动。

义务教育

【概况】2022年，出台《关于坚决防止中小学生暑期学习负担过重有关工作的通知》《关于印发〈关于落实“五项管理”工作的实施方案〉的通知》。义务教育大班额控制为2.18%。继续做好随迁人员子女、留守儿童、残疾儿童等关怀工作，组织学生、教师为特殊学校募捐11万余元。适龄残疾儿童少年入学率99.34%。11月，市特殊教育学校教师胡沐华夺得由江西省妇联举办的“巾帼心向党 奋进新征程”红色巾帼宣讲员大赛二等奖。全市有21所真爱梦想项目学校建成。组织“科技大篷车进校园”进校园活动；开展全国科普日活动，参加全省机器人大赛，获4项二等奖。

【初中招生电脑派位录取】8月1日，2022年市城区初中招生电脑派位录取工作在五中结束。市教育体育局对7所城区初中进行电脑派位。市一中、二中、五中、九中、十三中、二十六中、珠山实验学校共录取1303人。

高中教育

【概况】2022年，下发《普通高中新课程编排的指导意见》。昌河中学、昌江一中被评选为省级普通高中特色学校。以评促建，推动全市普通高中逐步形成“多样化、有特色、高质量、可选择”普通高中教育发展格局。景德镇一中、乐平中学、景德镇十六中、景德镇十九中被评为全省普通高中新课程新教材示范校。制定《景德镇市“十四五”县域普通高中发展提升行动实施方案》，提高县中教育教学质量，推进县中内涵建设、多元发展。制定《景德镇市教体局关于开展县域普通高中结对帮扶工作的实施方案》，在全市县域普通高中试点组成首批10对结对帮扶学校，帮扶周期3年。2022年，全省高考报名总人数57.48万人，景德镇报名17250人，占全省3.0%。景德镇市录取清华大学4人，北京大学5人，合计9人。

表7　2022年景德镇市文理科一本、二本上线人数占全省比例

	一本上线	二本上线
全 省（人数）	68081	181195
景德镇（人数）	2190	5238
比例（%）	3.2	2.9

说明：二本上线人数包含一本上线人数

【全市高招、中招安全工作会】5月17日，市政府召开全市高招、中招安全工作会。副市长徐辉出席。会议要求严把疫情防控关、严把应急防范关、严把试卷安全关、严把考场组织关、严把评卷录取关。全市高考报名总人数1.50万人；初中学考报名总人数2.64万人，共设5个考区；高中学考高一考试人数1.37万人、高二考试人数1.34万人。

职业技术教育

【概况】2022年，以“扩容”为重点，着力增加优质职业教育资源。5月上旬，市委书记刘锋、市长胡雪梅先后调研教育工作。全年新增中职学校1所，在建中职学校1所，市机电学校新校区开工建设。投资6.2亿元开发建设中德（景德镇）工业4.0智能制造公共实训基地。市第一中等专业学校与红叶、皇窑等多家陶瓷企业签订合作协议，与江西直升机有限公司合作举办“通航班”；市机电工程学校请“江西友鹏精密仪器有限公司”进校园。全市中职学校对接园区企业43家，在合作企业建立实训基地26个，选聘企业技术人员任兼职教师30余人。审批一所非营利性民办中等职业学校——景德镇陶溪川职业学校。2021年至2022年全市中职学校新增教师

近200名，专任专业教师中“双师型”教师占45%。市第一中专以杨李英为带头人的工艺美术专业团队获省教师教学创新团队立项。新增“智能设备运行与维护”“中餐烹饪”“工业机器人技术应用”“无人机操控与维护”“音乐表演”“口腔修复工艺”等专业。就业率多年保持92%以上，800余中职学生被高职院校录取。

【全市首个市级共享型公共实训基地落成】 2月16日，“景德镇市智能制造公共实训基地”授牌仪式在陶溪川举行，这是景德镇首个公共实训基地，该基地集产、学、研、训为一体，能完全解决本市职业院校智能制造专业群和相关专业的实训。景德镇市教育局与景德镇溪川德信教育科技有限公司签署战略合作协议。

民办教育

【概况】 2022年，在开学、学期末等重要时间节点期间，邀请消防、安监、卫健等部门联合检查市直民办学校工作。建立民办学校信息公示和信用档案制度、备案民办学校的招生简章和广告、严格审批及发放民办教育专项资金。停止审批民办义务教育学校。严禁民办义务教育学校设立新校区、扩大办学规模，调减民办义务教育学校在校生规模。严格规范民办义务教育学校收费行为。逐一核查民办义务教育学校修订后的章程。开展全市民办教育机构年检工作。严控民办义务教育学校各年级学籍转入，确保在校生人数只减不增，规模占比只降不升。同意景德镇市江南武术院变更校名为景德镇市江南武术学校。完成9所涉及民办义务教育阶段的民办学校非营利性登记工作。开展“公参民”学校专项治理。景德镇锦荣学校已停办注销。

【违规校外培训零容忍】 5月26日晚，景德镇市教体局党组成员、副局长孙俊带队，前往群英街开展校外培训巡查，发现原黄冈教育培训机构（非学科）场所内有违规补课行为，学生约30人左右。珠山区教体局对其采取关停举措，并告知当事人，如存在撕毁封条、再违规补课等行为，公安部门将对其予以行政拘留。

成人教育

【概况】 2022年，先后举办市直系统100名新入职教师岗前培训班、新入职教师第二期岗前培训、景德镇市青年教师助力培训。全年教师资格认定1045人。组织专家复评考核全市中小学第一批学科带头人和骨干教师。组织实施“国培计划（2022）”“省培计划（2022）”——江西省中小学幼儿园教师培训项目，全市参与国培项目教师共1107人，省培计划教师共677人。组织全市开展2022年暑期教师研修活动，全市共有9774名教师参训，学习完成率90.31%。组织“省培计划”的江西省义务教育阶段学校教师“智慧作业”应用全员培训工作中与市教研所共同配合实施工作，全市1.25万名教师参与培训。组织“互联网+教师专业发展”“全员培训”，组织1.63万人参训，共有1.61万人合格，合格率达到98.6%。

【第二期新入职教师岗前培训】 9月14—26日，景德镇市开展岗前新教师培训。市直各中小学公费师范生25人及市卫生学校公招教师22人参加，内容包括加强师德师风建设、班级管理、心理健康等内容，帮助新教师更好更快适应工作需求。全体学员参训合格率达100%。 （冯小华）

高等教育

景德镇陶瓷大学

【概况】 2022年，景德镇陶瓷大学有湘湖校区、新厂校区及中国轻工业陶瓷研究所、三宝陶艺研修苑，占地131.40公顷，校舍建筑面积近70.9万平方米，设有材料科学与工程学院、陶瓷美术学院、设计艺术学院等12个教学学院（部、系）及研究生院、创业学院、继续教育学院和国际学院，全日制在校生2万余人，其中，硕士研究生、博士研究生近2000人。年内，青年教师龙洲荣获第25届“江西青年五四奖章”，教师肖绚、贾建华、邱望仁、程翔、许召春申报的科研成果“生物序列信息挖掘研究”获2021年度江西省自然科学奖二等奖。学校上下坚持以习近平新时代中国特色社会主义思想为指导，深入学习宣传贯彻党的二十大精神，领悟“两个确立”的决定性意义，增强“四个意识”、坚定“四个自信”、做到“两个维护”，坚持和加强党对学校工作的全面领导，全面落实立德树人根本任务，统筹推进疫情防控和各项事业高质量发展，为高标准建好景德镇国家陶瓷文化传承创新试验区提供人才支撑和智力支持。

【举办“瓷的精神”2021景德镇国际陶瓷艺术双年展】 2月28日，“瓷的精神”——2021景德镇国际陶瓷艺术双年展在景德镇陶瓷大学盛大开幕。景德镇陶瓷大学党委副书记、副校长（主持行政工作）、本届“双年展”总策展人吕品昌介绍展览有关情况。此次“双年展”活动由景德镇市人民政府、景德镇陶瓷大学、中国对外文化集团和国际陶艺学会共同主办，每两年举办一届，2022年是首届，此后与“景德镇国际陶瓷博览会”形成“一核两翼”、相互依托的发展格局，助力国家试验区建设。国内外专家评审了来自全球各地的2360件参展作品，选出206件包含器皿、雕塑、绘画、装置、影像五大类型的作品入围，并从中评出来自不同国家和地区的52件获奖作品。这些获奖作品集中反映近年来当代陶艺的最新成果，填补了中国作为陶瓷大国无全球性重大品牌学术大展的空白。活动还配套举行了系列独立展、平行展、配套活动等10大类16场活动。

【发起成立“一带一路”国际陶瓷教育联盟】 3月1日，“一带一路”国际陶瓷教育联盟成立仪式暨“当代陶瓷艺术教育发展趋势”国际高峰论坛在景德镇陶瓷大学举行。成立仪式上，吕品昌展示了由景德镇陶瓷大学、美国阿尔弗雷德大学美术馆、国际陶艺学会（IAC）三方代表共同签订的“一带一路”国际陶瓷教育联盟成立备忘录。吕品昌等八位嘉宾代表共同为联盟的成立开启启动球。“联盟”以“共建陶瓷教育平台，推进国际交流合作”为主旨，在尊重文化多样性的前提下，推动联盟成员之间在交际交流、人才培养、科研合作、文化沟通、智库建设等方面开展交流与合作。仪式结束后举行了“当代陶瓷艺术教育发展趋势”国际高峰论坛，国内外陶瓷艺术教育领域的专家学者围绕“疫情时代下的全球陶瓷艺术教育的走向”和“国际视角下的陶瓷艺术创新与本土经验”两个主题进行探讨。

【入选省劳动教育特色示范学校】 3月3日，江西省教育厅公布2021年全省劳动教育特色示范学校的遴选结果，景德镇陶瓷大学成功入选全省劳动教育特色示范学校。这是江西省首次开展省级劳动教育特色示范学校的遴选创建工作。景德镇陶瓷大学深入贯彻落实《中共中央、国务院关于全面加强新时代大中小学劳动教育的意见》，对劳动教育进行整体设计，开齐开足劳动教育课程和课时，设立“劳动周”发挥劳动育人功能，促进学生形成良好的劳动习惯和积极的劳动态度，培养学生的创新精神和实践能力，注重知行合一。

【首获“全国党建工作样板支部”培育创建单位】 3月18日，教育部网站公布第三批全国党建工作示范高校、标杆院系、样板支部培育创建单位名单。景德镇陶瓷大学艺术文博学院第一党支部入选“全国党建工作样板支部”培育创建单位。艺术文博学院第一党支部成立于2016年，14名党员主要由学院教学、科研人员组成。支部构建了“‘四维’协同共进，‘双向’融合提升”工作模式，即把党建工作与立德树人、教学科研、专业建设、陶瓷文化传承创新等具体的业务工作紧密地融合起来，以做到“四维”协同共进，实现党建、业务“双向”提升。

【获批教育部中外高水平大学生交流计划】 4月12日，景德镇陶瓷大学经教育部批准参加“中外高水平大学学生交流计划”项目建设，与英国创意艺术大学合作实施“中外高水平大学学生交流计划2+2双学位学分互认联合培养项目”（以下简称“中高项目”）视觉传达设计和环境设计专业本科人才培养，成为全国首家艺术类“中高项目”高校、江西省首批“中高项目”高校。“中高项目”以中外人文交流理念为指导，以助推具有国际视野、中外人文交流素养的复合型人才培养为目标，通过中外高校课程对接、双向学分互认、分段联合培养等方式，推动学校与世界高水平大学建立多层面、多领域、多

2022中韩陶瓷艺术交流展在景德镇陶瓷大学开幕

类型、高水平的双边、多边互动长效机制，助力学校“双一流”建设和内涵式高质量发展，实现合作共赢。

【新增 4 个国家级一流专业】 6 月，教育部发布通知，景德镇陶瓷大学“材料物理”“电子科学与技术”“绘画”“公共艺术”4 个专业获批国家级一流本科专业建设点；“考古学”“材料成型及控制工程”“市场营销”“财务管理”4 个专业获批省级一流本科专业建设点。至年底学校已获批国家级一流本科专业建设点 13 个，省级一流本科专业建设点 21 个。

【2 个专业通过中国工程教育专业认证】 6 月，中国工程教育专业认证协会公布 2021 年通过中国工程教育专业认证的专业名单，景德镇陶瓷大学“机械设计制造及自动化”和“材料成型及控制工程”两个专业名列其中，并获得六年的认证有效期，成为该校首批通过工程教育认证的专业，实现了学校在工程教育专业认证领域的零突破。

【举办中韩陶瓷艺术交流展】 6 月 8 日，2022 中韩陶瓷艺术交流展开幕式在景德镇陶瓷大学湘湖校区举行。景德镇陶瓷大学原党委副书记、校长、陶瓷文化高等研究院院长宁钢介绍展览有关情况。该次交流展是由中共景德镇市委宣传部、景德镇陶瓷大学陶瓷文化高等研究院、韩国圆光大学美术学院、江西国际传播中心等主办，景德镇陶瓷大学中国陶瓷文化研究所承办，联合景德镇国家陶瓷文化传承创新试验区管理委员会、韩国驻华大使馆韩国文化院等单位共同策划举办，展出中韩两国当代的优秀陶瓷艺术作品 70 余件，展览时间持续到 6 月 17 日。

中国非物质文化遗产保护协会陶瓷分会揭牌成立

【中国非物质文化遗产保护协会陶瓷分会揭牌成立】 8 月 7 日，中国非物质文化遗产保护协会陶瓷分会成立仪式在景德镇陶瓷大学举行。成立仪式前举办了会员大会，会议选举产生了中国非物质文化遗产保护协会陶瓷分会理事 138 人，景德镇陶瓷大学党委副书记、副校长（主持行政工作）吕品昌当选为中国非物质文化遗产保护协会陶瓷分会会长。陶瓷分会下设顾问、会长、副会长、秘书长、副秘书长、常务理事单位、理事单位等。陶瓷分会的成立，在于继承弘扬中国非遗等中华民族优秀传统文化，促进中国非物质文化遗产陶瓷保护和传播，促进中国非遗陶瓷产业的建设和加快中国非遗陶瓷文化发展，提升中国非遗的传播力、吸引力、影响力。

【牵头组建江西省文化和旅游产业陶瓷科技创新联合体】 8 月 19 日，江西省文化和旅游产业陶瓷科技创新联合体成立大会在南昌举行。该联合体以景德镇陶瓷大学为牵头单位，联合陶瓷工业设计研究院（福建）、中国轻工业陶瓷研究所等 18 家成员单位共同组成。江西省委常委、省委宣传部部长庄兆林出席大会并揭牌。组建江西省文化和旅游产业陶瓷科技创新联合体是江西省全面贯彻落实习近平总书记视察江西重要讲话精神和“作示范、勇争先”目标要求的生动实践，是落实创新江西发展战略、推动科技与文化深度融合的务实举措，是建设文化强省和旅游强省、打造景德镇国家陶瓷文化传承创新试验区的重大行动。联合体旨在开展陶瓷文化遗产资源整体保护技术研究、江西古陶瓷科学技术研究及成果转化、陶瓷艺术设计、陶瓷文创旅游产品开发、陶瓷新材料等关键技术攻关。

【入选首批国家级创新创业教育实践基地建设单位】 8 月 31 日，教育部公布国家级创新创业学院、国家级创新创业教育实践基地建设名单。北京大学等 100 所高校被认定为国家级创新创业学院建设单位，清华大学等 100 所高校被认定为国家级创新创业教育实践基地建设单位，景德镇陶瓷大学入选“国家级创新创业教育实践基地”建设单位。此次评审，江西省共有4所高校获评国家级创新创业学院建设单位，包括景德镇陶瓷大学在内共有6所高校获评国家级创新创业教育实践基地。

【牵头组建全国大中小学思政课一体化建设联盟】 10月29日，由江西省委教育工委、省教育厅指导，北京师范大学、景德镇陶瓷大学等联合主办的全国大中小学思政课一体化建设联盟启动仪式暨中共二十大精神融入大中小学思政课论坛在景德镇举行。论坛分启动仪式、主旨发言、闭幕式等环节。论坛也是第八届全国大中小学思政课一体化建设论坛。除主会场外，在哈尔滨工业大学等12个学校设立了线上分会场。汕头大学等高校同步举办平行论坛，河南大学等学校举办系列分论坛。成立全国大中小学思政课一体化建设联盟，目的是用党的科学理论武装青年，用党的初心使命感召青年。

【承办2022国际产学研用合作会议主题活动——“融合·创新”艺术与产业合作会议】 11月10日，2022国际产学研用合作会议在南昌开幕，11日，由教育部、江西省人民政府支持，教育部学校规划建设发展中心主办，江西省教育厅、景德镇陶瓷大学承办的“融合·创新”艺术与产业合作会议在景德镇陶瓷大学举行。该次会议作为2022国际产学研用合作会议的主题活动之一，为期1天半，包括主旨发言、座谈会等环节，共有35名中外专家学者以线上、线下形式进行交流发言。“融合·创新”艺术与产业合作会议聚焦艺术与产业融合发展的学术前沿，邀请中外专家学者共同探讨艺术学科发展面临的机遇与挑战，以及产业的转型发展，探讨在新文科背景下美术、设计、音乐等艺术学科与产业的融合与创新。

【荣获第八届中国国际“互联网+”大学生创新创业大赛全国总决赛金奖】 11月10—13日，第八届中国国际“互联网+”大学生创新创业大赛总决赛现场比赛在线上举办，景德镇陶瓷大学高教主赛道本科生成长组项目《殖虻除余—绿色环保循环经济新思路》勇夺金奖，高教主赛道研究生初创组项目《瓷莹—陶瓷智能化情景灯具的创新者》获银奖。在总决赛现场比赛中，高教主赛道本科生成长组项目《殖虻除余—绿色环保循环经济新思路》、高教主赛道研究生初创组项目《瓷莹—陶瓷智能化情景灯具的创新者》团队，分别通过线上方式开展，经过10分钟的路演及5分钟的问答，展示了项目的来源、创业历程和成效、专创融合、校企合作、产学研协同创新、发展规划、反哺学校及社会价值等近20个方面的详细内容。

【获批“江西省劳模创新工作室”】 12月5日，景德镇陶瓷大学陈丽萍教授工作室被江西省总工会命名为“2022年度江西省劳模创新工作室”。年内全省命名“江西省劳模创新工作室”共30家，其中教育系统仅命名3家。陈丽萍教授工作室于2016年由江西省教育工会命名为“江西省教育系统劳模工作室”；该工作室成员主要由学校青年教师和在校博士研究生组成，工作为陶瓷艺术创作设计领域，包含陶瓷雕塑创作、生活陶瓷设计、陶瓷环境景观设计等实践活动以及陶瓷艺术理论研究，体现在人才培养、科学研究和社会服务三个方面。

【与阿拉伯联盟教育文化和科学组织签署战略合作协议】 12月20日，作为第五届阿拉伯艺术节重要活动之一，由中国文化和旅游部、外交部、江西省人民政府、阿拉伯国家联盟秘书处共同主办的中阿文化产业论坛在景德镇市举办。来自中国和阿拉伯国家政府机构及学界、企业等近200位代表以线上线下结合的方式参加论坛。论坛举办期间，景德镇陶瓷大学与阿拉伯联盟教育、文化和科学组织签署战略合作协议，旨在进一步落实习近平总书记对于试验区工作的殷殷嘱托“建好国家陶瓷文化传承创新试验区，打造对外文化交流新平台”，优势互补，资源共享，协力开创对外文化交流新局面。

（刘灿彬）

景德镇学院

【概况】 2022年，景德镇学院学校占地面积135公顷，一期建设面积68.73公顷，建筑面积31.99万平方米，教学行政用房18.32万平方米，学生宿舍10.23万平方米，纸质图书112.4万册，电子图书176.8万种，电子资源库24个，教学科研仪器设备总值1.08亿元。有实验实训中心12个、实验室117个和160多个校外实习、实训基地。学校设有11个二级学院，招生专业35个，其中本科招生专业31个，专科招生专业4个，在校本专科学生1.27

景德镇学院

（全寿进摄影）

万人，其中本科生 1.18 万人。教职工 707 人，其中专任教师 474 人，具有高级专业技术职称的教师 170 人（其中教授 63 人），具有硕士、博士学位以上的教师 393 人，“双师双能型”教师 161 人，拥有市级以上各类人才 80 余人。

学校拥有世界陶瓷领域唯一的联合国教科文组织“陶瓷文化：保护与创新”教席，江西省唯一教育部首批中华优秀传统文化——“陶瓷文化传承基地”“全国青少年陶艺培训基地”等 10 个省级以上学术平台。年内，学校获“全国教育系统关心下一代工作先进集体”“江西省文明单位”“江西省平安建设先进单位”“江西省征兵工作先进单位”“江西省‘返家乡’社会实践优秀单位”等称号。

【经费投入】 2022 年，学院财务总支出 2.70 亿元。其中，基本支出（包含人员、公用支出）1.49 亿元、项目经费支出（包含思政专项、教学管理、科研经费、学生管理、后勤基建项目等）1.21 亿元。

【学生教育】 2022 年，学院深化教育教学改革，提升教育教学质量。年内工艺美术专业成功入选国家级一流本科专业建设点，获取省级一流课程 1 项，省级课程思政示范建设项目 2 项，省级教学团队 2 个。人才培养质量稳步提升，学生在学科类竞赛中获省级以上奖项 268 项。晚自习出勤率、图书馆和自习室的上座率达到 90% 以上。教师赵云君获“江西省征兵先进个人”荣誉称号。开放大学各类招生总数达 1744 人，增长 147%；引领青年创新、服务青年创业，通过打造“众创空间”创业孵化基地，为青年创客搭建“赋能”平台。30 余个学生青年创客团队入驻“众创空间”，并以优异成绩获批“2022 年景德镇市创业孵化示范基地”。2022 年青年创客团队在第八届江西省“互联网 +”大学生创新创业大赛中晋级国赛铜奖，并夺得省赛银奖、铜奖各 1 项；在第十三届“挑战杯”大学生创业计划竞赛中再获佳绩，取得省级金奖一项，银奖一项，铜奖三项的好成绩。推进“网上共青团”，用新媒体阵地服务青年，“景院青年”2022 年微信公众平台共发文 310 余篇，累计阅读量 30 余万次，多篇原创文章单篇点击率过万次。

【学科建设】 2022 年，学院坚持面向地方办大学、面向行业办学院、面向产业办专业，明确建设“示范应用型”大学的奋斗目标；确定以“学生发展”为中心，“两减两增”和“两分两合”的人才培养改革思路，坚持走以陶瓷艺术和师范教育为主体、做强艺术、做优师范、做精理工、做特文管“一体两翼、融合发展”的学科专业建设思路。出台《关于修订 2022 年本科专业人才培养方案的指导意见》，全面修订本科专业人才培养方案，按照 OBE 的教育理念，采取“两减两增”“两分两合”的思路修订本科人才培养方案，增加选修课程比例，科学设置模块化选修课程，提供多样化的培养形式和成才途径，为学生根据自身特点制订个性化学习计划和目标创造条件；拓展学生专业自主选择空间，使各专业面向行业、企业及学生需求，办出特色、办出质量，促进跨学科复合型人才培养成长，凸显学校办学定位、专业特色，更加符合高素质应用型人才培养要求。

【科学研究】 2022 年，学院科研水平不断提高，科研项目申报立项有重大历史性的突破。年内，立项国家自然科学基金 2 项，国家社会科学基金 1 项，江西省社会科学基金 3 项，江西省自然科学基金 1 项，其余省厅级课题 70 余项，出版学术专著 5 部、教材 3 本。整合联合国教科文组织陶瓷文化保护与创新教席、教育部中华优秀传统文化陶瓷文化传承创新基地平台，优化“景德镇学”学术研究，对接国家陶瓷文化试验区等开展了大量工作，其中江旺龙教授的施政对策报告《充分挖掘陶瓷文化内涵讲好中国故事》获得国家（中央）领导人的签字批示。学术氛围浓厚，全年举办学术讲座20余场，各类科研学术座谈会20余场。

【思政教育】 2022年，学院加强思政队伍建设，提升思想政治工作水平，严格按照师生比不低于1∶200和不低于1∶3500要求配齐专职辅导员和专职心理健康教师，并按班级配备班主任。强化辅导员培训，举办辅导员暑期培训班和心理工作胜任力培训班，并选派辅导员参加省级培训10人、国家级培训1人，全年共培训100余人次。获全省第八届辅导员素质能力大赛三等奖1名，年内江西高校思想政治工作省级精品项目立项1项，在江西2022年度全省高校思想政治工作评选中，获优秀论文二等奖1项、优秀案例一等奖1项，获第二届高校心理健康教育教师职业能力大赛三等奖1名。严格按照师生比不低于1∶350要求配备专职思想政治理论课教师，严格落实思政课程集体备课制度和听课、晒课等工作要求，提高思政课程质量，获江西省百名优秀思想政治教师称号1人，第五届江西省本科院校青年教师教学竞赛思想政治课专项三等奖1项。落实《高等学校课程思政建设指导纲要》，推进课程思政示范课程建设，2门课程获2022年江西省本科高校课程思政示范课程立项，2个教学团队入选2022年江西省高水平本科教学团队建设名单。切实加强师德师风建设，开展师德师风专题教育，严格实行师德师风一票否决，选树优秀典型、充分发挥师德师风示范引领作用和强化警示教育，推动师德师风建设常态化长效化。

【学校文化】 2022年，学院推进平安校园、文明校园、书香校园、智慧校园建设。持续开展“书香校园”创建活动，坚持领导干部联系班级、进宿舍，辅导员在教学楼值班、听课制度，开展与学生谈心谈话活动，积极帮扶困难学生，学风建设持续向好。深入持久地开展平安校园、文明校园创建工作，“稳步推进智慧校园”建设，在建项目全面上线正式运行，实现各业务系统的信息化、网络化和智能化，学院被授予“江西省平安校园”称号。

【招生就业】 2022年，学院优化调整招生计划，本科招生2700人，专科200人，专升本1851人（其中联合培养569人）；落实就业工作“一把手”工程，加强就业指导，多措并举拓宽就业渠道，全年举办一场大型校园招聘会和三场网络招聘会，引进用人单位560家，各学院开展专场招聘12场，提供2400余个岗位，2022届毕业生初次就业率为82.78%，就业质量明显提高。2022届毕业生考取硕士研究生157人，占比8.14%，专升本197人，占比10.21%。针对“建档立卡”和就业困难毕业生建立服务台账，制定帮扶措施，分类指导、精准推荐，确保有就业意愿的贫困生100%就业，困难毕业生申请国家一次性就职补贴289人。

【社会服务】 2022年，学院响应习近平总书记“建好景德镇国家陶瓷文化传承创新试验区，打造对外文化交流新平台”号召，以联合国教科文组织“陶瓷文化：保护与创新”教席和教育部首批中华优秀传统文化（陶瓷文化）传承基地为依托，开展全国中小学陶艺培训基地迁址揭牌暨全国青少年陶艺教育成果展。成立景德镇学研究中心，出版《景德镇陶瓷文化》校本教材，纵深融入景德镇国家陶瓷文化传承创新试验区建设。坚持地方性、应用型办学定位，瞄准景德镇陶瓷、航空、精细化工和医药＋文化旅游＋其他优势产业的“3+1+X”特色产业体系，不断优化调整学科专业结构，提高与地方经济社会发展的契合度，进一步深化与景德镇市县区及周边地区校地校企合作，联手江西省考古研究所、景德镇市陶瓷考古研究所，开展景德镇御窑厂遗址的考古发掘工作，深化与景德镇地区瓷茶品牌企业合作，不断拓宽学术文化交流领域。

【合作交流】 2022年，学院利用联合国教科文组织“陶瓷文化：保护与创新”教席、“教育部首批中华优秀传统文化（陶瓷文化）传承基地”和“景德镇国际丝路学院”平台，进一步拓宽文化交流、人才培养渠道，积极探索通过“线上＋线下”等新形式开展国际交流与合作。

【重大项目建设】 2022年，国家发改委资助项目“景德镇学院产教融合实训基地”完成主体封顶，总投资为1.8亿元，用地面积1.42公顷，总建筑面积3.05万平方米。

（黄　莉）

学生团队获2022年全国职业院校技能大赛二等奖

江西陶瓷工艺美术职业技术学院

【概况】 2022年江西陶瓷工艺美术职业技术学院为江西省示范性高职院校、江西省第一轮双高院校、第二轮高水平高职院校建设单位。学院规划面积93.91公顷，一期建成53.36公顷，教学仪器设备总值9056万元，各类在校生1.5万余人，专兼职教师700余人。2021年获得江西省文明校园和江西省"节水型高校"荣誉称号。年内，学院教授朱辉球教授获中华职业教育社黄炎培职业教育奖"杰出教师奖"，其领衔的"陶瓷文化传承教师团队"入选第二批"全国高校黄大年式教师团队"名单；学院学生团队赛项"电子产品芯片级检测维修与数据恢复"获得2022年全国职业院校技能大赛（高职组）二等奖。

【教材入选教育部"十四五"职业教育国家规划教材遴选名单】 2022年，学院《陶瓷古彩装饰》《陶瓷粉彩装饰》《陶瓷新彩装饰》《青花装饰技法（第2版）》《3D游戏美术设计与制作》《陶瓷坯釉料制备技术》《陶瓷干燥与烧成技术》《信息技术项目化教程》8套教材经省级评审，入选教育部"十四五"职业教育国家规划教材遴选名单。

【新形态双元教材开发】 2022年，以教育部示范性职业教育集团（联盟）培育单位——陶瓷职教集团为平台，按照校企"共商、共研、共建、共享"原则，进行新形态双元教材开发，编写了《陶瓷青花装饰》《陶瓷粉彩装饰》《陶瓷新彩装饰》《陶瓷雕刻装饰》《现代陶艺制作》《陶瓷古彩装饰》等校企合作教材。

【举办"守正创新——江西陶瓷工艺美术职业技术学院陶瓷艺术作品展"】 2月28日，在国家教育行政学院举办"守正创新——江西陶瓷工艺美术职业技术学院陶瓷艺术作品展"。集中展现了陶瓷艺术类职业教育成果，是用陶瓷语言描绘美的体验、讲述中国故事、诠释文化自信的生动案例。

【参加"首届世界职业技术教育发展大会"】 8月19—20日，学校作为欧洲驻华外交官"中国行—江西"活动定点参观访问单位、中国教育国际交流协会会员单位及理事产生单位，积极参加由教育部、中国联合国教科文组织全国委员会和天津市人民政府联合主办的"首届世界职业技术教育发展大会"，并以"云"上开展的方式展示了学院的办学特色和成果。

【与江西外语外贸职业学院联合举办"发展中国家陶瓷工艺培训班"培训项目】 10月，学院与

参加"首届世界职业技术教育发展大会"

江西外语外贸职业学院联合举办“发展中国家陶瓷工艺培训班”培训项目，面向南非、塞尔维亚、塞拉利昂三个国家学生，开展为期21天的线上培训，培训效果得到商务部的肯定。

【与浮梁县三龙镇政府签署校地战略合作协议】 10月30日，学院与浮梁县三龙镇政府开展校地战略合作，并派遣骨干教师芦扬到三龙镇挂职担任副镇长，全面推进校地企三方合作，促成人才与资源的共享互动，实现校地共赢。

【学院成功进入江西省第二轮高水平高职院校建设单位】 12月，经过专家评审，学院成功进入江西省第二轮高水平高职院校建设单位，其中陶瓷设计工艺专业群、产品设计艺术专业群入选高水平专业群。

【参加第五届“阿拉伯艺术节”】 12月19日，第五届“阿拉伯艺术节”在景德镇市开幕，学院积极组团参加，向中外嘉宾展示了学院师生在陶瓷艺术创作、产品艺术设计等领域的独特风采。

【承办江西省职业院校技能大赛文创产品设计（高职组）技能竞赛】 12月23—24日，由省教育厅主办、学院承办、江西省职业教育学会艺术专业委员会与东华理工大学高等职业技术学院协办的2022年江西省职业院校技能大赛文创产品设计（高职组）技能竞赛在学院举行。来自全省的51名参赛选手共17支入围决赛的队伍通过现场布展、现场实操、现场创意答辩环节围绕“江西文化符号”进行文创产品设计。学校设计艺术学院罗科勇、杨林老师带领3位产品艺术设计专业学生在2022年文创产品设计赛项中获得一等奖第一名。

（严钦波）

景德镇艺术职业大学

【概况】 2022年，景德镇艺术职业大学总占地面积93.38余公顷，分二期建设。其中一期总建筑面积68.99万平方米，地下建筑面积共12.48万平方米，二期预计建成计容面积约为39.39万平方米，二期建成后学校可容纳3.27万名校生。在建设功能中，主要分为7个组团，校前公共组团、艺术教学生活组团、工学教学生活组团、经管教学生活组团、生活服务及教学生活组团、职业中学组团、学术交流中心组团。年内公开招聘6次，共招聘及引进教职工336人（含高层次人才2人、中层干部14人）。至12月31日，学校教职工人数为660人，其中副高及以上职称219人（占比33.2%）、双师型教师155人（占比23.5%）、硕士学位426人（占比64.5%）。

专业建设及人才培养。学校以应用艺术为特色，紧密对接陶瓷文化、现代服务、智能制造等新兴产业，设有普通本科专业29个，职业本科28个，高职专科专业45个。学科涵盖艺术学、工学、文学、管理学、法学、经济学、教育学等7个门类，形成工、管、经、文多学科协调发展的办学格局。学校根植江西、辐射全国，面向行业产业的高端领域，培养区域经济社会发展需要的高层次技术技能人才。年内学校面向全国27个省市招生，招生计划总人数为7800人，本科4900（其中专升本1000人），专科2900人。新生最终到校总人数6636人，两届在校生总人数为8615人。

学校依托国企办学的背景和优势，根据职业教育的定位，着力加强实验实训条件建设。中德（景德镇）工业4.0智能制造公共实训基地、陶溪川文创街区、邑山陶瓷智造工坊、陶溪川大剧院、景德镇御窑厂国家考古遗址公园、凯悦酒店等一批实习实训基地，为学生培养提供了优质的资源。另外，学校与江西省大型上市企业联创电子股份有限公司合作共建了“景德镇艺术职业大学电子信息产业学院”。

景德镇艺术职业大学

学校紧紧围绕人才培养工作，着力建好思政课、养成课、技能课三大类课程。在深化“三教”改革上下大力气，推进“五育并举”，提高教育教学质量，不断提高学生的技术技能。学校职业教育特色日益彰显，人才培养质量显著提升。

【承办江西省职业教育艺术专业委员会第十次工作会议】 1月9日，为深入贯彻“全国高等职业教育改革与发展工作会议”精神，更好地推动全省职业教育艺术类专业教育教学改革与发展。江西省职业教育学会艺术专业委员会第十次工作会议在景德镇陶溪川国贸饭店举行，该活动由江西省职业教育学会艺术专业委员会主办、景德镇艺术职业大学承办，有关合作单位、艺委会委员以及相关院校专业负责人代表共等70余人参加会议。

【获批工信部首批校企协同就业创业创新基地拟建单位】 1月17日，工业和信息化部中小企业发展促进中心示范基地项目办副主任王克杰、项目主管王海超到景德镇艺术职业大学，出席“校企协同就业创业创新示范实践基地”项目进度调研会。王克杰亲自授函同意学校启动“校企协同就业创业创新示范实践基地”建设工作，标志着学校正式入选为工信部首批遴选出的100个基地建设单位之一。学校高度重视此次申报工作，校长冯小苏率领申报团队对相关材料反复审核把关。得益于地域优势、深厚的历史文化积淀等多方面因素，在全国400余个参与申报的院校当中，学校“陶瓷工艺设计”基地建设方向脱颖而出，成功获批。

【刘锋到景德镇艺术职业大学建设现场调研】 2月6日，市委书记刘锋一行深入景德镇艺术职业大学项目建设现场进行调研。他强调，重大项目建设事关全局、事关长远，是景德镇高质量跨越式发展的重要支撑。要强化“项目为王”的理念，抢抓机遇、担当实干，攻坚克难、高效推进，推动产业升级、乡村振兴和民生改善，努力把景德镇艺术职业大学校园打造成精品工程、样板工程。

2月6日，市委书记刘锋调研景德镇艺术职业大学项目建设现场

【方文龙任景德镇艺术职业大学党委书记】 6月15日，省委组织部干部四处二级调研员吴成涛宣读了省委关于方文龙任景德镇艺术职业大学党委书记的决定。省委教育工委副书记郑志军，省委组织部干部四处二级调研员吴成涛出席并讲话，景德镇陶文旅集团党委书记、董事长、景德镇艺术职业大学董事长刘子力，景德镇艺术职业大学党委书记、督导专员方文龙，省委教育工委组织部、省教育厅人事处干部黄宝华出席大会。

【景德镇艺术职业大学三方合作构建诚信校园】 6月26日，为培育和践行社会主义核心价值观，贯彻落实国务院社会信用体系建设规划纲要的战略部署以及《2022年景德镇市社会信用体系建设工作要点》的相关要求，景德镇艺术职业大学与中国人民银行景德镇市中心支行、中国银行景德镇市分行三方携手，将诚信教育有机融入校园文化建设，共同推进诚信教育与诚信文化建设，促进金融知识、征信知识和信用文化在校园的传播和普及，提升新时代大学生的金融素养和诚信道德实践能力，助推社会信用体系建设。

【思想政治教育实践基地挂牌仪式举行】 7月8日，学校思想政治教育实践基地挂牌仪式在景德镇市殊源坞红色文化教育基地举行。殊源坞红色文化教育基地是荷塘精神“自力更生、艰苦奋斗、勇于开拓”的原创地，被誉为景德镇本土的井冈山精神，双方加强交流与合作，进一步挖掘景德镇本土文化，传承红色基因，发挥各自专长优势，使同学们有更多的机会参加思政课实践教学活动，丰富知识、增长才干、提高素质、锻炼能力，促进学校思想政治教育工作取得新成效。

【开展“访企拓岗促就业”专项行动】 7月12日，校党委书记、督导专员方文龙带队开展“访企拓岗促就业”专项行动，学校将校企合作相关的景德镇本土企业作为“访企拓岗促就业”专项行动的第一站，首先走访考察陶阳置业、陶溪川创新投资、凯悦酒店、陶邑文化、陶欣物业服务等7家企业，涉及房地产开发、酒店管理、文化创意、教育服务等行业领域。通过走访行业、深入企业，与企业负责人深入沟通人才需求合作，洽谈适时建立就业实习基地，为毕业生挖掘更多岗位资源，创造校企合作新机遇，促进校企合作常态化、长效化。

【暑期教学与业务能力提升培训启动】 7月13日，为更好地提升教师综合素质、专业化水平和创新能力，进一步强化教师思想政治素质，常态化推进师风师德建设，景德镇艺术职业大学启动2022年暑期教学与业务能力提升培训。该培训以提高教师能力和水平为目标，分两期举行，为期二十天，以省内外专家集中授课、在线网络课程自主学习、综合考核等方式进行。

【在第五届江西省本科院校青年教师教学竞赛中获佳绩】 7月29—30日，由江西省教育厅、江西省教育工会联合主办，宜春学院承办的第五届全省高校青年教师教学竞赛决赛在线上举行，学校首次参赛。学校选派的4位青年教师全部进入决赛，表现优异喜获佳绩。

【承办江西省“1+X”证书试点院校教师培训项目】 8月18日，由景德镇艺术职业大学承办的职教国培项目——江西省职业院校教师素质提高计划“1+X”证书试点院校教师培训项目培训班开班仪式在苏州正式开班。副校长蒋小光，陶瓷艺术与设计学院院长兼创新创业学院院长徐辉，来自全国各地的专家、学员60余人参加了开班仪式。

【举办劳动教育宣传月“劳模进校园”系列讲座活动】 9月13—14日，学校在香樟苑教5栋201室举行劳动教育专题讲座。该专题讲座邀请到全国三八红旗手、全国五一劳动奖章获得者陈菊荣，全国劳动模范、全国技术能手孙滨生，省级骨干教师洪东亮进行授课，2021级全体学生参加。

【新校区揭牌仪式举行】 9月21日，景德镇艺术职业大学举行新校区揭牌仪式。副省长孙菊生，市委书记刘锋，市委副书记、市长胡雪梅，省委教育工委委员、省教育厅副厅长汪立夏，市委副书记吴隽，市政协主席俞小平共同为景德镇艺术职业大学新校区揭牌。市委常委、市委宣传部部长林蓉，景德镇陶瓷大学党委副书记、副校长吕品昌，景德镇学院党委副书记、院长陈运平，江西陶瓷工艺美术职业技术学院党委书记甘国华，市人大常委会副主任、市委秘书长罗建国，副市长徐辉，国家试验区管委会专职副主任、景德镇艺术职业大学董事长刘子力，景德镇艺术职业大学党委书记、督导专员方文龙，校长冯小苏等出席揭牌仪式。

【与浮梁荻湾乡村振兴有限公司签订产教融合基地协议并授牌】 10月9日，景德镇艺术职业大学与浮梁荻湾乡村振兴有限公司（以下简称“荻湾公司”）产教融合基地签约暨授牌仪式举行。此次签约暨授牌仪式是双方校企合作、产教融合良好的开端，一方面为企业缓解招才难、用人难问题，帮助企业与学校建立稳定的人才引进培养渠道；另一方面能够缓解学校学生实习、就业压力，实现人才培养与企业用人需求的精准对接，促进教育和就业资源共享共赢。

【景德镇地区高校新入职教师岗前培训举办】 10月22日至11

9月21日，在新校区举行揭牌仪式

月 12 日，为切实加强师德师风和职业道德建设，提升教师课程思政建设的意识和能力，引导新入职教师坚定正确的政治立场，2022 年度景德镇地区高校新入职教师岗前培训在学校芭蕉苑教 21 栋 B102 举行。学校 271 名新入职教师参加培训。

【在第 24 届中国机器人及人工智能大赛全国决赛中获佳绩】 11 月，第 24 届中国机器人及人工智能大赛全国决赛结束。由智能制造学院、电子信息产业学院组建的 4 支参赛队伍在此次比赛中取得优异成绩，在 Aelos 小型人形机器人全自主挑战赛（高职组）中获一等奖 1 项、二等奖 1 项、三等奖 1 项；在 Roban 中型人形机器人全自主挑战赛（高职组）中获三等奖 1 项。

【在江西省第十六届运动会中喜获佳绩】 11 月 16 日，在江西省第十六届运动会田径赛场上，学校运动健儿黄智健、徐逸飞在标枪和跳高项目比赛中不畏强手、顽强拼搏，以优异的成绩摘得两枚银牌。

【在大学生比赛中获佳绩】 11 月 26 日，2022 年第五届大学生绿色会展创新创意挑战赛获奖名单公布，学校陶瓷艺术与设计学院、数字艺术学院取得优异成绩，在本科（研究生）组中获得展位设计类二等奖 2 项、三等奖 1 项，平面视觉类三等奖 1 项。12 月，第十届未来设计师全国高校数字艺术设计大赛(NCDA)落下帷幕，学校陶瓷艺术与设计学院 2021 级学生获全国总决赛三等奖 1 项，省级决赛一等奖 1 项、二等奖 6 项、三等奖 8 项。12 月，2022 年全国大学生英语竞赛决赛落下帷幕。学校 11 位优秀学子摘得一等奖 1 项、二等奖 4 项、三等奖 6 项。

【暑期“三下乡”社会实践活动获省级表彰】 12 月，省委宣传部、省委文明办、省委教育工委、团省委、省学生联合会组织的 2022 年江西省大中专学生志愿者暑期“三下乡”社会实践活动评选结果公布。学校“童心向党”乡村振兴促进团获优秀实践团队，青年志愿者协会会长、暑期社会实践团团长潘蔡丹获优秀个人。

【获第六届江西省高校共青团“微团课”大赛一等奖】 12 月 18 日，由共青团江西省委主办的第六届江西省高校共青团“微团课”大赛（青年教师组）决赛在江西科技学院落下帷幕。学校陶瓷艺术与设计学院单威老师团队（成员兰殷 郭宁 赵雯琳）在决赛中表现突出，经理论测试和专业评审两个环节，力压对手，从 16 支队伍中脱颖而出，获一等奖。

（欧阳明）

珠山老城（白光华 摄）

文化传媒

综 述

2022年，以国家陶瓷文化传承创新试验区建设为统领，大力推动陶瓷文化创造性转化创新性发展，突出特色——文旅产业高质量发展取得系列丰硕成果：首次单独由一座城市承办阿拉伯艺术节，习近平主席发来贺信；景德镇市因文化产业和旅游产业发展势头良好、文化和旅游企业服务体系建设完善、消费质量水平高，获得国务院督查激励表扬；御窑申遗文编制完成；陶阳里御窑景区作为江西省第一候选景区上报文化和旅游部参加AAAAA景观质量评审，创AAAAA工作迈出关键一步。

文艺创作精品迭出。情境瓷乐《采茶迎客》在第五届阿拉伯专场晚会、2022瓷博会开幕式上成功展演。《china》《大唐茶市》旅游演艺和陶溪川大剧院常态化运营，引入并公演大型舞蹈诗剧《只此青绿》，陶文旅集团与中国东方演艺集团战略合作打造《青花》舞剧。遴选优秀节目、优秀选手参加江西省第八届艺术节的玉茗花戏剧节、音乐舞蹈艺术节、少儿艺术节各项赛事。围绕"喜迎二十大"，全年开展形式多样的文艺汇演1600余场次，线上线下活动参与人次达100余万。

产业发展高质高效。健全现代文化产业体系，做强市场主体。优化营商环境，加强惠企纾困。划拨资金支持国家级夜间文化和旅游消费集聚区、数字文化创意设计企业发展。文旅消费供需两旺，持续推进国家文化和旅游消费试点城市建设，深入开展文旅消费月、文旅消费季促进活动，发行推广长江中游"三省一卡通"，大力"引客入景"。促进对外文化贸易，高品质举办"多彩中国 佳节好物"文化贸易促进活动（陶瓷文创专题）。

文旅融合势头强劲。突出科技创新，发展数字文旅，陶溪川文创街区获评国家旅游科技示范园区、省级文化和科技融合示范基地，高岭·中国村景区获评省I级智慧景区，获现金奖励30万元，景区数字化营销实践案例获评全省乡村智慧旅游十大优秀案例，"畅游景德镇"App上线，景德镇记忆入围国家级旅游休闲街区评审。乡村旅游提质升级，瑶里镇和瑶里景区入选"乡村是座博物馆"全国乡村旅游精品线路，瑶里镇、高岭·中国村、寒溪史子园、三宝国际瓷谷4景区入选"稻花香里说丰年"全国乡村旅游精品线路，浮梁县金竹花果山景区成功创建省AAAA级乡村旅游点，鹅湖镇获评第五批省级"两山"基地。低空通航旅游优势凸显，浮梁通用机场项目建成，江西直升机科技馆获评全国科普教育基地。打造3个市级旅游厕所提档升级示范点位，民生实事项目圆满完成，完善旅游景区交通标识牌120余块。县域文旅高质量发展，昌江区获省文化产业重点县（市、区）。旅游企业发展壮大，陶文旅集团获全省优秀旅游企业，陶溪川文创运营有限公司获颁江西省文化企业20强，陶溪川文创街区获全省优秀旅游景区，三宝国际瓷谷街区获评省级特色文化街区。

交流推广有声有色。成功承办第五届阿拉伯艺术节。成功举办国际陶瓷艺术双年展，摄制海外专题片《瓷缘》，全力创建2024年"东亚文化之都"。赴杭州、长沙等地开展推介活动，做好首届"江西风景独好"云端旅游推介景德镇市拍摄工作。获评"中国城市（区）国际传播示范案例"，城市形象宣传片获中央广播电视总台2022年度整合营销金案，"国际瓷都地·山水园林城"品牌优质营销荣获携程"年度前瞻策略奖"。

保护传承有力有序。御窑申遗成果初显。高规格统筹推进申遗，调整申遗工作领导小组，召开全市动员大会。高质量开展调查研究、高水平编制文本、高密度推进申遗宣传。文物保护扎实推进。颁布施行《景德镇市陶瓷文化传承创新条例》，以御窑厂窑址为核心的瓷业遗产聚集区申报创建国家文物保护利用示范区；不断加强博物馆建设，设立全球首个古陶瓷基因库，"丝路遗珍——中国古代外销瓷特展"获评国家文物局重点推介项目，新增外销瓷博物馆。全面落实文物安全责任制。非遗工作稳步开展。编制完成陶瓷文化生态保护实验区总体规划，成立市非遗保护协会，非遗馆建成开馆，推荐申报10项省级非遗代表性项目，推荐评选5名国家级非遗传承人。

文学艺术

【概况】 2022年元宵期间，在市文化馆小剧场举办"梨园春曲闹元宵"戏曲专场展演。展演中京剧、越剧、赣剧、黄梅戏轮番亮相，在弘扬中华传统文化的同时，展现出景德镇市戏曲百花园繁华景象，展演期间还穿插猜灯谜有奖竞答活动。年内开展景德镇赛区选拔活动，遴选出优秀节目25个类别、优秀选手312人赴省参加第八届江西艺术节。景德镇市

大型舞台剧目《瓷心》

在全省玉茗花戏剧节、全省音乐舞蹈艺术节和全省少儿艺术节等主题活动中屡获佳绩，共获得各类奖项30个。其中玉茗花戏剧节《瓷心》获6个奖项、音乐舞蹈艺术节获4个奖项、少儿艺术节获20个奖项。

【创排青花乐舞《采茶迎客》】 2022年，特邀中国东方演艺集团国家一级编导、北京卫视《乐界》总导演李铭佳、中国东方演艺集团音乐中心音乐总监、国家一级作曲家苑飞雪等人组成的导演组，精心打造青花乐舞《采茶迎客》，在瓷博会开幕式暖场、阿拉伯艺术节文艺演出中获得成功。节目选取江西赣南地区的民歌采茶调，以瓷都特色的瓷乐器来演奏，让来自古丝绸之路的青花瓷奏响最中国风韵的民歌小调，以诚挚之礼相迎海外来宾。

【虎年春节文艺晚会举办】 1月25日，由市委宣传部主办，市文广新旅局、市文学艺术界联合会承办的“国际瓷都、虎添双翼再出发”2022年景德镇市春节文艺晚会在市群众文化活动中心举行。晚会讴歌景德镇市经济和社会发展所取得的成就，展示全市广大干部群众团结奋进、开拓创新、昂扬向上的精神风貌，表达了全市人民对美好生活的赞美和对未来生活的期待。按疫情防控要求，晚会采取线上直播方式进行。

【参与全省“百县百艺”系列活动】 4—10月，开展由省文旅厅主办，各设区市承办的“百县百艺”系列活动，景德镇市陆续推出“喜迎二十大”主题的全民阅读、我们的节日、美术展览等文化艺术活动7项140场（次），形式多样、内容丰富，形成全市共迎盛会的浓厚氛围。

社会文化

【概况】 2022年，制定评估定级工作方案，组织市、县区图书馆参与线下评估定级培训班和评估定级线上培训辅导班，8月底完成全市各公共图书馆的线上平台的数据申报及初审工作，12月底完成全市各公共图书馆的线上平台的数据申报及初审工作。

【文化拥军系列活动】 2022年，以“喜迎接二十大 共建新瓷都”为主题，“八一”前后与驻市部队共同开展2场庆祝建军95周年暨“八一”双拥文艺会演，驻市部队全体官兵与家属共同观看了演出；开展双拥美术展览，承办“永远跟党走 奋进新征程”喜迎党的二十大暨建军95周年陶瓷书画展，围绕新四军瑶里改编等景德镇红色文化、瓷都新风貌新变化等主题进行陶瓷书画主题创作，展现了景德镇在新时代发展中取得的新成就、新画卷；开展线上军旅歌曲展览，市图书馆进行线上“军歌嘹亮——庆祝中国人民解放军建军95周年歌曲艺术展”，让群众了解军歌的创作背景及创作过程，真切地感受中国人民解放军从小到大、从弱到强、从胜利走向胜利的辉煌历程；图书馆建立市消防救援支队图书流通点，让书香浸润“火焰蓝”，活跃基层消防救援人员精神文化生活，推动新时代全民阅读工作全面科学发展。

【参与全省“百馆千万场、服务来共享”系列活动】 2022年，结合江西省“百馆千万场 服务来共享”系列群众文化活动，开展文化进万家、文艺志愿服务等活动171场，其中，全民阅读活动56场，广场舞活动16场，百姓大舞台活动9场，晒书亮宝活动5场，文化大讲座10场，红色课堂32场，百馆联动云活动26场，百馆书画巡展17场。在鹅湖镇天保学校、陶阳学校、第十五小学、第七小学等学校开展红色课堂等文化志愿服务活动，关爱留守儿童走进丽阳乡、“学雷锋 献爱心”等文化进万家活动。

【全市大型红色经典情景诵读展演活动】 8—10月期间，组织开展“喜迎二十大 奋进新征程”大型红色经典情景诵读展演活动，全市各级各行业和社会各界共22家单位、500余人参与活动，涵盖机关、宣传、消防、税务、教育、医疗等部门，参与者包括了老中青三代，年龄最大的参与者有78岁，最小的3岁。10月12日，红色经典诵读展演汇报活动在景德镇市图书馆举行，诵读作品以百年党史、红色经典、英雄故事、抗疫事迹等作品与经典诗篇为主，以表演和朗诵相互结合的方式，生动展现中国共产党的诞生、在艰险的长征路上，在抗日战争、解放战争的沙场上，党团结带领中国人民浴血奋战、淬火成钢的百年伟大历程。

【万人异地同跳一支广场舞活动】10月9日晚，江西省“万人异地同跳一支广场舞”活动在全省11个地市同步举行，景德镇市28支队伍300余名广场舞爱好者在景德镇中国陶瓷博物馆广场同跳广场舞《领航》，庆祝新中国73周年华诞，献礼中共二十大。

文化交流

【概况】2022年，成功承办第五届阿拉伯艺术节及10余项主体和配套活动。持续开展“东亚文化之都”创建工作，2021年后，景德镇市连续两年成为“东亚文化之都”候选城市。为做好“东亚文化之都”创建工作，成立创建“东亚文化之都”工作组，完善景德镇市创建“东亚文化之都”方案，建立创建工作信息交流机制，定期召开创建工作调度会，加强统筹协调合力共为，通过完善各项活动流程，加大宣传力度，为各项活动的开展营造良好氛围。将陶瓷文化与三星堆联合向全球推广中华传统文化。应四川国际传播中心邀请，组织景德镇市陶瓷艺术家、外籍艺术家、青年创业者、留学生等相关艺术人员参与以三星堆文物线描图为原型进行创作。同时还将作品图片及创作视频共同发布在两地所属各级海内外媒体上，引起了广泛关注。

【开展推介活动】2022年，举办“畅游景德·镇当时”2022年景德镇文旅（杭州）宣传推介会；参加省文旅厅2022“红土情深·嘉游赣”（长沙）旅游推介活动。努力营造良好旅游消费环境，提升景德镇独特的陶瓷文化旅游知名度和美誉度，吸引更多游客来景德镇旅游。市文旅局作文旅推介，各相关文旅企业负责人现场进行推介，并举行签约仪式。开展首届“江西风景独好”云端旅游推介景德镇市拍摄工作。协调县区文旅局及景区参与拍摄，与江西卫视拍摄团队商讨拍摄脚本等，完成景德镇云推介夜场拍摄工作，云端推介会于9月28日晚在各平台直播，运营新媒体平台账号同步直播。完成“物华天宝·赣鄱有礼”手礼征集报送工作。根据省厅要求，征集了一批优秀的手礼产品。组织报送2022首届“江西风景独好”旅游风光国际摄影周优秀摄影作品。组织辖区内AAAA级以上旅游景区报送优秀摄影作品参加活动评选。

文化市场

【概况】2022年，市文化市场综合执法支队持续加强文旅市场重点区域、重点环节和重点时段的检查密度，为广大人民群众营造良好的文化旅游市场环境。高标准开展冬奥版权、养老诈骗、私设“景点”、虚拟货币“挖矿”“花场”“耽美”等专项整治行动，承办省厅关于召开编制江西省文化市场综合执法行政处罚裁量基准工作会议。强化疫情防控和安全生产管理，与网吧、娱乐场所业主签订《网吧、娱乐场所经营承诺书》，检查全市各类文旅场所2340余家次，出动执法人员4700余人次，共办结案件40起，办理调解案件13起。

【文化市场管理】2022年，举行景德镇市文化市场综合执法队伍着装仪式。开展全市文化市场综合执法岗位练兵技能竞赛活动，举办“2022年景德镇市文化市场综合执法培训”活动。开展“扫黄打非·护苗”专项行动、“绿书签”专项行动等，参加湘鄂赣2022年“护苗·绿书签”公益设计大赛活动，陶阳学校和市第十七小学生获得一等奖1人、三等奖3人的喜人成绩。开展4.23世界读书日系列配合活动，指导县市区拍摄快闪视频和灯光秀视频3个。联合市人民检察院，高标准承办2022年江西省“护苗·春蕾”法治进校园启动仪式暨携手落实“两法”共护祖国未来检察开放日活动。开展“扫黄打非”进基层示范点创建工作，陶阳学校被评为第六批全国“扫黄打非”进基层示范点。

【服务文化市场】2022年，指导县市区文旅局开展民宿证照办理工作，组织5次民宿调研，推荐12家民宿申报等级。8月8—13日，对瑶里假日酒店、乐平佳佳

6月1日，江西省“护苗·春蕾”法治进校园启动仪式

基酒店开展星级旅游饭店满三年期评定性复核工作。开展旅行社纾困解难工作。依据国家文旅部的相关要求，将旅行社质量保证金暂退比例提高到100%，暂退所有旅行社质保金222.15万元。印发《关于举办2022年景德镇市旅游饭店服务技能大赛的通知》。组织全市30家社旅企业参与景德镇市百城百夜文化和旅游消费券活动。分批次完成229名导游人员换证，组织6名导游参加省厅培训。

【版权保护】2022年，举办国际版权论坛和版权产业国际风险防控培训班。世界知识产权组织版权保护优秀案例示范点调研项目“IP与创意产业：景德镇故事”获得国家版权局批复同意并正式启动。建设陶瓷版权交易中心，完成数字藏品NFT产品发行首试；三宝国际瓷谷获评2021年度全国版权示范园区（基地），瑞牛文化科技有限公司获评2021年度全国版权示范单位，市文化市场综合执法支队被国家版权局评为查处重大侵权盗版案件有功单位。全年全市版权登记数量达到1.93万件，位居全省前列；市农商银行推出“陶瓷版权贷”，发放陶瓷版权贷9笔、金额225万元。

文化产业

【概况】2022年，景德镇市因文化产业和旅游产业发展势头良好、文化和旅游企业服务体系建设完善、消费质量水平高，获得国务院2021年度督查激励表扬。优化营商环境，加强惠企纾困，做强市场主体，健全现代文化产业体系，陶文旅集团再度入围“全国文化企业30强”提名企业名单。全年，景德镇市规上文化及相关产业企业数量139家，营业收入123.80亿元，增速18.3%。市国控集团、城投集团分别获得5亿元、3.2亿元中央财政贴息贷款，用于国际陶瓷博览旅游交易中心、景德镇记忆休闲街区建设，均为全国、全省大单，划拨189万元支持9家国家级夜间文化和旅游消费集聚区、数字文化创意设计企业发展。

【文化和旅游产业高质发展】2022年，强化科技创新，发展数字文旅，陶溪川文创街区获评国家旅游科技示范园区，“畅游景德镇”App上线。文化和旅游消费供需两旺，持续推进国家文化和旅游消费试点城市建设，“夜珠山”消费带模式获全国推广，陶阳里御窑获评第二批国家级夜间文化和旅游消费集聚区，省级夜间文旅消费集聚区达4家，开展“嘉景游 镇当时”文旅消费月、江西“百城百夜”文旅消费季促进活动，发放文旅消费券650万元，发行推广长江中游“三省一卡通”，大力“引客入景”。促进对外文化贸易，高品质举办“多彩中国 佳节好物”文化贸易促进活动（陶瓷文创专题），经验模式形成文化和旅游部简报中共中央、全国人大常委会、国务院、全国政协办公厅，建成国际陶瓷博览交易中心，成功举办第十九届瓷博会，上线中国陶瓷工业互联网，申报国家对外文化贸易基地。

文化遗产保护

【概况】2022年，全面建设陶瓷文化生态保护实验区，成立景德镇陶瓷文化生态保护区建设管理领导小组，建立景德镇非物质文化遗产保护协会，制定景德镇市非物质文化遗产保护工作联席会议制度，落实实验区建设专项经费200万元；《景德镇陶瓷文化生态保护区总体规划》完成文旅部以及省、市两级相关部门意见征求工作，根据反馈意见持续修改完善；制定《景德镇市陶瓷文化传承创新条例》，自2022年1月1日起施行正式实施。

【遗产申报】2022年新年伊始，

8月8日，召开非遗保护协会成立大会

召开御窑遗址申报世界文化遗产动员大会。会议深入学习贯彻习近平总书记殷殷嘱托和对御窑遗址保护工作的重要批示精神，全面落实省委、省政府工作要求，全城动员、全民参与、全域行动，吹响加快推进御窑遗址申报世界文化遗产的“冲锋号”。副省长胡强、市委书记刘锋讲话。市长胡雪梅主持。提出“把申遗工作作为国家试验区的龙头工程来抓”，并从领导组织、工作力量、资源整合、项目实施等方面全面强化升级，高位推动、高度协同、高效推进。

市委、市政府高位推动，成立由市委书记刘锋任组长，市长胡雪梅任第一副组长，市四套班子和国家陶瓷试验区有关领导任副组长，市级相关职能部门、县（市、区）主要负责人为成员的申遗工作领导小组。刘锋定期主持召开申遗工作调度会，以问题为导向，研究解决影响申遗的难点问题，共召开七次调度会，效果明显。

申遗工作领导小组，下设市申遗办公室，组建综合协调、申报材料、考古研究、宣传策划、项目推进、外联工作6个职能小组开展专项工作。各遗产要素备选点属地的县（市、区）均成立相应的领导小组。形成市、县（市、区）统筹推进，申遗办协调各方、调度推进的申遗运行体系。组建工作专班，抽调人员常驻办公，固定申遗办公场所。市财政设置1000余万申遗专项资金，保障专班运行和有关考古研究工作的开展。

市申遗办实行每周工作例会制度，共召开47次办公会议，对标对表《景德镇御窑遗址申报世界文化遗产2022年工作要点》和《2022年景德镇御窑遗址申遗工作任务分工表》，倒排时间，实施挂图作战，推进各项工作落到实处。

高水平编制申遗文本。经专家多轮论证，申遗主题由“景德镇御窑遗址——14至18世纪世界制瓷手工业发展巅峰的见证”调整为“景德镇窑址——中国瓷业黄金时代的见证”，确定13个遗产备选要素点。启动文本翻译、备选要素点相关地形图脱密以及申遗画册和宣传片制作等工作。同时，以申遗为统领，高效率推进遗产保护利用工作。

开展专业学习。制定《2022年度遗产保护与管理技术培训工作方案》，组织实施“世界遗产管理者讲座”“遗产保护监管者培训”“遗产保护技术培训”等三类申遗专业培训。组织队伍到泉州和景迈山考察学习，提升申遗工作队伍的专业能力和水平。

形成申遗共识。全年在《人民日报》、新华社、中央电视台、《光明日报》《江西日报》、江西电视台、“学习强国”总平台等省级以上发稿（含视频）500余篇，不断提升御窑申遗的知晓度、活跃度。同时，借助新华社等央媒的海外平台的力量，加强国际传播。组织拍摄“境外景漂话申遗”“听御窑讲景德镇故事”等系列短视频，刊发《申遗专刊》，建立申遗公众号、抖音号、视频号等宣传平台。结合国际古迹遗址日、国际博物馆日及“文化和自然遗产日”等契机，精心策划了景德镇陶瓷非遗馆开馆、景德镇古陶瓷基因数据库揭牌仪式、百名艺术家创作助力申遗、“小手拉大手”等多种活动，不断增强景德镇窑址申遗的支持度、参与度。

【推进陶瓷文化生态保护】 2022年，推进非遗传承保护工作，开展第六批国家级非物质文化遗产代表性传承人申报，第六批省级非物质文化遗产代表性项目申报，县级非遗资源普查，巩固拓展四级传承人保护体系等工作；推进非遗体验设施建设，建成开放景德镇非物质文化遗产馆，推进县级非遗展示馆建设工作；年内加大非遗传播力度，组织开展文化和自然遗产日和江西非遗购物节暨江西非遗集市巡展（景德镇地区）等6项活动，推介非遗项目和传承人参加第七届中国非物质文化遗产博览会、“乡情国韵·非遗焕新——中摩非遗巡回展”等6项国内外展览活动。年内全市有国家级非遗代表性项目4项，省级26项，市级83项。非遗生产性保护示范基地100个，市级以上非遗代表性传承人1899人。

【文物保护利用示范】 2022年，扎紧文物安全笼子，推进文物安全工作列入全市高质量考核指标体系和全市安全生产工作检查内容，全面落实文物保护“五纳入”要求、建立健全文物保护工作机制、加大文物行政执法监督力度、严格规范御窑厂遗址安全管理、提高文物安全保护能力、深入开展文物普法知识宣传，完成文物安全直接责任人公告公示，督促相关点位按照全省文物安全督查情况，制定40条整改措施。至年底，全市共实施文物安全检查78次、检查文物单位593家、发现安全隐患53起、整改完成53起；执法巡查63次、巡查304家。年内申创国家文物保护利用示范区，依托御窑厂窑址为核心的瓷业遗产聚集区为创建范围，同时以昌江、湖田古瓷窑址、三间庙码头为外围拓展区，作为整体保护支撑体系的一部分，形成一脉一核多节点的创建格局，申报创建景德镇御窑瓷业遗产国家第二批文物保护利用示范区。

【建设智慧博物馆】 2022年，抓好数字展示。景德镇中国陶瓷博物馆利用大型智能化触摸屏和12块电子显示屏，展示了300个馆藏珍贵文物信息和三维模型，将博物馆临时展览制作成AR虚拟线上展览，通过文字、虚拟漫游、高空俯瞰等多种方式进行全景展示，完成“瓷业高峰是此都——景德镇瓷器、瓷业与城市发展史”“国家记忆·友谊使者·中国祝福——景德镇国家用瓷特展”等10个VR全景展览。推动“数字保护”，完成景德镇中国陶瓷博物馆数字化保护项目的实施，共数字化采集459件馆藏珍贵文物，添置7台数字化保护设备；开展“数字运用”。御窑博物院桑托斯宫瓷厅穹顶虚拟再现展于国际博物馆日正式开幕，建立景德镇古陶瓷基因库，完成标本位二维码占位填充约1000份、白釉标本检测制样5套；发展“数字经济”。景德镇中国陶瓷博物馆文创产品“福如意”茶具套组被定为景德镇首届城市礼物向全球同步首发。年内全市博物馆共接待游客参观179.04万人次，举办各类展览120场，举办各类社教活动394场。

新闻出版（版权）

【概况】 2022年，全市新闻出版（版权）工作以国家陶瓷文化传承创新试验区建设为统领，统筹推进版权创造、保护、运用、管理与服务和新闻出版各项工作。全年新增全国版权示范园区1家（三宝国际瓷谷）、全国版权示范单位1家（瑞牛文化科技有限公司），新增省级版权示范单位2家（观道堂陶瓷文化艺术有限公司、隐堂文化发展有限公司）。陶溪川抖音直播基地全年成交总额达57.6亿元，央视网陶瓷文化数字产业基地落户三宝国际瓷谷，深度关联直播间50家，合作手工窑口、企业300家，合作的景漂景归艺术工作室200家，促进人才就业4000人。融合推广扩大影响。年内举办阿拉伯艺术节配套活动——“丝路瓷源 和光接物”陶瓷版权创意设计展。协助国家版权局、世界知识产权组织成功举办2022国际版权论坛和版权产业国际风险防控培训班，世界知识产权组织版权保护优秀案例示范点调研项目“IP与创意产业：景德镇故事”获得国家版权局批复同意并正式启动。

【版权服务】 2022年，全市10个版权服务站运转有序，基层服务能力稳步提升。全年全市版权登记数量达到1.93万件，位居全省前列，同期增长率达233.02%。依托陶瓷版权快速维权中心、文化执法支队、知识产权法庭，完善版权保护流程，进一步优化版权保护环境。年内开展冬奥版权保护行动、青少年版权保护工作等专项行动，检查各类场所698次，出动执法人员1400余人次，市文化执法支队共调解或参与调解版权纠纷13起，处罚1件、移送2件，案件审结率100%。

【新闻出版管理】 2022年，完成全市20家连续性内部资料2021年度核验工作；落实市委、市政府进一步推进营商环境优化升级指示精神，简化印刷经营许可证办理流程，新增印刷企业11家；规范事中事后监管，强化日常检查，完成全市印刷企业2021年度报告工作和发行单位年度核验工作。

【农家书屋阵地建设】 2022年，组织全市开展2022年“我的书屋·我的梦”“我当书屋小管家”、党史演讲等主题学习教育；征集书法、绘画、手抄报、书法等作品百余幅，相关活动影响中小学生近千人。开展“我为群众办实事”实践活动，完成农家书屋补充更新采购程序。

【建设版权交易中心】6月，注册成立“景德镇昌南里陶瓷版权交易中心有限公司”，完成交易中心官网建设，与梦网科技就合资混改签署全面战略合作备忘录，与元隆雅图、中国动漫集团、国内七家文交所达成合作意向，数字文创版权交易平台试运行实现交易80余万元，正在与中国电信合作开发综合服务平台（一期）。

（甘传海　徐　涵）

图　书

【概况】2022年，景德镇市图书馆坚持“一切为读者”的理念，在全力做好疫情防控和常态长效创建全国文明城市、典范城市工作的同时，馆内各项开放工作有序进行，并且依托馆网、公众号、头条号、抖音号等平台，开展丰富多彩的线上阅读活动。全年到馆人次为近17万（因疫情防控需要全年实行限人次预约入馆），图书流通册次达22万余册，新办图书借阅证3178个。年内综合考虑图书借阅量和借阅率，及补充更新时馆内图书1万余册，年征订各类纸质报刊400余种。至年底，市图书馆有纸质藏书88万册，文献涵盖哲学、社会科学和自然科学各门类。全年为分馆、流通站点配送图书6000余册，不断满足基层群众日益增长的美好生活需求，打通文化最后一公里。通过征集、捐赠等方式收集文献并做好登记工作，全年征集文献共收集937册书。

4月23日，“喜迎二十大 奋进新征程”大型红色情景诵读展演活动

【推广全民阅读】2022年，持续举办阅读推广品牌活动，利用“我们的节日”“全民阅读日”时间节点搭建全民阅读活动平台，打造具有地方特色的主题活动，开展内容丰富、形式多样的阅读推广活动。开展丰富多彩的线上、线下阅读推广活动。全年共开展线上讲座120期、各类数字阅读活动85次。开展线上“我们的节日”活动6次，线上展览12次，发布疫情防控科普文章、视频共40余篇，总浏览量12万余次。丰富人民群众在疫情防控期间的精神文化生活。线下以讲座、竞赛、故事会等形式共计举办护苗绿书签等各类青少年主题活动34场；“4·23”世界读书日期间举办系列阅读推广活动；举办“喜迎二十大 奋进新征程”大型红色情景朗诵展演活动；举办“百馆千万场 服务来共享”系列阅读推广活动数场。新建国信康华图书馆分馆、凤凰佳苑弘文图书馆分馆，在做好阵地借阅服务工作的同时，新办图书流通站点三个，共投入图书5000余册。至11月初，共开展送书活动4次。加强宣传，扩大影响。通过网站、微信公众号、抖音等平台进行新书推荐、活动宣传、文章和视频发布，利用新媒体平台对活动进行现场直播以扩大影响力。全年共发表微信推文1200余篇，共发布视频36个，总浏览量超过20万人次。通过《景德镇日报》《瓷

第七次全国公共图书馆评估定级工作推进会

都晚报》、电视台等媒体平台报道全民阅读类活动30余次。

【业务建设】 2022年，完成智慧图书馆体系建设项目申报书——拍摄景德镇记忆瓷器专题微视频工作。文化和旅游部办公厅开展第七次全国县级以上公共图书馆评估定级工作，市图书馆积极与省图对接，参与省厅线下评估定级培训班，并于8月底完成馆内和县（市、区）线上平台的数据申报及初审工作。开展古籍原始性和再生性保护工作。对入选省重点古籍名录的《心学宗》及其他部分古籍进行数字化；影印出版入选全国重点古籍名录的康熙二十一年版《浮梁县志》，并加印300套。完成全国重点古籍保护单位评估复核工作，对照评分标准升级改建古籍库房。

【提升服务水平】 2022年，升级改造市图书馆二楼自习室，完善硬件设施，为读者营造更加温馨、舒适的自习环境。组织工作人员参加学习、业务培训30场以上，以保证员工能以较高的综合素质和业务能力为读者提供服务，从而改善服务环境。自6月起，市图书馆恢复延时服务，将自习室等部室闭馆时间推迟至晚8点以后，以满足读者夜间阅读和自习需求。

（市图书馆）

景德镇陶文旅控股集团有限公司

【概况】 2022年，陶文旅集团以国企担当，聚焦“作示范、勇争先”的目标定位，通过文旅融合创新发展，践行“以文塑旅、以旅彰文”的文化强省战略。陶文旅集团拥有宇宙瓷厂、为民瓷厂等4处国家工业遗产，以及彭家弄、刘家弄历史街区，落马桥元青花遗址等重要文化遗产，特许经营国保单位——御窑厂。年内，陶文旅集团全面启动以御窑厂为核心的陶阳里御窑景区创建国家AAAAA级旅游景区工作；推进百年陶瓷工业遗产——陶溪川的三期、四期建设，二期陶机厂项目15.4万平方米空间全面投入运营，玻璃工作室、DWH木工坊成为陶溪川新的业态亮点。全年陶文旅集团实现资产总额999.64亿元，营业收入68.97亿元，同比增长26.6%，净利润4.86亿元，同比增长20.9%；文旅项目接待游客突破670万人次；获国家旅游科技示范园区、第一批全国非遗旅游街区、第二批国家级夜间文化和旅游消费集聚区等国家级荣誉5项、省级荣誉10项；并再次获“全国文化企业30强”提名企业，成为全国有影响力、有引领性、独具特色的文旅企业。

【“景漂双创”集聚文化人才】 2022年，陶溪川全新打造设计师集市，实施“景漂工匠”劳务品牌提升项目，提供“低门槛、高成功率”的双创一体化服务。陶溪川是年轻人的造梦空间，聚集着来自全国各地乃至海外的青年艺术家、设计师、手艺人和大学生创客。年内，陶溪川“景漂”创业者从1.7万名增长到2万余名，新增版权登记8012件。9月，陶溪川文创街区在全国双创活动周主会场，从4000余家单位中脱颖而出，与李克强总理连线汇报了陶溪川双创成果。

【“数字经济”推动文化“变现”】 1月，陶溪川直播基地入选江西省第一批数字经济集聚区，通过与抖音、快手、京东的全平台合作，成为集产品设计、溯源认证、电商培训、仓储选货、直播带货、物流配送于一体的“线上+线下”数字经济平台。年内仅抖音平台新增入驻商户4030家，陶瓷文创产品成交总额（GMV）实现57.6亿元，同比增长87.8%。陶溪川的2万名“景漂”创客带动超10万人的就业，让景德镇这座城市焕发年轻活力。

【“艺术交流”推动文化传播】 11月，全新推出陶溪川艺术集市——陶然集，为期三天的陶然集吸引了10万余名文艺青年参与，成为年轻人的艺术社交场所，实现传统手工艺和当代艺术的融合，成为新华社、《人民日报》等各大媒体聚焦的现象级文化活动。年内，陶溪川文创街区承办第五届阿拉伯艺术节、中日陶瓷科技创新发展大会、2022年国际版权论坛等活动，促进国际艺术交流和对外文化传播；此外，陶溪川文创街区依托国际一流的陶溪川大剧院，携手东方演艺集团、九维文化等知名演艺机构，带来了舞蹈诗剧《只此青绿》、原创音乐剧《上镇》、In-box空间舞台《经海山》等优秀剧目，展演了“学习宣传贯彻中共二十大精神——听故事见江西大型原创主题故事剧”，通过艺术交流推动文化传播。

（王　群）

传　媒

广播电视

【概况】 2022年，市广电台严格执行节目内容“三审三校”“重播重审”制度，完善播控值机人员培训管理制度，确保播出安全万无一失。2021年度系列作品评选中，取得3个江西新闻二等奖、1个省广播电视新闻奖一等奖、4个二等奖等成果，并在2022年省委宣传部开展的融媒体原创作品评优中取得3个二等奖的较好成绩。806台成功交付使用，完成中央、省委巡视督办工作整改事项；基本完成单位整体西迁入驻的技术设施设备招投标及全面施工阶段；初步完成内部节目“中央厨房”的建构模块，深度推进广播电视和网络视听媒体融合建设。

【引导正确舆论】2022年，以重点项目、重大活动、重保时期为宣传报道重心，提升党媒优势、强化宣传职能。用翔实的文字、大量的画面，更具鲜明特色、更有深度、更加提振精神，报道“国家试验区建设”“双一号工程”“御窑申遗”“喜迎二十大”等主题，各档栏目共播发新闻5000余条。先后推出“新春走基层”“优化营商环境”“新时代新作为新篇章”“全面深入学习贯彻中共二十大精神”，以及“政协视窗”“优化法治化营商环境进行时”等近60个专栏。

【特色宣传】2022年，开展“奋进新征程 建功新时代”“学习贯彻中共二十大精神”重大宣传活动，持续掀起喜迎和庆祝中共二十大胜利召开、学习贯彻中共二十大精神的宣传热潮。5月开辟“国家试验区建设特别报道”，浓墨重彩诠释“一年见成效、三年上台阶、五年树标杆”目标要求，为落实好习近平总书记的殷殷嘱托，建好国家试验区提供强有力的舆论支持。在全市疫情防控中，每天电视和新媒体平均发稿20余条，新广和交广各滚动播发抗疫信息和公益广告近60条次，全力以赴弘扬正能量，彰显抗疫精神。11月19日至12月6日，新媒体部共制作短视频122条，播出浏览量904.3万、总点赞量8.687万，总分享量17.957万，其中抖音《我们的战“疫”》合集浏览量达412万+。

【夯实融媒阵地】2022年，原创推出春节特别报道系列短视频，以群众喜闻乐见的方式发布，让受众看到并喜爱市广电台提供的资讯。其中，不乏点击率超十万、超百万的作品，并多次被学习强国、新华网等上级媒体转载。短视频“陶瓷粽”在“学习强国”平台阅读量逾百万次。原创制播了听御窑讲景德镇故事、大美瓷都、灯火中的瓷都等系列特色专题节目。抖音推送总536条，总浏览量1172万次；视频号总发布530条，总浏览量835万次；中宣部“学习强国”平台发稿246条。

【外宣获佳绩】2022年，向中央台、省台发稿，在省广播出130余条，其中《全省新闻联播》78条，《新闻听天下》等51条。在央广播出稿件13条，其中《新闻和报纸摘要》和《全国新闻联播》栏目播出稿件9条，其他栏目4条，实现历史性最好成绩。电视方面，在央视新闻类各栏目发稿72条，其中《新闻联播》播发9条。特别是2月11日，央视《新闻联播》“综合头条”播发了反映景德镇市在“聚力稳就业 夯实‘压舱石’”方面的工作成效。省台电视新闻栏目播发370条。

【服务中心工作】2022年，聚力全市中心工作，发挥“媒体+政务”模式作用，先后摄制农民丰收节《稻花香里看今朝》、瓷博会《不负嘱托写春秋》、阿拉伯艺术节音乐片、全市数字经济《数聚景德 有你“镇”好》等系列宣传片，以及文明城市创建工作座谈会专题片，并完成了瓷博会开幕式现场录制，“此生只为你”——新歌发布会5首歌曲MV制作，播出5部“瓷博特辑”和拍摄制作及多场重大活动的现场主持服务等，致力于服务全市重点活动。年内配合申报世界文化遗产，常态化报道了御窑厂遗址、“景德镇申遗那些事”直播活动等动态信息，以及陶瓷非遗传承人系列专访。同时，围绕“双一号”工程、喜迎中共二十大，邀请全市9个单位负责人、6家民企负责人，做客电视演播室进行系列访谈，有力践行党媒情怀。全年投身做好全市常态长效创建全国文明城市等系列工作，助力乡村振兴建设、服务平安建设及市域社会治理现代化、公共机构节能环保等中心工作，并全面深入配合市委巡察工作，做到边巡边改、立行立改。

（程敬新）

景德镇日报

【概况】2022年，景德镇日报社着力推进新闻事业提质增效，新闻宣传涌现新亮点、对外传播有了新起色、广告经营实现新突破、融媒体影响力进一步增强，为“建好景德镇国家陶瓷文化传承创新试验区、全面建设社会主义现代化国际瓷都”提供了强大的新闻宣传和舆论支持。年内，报社2件作品荣获江西报刊网络新闻奖一等奖，1件作品获江西新闻奖一等奖；景德镇日报社获评2022全年度全国三八红旗集体。

中共二十大精神宣传。2022年，景德镇日报持续在报眼位置刊登习近平金句，在头版显著位置及时转载习近平总书记、江西省委书记重要时政报道和社论、评论员文章以及中共二十大精神理论阐述文章，用心用情做好中共二十大精神宣传。在中共二十大召开前夕，精心策划“喜迎二十大”主题报道，紧紧围绕迎接宣传贯彻中共二十大这一主题主线，开设《领航中国》《奋进新征程，建功新时代——非凡十年》《景德镇这十年》《喜迎二十大》等专栏，共刊发各类相关稿件200余篇。新媒体推出《街头海采，我市社会各界热切期盼中共二十大召开——小康梦已圆，未来更可期》，在社会上引起热烈反响。在中共二十大召开期间，聚焦中共二十大，精准解读中共二十大报告，通过视频、外景主持、长图H5等形式不断推送中共二十大期间的政策信息。按要求转载了中共二十大和二十届一中全会重要新闻，并推出“学习宣传贯彻中共二十大精神”专栏，组织记者奔赴基层一线采访，推出行进式、蹲点式采访报道，通过小切口、小故事，及时报道全市各部门单位贯彻落实中共二十大精神动态情况。中共二十大召开之后，开辟专栏刊登市四套班子领导深入一线宣讲中共二十大精神，按照要求转载了中共二十大和第二十届一中全会重要新闻，组织采写各地学习贯彻中共二十大精神的反响稿，及时报道全市各部门单位贯彻落实中共二十大精神动态情况，迅速掀起学习宣传贯彻中共二十大精神的舆论热潮。

中心工作宣传。围绕中共二十大、省两会、市两会、全市数字经济发展推进大会、全市工业倍增暨招商引资攻坚大会等重要会议，御窑遗址申报世界文化遗产、陶阳里历史文化街区创AAAAA、营商环境优化升级、重点产业项目招商引资、2022中国农民丰收节江西活动、阿拉伯艺术节筹备、疫情防控等市委、市政府中心工作开展形式多样的宣传报道，全年共安排记者采访采写（拍摄）新闻稿件、新闻图片2000余篇（组）。

主题新闻宣传。围绕市委、市政府的工作要求和省、市委的宣传提示，开展主题宣传。在第五届“阿拉伯艺术节”宣传报道中，新媒体首次尝试了图片直播，全程发布366张活动高清图片，浏览人次达到33万+。“景德云媒”App、景德镇发布视频号首次实现双语（中阿语）同步视频直播“中阿文化产业论坛”活动，在线观看人数达到2万+，点赞数达到8000+，较大地提高了论坛的影响力。第一时间刊发习近平总书记向第五届“阿拉伯艺术节”致贺信，产生了热烈反响。冬奥会主题报道，开辟“走向冬奥”“聚焦冬奥”两个专栏，浓墨重彩地宣传冬奥会和冬残奥会，共发稿30余篇。优化营商环境主题报道，第一时间开设《优化营商环境》专题专栏，推送稿件115余篇，阅读量达10万+。双“一号工程”，围绕发展数字经济推出系列评论和重点报道，宣传报道全市发展数字经济的系列有效举措。

本土特色宣传。以中国传统节日和二十四节气为节点，以我市特色乡镇、村落、社区为载体，推出“醉美节庆”文图视频系列宣传报道。出版国家试验区建设三周年特别报道特刊，通过多媒体、全方位新闻宣传报道，为建好国家陶瓷文化传承创新试验区提供坚强保障。推出“海上生明月 天涯共‘瓷’时”中秋节专栏，既充分展现中国传统文化的独特魅力，又进一步拓宽景德镇陶瓷文化的对外交流之路。开设中国农民丰收节江西活动特刊——《“丰”景镇好》，设置“庆丰收 晒丰收 享丰收——走近中国农民丰收节江西活动”栏目，全方位展现党的十八大后景德镇经济社会发展取得的成就和人民群众的幸福感，展现出了江西农村“气象新、面貌美、活力足、前景好”的强劲势头。瓷博会宣传，推出《瓷上世界 共享未来 2022瓷博会特别报道》3个版面，推出专栏《瓷博会观察》，共刊发新闻稿件30余条，照片20余张。

对外宣传。通过主动加强与央媒、省媒的联系，利用各大平台渠道，对外宣传工作出新出彩，取得新成效。在《新华每日电讯》《中国信息报》、新华社客户端、人民日报客户端、人民网、新华网、中国新闻网、央广网等中央媒体刊登《茶园欢歌》《“改”出一片艳阳天》《江西景德镇：“编制派遣”激活发展“一池春水”》《江西景德镇在全省率先实现工程建设领域全部证照电子化》《江西浮梁：“明前茶”采摘忙》《江西浮梁：茶乡美景如画》《江西乐平：生态茶园美游客采茶乐》等一大批策划类重点稿件，在《人民日报·海外版》刊发《景德镇外销瓷博物馆开馆—为世界瓷都再添重彩》。利用中共二十大召开的重要时间节点，在《人民日报》《光明日报》《经济日报》《农民日报》等中央媒体发稿10余篇，让景德镇的发展成就得到全方位展示，体现了党报担当。

【建成全媒体矩阵】2022年，景德镇日报形成“1+3+1”的全媒体矩阵：“1”是景德镇日报为主体的机关党报；“3”是新媒体的三大平台——景德镇新闻网，景德镇日报（含瓷都晚报）、景德镇发布微信公众号和微博，抖音视频号等短视频平台；最后的“1”就是正在抓紧建设当中的融媒体“中央厨房”，包括景德镇云媒客户端、学习强国“景德镇陶瓷强国号”“文化强国”光明日报协同推广景德镇工作站，以及若干个对外宣传景德镇的网红海外账号。

【向世界宣传推介景德镇】2022年，在国际传播方面，通过与国内主流媒体新华社合作，在Facebook（脸书）平台开设景德镇官方账号，向世界宣传推介景德镇陶瓷文化、旅游、美景、美食。同时还利用推特、INS等海外传播平台，扩大传播阵地，采取组织文稿、电话采访等方式，让“洋景漂讲China”，引发海外网友的高度关注，持续扩大海内外“朋友圈”，不断树立景德镇国际范形象。年内景德镇海外账号取得了显著成效，发的帖文阅读量达到140万+，单条阅读量突破87万，先后被多名驻外大使转发、点赞。

【“传媒+公益”系列活动】2022年，开展“免费午餐”公益活动，景德镇地区每年免费午餐使用善款将高达2000万元。年内99公益募捐活动，3天为免费午餐和快乐瓷娃募集善款68万元，参与人数12.5万，打破了过去7年的记录，位列全国免费午餐地方团队第二名；开设快乐瓷娃陈金海硬笔书法班，提高和改善全市农村中小学生身体健康水平，为农村孩子提供了丰富的精神食粮。募集善款，拾穗行动致力于帮助事实孤儿，给他们带去物质上和精神上的鼓励。全年资助人数58人，金额总计150800元。

【广告经营】加快推进广告经营和运营上的融合，以“景德云媒”改版为新突破口，发挥景德云媒平台优势，实现了经营工作新突破，日报经营稳中有升，完成非税收入创近年来新高。创新经营模式，建设融媒体工作室，以融媒体工作室为切入点，提供点对点的“新闻+”服务经营模式。至年底，与城投、黑猫、陶文旅等集团公司合作，年度合作金额达到350万元。

【“景德云媒”上线】3月11日，“景德云媒”App正式上线。“景德云媒”融媒体平台开设了热点、学习、时政、经济、文化、社会、陶瓷、专题、县域、视频、龙珠阁等11个频道，建设了新闻发布、民声互动、数据共享、展示交易、志愿服务五大平台。

【景德镇日报社国际传播中心成立】5月31日，举行景德镇日报社国际传播中心挂牌暨IJDZ英文网站启动上线仪式，打开了景德镇与世界交流合作的新窗口，让景德镇的对外宣传更具“国际范”。国际传播中心和IJDZ英文网站承担着向世界精准生动全面传播景德镇声音的重任，是海内外网民了解景德镇的权威机构和重要平台，是景德镇国际化发展的标准配置，标志着景德镇与世界对话进入新阶段。（陈卫军）

瓷都晚报

【概况】2022年，《瓷都晚报》是景德镇日报社（从2023年起为景德镇市融媒体中心）主管主办的都市类报纸媒体，8月起，从每周五期，改为每周两期，周二、周五各一期，每期16版。年内，景德镇市媒体融合改革深入推进，瓷都晚报社注销，采编业务由景德镇日报社成立的《瓷都晚报》编辑部负责；经营业务由景德镇新闻传媒集团子公司瓷都晚报新闻发展有限责任公司负责，瓷都晚报走上全新的发展道路。

【主题宣传报道】2022年，以中共二十大为主线，瓷都晚报编辑部开展了隆重、丰富、创新的主题宣传报道。先后在中共二十大召开、中国农民丰收节江西活动、瓷博会等重大会议、活动召开期间，进行浓墨重彩的宣传，做到事前有预热、事中有报道，文字、图片、视频，全媒体报道，特别是善于用小切口、讲故事的形式，烘托氛围，取得热烈反响。聚焦全市“创建”工作，发挥主流媒体优势和新媒体平台影响力，出版文明专刊共56期，每期1~2个整版（平均每期1.5版），每天推出至少一条创建微信和至少一条创建微博，总阅读量和平均阅读量在全市稳居第一。年内，利用消息、通讯、言论和图片等各种新闻报道体裁，全方位、立体化、多层次地报道全市各地各部门创建工作，设置“文明交通”“曝光台”“红黑榜”“记者巡街”“创建实验室”“诚信故事”专栏；开设了专题和图片专版，持续关注各县市区、部门、单位关于常态长效创建全国文明城市的动态消息和成果成效。瓷都晚报还充分发挥新媒体平台的优势，以视频、H5、图解等多种形式，开设“媒体+执法”“曝光台”“诚信红黑榜”等栏目，以贴近网络、贴近百姓的话语方式，宣传创建工作的成果和意义，为深入推进创建工作营造浓厚的舆论氛围。

【公益志愿服务活动】2022年，瓷都晚报坚守初心，办温暖牌媒体，致力于志愿服务。快乐瓷娃是《瓷都晚报》和市爱心志愿者协会、景德镇市同心社工服务中心共同原创的公益项目，9月9日成功设立快乐瓷娃朱丹忱陶瓷书法班，10月26日设立陈金海硬笔书法班，快乐瓷娃音乐班开展一年来的成果展演。

拾穗行动。拾穗行动致力于帮助事实孤儿，给他们带去物质上和精神上的鼓励，年内资助人数58人，金额总计15.08万元。至年度，拾穗行动在景德镇地区持续7年资助事实孤儿，资助金额总计83万元，发放700余人次。瓷都晚报小记者和家长也成为拾穗行动的志愿者。

免费午餐。免费午餐项目自2021年实现浮梁县全县开餐后，2022年3月15日，乐平市镇桥镇杨畈小学正式开餐，之后，在晚报记者徐国凤一年的努力下，促成了免费午餐乐平市全市开餐。2022年10月14日乐平市人民政府正式与中国社会福利基金会免费午餐基金签约。

打造高岭学堂。11月18日，由政协委员徐国凤工作室策划的高领学堂正式挂牌，为浮梁县瑶里镇东埠小学的孩子送去陶艺课。

检察院项目——未成年人训诫教育及亲职教育。近年来，因家长监护不当导致未成年人违法犯罪的案件时有发生，每个“问题少年”背后，或多或少存在家庭教育的问题。如何让家长认识到家庭教育的重要性及问题所在，如何让家长真正成为孩子的“人生引路人”，2022年瓷都晚报和景德镇市同心社工服务中心，继续与市检察院、昌江区人民检察院、珠山区人民检察院携手开展未成年人训诫教育及亲职教育公益活动，帮助数十名游走在犯罪边缘的未成年人。

（傅东锋）

玉田湖晨曦（徐玉光 摄）

旅　游

综　述

2022 年，统筹抓好疫情防控和旅游市场经济复苏工作，落实习近平总书记殷殷嘱托，坚持新发展理念，坚持文化引领，文旅产业高质量发展取得系列丰硕成果：首次单独由一座城市承办阿拉伯艺术节，习近平主席发来贺信；景德镇市因文化产业和旅游产业发展势头良好、文化和旅游企业服务体系建设完善、消费质量水平高，获得国务院督查激励表扬；御窑申遗文编制完成；陶阳里御窑景区作为江西省第一候选景区上报文化和旅游部参加 AAAAA 景观质量评审，创 AAAAA 工作迈出关键一步。景德镇市全年接待游客 4466.69 万人次，同比恢复 83.78%，旅游总收入 362.96 亿元，同比恢复 75.7%。

创新突破促进文旅融合。突出科技创新，发展数字文旅，陶溪川文创街区获评国家旅游科技示范园区、省级文化和科技融合示范基地，高岭·中国村景区获评省 I 级智慧景区，获现金奖励 30 万元，景区数字化营销实践案例获评全省乡村智慧旅游十大优秀案例，“畅游景德镇”App 上线，景德镇记忆入围国家级旅游休闲街区评审。乡村旅游提质升级，瑶里镇和瑶里景区入选“乡村是座博物馆”全国乡村旅游精品线路，瑶里镇、高岭·中国村、寒溪史子园、三宝国际瓷谷 4 景区入选“稻花香里说丰年”全国乡村旅游精品线路，浮梁县金竹花果山景区成功创建省 AAAA 级乡村旅游点，鹅湖镇获评第五批省级“两山”基地。低空通航旅游优势凸显，浮梁通用机场项目建成，江西直升机科技馆获评全国科普教育基地。打造市级旅游厕所提档升级示范点位，完善旅游景区交通标志牌。县域文旅高质量发展，昌江区获省文化产业重点县（市、区）。旅游企业发展壮大，陶文旅集团获全省优秀旅游企业，陶溪川文创运营有限公司获颁江西省文化企业 20 强，陶溪川文创街区获全省优秀旅游景区，三宝国际瓷谷街区获评省级特色文化街区。

多举措促进产业高质量发展。健全现代文化产业体系，做强市场主体。优化营商环境，加强惠企纾困。划拨资金支持国家级夜间文化和旅游消费集聚区、数字文化创意设计企业发展。文旅消费供需两旺，持续推进国家文化和旅游消费试点城市建设，深入开展文旅消费月、文旅消费季促进活动，发行推广长江中游“三省一卡通”，大力“引客入景”。促进对外文化贸易，高品质举办“多彩中国 佳节好物”文化贸易促进活动（陶瓷文创专题）。

多元推广提升城市形象。成功承办第五届阿拉伯艺术节。成功举办国际陶瓷艺术双年展，摄制海外专题片《瓷缘》，全力创建 2024 年“东亚文化之都”。赴杭州、长沙等开展推介活动，做好首届“江西风景独好”云端旅游推介景德镇市拍摄工作。获评“中国城市（区）国际传播示范案例”，城市形象宣传片获中央广播电视总台 2022 年度整合营销金案，“国际瓷都地·山水园林城”品牌优质营销获携程“年度前瞻策略奖”。

行业管理与服务

【概况】 2022 年，发掘优质文创产品，组织文创企业、个人参加旅游商品大赛。组织企业参与 5 月 25—29 日在上饶市广丰区举办的江西文化产业博览交易会，选送景德镇市古窑民俗旅游有限公司、景德镇市瓷海瓷业有限公司、景德镇富玉青花玲珑陶瓷有限公司 3 家企业的 4 套文创产品参会；参加义乌旅游商品大赛，景德镇市观道堂陶瓷文化艺术有限公司、景德镇市沐山制瓷有限公司 2 家企业的 2 套产品获优秀奖；搭建 2022 中国红色旅游博览会景德镇展厅；参加全国获奖旅游商品进泰安活动，景德镇 2 家企业的 2 套获奖旅游商品参与现场展示。

云端推介会

【推荐创评全省智慧景区】 6月15日，根据省文旅厅《关于开展2022年全省智慧景区评定工作的通知》的文件要求，按照《智慧景区建设指南》(DB36/T 1234—2020)要求，依据《江西省智慧景区建设评定细则(试行)》评分标准，通过景区自主申报，通过审核和初评认定，向省文旅厅推荐江西直升机科技馆、高岭·中国村景区、名坊园景区申报江西省智慧景区。11月2日，根据省文旅厅《江西省文化和旅游厅关于确定18家旅游景区为2022年度全省智慧景区的通知》，景德镇市高岭·中国村景区通过省厅初审和现场评定，被评为江西省Ⅰ级智慧景区。

【推荐申报江西省乡村旅游风光带工作】 7月7日，根据省文旅厅《关于开展2022年乡村旅游风光带创建申报工作的通知》要求，经浮梁县文旅局申报，对照《江西省乡村旅游风光带建设指南》相关标准，组织对浮东乡村旅游风光带的申报材料进行审核和初评认定，浮梁县文旅局自评分为198分，对其的初评分为193分，认定浮东乡村旅游风光带达到江西省乡村旅游风光带标准，向省文旅厅推荐浮东乡村旅游风光带申报江西省乡村旅游风光带。

【开展景区核查】 7月21—22日，根据省文旅厅《关于开展违规占用、利用公共文化和旅游资源、公共娱乐场所为少数人员服务核查工作的通知》的文件要求，省文旅厅专项核查组第一组组长、资源开发处二级调研员聂卫华一行，到景德镇市就关于违规占用、利用公共文化和旅游资源、公共娱乐场所为少数人民服务进行现场核查。市文旅局三级调研员洪唯真和局相关科室负责人陪同。省文旅厅专项核查组一行先后到市图书馆、珠山区文化馆、珠山区图书馆、珠山区美术馆、江西直升机科技馆、景德镇中国陶瓷博物馆、浮梁县程家山红色旅游体验区、浮梁县沧溪村等文化和旅游场所进行现场检查。经过检查组2天的现场检查，各受检单位经营正常，没有违规占用、利用公共文化和旅游资源、公共娱乐场所为少数居民服务情况。

【推荐景区参加乡村智慧旅游优秀案例评选】 7月28日，根据省文旅厅《关于开展江西省乡村智慧旅游优秀案例评选的通知》的文件要求，经研究，推荐景德镇市高岭·中国村景区“无接触式”智慧旅游服务实践、景德镇市高岭·中国村景区数字化营销实践、洪岩物联网智慧小镇3个项目，参加2022年江西省乡村智慧旅游优秀案例评选。

市场营销

【概况】 2022年，成功承办第五届阿拉伯艺术节，全力创建2024年“东亚文化之都”。景德镇文旅宣传片在莫斯科中国文化中心线上展播。拍摄“英雄联盟青花瓷皮肤MV”，让全世界游戏玩家领略到景德镇陶瓷文化的魅力。年内获评“中国城市(区)国际传播示范案例”，开通运营Twitter、Instagram、Youtube 3个海外媒体账号，城市形象宣传片获中央广播电视总台年度整合营销金案，“国际瓷都地·山水园林城”品牌优质营销荣获携程“年度前瞻策略奖”。

【“东亚文化之都”创建工作】 2022年，为展现景德镇创建“东亚文化之都”工作成果和丰富的历史人文底蕴，反复修订终审答辩的宣传片、陈述词、PPT及其他材料。8月底，“东亚文化之都”终审答辩活动在北京举行，由副市长徐辉带队参加。结合申报材料初审、专家现场暗访打分、大数据抓取搜索、终审答辩等评审程序，在10个参与终审答辩的候选城市中景德镇获得第三名的成绩。2021年后，景德镇市连续两年成为“东亚文化之都”候选城市。为做好“东亚文化之都”创建工作，成立创建“东亚文化之都”工作组，完善景德镇市创建“东亚文化之都”方案，建立创建工作信息交流机制，定期召开创建工作调度会，加强统筹协调合力共为，通过完善各项活动流程，加大宣传力度，为各项活动的开展营造良好氛围。

【报送2021年全省旅游宣传推广优秀案例】 2022年，收集景德镇市2021年旅游宣传推广案例并报送至省文旅厅，其中“快乐品瓷都·免费游古窑”主题系列活动和“艺术在浮梁2021”文旅推广系列活动入选2021年江西省旅游宣传推广优秀案例名单。

【拍摄“英雄联盟青花瓷皮肤MV”】 2022年，与腾讯公司合作，拍摄“英雄联盟青花瓷皮肤MV”。通过英雄联盟IP数字化解读并宣传景德镇陶瓷文化，纵深推进陶瓷文化创造性转化、创新性发展，以文塑旅、以旅彰文，让全世界游戏玩家领略到景德镇陶瓷文化的魅力。

【组织参加2022中国国际旅交会】2022年，组织陶瓷文旅企业参加2022中国国际旅交会，景德镇展台共分陶瓷文创产品展示、瓷乐表演、旅游咨询等环节，通过展会的宣传和展示，景德镇瓷器这一具有悠久历史的瑰宝让人们切实领略到它的魅力，受到游客的青睐，展馆内人头攒动，热闹非凡。

【景德镇文旅（杭州）宣传推介会】6月，举办"畅游景德·镇当时"景德镇文旅（杭州）宣传推介会。在做好疫情防控的前提下组织相关涉旅企业赴杭州开展推介活动，努力营造良好旅游消费环境，提升景德镇独特的陶瓷文化旅游知名度和美誉度，吸引更多游客到景德镇旅游。市文旅局作文旅推介，各相关文旅企业负责人现场进行推介，并举行签约仪式。

【参加"红土情深·嘉游赣"（长沙）旅游推介活动】2022年，参加省文旅厅"红土情深·嘉游赣"（长沙）旅游推介活动。市文旅局党组书记、局长盛璟晶作为景德镇城市推介人出席推介会，同时还邀请景区、文旅企业共同参与湖南、江西两省文旅企业对接会对接洽谈业务，促进两省文旅消费经济潜力进一步得到释放。

【"江西风景独好"云端旅游推介景德镇市拍摄工作】2022年，做好首届"江西风景独好"云端旅游推介景德镇市拍摄工作。协调县区文旅局及景区参与拍摄，与江西卫视拍摄团队商讨拍摄脚本等，完成景德镇云推介夜场拍摄工作，云端推介会于9月28日晚在各平台直播，市文旅局运营新媒体平台账号同步直播。

【"物华天宝·赣鄱有礼"手礼征集选送】2022年，根据省厅要求，围绕景德镇特色文化资源、特色旅游资源、特色物产资源、特色传统工艺等为要素，组织各县市区文旅部门、景区、文旅企业等征集一批优秀的手礼产品。景德镇参选的特色手礼产品，在评选中获得金奖2个，银奖3个，铜奖9个。

【旅游风光国际摄影周优秀摄影作品】2022年，组织报送首届"江西风景独好"旅游风光国际摄影周优秀摄影作品。组织辖区内AAAA及以上旅游景区报送优秀摄影作品参加活动评选，共收集整理报送400余张摄影作品，同时积极宣传此次活动，邀请摄影家协会参与拍摄投稿，入选作品收录展示在江西图库，展现生态之美、人文之美和发展之美。

【成功承办第五届阿拉伯艺术节】12月19日，由文化和旅游部、外交部和江西省人民政府联合阿拉伯国家联盟共同主办的第五届"阿拉伯艺术节"在景德镇开幕。习近平主席向开幕式致贺信，中共中央政治局委员、书记处书记、中宣部部长李书磊宣读习近平主席重要贺信，中宣部副部长、文旅部部长胡和平以及省委书记尹弘、省长叶建春出席。中阿文化产业论坛发布《2022中阿文化产业景德镇倡议》，成功举办10余项主体和配套活动，多国政要致贺，全球媒体聚焦，圆满实现"具有瓷都特色、彰显江西韵味、体现中国气派"目标，全面提升陶瓷文化国际影响力和人才吸引力，让景德镇成为共建"一带一路"国家文化交流重要载体和展示中华文化魅力的名片。

景区开发

【概况】2022年，以全域旅游示范区创建工作为目标，全面提升景区基础设施、景观及服务。受疫情影响，景德镇市全年接待游客4466.69万人次，同比下降16.22%，旅游总收入362.96亿元，同比下降24.3%。

【推进陶阳里御窑景区创AAAAA工作】2022年，推进陶阳里御窑创AAAAA工作，坚

6月9日，举办文旅（杭州）宣传推介会

持实行组长每周集中推动、副组长现场落实、成员集中办公机制；对接省厅、省政府，6月23日市委市政府主要领导带队赴省文旅厅沟通对接创AAAAA等工作；市长胡雪梅、副市长徐辉赴省政府汇报陶阳里御窑景区创AAAAA等工作；完成陶阳里御窑景区《景观质量报告景观质量报告文本》《景观质量报告景观质量视频汇报片》《景观质量报告旅游景区质量等级申请评定报告书》各项材料初稿，并根据专家意见完善修改；6月12日完成景区南门游客中心改造升级，重修景区投诉室，医务室，母婴室；全面完成老三中、原珠山区政府游客中心及地下停车场考古勘探工作和老三中、原珠山区政府主游客中心概念方案设计初稿；完成昌南阁一楼设置次游客中心设计方案初稿；景区周周开展小型主题活动，月月开展大中型主题活动；应邀参与创AAAAA口号有奖征集终审评审工作；在“三微一抖”、各大媒体平台发布创AAAAA文章和短视频。每月召开市委主要领导月调度会、分管领导周调度会准备工作，收集各工作组和相关单位工作情况、存在问题和下步打算，形成调度会材料汇编。

【全域旅游示范区创建】 2022年，根据省文旅厅《关于开展国家全域旅游示范区创建单位调研》《关于开展2022年省级全域旅游示范区申报通知》的文件精神，了解浮梁县、珠山区申报国家全域旅游示范区情况，确认珠山区年内申创国家级全域旅游示范区，浮梁县开展创建工作争取2023年申报国家级全域旅游示范区，并将目前进展情况报告省厅；部署乐平市创省级全域旅游工作。4月6日向乐平市文旅局下发创建通知，要求乐平市立即开展省级全域旅游示范区创建工作，并于5月11日赴乐平市专题督促指导相关创建工作，要求乐平市文旅局年内要按照报送江西省全域旅游示范区创建材料。

【开展景区景点露营场所调查摸底】 2022年，根据省文旅厅《关于全省景区景点露营场所有关情况开展调查摸底》的文件要求，组织各县（市、区）对辖区内的景区景点露营场所摸底调查。景德镇市景区景点内共有4家露营场所，分别归属于珠山区1处、乐平市1处、浮梁县2处。要求各县（市、区）文旅部门，督促辖区景区和露营基地运营企业，在露营基地的安全、环保等方面做好自查工作，规范管理露营基地。尤其是疫情防控方面，要严格按照“限量、预约、错峰”的要求，控制游客接待上限，落实门票预约,佩戴口罩,实名制购票。

御窑遗址申报世界文化遗产暨陶阳里御窑创5A调度会

【申报江西省AAAA级乡村旅游点】 5月19日,根据省文旅厅《关于开展2022年乡村旅游点创建申请工作的通知》要求，对照《江西省乡村旅游点质量等级划分与评定（DS36/T601—2017）》相关标准，经相关县（市、区）文旅局的推荐，组织浮梁县和昌江区的相关代表人员，通过对材料交叉审定和初评，认定浮梁县双龙溪景区、浮梁县童话村、浮梁县勒功乡沧溪村、乐平农业智慧果园、金竹花果山景区、昌江区荷塘、程家山红色旅游体验区等7家景区达到江西省AAAA级乡村旅游点标准，向省文旅厅推荐申报江西省AAAA级乡村旅游点。

【全市A级旅游景区复核工作】 7月，依据《旅游景区质量等级的划分与评定》（GB/T 17775—2003）国家标准现场复核景德镇市10家重点景区。赣鄱古人类遗址游览区、冷水尖景区、双龙湾农业生态园、浯溪口坝址公园、丝绸瓷路、新平千年瓷宫、伊人如瓷陶瓷文化旅游园7家A级旅游景区复核达到相应等级标准，通过该次复核。珠山东市景区予以警告并限期整改三个月。浮梁县前程文化旅游区、雕塑瓷厂·明清园2家景区问题严重，复核不达标，予以摘牌。复核结果在景德镇市文化广电新闻出版旅游局官网公示。

（甘传海　徐　涵）

景德镇市高岭瑶里风景名胜区

【概况】 2022年以来，高岭瑶里风景名胜区高度重视以高质量发展为导向，积极响应中共二十大会议精神，聚焦“五个一流”和“六个江西”奋斗目标，全面贯彻落实市委市政府工作部署，抓亮点、办活动、修设施、引客源，推进旅游产业全面恢复，推动旅游经济发展。

【《中国古镇（四）——瑶里》特种邮票首发式】 5月19日上午，由景德镇市人民政府、中国邮政集团公司江西省分公司联合主办，浮梁县人民政府、市高岭瑶里风景名胜区管委会和中国邮政集团景德镇市分公司共同承办“5·19”中国旅游日暨《中国古镇（四）——瑶里》特种邮票首发式在瑶里镇红色文化广场举行。这次邮票发行，是讲好瑶里故事、传播浮梁文化和陶瓷文化的又一次难得契机，对促进陶瓷文化、生态文化、红色文化与旅游产业深度融合，助推浮梁县乡村全面振兴具有特殊意义。

【慈善拍卖活动】 5月20日，一场由市高岭瑶里风景名胜区管理委员会主办、浮梁垚山文化旅游开发有限公司承办的慈善拍卖爱心公益活动在瑶里景区吴氏宗祠举行。活动以“爱心公益帮扶 你我共同参与”为主题，旨在大力弘扬行善、立德、奉献的精神，带动更多社会力量投入精准扶贫事业，营造良好社会风尚。30位书画艺术家到场，义捐作品40余幅，涵盖陶瓷、国画书法等门类，所得的15.27万元善款将全部用于希望工程爱心助学工作。

【智慧停车场项目】 6月，以智慧停车场专项债项目为抓手，解决景区停车难问题。分别在古镇、绕南、汪胡现有停车场的基础上建设打造景区智慧停车场，切实便利居民与游客车辆停放。

【旅游公路建设】 7月，建成东埠——南泊旅游公路升级改造，改造完成东埠——高岭彩虹路，9月，改造完成白石塔村绕南口——内屋基6千米农村公路。

高岭·中国村大唐茶市

【与江西财经大学旅游与城市管理学院签订合作协议】 7月29日，江西财经大学旅游与城市管理学院院长邹勇文与高岭瑶里风景名胜区管委会主任张金水于瑶里景区举行江西财经大学旅游与城市管理学院实践教学与实习就业基地揭牌仪式。双方以此次校地共建实践教学与实习就业基地为契机，使双方在学生培养、资源共享等方面得到有效衔接。实践教学与实习就业基地的建立也为双方继续深入合作交流创造更为便利的条件，双方将不断探索更加深入合作模式，推动校企合作协同育人，构建长期稳定、充满活力“产—学—研—用”新型校地合作关系。

【举办“千年之恋，瑶河夜宴”民族音乐会】 7月29—31日，邀请“家园计划”合唱团，在瑶里景区举办“千年之恋，瑶河夜宴”民族音乐节，游客乘船在静谧的瑶河里随水波荡漾，一边欣赏瑶河两岸灯光秀和古民居，一边凝听民族音乐会，极具诗情画意。

【瑶里景区举办“千灯拜月节”】 9月10—12日，瑶里景区以传统节日中秋节为契机，以“月圆瑶里，中秋之夜”为主题，在瑶里古镇举办了首次“千灯拜月节”。同时推出的嫦娥泛舟歌舞表演，“大弦嘈嘈如急雨，小弦切切如私语”的琵琶弹奏，让前来观赏游客沉浸式体验白居易笔下现代版《琵琶行》。

【修复瑶里古镇风貌】 9月，按照《历史文化名镇保护规划》拆除不符合历史文化名镇风貌、占用河道不利于行洪建筑瑶池楼。

古镇古色

在旧址上修建古镇游船码头，使古镇瑶河焕发新生机。

【提升古镇古建筑保护开发力度】 10月，建设安置房、解决安置地，同古镇古建筑进行置换、互租或代管，开展古建筑保护性改造和开发利用工作，在丰富古镇旅游业态的同时让古镇居民享受发展红利。

【瑶里红色廉洁教育基地样板工程稳步推进】 以“古色、清色、红色”文化为品牌战略，弘扬瑶里改编精神，坚定革命理想信念，厚植廉洁思想基础。开展软硬件设施提升工程，推动红街、瑶里新四军改编纪念馆改造、建设工程，培育专业讲解员队伍、党课宣讲人队伍，打造全省政府系统红色廉洁教育基地

【双龙溪整体开发】 抓实景区“十三五”基础设施建设工程（双龙溪景点）3千米仿生游步道和配套设施工程建设，推进徽居门户、旅游公厕建设落地，全面提升双龙溪开发水平。

（朱晓嵘）

瑶里改编纪念碑

古韵瑶里（骑行客 摄）

卫 生

综 述

2022年，全市卫生健康系统围绕“作示范、勇争先”目标要求，牢固树立大卫生大健康理念，坚持以人民健康为中心的发展思路，统筹推进疫情防控和卫生健康事业高质量发展。

新冠疫情防控。贯彻落实党中央“疫情要防住、经济要稳住、发展要安全”的要求，保持了连续1000天无新增本地确诊病例的记录。全年共抽调11批次1138名医护人员支援南昌、万年、上饶等地创造性巩固拓展“四早”及严实准快要求，其中,《严把五道“关口”，确保集中隔离场所安全》管理经验获省指挥部转发并在全省推广。坚持第一责任全力保障群众健康。持续优化防控策略措施，做好医疗资源储备，全面加强医疗救治工作。坚持第一标准做好服务保障。成功保障中共二十大期间、中国农民丰收节、瓷博会、阿拉伯艺术节、通航产业大会等多个重要活动及会议期间疫情防控工作平稳。努力以更高水平、更小成本、更少代价，全力以赴维护人民群众生命安全和身体健康，为景德镇市高效统筹疫情防控和经济社会发展保持全省优势地位付出巨大努力，做出了应有贡献。

医药卫生体制改革。持续深化“三医联动”改革，开展三明医改经验学习推广，积极推动公立医院高质量发展，市二院获批全省公立医院高质量发展示范医院。建立医疗服务价格动态调整机制并开展了调价。探索紧密型医联体建设，全面启动紧密型县域医共体建设并取得实质进展。持续推动优质医疗资源下沉，启动二级及以上医院对口帮扶基层医疗卫生机构，帮扶15家基层机构。落实基本药物主体地位，强化基本药品使用监测，推进国家基本药物制度在基层顺利实施，全市基本药物制度落实成效居全省前列。

提升医疗卫生服务能力。持续改善医疗服务，景德镇市获全国平安医院建设表现突出地市，全市公立医院门诊患者满意度、住院患者满意度，持续保持在全省第1方阵。积极推进急危重症体系建设。强化医疗安全、质量、运营、文化、信息、科研管理。快速推进“互联网+医疗”工作，建成互联网医院2家，开展线上诊疗和远程医疗服务。加强血液管理，在最困难时期有效保障了临床用血需求。实施“项目提升年”活动，坚持月调度月报告。市一院新院区建设纳入市重点工程项目。积极争取省级区域医疗中心甚至国家区域医疗中心项目。市便民惠民平台、市二院省“03专项”项目等一批新基建项目均完成建设并投入使用。

强化公共卫生服务。全面实施村（居）民委员会下设公共卫生委员会，加强疾控机构能力建设。做实做细基本公卫及家医签约履约服务。连续两年全省基本公共卫生服务项目绩效线上评价，位列全省第三名。3个县区实施村卫生室订单生“乡聘村用”管理。不断加强重大疾病防控工作，及时高效处置人禽流感等急性传染病，结核病、艾滋病、麻风病等重点传染病防治能力持续巩固提升，景德镇市成为全国首个启动“国家创建无结核社区试点”的地区，呼吸系统疾病、心血管病、脑卒中等慢性病防控体系不断完善。

全方位全周期保障人民健康。积极推动“15+3”健康景德镇行动的实施，健康景德镇行动三年全省考核获评“优秀”，努力将健康融入所有政策。加快推动医疗卫生机构适老化转型升级，全市公办二级及以上综合性医院全部独立设置老年医学科。持续推进医养结合工作，打造昌江区西郊街道景航社区、珠山区梨树园社区、森林社区等全国示范性老年友好型社区等。推动爱国卫生立法，大力推动三孩生育及配套支持措施落实落地，多渠道扩大普惠托育服务供给，努力

2022年疫情期间社区工作者深夜工作

全方位保障老年人、妇幼、职业人群等重点人群健康，从严做好卫生健康综合监督执法和政务服务工作，深入宣传卫生健康重大成就。争取国家普惠托育项目3个，增加普惠托位供给180个，项目资金180万元；将计生奖扶对象扶助标准每人每月提高30元，特扶对象每人每月提高60元，特殊家庭二次医疗保险提高到每人每年600元。做实做细家庭医生签约服务。至年底，全市组建家庭医生团队数334个，家庭医生签约服务覆盖率为48.34%，重点人群签约服务覆盖率为76.93%。

医药卫生体制改革

【概况】2022年，市、县两级落实了医改工作“一把手”负责制，由党委和政府主要负责人任医改领导小组组长，由一位政府负责人统筹“三医”联动改革，建立高效有力的医改领导体制和组织推进机制。制定推广三明医改经验工作方案，明确时间表、责任人、路线图，建立重点任务落实台账。年内市医保局推进服务价格改革，建立医疗服务价格动态调整机制，开展调价评估，并进行了调价。各级公立医院也结合实际完成了推动公立医院高质量发展实施方案。2月17日经中共景德镇市委机构编制委员会批复成立景德镇市口腔医院并在医院正式挂牌。11月10日，市一院被评为江西省第一批康复医疗服务示范医院（示范科室）建设单位。

（张柳绿　严　弈　冯　祯）

【市二院创全省公立医院高质量发展示范医院】6月，市二院被确定为全省推动公立医院高质量发展示范医院，建设方案获省市医改领导小组批复同意，并在“喜迎二十大 忠诚护健康——江西卫生健康这十年”之深化医改专题新闻发布会及全省医改工作会上作交流发言。

（张柳绿　黄　鑫）

医疗管理与服务

【概况】2022年，在疫情防控期间，景德镇市共抽调了8批，合计1239人支援南昌、上饶和鹰潭等地，发生本土疫情后，陆续抽调市直市管单位卫生人员组成追阳组、医疗救治组等，其间共组建并使用1家定点医院、3家方舱医院、1家红黄码医院，全力以赴打好珠山疫情防控阻击战。全市新冠定点医院共设1200张床位，二级以上医疗机构共设416张重症床位，22家医疗机构设有发热门诊，拥有66辆急救车辆。全市新增口腔、皮肤病2个专业医疗质控中心，现有市级质控中心18个，7个医疗质控中心确定挂靠单位。各专业医疗质控中心开展质量监督和检查，指导和培训专业人员，起到行业引领示范作用，全市医疗质量控制向着标准化、规范化、同质化管理方向迈进。3月，市妇幼保健院计划生育服务中心申请的“一种生殖实验室用培养皿”获国家知识产权授权。8月20日，市三院胸痛中心获中国胸痛中心正式授牌，成为“国家级胸痛中心”。11月20日，市三院通过国家“血友病治疗中心”评审，并现场获得授牌。

（史业方　高　超　程　燕）

【“我服务 你健康”系列行动】2022年，组织开展联创共建等9项“我服务 你健康”系列行动，共开展服务675次，服务群众23.35万余人次。（戴娅娜）

【援外医疗】2022年，景德镇市选派6名不同专业的医务人员组成景德镇医疗队，在突尼斯圆满完成为期一年的援外医疗任务。

（章　霞）

【创新健康科普方式】2022年，景德镇市卫健委结合直播热潮，分期邀请专业医生做健康直播，至年底，完成《健康从“齿”开始》《关爱母婴 健康护航》等7期直播；改善老年营养促进老年

1月8日景德镇市卫健委举办援外医疗队欢迎仪式

健康、景德镇市健康科普讲解“达人”比赛等专题类直播4期，共11期抖音直播。（张 鹏）

【市二院启动首例药物临床试验项目】 1月17日，景德镇首例药物临床试验项目《评价金花清感颗粒治疗流行性感冒安全性的前瞻性、单臂、多中心IV期临床研究》在市二院正式启动。

（黄 鑫）

【隔离酒店院感工作经验在全省推广】 10月，省疫情防控指挥部在《关于转发景德镇市集中隔离场所管理工作经验的通知》文件中推广景德镇市隔离酒店院感工作经验。（史业方）

【市三院开展介入诊疗新技术】 5月25日，市三院为冠心病患者进行了OCT（心血管光学相干断层成像检查）冠心病介入诊疗技术，该技术的开展为景德镇市首例。（程 燕）

【开展“世界献血者日”活动】 6月14日，在景德镇市人民休闲广场献血屋和乐平市爱心献血屋开展主题为“献血是一种团结行为，加入我们，拯救生命”的“世界献血者日”活动。此次活动共计330人参与献血，献血量达118.70万毫升。（周 闽）

【市口腔医院开展首例口腔种植机器人手术】 7月12日，景德镇市口腔医院成功开展了景德镇市首例口腔种植机器人手术，是江西省首例口腔种植机器人手术。（严 弈）

【景德镇市首次实施医师资格考试一年二试】 11月，全市第一次实施医师资格考试综合考试一年二试，考场设在景德镇市卫生学校，共设4个机考试室，共计190人参加了一年二试。考试期间，主动联系供电、工信、公安等部门，做好联合保障，确保二试顺利完成。（史业方）

【首家新建方舱医院投入使用】 11月21日，景德镇市首家新建方舱医院二亭方舱医院正式投入使用，舱内共设置三个病区，总床位数1280张，这也是全省首家新建方舱医院。（史业方）

基层卫生与妇幼保健

【概况】 至2022年底，景德镇市共有35家基层机构达到国家基本标准，2家基层机构达到国家推荐标准，达标率72.5%。国家基本公共卫生服务项目补助经费达到人均84元。3月，在全省2021年度国家基本公共卫生服务项目绩效评价中，景德镇市位列全省第三名。年内通过建设危急重症救治体系、督导检查母婴安全工作、危急重症救治技能培训、举办全市妇幼健康促进行动宣讲活动等措施，全市孕产妇死亡率为10.84/10万、婴儿死亡率1.84‰、5岁以下儿童死亡率4.34‰，新生儿死亡率1.19‰，母婴安全核心指标稳步控制在目标值水平。

（余静英 杜菊英）

【全省乡村医生执业资格考试】 2022年有98名农村医学中等学历人员参加全省乡村医生执业资格考试，58人通过考试获得乡医资格予以注册。（余静英）

【对口帮扶基层医疗机构】 2022年实施二级以上医院对口帮扶基层医疗卫生机构，全年共下派24名医务人员，帮扶15家乡镇卫生院和社区卫生服务中心。

（余静英）

【完成妇幼保健机构等级评审复核】 2022年，依据《江西省妇幼保健机构等级评审办法（试行）》，完成第三周期二级妇幼保健机构等级评审复核工作。乐平市妇幼保健院、浮梁县妇幼保健院通过二级甲等妇幼保健机构现场评审。（杜菊英）

【开展“让爱无缺”暨“99公益日”行动】 9月，联合市红十字会、市计生协，开展让爱无缺公益行动暨“99公益日”活动，共1.06万人参与捐款，筹得爱心捐款28.78万元，为困难家庭孕妇进行出生缺陷筛查救助。至12月底，免费为39名困难家庭孕妇进行产前诊断、1名孕妇进行单胎终止妊娠、31名新生儿遗传代谢性疾病筛查、28名新生儿听力筛查、70名孕妇进行四维彩超检查、60名孕妇耳聋基因检测帮扶。（杜菊英）

疾病预防控制

【概况】 2022年疫情形势复杂多变，市卫健委紧盯疫情变化，及时高效处置疫情，采取精准科学防控措施做好各阶段疫情防控工作，取得了较好的战“疫”成果。完成《景德镇市遏制艾滋病传播实施方案（2019—2022）》终期评估工作，各项指标均达标。

（罗艳燕）

2022年景德镇市全国创建无结核社区行动启动仪式

【艾滋病防治工作】2022年，开展外籍婚嫁女人群规模及分布特征调查，开展疾病普查和问卷调查，探索建立干预检测长效工作机制，落实境内感染HIV外籍婚嫁女100%进行抗病毒治疗等工作。做好老年人HIV检测溯源调查，部门联动，加大故意传播艾滋病的违法犯罪行为打击力度。（罗艳燕）

【结核病综合防治示范区建设】7月，景德镇市率先申请创建全国“无结核社区”行动，8月在昌江区鲇鱼山镇创建全国无结核社区。印发《景德镇市创建无结核社区示范点项目实施方案》和《景德镇市卫生健康委创建无结核社区示范点项目工作方案》。市五院成功申报国家创建无结核社区示范点项目，景德镇为全国首个项目试点城市，该项目实施期为5年。（罗艳燕 徐传艺）

食品安全与卫生监督

【概况】2022年，下发景德镇市《关于开展社区现制现售饮用水卫生监督专项整治的通知》，共督导检查远东怡景花园等8个小区。完成食品微生物及其致病因子监测85份，食品污染物及有害因素监测共网报31份样品的83个检测项目，总共685条检测数据；竹笋及制品中的生氰糖苷的测定32份，监测报告食源性疾病病例监测349例，病原学监测样本28例，处置报告食源性疾病事件6起，完成了大米粉中铅、镉含量测定考核项目。年内，开展全市健康企业创建活动，联合市爱卫办开展验收评估工作，全市评选出7家健康企业；传播合理膳食新理念、引领“三减”（减盐、减油、减糖）饮食新风尚，开展营养健康食堂示范创建工作，并督导检查相关单位开展情况。（王清秋 章 红）

【消毒产品专项整治】2022年，印发《景德镇市2022年消毒产品专项整治行动实施方案》，给药店、商超开展培训，签订安全承诺书。该项行动检查药店237家、医疗机构315家、超市54家，婴儿用品店67家。（王清秋）

【《职业病防治法》宣传周活动】4月25—29日，结合推进营商环境优化升级“一号改革工程”，卫健部门联合疾控部门，深入企业、社区宣传职业病防治知识、发放宣传单1500余份、口罩500个，参训人数达1500人，并邀请新闻媒体随行采访跟踪报道。根据相关法律、法规、规章，研究讨论轻微违法免罚情形，并印发制定《景德镇市卫健系统“免罚清单”》。联合市人社局、市民政局、市医保局和市政数局共同研究制定《景德镇市职业健康“一件事、一次办”实施方案（试行）》。（王清秋）

【联合执法整治养老诈骗】7月5日，市卫监局落实市卫健委《开展打击整治养老诈骗专项行动方案》要求，与市民政局开展联合执法行动，对景德镇市社会福利中心及景德镇市儿童福利院开展了相关专项检查。（张 彬）

爱国卫生运动

【概况】2022年，爱国卫生工作坚持贯彻落实《国务院关于深入开展爱国卫生运动的意见》《“健康景德镇”2030规划纲要》要求，围绕巩固国家卫生城市成果，筑牢疫情防控防线。《景德镇市爱国卫生工作条例》于11月25日江西省第十三届人民代表大会常务委员会第四十二次会议批准通过，2023年1月1日起施行。（周庭镇）

【无烟党政机关创建】2022年，市爱卫办、市文明办、市机关事务管理局进一步推进景德镇市无烟党政机关创建，至年底，景德镇市各级无烟党政机关创建率达到100%。（周庭镇）

【健康教育宣传活动】2022年，开展爱国卫生月活动、全民营养周暨“5·20”中国学生营养日、

5·31 世界无烟日活动等大型义诊活动 14 场，举办健康讲座近 20 场。（张　鹏）

中医中药

【概况】 2022 年，9 月 5 日国家中医药管理局副局长、中国中医科学院院长、中国工程院院士黄璐琦到市中医医院就党建、中医药基层服务能力情况调研;9 月 23 日完成 2021 年中医医术确有专长人员医师资格考核实地调查市级核验工作，全市核验对象共计 46 名，合格人员 42 名。（汪宏智　李　波）

【江西省定制药园项目】 3 月 15 日，江西景德中药股份有限公司、江西省沃博农业科技发展有限公司被确定为 2022 年江西省定制药园（道地药材生态种植示范基地）项目建设单位。

【国家级建设项目】 3 月 23 日，珠山区经开管委会三宝瓷谷基层热敏灸服务区被确定为 2022 年基层热敏灸综合服务区建设项目。（汪宏智）

【中医义诊及宣传活动举办】 8 月 9 日，在市人民广场举行《中华人民共和国中医药法》实施五周年大型义诊暨宣传活动，副市长江民强一行参加活动。（汪宏智）

基础设施和能力建设

【概况】 2022 年，组织人员督导 14 家医院就健康促进医院创建工作。经考核验收，市卫健委命名第一人民医院等 10 所医疗单位为“健康促进医院”。市中医医院工程纳入市重点工程，医院医养结合及中医药服务能力提升改扩建工程获得 9800 万元中央预算内资金并纳入市重点工程。（张　鹏　李　波）

【开展健康江西行动重点建设市县活动】 2022 年，贯彻落实《健康江西建设工作委员会办公室关于印发开展健康江西行动重点建设市县活动实施方案的通知》文件精神，开展健康江西行动重点建设市县活动，加快推进健康景德镇建设，着力打造健康中国行动和健康江西行动示范区；健康景德镇办下发景德镇市开展健康江西行动重点建设市县创建活动实施方案，确定昌江区为创建江西行动重点建设区。（鲁　俊）

【市四院重点学科建设】 2022 年，开设睡眠专科及老年专科，建立心理咨询室，邀请全国妇联驻最高人民法院心理专家、北京大学心理学学士、ICPC 国际注册精神分析师、ICH 国际注册催眠治疗师来院授课。（舒　静）

【省卫健委调研打造人民满意的模范医院】 7 月 20 日，省卫健委二级巡视员操秋阳一行在市皮肤病医院开展“进一步深化医疗卫生领域突出问题专项治理，推动卫生健康事业高质量发展”主题活动大调研。（洪劼敏）

人口与计划生育工作

【概况】 2022 年，8 月 22 日印发《关于不再征求计划生育的函》，将个人生育情况与入户、入学、入职、晋升晋级、评优评先、党代表、人大代表、政协委员评选脱钩，不再出具计划生育情况证明。按照市委、市政府的安排部署，对 1982 年至 2020 年 12 月期间有效的计划生育规范性文件进行全面清理，废止“四不文件”。全年新增计生协项目青春高校项目等 9 个国家和省级项目。12 月，开展全市年度普惠性托育机构婴幼儿入托补贴工作。（李　珊　邵继和）

【药具网络信息化系统】 2022 年市计生协在乡村两级推广使用手机扫码领取药具，全市完成网点注册数量 751 个，注册率 100%。（邵继和）

老龄工作

【概况】 2022 年，组织全市 80 家医疗机构申报评选全省老年友善医疗机构称号，实现全市医疗机构 100% 覆盖率。3 月 23 日根据人事变动，及时调整老龄委成员单位名单。副市长江民强为市老龄委主任，33 个市老龄委成员单位分管领导为委员。委员会办公室设在市卫生健康委，承担市老龄委日常工作，办公室主任由市卫生健康委主任朱菁华兼任，办公室副主任由市计生协会专职副会长胡继伟兼任。10 月，珠山区梨树园社区、昌江区森林社区在被命名为“全国示范性老年友好型社区”。11 月 15 日，景德镇市老龄工作委员会制定下发《景德镇市老龄工作委员会关于加强新时代老龄工作的实施意见》，统筹推进全市老龄工作发展。

2022 年梨树园社区、森林社区获全国老年友好社区称号

【开展失能评估工作】 2022 年，将医养结合与失能老年人评估划入“基本公共卫生服务项目”大类管理，全市共录入 9900 人，开展失能评估 8645 人，被评估为失能半失能 5384 人。（郑小红）

【老年医学科建设】 2022 年，组织专家组对全市二级以上综合医院老年医学科医疗质量进行监督管理。全市二级及以上综合性医院独立设置老年医学科 11 家，比例达到 100%，在全省排前列。

【农村留守老年人医养结合模式】 6 月 21 日，探索农村留守老年人医养结合“村医＋协会”模式，经验做法被国家卫健委《卫生健康工作交流》（第 76 期）老龄健康工作专刊（第 10 期）刊登。

【实施医养结合工程】 8 月 20 日，景德镇市卫健委联合市民政局、市财政局制定下发《景德镇市 2022 年医养结合工程实施方案》，指导景德镇市第三人民医院和市福利中心签订协议，细化服务管理制度及具体工作方案和流程。

（郑小红）

夏之乐（潘旺福 摄）

体 育

综　述

2022年，景德镇市体育局与景德镇市教育局合并，成立景德镇市教育体育局。市教体局抓住教体的合并机遇，大力推进“体教融合”工作向纵深发展，竞技体育、群众体育、体育产业“三驾马车”齐头并进，推动体育事业高质量发展。

开展全民健身活动，夯实群众体育基础。制定发展规划。以市政府名义印发《景德镇市全民健身实施计划（2021—2025年）》，形成政府主导、部门协同、全社会共同参与的大群体工作格局，完善全民健身工作机制发挥全民健身实施计划领导小组作用；组织参加省运会群体项目。全年景德镇市组织江西省第十六届运动会（社会部）景德镇市选拔赛17场，选出优秀的队伍共计576人参加第十六届省运会社会部全部20个项目的比赛，取得团体总分3个一等奖，5个二等奖，9个三等奖的成绩。推选2018—2021年度江西省群众体育先进单位8个、先进个人4人。发挥全民健身“六进”力量。组建发展中心跑团，落实“体育进机关”，带动机关干部参与健身。1月2日，开展小路园社区趣味运动会，丰富市民群众体育文化生活。2月15日，举办景德镇市第二届“庆元宵，欢乐跑”暨“庆冬奥政企携手向未来”健身交流活动，全市机关企事业单位干部职工参加。组织指导各县（市、区）开展首届“中国体育彩票杯”中小学生乒乓球锦标赛、2022年教体系统中小学生及教职工篮球赛、“中国农民丰收节”江西活动农民趣味运动会、“奔跑江西”2022夏季线上赛、2022年浮梁县上饶银行“银企杯”男子篮球联赛、2022年浮梁产业园区首届篮球邀请赛等一系列赛事活动，以全民健身“六进”，构建多元化多层次多形式的体育健身赛事活动。四是结合传统节日丰富“体育+文化”的活动内容。元月1日，“中国体育彩票”2022年全国新年登高健身大会（景德镇分会场）暨景德镇市新年祈福全民登高活动举办，400余人参加。6月4日端午节组织开展赛龙舟活动，100余人参加。10月4日重阳节，承办的“全民健身 幸福江西”2022年重阳登高（江西主会场）活动，全市400余名登山、长跑爱好者一起登高望远，祝福祖国、祈福家人。打造地域特色赛事活动品牌，助力推动景德镇国家陶瓷文化传承创新试验区建设。8月8日，2022年全民健身日“强国复兴有我”全民健身健步走活动在市发展中心举行，全市市直机关单位、各体育协会俱乐部的代表600余人参加。11月11日，在进坑村举办2022景德镇市第三届国际陶瓷工艺健身大赛。继续举办第四届“走进美丽乡村”暨瓷茶古道行健步走活动。加强全民健身队伍建设。开展二级社会体育指导员培训班，培训92名二级社会体育指导员。推荐54人参加一级社会体育指导员、15人参加国家级社会体育指导员培训。年内开展国民体质监测活动，制定了监测幼儿、成年人、老年人总样本量1600人的计划并开展监测工作。

备战参加高水平赛事，提升竞技体育水平。积极组织参加省运会。该届省运会青少年部景德镇市组建969人的代表团，其中运动员838名。参加青少年组18个大项的比赛。金牌总数290.75枚，列全省第三，并获“体育道德风尚代表团”“竞技体育突出贡献奖”“输送优秀运动员贡献奖”。其中，竞技体育突出贡献奖和输送优秀运动员贡献奖均列全省第2名。抓好竞技训练工作。提高反兴奋剂和赛风赛纪工作认识，组织反兴奋剂和赛风赛纪宣传教育7次，发放有关学习和宣传资料4种，参与活动人数1000余人，与各训练单位签订反兴奋剂和赛风赛纪责任书。做好注册工作。新注册运动员751人，确认注册运动员1832人。严格按照程序规范二级运动员审批工作。年内共审批二级运动员23人次。参加全省青少年锦标赛，全年系列锦标赛全市共有1021名运动员参加17个项目的比赛，其中，武术散打团体总分第一名，摔跤团体总分第二名，射击、跆拳道、皮划艇团体总分第三名，游泳、赛艇团体总分第四名，拳击、武术套路团体总分第五名，带入省运会金牌8.5枚。加强学校体育工作。举行全市校园足球夏令营，全市共有124名运动员参加。组织开展全市青少年儿童电子制作锦标赛。来自全市24所幼儿园、44所小学和6所中学的2127名师生参加比赛。组织全市中学生三好杯篮球比赛。来自全市23所学校的29支队伍，344名学生参加比赛。推进“体教融合”工作。督促开展游泳教育试点工作。落实《关于开展中小学生游泳教育试点工作行动方案的通知》的文件精神，市教体局在市直中小学先行试点，与市国控新城公司合作，对市直小学4年级约1500名学生开展游泳教育试点工作（昌河小学和游泳学校自行开展游泳教育），年内培训三所小学276人，学生参与率达98%。开足开齐体育课。在全市范围内开展“晒课表”活动，要求全市市直各中小学和各县（市、区）教体局在政府或教育行政部门所属官网公示辖区内各中小学校的体育美育劳动教育课表，并建立长期坚持的“晒课表”制度。对阴阳课表、削减课时、挤占挪用体美劳课程等不规范办学行为重点检查，发现问题坚决予以纠正，进行整改，确保体育课程开足、课时达标。制定印发《关于创建景德镇市体育特色学校的通知》，以项目引领，深入推进体教融合，将体育竞赛、群众体育、人才培养和特色教育有效融合起来，在培养学生特长、培训体育竞赛后备力量、学校体育与社会群众体育有效融合等方面作出探索。

完善公共服务体系建设，推进体育惠民。持续加强体育设施建设。争取省级彩票公益金完善建设残疾人体育设施。建设完成2021年争取省级彩票公益金支持农村社区全民健身示范工程6个项目。继续开展为民办实事工作，年内为14个行政村（社区）建设全民健身路径和2个学校建设足球健身路径，全市人均体育场地面积达2.39平方米。发挥社会体育组织力量。以体育单项协会为依托，不断扩大全民健身参与范围。珠山区足协在区属六所城区学校进行足球项目布选派专业教练员进行苗子选拔及校队训练工作。市老年体协举办老年人体育项目培训班，组织编写三期科普宣传资料，并组织了全市老年人中国象棋、围棋、柔力球等比赛，以形式多样的赛事活动丰富老年人的业余体育生活。建立健全门类齐全、覆盖城乡、管理规范、运行高效、富有活力的全民健身组织网络，着力加强基层体育社会组织的组织建设。年内，市教育体育局前置审批龙舟协会、跳绳协会、游泳救生协会、健身舞龙协会和瓷韵操舞俱乐部，至12月，市体育总会下辖单项体育协会49个，俱乐部21个。抓好景德镇市体育彩票工作。年度体育彩票累计销售3.08亿元，较去年同比增长8.87%，销售任务完成97.9%；分中心门店运行数295个，其中专营店152个，完成市区专管员调整工作，均衡了各区域的门店数，缩小专管员管理门店工作量的差距，即开较上年同期提升18%，渠道数较上年年底新增了83个门店，完成渠道拓展任务。

市体育局与市教育局合并。2022年2月，根据《关于组建市教育体育局的通知》文件精神，景德镇市体育局与景德镇市教育局合并，成立了景德镇市教育体育局，机关行政编制39名。设局长1名，副局长4名，总督学（副处级）1名，正科级领导职数12名（含机关党委专职副书记1名），副科级领导职数3名。内设科室11个，办公室、组织人事科、基础教育科、竞技体育与卫生艺术科、计划财务科、师资科、群众体育科、职业教育与成人教育科、安全维稳办公室、社会力量办学监管科（体育产业监管科）、督导室。

群众体育

【概况】 2022年，根据新型冠状病毒感染防控工作需要，减少群众体育活动次数，共举办130次，参与人数5.04万人次，举办二级社会体育指导员培训班2次。组织江西省第十六届运动会（社会部）景德镇市选拔赛17场，选出共计576人参加第十六届省运会社会部全部20个项目的比赛，取得团体总分3个一等奖，5个二等奖，9个三等奖的成绩。年内体育总会目前下辖单项体育协会49个，俱乐部21个。

【全国新年登高健身大会（景德镇）举行】 1月1日，“中国体育彩票”2022年全国新年登高健身大会（景德镇分会场）暨景德镇市新年祈福全民登高活动在国家AAA级旅游景区——浮梁县

2022全国新年登高健身大会（景德镇）举行

双龙湾农业生态园举行。400余名登山健儿和户外活动爱好者共同以登高望远的形式迎接新一年的到来。活动由景德镇市体育局、江西省登山协会指导，景德镇市登山协会、浮梁县双龙湾景区承办，浮梁县登山协会、景德镇市红十字救援队（体育救援队）、景德镇市第二人民医院、劲酒劲牌有限公司等协办。活动设竞赛组和健身组，其中竞赛组按年龄性别分为男、女青壮年组和老年组。该次活动线路约5千米。经过激烈角逐，竞赛组分别决出各组前十二名，并为他们颁发证书、奖金和奖品。

【小路园社区趣味运动会举行】 1月2日，珠山区太白园街道小路园社区趣味运动会在市第二小学举行。辖区中厦、国际华城、中山南路、机米厂、378号、锦龙家私6个小区的116名居民参加。该次运动会由景德镇市体育局主办，景德镇市社会体育指导员协会、小路园社区承办。共设中国象棋、拔河、齐心协力、趣味定点投球、足式保龄球5个项目，除中国象棋和拔河外，每项比赛均以家庭组队参加。

【举办“颂党恩 迎冬奥”迎新春文艺汇演】 1月18日，市老年人体育协会“颂党恩 迎冬奥”迎新春文艺会演在市老年体协会议厅举行。来自景德镇市老年体协艺术团和民乐团的100余名老年演职人员参加。市政协党组副书记、副主席高唤虎，市体育局有关负责人、有关人员等观看演出。文艺会演展演健身秧歌、帽子秀、越剧等节目。

【景德镇第二届“庆元宵 欢乐跑”健身交流活动举行】 2月15日，2022景德镇第二届“庆元宵，欢乐跑”暨“庆冬奥政企携手向未来”健身交流活动在昌南湖湿地公园、市体育中心举行。此次活动由市体育局（体育总会）、昌南新区管委会主办，赣鄱彩绸漂流俱乐部承办，市国信体育协办。全市各市直单位、新区企业及社会体育组织的380余名跑步爱好者以快乐奔跑的方式庆祝冬奥会的举行。本次健身长跑以体育中心为起终点，全程10千米。沿途经过体育公园、西河湿地、栈桥、西河湾（沙滩）、城雕神火、青花瓷塔、荷兰风车。

太白园街道小路园社区趣味运动会举行

【景德镇市第三届水上运动大赛举行】 6月4日，景德镇市第三届水上运动大赛在浮梁县镇埠古码头进行。该次活动起终点为浮梁县兴田乡城门村——浯溪口水库，全程大约40千米，约30人参加。

【中、老年人柔力球比赛暨展演举行】 6月21日，2022年景德镇市中、老年人柔力球比赛暨展演在景德镇市老年人体育活动中心举行。全市25支代表队300余名柔力球爱好者参加。该次比赛由景德镇市老年人体育协会主办。

【景德镇市职工篮球联举行】 6月23日，“中国梦·劳动美——喜迎二十大 建功新时代”2022年景德镇市职工篮球联赛暨省十六届运动会（社会部）景德镇市篮球选拔赛在陶溪川篮球馆和昌飞体育馆同时开赛。各县（市、区）、高新区、昌南新区、市直单位、市属企业等16支代表队参加比赛。比赛按中国篮球协会审定的最新的《篮球竞赛规则》执行，分三阶段进行。此次比赛为期7天，由景德镇市教体局、景德镇市总工会主办，景德镇市群众体育事务中心、陶文旅集团工会、景德镇市篮球协会承办，比赛是选拔优秀队伍代表景德镇参加江西省第十六届运动会（社会部）篮球比赛。

【中学生“三好杯”篮球比赛开赛】 8月1日，由景德镇市教育体育局主办、景德镇市体育中心承办的2022年景德镇市中学生“三好杯”篮球比赛在陶溪川篮球馆拉开帷幕。全市23所中学13支高中代表队和16支初中代表队近400名中学生参加。比赛为期9天，分两阶段进行，第一阶段采取分组单循环赛制，第二阶段采取交叉排位赛，小组1、2名交叉决出前四名；小组3名、4名交叉决出五到八名。

【全民健身·幸福江西景德镇市第一届气排球锦标赛举行】 8月6—7日，“全民健身·幸福江西”景德镇市第一届气排球锦标赛暨2022年江西省第十六届运动会（社会部）气排球项目景德镇市选拔赛在浮梁县体育馆举行，比赛由景德镇市教育体育局、景德镇市体育总会主办，景德镇市群众体育事务中心、景德镇市气排球协会承办。来自全市各县（区）和行业系统、企事业单位、高等院校等20支气排球代表队共计200余名运动员、教练员参加比赛。该次比赛设男子组和女子组两个组别，分为预赛和决赛两个阶段进行，其中预赛采用分组循环赛，决赛采用交叉淘汰赛。经过两天58场的比赛，最终飞翔、国网供电公司代表队获男子组一等奖，昌飞、人民银行、珠山区代表队获男子组二等奖，景德镇陶瓷大学社团、景德镇铁通、FCC车友俱乐部获男子组三等奖；昌飞、飞翔代表队获女子组一等奖，瓷都火车头、景电、齐心代表队获女子组二等奖，新梦、乐平、人民银行代表队获女子组三等奖。

【省第十六届运动会（社会部）乒乓球项目景德镇市选拔赛举行】 8月6—7日，“全民健身·幸福江西”2022年江西省第十六届运动会（社会部）乒乓球项目景德镇市选拔赛暨第八届“中国体育彩票杯”江西省乒乓球协会会

2022年景德镇市职工篮球联赛暨省十六届运动会（社会部）景德镇市篮球选拔赛举行

员段位大赛景德镇市赛点比赛在综合训练馆乒乓球馆举行。此次选拔赛由景德镇市教育体育局、景德镇市体育总会主办，景德镇市群众体育事务中心承办，景德镇市乒乓球协会协办；段位赛由江西省乒乓球协会主办，景德镇市乒乓球协会承办，全市近200名乒乓球爱好者参加选拔赛和段位赛，选拔赛设男女单打，按年龄分为A组（22~35岁）、B组（35~45岁）、C组（45~55岁）、D组（55~65岁）、E组（65~75岁）。其中，女子单打A、B组参赛选手直接循环赛决出名次。经过161场的激烈角逐，选拔赛男子、女子各组前三名花落各家，各组前两名将代表景德镇市参加江西省第十六届运动会（社会部）乒乓球项目比赛。沈俊、余军、曾俊杰获得段位赛前三名，优秀选手将代表景德镇市参加江西省乒乓球协会会员段位大赛总决赛。

【景德镇市第一届街舞锦标赛暨市霹雳舞市队选拔赛举行】 8月7日，“全民健身·幸福江西”2022年景德镇市第一届街舞锦标赛暨景德镇市霹雳舞市队选拔赛在景德镇市综合训练馆举行。此次锦标赛和选拔赛由景德镇市教体局、景德镇市体育总会主办，景德镇市群众体育事务中心、景德镇市街舞协会、景德镇市体育舞蹈协会、景德镇市体育舞蹈协会街舞专业委员会等承办，全市街舞培训机构的400余名街舞爱好者参加。此次比赛设breaking（霹雳舞）个人项目和齐舞项目，其中个人项目按年龄甲组、乙组、丙组三组，采用海选、晋级赛、半决赛、决赛方式进行；齐舞项目按各项标准打分进行。在breaking（霹雳舞）个人项目中，王瑞苗、吴诗豪、徐嘉俊获得甲组前三名；樊雨豪、李梓锐、卢志谦获得乙组前三名；蔡一辰、张政华、王煜涵获得丙组前三名；街舞时光机获得齐舞冠军，Something just like this获齐舞亚军。

【“强国复兴有我”全民健身健步走活动举行】 8月8日，由市委宣传部、市教体局主办，市群众体育事务中心承办的“喜迎二十大 一起向未来”2022年全民健身日景德镇市“强国复兴有我”

全民健身健步走活动在景德镇市发展中心北苑篮球场举行。景德镇市政府、景德镇市委宣传部、景德镇市教体局等相关负责人为健步走活动共同鸣笛开幕。全市市直机关单位、各体育协会俱乐部的代表600余人参加。活动途经古窑、森林公园，最终折返至发展中心南苑，全程约5千米。

【“全民健身　幸福江西”2022年重阳登高活动举行】 10月4日重阳节，由江西省体育局、江西省体育总会主办，景德镇市教体局、景德镇市体育总会承办的“全民健身 幸福江西”2022年重阳登高（江西主会场）活动在景德镇市举行。全市400余名登山、长跑爱好者参加。江西省体育局群众体育处处长刘钢，景德镇市委副秘书长、市政府驻京联络处主任徐志军，景德镇市教育体育局副局长孙俊，景德镇市委编办副主任吴巍等出席开幕式。活动设竞赛组和健步组，从东门登山口出发，至祈福门、三仙洞、古人类遗址洞穴、千年皂树、七星洞、仙女亭，最终达到终点金鸡报晓，全程5.8千米，其中山路2千米。经角逐，邓谋权、程河彬、肖剑获得男子A组前三名；周春、雷俊、陈南辉获得男子B组前三名；乐爱英、江金燕、曾慧丹获得女子A组前三名；余文婷、胡美玲、张爱英获得女子B组前三名。

【第三届国际陶瓷工艺健身大赛开幕】 11月11日，2022“中国体育彩票杯”景德镇市第三届国际陶瓷工艺健身大赛开幕式在景德镇市浮梁县湘湖镇进坑村举行，景德镇市政协副主席洪明华出席并宣布开幕。参加开幕式的还有景德镇陶瓷大学、景德镇市教体局、湘湖镇等相关部门负责人，部分景漂企业及外国留学生报名参赛。大赛由景德镇市教体局（体育总会）和景德镇陶瓷大学联合主办。赛事将陶瓷制作七十二道工序，提炼设计成群众喜闻乐见的体育休闲运动，通过体验陶瓷技艺，达到传承陶瓷文化的目的。开幕式结束后，参赛运动员在匣钵10米移动赛、驮坯、挑坯混合接力赛，挑坯技艺接力赛等项目上进行角逐。经过激烈竞赛，陶大梦之队、陶大超越队、景德镇市长跑协会分获团体第一、二、三名。

第三届国际陶瓷工艺健身大赛

【第四届《国家体育锻炼标准》达标赛举行】 12月18日，由市教育体育局（市体育总会）主办，市群众体育事务中心、市社会体育指导员协会承办的2022年景德镇市第四届《国家体育锻炼标准》达标赛暨2022年江西省《国家体育锻炼标准》达标赛（景德镇市分站赛）在市体育中心举行，市直各单位、各县（市、区）、各体育运动协会的200余名运动员参加。达标赛针对18~69周岁的群众开展，按年龄分为青年组、壮年一组、壮年二组、老年组四个组别进行，对于不同的组别安排了5类不同强度和具有针对性的测试项目，项目包括：30秒跳绳、1000米跑（男）、800米跑（女）、3000米快走、一分钟引体向上（男）、一分钟俯卧撑（男）、一分钟仰卧起坐（女）、一分钟仰卧举腿、掷实心球、十字象限跳、绕杆跑、曲线托球跑、坐位体前屈等，涵盖速度、耐力、力量、灵敏度、柔韧性五大运动要素。此次达标赛不评定名次，每项比赛结束后，根据选手所取得的成绩，按照《国家体育锻炼标准》对应组别的项目评分表，计算出个人项目总得分，评出相应等次，并向成绩达标的选手颁发《国家体育锻炼标准达标证书》。

竞技体育

【概况】 2022年，全市组建969人的代表团参加第十六届省运会青少年部赛事，其中运动员838名；参加青少年组18个大项的比赛。政策性带金牌和现场金牌总数290.75枚，总金牌数列全省第三，并获评“体育道德风尚代表团”“竞技体育突出贡献奖”“输送优秀运动员贡献奖”。其中，竞技体育突出贡献奖和输送优秀运动员贡献奖均列全省第2名。年内新注册运动员751人，确认注册运动员1832人。

【省青少年校园足球夏令营（景德镇市）选拔赛举行】 7月13—14日，2022年江西省青少年校园足球夏令营（景德镇市）选拔赛在五中足球场举行。全市各县（市、区）近30所中小学校300余名学生参加。该次选拔赛共设13组，小学单设混合组外，小学、初中、高中均设男子甲、乙组和女子甲、乙组。各组别的选拔测试内容分别为技能测试和实战比赛。在技能测试中，主要测试颠球、运球绕杆射门、5X25米折返跑等，专家按标准逐个对运动员测试、打分；实战比赛采取队员分边比赛、专家现场观看，根据个人技术、局部能力、团队意识进行评议、打分，对每位运动员的足球技能、体能、实战能力和素质的评价，选拔产生104名各组别优秀运动员代表景德镇市参加江西省青少年校园足球夏令营活动。

【中学生“三好杯”篮球比赛开赛】 8月1日，由景德镇市教育体育局主办，景德镇市体育中心承办的2022年景德镇市中学生“三好杯”篮球比赛在陶溪川篮球馆拉开帷幕。全市23所中学13支高中代表队和16支初中代表队近400名中学生参加。市教体局党组书记、局长冯国平，市教体局副局长孙俊、李洪涛，陶文旅集团副董事长、陶溪川教育发展有限公司董事长冯小苏，市教体局一级调研员施若佩等出席开幕式。冯国平宣布开赛，李洪涛致辞并为比赛开球，施若佩主持开幕式。

【参加第十六届省运会反兴奋剂和赛风赛纪工作会议】 8月22日，景德镇市参加江西省第十六届运动会反兴奋剂和赛风赛纪工作会议在市体校召开。市教育体育局党组成员、副局长李洪涛出席并讲话，会议由竞体卫艺科俞劲主持。会议传达全省反兴奋剂和赛风赛纪工作会议精神，随后全体参会教练员、运动员和辅助人员代表在现场郑重宣誓，最后由各训练单位向市教体局递交反兴奋剂和赛风赛纪承诺书。

【省体育科学医疗中心到市体校专项督导】 10月27日，江西省体育科学医疗中心书记陆真理一行2人到景德镇市体校进行反兴奋剂工作专项督导。景德镇市教体局副局长李洪涛，景德镇市体校党委书记郭少华、校长余善杰参加督导工作会。会议介绍省体育局关于反兴奋剂工作的最新重要指示。传达了省体育局关于反兴奋剂工作的要求。

【市代表队参加江西省第十六届运动会】 11月8日，由江西省人民政府主办的江西省第十六届运动会在九江体育中心体育场开幕。景德镇市代表团团长、副市长徐辉受邀观看开幕式。该届运动会景德镇市派出约1500人组成的代表团，参加青少年部的游泳、摔跤、武术等18个项目和社会部的健身气功、广场舞、太极拳等20个项目的比赛。

【省运会上市代表队获佳绩】 11月18日，江西省第十六届运动会在九江学院综合体育馆落下帷幕。景德镇市代表团荣获“体育道德风尚代表团”“（社会部）优秀组织奖”“竞技体育突出贡献奖”“输送优秀运动员贡献奖”。其中，竞技体育突出贡献奖和输送优秀运动员贡献奖均列全省第2名。该届省运会青少年部景德镇市组建了969人的代表团，其中运动员838名；参加青少年组18个大项的比赛，获政策性带金牌和现场金牌290.75枚，总金牌数列全省第三。省运会社会部比赛景德镇市组织576人参加全部20个项目的比赛，取得团体总分

景德镇市参加第十六届省运会反兴奋剂和赛风赛纪工作会议召开

3个一等奖、5个二等奖、9个三等奖的好成绩，全省排名第四位。

体育产业

【概况】 2022年，建设完成2021年争取的省级彩票公益金支持农村社区全民健身示范工程6个项目，为14个行政村（社区）建设全民健身路径和2个学校建设足球健身路径；为凤凰山社区安装健身器材8件，七中安装健身器材3件。年内，公共体育场地数量达5831个，人均体育场地面积达2.38平方米。体育彩票分中心门店运行数达到295个，全年体育彩票累计销售3.08亿元。

【完善市发展中心体育健身设施配套建设】 2022年，建设市发展中心体育设施，建成力量健身房2间、瑜伽健身房2间、室内羽毛球场地3片、室外羽毛球（气排球）场地2片、室内乒乓球桌11台、室外乒乓球桌2台、室外篮球场2块、5人制足球场1块、门球场地1块。年初争取省级彩票公益金支持建设智能健身路径1套（10件器材），安装在发展中心山体公园。

【体育彩票销售情况】 至12月31日，累计销售3.08亿元，较上年同比增长8.87%，完成全年销售目标的97.9%（按60亿元任务，3.14亿元计算）；乐透型产品销售6740万元，同比下降7.48%，即开型彩票销售1471万元同比增长12.5%，竞猜型产品销售2.26亿元，同比增长14.77%。

表8　2022年体育彩票销量统计一览

年份	县区	大乐透（元）	即开（元）	乐透（元）	竞猜（元）	合计（元）
2022	浮梁县	5886470	1874700	8089376	19529282	35379828
2022	景德镇市区	24108354	10174700	37444862	145425444	217153360
2022	乐平市	13356342	2663300	21868670	60796378	98684690
2022	总计	43351166	14712700	67402908	225751104	351217878

（江一帆）

御窑博物馆一角（白光华 摄）

人民生活与社会保障

劳动就业

【概况】 2022年，就业创业以保民生、促稳定为己任，以就业脱贫攻坚为重点，落实各项就业政策，有效地推进全市更高质量的就业。城镇新增就业19387人，其中困难人员再就业2582人，新增转移农村劳动力1.82万人，其中省内新增9190人，工业园区企业新增转移3660人，失业人员再就业7185人，全市累计发放创业贷款6.58亿元，带动就业1.11万人。全年共举办各类专场招聘会157场，提供就业岗位5.7万余个，达成就业意向4179人次，年内安置公益性岗位1642人。零就业家庭安置率达100%。

【释放政策红利】 2022年，全市失业保险参保人数10.35万人，通过“免申即享”方式，共为2317户企业发放稳岗返还资金2221.66万元；延续实施阶段性降低失业保险费率政策，全年减免参保企业失业保险费5478.57万元。受疫情影响失业人员有所增加，年内，享受失业保险待遇人员达1.74万人次，发放2471.62万元，代缴医保等费用约379.41万元；申请失业补助金6216人次，发放621.6万元。

【搭建招聘服务平台】 2022年，市人力资源市场在每周定期举办周四“集市日”招聘的同时，7月起增加每周六招聘“集市日”；召集市内3701余家企业入场招聘，提供就业岗位5.7万余个，达成就业意向4179人次。年内，按照“国标”和“省标”打造的市综合性人力资源市场完成升级打造正式启用，举办9场民营企业招聘月专场招聘会，有282家单位提供8012个岗位，入场求职者2800余人。

【搭建创业平台】 2022年，全市各级人社部门抓住陶瓷文化传承和创新发展的有利时机，盘活国有集体存量闲置资产，打造建设一批定位明确、功能齐全、运行高效、管理规范的就业创业孵化基地，至年底，全市现有国家级创业孵化示范基地2个，省级创业孵化基地5个，市级1家，总建筑面积29.50万平方米，吸纳创业实体1747户，带动5897人就业。年内全市为入驻人社部门认定的创业孵化基地的创业实体发放创业孵化基地运行费补贴共计527.89万元。

【就业帮扶兜牢底线】 2022年，全市共有建档立卡脱贫劳动力1.51万人，剔除在校生、务农等人员806人、无就业意愿2032人，就业脱贫劳动力1.23万人，就业安置率100%。共有退捕渔民6人，4人到达退休年龄，享受养老保险待遇，2人在劳动年龄内，其中一人退捕后灵活就业，另一人通过公益性岗位安置。全年，发放就业困难人员社保补贴2546.05万元，为吸纳就业困难人员及高校毕业生就业的17家单位发放单位社保补贴193.46万元，安置公益性岗位1642个，拨付公益性岗位资金1272.598万元。

【创业担保贷款】 2022年，制定市《创业担保贷款业务操作办法（修订）》，调整创业担保贷款贴息政策，落实对重点群体重点企业创业贷款帮扶，全市创业贷款新增发放6.58亿元，较上年同期增长27.03%，增速全省排名第9，其中扶持小微企业105家，发放创业贷款3.65亿元，扶持个人创业1210户，发放创业贷款2.93亿元，其中特色景漂贷93人、2256万元；商圈流水贷扶持15笔430万元。人才贷共扶持240人6429万元（其中高层次人才11人、465万元）。直接扶持1603人，带动就业11097人。新增创业担保贷款支持个人创业同比上年同期增长6.16%。

【创业培训】 2022年，全市开展各类职业技能培训1.32万人。其中，开展创业培训共计157期，培训4254人，补贴金额210.03万元；开展就业技能培训共计155期，培训6635人，补贴金额497.77万元；开展企业职工岗位技能培训共计49期，培训2317人次，补贴金额62.3万元。

【落实创业补贴】 2022年，为鼓励大学生高效创新创业，市就业中心对市行政区域内创办企业或从事个体经营1年以上的在校生或5年内的高校毕业生发放一次性创业补贴。全年共为147名大学生创业者发放一次性创业补贴74万元，进一步推进全市以“一次性创业补贴”政策为吸引，引导大学生以创业孵化基地为落脚点，积聚创业的青年创业模式的发展。推进在全市范围内发放一次性创业补贴工作，以“一次性创业补贴”政策为导向，以聚集创业孵化基地和高校创业园区为落脚点精准发放，为484个创业者发放一次性创业补贴242万元，其中大学生创业者147人，贫困劳动力创业者17人，农民工创业者320人。

【就业补助资金管理】 2022年，市就业中心按照《江西省就业补助资金管理暂行办法》的要求，对就业补助资金严格管理和使用。年内，全市共支出就业补助资金1.11亿元，用于职业培训、公益性岗位、社保补贴、职业技能鉴定、就业见习、创业孵化基地运行、一次性求职、一次性创业、高技能人才培养、创业孵化基地等方面，为全市就业形势的平稳有序提供了资金保障。

【就业服务事项打包办理】 2022年，为实现"一次告知、一表申报、一窗受理、一次办成"，线上"一次登录、一网通办"、线下"只进一扇门、最多跑一次"服务，制定打包办理事项19项，分别是：吸纳城乡贫困劳动力就业补贴申领、就业困难人员社会保险补贴申领、公益性岗位补贴申领、求职登记、失业登记、就业登记、"就业创业证"申领、城乡贫困劳动力求职创业补贴申领、高校（中职）毕业生求职创业补贴申领、创业担保贷款申请、一次性创业补贴申领、就业见习补贴申领、高校毕业生社会保险补贴申领、职业培训补贴申领、就业困难人员认定、见习单位认定、生活费补贴申领、职业技能鉴定补贴申领、促进就业基地认定。

【创业创新大赛获佳绩】 2022年，完成第五届"中国创翼"创业创新大赛江西省选拔赛景德镇市分赛活动。该次大赛所有赛道报名参赛项目共计171个，获奖项目共计58个，其中，主体业制造组获奖项目16个、主体业服务组获奖项目17个、青年创意赛获奖项目16个、乡村振兴专项赛获奖项目9个，共计发放奖金64.5万元。对县（市、区）、驻市各高校、各创业孵化基地16个单位授予分别授予"优秀创业服务机构奖""优秀组织奖"。其中，市就业中心营造"双创"氛围，主推"景漂工匠"获得全省劳务品牌专项赛二等奖，拿到"中国创翼"创业创新大赛"入场券"，并代表江西省参加全国总决赛，市就业中心被省人社厅授予"优秀组织奖"。

【就业见习工作管理】 2022年，组织全市负责就业见习就业部门负责人召开座谈会，拟定印发《景德镇市就业见习工作管理细则（试行）》的通知，发布2022年就业见习单位和见习岗位募集公告，考察陶文旅集团有限公司、江西昌河汽车有限公司等13家青年见习单位并对企业进行2022年就业见习政策宣讲。认定景德镇陶文旅控股集团有限公司、江西百城云人力资源有限公司等87家就业见习单位，并授牌见习单位，募集见习岗位2015个，到岗见习人数484人。

【构建和谐劳动关系】 2022年，推进全市构建和谐劳动关系体制机制创新。会同市司法局、市场监管、总工会、社会综合治理等11家部门出台《关于做好新就业形态从业人员劳动保障权益纠纷调解工作的实施意见》，建立健全新就业形态劳动者劳动权益保障机制，畅通劳动纠纷调处渠道，为推动平台经济等新业态健康发展提供劳动保障；持续推进"和谐同行"能力提升行动，景德镇乐华陶瓷洁具有限公司获评"全国和谐劳动关系创建示范企业"、景德镇高新区劳动人事争议调解中心获人社部、全国总工会等四部委联合通报表扬，获评国家级"金牌劳动人事争议调解组织"，成功举办第一届劳动关系协调员职业技能竞赛；深化劳动关系领域政务服务"放管服"改革，劳务派遣经营行政许可权限下放至县市区经办，劳务派遣经营行政许可、特殊工时审批、企业经济性裁员报告、集体合同合规审查等服务事项全面实现"网上办，不见面办"；省级网签电子劳动合同平台全面推广使用，免费为企业提供电子劳动合同网签服务和人力资源辅助管理，打造最优营商环境。

（彭荣军）

【劳动监察执法】 2022年，市根治拖欠农民工工资工作领导小组办公室组织各成员单位定期召开联席会议会对全市根治欠薪工作统筹调度。市、县两级联动，通过工地悬挂宣传标语、设立宣传展板、发放宣传手册、现场咨询问答等方式开展《保障农民工工资支付条例》普法宣传活动。严格落实在建工程项目"一金五制"，动态管理在建工程项目用工和发放工资情况。开展2022年劳动保障年度书面审查工作和各类执法检查，落实"双随机一公开"执法抽查，共评定劳动用工诚信A级企业24户，诚信B级企业29户。积极落实"两法衔接"制度，全市列入拖欠农民工工资失信联合惩戒对象3家，公布重大劳动保障违法行为1起，拒不支付劳动报酬移送公安立案1起。全年市本级共受理举报投诉698起，收到全国根治欠薪线索反映平台线索1636条，追回劳动者工资2079.03万元，涉及劳动者1836人。

（王智清）

【劳动人事争议仲裁】 2022年，整体提高劳动人事争议仲裁效能，提升市域社会治理现代化水平，加快构建“园区＋乡镇＋企业”一体化联调网络，推动构建和谐劳动关系，优化营商环境。年内在全省星级仲裁院评定活动中，市级仲裁院蝉联“五星级仲裁院”殊荣，乐平市和浮梁县仲裁院维持“四星级仲裁院”水准。不断探索建立“预防＋调解＋仲裁”的工作模式，与劳动监察和信访部门联合打造“集中一体、衔接联动”的一站式联合调处平台，发挥调解前置机制，实现“一个平台统一受理，多种手段综合调解”的多元共治模式。全年共受理劳动人事争议案件1347件，仲裁结案率为98.2%，调解成功率为88.4%，案件按期结案率100%。高效完成“三率”指标，为劳动者争取权益5400余万元。

（徐　婧）

【景德镇市人力资源与重点产业协同发展高峰论坛】 8月25日，由江西省人社厅主办，市人社局、景德镇陶瓷人才服务中心承办，市就业创业服务中心实施的“智汇瓷都 协同发展”2022年景德镇市人力资源与重点产业协同发展高峰论坛暨人力资源服务供需对接会举行，共有40余家重点企业、24家人力资源机构和10所市内外高等院校参与，是景德镇市首次举行的人力资源服务供需对接活动。在线上直播带岗活动中，市人社局发布568个岗位2687个职位线上招聘，近万余名待岗人员参加。该次高峰论坛及线上带岗活动在抖音、快手等视频号全程直播，近4万人观看。峰会成为有史以来景德镇市就业创业工作论坛最大亮点。

（石华鑫）

社会保障

【概况】 2022年，社会保障工作坚持稳中求进总基调，加快社会保障体系建设，提高社会保障工作水平，助力全市经济社会高质量发展。至12月底，全市基本养老保险参保人数、企业职工养老保险在职参保人数、机关事业单位养老保险在职参保人数、城乡居民养老保险参保人数、工伤保险参保人数分别为117.58万人、46.74万人、5.96万人、64.88万人、22.14万人。全市企业职工基本养老保险收入24.67亿元，机关养老保险收入6.82亿元，城乡居民养老保险收入1.03亿元，工伤保险收入5111.97万元。发放企业退休人员养老金51.25亿元，机关事业单位退休人员发放养老金12.39亿元，城乡退休居民养老金3.17亿元，工伤保险基金支出1.34亿元。

【养老金调整】 2022年，调整退休人员养老金。全市参与各级社保经办机构的调待人员17.45万人，人均月增资130.21元。

【发放助保贷款】 至2022年年底，全市累计办理企业职工基本养老保险助保贷款991人次，放贷金额3718.14万元，其中市本级203人次710.6万元。累计贴息312.24万元，累计办理退休720人次。

【拓展服务渠道】 2022年，运用“互联网＋社保”服务模式，精简事项服务群众，推动待遇领取资格认证、社保缴费、社保关系转移接续等事项通过手机电脑端自助办理，对于年老体弱、行动不便或不会使用智能手机的离退休老人提供养老待遇领取资格认证上门服务，开展延时服务、预约服务、节假日错时服务，解决涉及社保领域的群众办事堵点难点问题。

【社会保险基金专项治理】 2022年，面向全市开展社会保险领域违规领取欺诈骗保专项治理行动，核实处理省下发的2.06万条核查数据，核查率达到97.73%；涉及违规金额2189.29万元，追缴金额1897.02万元，追缴率达到86.65%，有效避免基金流失，确保基金安全完整。（赵冰玉）

医疗保障

【概况】 2022年，全市基本医疗保险参保 154.56万人，生育保险参保16.75万人，分别比上年新增 0.15万人、0.86万人，户籍人口参保率达95.4%。全年累计资助困难群众参加医疗保险7.16万人，资助金额2292.16万元，医疗救助11.54 万人次，支付5072.14万元，符合条件困难群众资助参保率、医疗救助政策落实率、“一站式结算”率均实现100%。年内市医疗保障局在省医疗保障局对景德镇市《2022年度市县综合考核》医疗保障水平指标中获满分。

【医保经办“规范年”建设】 2022年，市医疗保障局深入开展医保经办“规范年”建设，以村里有专人、乡里有窗口、县里有大厅、市里有示范为目标，延伸医保服务触角，实现医保服务进乡入村，全市乡镇（街道）便民服务中心均可办理15项以上医保服务事项，村（社区）便民服务站均实现12项以上医保服务事项帮代办。打造了浮梁“1+18+184+N”的医保经办样板，9月6日，《中国医疗保险杂志社》上刊登《浮梁县医保局：“1+18+184+N”新模式，构建医保服务新体系》，列入全国地方示范。

【医保信息平台建设】 2022年，景德镇市被推荐作为代表全省医疗保障信息平台验收的两个设区市之一，于11月15日顺利通过国家医疗保障局医疗保障信息平台验收专家组现场验收，标志全市医保信息平台具备了标准化、智能化、便捷化、精准化“四化”功能。2021年11月，景德镇市上线全省统一的医疗保障信息平台，逐步实现医保业务编码标准、数据规范、经办服务统一。

【职工基本医疗保险门诊共济保障机制建立】 2022年，为进一步健全互助共济、责任共担的职工基本医疗保险制度，解决职工医保门诊保障问题，切实减轻参保人员医疗费用负担，市医疗保障局牵头制定《景德镇市职工基本医疗保险门诊共济保障实施细则》。自2023年1月1日起，参保人员在定点医疗机构普通门诊就诊，产生符合医保规定的政策范围内医疗费用，纳入普通门诊保障；规范了职工个人账户使用范围，可以用于支付参保人员本人及其配偶、父母、子女在定点医疗机构就医发生的由个人负担的医疗费用，以及在定点零售药店购买药品、医疗器械、医用耗材发生的由个人负担的费用；允许用于配偶、父母、子女参加城乡居民基本医疗保险等的个人缴费。

【《景德镇市健全重特大疾病医疗保险和救助制度实施细则》出台】 2022年，景德镇市率先在全省出台设区市贯彻落实国务院和省政府关于健全重特大疾病医疗保险和救助制度的实施细则，聚焦减轻困难群众重特大疾病医疗费用负担，提高医疗救助保障能力，细化倾斜救助政策，夯实医疗保障三重梯次减负政策，建立健全防范和化解因病致贫返贫长效机制，兜住防范因病致贫返贫底线。

【城乡居民医疗保障再提升】 2022年，提高城乡居民基本医疗保险筹资标准，人均财政补助保障新增30元、达到610元，个人缴费标准新增30元、达到350元；将城乡居民大病保险起付线调整至1.66万元，报销比例为60%。城乡困难对象、脱贫人口参保率达到100%；特困人员、低保对象和返贫致贫人口享受大病保险起付线下降50%、报销比例提高5个百分点，不设年度报销封顶线的优惠政策；提高城乡居民生育医疗待遇，生育医疗费用由原来的定额报销政策调整提高到享受与普通住院一致的报销待遇。

【健全双通道药品管理机制】 2022年，景德镇市先后开展2批双通道定点医药机构遴选工作，共遴选出双通道定点医院12家、定点零售药店9家；审核确定双通道药品责任医师508名。同时，建立双通道医药机构谈判药品月报制度，加强对双通道定点医药机构谈判药品配置使用管理的监测督导，确保国家谈判药品在全市落地执行，保障参保患者对双通道药品的用药和购药需求。

【医保药品支付标准试点联席会议制度建立】 2022年，为发挥医保基金战略购买作用，落实国家《医保药品支付标准试点工作方案》要求，在全省统一组织实施下，建立全市医保药品支付标准试点联席会议制度，由局分管领导任召集人，局办公室、待遇保障与医药服务管理科、医药价格和招标采购科、基金监管科、市医疗保险事业服务中心负责人为成员。协同推进药品采购、使用、结算、支付等综合改革，不断提升医保基金使用效率，推进医药服务高质量发展。

【全面落实集中采购任务】 2022年，全市常态化落实7个批次国家组织药品集采中选结果、2个批次江西省组织药品集采中选结果，以及国家组织的冠脉支架集采、人工关节集采，参加了10个批次的跨省联盟药品和医用耗材的集中带量采购。中选药品价格的平均降幅达到67.27%，最大降幅97.64%，大幅的降价缓解了医保基金的支出压力。集中带量采购药品覆盖高血压、糖尿病、精神类、抗肿瘤和罕见病用药多个治疗领域。一种治疗心血管的药物直接从108元/盒降至17.8元/盒。医用耗材集采中选的心脏冠脉支架从均价1.3万元下降至700元，人工膝关节均价从3.2万元下降至5000元。每年可减轻群众医药费用负担约6000万元，有效缓解了群众看病贵的问题。

全市医疗保障工作会议召开

【率先完成智慧医保“村村通”工程建设】 2022年，景德镇市紧盯服务到一线、服务下基层，扎实推进智慧医保“村村通”工作，终端硬件到货完成率、安装完成率、培训完成率、账号开通率、合同签约率均为100%，在全省名列前茅。智慧医保“村村通”医保综合服务终端，可以实现诊断、开药、医保结算以及城乡居民参保情况、城乡居民缴费情况、慢特病备案信息、异地就医备案6项查询。通过智慧医保村村通管理平台还可以办理参保登记、异地就医转诊备案等16项经办业务，打通了参保群众看病就医的“最后一公里”，真正实现了看病就医就在家门口。

【全市医疗保障工作会议召开】 3月24日，全市医疗保障工作会议召开，副市长江民强出席会议并讲话。会议全面总结2021年工作，部署2022年全市医疗保障工作。

【市医保中心完成人员转隶】 2021年11月，省委组织部批复市医疗保险事业服务中心（市医疗保障监测中心）参公性质，列为全市事业单位改革后的首批参公事业单位。单位性质明确后，市医保中心启动人员转隶工作，并在2022年6月完成编制核定、上编工作，基本完成人员转隶工作。市医保中心人员转隶，增强了单位凝聚力，夯实全市统一的医保大经办工作基础。

【荣获全省首届医保知识竞赛第一名】 6月29日，江西省医疗保障局举办了以提升业务素养和经办服务能力为主题的全省首届医疗保障知识竞赛，景德镇市医疗保障局在全省十二个医保统筹单位中荣获第一名，江西卫视进行了全面直播报道。

【市医保中心组建独立工会】 11月1日，为保障市医保中心广大职工的切身利益及合法权益，提高其工作热情和凝聚力，市医保中心召开第一届第一次工会会员（代表）大会。工会的成立，标志市医保中心组织建设进一步完善健全。（詹　翔）

社会救济

【社会福利】 2022年，完善基层未成年人保护工作网络。市本级及4个行政县（市、区）均成立了未成年人救助保护中心，完成比例达到100%。乡镇人民政府（街道办事处）依托社工站建立未保站共计32个，完成比例达到59.26%。通过专业社会力量参与未成年人救助保护工作，提供心理辅导、精神关爱等帮助。建设儿童主任队伍。6月，组织举办全市儿童督导员业务培训班，各县（市、区）于10月底之前完成对全市800余名儿童督导员和儿童主任全覆盖培训工作。提升全市孤儿弃儿养育、医疗保障水平。机构养育孤儿、城乡散居孤儿和事实无人抚养儿童的基本生活保障标准分别达到每人每月1850元、1450元和1450元。落实事实无人抚养儿童助学保障制度和孤弃儿童残疾护理补贴制

省医疗保障局党组书记、局长王前虎（左）给景德镇市代表队颁发奖牌

度。组织实施“孤儿医疗康复明天计划”和“福彩圆梦·孤儿助学工程”。

残疾人福利。年内，落实残疾人两项补贴发放工作。将城乡困难残疾人生活补贴标准、城乡重度残疾人护理补贴标准分别提高20元、10元，均达到每人每月80元；全市共有2.57万名残疾人享受残疾人两项补贴，生活补贴1.84万人，护理补贴1.72万人，其中同时享受两补10035人。实施残疾人两项补贴资格认定申请“全程网办”“跨省通办”。持续开通残疾人两项补贴资格认定申请“跨省通办”，5月将残疾人两项补贴在线申请升级为“全程网办”，畅通线上线下相结合的补贴申请形式，方便残疾人申领补贴，促进精准、高效、便民发放。初步启动市级精神卫生福利机构建设工作。与市卫健委、第四人民医院配合，建立联席会制度，推进精神卫生福利中心建设，强化兜底保障作用，拓宽特殊困难精神障碍患者救治、康复途径，提升精神卫生服务水平。

养老服务。至2022年年底，全市共有养老机构81家，其中公办养老机构42个，其中市本级社会福利中心1所，县级福利院2所，农村敬老院39所，共有床位2290张，收住老年人1034人；民办养老机构39个，共有床位2986张，收住老年人1847人。全市472个建制村累计建成具备助餐等功能的农村互助养老服务设施436个，覆盖率为92.4%。强化养老护理员技能培训。全年累计培训养老护理员750余人次。举办2022年全市“福彩杯”优秀养老（敬老）院院长和优秀护理员评选活动。授予江西易照护养老服务有限公司蔡迎春等5人“优秀养老院院长”荣誉称号，授予浮梁县社会福利中心程敏等10人“优秀护理员”荣誉称号。

8月30日，由景德镇市民政局、景德镇市人社局、景德镇团市委、景德镇市妇联共同举办的2022年景德镇市养老护理员职业技能竞赛在景德镇市卫生学校落幕。来自各县（市、区）和市社会福利中心6支代表队共29名选手参加此次竞赛。经过激烈角逐，大赛共评选出优秀组织奖1名、一等奖1名、二等奖3名、三等奖5名。

11月18日，2022年江西省“振兴杯”职业技能大赛养老护理员职业技能竞赛在景德镇市闭幕，来自全省10个设区市的50名选手参加此次大赛。景德镇市代表队5位参赛队员全部获奖，其中，来自乐平市天湖医养中心的李书琴荣获个人一等奖，来自昌江区枫树山养老院的黄钰丹、景德镇市社会福利中心的方莉雯、乐平市天湖医养中心的张金秀荣获个人二等奖，来自景德镇市社会福利中心的李婉婷荣获个人三等奖；景德镇市荣获优秀组织奖一等奖。

实施特殊困难老年人家庭居家适老化改造。采用政府补贴形式，完成500户特殊困难老年人家庭居家适老化改造。落实老年人福利政策。年内，投入73万元为具有景德镇市户籍年满60周岁的城乡特困老年人和重点优抚对象老年人及年满70周岁老年人购买老年人意外伤害保险；为年满80周岁老年人发放高龄津贴3.03万人，累计发放津贴1982.61万元；为全市经济困难的高龄失能老年人发放养老服务补贴和护理补贴1874人，发放资金538.47万元。

【社会救助】 2022年，4月25日印发《关于提高2022年城乡困难群众救助标准的通知》，将城市低保保障标准提高至840元/人/月，将农村低保保障标准提高至610元/人/月，两项保障标准均高于全省平均水平。至12月底，全市共保障城乡低保对象3.93万户6.63万人。

在特困供养方面。将城镇特困供养标准提高至1100元/人/月，将农村特困供养标准提高至795元/人/月。截至12月底，全市共保障特困供养对象3370人。

在临时救助方面。印发《关于提前下达2022年中央财政困难群众救助补助资金的通知》，向各县（市、区）下达临时救助资金1456万元。至12月底，累计开展临时救助5608人次，发放救助资金584万元，开展特别救助11人次，发放救助资金11万元，困难群众突发性、紧迫性、临时性基本生活困难得到有效解决。

在乡村振兴方面。印发《2022年巩固拓展民政领域脱贫攻坚成果同乡村振兴有效衔接重点工作安排》，从强化理论学习和调研指导、巩固拓展脱贫攻坚成果、大力推进脱贫地区乡村振兴、不断强化有效衔接保障支撑等四个方面推动民政领域巩固拓展脱贫攻坚成果上台阶、乡村振兴开新局。至12月底，农村低保保障建档立卡困难对象8183户1.58万人，全年累计发放低保金7768万元，农村特困保障建档立卡困难对象1588户1608人，累计发放特困供养资金1455万元。

在解困脱困方面。印发《2022年城镇困难群众脱困解困工作要点》，先后召开全市城镇困难群众脱困解困工作领导小组会议及联络员会议调度工作进展、部署工作推进。12 月底，2.68 万名城镇困难群众全部纳入兜底保障。

在动态管理方面。持续健全困难群众主动发现机制，确保应保尽保。通过“数字民政”信息化核对平台完善在保对象信息并开展定期复核，做到应退尽退。全年市级累计完成核查 4.44 万户 11.91 万人，依据核查结果新增低保对象 2350 户、4472 人，清退 3834 户、7427 人，确保困难群众应保尽保、应退尽退。

资助品学兼优的困难学生

【慈善救助】 2022 年，拓宽募集渠道。根据 99 公益平台开展线上捐赠，搭建“线上 + 线下”多场景筹款平台，市四套班子领导带头奉献爱心开展慈善捐款。联系市委各部门、市直各单位建立“2022 年慈善一日捐”微信群宣传“慈善一日捐”活动的意义。全市 199 家党政机关和企事业单位、大专院校参与活动，捐赠资金为 157.3 万元。

慈善“情暖万家”定期启动，全年共慰问困难群众、企事业单位困难职工 252 户，发放慰问金和慰问物资 12 万余元，其中社会救助对象共 161 户，占比 63%。景德镇黑猫集团有限责任公司、市慈善总会筹集善款共 27.6 万元为全市 69 名为品学兼优的困难学子给予资助，每人资助 4000 元。按照社工 + 志愿者模式对全市的 12 名百岁老人建档立卡，实行每月上门探视。景德镇黑猫集团有限责任公司第二次爱心捐赠 30 万元资金用于关爱帮扶我市消防救援人员。“火焰蓝”慈善项目是景德镇市慈善总会首个面向景德镇市消防救援人员设立的专项基金，爱心善款主要用于消防救援指战员因战、因公的意外受伤、致残及本人、直系亲属突发重大疾病或家庭变故受挫的帮扶慰问。市慈善总会首次联合乐平市、浮梁县共同实施“温暖童行”慈善项目，让全市 296 名困境儿童感受到党的温暖和社会的关怀。

推动定向捐赠。8 月，引导并接受爱心企业景德镇市南山陵园对乡村振兴中的公益建设、农植作物培育定向捐赠共 33 万元，帮扶乐平市接渡镇敬老院公益建设改造提升，使院内有 38 名孤寡特困老人受益。帮扶浮梁县江村乡苍溪村做好“生态 + 文化 + 发展”，扶持油（茶）园的培育、种植。帮扶浮梁县峙滩镇观沧岭公益性公墓的基础建设，从乡村建设改善、种植经济效益、居住环境入手，助力乡村振兴。景德镇深燃天然气有限责任公司出资 10 万元帮扶浮梁县江村乡诰峰村建设传统文化手工艺体验坊，带动留守乡村的劳动力投入手工艺生产。爱心企业江西景德镇石油分公司捐赠 12 万元资助乐平名口镇戴村、浮梁县西湖乡西溪村、浮梁经公桥镇港北村发展乡村振兴经济。景德镇市南山陵园定向资助新厂街道、乐平市洎阳街道共计 20 万元用于疫情防控工作。

开展慈善公益活动和支教助学树立文明新风尚。元宵佳节携手“米宝堡”城市食堂、市环保志愿者协会于 2 月 14 日开展“情暖元宵手工包汤圆”慰问 30 名困难环卫人员活动。“六一”前夕，携手航空工业直升机设计研究所到浮梁县王港学校开展航空知识科普进校园活动，为 30 位留守儿童送上航空知识书籍，并给学校送上体育用品。端午前夕在珠山区新村街道奥林社区开展“粽米飘香 · 倾心传情”慈善公益活动，邀请国家注册营养师为辖区内的 20 名空巢老人讲授“营养健康知识讲座”。讲座结束后和老人们一起手动包粽子。最后为老人们送上现场包的粽子、咸鸭蛋、菜籽油等慰问品，让老人们感受到了党和政府的关爱，提前过了一个温馨愉快的端午节。9 月 22 日，联合江西直升机馆在浮梁县第一小学开展科普知识进校园活动，为 150 名学生开展科普知识专题讲座，用去爱心善款采购学生的实验教材用于科普课程，体育器材赠送学校提升孩子们的身心健康。（汪伯林）

社会事务管理

【基层政权和社区建设】2022年，开展“幸福社区”创建。贯彻落实《江西省民政厅 江西省财政厅关于印发〈“幸福社区”服务质量提升行动实施方案〉的通知》《江西省民政厅办公室关于实施2022年度“幸福社区”服务质量提升行动的通知》精神，下发《实施“幸福社区”星级评定服务质量提升行动实施方案（2022—2026年）的通知》《关于实施2022年度“幸福社区”星级评定服务质量提升行动的通知》，经第三方评估验收、省民政厅审定，汪王庙社区、昌盛社区等8个社区获评五星社区，昌南湖社区、云锦巷社区等7个社区获评四星社区，淘金岭社区、南区社区等4个社区获评三星社区。

最美城乡社区工作者评选。贯彻落实江西省民政厅《关于开展“江西最美城乡社区工作者”学习宣传活动的通知》精神，经省民政厅评审，画眉楼社区书记、主任谢芳被评最美城乡社区工作者。

【地名管理】2022年，探索道路标志设置和管理工作新模式。定期在全市城区范围内对地名、道路进行规范化巡查执法，对不按规范设置的枫树山路、老鸦滩路的路牌拆除整改，并通过抖音平台宣传相关政策。年内，维修更换中心城区道路巡查中发现的76处损坏、歪斜道路牌，新增设置的道路牌67块。对瑶里镇全域19条主、支道路上安装100块符合国家（GB17733—2008）标准新路牌。聘请中国地名文化遗产保护促进会编制景德镇市2022年—2027年地名规划。

安装符合国家标准新路牌

结合申遗工作开展御窑厂遗址地名故事挖掘和保护。加快推进景德镇御窑遗址申报世界文化遗产工作，结合《景德镇御窑遗址申报世界文化遗产2022年工作要点》，面向御窑厂遗址、落马桥窑址、湖田窑遗址、乐平南窑古瓷窑址、高岭土矿遗址、东埠码头6个申遗要素点，系统梳理其中及周边范围的地名存量。

【行政区划调整】2022年，调整部分行政区划，规范化完成吕蒙乡、竟成镇撤乡镇设街道的报备工作、挂牌仪式、行政区域勘界等工作。组织两区相关人员召开区划调整研讨会，指导两区起草完成了各街道管辖范围拟调整方案和调整前、调整后的行政区划示意图。同年7月，珠山区竟成镇、昌江区吕蒙乡改街道工作获得省政府审批并挂牌。

【社会组织管理】2022年，推动社会组织高质量发展。调整市社会组织党委班子，成立市社会组织党委办公室，建立党员活动场所。指导四个县（市、区）建立和完善社会组织党委工作机制。召开全市社会组织党建工作推进会，在社会组织登记环节要求明确党建领导机关。要求各级民政部门明确将社会组织党建要求写入社会组织章程。

多措并举促进社会组织健康有序发展。召开市社会组织建设与管理工作联席会议第一次全体会议，印发《成员单位职责分工》。常态化开展清理整治“僵尸型”社会组织专项行动，制定市本级第二批社会组织活动异常名录。召开景德镇市行业协会商会乱收费专项清理整治“回头看”工作部署会。开展社会服务机构非营利监管专项行动，198家市级社会服务机构完成自查工作，抽检其中15家重点社会服务机构。

社会组织登记管理信息化建设。制定出台《景德镇市社会组织信用信息管理实施办法》，为全市社会组织建立信用信息约束机制。印发《景德镇市社会团体成立（换届）会议指引》。完善景德镇市社会组织登记管理信息系统。

持续开展打击非法社会组织专项行动。排查出“中国老兵马拉松俱乐部”在景分支机构活动情况，对负责人进行约谈并责令停止一切活动。在社区社会组织排查中发现有组织以“东望课堂”的名义在社区开展志愿服务活动，联合公安机关开展线索摸排，全市各社区停止了“东望课堂”相关活动，并继续配合公安部门查处相关机构。

组织开展全市社会组织集中

调研月活动。按照省民政厅《关于开展全省社会组织登记管理机关集中调研月活动的通知》要求，开展全市社会组织集中调研活动，在全省社会组织优秀调研报告评选中获得一等奖。

探索建立社区社会组织备案机制。指导珠山区、昌江区、乐平市和浮梁县出台《社区社会组织登记和备案管理暂行办法》，其中珠山区工作受到省民政厅工作通报第19期专题刊发，要求全省各地学习借鉴；迎接中国社会报社和省厅社管局调研组到景调研社区社会组织，相关经验在《中国社会组织》杂志第20期刊发；并在全省社区社会组织培训班上做经验交流。

推进社管领域优化营商环境工作。召开全市行业协会商会惠企政策宣讲会。完成入驻大厅社管事项的"六减一增"工作；开展社会组织审批"服务怎样我体验，发现问题我整改"专项活动；完成社管审批事项"四减一优化"工作；完成局社管政务服务事项异地通办工作和事项告知承诺制改革工作；全面落实社会组织登记线上审批，社会组织成立、变更、注销登记实现一网通办。在全省率先试行社会组织审批管理超时默许制度；率先出台《景德镇市民政社管领域首违轻微违法免罚事项清单》。

【婚姻家庭】2022年，开展婚丧领域移风易俗改革工作。印发《景德镇市推进婚丧领域移风易俗三年行动工作方案（2022—2024年）》，对全市深入开展婚丧领域移风易俗改革工作全面部署。各地强化基层自治，健全红白理事会，修订村规民约（居民公约），将婚丧领域移风易俗要求作为村规民约（居民公约）重要内容。各地充分利用新时代文明站点及宣传手册、电视、网络等媒介，广泛开展婚丧领域移风易俗宣传，营造良好的工作氛围。

社会组织建设与管理工作联席会

推进全市婚姻登记档案数字化工作。按照省民政厅、省档案局要求，全面清查归集婚姻登记历史档案，补充完善婚姻登记历史数据，婚姻登记历史档案电子化工作。至年底，全市共保存纸质婚姻登记档案45万余份，电子化率达100%。年内，全市共办理婚姻登记1.08万对，其中结婚登记7689对（含补办登记2076对）、离婚登记3074对。

【殡葬管理】2022年，建成城市公益性公墓（骨灰堂）3个、农村公益性公墓（骨灰堂）319个，实现公益性殡葬设施城乡全覆盖。全面建立惠及城乡居民的基本殡葬服务免费制度，全年共火化遗体1.05万余具，减免奖补7700余例符合要求惠民政策对象，减免奖补资金约1700万元。

年内，市民政局等12部门联合印发《全市巩固和深化"活人墓"等突出问题整治规范工作实施方案》，在全市范围内开展"活人墓"等突出问题摸排整治，进一步规范全市殡葬服务管理。

清明节期间，疫情防控和祭扫服务保障工作。3月29日，分管副市长江民强主持召开全市清明节祭扫服务保障暨森林防火工作会，统一部署全市清明期间祭扫工作。确保清明期间祭扫活动安全健康文明有序。（汪伯林）

五谷尖风光（潘旺福 摄）

县（市、区）概况

乐平市

【概况】位于江西省东北部，辖2个街道、15个镇、1个乡、1个农科园和1个大型水库管理局，总面积1983平方千米，其中城区面积38.85平方千米。耕地面积5.47万公顷，有林面积9.28万公顷，森林覆盖率49.93%，城区绿化率35.8%。2022年末，户籍人口94.67万人，常住人口75.45万人，其中城镇人口35.11万人；人口自然增长率2.7‰。全年地区生产总值439.23亿元，同比增长4.8%。其中，第一产业增加值45.3亿元，增长3.4%；第二产业增加值211.6亿元，增长6.2%；第三产业增加值182.33亿元，增长3.7%。财政总收入53.42亿元，税收占财政总收入的比重78.32%；地方财政收入33.29亿元，增长-3%；地方财政支出74.31亿元，增长1.8%。规模以上工业增加值221.28亿元，固定资产投资增长8.2%，实际利用外商投资10472万美元、省外投资160.95亿元。主要工业产品及产量：水泥304.6万吨、玻璃122.23万平方米、烧碱(折110%)29.39万吨、化学农药原药(折有效成分110%)297.1吨、化学药品原药5.8万吨。农业总产值74.97亿元，增长3.82%。粮食总产量36.2万吨。主要农业产品及产量：油料2.86万吨、棉花(皮棉)713吨、生猪年末存栏数20.12万头、水产品2.25万吨、水果1.22万吨。城镇居民人均可支配收入44380元，增长4.7%；农村居民人均可支配收入21957元，增长6.4%。城乡居民年末储蓄余额454.19亿元，增长16.8%。

2022年，乐平成功抗击超历史纪录特大洪水和重度气象干旱，并获“全国县域旅游综合实力百强县”“2021—2025年度全国科普示范县”“全省美丽宜居先行县”“江西散曲之乡”称号，获评全省首批制造业高质量发展试验区，入选第一批城市更新省级试点名单。2022年还存在很多问题和不足：部分考核指标在全省处于中下游水平，打造“乐易办”品牌还存在不足，擦亮“江南菜乡”金字招牌力度不够，全市水利设施在防洪抗旱方面存在短板和瓶颈。

【乐平全域公交一体化改造完成】2022年，乐平市推进全域公交一体化，打造城乡融合发展示范区，实施“打造景乐一体化，建设半小时经济圈”战略，推动景德镇乐平两地经济社会更好地融合。1月23日，在景德镇市政协十四届二次会议上，乐平市政协主席潘赛新作《开通景乐城际公交 推动景乐一体化》提案发言，在与会人员中引起强烈反响。7月1日，乐平至景德镇城际公交（经206国道）上线运行；9月26日，乐平市公交运营全域正式通车，乐平至景德镇城际公交（经205省道）投入运营。至此，乐平开通20条城乡客运公交班线和2条乐平至景德镇城际公交班线，标志着乐平全面完成全域公交化改造，建成以市区为中心，覆盖全市19个乡镇（街道、农科园）、206个行政村，惠及65万名群众的公交客运服务体系，实现城乡公交全域覆盖、无缝衔接。

【乐平获评“2021年度全省工业高质量发展二类先进县（市、区）”】3月23日，省工业强省建设工作领导小组公布2021年度全省工业高质量发展先进市县名单，按照《江西省工业高质量发展考核评价办法》要求，经考核评价，确定总分排名前5位的设区市、前25位的县（市、区）为2021年度全省工业高质量发展先进设区市、县(市、区)。乐平被评为“2021年度全省工业高质量发展二类先进县（市、区)”。

【乐平入选江西第一批城市更新省级试点名单】3月31日，省政府和住建部共建城市体检评估机制推进城市高质量发展示范省建设工作领导小组办公室印发《关于开展第一批城市更新省级试点工作的通知》，确定15个市、县作为第一批城市更新省级试点。乐平榜上有名。

【乐平参加第八届江西艺术节成果丰硕】4—10月，由省委宣传部、省文旅厅、省文联、省委教育工委、省教育厅、江西广播电视台联合主办的第八届江西艺术节在全省各地举行。每三年一届的江西艺术节是全省规模最大、层次最高的综合性艺术盛会。本届艺术节设8大主体活动、15项系列活动和2个线上活动，涵盖戏剧、舞蹈、音乐、美术、书法、摄影、曲艺、非遗多个门类。乐平市组织参加本届艺术节的13项（7项集体原创项目代表景德镇地区参赛）活动，并获佳绩。其中，赣剧《瓷·心》获第八届江西艺术节·第十二届江西玉茗花戏剧节大戏新创剧目剧目奖及多个单项奖（彭建群等4人获优秀音乐创作奖、徐明获导演奖、胡海栋获表演奖、朱英杰获表演类新人奖、许胜风荣获演奏奖）；器乐合奏《惊蛰》《生旦净末丑》

获第八届江西艺术节·第十一届江西音乐舞蹈艺术节三等奖；广场舞《洎阳古韵》获第八届江西艺术节·2022年江西广场舞集中展演三等奖和第六届江西省群众舞蹈展演金奖；少儿合唱《真的爱你》获第八届江西艺术节·江西省第十三届少儿艺术节合唱艺术节三等奖；少儿舞台艺术展演课本剧《揠苗助长》获第八届江西艺术节·江西省第十三届少儿艺术节少儿舞台艺术展演二等奖及全省非遗进校园优秀节目展演表演奖一等奖、创作奖二等奖。

武警战士奋战在护堤一线

秋粮喜获丰收

【乐平成功抗击超历史纪录特大洪水和重度气象干旱】 6月18—22日，乐平全域遭受持续的大到暴雨侵袭，途经乐平火车站的列车全部停运。20日12时，乐平启动防汛Ⅰ级应急响应，21日8时20分，乐安河虎山水文站水位32.28米（超警戒线6.28米），高出历史最高水位纪录1.1米，是乐平自1952年有水文纪录以来最高水位。全市8座水库、9条圩堤出现险情，19个乡镇（街道）遭受洪涝灾害，受灾人口38.1万余人，农作物受灾面积2.24万公顷、绝收1147.6公顷，损坏房屋369间，直接经济损失10亿余元。在防汛最关键的时候，国务委员、国家防总总指挥王勇及省市主要领导到乐平检查指导防汛抗洪抢险救灾工作，中央电视台、新华社、《人民日报》等众多央媒连续多日以图文视频直播等形式高度关注乐平防汛抗洪抢险救灾工作。全市干部群众、部队官兵、消防救援人员以及全国各地社会救援组织的志愿者近3万人参与防汛抢险。汛情期间，紧急避险转移37534人、转移安置3349人；垒筑子堤23.32千米；排除水库险情9处；解决管涌、较大泡泉120余处；处置塌方30余处、崩岸160余处。全市82.3千米堤坝和2000多座水库安然无恙，取得不倒一坝、不垮一堤、不亡一人的全面胜利。

7月上旬开始，汛旱急转，乐平遭受持续5个月的罕见夏秋冬连旱灾情和重度气象干旱。7月1日至8月23日，全市平均气温较常年同期偏高2℃，累积降水量偏少78%，最高气温和高温综合强度均达历史新高，大部分地区达到重度气象干旱、中南部地区特旱，1.09万公顷农田、4080公顷蔬菜遭遇历史重旱。8月26日12时，乐平启动Ⅱ级抗旱应急响应，下派20个技术指导组开展抗旱工作。在抗旱关键时刻，8月28日，中共中央政治局委员、国务院副总理胡春华到乐平督导农业抗旱保丰收工作，中央电视台连续报道乐平防旱抗旱工作。为有效应对缓解旱情，全市“一大四中”及2000多座山塘水库全部有序开闸放水；气象部门抓住有利时机，实施17次人工增雨作业；全市投入抗旱资金7390万元，抗旱人数2.95万，抗旱机电井190眼，泵站178处，机动抗旱设备5696台套。减少农业因旱损失2.26亿元，把旱情的影响降到最低。2022年全市粮食总产量不减反增，全面打赢抗旱攻坚战。

【乐平再获“全国县域旅游综合实力百强县”称号】 6月，第四届全国县域旅游研究成果《全国县域旅游研究报告2022》暨“2022年全国县域旅游综合实力百强县”“2022年全国县域旅游发展潜力百佳县”名单出炉。乐平入选“2022年全国县域旅游综合实力百强县”，排全省第四，再次进入全国县域旅游综合实力百强县。乐平境内旅游资源丰富，国家AAAA级旅游景区2个、AAA级1个。既有洪岩仙境、文山怪石林、历居山等自然生态景点（绿色），也有鸡公山古人类活动遗址、南窑遗址、古戏台及古戏台主题博物馆、古村落、文化古街区等人文历史景观（古色），还有赣东北特委旧址、红十军建军旧址、方志敏旧居、鸣山暴动旧址等众多革命教育基地（红色），以及本地短途游、乡村风情游、农事体验游、徒步骑行游、采摘购物游等特种旅游品牌。2022年，旅游主管部门组织各景区、酒店开展促销活动，派发540万元消费券促进旅游消费。

【天新药业在上交所主板上市】 7月12日，江西天新药业股份有限公司首次公开发行A股上市仪式举行。公司股票代码为603235，股票简称“天新药业”。是景德镇市第6家、乐平市第3家挂牌上市企业。景德镇市委书记刘锋，景德镇市委副书记、市长胡雪梅，中国证券监督管理委员会江西监管局副局长洪漫，景德镇市委常委、乐平市委书记林卫春，天新药业董事长许江南，中信证券董事总经理陈杰共同敲响开市金锣。该公司成立于2004年9月，是一家专业从事单体维生素研发、生产和销售的高新技术企业，公司产品维生素B6和维生素B1的市场占有率全球领先。本次发行上市能提升公司品牌的影响力，横向拓展维生素A、维生素B5等品种，增强客户服务能力和覆盖能力，把公司打造成国内标杆、国际一流的维生素制造企业。

刘锋、胡雪梅、洪漫、林卫春、许江南、陈杰共同敲响天新药业开市金锣

【2022乐平古戏台文化传承人与学者跨界对话暨全省雕刻和营造技艺类非遗传承人研培活动】 7月24—27日，2022乐平古戏台文化传承人与学者跨界对话暨全省雕刻和营造技艺类非遗传承人研培活动在乐平举行。该活动由省委宣传部、省文旅厅、景德镇市政府主办，中国艺术研究院工艺美术研究所支持，省非物质文化遗产研究保护中心、省民间文艺家协会、景德镇市文广新旅局、乐平市政府承办。含主题对话、文化遗产考察、非遗展演、传承人研培4个环节，中国艺术研究院、中国戏曲学院、北京师范大学、湖北美术学院及省内多所院校30余名专家与传承人、学者、媒体人围绕“探索古戏台文化保护与利用的高质量发展途径”主题跨界对话。25日，在东方国际酒店举行开幕式及“探索古戏台文化保护与利用的高质量发展途径”主题对话活动，还在洪岩水上古戏台举行非遗展演，乐平市融媒体中心现场直播开幕式，7万余人在线观看；26—27日，举行研培活动，采取专家授课、案例分享、现场教学等形式。开展此次系列活动，能让观众在参与和互动非遗项目时，了解传统技艺的工序和流程，领略优秀民间文化的魅力，唤起人们对逐渐淡去的传统文化的记忆，引领民众共同参与非遗保护。

【乐平获“全省加快工业发展加速工业崛起”三项大奖】 8月23日，江西省人民政府发布《关于表彰2019—2021年度加快工业发展加速工业崛起先进单位的决定》，全省106个单位（“年度贡献奖”36个、“园区发展专项奖”20个、“优强企业专项奖”50个）获表彰。其中，乐平市获“年度贡献奖”、乐平工业园区获“园区发展专项奖”、江西天新药业股份有限公司获“优强企业专项奖”。

【乐平上榜全省首批制造业高质量发展试验区】 8月29日，省工业强省建设工作领导小组发布江西省制造业高质量发展试验区名单，全省四个地市、七个县区获此殊荣，乐平市成为全省首批制造业高质量发展试验区。这是乐平市继获2019—2021年度全省加快工业发展加速工业崛起年度贡献奖后的又一“金字招牌”。打造制造业高质量发展试验区，是省委、省政府立足新发展阶段，对标“作示范、勇争先”目标定位，引领驱动制造业高质量跨越式发展，重塑“江西制造”辉煌的重要举措。

【乐平赣剧课本剧《揠苗助长》获中国“小梅花集体节目”称号】 9月1日，中国戏剧家协会公布2022年第二十六届“中国少儿戏曲小梅花荟萃”审核结果，由乐平市文广新旅局选送，乐平市文化馆与乐平市第五小学共同创排的赣剧课本剧《揠苗助长》被授予“小梅花集体节目”称号。“中国少儿戏曲小梅花荟萃”是中国少儿戏曲最高荣誉，系中国戏剧家协会主办，全国各省（市）、自治区戏剧家协会协办的一项全国性、高规格的少儿戏曲艺术活动。该剧还获省委宣传部、省文旅厅公布的第八届江西艺术节·江西第十三届少儿艺术节少儿舞台艺术展演二等奖及全省非遗进校园优秀节目展演表演奖一等奖、创作奖二等奖。

赣剧课本剧《揠苗助长》剧照

【全省首个A类供销综合农事服务中心在乐平签约】 10月13日，省供销联社与景德镇市人民政府战略合作协议暨江西供销（乐平）综合农事服务中心项目投资协议签约仪式在乐平市为民服务中心举行。省供销联社党组书记、理事会主任李晓刚，景德镇市委副书记、市长胡雪梅出席并见证签约。景德镇市委常委、乐平市委书记林卫春主持签约仪式。省供销集团党委书记、董事长陈立新，景德镇市副市长江民强，乐平市委副书记、市长吴艳分别致辞。该项目采取省、市、县供销三级联动方式，由省供销集团与乐平市共同投资建设“三区六中心”工程，是全省首个A类供销综合农事服务中心示范项目，目标是建设全国供销为农服务样板。

【乐平选手在省运会获佳绩】 10月30日，江西省第十六届运动会青少年部（青少年组）“广安建设杯”拳击比赛，在九江市体育中心收官。本次比赛，由省政府主办，省体育局、九江市政府承办，设40个小项，九个设区市443名运动员参赛，赛期六天。乐平选手获3金6银7铜，刘嘉庆、刘昊、刘佳成分获男子甲组63公斤级、乙组52公斤级、乙组48公斤级冠军。刘嘉庆将代表江西省队参加全国青少年拳击比赛，刘昊将代表景德镇市队参加全国少儿拳击比赛。11月13日，为期四天的江西省第十六届运动会青少部（青少年组）武术散打比赛在永修县落下帷幕。此次比赛设男子甲组、女子甲组、男子乙组3个组别，18个项目，全省各设区市的11支代表队、281名运动员参赛。来自乐平市江南武术学校的59名选手代表景德镇参赛，获5金5银6铜，并以294.5分的总成绩夺得散打比赛团体总分第一名。易宇翔、李涛俊、乐镇涛、何昱分获散打男子甲组60公斤级、甲组65公斤级、乙组52公斤级、乙组60公斤级冠军，周宇晨获武术男子甲组长拳、棍术、刀术全能冠军。

【乐平再获“全省美丽宜居先行县”称号】 11月2日，江西省加强和改进乡村治理暨农村人居环境整治提升工作领导小组办公室公布美丽宜居先行县动态监管结果，乐平市再上“全省美丽宜居先行县”榜单。乐平市委市政府践行生态文明思想，聚焦“美丽、宜居、宜游、和谐”，建设宜居宜业和美乡村。

【乐平南窑文物展及赣剧亮相瓷博会】 11月8—12日，第十九届中国景德镇国际陶瓷博览会在景德镇市举办。“乐平南窑遗址文物展”在御窑博物馆多功能厅展出，是乐平市首次在瓷博会上举办文物专题展览。展览分千年南窑、工艺南窑和价值南窑三个部分，展出文物62件。南窑遗址位于乐平市接渡镇，是瓷都景德镇境内最早的窑业遗存，填补景德镇地区唐代瓷窑遗存的空白，将瓷都景德镇的瓷器烧造历史向前推进200年。2014年4月被评为“2013年度全国十大考古新发现”，2019年10月被公布为国家重点文物保护单位，是景德镇御窑申遗要素点之一。10日19时30分，“擦亮文化名片 唱响赣剧之美”中国景德镇国际陶瓷博览会·乐平市赣剧专场演出在景德镇陶溪川大剧院拉开帷幕。上演《虹桥赠珠》《牡丹对药》《下河东》三场赣剧传统剧目，近千名观众观看。此次演出是一次依托瓷博会平台、展现乐平赣剧特色的重要文化交流活动，向全世界推介赣剧文化。

【“乐赣轻骑兵”文艺志愿服务项目获全国大赛铜奖】 11月12—13日，第六届中国青年志愿服务项目大赛全国赛终评分别在北京市和山东济南市举办，由乐平市申报的“乐赣轻骑兵”文艺志愿服务项目获铜奖。本届大赛以“志愿新时代 共筑中国梦”为主题，由共青团中央、中央文明办、民政部、水利部、文化和旅游部、国家卫生健康委员会、中国残疾人联合会联合中共山东省委、山东省人民政府共同主办。2019年成立的“乐赣轻骑兵”文艺志愿服务队，坚持文化为民服务理念，围绕乐平赣剧艺术保护发展“六个一”目标，推出一批赣剧精品，开展一系列文艺惠民活动，致力于擦亮乐平文化名片，打造本土特色志愿服务品牌。

【乐平支援景德镇抗疫】 11月20日，景德镇市珠山区突发疫情，并快速漫延。面对景德镇严峻的疫情形势，乐平从市人民医院、中医医院、妇幼保健院、天湖医院、大连医院等多家医疗机构及部分乡镇（街道）卫生院、村卫生所、民营诊所陆续抽调626名医务人员，组成“乐平支援珠山区追阳队”“乐平支援景德镇市救护车队”“乐平城区诊所行业协会”等，分批次支援景德镇市区、浮梁县等地防疫工作。乐平市委、市政府及爱心人士捐赠多批爱心物资，帮助景德镇人民渡过难关。乐平的援助行动为景德镇抗疫大局发挥重要作用，受到景德镇市委市政府和人民群众的高度认可、充分肯定。12月6日，全体援景队员平安凯旋。当载着“战疫英雄”的车队进入城区，乐平市出动警车和摩托车队，护卫英雄车队安全抵达体育中心，并在市体育中心举行隆重的欢迎仪式，以最高礼仪欢迎英雄回家。

央视新闻新媒体“春天里的中国”栏目现场直播乐平市高家镇白茶采摘制作全流程

【高家镇（白茶）被授予全国“一村一品”示范村镇】 11月，乐平市高家镇（白茶）获农业农村部授予的第十二批全国“一村一品”示范村镇称号，标志着乐平市继乐港镇之后又一乡镇获国字号“一村一品”示范镇。该镇在创建全国“一村一品”示范镇过程中，践行生态优先、绿色发展思路，依托良好的自然和生态环境，发展特色产业，形成以白茶为主的特色农业种植基地。白茶种植面积510余公顷，形成“健民春”“雷达岭”“眉顶”“裕瑾”等品牌，年产值2.25亿元。8月5日，高家镇（白茶）和名口镇流二村（红糖）还被省农业农村厅认定为第一批省级“一村一品”示范村镇。

【乐平被授予“江西省散曲之乡”称号】 11月，省诗词学会经实地考察并对照有关标准，决定授予乐平市“江西省散曲之乡”称号。这是继“中国古戏台之乡”“中国民间文化艺术（赣剧）之乡”后，乐平获得的又一重量级文化名片。散曲是中国古代文学体裁之一，是一种源自民间的音乐文学，兴盛于元代，属于当时一种雅俗共赏的韵文。元代时，宋太祖赵匡胤直系后裔、居于乐平县西门太平桥的赵善庆擅长写作杂剧散曲，著有《醉写满庭芳》《唐太宗骊山七德舞》等八部杂剧，被《太和正音谱》赞为“蓝田美玉之作”“佳作足追张小山，马致远”。赵善庆不仅擅长写剧赋曲，而且善教人唱。在其影响下，杂剧（后称“南戏”）、散曲在乐平县逐渐普及起来，为后来饶河调及乐平腔的发展打下坚实的基础。乐平市诗联曲协会于 2022 年 5 月成立，至 11 月，该协会公众号发布作品 60 余期，刊用诗联曲佳作 1000 余首（篇），出版散曲专集 1 本，开展“诗曲进校园活动”5 次，在学校和公园设立散曲专栏和展示牌 30 余个，组织开展采风、交流、研讨 10 余次，发展乡镇分会 3 个。

【江西宏柏新材再夺全国制造业单项冠军】 12 月 6 日，工业和信息化部、中国工业经济联合会公布第七批制造业单项冠军企业（产品）名单和通过复核的第一批、第四批制造业单项冠军企业（产品）名单。其中，江西宏柏新材料股份有限公司作为第四批制造业单项冠军企业通过复核，标志着该企业再夺全国制造业单项冠军示范企业称号。经中国石油和化学工业联合会评定，2016 年至 2021 年，宏柏新材产品——含硫硅烷偶联剂连续六年在国内外市场占有率位列第一。该企业是中国硅烷偶联剂行业中具备绿色循环体系及世界领先规模的龙头企业，2019 年被工业和信息化部评为国家第四批制造业单项冠军示范企业，此次为复核通过。全国制造业单项冠军是工业和信息化部最高奖项，被誉为制造业皇冠上的“明珠”、金字塔的“塔尖”，其数量和质量是衡量区域制造业发展水平的重要指标。

乐平腔非遗传承人刘凡在第五届“阿拉伯艺术节”非遗展演现场表演

【乐平赣剧亮相第五届“阿拉伯艺术节”】 12 月 19—20 日，由文化和旅游部、外交部、江西省人民政府和阿拉伯国家联盟秘书处共同主办的第五届“阿拉伯艺术节”在景德镇市举行。19 日，国家主席习近平向该艺术节致贺信。“阿拉伯艺术节”是中国—阿拉伯国家合作论坛框架下重要的机制性文化活动，每四年在中国举办一届。景德镇民间非遗展演是该艺术节重要活动单元之一，乐平赣剧受邀参加非遗展演活动。19 日晚，乐平赣剧在景德镇陶溪川大剧院上演，铿锵有力的唱腔、精美绝伦的造型以及华彩艳丽的赣剧服饰吸引现场的观众。

领导名录

中共乐平市委

书　记

林卫春

副书记

吴　艳

谢秋华

常　委

王枥珍（女）

邹国良

周　军

程明波

韩　伟

刘学飞

丁　巍（女）

董　斌

黄　城

乐平市人大常委会

党组书记

刘文平

主　任

刘文平

党组成员

张北海

童福根

王　斌

李回春

袁　文

周长波

吴金财

徐德文

副主任

张北海

童福根（任至 12 月）

王　斌

李回春

熊小凤（女）
袁　文

乐平市人民政府

党组书记
吴　艳
市　　长
吴　艳
党组副书记、常务副市长
丁　巍（女）
党组成员
朱柳英（女）
童　勇
彭建和
徐庭家
周　浩
刘　虎（2月挂职）
董醇兵
汪义武（任至6月）
王桂平（6月任）
副市长
李晓滨
朱柳英（女）
童　勇
彭建和
徐庭家
周　浩
刘　虎（2月挂职）

政协乐平市委员会

党组书记、主席
潘赛新
党组副书记
董　斌
党组成员
王进才
蒋西爱
王志荣
姚　东
方跃华
副主席
王进才（任至12月）
祝金标
蒋西爱
黎　萍（女）
王　岚（女）
王志荣
卢　敏（女）
秘书长
方跃华

（汪小龙）

浮梁县

【概况】 浮梁县位于江西省东北部，北纬29°09′～29°56′，东经117°01′～117°42′。东邻婺源县、安徽省休宁县，西毗鄱阳县，南接乐平市和景德镇市区，北连安徽省祁门县、东至县。辖9镇、7乡。总面积2851平方千米。耕地面积1.81万公顷，森林面积21.67万公顷，森林覆盖率81.4%。总人口28.0334万人。2022年，完成地区生产总值176.75亿元，同比增长4.7%。其中，第一产业增加值22.89亿元，增长3.6%；第二产业增加值92.02亿元，增长6.3%；第三产业增加值61.85亿元，增长2.9%。财政总收入17.32亿元，下降29.0%；其中，浮梁12.37亿元，下降15.1%；昌南新区4.95亿元，下降49.6%。一般公共预算收入9.78亿元，下降13.0%。其中，浮梁7.22亿元，下降13.4%；昌南新区2.56亿元，下降11.7%。在一般公共预算收入中，税收收入6.7亿元，占一般公共预算收入的比重为68.5%，比上年下降4.7个百分点。其中，浮梁税收收入5.67亿元，占一般公共预算收入的比重为78.4%，比上年下降6.1个百分点；昌南新区1.03亿元，占一般公共预算收入的比重为40.5%，比上年下降0.2个百分点。全年一般公共预算支出38.48亿元，增长5.9%。其中，浮梁33.27亿元，增长9.0%；昌南新区5.21亿元，下降10.5%。

规模以上工业增加值86.76亿元，增长6.4%。固定资产投资比上年增长8.2%。其中，浮梁增长8.4%，昌南新区增长8.1%。工业投资增长36.6%，其中，浮梁增长103.2%，昌南新区增长13.2%。规模以上工业总产值202.36亿元，增长36.9%。其中，浮梁98.04亿元，增长68.6%；昌南新区104.32亿元，增长16.4%。农林牧渔业总产值40.54亿元，增长3.9%。粮食总产量15.7万吨。社会消费品零售总额45.24亿元，增长4.5%。城镇居民人均可支配收入3.889万元，增长4.6%；农村居民人均可支配收入2.31万元，增长7.0%。接待国内外游客1029.98万人次，下降19.6%，旅游总收入83.7亿元，下降27.4%。

【优化营商环境助推高质量发展】 浮梁县在优化营商环境中，深化“放管服”改革，创建一流政务服务环境。开展“互联网+政务服务”，建立统一审批平台，实现审批业务“一网通办”。“立即办、当天办”事项比例90%以上，全部事项实现企业“最多跑一次”，基本实现办事群众“零跑腿”的工作目标。将“容缺受理、容缺审查”实施范围由重点项目扩大到全部建设项目，政府投资、社会投资项目审批时限分别提速80%以上。先后下发《浮梁县优化营商环境攻坚行动方案》《进一步优化营商环境的实施方案》《开展损害营商环境突出问题专项治理的实施方案》《浮梁县“百名干部入百企”帮扶工业企业发展制度》等文件，对优化营商环境中存在的问题，全县各部门展开自查自纠，理清差距和重点工作。将每月6日设立为企业服务日，利用春节前后在全县开展“入企走访大认亲”活动，各级干部完成对2.7万余市场主体走访全覆盖。2021年9月6日，实行“三合一”运行以来，开通24小时服务电话和App，受理企业维权诉求33起，通过多方协调，已办结19起。同时，通过座谈会、调研、走访等方式，收集意见建议40余条，逐一整改到位，满意率100%；对2021年全县纳税前十名进行表彰和奖励，把优秀的企业家向市、县两级推举“两代表一委员”79名。针对企业家和务工人员的小孩入学难等教育问题，协调有关部门落实36名非公人士子女入学。浮梁县继续完善政策法规体系，深入实施《关于深入推进数字经济做优做强“一号发展工程”的意见》《关于深入推进营商环境优化升级“一号改革工程”的意见》双“一号工程”，争创全市数字经济集聚示范区，做大做强数字经济，进一步优化营商环境，推进乡镇、社区、村“多级联办”的政务服务体系和“服务无止境、便民不打烊”的自助便民服务体系，进一步融合完善，形成任何人、任何时候、任何地点，企业有需求，政府有回应的“AAAA”级政务服务新模式。

【以晴产业园项目签约开工】2021年8月，投资60亿元的以晴5G数字经济产业园项目是浮梁县引进的“50”（50亿）项目签约，9月开工。主要生产5G集成电路、视窗光学玻璃、精密铸件等高科技产品。实行24小时施工制，一天当作两天用、三步并作两步走，跑出项目建设“百日大会战”新“浮梁速度”。2021年9月，江西中科泛半导体科技有限公司开始进口设备订购，2022年1月，大部分设备运抵以晴5G数字经济产业园内。2月2日，大年初二，就地过年的工人们即投入紧张的设备安装调试工作，2月底完成第一期设备安装，3月初实现全面试生产。随着5G数字经济产业生产倒计时，为浮梁全力打造高质量跨越式发展试验区注入新动能。

【“浮梁茶”入选中国第二批中欧地理标志产品】5月，中国第二批中欧地理标志产品名单发布，全国175个地域产品入选。“浮梁茶”是31个入选的茶叶地理标志产品之一，也是江西省此批入选的唯一茶叶地理标志产品。成功入选中欧地理标志产品，为“浮梁茶”走出国门、进入欧盟市场提供强有力的政策支持，更有力地提升“浮梁茶”知名度、美誉度，推动浮梁县茶产业逐步走向标准化、品牌化、规模化。在“中国地理标志农产品（茶叶）品牌声誉前100位”榜单中，“浮梁茶”以86.61分名列2021中国地理标志农产品（茶叶）品牌声誉评价榜第十九位。同时，“浮梁茶”已入驻中国地理标志品牌形象馆，“浮梁茶文化系统”被认定为第六批中国重要农业文化遗产。截至2021年年底，浮梁全县茶园总面积达1.33万公顷，已论证绿色有机茶园面积1501.33公顷，实现茶叶总产量1.15万吨、农业产值7.8亿元、综合产值18亿元，品牌评估价值28.23亿元。浮梁茶文化系统被认定为第六批中国重要农业文化遗产，2016年浮梁被中国茶业学会授予“中国名茶之乡”称号，2017年被评为全国十大魅力茶乡，浮梁茶获第四届亚太茗茶大奖特别金奖。

【2022中国·浮梁买茶节高峰论坛举行】5月24日，2022中国·浮梁买茶节暨浮梁茶产业现代化助力乡村振兴高峰论坛在高岭·中国村大唐茶市举行。通过“千年共续盛唐情”“茶界共创浮梁梦”“世界共品浮梁茶”三个

以晴产业园

篇章，以茶为媒，以茶会友，为浮梁茶高质量发展添薪助燃。市委副书记吴隽，市农业农村局局长黎廷相，市国资委主任朱平生，市乡村振兴局局长罗莉，黑猫集团党委书记、董事局主席王耀；省文旅厅政策法律处处长邓泽州，省文旅厅资源开发处二级调研员聂卫华；县委书记程新宇、县长张汉坤、县委副书记程文芳、政协主席陈国清等出席活动。中国茶叶流通协会会长王庆通过视频向本次活动举办表示祝贺，授予浮梁“中国古树红茶核心产区”荣誉称号。程新宇、张汉坤共同为“中国古树红茶核心产区”揭牌。活动当天，举行2022浮梁茶斗茶大赛颁奖仪式；全国茶城及电商平台代表共同签约浮梁茶战略推广合作；浮梁茶全国各地经销商代表与浮梁茶企进行代理签约，签约金额2040万元。2022年浮梁买茶节从4月开始，一直持续至6月28日，其间举行浮梁茶主题摄影大赛、浮梁茶线上买茶节、大唐茶市游园会、浮梁茶旅体验等丰富多彩的主题活动。浮梁是世界三大高山茶产区之一，也是中国古树红茶核心产区，拥有江南茶区最大古树茶园、高山茶园、品种茶园等稀缺古茶树2000公顷。茶叶生产总产量1.15万吨，综合产值17亿元。

【王永峰入选全国“乡村工匠”目录】 景德镇市金桂园农业开发有限公司制茶师王永峰入选国家农业农村部2021年全国“乡村工匠”目录。全省18人入选，王永峰是全省唯一一个以工夫红茶入选“乡村工匠”。

王永峰，祖籍浙江淳安，国家一级评茶师，江西省非遗项目浮梁工夫红茶制作技艺代表性传承人，景德镇市第七批拔尖人才，中国共产党景德镇市第十一次党代会党代表，浮梁县政协第四届、第六届委员，景德镇市金桂园农业开发有限公司制茶师。曾获市五一劳动奖章、江西省能工巧匠、第三批中国制茶大师、江西好人、江西省双千人才、全国农业技术能手等多项奖励和荣誉。

王永峰结合景德镇瓷器，把浮梁工夫红茶“孚钉”品牌打造成“中国瓷茶”的典范，连年荣获“中茶杯”“国饮杯”“中国好茶叶”等国际国内金奖、一等奖，孚钉红茶被评为江西老字号，公司被认定为江西非遗生产性保护示范基地。

【村民勇救落水人员】 6月19日，浮梁县遭大暴雨袭击，三龙镇为浮梁县最大雨量点位，一辆小型私家车在经过三龙镇杨家村新安组途中坠入路边的水沟中。车上5名人员被困车内，其中一人自行逃脱上岸，洪水很快浸没车身，情况十分危急。同行的另外一辆车上的人发现车子翻落水中，迅速跑到村里大声呼救村民救人。

三龙镇杨家村新安组组长蒋光得听到呼救声，组织村民蔡胜文、蔡震文、蔡炳发、徐建华、蔡德文等多人赶到现，其他村民听到呼救声，也赶到现场参与救援行动。蒋光得等人拿上铁锤将车门玻璃砸破，迅速把车门打，用10分钟的时间，将车内被困的4人救出。第二天被救者制作一面“救人于危难、真爱在人间”锦旗送到村里以表谢意。

【昌景黄高铁控制性工程瑶里隧道顺利贯通】 8月，历经1100余天昼夜不停奋战，跨越皖赣两省昌景黄高铁控制性工程——瑶里隧道正式贯通，计划于2023年年底具备开通运营条件。瑶里隧道全长9736.49米，其中江西境内长8803米，安徽境内长933.49米，是昌景黄高铁江西段最长的隧道。隧道最大埋深481米，最浅处仅为6米，共分布断层4条、节理密集带6条、岩性接触带4条，有多个涌水突泥地段，数处地温达30摄氏度，地质条件复杂，施工条件困难，为I级风险隧道。昌景黄高铁起自江西南昌经景德镇终至安徽黄山，正线全长289.908千米，设计时速350千米。这条铁路建成通车后，将结束江西乐平、余干、鄱阳、浮梁、景德镇四县一市不通时速350千米高铁历史，形成江西连通长三角又一条高铁大动脉。

【宅改改出浮梁县农村新风貌】 2022年，浮梁县农村宅改试点分“三个批次”梯度推进，即第一批次为王港、经公桥、寿安3个“整乡推进”试点乡镇，涉及29个行政村，75个自然村；第二批次为13个非试点乡镇结合新农村建设、人居环境整治等项目实施，各选择1~2个自然村作为与宅改同步布点、一体推进试点，涉及25个自然村；第三批次为前两个批次未纳入宅改试点的新农村建设、人居环境整治、乡村振兴项目点，全部作为宅改前置试点村。浮梁县共整合项目资金1800万元配套支持宅改工作。第一、二批次宅改试点从7月下旬已全面进入实质性改革阶段，全县已累计拆除院墙2.7万平方米，拆除废弃闲置农房（附属房）3.3万平方米；拆除铁皮房0.62万平方米；清理腾出宅基地面积1.46万平方米。坚持边拆边清边建，经公桥镇港北、曲

2022 中国农民丰收节开幕式在瑶里中国村举行

阿里两个试点村庄 8 月中旬开始按规划施工建设。浮梁县已盘活闲置农房 1402 幢 34.5 万平方米，为农民带来年收益 3100 万元，闲置资源正日益成为就业创业的活力之地。

【2022“中国农民丰收节”江西活动在浮梁县开幕】 9 月 24 日，2022“中国农民丰收节”江西活动在浮梁县高岭中国村开幕，通过展望中共十八大以来江西农业农村发展的伟大成就，唱响江西乡村振兴的时代最强音。省委副书记、省长叶建春出席开幕式宣布 2022“中国农民丰收节”江西活动启动。省人大、省政府、省政协领导；市委书记刘锋，市委副书记、市长胡雪梅及全省各设区市党委、政府主要负责人，省直各有关部门和单位主要负责人参加开幕式。开幕式上，歌舞《丰收中国年》《丝路瓷茶》《幸福嗨歌》、特别环节《江西“丰”景美如画》、情景音诗画《金秋的邀约》、领合唱《领航》等文艺节目，全景呈现了赣鄱大地五谷丰登、瓜果飘香丰收盛景，将开幕式气氛推向高潮。开幕式结束后，叶建春等领导和与会嘉宾共同参观江西现代农业主题展。

（王琴华）

领导名录

中共浮梁县委

书　记　程新宇
副书记　张汉坤
　　　　程文芳
常　委　胡算生
　　　　查秋玲
　　　　王天才
　　　　黄爱喜
　　　　马　强
　　　　洪　玲（女）
　　　　段铖松
　　　　曹火根

浮梁县人大常委会

主　任　张永进
副主任　刘喜初
　　　　胡旺良
　　　　周春枝（女）
　　　　王雪云（女）
　　　　汪胜辉

浮梁县人民政府

县　长　张汉坤
常务副县长
　　　　黄爱喜
副县长　段铖松
　　　　张华勐（县公安局长）
　　　　应　飞
　　　　余志锋
　　　　严忠顺
　　　　黄晓红（女）
　　　　谢　杰（挂职，5 月任）
　　　　王超峰（挂职，12 月任）

政协浮梁县委员会

主　席　陈国清
副主席　方建华（女）
　　　　王歆建
　　　　计福根
　　　　刘继莲（女）
　　　　李　英（女）

中共浮梁县纪委

书　记　马 强

浮梁县人民武装部

部　长　叶红艳
政　委　查秋玲

浮梁县人民法院

院　长　胡凡生

浮梁县人民检察院

检察长　匡　宁（女）

昌江区

【概况】 昌江区位于江西省东北部，辖 2 个镇、1 个乡、3 个街道，总面积 315 平方千米。耕地面积 3733.33 公顷，森林面积 1.7 万公顷，森林覆盖率 54.8%。2022 年全区常住人口 20.12 万人，户籍人口 15.49 万人；常住人口中城镇人口 15.9 万人；人口自然增长率3.48‰。

2022年，全区生产总值首次突破300亿元，达300.23亿元，增长4.7%；一般公共预算收入6.94亿元，增长12.8%。其中第一产业增加值6.26亿元，增长2.6%；第二产业增加值171.96亿元，增长5.6%；第三产业增加值122亿元，增长3.6%。财政总收入17.28亿元，下降10.6%，其中税收占比33.7%。城镇居民人均可支配收入49368元，增长4.7%；农村居民人均可支配收入23026元，增长5.7%。工业总产值125.01亿元，增长17.8%，占地区生产总值的比重41.6%。规模以上工业增加值增长8.2%。固定资产投资增长7.9%，社会消费品零售总额增长4.43%。6月，出台《高新区和昌江区"一园多区"融合发展的实施方案》，联合开展重大项目集中签约仪式2次，投资总额445亿元，联合申报"5020"（亿元）项目10个，"两区"规模以上工业营业收入首次突破1000亿元。区国资平台资产规模达108亿元。鱼丽电子信息产业园一期建成投产，数字经济规模以上企业35家，营业收入完成36.98亿元，增长13.9%。先进陶瓷企业完成产值6.2亿元，同比增长133%。新增规模以上批零、住宿、服务业企业39家，获评"全省文化产业重点县"称号。完成景德镇市公安局大楼周边、三间庙清街二期等7.9万平方米棚改征收和14个老旧小区改造提升任务。投入2147万元，实施16个乡村振兴产业项目。完成2万亩高标准农田建设。打造26个新农村建设点，完成鱼山集镇和鱼丽路口优化改造提升任务，获评"全省美丽宜居先行县""全省四好农村路示范县"称号。新（改扩）建景德镇市航空学校、昌江区高级职业学校、昌江区直属幼儿园等7所中小学、幼儿园。实现城乡公交一体化。建成古城、园林、昌南等一批邻里中心（集农贸市场、餐饮、零售等一体的商业综合体），西郊街道森林社区获评"全国示范性老年友好型社区"称号。$PM_{2.5}$空气质量达到二级标准，昌江河水源地入选国家饮用水水源地，连续12年获评"全省森林防火平安县"。

【沿江西路二期道路建成通车】5月1日，昌江区沿江西路二期道路通车仪式举行。该项目起点为岚山大桥北桥头西侧，顺接沿江西路一期道路，途经规划路、龙井路、园德南路、兴都南路，终点至兴都南路西侧，道路全长2千米，红线宽30米，道路等级为城市次干道。2020年，昌江区仅用16天就完成吕蒙乡官庄村371户8万余平方米的征收签约，仅用20天就完成所有征收户的搬迁，刷新大干快干的"昌江速度"。

【昌江区全域旅游集散中心运营】5月19日，昌江区全域旅游集散中心运营启动仪式举行。该中心位于昌江区迎宾大道锦绣昌南中国瓷园东侧，总面积3000平方米，是目前景德镇市已建成的唯一具有游客集散、旅游咨询、旅游预定、旅游商品展示、城市书屋等服务功能及智慧数据为一体的旅游服务平台。

【昌南里长天酒店开业】7月6日，昌江区昌南里长天酒店开业。酒店位于昌南里文化艺术中心东侧，建筑面积约2.9万平方米，有261间客房，商务VIP包厢8间，840平方米无柱宴会厅及多功能会议室，客房设施设备按照四星级标准配备。该酒店由省属一级企业江西省长天集团与昌江区合作建设。

【景德镇外销瓷博物馆开馆】7月17日，景德镇外销瓷博物馆开馆仪式在昌江区陶青台文创园宁封窑国际陶艺村举行。该馆主要从事景德镇窑为主的中国外销瓷藏品展示、研究、学术交流以及组织社会公益性活动，是一所综合性公共文化服务机构。该馆

景德镇农产品批发市场

展陈以景德镇外销瓷为主题，以陶瓷历史发展为线索，以唐、宋、元、明、清、中华民国及中华人民共和国成立的时间为脉络进行梳理，特别甄选明代嘉靖万历时期、清代康熙雍正乾隆时期及中华人民共和国成立后的出口瓷展品为重点进行呈现。

【昌江区电子信息产业园一期建成投产】 12月，昌江区电子信息产业园一期建成投产。该产业园规划面积1500亩，一期占地面积456亩，总投资约42.5亿元，其中包含高标准智能化厂房及美科绿色LED照明产业园、Mini显示屏Pcb产业园2个“20”（亿元）投资项目。

【吕蒙大桥危桥重建工程竣工通车】 12月30日，景德镇市重点交通工程和民生项目——景德镇市吕蒙大桥危桥重建工程顺利竣工通车。大桥横跨昌江河，起点顺接瓷都大道，终点位于与岚山路交叉口处，按照一级公路兼城市主干道路标准建设。桥梁为T型箱梁结构，总长353米，桥面总宽33米，双向六车道，桥位处河道通航等级为Ⅲ级。原桥建于1986年，为6孔拱桥，2001年进行维修加固，但宽度和承载能力都不能适应城市交通的需要。该项目建设者们15个月的努力奋战，在计划工期的基础上提前近四个月完工，创造近年来景德镇市公路桥梁建设的新速度、新标杆。

【景德镇农产品批发市场开业运营】 8月27日，由市国资公司投建的景德镇市农产品批发市场开业运营，是全市重大商贸项目、民生工程。位于昌江区丽阳镇206国道旁，投资10亿元，用地面积约17公顷，建筑面积约20万平方米。项目涵盖蔬菜、水果、水产、肉禽蛋、冷链五大市场交易业态，设有电子结算、信息运营、检疫检测、冷链物流、客户服务五大中心，建有物流云仓、酒店式公寓、大型商超等商业配套。

【陶青台文创园开园】 10月，位于昌江区鱼丽工业园区的陶青台文创园开园。由昌江区投资建设，占地面积24公顷，总建筑面积16万平方米，总投资20亿元，是206国道工业发展轴的重要组成部分，同时也是景德镇国家陶瓷文化传承创新试验区“一轴一带”起点项目，被列入省重点建设项目。陶青台主体建设全面完工后，入驻企业包含宝瓷林、巴宝利陶瓷、宁封窑、翰唐陶瓷、龙塘山房、睿延斋、盛世泥火等共计70余家品牌企业。此外，京东陶瓷产业带货直播基地、凤凰数字产业孵化中心京东云仓、北京国际设计周等项目落户陶青台，园区入驻率达到95%。

（施启权）

领导名录

中共昌江区委

书　记　倪卫春（2021.7任，2022年1月兼任景德镇市高新区管委会主任）
副书记　伊文斌（2021.7任）
　　　　江智峰（2021.8任）
常　委　周淮钦（2020.5任）
　　　　李龙江（2017.12任）
　　　　乐先锋（2020.7任）
　　　　余世建（2021.8任）
　　　　汪德胜（2021.8任）
　　　　彭新建（2021.8任）
　　　　曾亚平（2021.8任）
　　　　周　薇（女，2021.8任）

昌江区人大常委会

主　任　李恩清（2016.10任）
副主任　占文军（2021.10任）
　　　　陈菊明（女，民盟，2020.5任）
　　　　王建安（2016.10任）
　　　　程振火（2021.10任）
　　　　彭金岭（2021.10任）
党组成员
　　　　占文军（2021.8任）
　　　　王建安（2016.10任）
　　　　程振火（2021.8任）
　　　　彭金岭（2021.8任）
　　　　马文胜（2015.1任）
二级调研员
　　　　占冬英（女，2021.10任）
　　　　欧阳毅文（2021.10任）

昌江区人民政府

区　长　伊文斌（2021.10任）
副区长　乐先锋（2021.10任）
　　　　彭新建（2021.10任）
　　　　张碧珍（女，2020.4任）
　　　　凌　辉（2020.9任）
　　　　刘方孟（2021.10任）
　　　　汪　维（2021.10任）
　　　　聂　刚（2021.10任）
　　　　鲍希文（挂职，2022.2任）
　　　　戴　欣（挂职，2022.8任）
党组副书记
　　　　乐先锋（2021.8任）
党组成员
　　　　凌　辉（2020.9任）
　　　　刘方孟（2021.8任）
　　　　汪　维（2021.8任）
　　　　聂　刚（2021.8任）
　　　　戴　欣（挂职，2022.8任）
　　　　王三改（2016.12任）
　　　　李镃岚（2022.12任）

政协昌江区委员会

主　席　陈华清（2016.10任）
副主席　汪　农（2022.2免）
　　　　段嗣斌（无党派，2016.10任）
　　　　吴集才（农工党，2016.10任）
　　　　程厚宏（无党派，2016.10任）
　　　　陈东升（民建,2021.10任）
　　　　徐国明（2021.10任）
　　　　徐美煜（2022.2任）
党组副书记
　　　　周　薇（女，2021.8任）
党组成员
　　　　徐国明（2021.8任）
　　　　徐美煜（2022.3任）
　　　　金红华（2021.10任，
　　　　　　兼秘书长）
二级调研员
　　　　刘　坚（2021.10任）
　　　　刘丽红（女,2021.10任）
　　　　汪　农（2022.5任）

中共昌江区纪律检查委员会

书　记　周淮钦（2020.5任）

昌江区监察委员会

主　任　周淮钦（2021.4任）

昌江区人民武装部

部　长　李龙江（2017.6任）
政　委　汤海兵（2018.8任）

昌江区人民法院

院　长　周　理（2021.10任）

昌江区人民检察院

检察长　程家敏（2016.10任）

珠山区

【概述】 珠山区位于江西省景德镇市城区昌江东部，位置为北纬29°16′04″～29°19′11″，东经117°11′35″～117°15′54″。2022年，下辖10个街道、13个行政村、56个社区居委会。区域面积111.14平方千米，其中，城区面积32.87平方千米，耕地面积336.61公顷，有林面积6156.70公顷，森林覆盖率55%。全区年末常住人口38.57万人，人口自然增长率2.38‰。

全年实现地区生产总值276亿元，同比增长4.6%，其中，第一产业实现增加值0.83亿元，同比增长1.2%；第二产业实现增加值57.96亿元，同比增长5.7%；第三产业实现增加值217.21亿元，同比增长4.4%；全区完成一般公共预算收入4. 79亿元，同口径与上年持平，税收收入0.98亿元，税收收入占财政一般公共预算收入20. 5%；工业总产值13.26亿元，规模以上工业增加值同比增长8.4%；固定资产投资总额同比增长8.1%，其中，第二产业投资额同比下降11.4%，第三产业投资额同比增长12.74%，基础设施投资额占比43.6%，同比增长18.68%；社会消费品零售总额210.18亿元，同比增长4.45%；规模以上服务业主营业务收入同比增长16.5%；引进内资58.451亿元,实际利用外资1377万美元；外贸出口完成6.05亿元；城镇居民人均可支配收入49916元，同比增长4.3%。新增城镇就业人数0.3361人，转移农村劳动力0.04万人，城镇职工养老保险基金征缴总额1.2803亿元。

【首例“执转破”案件】 2月16日，景德镇市珠山区人民法院受理首例“执转破”案件——景德镇市恒光电子有限公司破产清算案第一次债权人会议顺利召开。案件合议庭成员、破产管理人和5名债权人参加会议。合议庭介绍该案件受理情况、指定管理人情况，根据破产管理人推荐确定了债权人会议主席，就相关事项进行表决。破产管理人就破产人财产财务状况及执行职务工作情况向全体债权人作重点汇报，就债权人提出问题进行解答，让广大债权人及时了解案件审理情况，充分保障债权人破产程序的参与权，为下一步清算工作顺利开展奠定良好的基础。

【“央视网·瓷”】 3月，珠山区积极响应省市数字经济“一号发展工程”，全面落实数字经济发展战略，全力构建数字经济发展新局面。7月12日，央视网与珠山区在北京举行“央视网·瓷”项目签约仪式，标志着央视网陶瓷数字文化产业基地正式落户珠山区三宝国际瓷谷。8月，“央视网·瓷”项目建成试运营。11月1日，时任省委书记、省人大常委会主任易炼红深入景德镇调研，宣讲中共二十大精神期间，调研珠山区三宝瓷谷央视网陶瓷数字文化产业基地，希望充分发挥央视品牌影响力和传播资源优势，大力宣传好、推广好景德镇，携手推动陶瓷产业创新发展。11月9日，“央视网·瓷”数字文化产业基地启动，以数字经济赋能陶瓷产业高质量发展，打造景德镇市对外文化交流新平台、国际陶瓷文化及跨界交流交汇新窗口精彩“大戏”开演，陈伟鸿、于谦等顶流主持人、明星发声，为“央视网・瓷”倾力代言。来自韩国、乌兹别克斯坦、马达加斯加等10多个国家30多名国际青年代表参加活动。

“央视网・瓷”是围绕珠山区陶瓷文化底蕴深厚和陶瓷产业历史悠久、业态丰富的区情，以央视网优质内容和传播渠道为核，全面建设发展陶瓷品牌传播板块、陶瓷直播板块、高端研学板块、文创选品板块、艺术展演交流板块“五大板块”,构建“产、学、研、销、展”为一体珠山陶瓷全产业链生态，共同精心打磨优秀陶瓷文化“现象级”传播产品，探索中华优秀传统文化国际传播路径，让世界感知珠山陶瓷文化无限魅力。

“央视网・瓷”项目在珠山区建成试运营后，合作标品文创公司67家，窑口442家，景漂创客工作室1051家，推出直播1286场，观看总人次1.5亿，带动基地整体产值约2亿元。

【景德镇市第一小学改扩建项目交付使用】 1月，第一小学原址处于御窑厂遗址保护区范围内，为积极主动服务御窑厂整体申遗全市工作大局，配合景德镇国家陶瓷文化传承创新试验区重点项目建设，珠山区启动这所“百年名校”改扩建工程，在位于新村西路原景德镇市师范学校和电大校园旧址内建设新校园。项目于2021年12月底正式开工，2022年10月完工并交付使用。交付使用后的第一小学新校园无论办学条件还是办学环境都比老校园有较大改观，特别是这所“百年名校”对标“全国一流、全省拔尖”，学习各地先进办校经验，大胆走出去、请进来，按照简约、务实原则，加强了软硬件建设，提升智慧校园建设水平，高质量完成校园文化营造，积极打造珠山最美校园，得到群众纷纷点赞。

【陶瓷跨境电商】 2月，区政府联合浙江必创科技集团有限公司，共同打造跨境电商产业园开园，产业园不仅设有出口陶瓷产品展示区、跨境生态企业办公区、跨境企业孵化区，还设有培训、路演、直播、商务洽谈等分区，园区功能十分齐全，可为入园企业提供电商交易、报关通关、金融物流、商务支持等一站式服务。产业园已引进、培育好活科技、敬瓷轩、简凡陶瓷等实体和虚拟企业97家。

不仅是跨境电商产业园，在珠山区还有昌南云谷、陶溪川直播基地等一批从事跨境电商产业的市场主体，它们推动陶瓷产业走向国际化全球化。昌南云谷基地确立网红经济思维，以发展新媒体运销为主旨，打造场景直播平台和选品中心，联合抖音、淘宝、天猫、快手等平台，推行“陶瓷产业＋直播平台＋文化传播”，孵化培养本地MCN机构，开启陶瓷产业的“新零售模式”，现已聚集创业创新人才796名，成功孵化创业实体72个。

【全国版权示范园区（基地）——三宝国际瓷谷】 3月4日，景德镇市三宝国际瓷谷获国家版权局授予的“全国版权示范园区（基地）”称号。8月，珠山区版权服务站正式授牌，落户于三宝国际瓷谷，由此拉开珠山区版权兴业的序幕。

三宝国际瓷谷，聚集众多来自国内外的陶艺家、艺术家、设计师和创客，多达3000余名，“景漂・景归”从业人员多达3万余人，景德镇陶瓷大学教授和国家级、省级陶瓷工艺美术大师创办的280家工作室落户于此，还有多个文化产业园区和创业孵化基地，因而三宝国际瓷谷内原创作品十分丰富，版权服务需求基数庞大。

珠山区版权服务站授牌后，积极邀请专家开设讲座，组织开展版权知识宣传活动，指导各类企业和个人进行版权登记，辅助指导隐堂文化、文祥窑、景德造、瑞牛文化等企业完成版权登记工作，大量陶瓷原创设计得到了版权保护。10月，坐落于三宝的瑞牛文化科技有限公司获江西省级版权示范单位称号，三宝国际瓷谷获江西省版权示范园区（基地）称号。

【珠山区获评江西省知识产权强县建设试点县培育县（市、区）】 3月9日，江西省市场监督管理局（知识产权局）发布2022年国家知识产权建设试点城市、试点园区、强县建设试点县（市、区）评审情况公示：经省局组织专家评审，确定珠山区为江西省知识产权强县建设试点县培育县（市、区）。此次评选是国家知识产权局将国家知识产权试点示范工作升级为知识产权强国建设试点示范工作后，全省开展的首次评选工作。珠山区是景德镇市唯一入选公示名单的县（市、区）。

珠山区获评江西省知识产权强县试点县培育县（市、区）这一荣誉，可以更好地依托省市联动作用，集聚各方面优势资源，融入全省知识产权强国建设第一方阵；可以在投身景德镇国家陶瓷文化传承创新试验区建设中发挥更加积极的作用，为珠山加快景德镇国家陶瓷文化传承创新试验区中心区建设提供知识产权的有力支撑。

【三宝国际瓷谷街区】 5月，江西省文化强省建设推进大会在上饶召开。景德镇三宝国际瓷谷街区被列入江西省首批省级特色文化街区之中。三宝国际瓷谷街区位于景德镇市珠山区，全长10千米，占地12.4平方千米，是景德镇国家陶瓷文化传承创新试验区陶源谷艺术景区的核心区域，生态环境优美、历史底蕴深厚，诞生出湖田窑、杨梅亭窑等著名窑口，吸引了3000多名“景漂”云集于此体验、创作、生活，汇集数十名国家级大师，逾百名教授，创客、文青、编导、作家，年访客量近25万人次。瓷谷以陶瓷文化为核心，集创新创意、研发设计、国际陶艺交流、体验交流、生态旅游等于一体，拥有大量古窑遗址、博物馆、美术馆、展示厅等艺术场所，“春游”“夏泼”“秋展”“冬论”三宝四季品牌活动初具规模，致力于打造成为景德镇最具国际范儿艺术范儿的山水田园的自然村落。

【低铁磁感取向硅钢项目落地】 5月8日，景德镇市6万吨低铁损高磁感冷轧取向硅钢项目签约仪式在景德镇高新区举行。项目总投资超过20亿元，是珠山区引进的首个工业“20”项目。该项目由珠山区与高新区牵手合作，采取“飞地”模式，在高新区开展建设和运营，是珠山区策应市委“工业倍增三年行动计划”，突破历史地引进第一个“工业20”项目。

【王建月获得全国优秀人民警察称号】 5月25日，北京召开全国公安系统英雄模范立功集体表彰大会，王建月获全国优秀人民警察称号。王建月，1990年1月出生，2010年参加公安工作，现任景东派出所副所长，分管社区警务和执法办案工作。2019年8月，王建月主动向组织请缨，毅然决定从市局机关部门调派到环境复杂、任务繁重的基层派出所学习锻炼。他潜心学习、刻苦钻研、爱岗敬业，始终以高度的事业心、强烈的政治责任感和忘我的奉献精神，忠实履行职责，以实际行动获得辖区群众的一致好评，树立新时期瓷都公安民警亲民、爱民的良好形象。因工作成绩突出，多次获得表彰奖励，荣获“全国优秀人民警察”“瓷都优秀社区民警”等称号。

【珠山派出所获得全国爱民模范集体荣誉】 5月25日，北京召开全国公安系统英雄模范立功集体表彰大会上，景德镇市公安局珠山分局珠山派出所获全国爱民模范集体荣誉。景德镇市公安局珠山分局珠山派出所成立于1949年，是一个有着光荣历史和传统的派出所。辖区面积1.2平方公里，常住人口2万余人。作为景德镇国家陶瓷文化传承创新试验区核心区域的基层单位，近年来，珠山派出所以争创“枫桥式公安派出所”活动为契机，坚持和发展新时代“枫桥经验”，忠实履行“护航试验区，守卫陶阳里”的神圣职责使命，通过打造“家门口的警务室”、创建“指尖警务室”、成立“陶阳里义警队”，用心用情为民办实事，全力守护辖区安全稳定。派出所先后荣获公安部“一级公安派出所”“全省优秀公安基层单位”、全市新时代模范基层政法单位等省市级以上表彰奖励81次。

【耄耋老人翁山红登入“中国好人榜”】 11月，2022年第四季度“中国好人榜”发布，其中，景德镇市珠山区耄耋老人翁山红因退休不退岗，义务宣讲红色故事而榜上有名。翁山红，女，1934年8月生，中共党员，江西省景德镇市昌河飞机工业（集团）有限公司退休职工。作为一名曾参与抗美援朝的老兵，翁山红退休不褪色，即使患病仍发挥余热，成为景德镇市新四军研究会宣讲团成员，积极参与机关单位、社区、党史学习教育宣讲800余场。翁山红曾获“江西好人”等荣誉。

【同心抗疫】 11月18日，疫情发生后，市、区、街、居四级6000余名党员干部和志愿者18天日夜奋战，交出确诊病人“零病亡”、医务人员“零感染”、全面保供不让一人饿亡的不易答卷。“新十条”政策出台后，珠山区严格落实疫情防控工作新要求，确保防控措施调整转段平稳有序。

【“夜珠山”消费带】 11月21日，文化和旅游部产业发展司在《消费工作专刊》刊载景德镇市“夜珠山”消费带建设的经验做法。“夜经济”是现代城市经济的重要组成部分，高质量夜经济是一座城市管理智慧和营商环境的综合体现，也是提升人民幸福感、促进消费水平增长的重要引擎。

2021年，景德镇市“夜珠山”消费带被评选为第一批国家级夜间文化和旅游消费集聚区后，珠山区多措并举加强“夜珠山”消费带建设，先行先试，积极发挥示范引领作用，为全域发展夜间文化和旅游经济探索出成功路径，推动夜间经济成为促进消费复苏、提升城市活力的新引擎。加强政

陶溪川文创街区夜景

策保障，夯实发展基础。推进文旅融合，拓展消费业态。举办特色活动，营造消费氛围。四是强化品牌建设，打造品质城市。

“夜珠山”品牌，已从陶溪川文创街区、三宝国际瓷谷、九集小镇、陶艺街4大优质文旅版块辐射带动周边“夜珠山·码头夜市”、浙江路、新安路等多个街区和商圈。2022年，“夜珠山”消费带覆盖商户从1346户增加到3299户，实现线上线下年收入110亿元，成为景德镇文化产业和旅游产业高质量发展的新增长点。2022年“十一”假期，全市接待游客人次同比增长近6.28%，整体收入同比增长近19.78%，“夜珠山”消费带收入占比全市收入的30.8%。其中，“夜珠山”消费带核心区域陶溪川文创街区、陶阳里御窑景区、三宝国际瓷谷分别接待游客16.91、9.72、6.34万人次，分别同比增长24.96%、65.67%、5.55%。

【《巷子里的珠山味道》】 11月28日，珠山区融媒体中心制作的短视频《巷子里的珠山味道》在新华社新闻信息中心、音视频部与百度App、百家号联合出品的《小康中国·千城早餐》第五季短视频展映活动中喜上榜并荣获优秀奖。时代在变迁，美食在更替，关于古镇珠山的记忆，通通藏在早餐里。古镇珠山记者杨程成选取珠山辖区内一家具有代表性早餐店，通过真实而细腻的镜头与笔触，描绘出景德镇这座千年古镇弄堂里的珠山滋味。

珠山码头夜市

【“珠事顺利”】 营商环境优化升级是省委、省政府、市委、市政府高位推动的“一号改革工程”，是提升珠山区发展软实力、增强珠山综合竞争力的重要抓手。珠山区坚持把优化营商环境作为“一号改革工”，对标先进县区做法、一流营商环境标准，全面打响“珠事顺利”品牌。

珠山区倡导“不求人”，梳理权责清单并向社会公开，深入排查涉企遗留问题，清理不合理限制和壁垒；建立由县级领导领衔，集各相关职能部门为一体的代办小队，重点围绕试验区建设、“5020”项目、重点企业、景漂景归人才，开展“全链条”“保姆式”帮办。落实“少见面”，着力打通信息孤岛，向基层扩权赋能，共为镇街赋权35项；设立惠企政策代办服务窗口，梳理57项惠企政策办事指南。推进“高效率”，各类审批事项应进尽进、应减尽减、应放尽放、应知尽知，区行政服务中心共入驻26家部门、712项服务事项；对现有审批事项实行流程再造，“一次不跑”“只跑一次”事项分别达17个、549个；区法院实现全流程无纸化办案模式改造，通过互联网一站式完成立案、庭审、调解、电子阅卷等全部诉讼活动，推进案件繁简分流、轻重分离、快慢分道，让当事人参与诉讼“一次不用跑”。助力“低成本”，对辖区内各类新开办企业及其分支机构、个体工商户和农业合作社，实行企业开办首套印章免费刻制服务；以落实减税降费和拓宽融资资源为抓手，开设百福物流贷、财园信贷通、科贷通等信贷产品，帮助企业解决融资缺口，为全市打造“三创”之城聚力添彩。追求“好暖心”，推行延时错时预约服务常态化，为群众提供错时、延时、预约服务；深入开展红色志愿服务活动，开辟绿色通道、推行政务服务异地通办，并邀请律师、医生、退休干部等各界代表担任“珠山区营商环境社会监督员”参加行政服务中心开放日活动，改进服务效能；以“千干入万企、党建促发展”活动为抓手，全面摸排出各镇（街、区）辖区内28284位个体户、7772家企业，按照行业性质分类制定企业问卷，推动干部挂企入户，确保市场主体服务不落一户。

（刘露虹）

领导名录

中共珠山区委员会

书　记　高　翔2022年4月止
　　　　徐　华（女）2022年9月任
副书记　徐　华（女）2022年9月止
　　　　程传冬
常　委　余文军
　　　　张志刚
　　　　柳军华
　　　　杜钧瑞
　　　　董玉成
　　　　朱志梁
　　　　江　斌

珠山区人大常委会

主　任　汪　良
副主任　余　畅
　　　　汪　涛
　　　　程美玉（女）
　　　　江华珍（女）

珠山区人民政府

党组书记：徐　华
区　　长：徐　华（女）2022年9月止
党组成员：余文军
　　　　　杜均瑞
　　　　　于辉耀
　　　　　万雪生
　　　　　虞晓军
　　　　　王锋胜
　　　　　李　超
副 区 长：余文军
　　　　　杜均瑞
　　　　　于辉耀
　　　　　江志瑜（女）
　　　　　万雪生
　　　　　虞晓军
　　　　　王锋胜

政协珠山区委员会

主　席：邵继纲
副主席：方才来
　　　　王　娟（女）
　　　　赵　军
　　　　李海平
　　　　梁　霞（女）
　　　　宁　静（女）

西湖合源风光（汪禄祥 摄）

人 物

全国五一劳动奖章获得者

陈菊荣，女，民革党员，1979年10月出生，景德镇高新区新都民营陶瓷城创客工会委员会主席、民革景德镇市委会副主委、市政协常委、民革直属高新区创客支部主委、江西省技能大师、国家一级技师。从事陶瓷艺术创作工作近二十年，出版论著《景德镇高温色釉绘画研究》，多件作品获得国家级、省级金奖银奖，被省、市博物馆收藏，发表国家级论文1篇，省级论文多篇，2件作品获得外观设计专利证书。2019年，主动牵头成立创客工会，邀请具备高级技师、省高级工艺美术师以上资格和职称的30余位艺术家成为创客工会会员，致力于传承和弘扬陶瓷文化。热心公益，曾组织工会会员送文化下乡、送文化进校园、六一送文化衫进学校等活动，并经常到福利院看望孤寡老人和孤残儿童。2020年疫情防控期间，陈菊荣向景德镇红十字会捐赠现金1万元、向景德镇二中等学校捐赠口罩8万只。

2018年陈菊荣荣获“江西省工艺美术家”“第八批景德镇市专业技术拔尖人才”“市五一劳动奖章获得者”称号；2019年荣获“景德镇市劳动模范”“景德镇市非遗代表性传承人”称号；2020年荣获“江西省三八红旗手”“红十字瓷都博爱人士”称号；2021年荣获“全国三八红旗手”称号；2022年获“全国五一劳动奖章”。

全国三八红旗集体

景德镇日报社“娘子军”。景德镇日报社的女记者、女采编、女摄影等工作人员，积极参与新闻采访现场直播，在文化传播、抗洪抢险、抗击疫情、千里赈灾等重大事件中冲在一线，在第一时间报道事件的现场画面，上万人收听收看，她们的作品百万人次阅读。

她们用3天时间公益直播带货，带动12.5万人参与扶贫，她们用11年帮助1万余个家庭的孩子每天吃上热气腾腾的免费午餐，她们每年为瓷都景德镇来1000多万善款，惠及千家万户……一个个柔弱女子，即是千年瓷都的一道美丽风景，更是参与景德镇建设的磅礴力量，她们就是荣获全国三八红旗集体荣誉的景德镇日报社“娘子军”。她们当中，有先后荣获中国好人、中国公益人物、全国最美志愿者、江西省巾帼建功标兵的“凤姐”徐国凤；有景德镇市巾帼建功标兵杨欢；有景德镇市三八红旗手余珺、汪娟娟、程新华，她们每天都忙碌在工作一线，用行动展示着巾帼不让须眉的风采。

2013年以来，景德镇日报社获全省三八红旗集体荣誉称号，多名女同志获得全国禁毒防艾宣传报道先进个人、全国优秀青年志愿者、中国好人、中国公益人物、全国最美志愿者、全国优秀红十字志愿者、中国红十字会会员之星、江西省赣青扶贫使者、江西省首届赣鄱慈善奖、江西省十大维权人物、江西省妇联优秀执委、江西省巾帼建功标兵等荣誉。2022年，景德镇日报社获全国三八红旗集体荣誉称号。

全国无偿献血先进集体

1. 景德镇陶瓷大学
2. 景德镇学院
3. 江西陶瓷工艺美术职业技术学院
4. 景德镇市住建局
5. 景德镇市国控集团
6. 景德镇市保险行业协会
7. 景德镇市珠山区竟成镇
8. 乐平市红十字会
9. 乐平市人民医院
10. 乐平第二医院
11. 乐平市大连医院
12. 景德镇市浮梁县法院
13. 景德镇市浮梁县湘湖镇
14. 景德镇市浮梁县瑶里镇

全国无偿献血奉献奖

金 奖

余小英 朱克明 余泉明 郭 强 程建霞
邱慷伟 王 华 张有英 余震清 罗文华
戴水军 甘云陵 何毅沅 冯小琦 余 伟

李洪涛 夏金国 蒋 楚 黄小平 朱为良
刘 剑 吴喜军 吴卫琴 潘世民 胡 敏
陈庆寨 邹全辉 余伟韬 郑 超 俞镇锦
胡显银 于希平 沈 丰 吉祖云 项武胜
江立亚 汪寿平 刘首祥 王 磊 江 辉
徐小平 邱雷华 甘志水 廖志平 陶立荣
张志斌 占 剑 周 晋 龚志安 郭江和
曹达民 何新莲 李世金 李春华 徐凤兰
陈 晖 张 婷 张 燕 陈翰镜 胡齐英
吴 建 陈志勇 王乐阳 黄根发 江 堃
陈志方 张厚亮 潘行伟 宁云轩 吴 侃
姜 通 欧阳满辉 江玉珍 谌年华 傅 斌
卢 燕 吴 娟 于兴耀 程毛喜 方明辉
李昊清 陈文庆 冯少俊 崔观荪 龚国根
李镇辉

银 奖

黄 和 王章国 洪慧敏 胡 欣 石美琴
郭 俊 欧阳宣江 占美忠 汪新华 孙广凌
余春福 王传世 吴英玉 陈丽珍 何秋生
张明莉 冯春雷 刘志琦 吴文嵩 徐有茂
李小华 蒋菊红 徐玉祥 余三毛 徐孟龙
乐绍庭 陈合理 查稻亮 喻灵跃 龚国根
汪淼林 郑茂松 汪深华 胡昌发 王金茂
程朝晖 付 镇 洪 浩 陈 晖 陈志方
陈圭海 席敏骏 李初开 乐丽华 程建华
邹国跃 徐继中 熊国萍 江 超 朱端年
占兴旺 刘咏梅 熊 玮 黄亚萍 俞 珊
吴爱波 周青山 王兴华 郭小飞 张承标
胡发亮 吴宏飞 舒 莲 汪镇波 葛金财
江训银 汪长和 陈 喜 罗娅玲 刘丽霞
洪润生 刘宗仁 王成亮 汪金城 叶函宇
程红安 楼秀英 余孟华 曹园菊 叶剑青
邹淑林 王 霞 万 贻 郑长华 冯有亮
黄立志 廖志达 罗菊花 聂宁海 汪永年
刘木兰 匡 键 余华国 李亚辉 伍荣进
杨晓辉 许伯群 章 华 王 欢 黎海根
张小英 麻惠熊 占学友 陈 勇 郑六叶
邓华龙 李会文 叶招红 应卫东 陈 鸣
程庆文 潘黎明 余 勤 占巧琴 谢跃辉
周永江 邵 徽 胡荣富 何 庆 刘皓明
余野如 涂 强 陈晓峰 陈少辉 盛 杰
周 辉 余效芳 江 凯 程玉华 芦文堂
董纪荣 潘洪涛 李 哲 黄顺平 占晓萍
王选连 孙新明 周文峰 魏少华 李勇斌
程新生 彭 英 乐杨炫 汪红英 李 锋
陈守庆 钟同保 罗文华 王 华 孙修文
冯建华 胡高峰 江 霞 程光明 李俊彦
沈文华 刘志明 陈国忠 余凤保 吴立平
程会慧 刘道萍 汪际宏 赵 敏 胡金华
罗浩敏 万有喜 吴盛忠

表 9　　2022 年获省部级以上荣誉的先进集体表

单位	荣誉名称	表彰部门
景德镇电厂	全国文明单位	中央精神文明建设指导委员会
国家税务总局景德镇市税务局	全国节约型机关	国家机关事务管理局、中共中央直属机关事务管理局、中华人民共和国国家发展和改革委员会、中华人民共和国财政部
农工党景德镇市第三人民医院支部	先进集体	农工党中央
民进景德镇市委会	民进信息化建设先进集体	民进中央
景德镇市公路事业发展中心乐平分中心	十六届省级文明单位	中共江西省委、江西省人民政府
景德镇市公路事业发展中心浮梁分中心	十六届省级文明单位	中共江西省委、江西省人民政府
景德镇市审计局	省文明单位	中共江西省委

续表 9

单位	荣誉名称	表彰部门
国家税务总局景德镇市税务局	江西省社会保障工作先进集体	江西省委、省政府
江西陶瓷工艺美术职业技术学院朱辉球教师团队	“陶瓷文化传承教师团队”获全国高校黄大年式教师团队	教育部
昌飞公司	江西省制造业领航企业	江西省工业和信息化厅
昌飞公司	第十二届“全国设备管理优秀单位”	中国设备管理协会
江西昌河航空工业有限公司	高新技术企业	江西省科学技术厅、江西省财政厅、国家税务局江西省税务局
昌飞公司	第七届中国工业大奖	中国工业经济联合会
景德镇昌航高新公司	江西省五一劳动奖	江西省总工会
公司部装厂部件装配六班	全国质量信得过班组	中国质量协会
国网景德镇供电公司	先进集体	国家电网有限公司
国网景德镇供电公司	同业对标经营专业标杆单位	国网江西省电力有限公司
国网景德镇乐平市供电公司	先进县级供电企业	国网江西省电力有限公司
国网景德镇供电公司团委	五四红旗团委	国网江西省电力有限公司
602 直升机所电气特设部电力系统室	工人先锋号	航空工业集团公司
602 直升机所	青年工作先进单位	航空工业集团公司
602 直升机所旋翼传动部团支部	五四红旗团支部	航空工业集团公司
602 直升机所	2021 年度全省平安建设先进单位	江西省平安江西建设领导小组
602 直升机所	“高原环境直升机战伤抢修集训”培训先进单位	陆军装备部航空装备局
AC352 直升机研制及取证团队	卓越团队奖	航空工业集团公司
602 直升机所	江西省国防科技工业军工文化建设先进单位	江西省国防科技工业文化联合会
AC313 直升机研制团队	科技创新卓越团队	航空工业集团公司
直升机跨代旋翼技术发展及研制团队	科技创新示范引领团队	航空工业集团公司
直升机所航电系统部、电气特设部	MV 作品《党徽伴我一起飞》获集团公司二等奖	航空工业集团公司
直升机所航电系统部	荣获第一届“金航杯”人工智能创新应用大赛三等奖	中国航空学会信息化技术分会
直升机所	“921 航空工业就爱你”第三届短视频制作大赛优秀组织奖	航空工业集团公司
景德镇黑猫集团有限责任公司	中国制造业企业 500 强	中国企业联合会 中国企业家协会

续表 9

单位	荣誉名称	表彰部门
黑猫股份	2022 年国家知识产权优势企业	国家知识产权局
唐山黑猫炭黑有限责任公司	河北省健康企业	河北省卫健局
邯郸黑猫炭黑有限责任公司	河北省职业健康企业	河北省卫生健康委员会
江西黑猫炭黑股份有限公司	黑猫股份省两化融合示范企业	江西省工业和信息化厅
朝阳黑猫伍兴岐炭黑有限责任公司	全省“安康杯”优胜班组	辽宁省总工会
朝阳黑猫伍兴岐炭黑有限责任公司	女职工关爱室示范点	辽宁省总工会
江西开门子肥业股份有限公司	2022（第十五届）中国化肥企业 100 强	中国化工信息中心
江西开门子肥业股份有限公司	江西名牌产品	江西省品牌建设促进会
江西开门子肥业股份有限公司	江西省农业产业化省级龙头企业	江西省农业农村厅
河北开门子肥业有限公司	诚信经营承诺企业	河北省信息协会
景德镇开门子文旅公司	江西省农业产业化省级龙头企业	江西省农业农村厅
景德镇市紫晶宾馆	先进集体	江西省旅游协会旅游饭店分会
景德镇黑猫集团及下属子公司黑猫股份有限公司	江西省 2022 年省级信息化和工业化融合示范企业	江西省工业和信息化厅
江西跃华药业有限公司	江西省 2022 年度“专精特新”中小企业	江西省工业和信息化厅
江西陶瓷工艺美术职业技术学院团委	全省五四红旗团委	共青团江西省委
江西陶瓷工艺美术职业技术学院数字艺术学院团总支	五四红旗团（总）支部	江西省职业院校共青团工作协会
景德镇电厂工会	全国电力行业“最美职工之家”	中国电力企业联合会《当代电力文化》杂志
景德镇电厂	电力科技管理创新成果奖（内网统一信息导航平台）	中国电力技术市场协会
景德镇电厂	电力企业科技创新体系建设成果奖	中国电力技术市场协会
景德镇电厂发电车间集控四值	江西省工人先锋号	中华全国总工会
景德镇电厂发电车间集控三值	江西省青年文明号	中央企业团工委
景德镇市教育体育局	江西省第 32 届东京奥运会和第 16 届东京残奥会获人才输送贡献奖	江西省人民政府
景德镇市教育体育局	江西省实施妇女儿童发展纲要先进集体	江西省妇女儿童工作委员会

续表 9

单位	荣誉名称	表彰部门
景德镇市教育体育局	全省教育系统“喜迎二十大，永远跟党走”暨第七届党的基本知识竞答赛中小学教师组三等奖	中共江西省委教育工委、江西省教育厅
景德镇市文联	工作先进集体	江西省文联
景德镇陶瓷大学	2021 年全省劳动教育特色示范学校	江西省教育厅
景德镇陶瓷大学	体育道德风尚奖	江西省第十六届运动会组织委员会
景德镇陶瓷大学	2021 年“百年奋斗路，热血筑青春”无偿献血活动中获全省通报表扬	江西省卫生健康委员会、江西省教育厅、共青团江西省委
景德镇陶瓷大学考古文博学院第一党支部	“全国党建工作样板支部”培育创建单位	教育部
景德镇陶瓷大学管理与经济学院团委	全省五四红旗团委	共青团江西省委
景德镇陶瓷大学信息工程学院团委书记耿健一家——阅悦家庭	2022 年度江西省“书香家庭”	江西省妇女联合会
景德镇陶瓷大学机械工程实验中心	2021 年江西省实验教学示范中心培育名单	江西省教育厅
景德镇陶瓷大学肖绚、贾建华、邱望仁、程翔、许召春	2021 年度江西省自然科学奖二等奖	江西省人民政府
景德镇陶瓷大学管理与经济学院刘冰峰教授团队	全国百篇优秀管理案例	全国工商管理专业学位研究生教育指导委员会
景德镇陶瓷大学	国家级创新创业教育实践基地	教育部
景德镇陶瓷大学陶瓷设计与美术研究中心	2022 年江西省哲学社会科学重点研究基地	江西省社会科学界联合会
景德镇陶瓷大学《陶瓷学报》	2022 年度“中国高校科技期刊建设示范案例库□优秀科技期刊”	中国高校科技期刊研究会
景德镇陶瓷大学陈丽萍教授工作室	2022 年江西省劳模创新工作室	江西省总工会
景德镇陶瓷大学江西省陶瓷知识产权信息中心	国家级专利导航服务基地	国家知识产权局
景德镇陶瓷大学管理与经济学院	江西省陶瓷企业创新与产业发展研究基地	江西省科技厅
景德镇陶瓷大学“红瓷”保护班	2022 年度全省“红色班级”创建试点	江西省委教育工委、江西省教育厅
景德镇艺术职业大学	工信部首批校企协同就业创业创新基地拟建单位	工业和信息化厅

续表 9

单位	荣誉名称	表彰部门
景德镇市昌江区关心下一代工作委员会	全国青少年普法教育先进集体	中国关心下一代工作委员会、中共中央政法委员会、中华人民共和国司法部、共青团中央委员会、中国法学会
景德镇老干部活动中心（景德镇老年大学）	第八届全国老年大学文艺汇演金牡丹奖	中国老年大学协会
景德镇老干部活动中心（景德镇老年大学）	第八届全国老年大学文艺会演优秀组织奖	中国老年大学协会
景德镇老干部活动中心（景德镇老年大学）	全国老年大学协会高峰论坛组织奖	中国老年大学协会
景德镇老干部活动中心（景德镇老年大学）	全省老干部工作先进集体	中共江西省委组织部、江西省委老干部局
景德镇市委办公室老干部党支部	第二批全省离退休干部“示范党支部”	中共江西省委组织部、江西省委老干部局
景德镇市文化广电新闻出版旅游局机关离退休干部党支部	第二批全省离退休干部“示范党支部”	中共江西省委组织部、江西省委老干部局
景德镇市商务局机关老干部党支部	第二批全省离退休干部“示范党支部”	中共江西省委组织部、江西省委老干部局
景德镇市第一人民医院退休第一党支部	第二批全省离退休干部“示范党支部”	中共江西省委组织部、江西省委老干部局
乐平市财政局机关老干部党支部	第二批全省离退休干部“示范党支部”	中共江西省委组织部、江西省委老干部局
乐平市政协机关老干部党支部	第二批全省离退休干部“示范党支部”	中共江西省委组织部、江西省委老干部局
景德镇市珠山区人民检察院第三党支部	第二批全省离退休干部“示范党支部”	中共江西省委组织部、江西省委老干部局
景德镇市昌江区新枫街道老干部党支部	第二批全省离退休干部“示范党支部”	中共江西省委组织部、江西省委老干部局
民盟景德镇市委会	2022 年度优秀发行单位	盟中央群言杂志社
民盟景德镇市委会	2022 年度盟务工作先进单位	民盟江西省委会
民盟景德镇市委会	2020—2021 年度反映社情民意信息工作先进集体	民盟江西省委会
景德镇日报社	2022 全年度全国三八红旗集体	
市社联	学习宣传贯彻党的二十大精神网上竞答活动“最佳组织单位”	江西省社联
景德镇科学技术协会	江西省“全国科普日”优秀组织单位	江西省科协
景德镇科学技术协会	全国“全国科普日”优秀组织单位	中国科协
景德镇市民政局	江西省社会保障工作先进集体	江西省委、省政府

续表 9

单位	荣誉名称	表彰部门
景德镇陶瓷技师学院	被人社部、中国陶瓷工业协会等表彰为第八届全国陶瓷行业职业技能精彩总决赛特殊贡献单位	人力资源和社会保障部
景德镇市社会保险事业服务中心	江西省社会保险业务工作先进集体	江西省委、省政府
市劳动仲裁院	五星仲裁院	江西省人社厅
市委办公室	2022 年度《中国档案》发行先进单位	国家档案局
市委办公室	2022 年度《中国档案》发行宣传工作先进单位	国家档案局
市委办公室	第十六届江西省文明单位	江西省文明办
市委办公室	“七五”普法工作先进单位	江西省普法办
景德镇市	“喜迎二十大・档案颂辉煌”群众性答题活动优秀组织奖	江西省委办公厅（省档案局）
市委办公室	《中办通讯》通联工作优秀组织奖、《秘书工作》通联工作三等奖	江西省委办公厅
景德镇市专用通信局	全省党政专用通信系统 2022 年度业务目标考核中获得优秀等次	江西省专用通信局
景德镇市委办公室老干部党支部	2022 年度全省离退休干部“示范党支部”	江西省委老干部局
景德镇市	2022 年度江西省全面深化改革先进单位	中共江西省委全面深化改革委员会
景德镇市探索深化景德镇国家陶瓷文化传承创新试验区改革	2022 年度江西省全面深化改革优秀案例	中共江西省委全面深化改革委员会
景德镇市珠山区探索“夜珠山”国家级夜间文旅消费集聚区模式	2022 年度江西省全面深化改革优秀案例	中共江西省委全面深化改革委员会
中共景德镇市直属机关工作委员会	十六届江西省文明单位	江西省精神文明建设办公室
团市委	江西乡村振兴公益 100 +三年行动项目大赛良品项目	江西乡村振兴公益 100 +三年行动项目大赛组委会
景德镇市卫健委	全国平安医院建设先进地市荣誉称号	国家卫健委等 11 部门
景德镇市卫健委	2021 年全省居民健康素养大赛中景德镇市代表队获团队三等奖	江西省卫健委
景德镇市卫健委	.2021 年全省健康科普讲解大赛中景德镇市卫健委获优秀组织奖	江西省卫健委
景德镇市卫健委	2021 年“让爱无缺”公益行动优秀组织奖	江西省卫健委

续表 9

单位	荣誉名称	表彰部门
景德镇市卫健委	2021 年度全省妇幼健康工作母婴安全工作先进市	江西省卫健委
景德镇市卫健委爱卫办	2022 年“世界无烟日”青少年控烟优秀作品征集活动优秀组织奖	江西省卫健委 江西省爱卫办
昌江区西郊街道景航社区	2021 年全国示范性老年友好型社区	国家卫健委 （老龄办）
珠山区新村街道梨树园社区	2022 年全国示范性老年友好型社区	国家卫健委 （老龄办）
昌江区西郊街道森林社区	2022 年全国示范性老年友好型社区	国家卫健委 （老龄办）
景德镇市卫健委	2021 年江西省第三届“杏林杯”中医经典知识竞赛中景德镇市代表队获集体优秀奖	江西省中医药 管理局
景德镇市计划生育协会	中国计生协“我爱我家”系列活动之“幸福时刻”影像征集活动优秀组织奖	江西省计划生育协会
景德镇市第一人民医院	江西省第一批省级公共机构水效领跑者	江西省机关事务管理局 江西省发展和改革委员会 江西省水利厅
景德镇市第一人民医院	创一级癫痫中心（10 月 26 日）	中国抗癫痫协会
景德镇市第一人民医院	2022 年 1 月 19 日，创江西省 1 级创伤中心	江西省卫健委
景德镇市第一人民医院肿瘤科	省级癌痛规范化治疗示范病房	江西省肿瘤性疾病医疗质量控制中心
景德镇市第一人民医院	2021—2022 年度省级青年文明号	中共江西省直机关工委
景德镇市第一人民医院	2021 年“天工杯”全省护理技能竞赛团队赛临床护理专业第三名	江西省卫健委、江西省总工会
景德镇市第一人民医院	江西省第一批康复医疗服务示范医院（示范科室）建设单位	江西省卫健委
景德镇市第二人民医院	2021 年全省住院医师规范化培训临床实践能力考核命题竞赛二等奖	江西省卫健委
景德镇市第二人民医院	2021 年度母婴安全省级比武团队三等奖	江西省卫健委
景德镇市第二人民医院	2021 年“天工杯”全省护理技能竞赛院前急救护理专业“优秀团队”	江西省卫健委、江西省总工会
景德镇市第二人民医院	推动公立医院高质量发展示范医院	江西省深化医药卫生体制改革领导小组秘书处
景德镇市第二人民医院	全省表现突出的医师团队	江西省卫健委
景德镇市第二人民医院	2021 年江西省医疗器械不良事件监测工作先进单位	江西省药品监督管理局 江西省卫生健康委员会

续表 9

单位	荣誉名称	表彰部门
景德镇市第二人民医院	第七季改善医疗服务行动全国医院擂台赛（城市类）主题四 推进“三位一体”智慧医院建设百强案例	国家卫健委医政医管局
景德镇市第二人民医院	第五届“绽放杯”5G应用征集大赛江西区域赛——“5G+医疗”行业赛三等奖	江西省卫健委
景德镇市第二人民医院	全省肿瘤放射治疗物理与技术大赛“团体体膜固定三等奖”和“鼻咽癌治疗计划设计优胜奖”	江西抗癌协会、江西省肿瘤医院
德镇市第三人民医院	2022年1月江西省2级卒中中心	江西省医疗质量控制中心
景德镇市第三人民医院	2022年1月江西省3级胸痛中心	江西省医疗质量控制中心
景德镇市第三人民医院	肿瘤科获省市共建学科	江西省卫健委
景德镇市中医医院	2021年江西省药品不良反应监测工作先进单位	江西省药品监督管理局 江西省卫生健康委员会
景德镇市妇幼保健院	获首批江西省妇幼健康文化特色单位	江西省卫健委
景德镇市妇幼保健院	获江西省实施妇女儿童发展纲要先进集体荣誉称号	江西省卫健委
景德镇市第四人民医院	2021年“天工杯”全省护理技能竞赛团队赛重性精神疾病护理专业第一名	江西省卫健委、江西省总工会
景德镇市第六人民医院	2021年江西省化妆品不良反应监测工作先进单位	江西省药品监督管理局 江西省卫生健康委员会
景德镇市中心血站	2020—2021年度全国无偿献血先进市	国家卫生健康委、中国红十字会总会、中央军委后勤保障部卫生局
景德镇市医疗保障局	全省首届医疗保障知识竞赛一等奖	江西省医疗保障局
景德镇市总工会	全省工会集体协商竞赛二等奖	江西省总工会
景德镇市总工会	档案工作规范化管理省二级单位	江西省档案局
国家税务总局景德镇市税务局第一税务分局纳税服务股（办税服务厅）	一星级全国青年文明号	全国创青年文明号活动组委会
国家税务总局乐平市税务局第一税务分局	一星级全国青年文明号	全国创青年文明号活动组委会
景德镇机场“青花瓷”贵宾班组	江西省三八红旗集体	江西省妇女联合会
江西省景德镇水务有限责任公司	2021年度江西省优秀企业	江西省企业联合会 江西省企业家协会
景德镇国家陶瓷文化传承创新试验区管理委员会办公室	特别贡献奖	中国陶瓷工业协会

续表 9

单位	荣誉名称	表彰部门
景德镇海关	2022 年度考核先进单位	南昌海关
景德镇市财政局	第十七届江西省文明单位	中共江西省委、省人民政府
景德镇市财政局	第七届“创客中国”江西省中小企业创新创业大赛 优秀组织奖	江西省工信厅、省财政厅、省非公办
昌江区西郊街道华风社区	2021 年度全国民主法治示范村（社区）	司法部 民政部
昌江区西郊街道汪王庙社区农民工（散工）服务站点（散工驿站）	2022 年最美工会户外劳动者服务站点	全国总工会
昌江区工商业联合会	2020—2021 年度全国“五好”县级工商联	全国工商业联合会
昌江区疾病预防控制中心	“中国居民心血管病及其危险因素监测（2020）”项目先进单位	国家心血管病中心
昌江一中	第二届江西省文明校园	中共江西省委 江西省人民政府
昌江区荷塘精神红色教育基地	江西省廉洁文化教育基地	中共江西省纪委机关 中共江西省委宣传部
昌江区鲇鱼山镇徐湾村党支部 昌江区丽阳镇江联村党支部	全省 2021 年度乡村振兴模范党组织	中共江西省委组织部
昌江区新枫街道老干部党支部	全省离退休干部示范党支部	中共江西省委组织部 中共江西省委老干部局
昌江区新枫街道办事处	平安江西建设示范乡镇（街道）	中共江西省委政法委员会
昌江区吕蒙乡官庄村委会	平安江西建设先进集体	中共江西省委政法委员会
昌江区鲇鱼山镇徐湾村、金桥村	江西省文明村镇	江西省精神文明建设指导委员会
昌江区新枫街道新枫路社区	2022 年度全省综合减灾示范社区	江西省减灾委员会
昌江区关心下一代工作委员会	全省关心下一代工作先进集体	江西省关心下一代工作委员会、省精神文明建设指导委员会办公室
昌江区退役军人事务局	2021 年度县（市、区）退役军人事务工作先进单位	江西省委退役军人事务工作领导小组办公室、省退役军人事务厅
昌江区鲇鱼山镇良港村	第七批江西省民主法治示范村（社区）	江西省司法厅 江西省民政厅
昌江公安分局户政科	全省公安系统爱民模范集体	江西省人力资源和社会保障厅、江西省公安厅
昌江区荷塘乡人民政府	第十五批江西省省级生态乡（镇）	江西省生态环境厅

续表 9

单位	荣誉名称	表彰部门
昌江区新枫街道十八渡社区、韭菜园社区、园林社区、新风路社区、青花文具厂社区	江西省第一批绿色社区	江西省住房和城乡建设厅
昌江区西郊街道蟠龙岗社区、汪王庙社区、华风社区、昌南湖社区、森林社区、景航社区	江西省第一批绿色社区	江西省住房和城乡建设厅
昌江区人民政府	江西省第七批“四好农村路”示范县	江西省交通运输厅、省财政厅、省农业农村厅、省邮政管理局、省乡村振兴局
昌江区人民政府	2022 年江西省中小学生游泳教育试点县（区）	江西省教育厅
昌江一中	江西省普通高中特色学校	江西省教育厅
昌江区丽阳镇山田村	第二批江西省森林乡村	江西省林业局
昌江区西郊街道团委	全省五四红旗团支部（总支）	共青团江西省委
昌江区妇女联合会	2021 年度全省妇联系统宣传舆论阵地建设先进单位	江西省妇联宣传部 江西东方女报社
昌江区科学技术协会	2022 年江西省“全国科普日”优秀组织单位	江西省科学技术协会办公室
昌江区委党史地志办公室	江西省第七届年鉴质量评比活动县级综合年鉴二等（《昌江年鉴 2021》）	江西省地方志研究院 江西省地方志学会
昌江区人民政府	全省美丽宜居先行县	江西省加强和改进治理暨农村人居环境整治提升工作领导小组办公室
昌江区鲇鱼山镇人民政府	2021 年度全省政府系统“五型”政府建设先进集体	江西省“五型”政府建设领导小组
昌江区丽阳镇人民政府	2016—2020 年全省普法工作先进单位	江西省普法教育工作领导小组
昌江区新枫街道办事处	2017—2021 年度平安江西建设示范乡镇（街道）	江西省平安江西建设领导小组
昌江区西郊街道办事处	江西省第七次全国人口普查先进集体	江西省第七次全国人口普查领导小组
昌江区疾控中心	2021 年度全省血吸虫病防治工作先进单位（庆祝建党百年血防文化建设先进单位）	江西省人民政府血吸虫病地方病防治领导小组办公室
昌江区融媒体中心	2021 年赣鄱云十佳县级融媒体中心	江西日报社赣鄱云融媒体中心
昌江区消防救援大队	2021—2022 年度省级青年文明号创建集体	江西省创建青年文明号活动组委会
景德镇市城市管理局	2022 年度省城管执法行业先进单位	江西省城管协会
景德镇市城市管理局	2022 年度省城管执法行业先进单位	江西省城管协会
景德镇市看守所	全省优秀公安基层单位	江西省公安厅、江西省人社厅

续表 9

单位	荣誉名称	表彰部门
景德镇市公安局特警支队二大队	全省优秀公安基层单位	江西省公安厅、江西省人社厅
乐平市公安局城西派出所	全省优秀公安基层单位	江西省公安厅、江西省人社厅
浮梁县公安局禁毒大队	全省优秀公安基层单位	江西省公安厅、江西省人社厅
景德镇市公安局经侦支队	集体二等功	江西省公安厅
景德镇市公安局食药环分局一大队	集体二等功	江西省公安厅
景德镇市公安局支援抗疫工作队	集体二等功	江西省公安厅
景德镇市公安局治安支队	集体二等功	江西省公安厅
景德镇市公安局刑警支队	集体二等功	江西省公安厅
浮梁县公安局经侦大队	集体二等功	江西省公安厅
市国资委	2021 年度全省国资国企改革创新三年行动考核获评 A 级	江西省国有企业改革领导小组办公室
景德镇市人民检察院	第十三届“全国家庭工作先进集体”	中华全国妇女联合会
乐平市人民检察院	2022 年度全国检察宣传先进单位	检察日报社
浮梁县人民检察院	浮梁县人民检察院诉 A 化工集团有限公司污染环境民事公益诉讼案入选最高检第四十批指导性案例	最高人民检察院
浮梁县人民检察院	浙江某化工集团有限公司污染环境民事公益诉讼案成功入选全国检察机关公益诉讼检察“好案件”	最高人民检察院
浮梁县人民检察院	全国检察门户网站规范化管理自查活动优秀网站单位	最高人民检察院
景德镇市珠山区人民检察院	江西省景德镇市珠山区人民检察院督促税务部门征收环境保护税行政公益诉讼案获评全国检察机关公益诉讼“千案展示”	最高人民检察院
珠山区人民检察院	余某某与江西省某县自然资源和规划局不动产变更登记检察监督案获评全国检察机关行政检察公开听证推进行政机关履职典型案例	最高人民检察院
景德镇市人民检察院	平安江西建设先进集体	中共江西省委政法委
景德镇市人民检察院政治工作综合处	全省依法治理创建活动先进单位	江西省普法教育工作领导小组
景德镇市人民检察院	景德镇市未成年人检察法治文化教育基地暨七色堇未成年人关爱中心江西省首批少先队校外实践教育基地。	共青团江西省委 江西省少工委

续表 9

单位	荣誉名称	表彰部门
景德镇市人民检察院	《“党建＋未成年人保护”，着力打造七色堇未检品牌》案例获评第一批全省检察机关党建业务深度融合优秀案例	江西省人民检察院
景德镇市人民检察院	江西省人民检察院第十八届全省检察理论研究年会优秀组织单位	江西省人民检察院
乐平市人民检察院团支部	全省五四红旗团支部	共青团江西省委
浮梁县人民检察院	全省“业务工作考核先进单位”	江西省人民检察院
浮梁县人民检察院	“2020—2022 年打击危险废物环境违法犯罪和重点排污单位自动监测数据弄虚作假违法犯罪专项行动表现突出集体”	江西省生态环境厅、江西省人民检察院、江西省公安厅
珠山区人民检察院	第三党支部荣获全省离退休干部“示范党支部”	江西省组织部、省委老干部局
景德镇市农业综合行政执法支队	第四批全国农业综合行政执法示范窗口	农业农村部
昌江区荷塘乡	省级生态乡镇示范镇	江西省生态环境厅
乐平市后港镇	省级生态乡镇示范镇	江西省生态环境厅
乐平众埠镇	省级生态乡镇示范镇	江西省生态环境厅
浮梁县三龙镇	省级生态乡镇示范镇	江西省生态环境厅
浮梁县鹅湖镇	省级生态乡镇示范镇	江西省生态环境厅
浮梁县消防救援大队	一星级全国青年文明号	共青团中央
珠山区妈妈防火团	全省三八红旗手集体	江西省妇联
浮梁县消防救援大队	全省先进基层党组织	江西省消防救援总队
浮梁县消防救援大队	基层建设标兵单位	江西省消防救援总队
浮梁县椿年街消防救援站	基层建设标兵单位	江西省消防救援总队
景德镇市消防救援支队	安全工作三星级支队	江西省消防救援总队
景德镇市消防救援支队	政治工作先进支队	江西省消防救援总队
景德镇市政务服务数据管理局	第十六届江西省文明单位	江西省人民政府
景德镇市政务服务中心	2021 年度全省政府系统“五型”政府建设先进集体	江西省“五型”政府建设领导小组办公室
景德镇市政务服务数据管理局	2022 年全省政务数据共享应用观摩优秀示范案例	全省政务数据共享协调小组办公室
市中院立案庭	全国法院先进集体	最高人民法院
市中院行政庭	人民法院行政审判工作先进集体	最高人民法院
市中院法警支队	集体二等功	江西省高级人民法院

续表 9

单位	荣誉名称	表彰部门
市中院诉讼服务中心	2016—2020 年全省普法工作先进单位	省司法厅、江西省普法办等
市中院立案庭	2016—2020 年全省普法工作先进单位	江西省普法工作领导小组
景德镇市三宝国际瓷谷	“全国版权示范园区（基地）”	国家版权局
珠山区	江西省知识产权强县建设试点县培育县（市、区）	江西省市场监督管理局（知识产权局）
景德镇三宝国际瓷谷街区	江西省首批省级特色文化街区	
景德镇市公安局珠山分局珠山派出所	全国爱民模范集体	公安部
珠山区政府	全省政府系统“五型”政府建设先进集体	江西省“五型”政府建设领导小组
景德镇市住建局	江西省优化营商环境先进集体	江西省优化营商环境工作领导小组办公室
景德镇市住建局	江西省城市功能与品质提升三年行动先进市	江西省城市功能与品质提升工作领导小组办公室
景德镇市自然资源和规划局	江西省第三次全国国土调查先进集体名单	江西省自然资源厅
民进景德镇市委会	社会服务工作先进单位	民进江西省委会
民盟景德镇市委会	2022 年度盟务工作先进单位	民盟江西省委会
民盟景德镇市委会	2020—2021 年度反映社情民意信息工作先进集体	民盟江西省委会
农工党景德镇市委会	庆祝中国共产党成立 100 周年主题征文活动先进组织奖	农工党江西省委会
农工党景德镇市委会	2021 年度全省宣传信息工作“先进组织”	农工党江西省委会
农工党景德镇市委会	2017—2022 年组织建设工作先进市委会	农工党江西省委会
农工党景德镇市委会	“学习中共二十大 矢志不渝跟党走”主题知识竞赛二等奖	农工党江西省委会
农工党景德镇市直属珠山支部	优秀基层组织	农工党江西省委会
农工党景德镇市妇幼保健院支部	优秀基层组织	农工党江西省委会
浮梁县人武部	全面建设先进单位	江西省军区
乐平市人武部	练兵备战先进单位	江西省军区
浮梁县人民政府征兵办公室	征兵工作先进单位	江西省军区
昌江区人民政府征兵办公室	征兵工作先进单位	江西省军区
乐平市人武部	新闻宣传先进单位	江西省军区
乐平市人武部	安全管理先进单位	江西省军区

续表 9

单位	荣誉名称	表彰部门
昌江区人武部	后勤工作先进单位	江西省军区
景德镇移动	《5G+ 区块链数实融合陶瓷文化新产业》三等奖	江西省文化和旅游厅
景德镇移动	《5G+ 智慧急救项目》第五届“绽放杯”5G 应用征集大赛江西区域赛医疗行业赛三等奖	江西省文化和旅游厅
乐平市	2022 年全国县域旅游综合实力百强县	全国县域旅游研究课题组
	江西第一批城市更新省级试点	江西省政府、住房和城乡建设部
	2019—2021 年度全省加快工业发展加速工业崛起“年度贡献奖”	江西省政府
	全省首批制造业高质量发展试验区	江西省工业强省建设工作领导小组
	全省美丽宜居先行县	江西省加强和改进乡村治理暨农村人居环境整治提升工作领导小组办公室
	江西省散曲之乡	江西省诗词学会
	2021 年度全省高标准农田建设绩效评价奖励（前 20 名）三等奖	江西省统筹整合资金推进高标准农田建设领导小组
	2018—2021 年度全省群众体育先进单位	江西省体育局
	2022 年度全省青少年业余训练“三十精品县（市、区）”	
	2019—2022 年江西省县（市、区）竞技体育贡献奖二等奖	
	2021 年度全省公共机构节能工作考核——优秀等次的县（市、区）	江西省人民政府办公厅
	2022 年县域物流配送体系建设设点县	江西省商务厅
高家镇（白茶）	第十二批全国“一村一品”示范村镇	农业农村部、中国工业经济联合会
市发改委	2019—2021 年度全国农产品成本调查工作先进集体	国家发改委
市人民医院	国家“千县工程”	国家卫健委
“乐赣轻骑兵”文艺志愿服务项目（乐平市申报）	第六届中国青年志愿服务项目大赛铜奖	团中央、中央文明办、民政部、水利部、文旅部、国家卫健委、中国残联、山东省委、山东省人民政府
“党建引领快递小哥参与基层治理新模式”项目（洎阳街道申报）		
	第三届江西省青年志愿服务项目大赛铜奖	共青团江西省委、省文明办、省志愿服务联合会、省青年志愿者协会
“党建引领快递小哥参与社会治理新模式”案例（洎阳街道申报）	全国社会治理创新案例	中国社会治理研究会、浙江大学社会治理研究院

续表 9

单位	荣誉名称	表彰部门
江西宏柏新材料股份有限公司	全国制造业单项冠军示范企业（复核通过）	工业和信息化部
赣剧课本剧《揠苗助长》（市文广新旅局选送）	第二十六届中国少儿戏曲小梅花荟萃——“小梅花集体节目”	中国戏剧家协会
洪岩镇	国家卫生镇	全国爱国卫生运动委员会
众埠镇		
众埠镇南界首村	全国文明村镇（复查确认保留）	中央精神文明建设指导委员会
镇桥镇蔡家村、百乐村		
洎阳街道天湖社区	全国综合减灾示范社区	国家减灾委员会、应急管理局、中国气象局、中国地震局
洎阳街道东湖名都社区	全国红十字模范单位	中国红十字会
涺口镇梅溪村	全国民主法治示范村（社区）	司法部、民政部
共产主义水库	长江流域重要饮用水水源地名录	水利部
市税务局	一星级全国青年文明号集体	全国创建青年文明号活动组委会
市文化馆云基层智能服务端	2022 年首批典型应用案例	文旅部全国公共文化发展中心
市巾帼志愿者协会	全国文明实践巾帼志愿“阳光站”	全国妇联宣传部、中宣部志愿服务促进中心
市移动公司洎阳网格	中国移动青年文明号	中国移动通信集团
中国邮政集团乐平分公司洎阳中路营业所	2018—2021 年度“全国邮政系统先进集体”	中国邮政集团工会
市第一中学	2022 年亚洲足球梦想学校	2022 年第 19 届亚运会组委会
市社保中心以不当得利诉讼追回死亡冒领待遇案例	入选《全国违规领取社保基金追缴典型案例汇编》	人力资源和社会保障部
市政府	2021 年度全省政府系统“五型”政府建设先进集体	江西省人民政府
	全省开放型经济综合优胜单位	江西省商务厅
高家镇人大代表联络站	第一批省级人大代表联络工作示范站	江西省人大常委会
江南武术院	江西省第十六届运动会青少年部（青少年组）武术散打比赛 5 金 5 银 6 铜、团体总分第一名（294.5 分）	江西省人民政府、省体育局，九江市政府
市水利局	2019—2021 年度江西省河长制工作先进集体	
江西乐平工业园区	2019—2021 年度全省加快工业发展加速工业崛起“园区发展专项奖”	江西省人民政府
江西天新药业股份有限公司	2019—2021 年度全省加快工业发展加速工业崛起“优强企业专项奖”	

续表 9

单位	荣誉名称	表彰部门
后港镇	第十五批江西省省级生态乡（镇）	江西省生态环境厅
众埠镇		
市统计局	江西省第七次全国人口普查先进集体	江西省第七次全国人口普查领导小组
涌山镇政府		
浯阳街道快递小哥党支部案例“小小快递哥治理大作为”	全省两新组织党建工作最佳案例	江西省委两新工委
众埠法庭	全省优秀法庭	江西省高级人民法院
市法院	宣传舆论工作先进单位	
	档案工作规范化管理省一级单位	江西省档案局
名口镇流二村（红糖）	第一批省级“一村一品”示范村镇	江西省农业农村厅
高家镇（白茶）		
赣剧课本剧《揠苗助长》	第八届江西艺术节·江西第十三届少儿艺术节少儿舞台艺术展演二等奖及全省非遗进校园优秀节目展演表演奖一等奖、创作奖二等奖	江西省委宣传部、省文旅厅、省文联、省委教育工委、省教育厅，江西广播电视台
赣剧《瓷·心》	第八届江西艺术节·第十二届江西玉茗花戏剧节大戏新创剧目奖	
器乐合奏《惊蛰》《生旦净末丑》	第八届江西艺术节·第十一届江西音乐舞蹈艺术节三等奖	
广场舞《浯阳古韵》	第八届江西艺术节·2022 年江西广场舞集中展演三等奖和第六届江西省群总舞蹈展演金奖	
少儿合唱《真的爱你》	第八届江西艺术节·江西省第十三届少儿艺术节合唱艺术节三等奖	
作品《赣剧茶座·赣剧之父石凌鹤与他的三记一行》（市融媒体中心选送）	“2021 年度江西广播电视奖”广播剧类一等奖	江西省广播电视协会
作品《看戏说台》（市融媒体中心选送）	“2021 年度江西广播电视奖”电视文艺类二等奖	
作品《请民 近民 亲民——基层融媒体如何为民发声》（市融媒体中心选送）	“2021 年度江西广播电视奖”论文论著类三等奖	
作品《江西乐平：三年来，他为 152 名烈士照亮回家的路》（市融媒体中心选送）	江西省 2022 年第 2 期市县融媒体优秀原创作品双月赛一等奖	江西省委宣传部新闻处、融合发展处 主办：省融媒体推进中心
作品《程远有：一把锄头护万亩农田》（市融媒体中心选送）	江西省 2022 年第 4 期市县融媒体优秀原创作品双月赛一等奖	
市委办公室	2022 年度全省党委信息工作先进单位	中共江西省委办公厅

续表 9

单位	荣誉名称	表彰部门
十里岗镇篁坞村党支部	江西省 2021 年度乡村振兴模范党组织	中共江西省委组织部
涌山镇涌山村党支部		
众埠镇秧坂村党支部		
后港镇大田村党支部		
洎阳街道友谊社区	全省综合减灾示范社区	江西省减灾委员会
市巾帼志愿者协会“三关爱”项目	2021 年全省示范重点志愿项目	中共江西省委宣传部
众埠镇众乐志愿者协会“众乐爸妈 伴你成长”志愿服务项目	全省重点扶持志愿服务项目	江西省文明办
江西乐平工业园区管委会	江西省红十字博爱单位	江西省红十字会、省人社厅
浯口镇司法所	全省依法治理创建活动先进单位	江西省普法办
国家统计局乐平调查队	全省调查队系统绩效管理考核评比获四个单项先进（人事教育、制度方法、居民收支、农民工监测调查）	江西省调查总队
洎阳街道	2017 年—2021 年度平安江西建设示范乡镇（街道）	江西省平安江西建设领导小组办公室
景德镇市推荐的《景德镇乐平帮帮团：上帮政府分忧、下帮百姓解难》案例	江西省市域社会治理现代化试点优秀案例“优秀试点成果奖”	
市人武部	练兵备战先进单位、安全管理先进单位、新闻宣传先进单位	江西省军区
中共赣东北特委旧址（荷园）陈展提升工程案例	全省革命文物保护运用优秀案例	江西省文旅厅
市博物馆	全省博物馆优秀讲解词三等奖	
浯口镇韩塘村	第七批江西省民主法治示范村（社区）	江西省司法厅、省民政厅
市司法局	矛盾纠纷排查化解专项行动先进集体	江西省司法厅
浯口镇韩塘村人民调解委员会		
市司法局社区矫正中心	省级智慧社区矫正中心	
市司法局行政复议和应诉股	“复议为民促和谐”专项行动表现突出的单位	
市司法局公证处	2022 年度全省公证宣传先进单位	
涌山镇厚田村	第三批“江西省森林乡村”	江西省林业局
塔前镇良种场同心桥村		
高家镇仓田村		
洪岩镇段家村		

续表 9

单位	荣誉名称	表彰部门
江西远洋威利实业有限公司（康泰生物疫苗厂房项目案例）	江西省第一批绿色建造智能建造经典案例	江西省住建厅
市城管局	2022 年度全省巩固深化“强基础、转作风、树形象”专项行动表现突出单位	
景德镇港乐平港区鸣山码头工程	2022 年第二批省重点建设项目名单	江西省发改委
江西方圆年产 15 万吨芳纶新材料与 15 万吨原料项目		
乐平市数字经济产业基础设施及配套工程项目		
乐平市鸬鹚乡	江西省卫生乡镇	江西省爱国卫生运动委员会
乐平市十里岗镇		
乐平市洪岩镇	江西省“魅力十强”乡镇	江西日报、江西报业传媒集团
市图书馆	江西省古籍保护工作先进单位	江西省古籍保护中心
市赣剧演艺公司	2022 年度“优秀集体”	江西省戏剧家协会
市妇联	2021 年“我家双减生活”作品征集活动优秀组织奖	江西省妇联
市社联	学习宣传贯彻党的二十大精神网上竞答活动“最佳组织单位”	江西省社联
盐业公司	基层团队优秀奖	江西省江盐华康实业有限公司
	优秀基层团队	江西省盐业集团股份有限公司
交通局	全省港航系统“大比武”知识竞赛“三等奖”	江西省高等级航道事务中心
市移动公司浯阳网格	“辽远行动”十佳奖	江西省移动公司
	综合优秀网格	
	青年文明号	
中国人寿保险股份有限公司乐平市支公司	“四强”党支部	中国人寿保险股份有限公司江西省分公司
市市场监管局查处坤香文具店涉嫌向未成年人销售电子烟案	2022 年全省“铁拳”行动典型案例	江西省市场监管局
景德镇市昌江区关心下一代工作委员会	全国青少年普法教育先进集体	中国关心下一代工作委员会、中共中央政法委员会、中华人民共和国司法部、共青团中央委员会、中国法学会
景德镇老干部活动中心（景德镇老年大学）	第八届全国老年大学文艺会演金牡丹奖	中国老年大学协会
景德镇老干部活动中心（景德镇老年大学）	第八届全国老年大学文艺会演优秀组织奖	中国老年大学协会

续表 9

单位	荣誉名称	表彰部门
景德镇老干部活动中心（景德镇老年大学）	全国老年大学协会高峰论坛组织奖	中国老年大学协会
景德镇老干部活动中心（景德镇老年大学）	全省老干部工作先进集体	中共江西省委组织部、江西省委老干部局
景德镇市委办公室老干部党支部	第二批全省离退休干部“示范党支部”	中共江西省委组织部、江西省委老干部局
景德镇市文化广电新闻出版旅游局机关离退休干部党支部	第二批全省离退休干部“示范党支部”	中共江西省委组织部、江西省委老干部局
景德镇市商务局机关老干部党支部	第二批全省离退休干部“示范党支部”	中共江西省委组织部、江西省委老干部局
景德镇市第一人民医院退休第一党支部	第二批全省离退休干部“示范党支部”	中共江西省委组织部、江西省委老干部局
乐平市财政局机关老干部党支部	第二批全省离退休干部“示范党支部”	中共江西省委组织部、江西省委老干部局
乐平市政协机关老干部党支部	第二批全省离退休干部“示范党支部”	中共江西省委组织部、江西省委老干部局
景德镇市珠山区人民检察院第三党支部	第二批全省离退休干部“示范党支部”	中共江西省委组织部、江西省委老干部局
景德镇市昌江区新枫街道老干部党支部	第二批全省离退休干部“示范党支部”	中共江西省委组织部、江西省委老干部局

表 10　　　　2022 年获省部级以上荣誉的先进人物表

单位	姓　名	性别	荣誉名称	表彰部门
民盟景德镇市委会	骆桂根	男	2021 年度民盟反映社情民意信息工作先进个人	民盟中央
江西昌河汽车有限责任公司	叶　杰	男	新时代赣鄱先锋	江西省委组织部
江西昌河汽车有限责任公司	张　磊	男	青年岗位能手	共青团江西省委 江西省人力资源和社会保障厅
江西昌河汽车有限责任公司	韩潇俊	男	优秀共青团员	共青团江西省委
昌飞公司	杨陆军	男	江西省五一劳动奖章	江西省总工会
国网景德镇乐平市供电公司	方伟华	男	劳动模范	国家电网有限公司
国网景德镇市昌江区供电公司	魏文思	女	优秀共青团员	国家电网有限公司
国网景德镇供电公司	曹晖晖	男	全国电力行业职业技能竞赛优秀技能选手	中国电力企业联合会

单位	姓　名	性别	荣誉名称	表彰部门
国网景德镇供电公司	冯文霞	女	赣电工匠	国网江西省电力有限公司
国网景德镇供电公司	乔　静	女	巾帼建功标兵	国网江西省电力有限公司
国网景德镇供电公司	曹晖晖	男	2022 年通信运维劳动竞赛通信基础运维二等奖	国网江西省电力有限公司
国网景德镇供电公司	卢　磊	男	2022 年通信运维劳动竞赛通信基础运维二等奖	国网江西省电力有限公司
国网景德镇供电公司	但　涛	男	先进工作者	国网江西省电力有限公司
国网景德镇供电公司	许桂林	男	先进工作者	国网江西省电力有限公司
国网景德镇市昌江区供电公司	高　涵	男	先进工作者	国网江西省电力有限公司
直升机所	李春华	男	2022 年度风云人物	航空工业集团公司
直升机所	卢伟健	男	科技创新先锋	航空工业集团公司
直升机所	吴明忠	男	江西省高层次领军人才	江西省人力资源与社会保障厅
直升机所	徐朝梁	男	2022 年江西省最美科技工作者	江西省委宣传部
直升机所	邓景辉	男	第五届杰出工程师奖	中华国际科学交流基金会
直升机所	曾雪琴	女	2021 年度江西省保密工作优秀个人	江西省国家保密局
直升机所	郭青松	男	江西省消防工作先进个人	江西省消防安全委员会
直升机所	郑亚宏	女	江西省职工互助保障工作先进个人	江西省总工会
直升机所	王馨赫	女	优秀共青团干部	航空工业集团公司
直升机所	谌　昱	男	2021—2022 年度江西省青年岗位能手	共青团江西省委
直升机所	周　源	男	江西省国防科技工业军工文化建设优秀工作者	江西省国防科技工业文化联合会
朝阳黑猫伍兴岐炭黑有限责任公司	刘　翔	男	辽宁省劳动模范	中共辽宁省委 辽宁省人民政府
江西陶瓷工艺美术职业技术学院	朱辉球	男	第七届黄炎培职业教育奖杰出教师奖	中华职业教育社
江西陶瓷工艺美术职业技术学院	朱辉球	男	省级、国家级职业教育教师教学创新团队“文物修复与保护”	教育部
江西陶瓷工艺美术职业技术学院	于　薇 高胡琨		全国职业院校技能大赛高职组电子产品芯片级检测维修与数据恢复赛项团体二等奖	全国职业院校技能大赛组织委员会
江西陶瓷工艺美术职业技术学院	王慧丽	女	江西省职业院校技能大赛教学能力比赛（高职组）一等奖	中共江西省委教育工委、省教育厅
江西陶瓷工艺美术职业技术学院	况　代	女	第八届江西省高校辅导员素质能力大赛（高职高专组）一等奖	中共江西省委教育工委、省教育厅

续表 10

单位	姓　名	性别	荣誉名称	表彰部门
江西陶瓷工艺美术职业技术学院	邓　芳 沈　塔		江西省职业院校技能大赛文创产品设计一等奖	中共江西省委教育工委、省教育厅
江西陶瓷工艺美术职业技术学院	马　岚	女	江西省职业院校技能大赛教学能力比赛（高职组）二等奖	中共江西省委教育工委、省教育厅
江西陶瓷工艺美术职业技术学院	周甜甜 黄毅能		江西省电子商务职业技能大赛（中职组）二等奖	中共江西省委教育工委、省教育厅
江西陶瓷工艺美术职业技术学院	黄毅能 苏敏俊		江西省电子商务职业技能大赛（中职组）二等奖	中共江西省委教育工委、省教育厅
江西陶瓷工艺美术职业技术学院	马宝峰	男	江西省职业院校技能大赛（中职组）二等奖	中共江西省委教育工委、省教育厅
江西陶瓷工艺美术职业技术学院	魏一凡	男	第二届江西省高校心理健康教育教师职业能力大赛二等奖	中共江西省委教育工委、省教育厅
江西陶瓷工艺美术职业技术学院	黄毅能 万　青		江西省电子商务职业技能大赛三等奖	中共江西省委教育工委、省教育厅
江西陶瓷工艺美术职业技术学院	黄毅能 陈正军		江西省职业院校技能大赛（高职组）创新创业比赛三等奖	中共江西省委教育工委、省教育厅
景德镇电厂	郑　帆	男	第 21 届全国青年岗位能手	共青团中央 人力资源和社会保障部
景德镇电厂	俞艳霞	女	电力企业科技创新体系建设成果奖	电力信息化专业协作委员会
景德镇电厂	凌学超	男	江西电力优秀青年工程师	江西省电机工程学会
景德镇电厂	李睿文	女	国家电投“学研创落 e 起微课”大赛一等奖 《光伏 +（系列）》	国家电投集团
景德镇电厂	开园淇	女	国家电投“学研创落 e 起微课”大赛二等奖 《因地制宜！南方冬天的室内也可以温暖如春》	国家电投集团
景德镇电厂	黄　文	男	国家电投“学研创落 e 起微课”大赛二等奖 《冲出围墙 智者无疆——火电厂向综合智慧能源企业转型》	国家电投集团
景德镇电厂	王青竹	男	国家电投“学研创落 e 起微课”大赛优秀奖 《走进千家万户—分布式光伏》	国家电投集团
景德镇电厂	张一柱	男	国家电投“学研创落 e 起微课”大赛优秀奖 《能源革命（系列课）》	国家电投集团

续表 10

单位	姓　名	性别	荣誉名称	表彰部门
景德镇电厂	姚政通	男	国家电投“学研创落 e 起微课”大赛优秀奖《未来之光——带你快速了解集中式光伏》	国家电投集团
景德镇电厂	王焱敏	男	集团公司“建功创一流”安全生产标兵	国家电投集团
景德镇电厂	郑　帆	男	国家电投技能大师	国家电投集团
景德镇电厂	曾水平	男	国家电投技术能手	国家电投集团
景德镇电厂	郑　帆	男	集团公司燃料采制化技能竞赛个人一等奖	国家电投集团
景德镇电厂	曾水平	男	集团公司电力营销技能竞赛个人二等奖	国家电投集团
景德镇陶瓷大学	罗凌虹	女	第七届华东地区优秀期刊工作者·优秀主编	华东地区优秀期刊评审委员会
景德镇陶瓷大学	靳　颖	女	江西省“振兴杯”体育行业职业技能竞赛“竞赛优秀指导教师”	江西省体育局
景德镇陶瓷大学	熊　强	男	江西省第十六届运动会优秀教练员	江西省第十六届运动会组织委员会
景德镇陶瓷大学	詹　康	男	江西省第十六届运动会优秀教练员	江西省第十六届运动会组织委员会
景德镇陶瓷大学	魏凯悦	女	江西省第十六届运动会优秀教练员	江西省第十六届运动会组织委员会
景德镇陶瓷大学	李　红	女	江西省第十六届运动会优秀教练员	江西省第十六届运动会组织委员会
景德镇陶瓷大学	黄　宏	男	江西省第十六届运动会优秀教练员	江西省第十六届运动会组织委员会
景德镇陶瓷大学	田蕾蕾	女	江西省第十六届运动会优秀教练员	江西省第十六届运动会组织委员会
景德镇陶瓷大学	刘灿彬	男	江西省第十六届运动会优秀教练员	江西省第十六届运动会组织委员会
景德镇陶瓷大学	龙　洲	男	江西青年五四奖章	共青团江西省委、江西省青年联合会
景德镇陶瓷大学	胡欣妮	女	江西省第四届校园“节水大使”	江西省水利厅、江西省教育厅、江西省节约用水办公室
景德镇陶瓷大学	薛　露	女	江西省第四届校园“节水大使”	江西省水利厅、江西省教育厅、江西省节约用水办公室
景德镇陶瓷大学	肖　绚	男	江西省高校金牌硕士生导师	江西省教育厅、江西省教育工会
景德镇陶瓷大学	吴南星	男	江西省高校金牌硕士生导师	江西省教育厅、江西省教育工会

续表 10

单位	姓 名	性别	荣誉名称	表彰部门
景德镇陶瓷大学	康修机	男	江西省高校金牌教授	江西省教育厅、江西省教育工会
景德镇陶瓷大学	龙 洲	男	江西省高校金牌青年教师	江西省教育厅、江西省教育工会
景德镇陶瓷大学	孙 熠	男	江西省高校金牌青年教师	江西省教育厅、江西省教育工会
景德镇陶瓷大学	聂铭洁	女	“新时代赣鄱先锋”之“群众身边好党员”	中共江西省委组织部
景德镇陶瓷大学	李 峥	男	江西省高校产业导师	江西省教育厅、江西省科技厅、江西省工信厅
景德镇市浮梁县关工委法制教育组成员、浮梁县人民检察院退休干部	宁根荣	男	全国青少年普法教育先进工作者	中国关心下一代工作委员会、中共中央政法委员会、中华人民共和国司法部、共青团中央委员会、中国法学会
景德镇市关工委关爱报告团、法治教育组成员，市实验学校退休教师	饶玉新	男	全国青少年普法教育优秀辅导员	中国关心下一代工作委员会、中共中央政法委员会、中华人民共和国司法部、共青团中央委员会、中国法学会
景德镇老干部活动中心（景德镇老年大学）	方毓晗	女	2020—2021 年度全省先进个人	九三学社江西省委员会
民盟景德镇市委会	徐 岚	女	中国工艺美术大师	中国轻工业联合会
民盟景德镇市委会	熊 军	男	全国技术能手	人力资源和社会保障部
民盟景德镇市委会	谢景玉	女	民盟全省 2020—2021 年度反映社情民意信息工作优秀信息员	民盟江西省委会
民盟景德镇市委会	江乐珍	女	第二届“江西省陶瓷技能大师”	江西省高技能陶瓷艺术家协会
瓷都晚报社	徐国凤	女	“会员之星”	中国红十字会
景德镇市第一人民医院	陈 虹	女	全国红十字志愿服务先进典型	中国红十字会
市民政局	陈 炜	男	江西省社会保障工作先进个人	中共江西省委、省政府
市民政局	陈 炜	男	全国社会救助工作先进个人	民政部
市委办公室	邵 华	男	2022 年度《中国档案》宣传工作先进个人	中国档案杂志社
市委办公室	汪会浪	男	江西省 2022 年度“新时代赣鄱先锋”	
景德镇市卫生学校	余美珍 史文君 邱玉婷 胡雅倩	女	江西省职业院校技能大赛教学能力竞赛一等奖	江西省教育厅

续表 10

单位	姓　名	性别	荣誉名称	表彰部门
景德镇市卫生学校	余美珍 史文君 邱玉婷 胡雅倩	女	全国职业院校技能大赛教学能力竞赛二等奖	全国职业院校技能大赛委员会
景德镇市卫生学校	黄艳艳	女	江西省大中小学校、技工院校思政课和红色文化课程教学比赛一等奖（中职组）	中共江西省教育工委、江西省教育厅、江西省人社厅
景德镇市卫生学校	娄诗琴 林诗曼 （学生）	女	江西省职业院校技能大赛中职组护理技能竞赛一等奖和二等奖	江西省教育厅
景德镇市卫生学校	吴智雅	女	江西省健康科普讲解“达人”大赛一等奖	江西省卫生健康委员会
景德镇市第一人民医院	谭　娟 黄　萍	女	在首届全国护理技术与项目创新大赛优胜奖	医院管理论坛报社
景德镇市第一人民医院	陈兰英 李子雄	女 男	全省“最美医务志愿者”	江西省医院协会
景德镇市第一人民医院	王　灏 操志红	女 男	最美医务社会工作者	江西省医院协会
景德镇市第二人民医院	丁江玲	女	2021 年度母婴安全省级比武产科专业个人二等奖	江西省卫健委
景德镇市第二人民医院	赵文娜	女	2021 年度母婴安全省级比武产科专业个人三等奖	江西省卫健委
景德镇市第二人民医院	张红文	女	2021 年度母婴安全省级比武助产专业个人二等奖	江西省卫健委
景德镇市第二人民医院	汪文红	女	2021 年度母婴安全省级比武新生儿科专业个人优秀奖	江西省卫健委
景德镇市第二人民医院	李　燕	女	2021 年江西省健康科普讲解大赛（地市组）优秀奖	江西省卫健委
景德镇市第二人民医院	杨卫生	男	2021 年度江西省住培优秀指导医师	江西省卫健委
景德镇市第二人民医院	杨卫生	男	优秀指导医师	江西省卫健委
景德镇市第二人民医院	洪思勤	女	优秀住院医师	江西省卫健委
景德镇市第二人民医院	金小红 朱　雯 陈敏艳	女 女 女	2021 年度江西省住培临床实践能力考核师资命题竞赛全科专业组二等奖	江西省卫健委
景德镇市第二人民医院	胡心怡	女	2021 年“天工杯”全省护理技能竞赛院前急救护理专业个人赛“第三名”	江西省卫健委、省总工会

续表 10

单位	姓 名	性别	荣誉名称	表彰部门
景德镇市第二人民医院	吴江平 刘英华	女 女	2021 年“天工杯”全省护理技能竞赛院前急救护理专业个人赛“优秀选手”	江西省卫健委、省总工会
景德镇市第三人民医院	夏昌亮	男	江西省优秀医院药师	江西省医院协会
景德镇市第三人民医院	曾满生	男	全省“表现突出医师个人”	江西省卫健委
景德镇市第三人民医院	华永平	男	2022 年 6 月获全省无偿献血奉献奖铜奖	江西省卫健委 江西省红十字会 江西省军区保障局
景德镇市第三人民医院	涂 强	男	江西省血透中心质控达标竞赛二等奖	江西省医院协会
景德镇市第三人民医院	徐玲燕 曹华娟 余苗子 李晓虹	女 女 女 女	2022 年江西省影像护理年会科普微视频大赛“三等奖”	江西省医学会
景德镇市第三人民医院	余苗子	女	中国“家庭健康指导员师资培训班”国家级讲师	中国计划生育协会
景德镇市第三人民医院	余苗子	女	江西省影像护理年会科普微视频大赛三等奖	江西省医学会
景德镇市第三人民医院	李晓红	女	江西省影像护理年会科普微视频大赛三等奖	江西省医学会
景德镇市第三人民医院	张员霞	女	江西省中医药大学 “我的带教故事”征文比赛 三等奖	江西省中医药大学
景德镇市第三人民医院	姜嘉伟	男	江西中医药大学首届“我的实习故事”“我的带教故事”征文比赛二等奖	江西中医药大学
景德镇市第三人民医院	卢 婷	女	江西中医药大学首届“我的实习故事”“我的带教故事”征文比赛二等奖	江西中医药大学
景德镇市第三人民医院	张员霞	女	江西中医药大学首届“我的实习故事”“我的带教故事”征文比赛三等奖	江西中医药大学
景德镇市第三人民医院	吴爱华	女	2021 年江西省医疗器械不良事件监测工作先进个人	江西省药品监督管理局 江西省卫生健康委员会
景德镇市第三人民医院	叶加润	男	江西省医学会第二十八次放射学“优秀会议论文”	江西省医学会
景德镇市妇幼保健院	廖香兰	女	2021 年江西省药品不良反应监测工作先进个人	江西省药品监督管理局 江西省卫生健康委员会

续表 10

单位	姓　名	性别	荣誉名称	表彰部门
景德镇市第五人民医院	黎　丽	女	江西省三八红旗手荣誉称号	江西省妇女联合会
景德镇市第五人民医院	欧阳熙	男	5G+ 数字 DR 流动体检车项目二等奖	江西省卫健委
景德镇市第六人民医院	汪晓红	女	2021 年江西省化妆品不良反应监测工作先进个人	江西省药品监督管理局 江西省卫生健康委员会
市委信访局	于艳琦	女	全国信访系统优秀接谈员	国家信访局
国家税务总局景德镇市税务局	郑义平	男	江西省社会保障工作先进个人	中共江西省委、江西省人民政府
国家税务总局景德镇市昌江区税务局	刘　勇	男	全国最美家庭	中华全国妇女联合会
江西省景德镇水务有限责任公司	徐　斌	男	2021 年度江西省优秀厂长（经理）	江西省企业联合会 江西省企业家协会
昌江公安分局户政科科长	黄　莺	女	第七批全国岗位学雷锋标兵	中共中央宣传部
昌江区税务局	刘　勇（家庭）	男	2022 年全国最美家庭	中华全国妇女联合会
昌江区城市管理局新枫中队协管员	余　辉	男	中国红十字会会员之星	中国红十字会总会
昌江区卫健委党组书记、主任	史方立	男	新时代赣鄱先锋（群众身边好党员）	中共江西省委组织部
昌江公安分局站前派出所副所长	彭　瑞	男	2022 年江西最美基层民警	江西省委宣传部 江西省公安厅
昌江区城市管理局新枫中队协管员	余　辉	男	2022 年上半年江西好人（助人为乐）	江西省文明办
昌江区西郊街道公园路社区网格员	应　萍	女	平安江西建设先进个人	中共江西省委政法委员会
昌江区关工委主任	胡世英	男	全省关心下一代工作先进个人	江西省关心下一代工作委员会、省精神文明建设指导委员会办公室
昌江区人民检察院副院长	程双梅	女	全省关心下一代工作先进个人	江西省关心下一代工作委员会、省精神文明建设指导委员会办公室
昌江区丽阳镇芦源村	胡　兵	男	全省百优法律明白人	中共江西省委依法治省办、省委宣传部、省司法厅、省普法办
昌江区人民法院鲇鱼山人民法庭副庭长	刘兹博	女	2020—2021 年度全省优秀法官	江西省高级人民法院
昌江区人民检察院检委会专职委员	管仕军	男	2021 年度全省检察机关优秀办案检察官	江西省人民检察院

续表 10

单位	姓　名	性别	荣誉名称	表彰部门
昌江区吕蒙街道黎明社区现役军人	杨　博	男	二等功	某部队政治工作部
昌江区统计局	李　婷	女	江西省第七次全国人口普查先进个人	江西省第七次全国人口普查领导小组
昌江区鲇鱼山镇统计站	程凤霞	女	江西省第七次全国人口普查先进个人	江西省第七次全国人口普查领导小组
昌江公安分局吕西派出所	徐　剑	男	全省优秀人民警察	江西省人力资源和社会保障厅、省公安厅
昌江区税务局	黄顺平	男	2017—2019 年度全省无偿献血奉献奖银奖	江西省卫生健康委员会、省红十字会、省军区保障局
昌江区机关事务管理中心主任	詹　婷	女	江西省公共机构节能先进个人	江西省机关事务管理局
昌江区疾病预防控制中心免规科主管护师	彭秀英	女	江西省五一巾帼标兵	江西省总工会
昌江区消防救援大队	罗强鑫	男	全省优秀共青团员	共青团江西省委
昌江区鲇鱼山镇凤岗村委会乡村振兴专干	石燕青	男	首届江西省乡村振兴青年先锋	共青团江西省委 江西省农业农村厅
昌江九银村镇银行乡村振兴金融服务站站长	方珅磊	男	首届江西省乡村振兴青年先锋	共青团江西省委 江西省农业农村厅
昌江区吕蒙乡人民政府经济发展办副主任	刘　菊	女	2021 年度江西省三八红旗手	江西省妇女联合会
景德镇青花故事陶瓷文化发展有限公司总经理、元青花非遗传承人	蔡文娟	女	2021 年度江西省三八红旗手标兵	江西省妇女联合会
昌江区鲇鱼山镇关山村	程秀枝（家庭）	女	2022 年江西省最美家庭	江西省妇女联合会
昌江区委党史地志办公室主任	施启权	男	江西省地方志系统专家库成员	江西省地方志编纂委员会
昌江区融媒体中心编辑	杨振明	男	2021 年赣鄱云十佳县级融媒体中心先进个人	江西日报社赣鄱云融媒体中心
看守所所长	汪　超	男	全国特级优秀人民警察	公安部、人社部
珠山分局景东派出所副所长	王建月	男	全国优秀人民警察	公安部、人社部
乐平市公安局刑警大队副大队长	程孟勇	男	个人一等功（追记）	公安部
浮梁县公安局刑警大队三级警长	陈国龙	男	全省优秀人民警察	江西省公安厅、人社厅

续表 10

单位	姓　名	性别	荣誉名称	表彰部门
景德镇市公安局网安支队案件侦查大队大队长	陆　军	男	全省优秀人民警察	江西省公安厅、人社厅
景德镇市公安局昌江分局吕西派出所副所长	徐　剑	男	全省优秀人民警察	江西省公安厅、人社厅
乐平市公安局网安大队副大队长	黄　龙	男	全省优秀人民警察	江西省公安厅、人社厅
景德镇市公安局警务保障处财务科四级警长	王念雄	男	全省优秀人民警察	江西省公安厅、人社厅
景德镇市公安局机关党委四级警长	朱裕伟	男	全省优秀人民警察	江西省公安厅、人社厅
景德镇市公安局技侦支队情报信息大队一级警员	石青松	男	全省优秀人民警察	江西省公安厅、人社厅
景德镇市公安局刑警支队情报信息大队三级警长	周　云	男	全省优秀人民警察	江西省公安厅、人社厅
景德镇市公安局科信支队警务技术三级主管	冯慧莹	女	全省优秀人民警察	江西省公安厅、人社厅
景德镇市公安局禁毒大队一大队大队长	程冀文	男	全省优秀人民警察	江西省公安厅、人社厅
景德镇市公安局昌南新区分局园区派出所三级警长	邹　轩	男	全省公安系统爱民模范	江西省公安厅、人社厅
景德镇市公安局城市警察支队城市停车管理大队副大队长	黄承东	男	全省公安系统爱民模范	江西省公安厅、人社厅
景德镇市公安局高新分局刑侦大队大队长	江建灿	男	全省公安系统爱民模范	江西省公安厅、人社厅
景德镇市公安局法制支队支队长	邵后平	男	个人二等功	江西省公安厅
景德镇市公安局特警支队支队长	江期军	男	个人二等功	江西省公安厅
景德镇市公安局国保支队支队长	汪跃群	男	个人二等功	江西省公安厅

续表 10

单位	姓 名	性别	荣誉名称	表彰部门
景德镇市公安局珠山分局太白园派出所所长	杨玉清	男	个人二等功	江西省公安厅
乐平市公安局刑警大队副大队长	周世华	男	个人二等功	江西省公安厅
景德镇市公安局刑警警察支队情报大队大队长	余 骏	男	个人二等功	江西省公安厅
景德镇市公安局交警支队三大队三级警长	邵海水	男	个人二等功	江西省公安厅
景德镇市第一强制隔离戒毒所 一级警员	陈梦臻	男	个人二等功	江西省公安厅
景德镇市公安局昌江分局巡防大队大队长	李长锋	男	个人二等功	江西省公安厅
浮梁县公安局刑警大队三级警长	袁 浩	男	个人二等功	江西省公安厅
景德镇市人民检察院	王 强	男	2022 年度全国检察宣传先进个人	检察日报社
乐平市人民检察院	张 明	男	最高人民检察院从事档案工作满 15 年荣誉表彰	最高人民检察院
浮梁县人民检察院	宁根荣	男	全国青少年普法教育先进工作者	最高人民检察院
浮梁县人民检察院	江琪芳	女	2020—2022 年打击危险废物环境违法犯罪和重点排污单位自动监测数据弄虚作假违法犯罪专项行动表现突出个人	江西省生态环境厅、江西省人民检察院、江西省公安厅
昌江区人民检察院	潘 奕	男	全省检察机关业务分析研判标兵	江西省人民检察院
景德镇市农业农村局	叶 静 文 婷	女	江西省农业和农村工作先进个人	中共江西省委、省政府
珠山区浙江路消防救援站	王俊龙	男	平安江西建设先进个人	江西省人社厅
昌江区曙光路消防救援站	罗强鑫	男	全省优秀共青团员	共青团团江西省委
景德镇市消防救援支队机关	张海东	男	优秀支队指挥员	应急管理部消防救援局
景德镇市消防救援支队昌江大道特勤站	陶 松	男	执勤训练工作训练标兵	应急管理部消防救援局
景德镇市消防救援支队昌江大道特勤站	倪烽弋	男	优秀消防救援站指挥员	应急管理部消防救援局
乐平市人民路消防救援站	李伟任	男	江西省技术能手	江西省人社厅

续表 10

单位	姓　名	性别	荣誉名称	表彰部门
乐平市人民路消防救援站	李伟任	男	江西省青年岗位能手	江西省人社厅、团省委
昌江区瓷都路消防救援站	余　景	男	优秀党务工作者	江西省消防救援总队
浮梁县消防救援大队	徐晓军	男	优秀共产党员	江西省消防救援总队
珠山区腊丽山路消防救援站	金　冲	男	优秀共产党员	江西省消防救援总队
乐平市人民路消防救援站	祝惠棠	男	优秀共产党员	江西省消防救援总队
昌江区消防救援大队	卢志辉	男	三等功	江西省消防救援总队
市政务服务数据管理局	鲍贵风	男	全省政府系统“五型”政府建设先进个人	江西省“五型”政府建设领导小组办
景德镇市中级人民法院	方　莉	女	个人二等功	江西省高级人民法院
景德镇市中级人民法院	王　倩	女	全省法院优秀工作人员	江西省高级人民法院
景德镇市中级人民法院	程丽君	女	涉军维权工作先进个人	江西省维护国防利益和军人军属合法权益领导小组办公室
景德镇市中级人民法院	罗慧青	女	江西省实施妇女儿童发展纲要先进个人	江西省妇联
景德镇市中级人民法院	罗慧青	女	全省法院综合调研骨干	江西省高级人民法院
景德镇市中级人民法院	戴　瑞	女	全省法院优秀师资人才	江西省高级人民法院
景德镇市公安局珠山分局景东派出所	王建月	男	全国优秀人民警察	公安部
珠山区卫生健康委员会	辛　晨	女	爱国卫生运动 70 周年先进个人	全国爱国卫生运动委员会
景德镇市自然资源勘测规划院工程师	张小胜	男	江西省第三次全国国土调查先进工作者名单	江西省自然资源厅
景德镇市自然资源和规划局珠山分局竟成镇自然资源所	高　勇	男	江西省第三次全国国土调查先进工作者名单	江西省自然资源厅
景德镇市自然资源和规划局昌江分局	姜利平	男	江西省第三次全国国土调查先进工作者名单	江西省自然资源厅
景德镇陶瓷文化传承创新中心	孙立新	男	“喜迎二十大 匠心致初心”—江西省优秀民间工艺美术作品展入选作品展	江西省文学艺术界联合会、江西省民间文艺家协会
景德镇陶瓷文化传承创新中心	付　君	男	第十二届中国陶瓷艺术大展金奖	中国陶瓷工业协会

续表 10

单位	姓　名	性别	荣誉名称	表彰部门
九三学社景德镇市委会	麻汇源	男	全国青年岗位能手	共青团中央委员会、江西省人力资源和社会保障厅
九三学社景德镇市委会	吴文燕	女	江西省实施妇女儿童发展纲要先进个人	江西省妇女儿童工作委员会
九三学社景德镇市委会	麻汇源	男	第二十五届江西青年五四奖章	共青团江西省委、江西省人力资源和社会保障厅
九三学社景德镇市委会	方桂凤	女	青年岗位能手	共青团江西省委、江西省人力资源和社会保障厅
九三学社景德镇市委会	石晓武	男	江西省陶瓷艺术大师	江西省陶瓷协会
九三学社景德镇市委会	廖志丹	男	江西省陶瓷艺术大师	江西省陶瓷协会
九三学社景德镇市委会	石晓武	男	江西省省青年工艺美术杰出人才	江西省工艺美术学会
九三学社景德镇市委会	洪　瑶	女	江西省省青年工艺美术杰出人才	江西省工艺美术学会
市纪委市监委	杨勇俊	男	中央纪委国家监委嘉奖	中央纪委 国家监委
市纪委市监委	曾　涛	男	全省纪检监察系统先进个人	中共江西省纪委 江西省监委
市纪委市监委	汪仲华	男	全省纪检监察系统嘉奖	中共江西省纪委 江西省监委
市纪委市监委	谭　瑶	女	全省纪检监察系统嘉奖	中共江西省纪委 江西省监委
市纪委市监委	曹国林	男	全省纪检监察系统先进个人	中共江西省纪委 江西省监委
市纪委市监委	杨　毅	男	全省纪检监察系统嘉奖	中共江西省纪委 江西省监委
艺术瓷厂美研所	杨子健	男	第十二届中国陶瓷艺术大展银奖	中国陶瓷工业协会
景德镇陶瓷馆藏品保管研究部	罗海兰	女	陶艺研学教育科研工作先进工作者 《古彩在现代陶瓷艺术中的应用之研究》获 课题研究最佳成果奖	全国陶艺教育教学工作联席会、江西省教育学会陶艺教育专业委员会、江西省陶行知研究会陶艺研究学教育中心、景德镇市钟声教育中心
景德镇市第十七小学	孙　璐	女	优课	教育部基础教育司
民盟景德镇市委会	骆桂根	男	2021 年度民盟反映社情民意信息工作先进个人	民盟中央
民盟景德镇市委会	徐　岚	女	中国工艺美术大师	中国轻工业联合会
民盟景德镇市委会	熊　军	男	全国技术能手	人力资源和社会保障部

续表 10

单位	姓　名	性别	荣誉名称	表彰部门
民盟景德镇市委会	谢景玉	女	民盟全省 2020—2021 年度反映社情民意信息工作优秀信息员	民盟江西省委会
民盟景德镇市委会	骆桂根	男	民盟全省 2020—2021 年度反映社情民意信息工作优秀信息员	民盟江西省委会
民盟景德镇市委会	江乐珍	女	第二届“江西省陶瓷技能大师”	江西省高技能陶瓷艺术家协会
浮梁县人武部	叶红艳	男	人武部建设优秀个人	江西省军区
昌江区人武部	王　伟	男	练兵备战先进个人	江西省军区
浮梁县人武部	吴水清	男	征兵工作先进个人	江西省军区
浮梁县人武部	陶建华	男	百名优秀职工	江西省军区
乐平市人武部	杨仁帮	男	新闻宣传先进个人	江西省军区
乐平市人武部	杨仁帮	男	百名优秀职工	江西省军区
景德镇军分区	曾凯文	男	后勤工作先进个人	江西省军区
景德镇军分区民兵装备仓库	邓　潘	男	装备工作先进个人	江西省军区
珠山区人武部	付军萍	男	百名优秀职工	江西省军区
昌江区人武部	陈景川	男	百名优秀职工	江西省军区
景德镇移动	李慧群	女	中国移动优秀班组长	中国移动通信集团
中国工程院院士、北京大学国际癌症研究院院长、苏州大学苏州医学院院长	詹启敏	男	十大医学杰出贡献专家	医师报、中国医药卫生文化协会、央视网、福建省医师协会、福建省医学会、厦门大学附属第一医院
中国地质大学（武汉）	姚　尧	男	2022 全球青年科学家奖	泰伯网、国际华人地理信息科学协会（CPGIS）、国际计算机协会 ACM SIGSPATIAL 中国分会、中国测绘学会
江西南昌中国人民解放军某部	李小林	男	备战打仗先进典型	中国人民解放军东部战区空军
中国救援广东机动专业支队	王国宇	男	一等功	应急管理部消防救援局（2019 年 9 月 26 日）
名口镇政府	邹国庆（项目名称：江西农田镉风险阻控关键技术与集成应用）	男	2019—2021 年度全国农牧渔业丰收奖——农业技术推广成果奖三等奖	农业农村部

续表 10

单位	姓　名	性别	荣誉名称	表彰部门
市凤凰城社区医生	黄双根	男	中国好人（2022 年第二季度）	中央文明办
			江西好人（2022 年上半年）	江西省文明办
乐平镇桥中学退休教师	方清华	男	中国好人（2022 年第三季度）	中央文明办
乐平市洎阳街道办事处	李毛毛	男	首届年度全国“平安之星”	中央政法委长安剑、中国长安网
市人社局社保中心	郭婉婉	女	全国“岗位练兵明星”	人力资源和社会保障部
			全省“人社知识通”	江西省人社厅
乐平摄影家协会	程明建	男	摄影作品《雀满枝头》入选“第十一届‘群艺杯’全国摄影艺术展览”	中国艺术摄影学会、《中国摄影家》杂志社
	高志山	男	摄影作品《齐头并进》入选“第十一届‘群艺杯’全国摄影艺术展览”	
	刘风雷	男	摄影作品《板凳长龙闹元宵》《铁牛耕耘致富田》入选“第十一届‘群艺杯’全国摄影艺术展览”	
	汪和云	男	摄影作品《温暖的一抱》入选“第十一届‘群艺杯’全国摄影艺术展览”	
市移动公司	李慧群	女	优秀班组长	中国移动通信集团
			炼金网格长	
市人社局社保中心	蒋建晖	男	全省社会保障工作先进个人	中共江西省委、江西省政府
景德镇体校	刘嘉庆	男	江西省第十六届运动会青少年部（青少年组）拳击比赛男子甲组 63 公斤级冠军	江西省政府，省体育局，九江市政府
	刘　昊	男	江西省第十六届运动会青少年部（青少年组）拳击比赛男子乙组 52 公斤级冠军	
	刘佳成	男	江西省第十六届运动会青少年部（青少年组）拳击比赛男子乙组 48 公斤级冠军	
江南武术院	易宇翔	男	江西省第十六届运动会青少年部（青少年组）武术散打比赛散打男子甲组 60KG 冠军	
	李涛俊	男	江西省第十六届运动会青少年部（青少年组）武术散打比赛散打男子甲组 65KG 冠军	
	乐镇涛	男	江西省第十六届运动会青少年部（青少年组）武术散打比赛散打男子乙组 52KG 冠军	

续表 10

单位	姓　名	性别	荣誉名称	表彰部门
江南武术院	何　昱	男	江西省第十六届运动会青少年部（青少年组）武术散打比赛散打男子乙组 60KG 冠军	江西省政府，省体育局，九江市政府
	周宇晨	男	江西省第十六届运动会青少年部（青少年组）武术散打比赛武术男子甲组长拳、棍术、刀术全能冠军	
市统计局	王　娟	女	江西省第七次全国人口普查先进个人	江西省第七次全国人口普查领导小组
名口镇	徐景飞	男		
市委史志办	汪小龙	男	江西省地方志系统专家库成员	江西省地方志编纂委员会
市法院	马玉江	男	全省优秀法官	江西省高级人民法院
	俞　聪	男	全省优秀工作人员	
市委办	杨雪明	男	2022 年度全省党委信息工作优秀个人	中共江西省委办公厅
市公安局刑警大队	程孟勇（已故）	男	个人一等功	江西省公安厅
市公安局网安大队	黄　龙	男	全省优秀人民警察	
双田镇	叶毫有	男	新时代赣鄱先锋	中共江西省委组织部
市人民医院	杨　勇	男		
乐平洎阳街道	戴紫燕	女	江西“最美退役军人”	江西省委宣传部、省退役军人事务厅、省军区政治工作局
乐平检察院	胡　鹏	男	江西省优秀少先队辅导员	共青团江西省委、江西省教育厅
乐平市消防救援大队	李伟任	男	江西省技术能手	江西省人社厅、团省委
			江西省青年岗位能手	江西省人社厅
乐平市妇幼保健院	程美珍	女	全省优秀共青团员	共青团江西省委
乐平生态环境局	吴其珊	女	2022 江西最美环保人	江西省生态环境厅
乐平市二中	郎柳玉	女	江西好人（2022 年第四季度）	江西省文明办
乐平市中医医院	徐德亮	男	全省优秀志愿者	江西省文明办
	胡庆花	女	全省优秀志愿者（抗疫类）	
乐平洪岩镇	林　超	男	江西省退役军人服务工作“尊崇之星”	江西省委退役军人事务工作领导小组、省退役军人事务厅
乐平四中	李晓钢	男	江西省青少年田径锦标赛优秀教练员	江西省体育局、省教育厅
乐平市图书馆	曹　霞	女	江西省古籍保护工作先进个人	江西省古籍保护中心
乐平市机关事务管理中心	陈晓兰	女	江西省公共机构节能先进个人	江西省机关事务管理局
乐平市文化馆	程　慧	女	2022 年度江西省“百姓大舞台 大家一起来”先进个人	江西省文化馆
乐平洎阳街道	王小松	男	2017—2019 年度全省无偿献血奉献奖铜奖	江西省卫健委、省红十字会、省军区保障局

续表 10

单位	姓 名	性别	荣誉名称	表彰部门
乐平临港镇政府	程 龙	男	江西省“健康家庭”	江西省健康委员会、省计划生育协会
乐平洎阳街道	徐桂琴	女	全省“最美家庭”	江西省妇联
乐平十里岗镇南港村	董伟芳	女		
乐平接渡镇杨子安村	王明显	男		
乐平洎阳街道	江 婷	女	全省“书香家庭”	
乐平临港镇政府	张赐女	女	江西省实施妇女儿童发展纲要先进个人	
乐平市人民医院	李 明	女	江西省杰出护理工作者	江西省护理学会
乐平天湖医院	王 甜	女	2022 年江西省血透中心质控达标竞赛（二级医院组）三等奖	江西省医院协会血液净化中心管理专业委员会、省人民医院
乐平天湖医院医养中心	李书琴	女	2022 年江西省“振兴杯”职业技能大赛养老护理职业技能竞赛一等奖	江西省民政厅
	张金秀	女	2022 年江西省“振兴杯”职业技能大赛养老护理职业技能竞赛二等奖	
乐平众埠镇民政办	张子璇	女	2022 年度江西省社会救助业务知识技能竞赛优秀奖	
乐平市人武部	周 军	男	优秀政治教员一等奖、精品好课一等奖	江西省军区
	杨仁帮	男	新闻宣传先进个人	
乐平市司法局	熊林松	男	矛盾纠纷排查化解专项行动先进个人	江西省司法厅
	吴振良	男		
	张 平	女	2022 年度全省行政复议“进园区、商会、企业”专项法律服务活动先进个人	
	程 庆	男	2022 年度全省公证宣传先进个人	
	胡雪锋	男	2022 年度全省公共法律服务工作先进个人	
乐平市第四中学	吴享洋	男	“2022 年全省基础教育优秀教学课例展示交流活动”一等奖	江西省教育厅
	郭美柔	女	“2022 年全省基础教育优秀教学课例展示交流活动”二等奖	
乐平接渡镇中心小学	江慧彬	女	江西省第十二届中小学教师“班班通”教学资源应用成果展示比赛一等奖	
市盐业公司	马卫东	男	优秀管理者	江西省江盐华康实业有限公司
市第十三小学四（1）班	李凌轩家 庭		2021 年“我家双减生活”作品征集活动一等奖	江西省妇联
市第十一小学三（1）班	汪如意家 庭			
市第十二小学一（5）班	许欣冉家 庭			

续表 10

单位	姓　名	性别	荣誉名称	表彰部门
市第七小学四（1）班	王宇灿家　庭		2021 年“我家双减生活”作品征集活动二等奖	江西省妇联
市第七小学二（3）班	吴垚睿家　庭			
市第七小学一（3）班	卢续仁家　庭			
市第十一小学一（7）班	孙　跃家　庭			
市第七小学二（4）班	黄铭哲家　庭			
	胡邵坤家　庭		2021 年“我家双减生活”作品征集活动三等奖	
市第一小学四（1）班	张珊芷晴家庭			
市第十一小学一（5）班	陈长希家　庭			
市第十二小学二（6）班	华振翼家　庭			
	程洛熙家　庭			
市第十三小学四（1）班	郑子成家　庭			
	唐义府家　庭			
	董芊竹家　庭			
	王诗敏家　庭			
	张雨欣家　庭			
景德镇市浮梁县关工委法制教育组成员、浮梁县人民检察院退休干部	宁根荣	男	全国青少年普法教育先进工作者	中国关心下一代工作委员会、中共中央政法委员会、中华人民共和国司法部、共青团中央委员会、中国法学会
景德镇市关工委关爱报告团、法治教育组成员，市实验学校退休教师	饶玉新	男	全国青少年普法教育优秀辅导员	中国关心下一代工作委员会、中共中央政法委员会、中华人民共和国司法部、共青团中央委员会、中国法学会
景德镇老干部活动中心（景德镇老年大学）	方毓晗	女	2020—2021 年度全省先进个人	九三学社江西省委员会

组织机构与领导名录

（2022.7——2023.6）

一、中共景德镇市委

一、中共景德镇市委

书　记　刘　锋

副书记　胡雪梅（女）

吴　隽

常　委　孙安敏

廖良生

林　蓉（女）

吴财锋

邓永翔

林卫春

胡春平

一级巡视员

刘朝阳

秘书长　罗建国

副秘书长　吴水旺

何明旺（2023.02 止）

张　樑

汪春艳（女，2023.05 止）

洪国强（2023.02 止）

张金水（2023.05 止）

房希昌

段志勇

徐志军

徐智勇

市委办公室

主任，兼任市档案局局长、市政府台湾事务办公室主任　吴水旺

正县级督查专员

王　晨（2022.07 任）

市纪委市监委派驻纪检监察组组长、四级高级监察官

余玉花（女，四级高级监察官 2023.06 任）

副主任　余　慧（女）

余红有

胡春生

副县级督查专员

王　威

市纪委市监委派驻纪检监察组二级调研员、三级高级监察官

董醇根（二级调研员 2023.03 任，三级高级监察官 2023.06 任）

市纪委市监委派驻纪检监察组三级调研员

董醇根（2023.03 止）

市专用通信局

局　长　王俊宏

市委组织部

部　长　林　蓉（女，2023.06 任）

常务副部长　汤武辉

副部长　汪春艳（女，2023.05 任）

向　华

洪丹平（女）

汪立胜

张通华

部务委员　胡　燕（女）

李　丽（女）

市纪委市监委派驻纪检监察组组长、四级高级监察官

万红川（女，四级高级监察官 2023.06 任）

部务委员　胡旭明（2023.03 任）

一级调研员　李　琪（2023.01 任）

二级调研员　胡志生（2022.11 任）

三级调研员　胡志生（2022.11 止）

市委非公经济组织与社会组织工委

书　记　张通华

市委宣传部

部　长　林　蓉（女）

常务副部长　周清平（女，2023.05 止）

董军发（2023.05 任）

副部长　徐耿忠

副部长、三级调研员

程步才（三级调研员 2023.01 任）

副部长　董　臻（女）

市纪委市监委派驻纪检监察组组长、四级高级监察官　吴　华（女，四级高级监察官 2023.06 任）

二级巡视员　郑　鹏（2022.07 任，2022.09 止）

一级调研员　郑　鹏（2022.07 止）

陈国胜（2023.01 止）
黄　波（2022.11 任）
二级调研员　王小刚
三级调研员　郑　芳（女）
倪　凯（2023.01 任）
四级调研员　倪　凯（2023.01 止）
江亚梦（女）

市网络安全和信息化中心

主　任　倪　凯（2023.01 任）
副主任　余乐晟
万丽雅（女）

市记者协会

专职副主席　赖家勇（2023.04 任）

市委统战部

部　　长　吴财锋
常务副部长、一级调研员
胡巧省（一级调研员 2022.08 任）
副部长　谭学军（2023.02 止）
副部长、兼任市民宗局局长
黄　涛（正处长级）
副部长、市社会主义学院院长、兼任市政府侨务办公室主任、一级调研员
王习民（一级调研员 2022.08 任）
副部长　程念革（2023.02 任）
副部长、三级调研员
徐文生
市纪委市监委派驻纪检监察组组长、四级高级监察官　徐发军（四级高级监察官 2023.06 任）
一级调研员　谭学军（2023.02 任）
石　珂
二级调研员　万景彪（2023.01 止）
邱朝芳（2023.05 任）
三级调研员　严迎春
市纪委市监委派驻纪检监察组三级调研员、四级高级监察官　胡庆平（三级调研员 2022.08 任，四级高级监察官 2023.06 任）

市委政法委

书　记　胡春平
常务副书记　王　毅（2023.02 止）
童　勇（2023.03 任）
副书记　周玉登（原市社会治安综合治理委员会办公室主任）
高进国（正处长级）
占志远（2023.04 止）
市纪委市监委派驻机关纪检监察组组长、四级高级监察官　罗震宇（女，四级高级监察官 2023.06 任）
政治部主任　翁韶华
一级调研员　王　毅（2022.07 任）
二级调研员　汪　玲（女，2022.08 止）
李　兵（2023.03 任）
三级调研员　占志远（2023.01 任）
金秋成
许文军
李　兵（2023.03 止）
四级调研员　余小兰（女，2023.01 任）

市法学会

专职副会长　张景斌

市社会治理中心

主　任　余小兰（女，2023.01 止）

市委政研室

主　任　段志勇
副主任　汪　翼
朱　俊
李新江
一级调研员　黄　波（2022.08 任，2022.11 止）
二级调研员　黄　波（2022.08 止）

市委编办

主　任　伍恒光（2023.05 止）
汪春艳（女，2023.05 任）
副主任　吴　巍（2022.07 任）
陈莉芳（女）
余新年
二级调研员　龚　毅

市人员编制派遣中心

主　任　何　群

市委军民融合发展委员会办公室

主　任　何明旺（2023.02 止）
徐新颖（女，2023.02 任）

副主任　　邱朝芳（正处长级，副主任 2023.05 止）
　　　　　汪志钢
　　　　　朱　蕾（2022.09 任）
　　　　　陈　琦（女，2023.05 任）

市直属机关工委

第一书记　林　蓉（女，2023.06 任）
书　记　　李承尧
副书记、三级调研员
　　　　　张晓红（女，三级调研员 2023.03 任）
副书记　　段何伟
市直属机关纪检监察工委书记、四级高级监察官
　　　　　黄国斌（四级高级监察官 2023.06 任）
二级调研员　邱云龙

市委信访局

局　长　　张　樑
正县级督查专员
　　　　　杨星光
副局长　　姚石玉
　　　　　于秀其
副县级督查专员
　　　　　郑锦国
二级调研员　余立明（2023.03 任）
三级调研员　余立明（2023.03 止）
　　　　　王开忠

市委老干部局

局　　长　洪丹平（女）
副局长、三级调研员
　　　　　张庆革（三级调研员 2023.03 任）
副局长　　陈　颖
　　　　　华丽亚（女）
一级调研员　许剑锋（2022.08 任）
二级调研员　许剑锋（2022.08 止）
　　　　　李有根（2022.10 止）

景德镇老干部活动中心（景德镇老年大学）

主　任　　刘国良

市委保密机要局

局　长　　谭慧平
副局长、三级调研员
　　　　　陈方文（三级调研员 2023.01 任）
专职密码督察员
　　　　　周大制（2023.02 任）

市委保密委员会

专职副主任　吴念东

市委、市政府接待办公室

主　任　　幸双钱
副主任　　孙志华（女）
　　　　　汪　凌

市党史和地方志工作办公室

主　任　　李雪海（2023.02 止）
　　　　　计纯纯（2023.02 任）
副主任　　李景春（2023.01 止）
　　　　　黄重英（女）
　　　　　江　北
　　　　　徐国明（2023.01 任）
一级调研员　李雪海（2023.02 任）
二级调研员　宁恭武（2022.11 任，2023.02 止）
三级调研员　李景春（2023.01 任）
　　　　　宁恭武（2022.11 止）

市委党校

校　长　林　蓉（女，2023.06 任）
常务副校长
　　　　　范明光
副校长　　田建红
　　　　　郑建峰
　　　　　王　芳（女，2022.07 任）
二级调研员　王新华
　　　　　傅得球（2022.10 任）
三级调研员　傅得球（2022.10 止）

市融媒体中心

主　任　　冯　亮（2023.03 任）

总编辑 廖尼峰（2023.03 任）

副主任 周再鸣（2023.03 任）

李　祥（2023.03 任）

刘　丹（2023.03 任）

陈俊绮（2023.03 任）

雷汇敏（2023.03 任）

市档案馆

党组书记、馆长

林茂盛

党组成员、副馆长

陈志华

陈园媛（女，2022.07 任）

二级调研员 郑　骁

陈新安（2023.03 任）

三级调研员 陈新安（2023.03 止）

杨庭贵（2023.05 止）

二、景德镇市人大常委会

党组书记、主任

曹雄泰

党组副书记、副主任

罗建国

党组成员、副主任

孙艳峰

占　剑

况小军

徐九生

朱仕木

一级巡视员 闫　浩（2022.09 任，2023.03 止）

党组成员、秘书长、机关党组书记、二级巡视员

雷　铧

副秘书长 马　勇

副秘书长、机关党组成员、一级调研员

巢文斌（正处长级，一级调研员 2022.10 任，副秘书长、机关党组成员 2022.12 止）

胡利华（2022.12 任）

机关党组副书记、办公室主任

马　勇

办公室副主任

胡利华（2022.12 止）

王　燕（女）

朱胜军（2022.12 任）

机关党组成员、办公室二级调研员

俞丽青（女）

财经委主任委员、一级调研员

江永帆（一级调研员 2022.08 任）

财经委副主任委员

汪卫华（2023.02 止）

梁　燕（女）

杨日生（2023.04 任）

财经委二级巡视员

叶火民

监察和司法委员会主任委员、一级调研员

危长辉（一级调研员 2022.07 任，监察和司法委员会主任委员 2022.12 止）

监察和司法委员会主任委员

肖　岚（女，2022.12 任）

监察和司法委副主任委员

江景龙（2022.12 止）

温丽华（女，2023.04 任）

教科文卫委主任委员、一级调研员

华锦生（一级调研员 2022.07 任，教科文卫委主任委员 2022.12 止）

教科文卫委主任委员

陈菊明（女，2023.01 任）

教科文卫委副主任委员

邵　园（女）

环境与资源保护委主任委员

吕建金

环境与资源保护委副主任委员

张　玲（女）

环境与资源保护委一级调研员

方励平（2022.08 止）

黎小兰（女，2023.01 止）

农业和农村委主任委员

姜　涛

农业和农村委副主任委员

李　军

外事华侨民族宗教工委主任、一级调研员

钟火石（一级调研员 2022.07 任，外事华侨民族宗教工委主任 2022.12 止）

外事华侨民族宗教工委主任

李丰来（2023.01 任）

外事华侨民族宗教工委副主任、机关三级调研员

王发旺（机关三级调研员 2023.01 任）

选任联工委主任

向　华

选任联工委副主任

徐兆斌（2022.12 止）

聂　寅（女，2023.03 任）

选任联工委二级调研员

李会琴（女）

法制委员会主任委员

况小军（兼）

法制工作委员会主任兼法制委员会副主任委员

段晓红（女）

法制委员会副主任委员

符晓剑（2023.02 任）

法制工作委员会副主任

潘光发

肖　岚（女，2022.12 止）

社会建设委主任委员

俞建明

社会建设委副主任委员

卢　鹏

机关党组成员、三级调研员

徐兆斌（三级调研员 2022.12 任）

机关二级巡视员

傅桂龙（2022.08 止）

郑新谷（2022.08 止）

雷　铭（2022.11 任，2023.01 止）

机关一级调研员

雷　铭（2022.11 止）

石红心

陈玉元

机关二级调研员

陈少华（2022.10 任）

机关三级调研员

陈少华（2022.10 止）

江景龙（2022.12 任）

曹璟华（女）

三、景德镇市人民政府

党组书记、市长

胡雪梅（女）

党组副书记、副市长

邓永翔

副 市 长　江民强

党组成员、副市长

邹永胜

罗文军

徐　辉

高晓云

一级巡视员　张良华（2023.06 止）

徐耀纯（2023.06 止）

副秘书长　王铁军

方霞云（女，2023.02 止）

朱　奔

许　虎

程念革（2023.02 止）

乐　忠

夏　锋

郑　皓

汪长乐（2023.05 任）

袁　鹏（挂职，2023.05 任）

市政府办公室

机关党组副书记、主任

王铁军

机关党组成员、二级调研员

朱　奔

许　虎

程念革（2023.02 止）

机关党组成员、一级调研员

程光来（二级调研员 2023.03 止，一级调研员 2023.03 任）

机关党组成员

乐　忠

夏　锋

郑　皓

汪长乐（2023.05 任）

机关党组成员、副主任

吴敦义

刘兴兵

张　勇

机关党组成员、市纪委市监委派驻纪检监察组组长、四级高级监察官

李　涛（四级高级检察官 2023.06 任）

机关党组成员、副主任

陈新剑（2023.02 任）

二级巡视员　符传勇（2022.09 任，2022.11 止）
一级调研员　符传勇（2022.09 止）
市纪委市监委派驻纪检监察组三级调研员
涂茂文（2023.03 止）
三级调研员　林景锋
市纪委市监委派驻纪检监察组三级调研员、四级高级监察官　王先彪（三级调研员 2022.08 任，四级高级监察官 2023.06 任）
市纪委市监委派驻纪检监察组四级调研员
王先彪（2022.08 止）

市金融服务中心

党组书记、主任
程光来
党组书记、副主任
伍　权（2022.10 任）
副主任　邵　圆（2023.04 任）

市公安局

党委书记、局长、兼任督察长
邹永胜
党委副书记、常务副局长（正县级）、二级警务专员
方胜平
党委委员，一级高级警长
程　坚（党委委员 2023.02 任）
党委委员、副局长、一级高级警长
程志兵（二级高级警长 2023.03 止，一级高级警长 2023.03 任）
党委委员、副局长、二级高级警长
余士良（党委委员 2023.04 任）
党委委员、市纪委市监委派驻纪检监察组组长、三级调研员，四级高级监察官
余志军（三级调研员 2023.01 任，四级高级监察官 2023.06 任）
党委委员、副局长、二级高级警长
钟　健
党委委员、一级高级警长
姚文生（二级高级警长 2023.03 止，一级高级警长 2023.03 任）
范有光（二级高级警长 2023.03 止，一级高级警长 2023.03 任）
党委委员　童　勇（2023.03 止）
一级高级警长
蔡启彬
胡　刚（2023.02 任）
汪发扬（2023.02 任）
金国顺（2023.06 任）
郭景洪（2022.09 任，2022.10 止）
汪国强（2022.11 任，2022.12 止）
汪小毕（2023.02 任，2023.06 止）
赵永发（2023.02 任，2023.06 止）
二级高级警长
郭景洪（2022.09 止）
汪新明（2022.11 止）
汪国强（2022.11 止）
付　芳（女）

政治部

主　任　范有光

指挥中心

主　任　姚文生

国内安全保卫支队

支队长、二级高级警长
汪跃群
政　委　欧阳丽云（女）
二级高级警长
汪发扬（2023.02 止）

治安警察支队

支队长　叶传红（2023.04 止）
政　委　李　勇

市刑警支队

支队长　敖军荣
政委、三级高级警长
江民兴（三级高级警长 2022.10 任）
二级高级警长
胡　刚（2023.02 止）

市城市警察支队（市公安局机动支队）

支队长　肖剑峰
政　委　李海军
二级高级警长
汪小毕（2023.02 止）

市交警支队

支队长、二级高级警长
李维明
政委、三级高级警长
雷晓晖（女）
二级高级警长
赵永发（2023.02 止）

特警支队

支队长、二级高级警长

江期军

政委、二级高级警长

江 宏

森林分局

局长、二级高级警长

张党杰（正团转业）

政委、三级高级警长

黄高海（三级高级警长 2022.10 任）

二级高级警长

金国顺（2023.06 止）

市司法局

党组书记、一级调研员

郑赞辉（一级调研员 2023.03 任）

局 长 方 静（女，2023.02 止）

党组成员、三级调研员

涂传安（正团转业，三级调研员 2023.05 任）

党组成员、副局长

叶朝华

彭新平（正团转业）

党组成员、市纪委市监委派驻纪检监察组组长

罗海华（2023.03 止）

党组成员 黄君建

党组成员、政治部主任

方 成

党组成员、市纪委市监委派驻纪检监察组组长、四级高级监察官

王为伟（党组成员、市纪委市监委派驻纪检监察组组长 2023.03 任，四级高级监察官 2023.06 任）

党组成员、副局长

王慧萍（女，2023.05 任）

二级巡视员 操柳林

二级调研员 张和光（2023.03 止）

罗建勇（2022.11 任）

胡策谋（2023.03 任）

程太原（2022.11 任，2023.02 止）

谷炳坤（2022.10 任，2022.11 止）

三级调研员 罗建勇（2022.11 止）

程太原（2022.11 止）

谷炳坤（2022.10 止）

胡策谋（2023.03 止）

江 南（2022.08 任）

罗海华（2023.03 任）

四级调研员

江 南（2022.08 止）

市强戒所

第一政委

郑赞辉

党委书记、所长

黄君建

党委委员、政委

张永忠

党委委员、副所长、三级高级警长

蒋 炜

党委委员、纪委书记、三级高级警长

江德贤

党委委员、副所长、三级高级警长

胡 猛

党委委员、副所长

于先东

二级高级警长

徐旭云（2023.02 任，2023.02 止）

三级高级警长

陈永安

徐旭云（2023.02 止）

张维荣

市发展和改革委员会

党组书记、主任

郝世宽

党组成员、副主任

任赣鹏（2022.12 止）

王 晨（2022.07 止）

郑武敏

副主任 叶逢春（2022.08 任）

党组成员、市纪委市监委派驻纪检监察组组长、四级高级监察官 胡志霞(女，四级高级监察官 2023.06 任)

党组成员、副主任

吴 斌（2022.09 任）

一级调研员 万 毅（2022.08 任，2023.03 止）

二级调研员 万 毅（2022.08 止）

洪 光（2022.08 止）

市纪委市监委派驻纪检监察组二级调研员、三级高级监察官　汪劲阳（三级高级监察官 2023.06 任）
三级调研员　徐德鹏
四级调研员　刘懋来（2023.01 任）

市数字经济发展中心

主　任　吴　斌（2022.09 止）
　　黄正明（2022.09 任）
二级调研员　曹端国

市重大项目服务中心

主　任　刘懋来（2023.01 止）
　　吴　嫔（女，2023.01 任）

市教育体育局

党组书记、局长、一级调研员
　　冯国平（党组书记、局长 2023.02 止，一级调研员 2023.05 止）
党组书记　何明旺（2023.02 任）
局　长　方　静（女，2023.03 任）
党组成员、副局长
　　胥慧强（2023.02 止）
　　孙　俊
党组成员、二级调研员
　　岑　波（女）
党组成员、副局长
　　陈　洁（女）
党组成员、市纪委市监委派驻纪检监察组组长、四级高级监察官　鲍桂顺（四级高级监察官 2023.06 任）
党组成员　钟志云（2023.06 止）
党组成员、副局长
　　张　建（2023.05 任）
党组成员、副局长
　　李洪涛
总督学　温　悦（女）
二级巡视员　吴庆琳
　　冯国平（2023.05 任）
一级调研员　施若佩（女，2023.03 止）
　　程莉琼（女，2023.05 任）
二级调研员　程莉琼（女，2023.05 止）
　　吴黎明
　　刘园生（2022.10 任，2022.10 止）
　　戴秋生（2023.03 任）
三级调研员　戴秋生（2023.03 止）
　　刘园生（2022.10 止）
　　胥慧强（2023.02 任）
　　刘拓平（2023.05 任）
四级调研员　刘拓平（2023.05 止）

市体育运动学校

党委书记　郭少华（2022.08 任）
党委副书记、校长
　　余善杰（2022.08 任）
党支部委员、副校长
　　戴景保
副校长　王镇贵
　　余　俊（女，2022.10 任）

景德镇一中

校　长　施刚义
党总支书记　韩旭光（2022.09 止）

景德镇二中

校　长　张　立
党总支书记　邹秋平

市第三中学

党支部书记、校长
　　周景铭

市第四中学

校　长　张产华（2023.04 止）
党支部书记　吴跃军

景德镇第一高级职业中学

党支部书记　洪　蕾（女）
校　长　陈昌伟

市第七中学

校　长　江永良
党支部书记　宋建华

景德镇第二高级职业中学

校　长　熊武建
党支部书记　方克清

市中小学教学研究所

所　长　钟志云
党支部书记　刘光明（2022.10 止）

市二十六中学

党支部书记　康乐阗（女）
校　长　余新春

市十九中学

校　长　程少武
党支部书记　范裕廷

市第十六中学

校　长　梁　震
党支部书记　王树池

市昌河中学

校　长　金宏文

市第二十中学

校　　长　傅祖荣

原商业中专党委副书记

冯琳浦

市科学技术局

党组书记、一级调研员

虞　萍（女，一级调研员 2022.10 任）

局　　长　王筱松

党组成员、副局长

张爱芝（女）

董继革

党组成员　袁晓东（2023.02 止）

二级巡视员　艾春龙（2023.04 止）

二级调研员　何红耀

三级调研员　王　旭

四级调研员　袁晓东（2023.02 任）

市工业和信息化局

党组书记、局长

黄建平

党组成员、副局长

张　琦

朱　成

副局长　吴正亮（挂职）

党组成员、四级调研员

黄　君（女）

党组成员　汪勤海

张渊浩（2023.02 任）

一级调研员　张志明

余秩翔（2022.08 任，2023.03 止）

二级调研员　余秩翔（2022.08 止）

邵　明（2023.03 止）

冯双燕（女，2023.05 止）

周家骥（2022.08 止）

三级调研员　周家骥（2022.08 止）

龚筱红（女，2022.11 任）

四级调研员　龚筱红（女，2022.11 止）

市工业和信息化融合推进中心

主　任　汪勤海

市民政局

党组书记、局长、一级调研员

程卫东（一级调研员 2023.03 任）

党组成员、副局长

陈乐华（2023.03 止）

沐守勇（正团转业）

党组成员、三级调研员

朱小燕（女）

党组成员、副局长

黄志虹（女）

副局长　余少甲（2022.10 任）

二级调研员　黄　明（2022.10 止）

三级调研员　陈乐华（2023.03 任）

四级调研员　方中武（2022.07 止）

市财政局

党组书记、局长

芦继云（女）

党组成员、市纪委市监委派驻纪检监察组组长，四级高级监察官　刘建云（党组成员、市纪委市监委派驻纪检监察组组长 2023.01 任，四级高级监察官 2023.06 任）

党组成员、副局长

王田生（2023.02 止）

曹炜华

叶　伟

党组成员、市纪委市监委派驻纪检监察组组长

李云珍（女，2023.01 止）

党组成员、副局长

柴立群

钟仁金（2023.05 任）

党组成员　王景耘（2023.06 任）

一级调研员　张　纯（2023.01 止）

万金华（2023.06 任）

二级调研员　万金华（2023.06 止）

王泰来（2022.11 任，2023.02 止）

三级调研员　王泰来（2022.11 止）

王田生（2023.02 任）

市纪委市监委派驻纪检监察组三级调研员、四级高级监察官　李云珍（女，市纪委市监委派驻纪检监察组三级调研员 2023.01 任，四级高级监察官 2023.06 任）

三级调研员　周冬生
周志刚
余时久（2022.07 任）
陈颂明（2023.03 任）
四级调研员　余时久（2022.07 止）
陈颂明（2023.03 止）
市纪委市监委派驻纪检监察组四级调研员、四级高级监察官　龚　瑾（女，四级高级监察官 2023.06 任）

市财会职工中等专业学校

党委书记　王景耘
党委副书记、校长
曾繁斌
党委委员、副校长
李　嘉
钟仁金（2023.05 止）
徐颖锋（2023.06 任）

市财政公共服务中心

主　任　范国盛

市人力资源和社会保障局

党组书记、局长
杨志奇（2023.05 止）
罗　莉（女，2023.06 任）
党组成员、市纪委市监委派驻纪检监察组组长
刘建云（2023.01 止）
党组成员、副局长
王　寒
吴子和
党组成员、市纪委市监委派驻纪检监察组组长，四级高级监察官　胡卫华（党组成员、市纪委市监委派驻纪检监察组组长 2023.01 任，四级高级监察官 2023.06 任）
党组成员　叶　刚（2023.02 任）
二级巡视员　郑胜林（2023.01 止）
一级调研员　徐国平（2022.12 止）
曹俊权（2022.08 任，2022.12 止）
唐　平（2022.10 任，2022.11 止）
二级调研员　曹俊权（2022.08 止）
唐　平（正团转业，2022.10 止）
吕松康（2022.10 任）
三级调研员　吕松康（2022.10 止）

市高级技工学校

党委书记　汪爱民
党委副书记、校长
熊海亮
党委委员、纪委书记
黄　琳（女，2023.03 止）
党委委员、副校长
袁明星
张建平
张葵花（女，2022.08 任）
党委原书记　张喆亚

市社会保险事业服务中心

主　任　鄢　伟
二级调研员　曹达生（2022.10 任）
三级调研员　曹达生（2022.10 止）

市就业创业服务中心

主　任　叶　刚

市住房和城乡建设局

党组书记、局长
张文帮
党组成员、副局长
徐先正
桂洪涛（正团转业，2023.01 止）
党组成员、市纪委市监委派驻纪检监察组组长、四级高级监察官　徐忠良（四级高级监察官 2023.06 任）
党组成员、副局长、二级调研员
张先桃
党组成员、副局长
叶　凯（2023.06 任）
党组成员、二级调研员
汪玉盛
余　民
涂文军（女）
二级调研员　陈有发（党组成员 2023.06 止）
余　敏（党组成员 2023.03 止）
刘成法（2022.11 止）
刘文盛（2022.09 止）
三级调研员　肖堂洲
曹智军（2023.03 任）
四级调研员　曹智军（2023.03 止）

市城镇发展服务中心

主　任　周松良

市交通运输局

党组书记、局长
陈振中（2023.02 止）
洪国强（2023.02 任）
党组成员、副局长、三级调研员
陈景明（三级调研员 2023.01 任）
党组成员、副局长
袁孔斌（正团转业）
程振伟（正团转业）
党组成员　宁足祥（2023.06 止）
党组成员、三级调研员
吴群明
党组成员，市邮政管理局党组书记、局长
邹文俊
党组成员、市纪委市监委派驻纪检监察组组长、四级高级监察官　邵景刚（四级高级监察官 2023.06 任）
二级巡视员　陈振中
二级调研员　陈树生（正团转业）
方景萍（女，2023.03 任）
汪卫民（2023.03 任）
三级调研员　汪卫民（2023.03 止）
方景萍（女，2023.03 止）
黎庭敏（2022.08 任）
原市港行管理处主任
宁足祥
四级调研员　黎庭敏（2022.08 止）

市交通运输综合行政执法支队

支队长　于盛颖

市水利局

党组书记、局长
陈忠豪
党组成员、副局长
曹兴伟
吴德柏
汪　涛
二级调研员　汪建军（2021.08 止）
叶玉成
三级调研员　胡尧金
夏陆梅

市农业农村局

党组书记、局长
黎廷相（2023.02 止）
胡平华（女，2023.02 任）
党组成员、副局长
胡弋晖（正团转业）
刘景亮
吴　俊
党组成员、市纪委市监委派驻纪检监察组组长
钟同万（2023.01 止）
党组成员、二级调研员
周三荣
党组成员　汪　勇（2022.10 任）
党组成员、市纪委市监委派驻纪检监察组组长，四级高级监察官
伍京媛（女，党组成员、市纪委市监委派驻纪检监察组组长 2023.01 任，四级高级监察官 2023.06 任）
一级调研员　黎廷相（2023.02 任）
二级调研员　朱景潮（2022.10 止）
李筱年（2023.01 止）
江民干（2022.07 止）
石　庆（2022.07 止）
汪峙生
舒　君（2023.03 任）
三级调研员　舒　君（2023.03 止）
市纪委市监委派驻纪检监察组三级调研员，四级高级监察官
钟同万（市纪委市监委派驻纪检监察组三级调研员 2023.01 任，四级高级监察官 2023.06 任）
三级调研员　吴农科
张红燕（女）
徐龙江
李凤君（女）
邬书杰
杜荼英（女，2023.03 任）
四级调研员　杜荼英（女，2023.03 止）
吴云清

市农业科学研究所

党组书记、所长
詹周荣

党组成员、副所长
万　军
方克明（2022.11 止）

市农产品质量安全检测中心

主　任　聂　灏
原主任　周振杰

市农业综合行政执法支队

支队长　汪　勇

市商务局

党组书记、局长
沈　昆
党组成员、副局长
周武太
程新裕
马莉萍（女）
周　群（女，2023.06 任）
二级巡视员　尧宁生（2022.12 止）
一级调研员　刘汝先（2023.06 止）
刘希亭（2023.06 任）
二级调研员　时　岩（2022.10 止）
刘希亭（2023.06 止）
曹正德（2023.04 止）
朱友生
范庆华
三级调研员　吕　洁（女）

市贸促会

党组书记、会长
刘茨坪
党组成员、副会长
杨　涛（2023.06 止）
汪　莉（女）

景德镇市生态环境局

党组书记、局长
吴顺斌
二级巡视员　龙　骏
党组成员、副局长
陈贻兰
安政
华东海
党组成员、纪检组长
徐书庆
党组成员、驻市监测中心主任
戴　勇
党组成员　童茜炜
二级调研员　吴育红
四级调研员　付登科

景德镇市自然资源和规划局

党组书记、局长
邹虚怀
党组成员、副局长
齐立新
党组成员、驻局纪检监察组组长
陈晓东
党组成员，市自然资源储备利用中心
党组书记、主任
郭　扬
副局长，机关党委专职书记
杨伟旗
二级调研员　唐保明
三级调研员　刘智远
焦景尧
周志毅
副调研员　吴杨坤
市自然资源执法监察支队二级调研员
周　磊
市自然资源储备利用中心副主任
陈文平

市文化广电新闻出版旅游局

党组书记、局长
盛璟晶（女）
党组成员、副局长
汪同茂（正处长级）
党组成员、副局长、二级调研员
余红生

党组成员、市纪委市监委派驻纪检监察组组长
袁永红（2023.06 止）
党组成员、市纪委市监委派驻纪检监察组组长、四级高级监察官
宁　飞（2023.06 任）
党组成员、副局长
占兴华（2022.10 任）
一级调研员　高正元（2023.03 任）
汪丽瑾（女）
二级调研员　陈一奇（正团转业，2023.05 止）
洪唯真（女，2023.03 任）
市纪委市监委派驻纪检监察组三级调研员、四级高级监察官
郑小兵（女，四级高级监察官 2023.06 任）
三级调研员　洪唯真（女，2023.03 止）
胡文会

景德镇御窑博物院

党支部书记　邹　媛（女）
院　　长　翁彦俊
党支部副书记、副院长
陈　刚
副 院 长　黄　勇

市文化馆

原党支部书记
叶道明

景德镇陶瓷馆

馆　　长　彭国红

市文化市场综合执法支队

支队长　熊　辉
二级调研员　彭春文

市卫生健康委员会

党组书记、主任、一级调研员
朱菁华（女）
党组成员　王祉武
党组成员、副主任
方昌杰
施莉萍（女，2023.02 止）
党组成员、三级调研员
高小红（女，副主任 2023.05 止，三级调研员 2023.05 任）
党组成员、市纪委市监委派驻纪检监察组组长、四级高级监察官
余春娥（女，四级高级监察官 2023.06 任）
党组成员　胡继伟
党组成员、二级调研员
程玉燕（女）
党组成员、副主任
史业方（2023.02 任）
副主任　郭国华（2022.08 任）
一级调研员　陈铁梅（女）
二级调研员　杨国华（2022.10 任）
邵正东（2022.11 任）
三级调研员　施莉萍（女，2023.02 任）
孙　群
杨国华（2022.10 止）
邵正东（2022.11 止）
付建清
市纪委市监委派驻纪检监察组四级调研员、四级高级监察官　李胜来（四级高级监察官 2023.06 任）

市卫生学校

党委书记　袁志宏
党委副书记、校长
潘占辉
副校长　黄素玲（女）
党委委员、纪委书记
徐慧珍（女）
党委委员、副校长
史业方（2023.02 止）
李涌建
孙剑梅（女）

市第一人民医院

党委书记　王祉武（正处长级）
院　　长　余钢成（2023.01 止）
应学明（2023.05 任）

市第二人民医院

党委书记　张　将
院　　长　刘　芩（2023.05 止）

市第三人民医院

党委书记　利新发
院　　长　应学民（2023.05 止）
俞成叙（2023.05 任）

市第四人民医院

党委书记　张仁泉
院　　长　侯　成

市中医医院

党委书记 岑小杰

院　　长 秦永斌（2022.10 止）

骆剑蛟（2023.05 任）

市妇幼保健院

党委书记 周　毅

院　　长 俞成叙（2023.05 止）

李　斌（2023.05 任）

市疾病控制中心

主　任 祝笑敏

党总支书记 邵　群

市卫生健康综合监督执法局

二级调研员 姜　波（女，2023.01 止）

市第五人民医院

党总支书记 郑寿赐

院　　长 蒋宗华

市计生协会

专职副会长 胡继伟

市退役军人事务管理局

党组书记、局长

肖建中

党组成员、副局长

陈奕柏（正团转业，2023.02 止）

徐和平

周国良（2023.04 任）

刘烨斌（兼）

二级巡视员 操保官（2022.08 任，2022.12 止）

一级调研员 操保官（2022.08 止）

三级调研员 陈奕柏（2023.02 任）

景德镇军供站

站　　长 吴春晓（2022.09 任）

市应急管理局

党委书记、局长、一级调研员

汪来金（一级调研员 2022.10 任）

党委委员、二级调研员

张英敏

党委委员、副局长

王　静（女）

任济民

石锦葵（正团转业）

吴希林（2023.05 任）

二级调研员 江训模（2023.02 止）

陈志强（正团转业）

李素英（女，2022.11 止）

市政府参事 李　锋

市审计局

党组书记、局长、一级高级主管

计　群（一级调研员 2023.03 任，一级高级主管 2023.06 套转）

党组成员、副局长

占玉芳（女，2023.02 止）

党组成员、二级调研员

吴新国（党组成员 2023.03 止）

党组成员、副局长

魏若然（2023.03 任）

冯仕超

付彬辉（副局长 2023.03 任）

党组成员、总审计师

付彬辉（总审计师 2023.03 止）

总审计师 王诚刚（2023.03 任）

党组成员、市纪委市监委派驻纪检监察组组长、四级高级监察官 金　恺（四级高级监察官 2023.06 任）

党组成员、三级高级主管

周先法（三级调研员 2022.08 任，三级高级主管 2023.06 套转）

市经责办专职副主任

汪　波（2023.03 任）

一级高级主管

陈志坚（2023.06 套转）

二级高级主管

王　桦（正团转业，2023.06 套转）

王民森（2023.06 套转）

吴新国（2023.06 套转）

三级高级主管

占玉芳（女，三级调研员 2023.02 任，2023.06 套转）

章　琍（女，2023.06 套转）

四级调研员 周先法（四级调研员 2022.08 止）

市政府外事办公室

党组书记、主任
胡平华（女，2023.02 止）
严　培（女，2023.02 任）

党组成员、副主任
涂中勇
冯志红（女）

市国有资产监督管理委员会

党委书记、主任、一级调研员
朱平生（一级调研员 2023.03 任）

党委委员、副主任、一级调研员
吴雄飞（一级调研员 2022.12 任，二级调研员 2022.12 止）

党委委员　李华喜

党委委员、副主任
袁　凯

党委委员、市纪委市监委派驻纪检监察组组长、四级高级监察官　王兆荣（四级高级监察官 2023.06 任）

党委委员、副主任
万进军（2022.10 任）

二级巡视员　余华平（2022.10 任）

二级巡视员　余华平（2022.10 止）

二级调研员　占小平

三级调研员　王新农

市林业局

党组书记、局长
严　峰

党组成员　汪德祥

党组成员、副局长、三级调研员
吕灵郎（三级调研员 2023.01 任）

党组成员、副局长
张向阳
李希有

党组成员、三级调研员
巴　英（女，三级调研员 2023.04 任）

党组成员　江爱国

一级调研员　李忠华（2023.05 任）

二级调研员　李忠华（2023.05 止）
耿业林（2022.07 止）
李天明

三级调研员　许　昌（2023.03 任）
董　虹（女 ,2023.03 任）

四级调研员　许　昌（2023.03 止）
董　虹（女，2023.03 止）

市枫树山林场

党委书记、场长
汪德祥

党委副书记、副场长
万小金（2022.12 止）

党委委员、副场长
叶　卫
陈锦沪

党委委员、工会主席
卓国庆

党委委员、纪委书记
马基础（2023.04 止）

党委委员、副场长
吴建国（2023.04 任）
张　政（2023.04 任）

市市场监督管理局

党组书记、局长、一级调研员
邱晨阳（一级调研员 2023.05 任）

党组成员、副局长、三级调研员
林春杰（三级调研员 2023.04 任）
陈根卫（正团转业，三级调研员 2023.03 任）

党组成员、副局长
姜　群（女）

党组成员、三级调研员
冯　晖

党组成员、市纪委市监委派驻纪检监察组组长、四级高级监察官　林海媛（女，四级高级监察官 2023.06 任）

二级调研员　陈鸿海（2022.07 止）
曹暑生（2022.08 止）

市纪委市监委派驻纪检监察组二级调研员、三级高级监察官　王世福（三级高级监察官 2023.06 任）

二级调研员　陈　文（2022.10 任）
方国裔（2022.10 任）

三级调研员　陈　文（2022.10 止）
方国裔（2022.10 止）

市纪委市监委派驻纪检监察组三级调研员、四级高级监察官 李　路（市纪委市监委派驻纪检监察组三级调研员 2023.03 任，四级高级监察官 2023.06 任）
四级调研员 曹　炜

市市场监督管理执法稽查局

局　　长 许志彬

市知识产权保护中心

主　任 杨志悦

市统计局

党组书记、局长
雷　军
党组成员、副局长
熊少平（2023.02 止）
吴浪萍
曹　璐（女）
党组成员、二级调研员
王选华
二级调研员 姚名卫
三级调研员 黄功平

市统计调查中心

主　任 曹亚芳（女）

国家试验区管委会办公室（市瓷局）

党组书记、主任
方霞云（女，2023.02 止）
李传昆（2023.02 任）
党组成员、副主任
段雪灿
张红兵
张　建（2023.05 止）
胡有根（2023.05 任）
二级巡视员 方霞云（女）

市人民防空办公室

党组书记、主任
彭庆鉴
党组成员、副主任
乐　欣（正团转业，2023.03 止）
钱江欣
王瀚聆（2023.04 任）
双培元（兼）
二级调研员
周文科（2023.05 止）
胡克武（2022.10 止）
三级调研员 乐　欣（2023.03 任）

市城市管理局

党组书记、局长
汪春艳（女，2023.05 止）
张金水（2023.05 任）
党组成员、副局长
余　骏
党组成员、副局长、二级调研员
李丰来（2023.01 止）
党组成员、副局长、三级调研员
程　遥（正团转业，三级调研员 2023.03 任）
党组成员、副局长
周震山（2023.01 任）
二级巡视员 林益真（2022.10 止）
二级调研员 陈振华

市城市管理保障中心

主　任 周震山（2023.01 止）
三级调研员 高文娟（女）
温国华
四级调研员 曹会坦
施国炜
李溅根（2022.09 止）

市城市公共事业服务中心

主　任 占远桃

市乡村振兴局

党组书记、局长
罗　莉（女，2023.06 止）
党组成员、副局长
施云峰
叶　凯（2023.06 止）
郑新平

市医疗保障局

党组书记、局长
滕晓华（女）
党组成员、副局长
计纯纯（2023.02 止）
汪卫华（2023.02 任）
宁　丽（女，2023.05 任）
二级巡视员　胡士桓（2022.07 止）
二级调研员　刘忠平

市政务服务数据管理局

党组书记、局长
叶　青
党组成员、副局长
杨志雄（2023.03 止）
曹　宇
李梓华
党组成员、市纪委市监委派驻纪检监察组组长、四级高级监察官
万里雪（四级高级监察官 2023.06 任）
一级调研员　何　敏（2023.02 止）
三级调研员　蔡海才
黄国庆
程青峰（2023.02 止）
四级调研员　杨志雄（2023.02 任）

市公路事业发展中心

党组书记、主任
陈望贤
党组成员、副主任
戴顺强（2023.07 止）
饶栋梁
副主任　冯　伟
党组成员、副主任
张　毅
程才根（2022.10 任）

市民航建设服务中心

党组书记、主任
叶质柱（2023.04 止）
党组成员、副主任
曹岸雄
唐　进
二级巡视员　程敏真（2023.01 任）
一级调研员　程敏真（2023.01 止）

市供销合作社联合社

党组书记、主任
朱瑞龙
党组成员、理事会副主任
李振辉（2023.04 任）
党组成员、监事会主任
宁　丽（女，2023.05 止）
理事会副主任
余少甲（2022.10 止）
党组成员、理事会副主任
钟　钰（女）
张　燕（女，2023.02 任）
党组成员、监事会主任
陈建中（2023.05 任）
二级调研员　戈健俊（2023.02 止）
四级调研员　张文生（2022.07 止）

市政府驻北京联络处

党组书记、主　任
徐志军
党组成员、副主任
吴　巍（2022.07 止）
汪长乐（2023.05 止）
余国强（2023.04 任）
陈　宏（2023.05 任）

市政府驻上海联络处

党组书记、主任
李旭东
党组成员、副主任
李晓玲（女，2023.01 止）
严振飚（2023.01 任）
黄　颖（女）
三级调研员　江新华（2022.11 止）
李晓玲（女，2023.01 任）

市机关事务管理中心

党组书记、主任
洪国强（2023.02 止）
党组成员、副主任
严振飚（2023.01 止）
韩景林（正团转业）
吴燕斌

市高岭瑶里风景名胜区

党工委书记 程新宇
党工委副书记、管委会主任
张金水（2023.05 止）
洪　玲（女，2023.05 任）
党工委委员、副主任
周财生（2023.02 止）
肖　锟（挂职）

市浯溪口水利枢纽工程管理 中心（副县级）

党组书记、主任
江庆华（2023.06 止）
汪郁渊（2023.06 任）

市住房公积金管理中心（副县级）

党组书记、主任
高金虎

景德镇陶瓷研究院

党委书记、院长
吴　浪
副院长 李少景
党组成员、副院长
吴年进
党组成员、纪检组组长
王　超
党组成员、副院长
张胜华
张君良
乐福新

原省陶瓷研究所党委书记、副所长
尹　霞（女）

景德镇国家陶瓷文化传承创新试验区管委会

专职副主任（副厅长级）
刘子力
高　翔

景德镇陶瓷人才服务中心

党组书记、主任
汪立胜（2023.01 任）
党组成员、副主任
李莉莎（女）
陈　优

景德镇陶瓷产业创新发展中心

党组书记、主任
李华喜
党组成员、副主任
虞啸军
项向东
孙　飞
朱　蕾（2022.09 止）
党组成员、纪检组组长
林素洁（女）

景德镇陶瓷文化国际交流中心

党组书记、主任
张春红（女，2022.07 止）
马莉萍（女，2022.07 任）
党组成员、副主任
李振辉（2023.04 止）
柴立民

景德镇陶瓷文化传承创新中心

党组书记、主任 王莲花（女）
党组成员、副主任
江　霞（女）
许志华

景德镇国家试验区发展服务中心

党组书记、主任
李传昆（2023.02 止）
党组成员、副主任
程国平
彭雄越

景德镇陶瓷文化南昌服务中心

党组书记、主任
房希昌

景德镇黑猫集团公司

党委书记、董事长
王　耀（2023.02 止）
汪　羽（2023.02 任）
党委副书记、总经理
汪　羽（2023.02 止）
党委专职副书记
吴　淦（2023.02 任）
党委委员、纪委书记
张志良
党委委员、财务总监
余忠明
党委委员　盛旺喜
徐建民
胡森立
党委委员、副总经理
王　嘉
党委委员、总工程师
徐　熠
副总经理　胡建华
李　宾
魏　明
李　毅
原党委委员、工会主席
冯建华
市政府参事　王　耀

景德镇陶瓷集团公司

党委书记、董事长、总经理
周敏建（2023.05 止）
党委书记、董事长
邓景扬（2023.05 任）
党委副书记、总经理
邢　浩（2023.05 任）
党委委员　邢　浩（2023.05 止）
党委委员、纪委书记
朱惠敏（女）
党委委员　邓必春
胡　轶
副总经理　王新华（2022.12 止）
吴爱云（女）
丁　添（2023.03 止）
陈　渊
袁建国
原党委书记、董事长
周敏建

市国资运营投资控股集团有限责任公司

党委书记、董事长
余笑兵
党委副书记、副董事长、总经理
胡景平
党委副书记　周长根
党委委员、副总经理
邓景扬（2023.05 止）
党委委员、纪委书记
姚　涛
党委委员 、副总经理
王　聪
曹俊秀
汪剑文（党委委员 2023.04 任）
副总经理　李晓东
工会主席　邵徽彦
市政府参事　吴　林（2022.08 止）
合胜公司总经理
涂宗德（2023.05 任）
古镇公司总经理
谢　炜（女，2023.05 任）

景德镇陶文旅控股集团公司

党委书记、董事长
刘子力
党委副书记、总经理
熊洪华
党委委员、副董事长、副总经理
冯小苏
党委委员、纪委书记
方　媛（女）
副总经理　吴淑萍（女，2022.08 止）
党委委员、财务总监
徐高球（党委委员 2022.07 任）
党委委员、总工程师
付　兴（党委委员 2022.07 任）
工会主席　余　平
副总经理　胡文祥
潘　钱（女，2022.07 任）
祝一鹏（2022.07 任）

市城市建设投资集团公司

党委书记、董事长
陈鸿云
党委副书记、总经理
乐先锋（2023.06 任）
党委专职副书记
朱查顺
党委委员、副总经理
李诗野（2023.04 止）
余　雷
党委委员、纪委书记
徐　浩
党委委员、副总经理
戴　鹏（2023.02 任）
副总经理　彭少辉
邢　焱

景德镇新闻传媒集团公司

党委书记、董事长
冯　亮
党委副书记
董军发（2023.05 止）
党委副书记、副总经理
黄　胜（2023.03 任）
丁　添（2023.03 任）
曾丽萍（女，2023.05 任）
杨　森（女）
党委委员、纪委书记
范晓昱（2023.06 任）

市建筑设计院有限公司

党委书记、董事长
于　江
总 经 理　徐珏亚
党委委员、副总经理
占秋生（2023.06 止）
党委委员、副总经理、总工程师
朱建华
党委委员、副总经理
王长祥
党委委员、纪委书记
刘建华（2023.06 任）
副总经理、总建筑师
许　钦（2022.03 任）
副总经理　马鲲飞（2023.04 任）

市政公用集团有限责任公司

党委书记、董事长
周　龙
党委副书记、总经理
程　坚
党委专职副书记
兰　辉（2022.09 任）
党委委员、副总经理
刘继辉
于兴建
冯绍金
党委委员、纪委书记
王玉鹏

四、政协景德镇市委员会

党组书记、主席
俞小平
党组副书记 吴财锋
党组副书记、副主席
高唤虎
党组成员、副主席
钟良贵
洪明华
副主席 肖礼庆
史晓莲（女）
林　凯
熊　彤（女）
李冬香（女）
一级巡视员 王国华（2022.11 止）
张景根（2022.07 任，2022.11 止）
张学锋（2023.03 任，2023.06 止）
市政协党组成员、秘书长、机关党组书记、一级调研员 花长龙
副秘书长 赖德华
王彦勋
兼职副秘书长
方晓娟（女，2022.07 任）
张光荣（2022.07 任）
胥　敏（女，2022.07 任）
徐少鸣（2022.07 任）
桂娟妮（女，2022.07 任）
朱　青（女，2023.02 任）
机关党组副书记、办公室主任、一级调研员
赖德华（一级调研员 2022.07 任）
办公室副主任
朱正礼
刘志刚（2023.02 任）
办公室一级调研员
宋汪龙（2022.12 止）
俞立群（女，2022.10 止）
机关党组成员、办公室二级调研员
王玉平
经济委主任 程丽珍（女）
经济委副主任 王建武
社会法制与民族宗教委主任
刘韵赟（女）
社会法制与民族宗教委副主任
余　虹（女）
社会法制与民族宗教委一级调研员
吕际平（2022.09 止）
教科卫体委主任
喻　玮（女，2022.12 止）
韩建萍（女，2022.12 任）
教科卫体委副主任
王玉玲（女，2023.03 任）
提案委主任 刘景兵
提案委副主任
刘　洋（女）
港澳台侨委主任
蒋文娇（女）
港澳台侨委副主任
涂　燕（女）
人口资源环境委主任
王培东（2022.08 止）
吴雄飞（2022.12 任）
人口资源环境委副主任
周　洁（女）
文史和学习委主任
龚　谦（女）
文史和学习委副主任
韩建萍（女，2022.12 止）
郭　奇（2022.12 任）
农业农村委主任
王学明（2022.12 止）
任赣鹏（2022.12 任）
农业农村委副主任
余乐镇
农业农村委一级调研员
任文政（2023.01 止）
机关二级巡视员
宋汪龙（2022.12 任，2023.05 止）
吕际平（2022.09 任，2022.09 止）
宋建明（2022.12 任）
王小康（2023.05 任）
机关一级调研员
王培东（2022.08 任）
喻　玮（女，2022.12 任）
宋建明（2022.12 止）
洪贵胜（2022.09 止）
卢运玲
赵伯新
向心丹

王小康（2023.05 止）
金义生
王学明（2022.12 任）

机关二级调研员

付旺生
罗筱青（女）

五、中共景德镇市纪律检查委员会（市监察委员会）

书　记　廖良生

副书记、一级调研员

王志明

副书记　严　培（女，2023.01 止）
钟　炜
叶质柱（2023.04 任）

常委、秘书长

程　坚（2023.02 止）

常委、三级高级监察官

郑民庆（三级高级监察官 2023.06 任）

常　委　刘志军（2023.01 止）

常委、四级高级监察官

王向东（四级高级监察官 2023.06 任）
吴振华（四级高级监察官 2023.06 任）
张少锋（常委 2023.03 任，四级高级监察官 2023.06 任）
石军雄（常委 2023.03 任，四级高级监察官 2023.06 任）

办公室主任、四级高级监察官

胡弋妮（女，办公室主任 2022.07 任，四级高级监察官 2023.06 任）

组织部部长、四级高级监察官

王长蓥（四级高级监察官 2023.06 任）

宣传部部长　李　静（女，2023.05 止）

宣传部部长、四级高级监察官

王庆九（宣传部部长 2023.05 任，四级高级监察官 2023.06 任）

研究室主任、四级高级监察官

牛玉梅（女，四级高级监察官 2023.06 任）

党风政风监督室主任、四级高级监察官

黄文超（四级高级监察官 2023.06 任）

信访室主任、四级高级监察官

刘文庆（四级高级监察官 2023.06 任）

案件监督管理室主任

吴　鲲（2023.02 止）

案件监督管理室主任、四级高级监察官

董电波（案件监督管理室主任 2023.02 任，四级高级监察官 2023.06 任）

第一监督检查室主任

乐　栋（2023.05 止）

第一监督检查室主任、四级高级监察官

程东方（第一监督检查室主任 2023.05 任，四级高级监察官 2023.06 任）

第二监督检查室主任

程东方（2023.05 止）

第二监督检查室主任、四级高级监察官

李　静（女，第二监督检查室主任 2023.05 任，四级高级监察官 2023.06 任）

第三监督检查室主任、四级高级监察官

戴华东（2023.06 任）

第四审查调查室主任

董电波（2023.02 止）

第五审查调查室主任、三级调研员、四级高级监察官

陈国平（三级调研员 2023.03 任，四级高级监察官 2023.06 任）

第六审查调查室主任、四级高级监察官

程大政（四级高级监察官 2023.06 任）

案件审理室主任、四级高级监察官

王文革（四级高级监察官 2023.06 任）

纪检监察干部监督室主任

宁　飞（2023.06 止）

纪检监察干部监督室主任、四级高级监察官

袁永红（2023.06 任）

二级巡视员、二级高级监察官

计新明（二级巡视员 2023.01 任，二级高级监察官 2023.06 任，2023.06 止）

一级调研员　计新明（2023.01 止）

一级调研员、三级高级监察官

范　侃（一级调研员 2023.03 任，三级高级监察官 2023.06 任）

一级调研员　王贺云（2022.09 任，2022.12 止）

二级调研员　王贺云（2022.09 止）
江　红（女 ,2022.11 任，2023.01 止）

二级调研员、三级高级监察官

涂茂文（二级调研员 2023.03 任，三级高级监察官 2023.06 任）

三级调研员　江　红（女 ,2022.11 止）

程设诚（2022.09 止）

市监察委员会

主　任　廖良生

副主任　王志明

严　培（女，2023.01 止）

钟　炜

叶质柱（2023.04 任）

委　员　严　培（女，2023.01 止）

程　坚（2023.02 止）

刘志军（2023.01 止）

郑民庆（2023.03 任）

王向东

张少锋（2023.03 止）

石军雄（2023.03 止）

吴振华（2023.03 任）

委员、四级高级监察官

吴　鲲（委员 2023.02 任，四级高级监察官 2023.06 任）

委　员　涂茂文（2023.03 任）

市委巡察办

主　任　郑民庆

副主任　王庆九（2023.05 止）

胡弋妮（女，2022.07 止）

副主任、四级高级监察官

乐　栋（副主任 2023.05 任，四级高级监察官 2023.06 任）

陈雪良（副主任 2022.07 任，四级高级监察官 2023.06 任）

市委第一巡察组

组长、三级高级监察官

胡丽萍（女，三级高级监察官 2023.06 任）

正县级巡察专员、三级高级监察官

王慧娟（女，三级高级监察官 2023.06 任）

副组长、四级高级监察官

郑亚东（四级高级监察官 2023.06 任）

一级调研员　庄金莲（女，2022.10 止）

市委第二巡察组

组　长　李　琪（2023.01 止）

袁镇兴（2023.01 任）

正县级巡察专员、三级高级监察官

乔现国（三级高级监察官 2023.06 任）

副组长、四级高级监察官

吴冰琪（女，四级高级监察官 2023.06 任）

市委第三巡察组

组长、三级高级监察官

方　群（女，三级高级监察官 2023.06 任）

正县级巡察专员

袁镇兴（2023.01 止）

正县级巡察专员，三级高级监察官

刘志军（正县级巡察专员 2023.01 任，三级高级监察官 2023.06 任）

副组长、四级高级监察官

占刃锋（四级高级监察官 2023.06 任）

市委第四巡察组

组　长　高正元

副组长、四级高级监察官

陈丹丹（女，四级高级监察官 2023.06 任）

副县级巡察专员、四级高级监察官

叶英锋（四级高级监察官 2023.06 任）

执纪保障中心

主　任　章康化

六、景德镇市中级人民法院

党组书记、院长、二级高级法官

邓建辉

党组副书记、副院长、二级高级法官

章华文

党组副书记、副院长、三级高级法官

张春红（女，保留正处长级）

党组成员、副院长、三级高级法官

黄奕华

党组成员、副院长、四级高级法官

周　杲

党组成员、市纪委市监委派驻纪检监察组组长、四级高级监察官

杨　建（四级高级监察官 2023.06 任）

党组成员、执行局局长、三级高级法官

江　峰

党组成员、政治部主任

张煜科

审判委员会专职委员、三级高级法官

钱文清（女，审判委员会专职委员 2023.01 止，三级高级法官 2022.07 止）

审判委员会专职委员、四级高级法官

耿丽萍（女，审判委员会专职委员 2023.01 任）

审判委员会专职委员
许育斌（2023.01 任）
二级巡视员 孙新民（2022.12 任 ,2023.03 止）
二级高级法官
钱文清（女，2022.07 任）
一级调研员 孙新民（2022.12 止）
李　勇（2022.12 止）
二级调研员 石平连（女）
詹和福
市纪委市监委派驻纪检监察组二级调研员、三级高级监察官 洪四清（三级高级监察官 2023.06 任）
三级调研员 何静华（女）
三级高级法官
胡纯华
吴海平
彭联红（女）
刘进华
四级调研员 王建辉

七、景德镇市人民检察院

党组书记、检察长、二级高级检察官
涂平贵（二级高级检察官 2022.11 任）
党组副书记、副检察长、三级高级检察官
徐　健（女，正处长级）
党组成员、副检察长、三级高级检察官，浮南地区检察院检察长
郑志刚
党组成员、副检察长、三级高级检察官
王子祥
党组成员、检察委员会专职委员、一级调研员
周　桦（正县级）
党组成员、副检察长
匡　宁（女，2022.12 任）
党组成员、政治部主任
胡根林
党组成员，市纪委市监委派驻纪检监察组组长、四级高级监察官
熊　英（女，四级高级监察官 2023.06 任）
二级高级检察官
方　清（2023.03 止）
三级高级检察官
伍　强
一级调研员 陈筱琴（女）
二级调研员 张柳坚
三级高级检察官 罗来成（2023.03 任）
四级高级检察官 罗来成（2023.03 止）
三级调研员 操会刚（2022.10 止）
三级高级检察官助理
朱训赤
四级高级检察官助理
杜治文

八、群众团体

市总工会

党组书记、主席
孙艳峰
党组副书记、常务副主席、一级调研员
伍恒明
党组成员、三级调研员
邵永明（女，副主席 2023.02 止，三级调研员 2023.02 任）
党组成员、经费审查委员会主任
刘建平
党组成员、副主席
于萍萍（女）
陶　群（2023.04 任）
一级调研员 艾克发
兼职副主席 余　平

团市委

书　记 徐新颖（女，2023.02 止）
副书记 黄　城（主持工作，2023.03 任）
副书记 魏若然（2023.03 止）
雷　晨
兼职副书记 徐　熠
施德太

市妇联

党组书记、主席
郑伟秀（女）
党组成员、副主席、三级调研员
陈淑红（女，三级调研员 2023.03 任）
党组成员、副主席
潘　琪（女）

党组成员　周海凤（女）
二级调研员　徐和平（女）
兼职副主席　黄　薇（女）
黄　青（女）

市科协

党组书记、主席
吴　飞
党组成员、副主席
江海武
虞　华
二级调研员　莫丽华（女）
兼职副主席　李月明
应学明
吴继军
余望龙
欧阳琦
钟德志
蒋玮光

市文联

党组书记、一级调研员
熊小席（一级调研员 2022.10 任）
主　　席　谢景玉（女）
党组成员、副主席
刘　旻
曹筱娜（女）
二级调研员　江华明（2022.11 止）
三级调研员　程青峰（2023.02 任）

市社联

党组书记、主席
吴知昊
党组成员、副主席
凌　云（女）
曾丽萍（女，2023.05 止）
杨　涛（2023.06 任）
兼职副主席　田建红
李松杰
郑金江

党组成员、副主席
金红华（挂职，正科）
二级调研员　胡才喜（2022.11 任，2022.12 止）
三级调研员　胡才喜（2022.11 止）

市残联

党组书记、理事长
李群芳（女）
党组成员、副理事长
方　剑
郭卫华（2023.02 任）
占燕萍（女，2023.02 止）
三级调研员　占燕萍（女，2023.02 任）

市红十字会

会　　长　江民强
党组书记　刘　娟（女）
常务副会长　陈　莉（女）
党组成员、专职副会长
董淑琴（女）
党组成员，监事会专职副监事长
沈海秋（女）
二级巡视员　俞定珍（女）
监事会兼职监事长
陈志坚
兼职副会长　周清平（女，2023.05 止）
朱菁华（女）
程卫东
蔡启彬（2023.02 止）
滕晓华（女）
芦继云（女）
朱　奔
党组成员、秘书长
王国斌（正科）
监事会兼职监事
吴同春
史业方
陈　炜

市工商联

主　　席　江民强

党组书记、常务副主席
程念革（2023.02 任）
党组成员、副主席
李　华（女）
党组成员、专职副主席
林婵娟（女）
雷良宇（2023.04 任）
专职副主席　叶逢春（2023.04 止）
党组成员、秘书长
杨志凡（女，正科）
二级调研员　朱新潮

市侨联

党组书记、主席
郑　铁
党组成员　徐文生
徐发军
兼职副主席　张婧婧（女）
过小明
蔡玲玲（女）

九、民主党派

中国国民党革命委员会景德镇市委员会

主　委　王筱松
副主委　张光荣
刘文斌（兼）
江志瑜（女，兼）

中国民主同盟景德镇市委员会

主　委　谢景玉（女）
副主委　胥　敏（女）
耿丽萍（女，兼）
黎　萍（女，兼）
胡　铮（女，兼）

中国民主建国会景德镇市委员会

主　委　张婧婧（女）
副主委　朱　青（女，2023.02 任）

中国民主促进会景德镇市委员会

主　委　李冬香（女）
副主委　徐少鸣
李　青（兼）
余　俊（女，兼）
应　飞（兼）

中国农工民主党景德镇市委员会

主　委　方　静（女）
副主委　桂娟妮（女）
李跃武（兼）

九三学社景德镇市委员会

主　委　陈　莉（女）
副主委、三级调研员
方晓娟（女）
副主委　熊　宇（兼）
王　娟（女，兼）
赵　戈（兼）
一级调研员　于长征（2022.08 止）
汪小平（2023.05 任）
二级调研员　汪小平（2023.05 止）

十、驻市单位

国家税务总局景德镇市税务局

党委书记、局长
刘宏伟
党委委员、副局长
王　勇
陈福成
党委委员、纪检组长
饶卫民
党委委员、副局长
冯　晔
余立中
党委委员、总经济师
吴蔚文
党委委员、总经济师
华　炜

景德镇海关

关长、党委书记
刘　钊
副关长、党委委员
吴建华
副关长、党委委员
张　健

景德镇国家调查队

党组书记、队长
李寿木
党组成员、副队长
龚建华
党组成员、纪检组长
吴宏宇
党组成员、副队长
胡　瑛（女）

景德镇水文水资源监测大队

信饶中心党委委员、二级调研员
李　梅（女）
景德镇大队长
朱　翔
昌江大队长　桂　笑
乐平大队长　沈剑波

景德镇学院

党委书记　叶观荣
党委副书记、校长
陈运平
党委副书记　王丽心
党委委员、副校长
郑昕芾
党委委员、纪委书记
李新荣
党委委员、副校长
方　漫（2022.09 任）
副校长　黄志坚（2023.04 任）
党委委员、副校长
周清平（2023.04 任）

江西陶瓷工艺美院

党委书记　甘国华
党委常务副书记、常务副院长
李雄德
党委委员、纪委书记
曹晓东
党委委员、副院长
金小军
朱辉球
党委委员、组织部部长
杨　晶

景德镇艺术职业大学

党委书记（督导专员）
方文龙
校　长　冯小苏（女）
副校长　陈少华
副书记、副校长
欧阳冬梅（女，2023.01 任）
副校长　蒋小光
纪委书记　赵文国（2023.01 任）
副校长　钟发根
校长助理　钱泉森（2023.01 任）

中国石化景德镇分公司

总经理　宛仕钰（2022.11 任）
党委书记　肖　翀（2022.11 任）
副经理　江　燕（女）

景德镇机场分公司

党委书记、副总经理
吴小强 (2023.02 任)
总经理、党委副书记
王　翔
副总经理、纪检委员
周　新
副总经理、党委委员
李　彬（2022.11 任）

景德镇江盐华康盐业有限公司

总经理 朱华伟
副总经理 陈晓军

江西省景德镇水务有限公司

党委书记、执行董事、总经理
徐　斌
党委副书记、工会主席
黄亚琦（女）
党委委员、纪委书记
艾克友
财务经理 黄和平
党委委员、副总经理
雷加乐
樊　明
副总经理 何　方
副总经理 陈月国
黄草根

景德镇市草专卖局

党组书记、局长、经理
肖福元
党组成员、副局长
陈水明
党组成员、纪检组长
涂安楠
党组成员、副经理
余纯达

中国轻工业陶瓷研究所

党委书记 常成玉
党委副书记、所长
李　硕
党委委员、副所长
刘敏芳（女）
党委委员、纪委书记
田书栋
党委委员、工会主席
郑　华
党委委员、副所长
涂志浩
党委委员 陈宣东

中国人民银行景德镇市中心支行

党委副书记、副行长
丁云骏
党委委员、副行长
黄春玲（女）
党委委员、副行长
彭小军
党委委员、工会主任
刘海平
党委委员、纪委书记
龚小东
党委委员、副行长
林　海
副调研员 程景阳（女）

景德镇银保监分局

党委书记、局 长
刘思华
党委委员、副局长
周　凡
舒仁杰
党委委员、纪委书记
庄　佳（2022.08 任）

中国银行景德镇分行

党委书记、行长
华　宏（2023.05 任）
党委委员、副行长
江长福
李本金（2022.09 任）
黄国武（2022.07 任）
周　魁（2022.11 任）
党委委员、纪委书记
冷杨羿（2023.02 任）

建设银行景德镇分行

党委委员、副行长
方小明
党委副书记、副行长
黄　强
党委委员、副行长
刘淑娟
党委委员、纪检组组长
徐重洋

交通银行景德镇分行

党委书记、行长
万迪敏（女）
党委委员、副行长
杨　虹（女）
党委委员、纪委书记
梁　君（2022.12 任）
党委委员、副行长
宋晓健
陈文晖

邮政储蓄景德镇市分行

党委书记、行 长
钟　华
党委委员、纪委书记、副行长
黎重文（2022.07）
党委委员、副行长、工会主席
江　虹（女）
党委委员、副行长
乐翠云（女）

农发行景德镇市分行

党委书记、行长
卢　健
党委委员、副行长
熊绍员（2021.04 任）
邹　睿（女，2022.04 任）

景德镇农商银行

党委书记、董事长
付文萃（女）
党委副书记、行长
于智德
党委委员、副行长
黄筱琴（女）
党委委员、风险总监
王　忠
党委委员、副行长
虞　杰
党委委员、纪委书记、监事长
涂剑云
党委委员、副行长
漆　胜

江西银行景德镇分行

党委书记、行长
黄　振（2022.12 任）
党委委员、副行长
邵继健
陈大庆（2023.03 任）
党委委员、行长助理
叶节育
李　君

九江银行股份有限公司景德镇分行

党委书记、行长
陈和淼（2023.04 任）
党委委员　唐　彦（女，2022.08 任）
党委委员、行长助理
刘心皓（女）
何运辉（2022.09 任）
党委委员　周国明

上饶银行景德镇分行

行　长　汪　鸿
副行长　方伟健
符忠平

中国电信景德镇分公司

党委书记、总经理
孙　珂（2022.09 任）
纪委书记　万　飞（2023.03 任）
副总经理　柳科生
副总经理、工会主席
曹国华（2022.08 任）
高级副总监　傅　明（女）

中国移动景德镇分公司

党委书记、总经理
吴建平
党委委员、副总经理、工会主席
程新群
党委委员、纪委书记、副总经理
邹标明
总经理助理　程　林（2022.07 任）

中国联通景德镇分公司

党委书记、副总经理
刘　青
党委委员、派驻纪检组组长
李翠娥（女，2023.03）
党委委员、副总经理
李有胜（2023.03 任）
汪昊峰
副总经理　陈　渡（2022.09 任）

十一、驻市企业

长虹华意压缩机股份有限公司

副总经理　肖文艺
党委副书记　史　强
总工程师　何成志
工会主席　陈思远
副总会计师　段守辉

北京通用航空江西直升机有限公司

党组书记　程冬久
董事长　徐大淼

昌飞公司

党委书记、董事长
周国臣（2022.12 任）
总经理、董事、党委副书记
赵亚波（2022.12 任）
党委副书记、副总经理
邵剑锋（2022.08 任党委副书记）
副总经理、总工程师
王先模（2022.06 任总工程师）
总会计师　曾涛涛
副总经理　谢晓文
曾　坤
项洪涛
纪委书记、总法律顾问
张朝鹏（2022.08 任）
工会主席　王少谦

国家电投景德镇发电厂

党委副书记、厂长
黄刚清
党委副书记、副厂长
李　诚
副总监　朱填美
董旺兴
纪委书记、工会主席
杨清水
副厂长　杨小言（2022.11 任）
郝继胜
财务总监　陈艳青（女）
总工程师　江　波（2023.01）

国网景德镇供电公司

总经理、党委副书记
毛　鹏 (2022.11 止)
方小平 (2022.11 任)
党委书记、副总经理
余时玉 (2022.07 止)
何　健（2022.07 任）

副总经理、总会计师、党委委员
谢志军
副总经理、党委委员
刘　勇
赵大天
张　鑫（2022.07 止）
纪委书记、工会主席、党委委员
余样平
总工程师、党委委员
王星安（2022.07 任）
主任管理师（三级职员）
谢朝晖
江　姗（女）

航空工业直升机所

所长、党委副书记
许建华
党委书记、副所长
黄文俊
总设计师、副所长
邓景辉
副所长　徐朝梁
党委副书记、副所长、总法律顾问
戚春明
纪委书记　贺榜林
副所长　金坤健
周运哲

江西昌河汽车有限公司

党委书记、董事长、总经理
旷光华
党委副书记、副董事长
朱油福
党委副书记、纪委书记、工会主席
吴继军
党委委员、常务副总经理
赵　岳
党委委员、副总经理
胡学兆
徐建增
财务总监　潘剑锋

江西景航航空锻铸有限公司

党委书记、董事长
胡冬生
党委副书记、总经理
胡远军
党委副书记、纪委书记、工会主席
吴占飞
财务总监　朱亦民
副总经理　毛志全
王志录
敖　坤
总经理助理　胡培根（2021.07 任）
总工程师　张元东

江西乐矿能源集团有限公司

党委书记、董事长、总经理
蔡正华
党委副书记、工会主席
童义赋
党委委员、账务总监
胡世萍（女）
党委委员、副总经理
汪　锴
党委委员、总工程师
束华英
党委委员、副总经理
刘后明

说明：名录中涉及的违法违纪人员，在名后加★标注。

春花如瀑——王家坪公园一角（余昭彦 摄）

附　录

景德镇市规上工业经济规模结构效益

一、工业经济规模

2022年，全市556户规上工业企业完成工业产值1319.8亿元，比上年增长30.8%；工业增加值比上年增长8.4%，增速列全省第6位。

1. 乐平市完成规上工业增加值221.3亿元，比上年增长8.5%；浮梁县完成规上工业增加值21.0亿元，比上年增长8.6%；昌江区完成规上工业增加值28.5亿元，比上年增长8.2%；珠山区完成规上工业增加值3.4亿元，比上年增长8.4%；高新区完成规上工业增加值74.3亿元，比上年增长8.4%；昌南新区完成规上工业增加值27.3亿元，比上年增长8.1%。

2. 非公有制规上工业企业成为拉动景德镇市工业较快增长的中坚力量，2022年实现营业收入1006.2亿元，比上年增长31.9%；利润总额68.0亿元，比上年增长40.2%。

3. 重点工业产品产量中，汽车、水泥、服装、精制茶、精制食用油、烧碱实现增长。（市工信局）

表11　　2022年主要工业产品完成情况

产品名称	单位	本年实际		同比增长（%）	
		12月	1—12月累计	比同月	比同期
瓷质砖	万平方米	209.0	2788.8	-36.4	-20.6
电冰箱	万台	0.0	70.5	-100.0	-2.3
汽　车	辆	2948.0	20632.0	166.1	108.3
无氟压缩机	万台	106.0	1422.6	-21.9	-6.7
水泥	万吨	50.7	309.7	114.0	5.5
服装	万件	215.6	2538.3	-1.3	7.2
精制茶	吨	4866.3	42949.0	66.6	65.5
精制食用油	吨	13.6	288.2	-56.7	20.4
烧碱	吨	25423.0	293851.0	1.0	18.2
原料药	吨	86.7	297.1	-61.1	-75.9

二、工业效益

2022年，全市规上工业实现营业收入1358.9亿元，比上年增长27.6%，增速列全省第1位；实现利税总额96.9亿元，比上年增长35.1%。

1. 轻工业实现营业收入304.2亿元，比上年增长16.8%；重工业实现营业收入1054.7亿元，比上年增长31.1%。市县属企业实现营业收入1328.4亿元，比上年增长27.9%；部省属企业实现营业收入30.5亿元，比上年增长14.4%。

2. 工业利润总额增长。全市规上工业实现利润总额69.9亿元，比上年增长37.8%，增速列全省第2位。分经济类型看：国有企业实现利润总额48万元；股份制企业实现利润总额60.8亿元，比上年增长35.7%；外商及港澳台商企业实现利润总额8.8亿元，比上年增长57.1%；其他企业实现利润总额0.2亿元，比上年增长5.0%。

3. 亏损企业亏损额有所减少。2022年，全市规模以上工业亏损企业亏损额为11.9亿元，比上年同期减少亏损5712万元。

三、工业经济结构

2022年，全市规上工业企业营业收入中，按企业隶属关系分，部省属企业占2.2%，市县属企业占97.8%；按企业登记注册类型分，国有企业占0.14%，股份制企业占90.8%，外商及港、澳、台商投资企业占8.4%，其他企业占0.5%；按轻、重工业分，轻工业企业占22.4%，重工业企业占77.6%。

表 12 重点产业一览表

	企业户数	工业总产值		营业收入		利税总额	
		2022 年（亿元）	同比（%）	2022 年（亿元）	同比（%）	2022 年（亿元）	2021 年（亿元）
直升机及通航产业	31	67.6	54.9	68.4	58.2	7.9	3.9
精细化工和生物医药产业	67	593.8	25.0	637.3	16.4	40.2	35.7
陶瓷及相关辅助材料产业	203	282.8	52.4	280.9	58.1	30.6	18.1
汽车及零部件产业	19	23.8	37.5	25.2	19.4	–5.6	–3.3
制冷压缩机及家电产业	4	35.1	11.6	39.4	4.5	1.6	1.1
电子信息产业	51	92.6	57.5	89.5	58.2	6.3	4.0

（刘建东）

重要文件目录

景党发〔2022〕

4 号

中共景德镇市委、景德镇市人民政府关于印发《景德镇市关于深入推进营商环境优化升级“一号改革工程”实施方案》的通知

5 号

中共景德镇市委、景德镇市人民政府印发《景德镇市关于深入推进数字经济做优做强“一号发展工程”的实施方案》的通知

6 号

中共景德镇市委、景德镇市人民政府关于加快构筑世界陶瓷人才高地聚天下英才建好景德镇国家陶瓷文化传承创新试验区的实施意见

10 号

中共景德镇市委、景德镇市人民政府关于做好 2022 年全面推进乡村振兴重点工作的实施意见

13 号

中共景德镇市委关于认真学习宣传贯彻党的二十大精神的通知

14 号

中共景德镇市委关于深入学习贯彻党的二十大精神加快全面建设社会主义现代化国际瓷都的决定

景字〔2022〕

28 号

中共景德镇市委、景德镇市人民政府关于授予彭想生等 115 名同志为景德镇市第九批“专业技术拔尖人才”称号的决定

35 号

中共景德镇市委、景德镇市人民政府关于表扬全市“十大模范学校”“十大模范校长”“十大模范教师”的通报

景办发〔2022〕

1 号

中共景德镇市委办公室关于印发《十二届市委巡察工作规划（试行）》的通知

2 号

中共景德镇市委办公室、景德镇市人民政府办公室关于印发《景德镇市市域社会治理现代化“十四五”规划》的通知

4 号

中共景德镇市委办公室印发《关于加强政治生态分析研判、深化政治谈话、推动同级领导班子监督具体化的实施办法（试行）》的通知

13 号

中共景德镇市委办公室、景德镇市人民政府办公室关于印发《景德镇市“十四五”文化发展规划》的通知

14 号

中共景德镇市委办公室、景德镇市人民政府办公室关于印发《景德镇市贯彻落实粮食安全责任制的实施意见》的通知

景办字〔2022〕

14 号

中共景德镇市委办公室、景德镇市人民政府办公室印发《关于促进“景漂”人才进一步创新创业的若干措施》的通知

16 号

中共景德镇市委办公室、景德镇市人民政府办公室印发《关于加强全市国有企业监管的若干举措》的通知

36 号

中共景德镇市委办公室、景德镇市人民政府办公室印发《关于加快建立健全生态产品价值实现机制的实施方案》的通知

37 号

中共景德镇市委办公室、景德镇市人民政府办公室印发《关于完整准确全面贯彻新发展理念做好碳达峰碳中和工作的实施方案》的通知

40 号

中共景德镇市委办公室、景德镇市人民政府办公室关于印发《景德镇市农村宅基地制度改革试点和规范管理实施方案（2022—2024 年）》的通知

42 号

中共景德镇市委办公室、景德镇市人民政府办公室关于印发《景德镇高新区和昌江区“一区多园”融合发展的实施方案》的通知

44 号

中共景德镇市委办公室、景德镇市人民政府办公室关于印发《景德镇市全域公交一体化改革项目实施方案》的通知

45 号

中共景德镇市委办公室、景德镇市人民政府办公室关于印发《景德镇国家陶瓷文化传承创新试验区四年行动计划（2022—2025 年）》的通知

48 号

中共景德镇市委办公室、景德镇市人民政府办公室印发《关于持续深化“放管服”改革全力打响“景快办、办德好、镇暖心”营商环境品牌的实施方案》的通知

50 号

中共景德镇市委办公室、景德镇市人民政府办公室关于印发《景德镇市城市功能与品质再提升行动方案》的通知

53 号

中共景德镇市委办公室、景德镇市人民政府办公室印发《关于推进“夜珠山”高品质发展的意见（试行）》的通知

景德镇市 2022 年国民经济和社会发展统计公报

景德镇市统计局　国家统计局景德镇调查队

2023 年 4 月 13 日

2022 年是实施“十四五”规划的关键之年，是党的二十大胜利召开之年，这一年，全市上下紧扣迎接和学习宣传贯彻党的二十大这条主线，以国家试验区建设为统领，认真贯彻落实省委、省政府和市委、市政府各项决策部署，全面落实稳经济一揽子政策举措，科学统筹疫情防控和经济社会发展、有效应对极端高温天气等不利影响，全市经济运行呈现供需两端双向回升，总量增势同步提高的发展态势，为 2022 年收官画上了完美的句号。

一、综合

经省统计局统一核算，2022 年全年地区生产总值 1192.19 亿元，在 2021 年迈过千亿大关的基础上，2022 年再次实现新的突破，超萍乡 31.86 亿元。比上年增长 4.7%，两年平均增长 6.7%。其中，第一产业增加值 75.42 亿元，增长 3.4%；第二产业增加值 533.49 亿元，增长 6.0%；第三产业增加值 583.28 亿元，增长 3.8%。三次产业结构比为 6.3 ∶ 44.8 ∶ 48.9，三次产业贡献率分别为 4.9%、54.6%、40.6%。人均地区生产总值 73508 元，增长 8.1%，按年平均汇率计算，折合 10933 美元。

2018—2022年景德镇地区生产总值及其增长速度

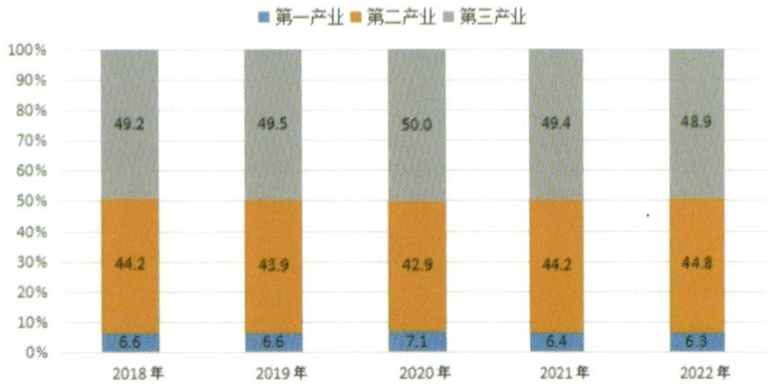

2018—2022年三次产业增加值占地区生产总值比重

年末常住总人口为 1621845 人，比上年末增加 1280 人，其中城镇常住人口为 1078184 人，占总人口比重（常住人口城镇化率）为 66.48%，比上年年末提高 0.54 个百分点。户籍人口城镇化率为 49.57%，比上年末提高 0.12 个百分点。全年出生人口 10730 人，出生率为 6.62‰；死亡人口 10620 人，死亡率 6.55‰；自然增长率 0.07‰。

2018—2022年年末常住人口城镇化率

居民消费价格温和上涨。全年居民消费价格总指数（CPI）比上年上涨 1.9%，涨幅比上年上升 1.3 个百分点。八大类价格同比均上涨，其中，食品烟酒类价格上涨 1.7%，衣着类价格上涨 1.1%，居住类价格上涨 1.2%，生活用品及服务类价格上涨 0.7%，交通和通信类价格上涨 5.9%，教育文化和娱乐类价格上涨 2.0%，医疗保健类价格上涨 0.2%，其他用品和服务类价格上涨 0.7%。

2022年1月以来居民消费价格各月涨跌幅度

表 13　2022 年居民消费价格分类别涨跌幅度

类别	比上年上涨（%）
居民消费价格总指数	1.9
食品烟酒	1.7
衣着	1.1
居住	1.2
生活用品及服务	0.7
交通和通信	5.9
教育文化和娱乐	2.0
医疗保健	0.2
其他用品和服务	0.7

二、农业

全年全市农林牧渔业总产值 130.31 亿元，比上年增长 3.8%。粮食种植面积 95634 公顷，比上年增加 94 公顷。棉花种植面积 554 公顷，增加 4 公顷。油料种植面积 26778 公顷，增加 384 公顷。糖料种植面积 1240 公顷，增加 32 公顷。

全年粮食产量 546065 吨，比上年减少 11162 吨，减产 2.0%。

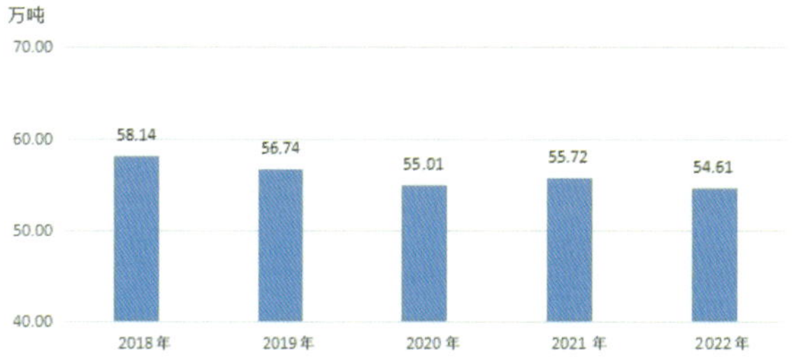

2018—2022年粮食产量

全年棉花产量 849 吨，比上年减产 2.3 %。油料产量 41555　吨，增产 2.8%。糖料产量 51557 吨，增产 3.4 %。茶叶产量 13776　吨，增产 8.7%。

全年肉类总产量 55915 吨，比上年增长 2.7%。其中，猪肉产量 44421 吨，增长 2.8%；牛肉产量 2325 吨，下降 2.4%；羊肉产量 885 吨，增长 64.0%；禽肉产量 8284 吨，下降 0.1%。禽蛋产量 13100 吨，增长 4.5%。牛奶产量 479 吨，增长 0.4%。年末生猪存栏 32 万头，增长 7.1%；生猪出栏 55 万头，增长 1.9%。

全年水产品产量 30901 吨，比上年增长 2.7%。其中，养殖水产品产量 27400 吨，增长 2.5%；捕捞水产品产量 3501 吨，增长 3.6%。

三、工业和建筑业

全年全市工业增加值比上年增长 6.1%，规模以上工业增加值增长 8.4%。分经济类型看，国有企业增长 34.9%，集体企业增长 18.1%，股份制企业增长 6.9%，外商及港澳台商投资企业增长 30.6%，其他经济类型企业增长 25.7%。

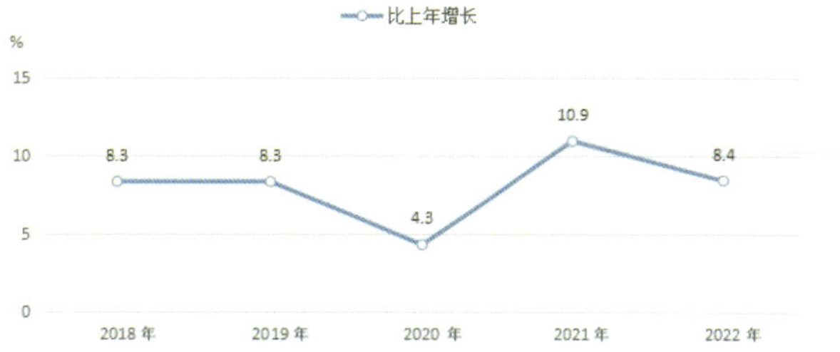

2018—2022年规模以上工业增加值增长速度

表 14　2022 年规模以上工业主要产品产量及其增长速度

产品名称	单位	产量	比上年增长（%）
瓷 质 砖	万平方米	2788.80	-20.6
汽　车	辆	20632	108.3
气体压缩机	万台	1422.56	-6.7
家用电冰箱	万台	70.48	-2.3

在规模以上六大优势产业增加值中，电子信息产业增加值增长 17.3%，精细化工及生物医药产业增加值增长 5.1%，制冷压缩机及家电产业增加值增长 7.0%，直升机及通航产业增加值增长 24.6%，陶瓷及文化创意产业增长 22.1%，汽车及零部件产业增长 24.5%。

全年规模以上工业产品销售率 93.5%。实现营业收入 1358.91 亿元，比上年增长 27.6%。利税总额 96.86 亿元，增长 35.1%。利润总额 69.93 亿元，增长 37.8%；其中股份制企业 60.82 亿元，增长 35.7%；集体企业 0.14 亿元，增长 48.9%；私营企业 39.10 亿元，增长 32.5%；外商及港澳台商投资企业 8.77 亿元，增长 55.6%；国有企业实现扭亏为盈。

2022 年年末，全市开发区投产工业企业 410 家，比上年末增加 46 家。实现出口交货值 38.12 亿元，增长 10.7%。招商签约资金 709.43 亿元，增长 57.7%；招商实际到位资金 360.31 亿元，增长 36.4%。实现营业收入 1493.10 亿元，增长 20.4%，较上年下降 7 个百分点；实现利润总额 88.87 亿元，增长 34.6%。

全年全市总承包和专业承包建筑业总产值完成 51.71 亿元，比上年增长 9.8%。其中，建筑工程产值完成 44.69 亿元，增长 15.9%，占全市建筑业总产值的比重为 86.4%；安装工程产值完成 4.28 亿元，下降 55.8%，占比 8.3%；其他产值完成 2.74 亿元，增长 73.4%，占比 5.3%。资质以上总、专包建筑业企业共 99 家，比上年增加 31 家。其中，总承包企业 79 家，专业承包企业 20 家。按资质等级划分，资质等级为特、一级企业 4 家，增加 1 家；二级企业 34 家，增加 7 家；三级及其他企业 61 家，增加 23 家。

四、服务业

全年全市服务业实现增加值 583.28 亿元，比上年增长 3.8%。其中，批发和零售业增加值 133.71 亿元，比上年增长 5.3%；交通运输、仓储和邮政业增加值 42.99 亿元，增长 2.2%；住宿和餐饮业增加值 26.92 亿元，增长 1.6%；金融业增加值 64.28 亿元，增长 5.3%；房地产业增加值 71.06 亿元，下降 0.9%；信息传输、软件和信息技术服务业增加值 14.12 亿元，增长 13.5%；租赁和商务服务业增加值 22.60 亿元，下降 3.7%。

全年全市规模以上服务业企业营业收入总量比上年增长 19.4 %，利润总额 10.08 亿元，比上年增长 19.1%，营业利润增长 16.7%。

全年货物运输总量 2129 万吨，比上年下降 3.2%。货物运输周转量 582232 万吨公里，增长 1.8%。

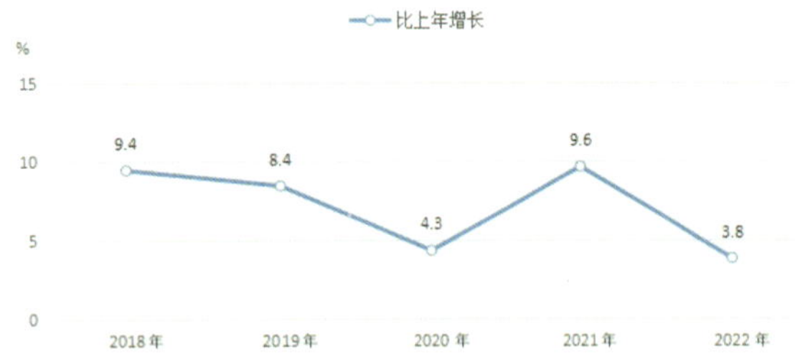

2018—2022年服务业增加值增长速度

全年旅客运输总量 2410.4 万人次，旅客运输周转量 44424.7 万人公里。

全年完成邮政行业业务总量 2.8 亿元，比上年增长 4.0%。邮政业全年完成邮政函件业务 17.0 万件，包裹业务 3.1 万件，快递业务量 1750.8 万件，快递业务收入 5575.9 万元。全年完成电信业务总量 156924.8 万元，比上年增长 6.2%。年末全市移动用户总数 185.6 万户，比上年末增加 22.9 万户。固定互联网宽带接入用户 147.5 万户，比上年末增加 37.5 万户，其中固定互联网光纤宽带接入用户 83.8 万户，增加 19.3 万户。

五、固定资产投资

全年全市完成固定资产投资比上年增长 8.1%。分产业看，第一产业投资增长 29.5%，第二产业投资增长 12.4%，第三产业投资增长 2.3%。民间投资增长 3.1%，占固定资产投资的比重为 67.8%。

2018—2022年固定资产投资增长速度

商品房销售面积 210.91 万平方米，比上年下降 12.2%。其中，住宅销售面积 184.52 万平方米，下降 17.5%。商品房销售额 136.71 亿元，下降 12.3%。住宅投资下降 19.0%，占房地产开发投资的比重为 86.3%，安装工程完成投资下降 9.6%。

全年全市施工项目 986 个，比上年增加 134 个。其中，新开工项目 314 个，减少 106 个，完成投资占全部投资的 25.4%。施工项目中，全市亿元以上施工项目 686 个，比上年增加 157 个，其中亿元以上新开工项目 208 个，比上年减少 56 个。民生领域项目 70 个，比上年增加 9 个，完成投资增长 56%，其中教育投资增长 33.3%。

六、国内贸易

全年全市社会消费品零售总额 573.06 亿元，比上年增长 4.5%。按经营地统计，城镇消费品零售额 487.80 亿元，增长 4.6%；乡村消费品零售额 85.26 亿元，增长 4.2%。按消费类型统计，商品零售额 486.95 亿元，增长 8.8%；餐饮收入额 64.49 亿元，增长 4.5%。

在限额以上单位商品零售额中，粮油、食品类零售额比上年增长 15.9%，饮料类下降 1.3%，烟酒类增长 19.9%，服装、鞋帽、针纺织品类增长 45.6%，化妆品类下降 43.9%，金银珠宝类下降 58.8%，日用品类增长 4.9%，家用电器和音像器材类增长 5.5%，中西药品类增长 36.6%，文化办公用品类增长 32.2%，家具类增长 21.3%，通信器材类增长 15.3%，建筑及装潢材料类增长 62.4%，石油及制品类增长 12.5%，汽车类增长 19.4%。

2018—2022年社会消费品零售总额及其增长速度

七、对外经济

全年全市货物进出口总额 244.57 亿元，比上年增长 192.6%。其中，出口 170.91 亿元，增长 106.7%；进口 73.66 亿元，增长 8114.8%。进出口差额（出口减进口）97.25 亿元。实际利用外资 0.88 亿美元，增长 68.7%。

2018—2022年进出口总额

八、财政金融

全年全市一般公共预算收入 94.00 亿元，比上年下降 7.4%。在一般公共预算收入中，税收收入 47.18 亿元，下降 25.2%，税收收入占比 50.2%。一般公共预算支出 247.50 亿元，比上年增长 9.3%。民生方面支出 188.98 亿元，占一般公共预算支出比重为 76.4%。

2018—2022年一般公共预算收入及其增长速度

年末全市金融机构本外币各项存款余额 1805.08 亿元，比年初增加 143.64 亿元；其中人民币各项存款余额 1794.57 亿元，增加 142.59 亿元。金融机构本外币各项贷款余额 1576.83 亿元，增加 232.80 亿元；其中人民币各项贷款余额 1576.75 亿元，增加 232.78 亿元。

九、居民收入消费和社会保障

全年全市城镇居民人均可支配收入 47732 元，比上年增长 4.6%；农村居民人均可支配收入 22331 元，增长 6.4%。城乡居民人均可支配收入比值为 2.14，比上年缩小 0.04。

城镇居民人均消费支出 28083 元，增长 5.2%；农村居民人均消费支出 18065 元，增长 6.9%。

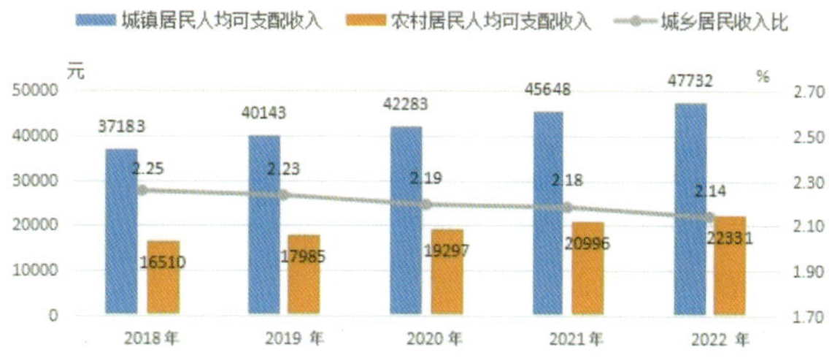

2018—2022年城镇、农村居民人均可支配收入及城乡居民收入比

年末全市参加城镇职工基本养老保险人数 52.70 万人，比上年末增加 2.2 万人。参加城乡居民基本养老保险人数 64.88 万人，增加 0.65 万人。参加基本医疗保险人数 154.56 万人，减少 1.33 万人。其中，参加职工基本医疗保险人数 33.45 万人，减少 1.90 万人；参加城乡居民基本医疗保险人数 121.12 万人，减少 1.14 万人。参加失业保险人数 13.69 万人。2022 年末领取失业保险金人数 0.15 万人。参加工伤保险人数 22.14 万人，减少 2.06 万人，其中参加工伤保险的农民工 5.32 万人，增加 1.47 万人。参加生育保险人数 1.68 万人，增加 0.87 万人。2022 年末共有 26760 人享受城市居民最低生活保障，39558 人享受农村居民最低生活保障，2944 人享受农村特困人员救助供养，全年临时救助 5608 人次。全年资助 138605 人（含大学生）参加基本医疗保险，医疗救助 68006 人次。

十、教育和科学技术

全年全市中等职业教育招生 7206 人，在校生 19003 人，毕业生 3317 人。普通高中招生 15736 人，在校生 42293 人，毕业生 13160 人。初中招生 25889 人，在校生 77880 人，毕业生 27029 人。普通小学招生 21453 人，在校生 142223 人，毕业生 25748 人。特殊教育招生 58 人，在校生 295 人，毕业生 77 人。学前教育在园幼儿 49721 人。高中阶段毛入学率为 96.1%。

十一、文化旅游、卫生健康和体育

全年全市文化系统艺术表演院团演出 1643 场

次，观众 88.90万人次；公共图书馆共5个，藏书144.67万册。

2022年景德镇市全年接待游客4466.69万人次，同比下降16.2%，旅游总收入362.96亿元，同比下降24.3%。

2022年年末拥有卫生机构1169所，其中医院38所；拥有病床11218张；卫生工作人员14470人，其中卫生技术人员11746人，执业医师和执业助理医师4105人，注册护士5462人。医疗卫生机构床位11218张，其中医院9605张，乡镇卫生院948张。全年总诊疗人次8427553人次，出院人数277739人。

全年参加运动会运动员7100人次。在省级以上比赛获奖牌数434枚，其中，金牌136枚，银牌129枚，铜牌169枚。

十二、资源、环境和应急管理

全年全市环境空气质量优良天数比率达98.9%；全市地表水断面水质达到或好于Ⅲ类断面比例达到100%，全市集中式生活饮用水水源地水质达标率为100%。

全年全市能源消费总量479.66万吨标准煤，比上年增长1.2%；其中，工业能源消耗总量315.71万吨标准煤，下降1.0%。万元GDP能耗下降3.3%，

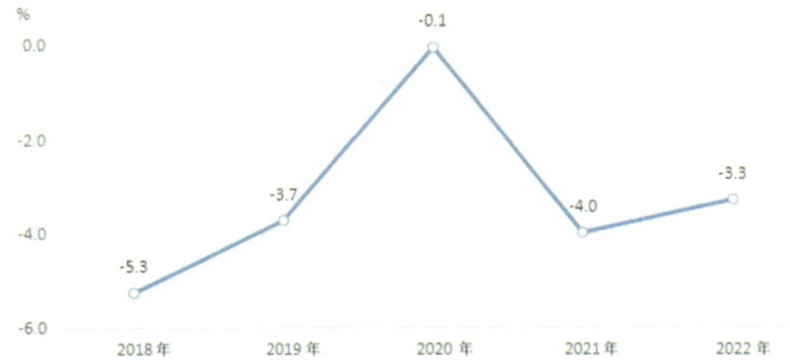

2018—2022年万元GDP能耗降低率

万元规模以上工业增加值能耗下降11.16%。

全年安全生产事故16起，其中，道路交通事故10起，工矿商贸事故6起。安全生产事故死亡人数17人，其中，道路交通事故死亡9人，工矿商贸事故死亡8人。

注释：

1. 本公报中数据均为初步统计数。部分数据因四舍五入的原因，存在着分项与合计不等的情况。

2. 地区生产总值和各产业增加值绝对数按现价计算，增长速度按不变价格计算。

3. 规模以上工业统计范围为年主营业务收入2000万元及以上的企业，固定资产投资统计范围为计划总投资500万元及以上项目和房地产。

4. 万元地区生产总值能耗、万元规模以上工业增加值能耗按2020年不变价格计算。

5. 高中阶段教育毛入学率主要反映高中阶段教育覆盖面，是指高中阶段在校生总数占15~17岁学龄人口数的百分比。

资料来源：

本公报中财政数据来自财政局；肉类、水产品产量等数据来自农业农村局；进出口、招商引资数据来自商务局；交通运输等数据来自交通运输局；金融数据来自人民银行；教育、体育数据来自教育体育局；艺术表演团体、公共图书馆数据来自文化广电新闻出版旅游局；卫生数据来自卫生健康委员会；城乡居民收支、物价数据来自国家统计局景德镇调查队；社会保障数据来自人力资源和社会保障局；森林覆盖率数据来自林业局；主要河流断面优质水率、空气优良率数据来自生态环境局；安全生产数据来自应急管理局；其他数据均来自统计局。

展陈红色收藏　见证百年伟业

吴农科

2020年9月16日，“百年伟业 典亮千秋”，紫晶红馆开馆仪式在紫晶国际会议中心3号楼举行。副市长、高新区党工委书记罗文军致辞并宣布开馆。紫晶红馆是红色文化交流和展示的平台，是传承、保护优秀传统历史文化的重要载体。展馆设置了红色烟标、红色藏书、红色集邮、红色陶瓷四个主题展区，通过烟标、书刊、邮票、陶瓷等不同形式梳理和展示我市红色文化发展历程。紫晶红馆开馆是景德镇市红色文化教育、红色文化建设、红色文化繁荣发展过程中取得的又一项成果。

一楼的展厅中，展出了红色书刊收藏家吴农科从90年代开始收藏的1万余份红色书刊、报纸，涵盖从辛亥革命时期，到社会主义建设时期。其中不乏一些建党初期珍贵的文物级史料，有最早出现马克思（麦喀士）一词的光绪年《万国公报》；有民国元年的《新纪元报》，有陈独秀创办的《甲寅》《青年杂志》《新青年》及副刊《每周评论》；有1920年11月起出版六期后即遭封杀的《共产党》，有1931年苏区出版的报纸《红色中华》、抗战时期《八路军杂志》《抗战日报》等；有建国后登载原子弹爆炸、实践是检验真理的唯一标准等国家重大事件的报纸。不少二十世纪五六十年代的出版的刊物，在图书馆都找不到，这些文字史料系统地记录了中共百年伟业和国家时代变迁，见证中国共产党的百年奋斗历程。

在书刊展览区专门设有景德镇板块，其中有清光绪年间木刻版《景德镇陶录》、有1949年5月4日报道景德镇解放的《人民日报》，有1949年5月14日登载赣东北军政干部学校景德镇分校招生简章的《景德日报》，有新中国成立初期手刻油印版《浮梁县志》《乐平县志》，以及上世纪50至70年代景德镇陶瓷企业的相关资料，还有1949年以后《人民日报》《光明日报》《解放日报》《中国青年报》《中国工人报》等刊登有景德镇内容的报纸。

这些红色书籍、杂志、报刊以及烟标、陶瓷等物件，承载了很多人的记忆，见证一份厚重的历史，见证了国家波澜壮阔的发展历程，也让参观阅览者对中共革命史有进一步的了解。

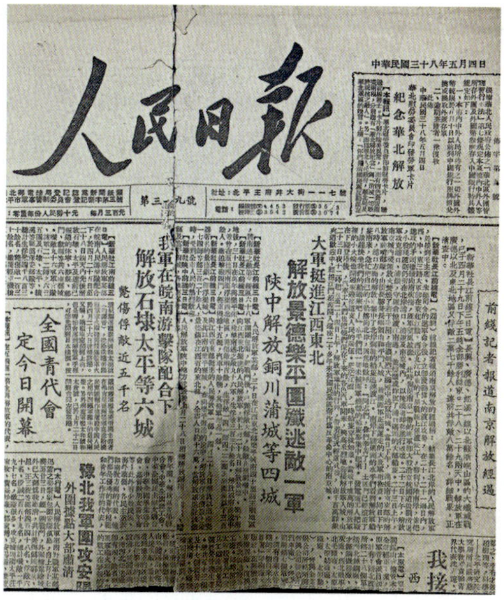

人民日報

中華民國三十八年五月四日

紀念華北解放

大軍挺進江西東北 解放景德樂平圍殲逃敵一軍

陝中解放銅川蒲城等四城

我軍在皖南游擊隊配合下 解放石埭太平等六城 斃傷俘敵近五千名

全國青代會定今日開幕

前線記者報道南京解放經過

《人民日报》报道景德镇、乐平解放

LA JEUNESSE

青年雜誌

新青年

新青年杂志

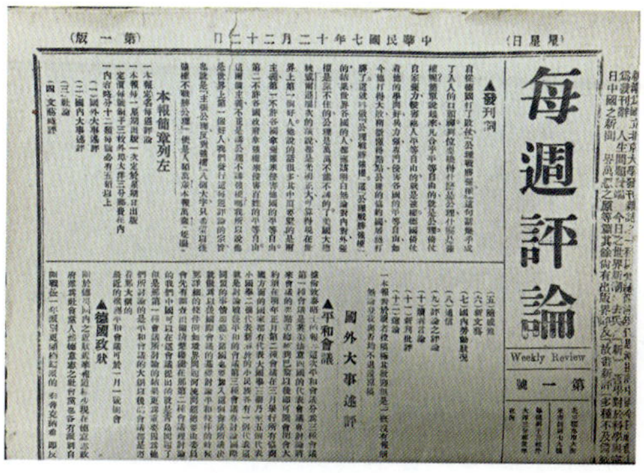

每週評論

Weekly Review

第一號

每周评论第一号

新近发现的景德镇北宋墓志铭碑刻

洪东亮

2022年9月16日，“百年伟业 典亮千秋”，紫晶红馆开馆仪式在黑猫集团所属紫晶国际会议中心三号楼举行。副市长、高新区党工委书记罗文军致辞并宣布开馆。紫晶红馆是红色文化交流和展示的平台，是传承、保护优秀传统历史文化的重要载体。展馆设置了李琪的红色烟标、吴农科的红色藏书、景德镇集邮协会的红色集邮、陶艺家的红色陶瓷四个主题展区，通过烟标、书刊、邮票、陶瓷等不同形式梳理和展示我市红色文化发展历程。紫晶红馆开馆是景德镇市红色文化教育、红色文化建设、红色文化繁荣发展过程中取得的又一项成果。

一、《大宋朝奉郎余公墓铭》

碑为崇宁三年（1104）刻石，青石，长1.9米，宽1米，厚0.05米，右上角残缺，内容完整。出土于旸府寺附近，现陈列于三闾庙村史馆。

墓志铭主余聿（1036—1104），字子至，祖籍新安，饶州浮梁县人，初名乔，治平四年进士，先后任惠州河原、吉州庐陵尉，应天府军巡判官，杭州新城县令，集庆军节度推官，潭州长沙县令，宣德郎知邵州，承议郎通判歙州，历官四十年。崇宁三年（1104）卒，享年68岁，葬乡里阳府山学堂坞（今旸府寺右侧）。

余聿为进士，历代《浮梁县志》不载。查阅相关资料，治平二年有进士余乔，《余干县志》载为余干安乐乡人。或许，余乔改名余聿，致浮梁失载。亦或余聿后人迁余干。余聿为浮梁进士有据可凭。该墓志铭碑刻的发现可补县志之缺。

兹录铭文如后。

碑额篆书《大宋朝奉郎余公墓铭》，碑文楷书《太宋朝奉郎致仕云骑尉赐绯鱼袋余公墓志铭》：

奉议郎监西京嵩山中岳庙 张根 撰

承务郎权发遣开封府推官公 张相 书

承议郎权知邵武军兼管内劝农事云骑借绯 万如石 题额

公姓余氏，讳聿，字子至。其先尝家歙之新安，今为饶州浮梁人。曾祖讳文熙，祖讳承度。父讳先，

两至礼部，趣操有常，乡闾宗之，累赠朝奉郎；母孙氏，赠永宁县太君。公少传家学，藉藉有声，登治平四年进士第。调惠州河原、吉州庐陵尉。丁朝奉君忧，服除，为应天府军巡判官。有大辟狱具，公固请谳，获免者数人。丁太夫人忧，服除，迁杭州新城令。自熙宁丙辰大饥疫，逃田绝产为贪民盗占者太半。公悉隐括以归有司。监司交荐之，格当改官坐举将。左迁移集庆军节度推官，知潭州长沙。邑巨事从来者多讬故去，公釐革宿弊，剖决如流，奸盗骇散，县以大治。曾未朞月狱再空，课为一道最。帅座龙图谢公麟尤器遇之，常委以倅事。谢间在告印至使者，辄曰：长沙在，吾复何预也！岳麓山书院，唐天宝中所建，盖县学也。真庙尝以御札、书籍、土田赐之，主者浸非其人，书田入郡学，札入于浮屠，殆五十年。公乞奏复之，于是庙貌一新，置师弟子如咸平时。

改左宣德郎，知邵州邵阳郡，邻谿洞，鄙悍难化，闻公之来，望风畏戢。

转左奉议郎，勾当在京文思院下界。户部程公筠，领畿内常平，辟管勾官。未几，移宪江西。后使者至，恃权陵下，多所中伤，属吏每赖公以保完。陈留令坐小忿见诬，公力争之，不可，章果下。公核实，使者始惊，公卒平之。自是，气少褫。

转承议郎，通判歙州，覃恩转朝奉郎。歙号多讼，异时为郡者往往逆设猛政以待之。公曰：“此吾乡也。”白于州将，宏以宽大，而民自化。婺原进

士汪思聚学僧舍，其徒有富民子者杀人，县吏受赇移罪于思。公阅案，一昔得其情，代还。通判抚州，待次于家，第课当迁，不复自陈。语诸子曰："吾从仕四十年，行年六十有八，可以已矣！"遂抗章告归，得请。仅数月，以疾卒。寔崇宁三年孟夏二十有九日。

初娶黄氏，赠永康县君。再娶魏氏，故龙图阁直学士瓘之孙，封嘉兴县君。子男五人：倚，以公致仕，补太庙斋郎；休、倚、伴、伟，业进士。女四人，适张棏、彭保、魏褒、程轩，俱士族。孙一人，尚幼。公初名乔，天性孝友，质直无伪，奉养俭约，居无玩好。族党贫者赒之，孤女无归分俸嫁之。好善乐教。子悉遣就学，仕官所至，后进如归。清白自将，尤恶奔竞。交游姻戚，处权要，未尝登其门。非其所好，招之不往。王襄敏公开拓熙河，待制程公节经略广右，尝辟之，不愿也。比牒连名，聚至通显，而独困踬州县，未尝以介意。平居和易，虽仆隶，若不忍以声气加之。至临事毅然，不可少以非理屈。

其在长沙，岁比不登。主漕者急进，举十年宿负趣所部督之，公独不奉行。漕呼簿嫚骂庭下，公自若。更以荐章啖公，不从。乃大诟怒，公徐曰："官无尊卑，要各有职，令职在抚民，今民实困，未可暴取，急而为盗，将谁任其责乎？令有去，尔民逋，恐未可得也。"时闻者莫不壮公而危之，劾吏络绎踵门，同僚咸请从权以纾祸。公曰："不然。兹令一出则民骇而吏纵，不可止矣。吾独以身当之，宁得罪去死不恨。"漕闻愧悟，乃符栽伤，县俱稍宽，一道之民受赐矣。县直州十里，公每出，居民夹道焚香，建生祠，十有一。去之日，若慕慈母然，至今思之。

呜呼！若公者可谓能守职矣。不为利回，不为义疚，临患难而不可夺。使公得伸其志于当路，宜如何也？公与人交，终始如一，受人德不忘，有德于人不责报。间有所不快缓急，则悉力营救之，无纤芥宿恨。此尤后世士大夫所难能者也。官既不达而归意者，天将以晚节遗公，使休于山林而享其所独乐。乃不幸有疾，遽以不起，岂非命也夫？诸孤将以是冬十月庚申，葬于本邑阳府山学堂坞，以根乡里。年，家子姪行也，使来取铭。辞以浅陋不获，泣而书之。

铭曰：昌水之南，番江之北，有君子兮，独厚于德；不吐不茹，不忌不克，呜呼云亡，此焉安宅。

二、《宋寿光县君葛氏墓志铭有序》

碑刻为北宋崇宁四年（1105）所刻，青石，石碑长 1.5 米，宽 0.8 米。据了解，碑刻于数年前出土于昌江区吕蒙乡龙塘山附近，现流失外地。墓志铭主人葛氏为北宋景德镇进士程筠之妻。程筠（1036—？），字德林，进士程节弟。宋仁宗嘉祐二年（1057），与苏轼、程颢等为同榜进士。程筠初任江都令。熙宁元丰时，程筠作《上神宗皇帝论新法疏》，直言新法之弊。后调知陈留，他均田赋、平徭役，不避权势。有外戚告他的状，宣仁太后说："筠廉吏，吾何挠其政耶？"元祐末，程筠知真州（在今江苏省）。后升任户部郎中，因与制置司不合，又迁御史之职。程筠与苏轼既是同年又是挚友。苏轼曾作《送程德林赴真州》一诗，赞美他的政绩，称道"君为赤令有古风，政声直入明光宫。"程筠的父亲去世后，好友苏东坡作《同年程筠德林求先坟二诗》。程筠之子程祁，举进士，历任都官员外郎。徽宗政和二年（1112）知吉州。著《程氏世谱》三十卷，今佚。

程筠妻葛氏。其墓志铭为程筠亲自撰写。葛氏，父葛闳，姑父蔡襄。葛氏，出身儒家，为人贤慧，持家有方，尤重视子孙教育。其墓志铭载有"景德"地名，为目前所见的碑刻中最早的。

葛氏墓铭录于后。

《宋寿光县君葛氏墓志铭有序》：

朝奉大夫监兖州东岳庙柱国程筠 文

孙男莘 书

汲阳向宗言 篆盖

元祐朝，右丞相苏公颂叙光禄卿葛公闳之世云：葛，嬴姓，出皋陶后，以国为氏。或曰，与琅邪诸葛同族，至汉晋有显者，仙翁稚川，皆以道术称于时，时人以为神仙，其后世居丹杨，光禄盖丹杨之系，远祖自新安徙新定，至今为建德人。

光禄六女皆嫁前进士，其第九女实为寿光县君。君生儒家，性特隽颖不群，儿时多以毫楮为己事，女红之巧过眼无留思。端方自持，动静有法。及笄择配，乃归于我。自予上世忠壮公诸房，散居江东，而景德一支起于单微。先人正议始以气操自立，有闻于人。予母蓬莱君慈惠睦姻，克宜其家，相与共享福禄，逮于秀眉。

君居程宗，训于妇事，朝夕温凊，躬勤无倦，唯予二人之色，急所向所到，咸能如其旨。蓬莱君每自叹曰："吾妇之孝可以为世则矣，吾愿若有子，异日授室，当以若之所以事我移于若也。"蓬莱君此言，响闻于乡闾，人多能道之。予仕宦垂五十年，天禀拙迂，不能俛仰，然惴惴自律，不蹈彝训之外，率履无怍，繄君内助。

君有子曰祁，自胜衣以至成童，皆君所自训励，及长赐集英第，名占礼部殊等。君有戏言曰：“我乃祖乃父，世科相袭。今共夫子，又皆擢名于辞场，自显中外，夫岂得不谓之清矣乎！”此虽出于善谑，盖实录也。凡三进封，初上元，次遂安，次寿光。崇宁元年冬，予自户部郎中，出守汉东，其明年，君感疾，以十有一月初二日，卒于州正寝。

君有一子五孙，祁为奉议郎，权通判郢州，军州事。皞，为将仕郎，泰州泰兴县主簿，莘、轩、峰、华未仕；女孙四人，曾孙三人，曰牧、随、合。君平生为可喜，事不践悔。尤肆笔为小诗，曲有意致。学调笙簧，日能为数曲。及光禄胡夫人弃世，因捐掷不复料理。性不乐佞佛，唯持《大悲经咒》甚严。启手足之日，正席西向趺座而逝，其精进之报欤！

初，祁繇太常博士，出倅西洛，以君故，自陈于朝，得请易地于郢。郢于随为邻封，意君之心为无不歉足者，而遽以不起，悲夫！将以崇宁四年正月十三日，葬于永固乡乌槎里春兰山之贵源。

晋潘安仁作《哀永逝文》，览者以为增伉丽之重。唐柳子厚亦自铭其室。予尝疑三代以前，上自后妃，下至于井里之士女，闺阃内外，凡有徽懿之实，莫不著于声诗。而格以弦颂，自彤管职废，女史不续，虽复英英哲人，晦于中馈，而莫或闻知。知其详者，宜莫如其家人。予于君炎凉忧乐无不共之矣。圹之有铭职，予是宜铭曰：

明德之初，实自有虞；皋陶为士师，种德不渝。维葛之姓，系庭坚胄；龙峰嵘峨，冠浙之右。集仙导之，光禄绍之；唯其绍之，是以似之。如户之有阈，如衢之有术。君自葛出，开寿光邑。钿轴金葩，训辞柔嘉；白首程宗，宜其室家。春兰之原，川腴岭秀；卜云其吉，垂裕尔后。

——长沙辜伯通刊字

索 引

首字检字表

（按《通用规范汉字表》拼音检字表顺序排列）

非汉字字符串排序

A

B

C

D

F

H

J

K

L

M

N

P

Q

R

S

T

W

Z